AF479038

Impressum | Κολοφωνας | Colophon

Herausgeber Katalog | Εκδότης | Catalogue Editing |
Dr. Snejanka Dobrianowa-Bauer

Co-Produktion des Katalogs | Συμπαραγωγή καταλόγου | Co-Production of the Catalogue
Ikonen-Museum: Dr. Richard Zacharuk
State Museum for Contemporary Art Thessaloni: Prof. Dr. Miltiadis Papanikolaou

Koordination in Frankfurt | Συντονισμός στη Φραγκφούρτη | Coordination in Frankfurt
Dr. Richard Zacharuk

Koordination in Thessaloniki/ Συντονισμός στη Θεσσαλονίκη | Coordination in Thessaloniki
Prof. Dr. Miltiadis Papanikolaou

Übersetzung | Μετάφραση | Translation
Oliver Groß, Glossima-Verheim, Natalija Skidalskaja, Syrago Tsiara

Korrektorat | Διορθώσεις κειμένων | Proofreading
Andreas Bauer, Oliver Groß, Theodora Kourou, Syrago Tsiara, Kinga Wiglusch

Lektorat | Επιμέλεια κειμένων | Copy Editing
Deutsch: Andreas Bauer, Heike Frank-Ostarhild
Griechisch: Prof. Dr. Miltiadis Papanikolaou, Syrago Tsiara

Fotos | Φωτογραφίες | Photographs
Andreas Bauer, Alexander Frank

Grafische Gestaltung und Herstellungsleitung | Καλλιτεχνική επιμέλεια | Art Direction
Medienwerkstatt Alexander Frank, Heike Frank-Ostarhild

Umschlaggestaltung | Σχεδιασμός εξωφύλλου | Cover Design
Medienwerkstatt Alexander Frank, Heike Frank-Ostarhild

Druck | Εκτύπωση | Print
TC Druck, Tübingen

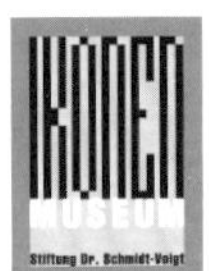

ISBN 3-932942-14-0
Printed in Germany
© Copyright 2004
Frankfurt am Main
Ikonen-Museum der Stadt Frankfurt am Main
und Autoren | καί συγγραφείς | and Authors

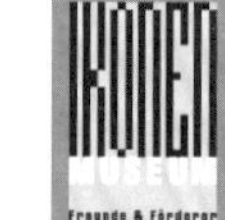
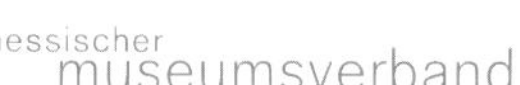
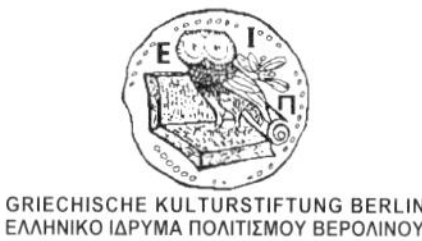
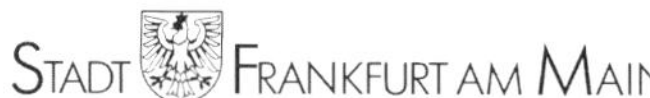
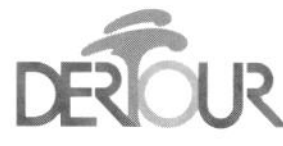
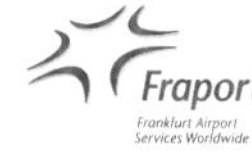

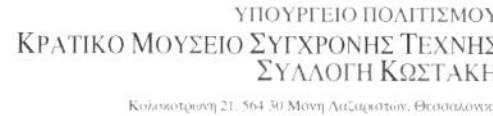
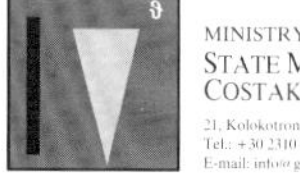

Als Chagall das Fliegen lernte
Von der Ikone zur Avantgarde

Όταν ο Σαγκάλ έμαθε να πετάει
Από την Εικόνα στην Πρωτοπορία

When Chagall Learnt to Fly
From Icon to Avant-Garde

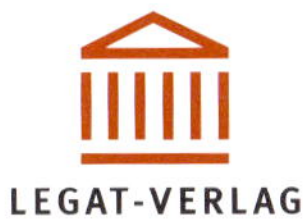

LEGAT-VERLAG

Der vorliegende Katalog erscheint zur gleichnamigen Ausstellung
The present catalogue is published in connection with the Exhibition of the same title
Ο παρων καταλογος εκδιδεται στο πλαισιο της ομωνυμης εκθεσης

Frankfurt, Ikonen-Museum, Stiftung Dr. Schmidt-Voigt, 31.1.2004 – 25.4.2004
Thessaloniki, State Museum of Contemporary Art, Juni – August 2004

Konzeption der Ausstellung | Σύλληψη Θέματος της Εκθεσης | Concept of the Exhibition
Dr. Snejanka Dobrianowa-Bauer

Kuratorin der Ausstellung | Επιμελητής | Curator of the Exhibition
Dr. Snejanka Dobrianowa-Bauer

Co-Produktion der Ausstellung | Συμπαραγωγή έκθεσης | Co-Production of the Exhibition
Koordination in Frankfurt | Συντονισμός στη Φραγκφούρτη | Coordination in Frankfurt
Dr. Richard Zacharuk
Koordination in Thessaloniki/ Συντονισμός στη Θεσσαλονίκη | Coordination in Thessaloniki
Prof. Dr. Miltiadis Papanikolaou

Für die Ausstellung in Frankfurt | Για την εκθεση στην Φραγκφουρτη | for the exhibition in Frankfurt

Ausstellungskoordination | Συντονισμός Εκθεσης | Exhibition Coordination
Dr. Richard Zacharuk

Ausstellungsdesign | Σχεδιασμός Εκθεσης | Exhibition Design
Alexandra Bersch

Öffentlichkeitsarbeit | Δημόσιες Σχέσεις | Public Relations
Daniela Redlich

Kommunikationsdesign | Επικοινωνιακό Πρόγραμμα | Communication Design
Andreas Redlich

Website | Ιστοσελίδα: www.ikonenmuseumfrankfurt.de
Andreas Bauer

Internationale Koordination der Ausstellung | Διεθνής Συνεργασία | International Coordination Project
MVN Consultants Ltd

Für die Ausstellung in Thessaloniki | Για την εκθεση στη Θεσσαλονικη | for the exhibition in Thessaloniki

Ausstellungskoordination | Συντονισμός Εκθεσης | Exhibition Coordination
Prof. Dr. Miltiades Papanikolaou, Syrago Tsiara

Ausstellungsdesign | Σχεδιασμός Εκθεσης | Exhibition Design
Giorgos Athanasopoulos

Kommunikation | Επικοινωνία | Communication
Menta Art Events

Betreuung der Exponate | Ελεγχος Εργασιών | Works Checking
Olga Fota

Ausstellungsbeleuchtung | Φωτισμός Εκθεσης | Exhibition Lighting
Giannis Iliades

Inhalt | Περιεχομενα | Contents

Ehrenkomitee der Ausstellung in Frankfurt
Τιμητικη Επιτροπη της Εκθεσης στην Φρανκφουρτη
Honorary Committee of Exhibition in Frankfurt

Prof. Lina Mendoni, *Generalsekretärin des Griechischen Kulturministeriums*
Dr. Pavel Horoschilow, *Stellvertretender Kulturminister der Russischen Föderation*
Dr. Jörgen Schmidt-Voigt, *Stifter des Ikonen-Museums*
Dr. Alexandr Schkurko, *Direktor des Staatlichen Historischen Museums Moskau*
Tamara Igumnowa, *Geschäftsführende Direktorin des Staatlichen Historischen Museums Moskau*
Heinz Vogel, *Adolf und Luisa Haeuser-Stiftung für Kunst und Kulturpflege*

Dank | Ευχαριστουμε τουσ | Thanks To

Ulrich Asshauer | Annemarie Bacia | Elena Barkhatowa | Andreas Bauer | Waldrun Behncke | Anita Beloubek-Hammer | Alexandra Bersch | Wolfgang Bersch |
Roland Bilz | Andrzej Bodek | Inge Burggraf | Gabriele Chlapek | Horst J. Deinwallner | Kurt Eberhard | Rosemarie Eberhard | Bernd Evers | Alexander Frank |
Heike Frank-Ostarhild | Erhard Gaß | Oliver Groß | Kirsten Grote-Bär | Alfred Handl | Christine Harnos | Eva Haustein-Bartsch | Andreas Heese | Andreas Hoffmann |
Heike Hoffmann | Hilmar Hoffmann | Pavel Horoschilow | Huber, Herbert | Tamara Igumnowa | Elefterious Ikonomou | Nicolas Iljine | Elena Itkina | Daniela Jakob |
Svetlana Kapitonova | Christian Kaufmann | Klaus Klemp | Meinhard Korte | Diedrich Koska | Theodora Kourou | Verena Krieger | Ursula Kuballa-Kerber | Olga Lelekova |
Udo Liebelt | Christos Ph. Margaritis | Irina Majorova | Lina Mendoni | Reiner Merkel | Nadejda Minjajlo | Frank Mußmann | Sybille Nerdich | Hans-Bernhard Nordhoff |
Margot Notarius | Anna Pachomova | Pater Franz | Pater Wolfgang | Preisner, Alfred | Franziska Puhan-Schulz | Daniela Redlich | Andreas Redlich | Erik Riedel | Jan Roewer |
Wladimir Saizev | Rosmarie Sauder | Josef Schimek | Alexander Schkurko | Jörgen Schmidt-Voigt | Ulrich Schneider | Stefan Scholz | Heinrich Schulze-Altkappenberg |
Gabriele Schuster | Jutta Schütt | Gerhard Seitz | Ursula Seitz-Grey | Natalia Skidalskaja | Heike und Mark Soibelmann | Stefan Soltek | Dr. Albert Spiegel | Elgin Steuber |
Irene Stoll | Ingrid Tobergte | Monika Tritschler | Michail Tscherepaschenez | Syrago Tsiara | Heinz Vogel | Annette Weber | Richard Zacharuk | Ellen Zomer

Wir bedanken uns herzlich für die Großzügigkeit der Sammler und der öffentlichen Institutionen, die diese Ausstellung ermöglichten.
Ein besonderer Dank gilt auch jenen Leihgebern, die anonym bleiben möchten.

Εκτιμούμε ιδιαιτέρως τη γενναιοδωρία των συλλεκτών και των δημόσιων ιδρυμάτων. Η παραχώρηση εκ μέρους τους των έργων κατέστησε δυνατή αυτή την έκθεση.
Ευχαριστούμε επίσης τους ιδιώτες συλλέκτες που επιθυμούν να μείνουν ανώνυμοι.

We deeply appreciate the generosity of the collectors and the public institutions whose loans made this exhibition possible and
those private collectors who prefer to remain anonymous.

Adolf und Luisa Haeuser-Stiftung für Kunst und Kulturpflege
Bauhaus-Archiv Berlin
DERTOUR GmbH & Co. KG
Deutsche Botschaft in Athen
Goethe-Institut Athen
Fraport AG
Freunde und Förderer des Ikonen-Museums
Griechische Kulturstiftung Berlin
Hessische Kulturstiftung
Hessischer Museumsverband
Ikonen-Museum Recklinghausen
Kunstbibliothek, Staatliche Museen zu Berlin Preußischer Kulturbesitz
Kupferstichkabinett, Staatliche Museen zu Berlin Preußischer Kulturbesitz
Museum am Ostwall Dortmund
MVN Consultants Athens
Russian National Library St. Petersburg
Städtische Galerie im Städelschen Kunstinstitut Frankfurt
State Historical Museum Moscow
State Museum of Contemporary Art Thessaloniki

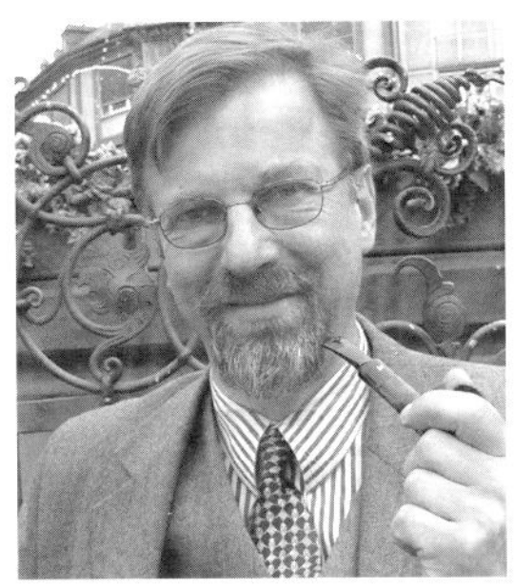

„Als Chagall das Fliegen lernte. Von der Ikone zur Avantgarde"

Ausstellung im Ikonen-Museum der Stadt Frankfurt a. M., Stiftung Dr. Schmidt-Voigt

Große künstlerische Ideen kennen keine Grenzen. Da lassen sich russische Maler von der Kunst des fernen Byzanz inspirieren und schaffen Ikonen, Werke, die wiederum Jahrhunderte später die russischen Avantgarde-Künstler beeinflussen. In der Costakis Collection kamen einige dieser Kunstwerke – als kulturelles Feedback sozusagen – sogar wieder zurück nach Griechenland. Das eine baut auf das andere auf.

Bilder aus der Costakis Collection sind nun auch in Frankfurt zu sehen. Hier treffen sie wiederum auf Kunstwerke einer anderen Sammlung, auf die Ikonen des Königsteiner Arztes Dr. Schmidt-Voigt, der lange Jahre in Russland wirkte. Viele Kreise schließen sich hier in Frankfurt – der Stadt, in der einst im Jahr 794 auf der Frankfurter Synode so heftig über das Bildverständnis der Kirche diskutiert wurde.

Russische Kunst – alte und neue – beeindruckt Sammler, Künstler und Kunstinteressierte gleichermaßen. Die Idee der Ikone lebt nicht nur in der Ikone selbst, sondern in jedem, der sich von ihr faszinieren lässt – und das Zeit und Raum übergreifend. Die Ausstellung *Als Chagall das Fliegen lernte* zeigt das auf beeindruckende Weise.

Dr. Hans-Bernhard Nordhoff
Kulturdezernent der Stadt Frankfurt a. M.

«Όταν ο Σαγκάλ έμαθε να πετάει. Από την Εικόνα στην Πρωτοπορία»

Έκθεση στο Μουσείο Εικόνων της Φρανκφούρτης, Ίδρυμα Δρ. Schmidt-Voigt

Οι μεγάλες καλλιτεχνικές ιδέες δε γνωρίζουν όρια. Οι Ρώσοι καλλιτέχνες εμπνεύστηκαν από την τέχνη του μακρινού Βυζαντίου στη δημιουργία εικόνων – έργων που με τη σειρά τους ενέπνευσαν τους καλλιτέχνες της Ρωσικής πρωτοπορίας αιώνες αργότερα. Ένα μέρος της Συλλογής Κωστάκη, μερικές από αυτές τις καλλιτεχνικές δημιουργίες, επέστρεψαν στην Ελλάδα -ως ένα μέσο πολιτισμικής επανατροφοδότησης, θα' λεγε κανείς. Μία μορφή τέχνης θεμελιώνεται πάνω σε μία άλλη.

Έργα της Συλλογής Κωστάκη εκτίθενται τώρα στην Φρανκφούρτη. Μπορεί να τα δει κανείς δίπλα σε έργα μιας άλλης συλλογής, αυτής του γιατρού Δρ. Schmidt-Voigt, ο οποίος είχε εργαστεί στη Ρωσία για πολλά χρόνια. Η κυκλική κίνηση της ιστορίας ευνοεί την πόλη της Φρανκφούρτης – μία πόλη στην οποία κατά τη διάρκεια της Συνόδου του 794 μ. Χ. διεξήχθησαν έντονες συζητήσεις για το νόημα των εικόνων.

Η Ρωσική τέχνη -η παλιά και η νέα- μαγνητίζει πάντοτε τους συλλέκτες, τους καλλιτέχνες και τους φιλότεχνους. Η ιδέα της εικόνας είναι ακόμη ζωντανή και ξεπερνά τα σύνορα του χρόνου και του χώρου, όχι μόνο ως εικόνα καθεαυτή αλλά και ως πνευματικό θέλγητρο. Η έκθεση «Όταν ο Σαγκάλ έμαθε να πετάει» είναι μία αδιάψευστη μαρτυρία αυτής της αδιάπτωτης έλξης.

Δρ. Hans-Bernhard Nordhoff
επικεφαλής του Πολιτιστικού Τμήματος του Δήμου Φρανκφούρτης

"When Chagall Learnt to Fly. From Icon to Avant-Garde"

Exhibition in the Icon Museum of Frankfurt, Dr. Schmidt-Voigt Foundation

Great artistic ideas know no bounds. Russian painters were inspired by the art of far-away Byzantium to create icons – works which in turn influenced the artists of the Russian avant-garde centuries later. As part of the Costakis Collection, some of these artworks – by way of cultural feedback, one might say – even made their way back to Greece. One art form is founded on the other.

Pictures from the Costakis Collection are now on display in Frankfurt. They can be seen side by side with artworks from another collection, the icons of the Königstein physician Dr. Schmidt-Voigt, who had practised in Russia for many years. The cyclical movement of history again is favourable to Frankfurt – a city where, during the Frankfurt Synod in 794 A.D., the church's conception of images had been fiercely debated.

Russian art – the old and the new – is bound to impress collectors, artists and art lovers alike. The idea of the icon lives on, not only in the icon itself but in anyone who allows themselves to be captivated by its spiritual charms – thus transgressing boundaries of time and space. The exhibition "When Chagall Learnt to Fly" is a testimony to this unfailing attraction.

Dr. Hans-Bernhard Nordhoff
Head of the Department of Culture, Frankfurt a. M.

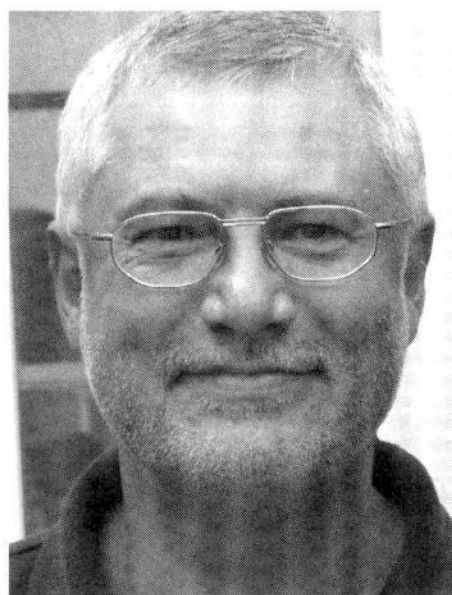

Vorwort

Die Parallele zwischen den Bildern, vor allem den „Köpfen" von Alexej von Jawlensky und den alten russischen Ikonen wird bei jeder Führung und in der einschlägigen Literatur angesprochen und betont. Diese Information bleibt jedoch stets nur ein interessanter Hinweis auf eine direkte Beziehung zwischen der Kunst der russischen Avantgarde und der Bildtradition der vergangenen Jahrhunderte und wird oft nicht näher untersucht.

Mit der jetzigen Ausstellung, konzipiert von Dr. Snejanka Bauer, wird der erste Versuch unternommen, dieses komplexe Thema in einer Ausstellung zu präsentieren und damit zu visualisieren. Der erste Gedanke und die erste Idee war, diese Untersuchung anhand von Jawlensky durchzuführen, sehr schnell kamen jedoch weitere bekannte Namen der russischen Avantgarde hinzu und damit wunderbare Bilder aus verschiedenen Sammlungen. Die Anzahl der Exponate wurde jedoch auf ein überschaubares Maß beschränkt, um der Intention des Ausstellungskonzeptes entgegenzukommen. Der Vergleich findet auf zwei Ebenen statt, die eine ist rein formal, sie ergibt sich aus dem Vergleich der Motive. Die zweite resultiert aus der Genese der Ikonenkunst, aus der Idee einer Umsetzung des theologischen Gedankens, der zwar figurativ präsentiert, jedoch nur abstrakt begreifbar ist.

Die Gegenüberstellung basiert auf der Präsentation von Bildern, Ikonen und Lubki (populäre Druckgra-

Πρόλογος

Ο προφανής παραλληλισμός ανάμεσα στα «Πρόσωπα» του Αλεξέι φον Γιαβλένσκι και εκείνα των παλιών Ρωσικών εικόνων αποτελεί μία σταθερή αναφορά στις ξεναγήσεις που γίνονται στα μουσεία και στα θεωρητικά κείμενα. Συχνά αυτή η ενδιαφέρουσα πληροφορία δε συναρτά κάτι περισσότερο από μία απλή αναφορά, καθώς αγνοείται συστηματικά η στενή σχέση με τη Ρωσική πρωτοπορία και τις εικονογραφικές παραδόσεις των προηγουμένων αιώνων.

Η παρούσα θεματική έκθεση, έτσι όπως σχεδιάστηκε από τη Δρ. Snejanka Bauer, έχει ως στόχο να καταδείξει αυτό το σύνθετο ζήτημα. Η αρχική ιδέα ήταν να χρησιμοποιηθούν τα έργα του Γιαβλένσκι ως σημείο αναφοράς. Σταδιακά προστέθηκαν στην λίστα και άλλα καταξιωμένα ονόματα από το χώρο της ρωσικής πρωτοπορίας με εξαιρετικά δείγματα τέχνης από διάφορες συλλογές. Ο συνολικός αριθμός των εκθεμάτων περιορίστηκε, ωστόσο, για να γίνει εφικτή η υλοποίηση του σκεπτικού της έκθεσης. Η σύγκριση είναι διφυής: καταρχάς, αποκλειστικά μορφολογική και προκύπτει από τη θεματική σύγκριση. Κατά δεύτερο λόγο, μπορεί να αναζητηθεί στην ιστορική καταγωγή της τέχνης των θρησκευτικών εικόνων, στην ιδέα της εικονογράφησης της θεολογικής σκέψης, η οποία μπορεί να εμφανίζεται ως αναπαράσταση, αλλά γίνεται κατανοητή μόνο ως αφαίρεση.

Η εικαστική αντιπαραβολή βασίζεται στην έκθεση έργων ζωγραφικής, εικόνων και lubki (λαϊκών,

Preface

The parallel between the images of, most conspicuously, Alexei von Javlensky's "Faces" and those of old Russian icons are regularly mentioned and highlighted in gallery tours and scholarly articles. Often this interesting piece of information is little more than a passing reference, with the close relation between the Russian avant-garde and the pictorial traditions of earlier centuries being persistently ignored.

The present exhibition, as devised by Dr. Snejanka Bauer, is a pioneering effort to present, and thus visualise, this complex issue in a thematic exhibition. Initially, the idea was to use Javlensky's art as a reference point; but other well-established names from Russian avant-garde circles were soon added to the list, followed by exquisite paintings from various collections. The number of exhibits was reduced to limited dimensions, however, to facilitate the realisation of the exhibition concept. The comparison is twofold: first, exclusively formal and emerging from a comparison of motifs. Secondly, it can be traced back to the historical origins of iconic art, to the idea of realising theological thought which is presented figuratively, yet can only be understood in the abstract.

The pictorial confrontation is based on a display of paintings, icons and lubki (popular illustrated prints) which reveal their correspondences and mutual relations to form a hitherto barely suspected unity. The curator of this exhibition is not so bold as to claim that

fik), die ihr direktes Verhältnis zueinander veranschaulichen und eine bis dahin nur vermutete Einheit bilden. Die Ausstellungsmacherin ist in ihrer Beweisführung nicht so vermessen zu behaupten, ohne Ikonen gäbe es gar keine Avantgarde, kann aber durch die Zusammenstellung der Werke beweisen, dass viele Elemente der russischen „Moderne" ohne die alte Kunst nicht möglich wären. Man findet sogar, dass in der Zeit des realen Sozialismus die alten Ideen von religiösen Kontext befreit und mit der neuen Ideologie angereichert, als neue Erfindung mit in das Propagandainstrumentarium der UdSSR einfließen. Solche Elemente deuten auf eine lang währende Kontinuität der Bildinhalte, Symbolik und Ikonografie hin, die ihre Wurzeln in der orthodoxen Tradition hat, dann aber in kleinen und großen Zusammenhängen in den neuen Kontext übertragen wurden. Sowohl die formale Übernahme von ikonografischen Details, wie auch die geistige Intention und die dahinter stehende Philosophie des Bildes bilden einen einzigartigen Zusammenhang, der mit der Genese des Bildes des „Eikon" in Verbindung steht. Dieser Sachverhalt wurde vor allem durch Malewitsch weiter entwickelt, der in seinem schwarzen Quadrat die Ikone oder das Bild par excellence kreierte. Ein solcher Sachverhalt zeugt, ähnlich wie die Serienbilder von Jawlensky, von einer gewissen Verinnerlichung des Ikonenbildes, das selbst ja auch als Serienbild und als ein Medium zwischen Diesseits und Jenseits über Jahrhunderte überdauert hatte.

Ein solches Projekt bietet die Gelegenheit nicht nur über Parallelen zwischen Alt und Neu nachzudenken, sondern fordert dazu heraus, sich mehr mit dem Alten zu beschäftigen, einem Genre, das zwar allgemein bekannt, jedoch mit dem Schleier des Mystischen und Geheimnisvollen umgeben ist.

Zur Entstehung dieses Projektes haben haben mehrere Personen und Institutionen beigetragen. Unser Dank gilt in erster Linie der Kuratorin der Ausstellung,

εικονογραφημένων χαρακτικών) και αποκαλύπτει αναλογίες και αμοιβαίες σχέσεις οι οποίες συνιστούν μία ενότητα που ούτε καν υποψιαζόμασταν ως σήμερα. Η επιμελήτρια της έκθεσης δε φτάνει στο σημείο να ισχυριστεί ότι χωρίς τις εικόνες δε θα είχαμε πρωτοπορία, αλλά με τη συγκέντρωση και την από κοινού έκθεση διαφορετικών έργων, παρουσιάζει ορατές αποδείξεις για το γεγονός ότι δε θα μπορούσαμε να σκεφτούμε αρκετά στοιχεία του Ρωσικού μοντερνισμού χωρίς την τέχνη που προηγήθηκε. Κατά τη διάρκεια του υπαρκτού σοσιαλισμού οι παλιές ιδέες απογυμνώθηκαν από το θρησκευτικό τους περιεχόμενο και επενδυμένες με νέα ιδεολογία ενσωματώθηκαν στο προπαγανδιστικό οπλοστάσιο της Σοβιετικής Ένωσης. Αυτά τα στοιχεία καταδεικνύουν μια μακρά συνέχεια εικαστικού περιεχομένου, συμβολισμού και εικονογραφίας που οι ρίζες της ανάγονται στην Ορθόδοξη παράδοση και μεταφέρονταν τμηματικά στα νέα συμφραζόμενα. Ο δανεισμός εικονογραφικών λεπτομερειών, όπως επίσης και η ζωγραφική φιλοσοφία και η ιδεολογική στρατηγική συνδυάζονται σε ένα μοναδικό διανοητικό μόρφωμα που σχετίζεται στενά με την καταγωγή και την εξέλιξη της «εικόνας». Ο Μαλέβιτς ήταν εκείνος που προώθησε κυρίως αυτούς τους συσχετισμούς, δίνοντας μορφή, με το Μαύρο Τετράγωνο, στην πεμπτουσία της θρησκευτικής εικόνας. Ακριβώς αυτή η αντίληψη, που εμφανίζεται με παρόμοιο τρόπο στις σειρές έργων του Γιαβλένσκι, καταδεικνύει μία εσωτερίκευση της θρησκευτικής εικόνας, η οποία με τη σειρά της αποτελεί ένα μέσο σύνδεσης του παρόντος κόσμου με τον κόσμο πέραν τούτου, μία σχέση που μας κληροδοτήθηκε από αιώνες τώρα.

Ένα τέτοιο εκθεσιακό πείραμα μας προσφέρει τη δυνατότητα να εντρυφήσουμε στις αναλογίες παλιού και νέου, ενώ συγχρόνως μας παρακινεί να εξετάσουμε πιο προσεκτικά την πολιτιστική κληρονομιά των εικόνων που αποτελούν ένα καλλιτεχνικό είδος ευρύτατα

without icons there would have been no avant-garde, yet she succeeds in providing ample proof, by bringing together disparate works, that many elements of Russian modernism were unthinkable without the old art. It will be seen that during the times of real socialism the old ideas were stripped of their religious context and infused with the new ideology to be incorporated as new inventions into the propagandistic arsenals of the Soviet Union. These elements indicate a long-standing continuity of pictorial contents, symbolism and iconography, which has its roots in the Orthodox tradition, yet was subsequently transferred to the new context in smaller or larger units. The formal borrowing of iconographic details as well as the intellectual strategy and its underlying philosophy of painting are combined in a unique concept which is closely bound up with the origin and evolution of the pictorial "eikon". This notion was advanced mainly by Malevich, who created, in the shape of his Black Square, the quintessential icon or image. It is precisely this notion which demonstrates, similar to the serial paintings of Javlensky, a certain internalisation of the icon, which, itself a serial image and a medium between this world and the world beyond, has been handed down to us from many centuries ago.

A project of this kind is an opportunity not only to contemplate the parallels between the old and the new but to let ourselves be stimulated to take a closer look at the cultural heritage of icons, a genre which is widely known yet shrouded in mysticism and mystery.

Quite a few individuals and institutions have contributed to the development of this project. First and foremost we are indebted to the curator of this exhibition, Dr. Snejanka Bauer, who has shown great energy and perseverance in her efforts to present the project in both Frankfurt and Thessaloniki. Special thanks must go to the Director of the State Museum of Contemporary Art in Thessaloniki, Professor Dr. Miltiadis Papaniko-

Dr. Snejanka Bauer, die unermüdlich und mit viel Engagment bei ihrem Bestreben blieb, um das Projekt in Frankfurt und Thessaloniki präsentieren zu können. Ein besonderer Dank gilt dem Direktor des Staatlichen Museums für Zeitgenössische Kunst in Thessaloniki, Prof. Dr. Miltiadis Papanikolaou und seinen Mitarbeitern für die vorzügliche Zusammenarbeit und für die Ausleihe ihrer Exponate. Ein ganz herzlicher Dank gilt den privaten Leihgebern und allen weiteren hier nicht erwähnten Beteiligten, deren Liste von Ministerien über Institutionen bis zu Privatpersonen reicht.

Dr. Richard Zacharuk
Leiter des Ikonen-Museums der Stadt Frankfurt a. M.

γνωστό αλλά καλυμμένο από μία δόση μυστικοπάθειας και μυστηρίου.

Αρκετά μεμονωμένα άτομα και ιδρύματα συνέβαλαν στην εξέλιξη του όλου εγχειρήματος. Οφείλουμε τα μέγιστα στην επιμελήτρια της έκθεσης, Δρ. Snejanka Bauer, η οποία επέδειξε τεράστια επιμονή και ενεργητικότητα για την παρουσίαση της έκθεσης τόσο στην Φρανκφούρτη, όσο και στη Θεσσαλονίκη. Πρέπει να ευχαριστήσουμε ιδιαίτερα το Διευθυντή του Κρατικού Μουσείου Σύγχρονης Τέχνης, Καθηγητή Μιλτιάδη Παπανικολάου και το προσωπικό του μουσείου για την άριστη συνεργασία και την παραχώρηση πολλών από τα έργα της έκθεσης. Θα θέλαμε να εκφράσουμε την ευγνωμοσύνη μας σε όλους τους δανειστές και σε όσους συμμετείχαν στη διοργάνωση της έκθεσης, των οποίων τα ονόματα παραλείψαμε να αναφέρουμε εδώ, και περιλαμβάνουν υπουργεία, ιδρύματα και ιδιώτες.

Δρ. Richard Zacharuk
Διευθυντής του Μουσείου Εικόνων της Φρανκφούρτης

laou, and his staff for the excellent cooperation and for the loan of many exhibits. We would like to express our gratitude to the private lenders and all other participants in this project whom we have omitted to mention here and whose list includes ministries, institutions and private individuals.

Dr. Richard Zacharuk
Head of the Icon Museum Frankfurt a. M.

Bewegungen des Modernismus und byzantinische Kunst

Das Staatliche Museum für Zeitgenössische Kunst in Thessaloniki organisierte im März 2002 ein internationales Symposium mit dem Titel *Bewegungen des Modernismus und byzantinische Kunst*, dessen Ziel es war, ein Thema zu erforschen, das auch für Griechenland von Interesse ist, insbesondere, wenn man bedenkt, dass der Bezugspunkt für die Ansätze der Forschung einerseits die Werke der russischen Avantgarde aus der Sammlung Costakis waren – Werke, die ohnehin dem weiteren Bereich der europäischen Avantgarde zuzuordnen sind – und andererseits die byzantinische Hagiografie mit einer Fülle an typologischen, ikonografischen, kompositorischen und symbolischen Elementen, die sie den jüngeren Künstlergenerationen bot. Tatsache ist, dass Künstler wie Kandinsky, Malewitsch, Chagall, aber auch Tatlin – um bei den bekanntesten Namen zu bleiben – von der orthodoxen Hagiografie beeinflusst wurden, die, von der „Abbildung der nicht sichtbaren Wirklichkeit" ausgehend, einen wesentlichen Anziehungspunkt und eine Inspirationsquelle für zahlreiche Fragen wie Raum, Bewegung, Licht und Farbe, aber auch für innere Motive, wie etwa die metaphysische Dimension, darstellte. So gesteht Malewitsch selbst ein, dass er die Hagiografie nachahmt, um so im Jahre 1915 schließlich ein schwarzes und ein rotes Quadrat und anschließend einen schwarzen Kreis und ein Kreuz zu malen, mit der Äußerung, dass „dies die modernen Heiligenbilder" seien.

Was den westlichen Modernismus betrifft, so sind die Ausgangspunkte woanders zu finden, und es ist bekannt, dass für die europäischen Künstler „vergessene" Kulturen, wie etwa die afrikanische Plastik, exotische Orte, prähistorische und antike Skulpturen, die wesentlichen Grundlagen bildeten, um so „die Kunst

Κινήματα του Μοντερνισμού και Βυζαντινή Τέχνη

Το Μάρτιο του 2002 οργανώθηκε στη Θεσσαλονίκη από το Κρατικό Μουσείο Σύγχρονης Τέχνης ένα διεθνές Συμπόσιο με τον τίτλο «Κινήματα του Μοντερνισμού και Βυζαντινή Τέχνη» με στόχο να διερευνήσει ένα θέμα που έχει και ελληνικό ενδιαφέρον, λαμβανομένου υπόψη ότι σημείο αναφοράς των ερευνητικών προσεγγίσεων ήταν από τη μια μεριά τα έργα της ρωσικής πρωτοπορίας της Συλλογής Κωστάκη –έργα που ούτως ή άλλως ανήκουν στον ευρύτερο χώρο της ευρωπαϊκής avant-garde- και από την άλλη η βυζαντινή αγιογραφία με την πληθώρα των τυπολογικών, εικονογραφικών, συνθετικών και συμβολικών στοιχείων που πρόσφερε στις νεότερες γενιές των καλλιτεχνών. Είναι γεγονός ότι καλλιτέχνες όπως ο Καντίνσκι, ο Μαλέβιτς, ο Σαγκάλ, αλλά και ο Τάτλιν –για να μείνουμε στους πιο γνωστούς- επηρεάστηκαν από την ορθόδοξη αγιογραφία, η οποία έχοντας ως αρχή «την απεικόνιση της μη ορατής πραγματικότητας» αποτέλεσε το βασικό πόλο έλξης και πηγή επιρροών σε πολλά ζητήματα όπως χώρου, κίνησης, φωτισμού, χρώματος, αλλά και σε θέματα εσωτερικά, όπως είναι η μεταφυσική της διάσταση. Ο ίδιος ο Μαλέβιτς ομολογεί ότι μιμείται την αγιογραφία για να καταλήξει το 1915 να ζωγραφίζει ένα μαύρο τετράγωνο κι ένα κόκκινο και στη συνέχεια έναν μαύρο κύκλο κι έναν σταυρό, ισχυριζόμενος ότι «αυτές είναι οι σύγχρονες αγιογραφίες».

Για το δυτικό μοντερνισμό οι αφετηρίες είναι διαφορετικές και είναι γνωστό ότι «ξεχασμένοι» πολιτισμοί, όπως η αφρικανική πλαστική, εξωτικοί χώροι, προϊστορικά και αρχαϊκά γλυπτά αποτέλεσαν για τους ευρωπαίους καλλιτέχνες τα βασικά βήματα για την «αποτίναξη της τέχνης τους από την πανάρχαια εξάρτηση από τον αντικειμενικό κόσμο» και για να

Modernist Movements and Byzantine Art

In March 2002, the State Museum of Contemporary Art organised an international symposium titled *Modernist Movements and Byzantine Art*, which was held in Thessaloniki and aimed to explore an issue which is also of Greek interest, keeping in mind that the point of reference for the research were, on the one hand, the Russian avant-garde works included in the Costakis Collection - works that in any case belong to the wider field of European avant-garde - and on the other hand, Byzantine religious painting with the great number of typological, iconographic, composite and symbolic elements that it bestowed upon the younger generations of artists. It is a fact that artists such as Kandinsky, Malevich, Chagall and Tatlin - the more famous of the lot - were influenced by Orthodox religious painting, which, having the portrayal of the invisible reality as its principle, constituted the main pole of attraction and source of influence in many issues such as that of space, movement, light, colour, as well as more in-depth issues such as the metaphysical dimension. Malevich himself admitted that he imitated religious painting and in 1915, he ended up painting a black square and a red square, then a black circle and a cross, claiming that those were contemporary religious paintings.

The starting points for western modernism are different and it is a known fact that 'forgotten' civilisations such as African plastic arts, exotic places, prehistoric and ancient sculptures constituted the basic steps that led European artists to free their art from the age-old dependence on the objective world and to finally be rid of the weight of academic tradition. For example, the masks and fetishes in the Ethnographic Collection in Paris acted as a revelation for painters such as Matisse and Picasso, both pioneers of the modernist movement.

aus ihrer uralten Abhängigkeit von der dinglichen Welt zu lösen" und sie endlich von der Last des akademischen Traditionalismus zu befreien. So stellten zum Beispiel die Masken und die Fetische der Ethnografischen Sammlung in Paris eine Entdeckung für die Maler Matisse und Picasso dar, zweier Maler, die auch die Wegbereiter der modernistischen Bewegung waren.

An dem Symposium in Thessaloniki nahmen griechische und ausländische Wissenschaftler, Kunsthistoriker und Byzantinisten teil (John Bowlt, Nicoletta Misler, Nano Chatzidaki, Naphsika Panselinou, Christina Stephan-Kaissi, die Chemikerin Evangelia Varela), und es fanden spezielle Führungen durch die Sammlung Costakis und ihre Archive, durch das Byzantinische Museum sowie zu byzantinischen Monumenten der Stadt statt. Das Publikum setzte sich aus griechischen und amerikanischen Postgraduierten-Studenten zusammen, die an dem Symposion auf der Grundlage eines Programms teilnahmen, das in Zusammenarbeit vom Staatlichen Museum für Zeitgenössische Kunst und der Fakultät für Slawische Studien der Universität von Los Angeles organisiert wurde. Beiträge dieses Symposiums bildeten den Kern für die Publikation des Staatlichen Museums *Hinter dem schwarzen Quadrat. Texte und Worte*. Dieses Treffen wurde im November desselben Jahres mit denselben Organisatoren, wiederum in Thessaloniki, wiederholt. Dieses Mal nahmen Studenten sowohl der Fakultät für Kunstgeschichte der Universität Ioannina, als auch der Fakultät für Slawische Studien der Universität Makedonien und dem Fachbereich für Östliche Studien der Universität von Neapel teil. Ziel dieser zwei Veranstaltungen war es nicht, „große Worte" zu schwingen und auch nicht, Antworten auf alte Probleme der Wissenschaft der Kunstgeschichte zu finden, sondern Ansatzmethoden zu einem wissenschaftlichen Thema zu erforschen, unser Wissen um die „unbekannten" Aspekte der internationalen Forschung zu bereichern und günstige Voraussetzungen für die Rezeption der modernen Methodik seitens der jungen

απαλλαγούν εντέλει από το βάρος της ακαδημαϊκής παράδοσης. Οι μάσκες και τα φετίχ της Εθνογραφικής Συλλογής του Παρισιού λ.χ. ήταν μια αποκάλυψη για τους ζωγράφους Ματίς και Πικάσο, που ήταν και οι πρωτοπόροι του μοντερνιστικού κινήματος.

Στο Συμπόσιο της Θεσσαλονίκης συμμετείχαν Έλληνες και ξένοι επιστήμονες, ιστορικοί τέχνης και βυζαντινολόγοι (Τζον Μπολτ, Νικολέτα Μίσλερ, Νανώ Χατζηδάκη, Ναυσικά Πανσελήνου, Χριστίνα Στεφάν – Καϊση, η χημικός Ευαγγελία Βαρέλα), ενώ ειδικές ξεναγήσεις έγιναν στη Συλλογή Κωστάκη και στα αρχεία της, στο Βυζαντινό Μουσείο και σε βυζαντινά μνημεία της πόλης. Το κοινό ήταν Έλληνες και Αμερικανοί μεταπτυχιακοί φοιτητές, που το παρακολουθούσαν βάσει ενός προγράμματος που έγινε σε συνεργασία του Κρατικού Μουσείου Σύγχρονης Τέχνης με το Τμήμα Σλαβικών Σπουδών του Πανεπιστημίου του Λος Άντζελες. Τα πρακτικά αυτού του συμποσίου αποτέλεσαν το βασικό πυρήνα της έκδοσης του Κρατικού Μουσείου *Πίσω από το Μαύρο Τετράγωνο. Κείμενα και Λόγοι*. Η συνάντηση αυτή επαναλήφθηκε το Νοέμβριο της ίδιας χρονιάς με τους ίδιους διοργανωτές και πάλι στη Θεσσαλονίκη. Αυτή τη φορά συμμετείχαν φοιτητές τόσο από το Τμήμα Επιστημών της Τέχνης του Πανεπιστημίου Ιωαννίνων, όσο και από το Τμήμα Σλαβικών Σπουδών του Πανεπιστημίου Μακεδονίας και από το Τμήμα Ανατολικών Σπουδών του Πανεπιστημίου της Νάπολης. Στόχος των δύο αυτών συναντήσεων δεν ήταν τα «μεγάλα λόγια», ούτε να δοθούν απαντήσεις σε χρόνια προβλήματα της επιστήμης της Ιστορίας της Τέχνης, αλλά να διερευνηθούν οι τρόποι προσέγγισης ενός επιστημονικού θέματος, να εμπλουτισθούν οι γνώσεις μας γύρω από «άγνωστες» πτυχές της διεθνούς έρευνας και να δημιουργηθούν ευνοϊκές συνθήκες πρόσληψης της σύγχρονης μεθοδολογίας από τους νέους ερευνητές. Οι εισηγητές (Τζον Μπολτ, Νικολέτα Μίσλερ, Λίντια Ιόβλεβα, Ναταλία Αντάσκινα, Μαρία Τσαντσάνογλου, Συραγώ Τσιάρα) προσέγγισαν διάφορες πτυχές του ζητήματος των

The symposium in Thessaloniki was attended by Greek and foreign scholars, art historians and byzantinologists (John Bowlt, Nicoletta Misler, Nano Chatzidaki, Nafsika Panselinou, Christina Stefan-Kaisi, the chemist Evangelia Varela) who were taken on special tours of the Costakis Collection and its archives, the Byzantine Museum and Byzantine monuments of the city. Part of the audience were Greek and American postgraduate students who were attending in the framework of a programme that was organised through the co-operation of the State Museum of Contemporary Art and the Department of Slavic Studies of the University of Los Angeles. The minutes of this symposium constituted the main focus for the State Museum's publication titled *Πίσω από το Μαύρο Τετράγωνο. Κείμενα και Λόγοι (Behind the Black Square. Texts and Words)*. This meeting was held again in Thessaloniki in November of the same year by the same organisers. This time, students from the Department of Art Sciences of the University of Ioannina, the Department of Slavic Studies of the University of Macedonia and the Department of Eastern Studies of the University of Naples participated. These two meetings were not intended for 'all talk and no action', nor did they aim at providing answers to the questions that have been troubling the science of art history for years, instead, their purpose was to explore different methods of approaching scientific issues, to enrich our knowledge on the 'unknown' aspects of international research, and to create the right conditions for young researchers to adopt contemporary methodology. The speakers (John Bolt, Nicoletta Misler, Lydia Iovleva, Natalia Adaskina, Maria Tsantsanoglou, Syrago Tsiara) dealt with various aspects of the issue regarding the relation between tradition and modernism and discussed the artistic works of representatives of the Russian avant-garde in great detail.

It is no coincidence that the American students suggested we jointly organise an exhibition (aside from the exchanges that will follow this meeting) that will deal

Forscher zu schaffen. Die Referenten (John Bowlt, Nicoletta Misler, Lydia Iovleva, Natalia Adaskina, Maria Tsantsanoglou, Syrago Tsiara) brachten verschiedene Aspekte der Frage der Beziehung zwischen Tradition und Moderne zur Sprache und gingen ausführlich auf das künstlerische Werk von Vertretern der russischen Avantgarde ein.

Es ist kein Zufall, dass die amerikanischen Studenten uns vorschlugen, gemeinsam eine Ausstellung zu organisieren (abgesehen von dem Austausch, der auf das Treffen folgte), die dem Thema *Russischer Avantgardismus und Amerikanischer Modernismus* gewidmet sein sollte, ein Thema, das für den Kunsthistoriker eine Herausforderung darstellt, da es nach wie vor Studiengegenstand zahlreicher Fachwissenschaftler ist. Der Vorschlag basiert auf einem außerordentlich ehrgeizigen Programm, aber wir haben versprochen, es in unmittelbarer Zukunft zu verwirklichen, wofür wir auch andere Forschungsinstitute und Museen um Mitwirkung bitten.

Doch die Frage nach den Beziehungen zwischen dem europäischen Modernismus und der byzantinischen Kunst ist nicht neu und auch nicht plötzlich aus dem Nichts aufgetaucht, sondern hat bereits ältere Forscher beschäftigt. Wenn auch nicht in dem Grad, wie es nötig gewesen wäre, da einige grundlegende Parameter noch nicht bekannt waren, die erst nach dem Bekanntwerden von Wissen aufgedeckt wurden, das sich nach der Öffnung der Grenzen zwischen Osten und Westen, aus der Fülle der russischen Avantgarde, die insbesondere über die Sammlung Costakis bekannt wurde, aber auch aus anderen Faktoren ergab, wie etwa aus dem am Anfang des neuen Jahrhunderts entstandenen Bedürfnis, die Quellen und die Ausgangspunkte der zeitgenössischen Kunst zu erforschen. Ausstellungen, die sich mit Bewegungen des Modernismus zu Beginn des zwanzigsten Jahrhunderts beschäftigen, stehen auf dem Programm zahlreicher europäischer Museen, kleiner und großer. Das Museum Walters führte im Jahr 2003 in Baltimore und in San Francisco eine Ausstellung zum Thema

σχέσεων παράδοσης- μοντερνισμού και αναφέρθηκαν διεξοδικά στο καλλιτεχνικό έργο εκπροσώπων της ρωσικής πρωτοπορίας.

Δεν είναι τυχαίο που οι Αμερικανοί φοιτητές μάς πρότειναν να οργανώσουμε από κοινού μία έκθεση (πέρα από τις ανταλλαγές που θ' ακολουθήσουν αυτή τη συνάντηση), που θα έχει ως θέμα «Ρωσική πρωτοπορία και Αμερικανικός μοντερνισμός», ένα θέμα που για τον ιστορικό της τέχνης είναι μία πρόκληση καθώς εξακολουθεί να είναι αντικείμενο μελέτης πολλών ειδικών επιστημόνων. Η πρόταση βασίζεται σ' ένα πρόγραμμα εξαιρετικά φιλόδοξο, αλλά υποσχεθήκαμε να το πραγματοποιήσουμε στο άμεσο μέλλον αναζητώντας τη συνδρομή και άλλων ερευνητικών ινστιτούτων και μουσείων.

Το ζήτημα, πάντως, των σχέσεων του ευρωπαϊκού μοντερνισμού με τη βυζαντινή τέχνη δεν είναι πρωτόγνωρο ούτε εμφανίστηκε ξαφνικά και έχει απασχολήσει και παλιότερους ερευνητές όχι όμως στο βαθμό που θα έπρεπε, γιατί δεν ήταν γνωστές ορισμένες βασικές παράμετροι που αποκαλύφθηκαν ύστερα από τη γνώση που προέκυψε από το άνοιγμα ων συνόρων ανατολής και δύσης, την πληθωρικότητα της ρωσικής πρωτοπορίας, που έγινε γνωστή κυρίως μέσω της Συλλογής Κωστάκη, αλλά και από άλλους παράγοντες όπως είναι η ανάγκη που δημιουργήθηκε με την είσοδο του νέου αιώνα να διερευνηθούν οι πηγές και οι αφετηρίες της σύγχρονης τέχνης. Οι εκθέσεις που αναφέρονται σε κινήματα του μοντερνισμού των αρχών του εικοστού αιώνα είναι στα προγράμματα πολλών ευρωπαϊκών μουσείων, μικρών και μεγάλων.

Το μουσείο Γουάλτερς, πραγματοποίησε το 2003 έκθεση με αντικείμενο τις «Πηγές της Ρωσικής Πρωτοπορίας» στη Βαλτιμόρη και το Σαν Φρανσίσκο, μια έκθεση στην οποία οι αγιογραφίες είχαν την αρμόζουσα θέση ανάμεσα σε έργα λαϊκής χειροτεχνίας και ρωσικής πρωτοπορίας. Πολύ πρόσφατα, η Πινακοθήκη Τρετιακόφ της Μόσχας και το Αρτ Φόρουμ της Βιέννης ασχολήθηκαν –έστω και έμμεσα- με το

with the Russian avant-garde and American modernism, a subject which is a challenge to all art historians since it continues to be the subject of many specialised studies. This proposal is based on an exceptionally ambitious programme, however we promised to request the contribution of other research institutes and museums in order to implement it in the near future.

However, the issue regarding the relation between European modernism and Byzantine art is not new, nor did it appear suddenly; it has also occupied previous researchers, however, not to the extent that it should have. This is because certain basic parameters were unknown before they were revealed with the knowledge that came from the opening of the borders separating the East and West, the multiplicity of the Russian avant-garde movement, that was made known mainly through the Costakis Collection, but also from many other factors such as the need that arose with the coming of the new century to explore the sources and origins of contemporary art. Exhibitions focusing on early 20th century modernist movements are included in the programmes of many European museums, both large and small.

The Walters Museum held an exhibition in Baltimore and San Francisco in 2003 which centered on Origins of the Russian Avant-Garde, an exhibition where religious paintings held their rightful position between folk craft and works of the Russian avant-garde. Recently, the Tretiakov Gallery in Moscow and the Vienna Art Forum dealt with this issue, although indirectly. Incorporated in this same framework is the exhibition that is being planned for the near future by the State Museum, titled Malevich and Byzantine Art, which will present works from the museum's collections, as well as from museums abroad.

The exhibition – for whose catalogue I have the pleasure of writing the foreword in my capacity as the director of the museum which is organising it in co-operation with the Icon Museum of Frankfurt - explores the

Quellen der russischen Avantgarde durch, eine Ausstellung, in der die Heiligenmalereien unter den Werken volkstümlicher Handwerkskunst und Werken der russischen Avantgarde einen ihnen gebührenden Platz einnahmen. In jüngster Vergangenheit haben sich die Tretjakow-Galerie in Moskau und das Art Forum in Wien – wenn auch indirekt – mit diesem Thema beschäftigt. In diesen Rahmen ist auch die für die nahe Zukunft geplante Ausstellung des Staatlichen Museums *Malewitsch und die byzantinische* Kunst mit Werken aus der Sammlung dieses Museums, aber auch aus Museen des Auslandes, einzuordnen.

Diese Ausstellung – in Kooperation mit dem Ikonen-Museum von Frankfurt entstanden, für deren Katalog in der Eigenschaft als Direktor des Staatlichen Museums ich die Ehre habe, das Vorwort zu schreiben – erforscht die Beziehungen der russischen Avantgarde sowohl mit den ikonografischen Prinzipien der byzantinischen Kunst, als auch mit den Lubki, den Volksbilderbögen, welche sich in Russland weiter Verbreitung erfreuten. Von dieser Position aus möchte ich sowohl der Kuratorin der Ausstellung, Frau Dr. Snejanka Bauer, für ihre Bemühungen um die Organisation dieser Ausstellung und die Herausgabe des Katalogs, also auch dem Museumsdirektor, Herrn Dr. Richard Zacharuk, für seinen ungeteilten Beistand bei der gesamten Planung danken. Ohne die großzügige Bereitstellung von Werken aus Museen und privaten Sammlungen wäre die Durchführung dieser Ausstellung nicht möglich gewesen.

Die Beziehung des Modernismus zu der byzantinischen Kunst (als Ausdrucksweise, aber auch als Konzept) ist natürlich auch in unserer neugriechischen Kunst nicht unbekannt, da einige der bedeutendsten Künstler des 20. Jahrhunderts, wie etwa jene der Generation der 30er Jahre, sich sehr ernsthaft mit dem Problem der Beziehungen ihrer Kunst mit der Tradition, und zwar insbesondere der byzantinischen, auseinandergesetzt haben. So sollte etwa Pikionis leidenschaftlich die Ansicht unterstreichen, dass die Begriffe „Ökumenität"

ζήτημα αυτό. Σ' αυτό το πλαίσιο άλλωστε εντάσσεται και η προγραμματισμένη για το εγγύς μέλλον έκθεση του Κρατικού Μουσείου «Ο Μαλέβιτς και η Βυζαντινή τέχνη», με έργα που θα προέρχονται από τις συλλογές του, αλλά και από ξένα μουσεία.

Η έκθεση -της οποίας τον κατάλογο έχω τη χαρά να προλογίζω με την ιδιότητα του Διευθυντή του μουσείου που τη συνδιοργανώνει μαζί με το Μουσείο Εικόνων της Φραγκφούρτης- διερευνά τις σχέσεις τις ρωσικής πρωτοπορίας τόσο με τις εικονογραφικές αρχές της βυζαντινής τέχνης, όσο και με τα lubki, τις λαϊκές τυπωμένες εικόνες που γνώρισαν ευρύτατη διάδοση στη Ρωσία. Θα ήθελα από αυτή τη θέση να εκφράσω τις ευχαριστίες μου τόσο στην επιμελήτρια της έκθεσης, Δρ. Snejanka Bauer, για τις επίπονες προσπάθειες που κατέβαλε για την οργάνωση της έκθεσης και την έκδοση του καταλόγου, όσο και στο Διευθυντή του μουσείου Εικόνων, Δρ. Richard Zacharuk, για την αμέριστη συμπαράσταση με την οποία περιέβαλε το όλο σχέδιο. Η έκθεση αυτή δε θα ήταν δυνατό να πραγματοποιηθεί χωρίς τις γενναιόδωρες παραχωρήσεις έργων από μουσεία και ιδιωτικές συλλογές.

Η σχέση του μοντερνισμού με τη βυζαντινή τέχνη (ως τρόπος έκφρασης αλλά και ως έννοια) δεν είναι φυσικά άγνωστη ούτε και στη νεοελληνική μας τέχνη, αφού ορισμένοι από τους σημαντικότερους καλλιτέχνες του 20ού αιώνα, όπως αυτοί που ανήκουν στη γενιά του '30, θα ενσκήψουν πολύ σοβαρά πάνω στο πρόβλημα των σχέσεων της τέχνης τους με την παράδοση και ιδίως τη βυζαντινή. Ο ίδιος ο Πικιώνης θα υποστηρίξει με θέρμη ότι οι έννοιες «οικουμενικότητα» και «καθολικότητα» υπάρχουν στην πλούσια ελληνική παράδοση, στην οποία διακρίνει την απαιτούμενη «συνάφεια» με τον ανακαινιστικό χαρακτήρα της σύγχρονης τέχνης. Δεν είναι διόλου τυχαίο που προικισμένοι Έλληνες καλλιτέχνες του 20ού αιώνα όπως λ.χ. ο Παπαλουκάς και ο Κόντογλου θα «ανακαλύψουν» το μοντερνισμό μέσα από το πνεύμα της βυζαντινής παράδοσης,

relationship of Russian avant-garde art with the iconographic principles of Byzantine art, and with the lubki – popular engravings that were widespread in Russia. At this point I would like to extend my thanks to the curator of the exhibition, Dr. Snejanka Bauer, for the great pains she went through for the organisation of this exhibition and the publication of the catalogue, as well as to the director of the Icon Museum, Dr. Richard Zacharuk, for his undivided support. This exhibition would not have been made possible without the generous contributions of works by museums and private collections.

The relationship between modernism and Byzantine art (as a manner of expression as well as a concept) is not unknown, even in modern Greek art, since some of the most notable artists of the 20th century, such as those who belong to the generation of the 30s, seriously tackled the problem surrounding the relationship between their art and tradition, particularly Byzantine tradition. Pikionis himself firmly believed that the meanings of the terms 'universality' and 'catholicity' are present in the rich Greek tradition, in which he discerned the required 'connection' with the modernising nature of contemporary art. It is no coincidence that gifted Greek artists of the 20th century such as Papaloukas and Kontoglou 'discovered' modernism through the spirit of Byzantine tradition, its archetypes and values, reacting to the intense formalism of academic (realistic) art. Papaloukas was influenced by French impressionism and turned to fauvism, having Byzantine religious painting as his starting point, making his visual system comprehensible only through the multiplicity of their relations and influences. Kontoglou, on the other hand, developed a unique expressionism through the Orthodox faith and his dedication to the morphological and spiritual values of Byzantine tradition.

There are many examples in Greece and abroad, which prove that artists, in their attempt to embrace the lasting values and primitive forms of art and to im-

und „Universalität" in der reichhaltigen griechischen Tradition vorhanden seien, in welcher er den geforderten „Zusammenhang" mit dem erneuernden Charakter der modernen Kunst erkennt. Es ist absolut kein Zufall, dass talentierte griechische Künstler des 20. Jahrhunderts, wie etwa Papaloukas und Kontoglou – in Reaktion auf den starken Formalismus der akademischen (realistischen) Kunst – den Modernismus durch den Geist der byzantinischen Tradition, ihre Archetypen und Werte „entdecken" sollten. Papaloukas sollte vom französischen Impressionismus beeinflusst werden und sich dem Fauvismus zuwenden, wobei er als Ausgangspunkt die byzantinische Hagiografie hat und sein optisches System nur mittels der Vielfältigkeit seiner Beziehungen und Einflüsse zu verstehen ist, während dagegen Kontoglou aus seinem orthodoxen Glauben und seiner Hinwendung zu den morfologischen und geistigen Werten der byzantinischen Tradition heraus einen eigentümlichen Expressionismus entwickeln sollte.

Es gibt viele Beispiele, griechische und ausländische, und sie zeigen, dass die Künstler in ihrem Versuch, sich die zeitlosen Werte und ursprünglichen Formen der Kunst zu eigen zu machen und ihre – häufig revolutionäre – Wahl durchzusetzen, entscheidend von den romantischen Auffassungen ihrer Zeit beeinflusst waren, Auffassungen, welche sie zu künstlerischen Werten und zu Vorbildern von „ursprünglichen" und – was ihre Ideologie betrifft – „vergessenen" Kunstformen führten. Die Geschichte hat gezeigt, dass ähnliche Entscheidungen als eine Art „Rammbock" für die Umwälzung der etablierten Werte und vorherrschenden Ideen verwendet werden, um so bahnbrechende Entscheidungen und Änderungen in vielen Bereichen, nicht nur in der Kunst, voranzutreiben.

Miltiadis M. Papanikolaou
Prof. Dr. für Kunstgeschichte,
Direktor des Staatlichen Museums für Zeitgenössische Kunst

τα αρχέτυπα και τις αξίες της, αντιδρώντας στον έντονο φορμαλισμό της ακαδημαϊκής (ρεαλιστικής) τέχνης. Ο Παπαλουκάς θα επηρεαστεί από το γαλλικό ιμπρεσιονισμό και θα στραφεί στο φοβισμό έχοντας ως αφετηρία τη βυζαντινή αγιογραφία και το οπτικό του σύστημα μπορεί να κατανοηθεί μόνο μέσα από την πολλαπλότητα των σχέσεων και των επιρροών του, ενώ ο Κόντογλου θα αναπτύξει έναν ιδιότυπο εξπρεσιονισμό μέσα από την ορθόδοξη πίστη και την αφοσίωση του στις μορφολογικές και πνευματικές αξίες της βυζαντινής παράδοσης.

Τα παραδείγματα, ελληνικά και ξένα, είναι πολλά και αποδεικνύουν ότι οι καλλιτέχνες στην προσπάθειά τους να προσεταιριστούν τις διαχρονικές αξίες και τις αρχέγονες μορφές τέχνης και να επιβάλλουν τις ανατρεπτικές –πολύ συχνά- επιλογές τους ήταν ουσιαστικά επηρεασμένοι από τις ρομαντικές αντιλήψεις της εποχής, που τους παρέπεμπαν σε καλλιτεχνικές αξίες και σε πρότυπα «πρωτόγονων» και –ιδεολογικά- «ξεχασμένων» μορφών τέχνης. Η ιστορία έχει δείξει ότι παρόμοιες επιλογές χρησιμοποιούνται ως ο πολιορκητικός κριός ανατροπής των καθιερωμένων αξιών και των κυρίαρχων ιδεών προκειμένου να προωθηθούν ρηξικέλευθες επιλογές και αλλαγές σε πολλούς τομείς και όχι μόνο στην Τέχνη.

Μιλτιάδης Μ. Παπανικολάου
Καθηγητής της Ιστορίας της Τέχνης,
Διευθυντής του Κρατικού Μουσείου Σύγχρονης Τέχνης

pose their often subversive choices, were influenced by the romantic perceptions of their time, perceptions that allude to artistic values and models of 'primitive' and forgotten - ideologically - forms of art. History has proven that similar choices are used as the ram that subverts established values and prevailing ideas in order to promote bold choices and changes in many other fields besides art.

Miltiades Papanikolaou
Prof. Dr. of Art History
Director of the State Museum of Contemporary Art

Mit dem Blick zurück zu neuen Ufern

Der Einfluss russischer Ikonen und Lubki auf die russische Avantgarde

Eine sensationelle Entdeckung hat Mitte des 19. Jahrhunderts das Interesse der russischen Bevölkerung an der Ikone verstärkt. Durch ein neues restauratorisches Verfahren war es auf einmal möglich, den nachgedunkelten Firnis und die Übermalungen der Ikone zu entfernen, um so ihre alte Leuchtkraft wieder herzustellen (S. 42 Abb. 1). Auf diese Weise gelang es dem Maler N. I. Podkljutschnikow zusammen mit Gehilfen innerhalb von wenigen Monaten 100 Ikonen aus dem 13. Jahrhundert aus der Moskauer Mariä-Entschlafens-Kathedrale zu reinigen.[1] Im Jahr 1852 präsentierte er sie der Öffentlichkeit: eine Offenbarung.

Natürlich war die Ikone schon vorher ein fester Bestandteil im Alltag der russischen Bevölkerung. Bereits die Kinder wuchsen mit ihr auf. Zur Taufe, zum Namenstag, zur Hochzeit, zum Jubiläum, als Segen und bei Krankheiten als Schutz wurden Ikonen verschenkt.[2] Neben den alten Ikonen, die sich im Familienbesitz befanden, wurden hierfür auch neue Ikonen in Auftrag gegeben. Um den Bedürfnissen nach neuen Ikonen nachzukommen, existierten zahlreiche Werkstätten in den bekannten Malerdörfern Palech, Choluj und Mstera sowie in den Städten, in den größeren Dörfern und in den meisten Klöstern.[3] Da sich die Ikonenmalwerkstätten in verschiedenen Gebieten befanden, deren jeweiligen Einflüssen ausgesetzt waren und auch unterschiedlichen Bedürfnissen der Bevölkerung nachkamen, bildeten sich große stilistische und qualitative Unterschiede in der Ikonenmalerei. Es gab Ikonen, die ganz im Zeichen der alten Tradition standen und die historisierend an ältere Stile und Epochen anknüpften, aber auch Ikonen, die sich unter dem starken Einfluss der Volkskunst durch eine klare grafische Linie und leuchtendes Kolorit auszeichneten; Ikonen, die dem Geschmack der Zeit folgten und dekorativ in einer russisch ausgeprägten Variante des Jugendstils gestaltet waren und Ikonen, die dem Symbolismus huldigten, aus denen Heilige mit überdimensionalen und melancholisch dreinblickenden Augen Fin-de-Siècle-Stimmungen verbreiteten; wie auch Ikonen, die einer rein

akademischen Malerei verpflichtet waren – ohne umgekehrte Perspektive – und die sogar von der Historienmalerei der zweiten Hälfte des 19. Jahrhunderts, bekannt etwa aus der Münchner Schule, inspiriert schienen. Nicht zuletzt sind auch jene Ikonen zu erwähnen, die allzu oft gerne übergangen werden, weil sie eben nicht gemalt, sondern profan gedruckt und/oder auf Blech gestanzt wurden. Diese billigen Blechikonen weisen aber dank der neuen Produktionsmethoden ein bemerkenswertes Kolorit mit neuartigen Farbkombinationen, wie etwa Lila-Gelb-Rosé, auf.

Durch die russische Volksfrömmigkeit war die Ikone beinahe omnipräsent. Nicht nur in der Kirche und im privaten Bereich hingen Ikonen, sondern auch in jedem Raum öffentlicher Gebäude. In einer solchen Situation mussten die neuen restauratorischen Möglichkeiten, die den alten Ikonen ungeahnte Ausdruckskraft und Schönheit verliehen, auf breites Interesse stoßen. Tatsächlich entfachten sie ein starkes Sammelinteresse.

Die entbrannte Sammelleidenschaft stand allerdings im Kontext einer nostalgisch geführten Auseinandersetzung in der russischen Gesellschaft mit der eigenen Geschichte. Das Russland vom Anfang des 20. Jahrhunderts war ein Land im Wandel. Die Industrialisierung hatte dem Land zwar einen wirtschaftlichen Aufschwung beschert, gleichzeitig die Gesellschaft aber in tiefe soziale Verwerfungen geführt. Aus Bauern waren Fabrikarbeiter geworden, deren soziale Lage nur als verzweifelt zu beschreiben ist. Verstärkt wurden die gesellschaftlichen Spannungen durch den im Jahr 1905 gegen Japan verlorenen Krieg. Die im gleichen Jahr ausbrechenden Protestbewegungen wurden brutal niedergeschlagen, alle liberalen und revolutionären Bestrebungen bekämpft. Aufständische Arbeiter und Revolutionäre wurden 1907 in Zuchthäuser und in die Verbannung geschickt. In dieser Situation großer gesellschaftlicher Unsicherheiten versprach jene geistige Bewegung Halt, die der Kunstsoziologe Arnold Hauser als „slawophile Bewegung" beschrieben hat. Im Gegensatz zum westlich

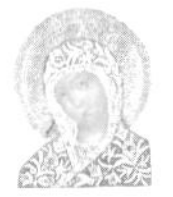

Αναζητώντας ένα Νέο Όραμα με το βλέμμα προς το παρελθόν

Η επίδραση των Ρωσικών Εικόνων και των lubki στο Ρωσικό μοντερνισμό

Μία εντυπωσιακή ανακάλυψη στα μέσα του 19ου αιώνα αύξησε το ενδιαφέρον του Ρωσικού πληθυσμού για τις εικόνες. Μία νέα διαδικασία αποκατάστασης κατέστησε δυνατή την αφαίρεση βερνικιού και τα κατάλοιπα των χρωματικών στρωμάτων από τις εικόνες με αποτέλεσμα να αποκαλυφθεί η προγενέστερη λαμπρότητα των χρωμάτων (σελ. 42 εικ. 1). Μ' αυτή τη μέθοδο ο ζωγράφος N.I. Ποντκλίτσνικοφ και οι βοηθοί του κατόρθωσαν να καθαρίσουν μέσα σε λίγους μήνες εκατό εικόνες του 13ου αιώνα από τον Καθεδρικό ναό της Κοιμήσεως της Θεοτόκου στη Μόσχα.[1] Το 1852 παρουσιάστηκαν στο ευρύ κοινό: ήταν μία αποκάλυψη.

Η εικόνα αποτελούσε ούτως ή άλλως αναπόσπαστο κομμάτι της καθημερινής ζωής του Ρώσικου πληθυσμού. Από τη βρεφική τους ηλικία τα παιδιά μεγάλωναν με την παρουσία εικόνων. Οι εικόνες δωρίζονταν στις βαφτίσεις, στις γιορτές των αγίων, στους γάμους, στις επετείους ως ευλογία και δύναμη αποτροπής των ασθενειών.[2] Αντάλλασσαν παλιές εικόνες που ήταν μέρος της οικογενειακής κληρονομιάς τους, αλλά και καινούργιες που τις είχε παραγγείλει ο δωρητής. Πολυάριθμα αγιογραφικά εργαστήρια εγκαταστάθηκαν στις γνωστές καλλιτεχνικές κοινότητες του Πάλεχ, Χόλουι και Μστέρα, σε πόλεις και μεγαλύτερα χωριά και στα περισσότερα μοναστήρια.[3] Καθώς τα αγιογραφικά εργαστήρια διασκορπίζονταν σ' όλη τη χώρα, ανέπτυσσαν διαφορετικές τεχνοτροπικές και ποιοτικές κατευθύνσεις ανάλογες με τις επιδράσεις που δέχονταν και τις ανάγκες που καλούνταν να ικανοποιήσουν. Υπήρχαν εικόνες που έφεραν τη σφραγίδα της παλαιότερης παράδοσης επιχειρώντας να επαναφέρουν πρωιμότερες περιόδους και τρόπους απεικόνισης, ενώ άλλες παρουσίαζαν καθοριστική επίδραση από τη λαϊκή τέχνη, μία επίδραση που εντοπίζονταν στην καθαρή γραμμικότητα και στους ιριδίζοντες χρωματισμούς. Εικόνες που ακολουθούσαν τη μόδα της εποχής με μία art nouveau διακοσμητικότητα Ρωσικού τύπου και εικόνες με ευθείες αναφορές στο συμβολισμό, από τις οποίες αναδύονταν οι μορφές των αγίων με τα δυσανάλογα μεγάλα και

μελαγχολικά τους μάτια σε μια ατμόσφαιρα του τέλους του αιώνα. Εξάλλου, υπήρχαν εικόνες που ακολουθούσαν πιστά την ακαδημαϊκή τέχνη, εγκαταλείποντας την αντίστροφη προοπτική, εμπνευσμένες –καθώς φαίνεται- από τους ιστορικούς πίνακες της σχολής του Μονάχου του δεύτερου μισού του 19ου αιώνα. Τέλος, πρέπει να γίνει αναφορά σ' εκείνες τις εικόνες που συχνά και σκόπιμα παραβλέπονται, εξαιτίας και μόνο του γεγονότος ότι δεν ήταν ζωγραφισμένες αλλά τυπωμένες σε χαρτί ή τσίγκο. Αυτές οι φτηνές, τυπωμένες σε φύλλο κασσιτέρου, εικόνες, λόγω της εφαρμογής νέων μεθόδων παραγωγής, εντυπωσίαζαν με τη χρωματική παλέτα τους που περιλάμβανε νέους συνδυασμούς χρωμάτων, όπως το μωβ, το κίτρινο, το ροζέ.

Εξαιτίας της θρησκευτικότητας μεγάλου τμήματος του πληθυσμού της Ρωσίας, οι εικόνες ήταν πανταχού παρούσες στην κοινωνική ζωή. Δεν τις κρεμούσαν μόνο στις εκκλησίες και στα σπίτια τους αλλά και στα δημόσια κτίρια. Υπ' αυτές τις συνθήκες, οι δυνατότητες που προσέφεραν οι νέες τεχνικές συντήρησης –που είχαν προικίσει τις παλιές εικόνες με μία απίστευτη, σχεδόν μαγική, εκφραστικότητα και ομορφιά- έμελλε να συναντήσουν ένα ολοένα αυξανόμενο ενδιαφέρον που προκάλεσε και την ενθουσιώδη ανταπόκριση των συλλεκτών.

Ωστόσο, θα πρέπει να εντάξουμε το έντονο πάθος για τη συλλογή εικόνων μέσα στα πλαίσια μίας κατά κύριο λόγο νοσταλγικής ενασχόλησης της Ρωσικής κοινωνίας με την ιστορία της. Η Ρωσία στις αρχές του 20ού αιώνα ήταν μία χώρα σε μετάβαση. Η εκβιομηχάνιση είχε προκαλέσει μία οικονομική ανάκαμψη, αλλά ταυτόχρονα η χώρα ταλανίζονταν από βαθιές κοινωνικές ανισότητες. Οι αγρότες που μετατράπηκαν σε εργοστασιακούς εργάτες ζούσαν σε συνθήκες που μόνο ο όρος «απόγνωση» μπορεί να τις αποδώσει. Οι κοινωνικές εντάσεις ενισχύθηκαν μετά την ήττα στον πόλεμο με την Ιαπωνία το 1905. Κινήσεις διαμαρτυρίας που παρουσιάστηκαν την ίδια χρονιά πατάχθηκαν με βία, όλες οι επαναστατικές και φιλελεύθερες

ausgeprägten Rationalismus, Kosmopolitismus und atheistischen Freidenkertum suchte die slawophile Bewegung in der kulthaften Rückwendung auf nationale Traditionen eine Antwort auf die Ungewissheiten der Industrialisierung.[4]

Vor diesem Hintergrund erfuhr die Ikone in Russland eine neue Bedeutung. Im Jahr 1901 wurde eine Gesellschaft zur Förderung der russischen Ikonenmalerei unter der Schirmherrschaft des Zaren Nikolaus II. gegründet. Überall wurden Ikonenmalwerkstätten eröffnet.[5] Aber nicht nur die Ikone wurde neu entdeckt. Auch primitive Holzschnitzereien und Ornamente auf Bauten, Bildern oder Stickereien wurden nun dokumentiert und systematisiert. Volkslieder, Sagen und Legenden werden niedergeschrieben und gesammelt. Und auch der Volksbilderbogen, der Lubok, fand neues Interesse. Die alte Rus lebte auf. Ist es da verwunderlich, dass auch die russischen Künstler zu Beginn des 20. Jahrhunderts sich für Ikonenmalerei und Volkskunst zu interessieren begannen?

Während die französischen Impressionisten in der fernen Südsee oder in Afrika die letzte Wahrheit in der Einfachheit der primitiven Kunst suchten, ließen sich die russischen Avantgardisten von der populären Kunst daheim inspirieren. Spätestens mit den ersten großen öffentlichen Ausstellungen russischer Ikonen in den Jahren 1911 und 1913 konnten sie die stilistischen und künstlerischen Besonderheiten der mittlerweile restaurierten Ikonen genau studieren.[6] Und auch nach der Oktoberrevolution, nachdem der Kirchenbesitz säkularisiert worden war, wurden die Ikonen in den Museen erforscht. Im Jahr 1918 wurde in Moskau die *Kommission zur Erhaltung und Freilegung der Denkmäler alter Malerei* gegründet, die Ikonen und Fresken von Andrej Rubljow, Teofan Grek und Dionissij sichern und restaurieren ließ.[7] Im Jahr 1920 wurden 75 restaurierte Ikonen mit leuchtendem Kolorit gezeigt.

Künstler wie Michail Larionow und Natalija Gontscharowa, Wassily Kandinsky oder Wladimir Tatlin entdeckten die russische Volkskunst für sich. Auf der Suche nach neuen Ausdrucksmöglichkeiten schienen die Avantgardisten vor allem von der leuchtenden Farbigkeit, der umgekehrten Perspektive, der Rhythmik und der klaren Linienführung der russischen Volkskunst fasziniert zu sein. Und sie fanden in ihnen auch erste Ansätze einer Verselbstständigung der Farbe und ihrer Ablösung von der Form. Malewitsch reduzierte gar die gan-

ze Welt auf ein schwarzes Quadrat (S. 43 Abb. 2). Hatten ihn etwa die unrestaurierten, bis zur Unkenntlichkeit nachgedunkelten so genannten „Schwarzen Ikonen" dazu angeregt? In der Synthese des Alten mit dem Neuen gelangten die jungen Avantgardisten in neue Höhen. Scheinbar losgelöst von der Erdanziehungskraft gleiten die Figuren auf Chagalls Grafiken *Mit der Thora über der Stadt* (1924/25) und *Selbstbildnis mit Frau (Der Spaziergang)* (1922) (Kat. 4 u. 2) durch die Luft. Immer wieder hat Chagall diese märchenhaft irreal schwebenden Figuren im Raum gemalt. Es scheint kein Zufall zu sein, dass sie denen auf so manchen Lubki ähneln, wie etwa denen auf *Aus dem Schornstein geflogen* aus dem Jahr 1878 und *Reise durch die Luft* aus dem Jahr 1863 (Kat. 5 u. 6).

Dr. Snejanka Dobrianowa-Bauer

1   Vgl. Lelekowa, Olga. *Ikonenrestaurierung und Ikonenforschung in Russland.* In: *Zwischen Himmel und Erde. Moskauer Ikonen und Buchmalerei des 14. bis 16. Jahrhunderts. Ausst.-Kat. Frankfurt 1997.* S. 87.
2   Vgl. Eberhart, Kurt. *Russische Ikonen um 1900.* Manuskript in Vorbereitung bei Legat-Verlag Tübingen.
3   Ebenda.
4   Vgl. Hauser, Arnold. *Sozialgeschichte der Kunst und Literatur,* München 1990, S. 898.
5   Vgl. Tarassow, Oleg. *The Russian Icon and the Culture of the Modern: The Renaissance of Popular Icon Painting in the Reign of Nicholas II.* In: *Experiment Nr. 7/2001,* 73–101.
6   1911 in der Akademie der Künste Ikonenausstellung anlässlich des Zweiten Allrussischen Künstlerkongresses; 1913 „Altrussische Kunst" anlässlich der 300 Jahrfeier der Romanow-Dynastie gezeigt.
7   Vgl. Lelekowa, S. 88.

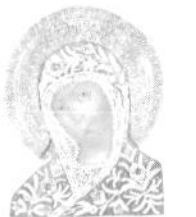

προσπάθειες καταπνίγηκαν. Το 1907 συνελήφθησαν και εξορίστηκαν στασιαστές εργάτες. Μέσα σ' αυτό το κλίμα γενικευμένης κοινωνικής ανασφάλειας, το πνευματικό κίνημα που ο κοινωνιολόγος της τέχνης Άρνολντ Χάουσερ χαρακτήρισε ως «Σλαβοφιλικό κίνημα» προσέφερε μία ελπίδα σωτηρίας. Σε αντίθεση με τη δυτική λογικοκρατία, τον κοσμοπολιτισμό και την αθεϊστική σκέψη, το κίνημα των Σλαβόφιλων αναζητούσε απαντήσεις στην αναστάτωση που προκάλεσε η εκβιομηχάνιση ανατρέχοντας πίσω, στις εθνικές παραδόσεις που τόσο είχαν εγκωμιαστεί στο παρελθόν.[4]

Μέσα σ' αυτές τις συνθήκες η εικόνα γνωρίζει μία νέα απήχηση στη Ρωσία. Το 1901 ιδρύεται υπό την επίβλεψη του Τσάρου Νικολάου του ΙΙ μία εταιρία για την προώθηση των Ρωσικών εικόνων. Αγιογραφικά εργαστήρια εγκαθίστανται σε όλη τη χώρα.[5] Βέβαια δεν ήταν μόνο οι θρησκευτικές εικόνες που είχαν ανακαλυφθεί εκ νέου. Με παρόμοιο τρόπο άρχισαν να ταξινομούν και να τεκμηριώνουν πρωτόγονες ξυλογραφίες, διακοσμητικά σχέδια σε κτίρια, εικόνες και κεντήματα. Λαϊκά τραγούδια, θρύλοι και παραμύθια καταγράφονταν και διατηρούνταν σε συλλογές. Τα *lubki*, λαϊκές, τυπωμένες σε χαρτί, εικόνες, βρέθηκαν στο επίκεντρο του ανανεωμένου ενδιαφέροντος για την παράδοση. Η Ρωσία της παλιάς εποχής κέρδιζε νέα ζωή. Δεν είναι ν' απορεί κανείς που οι Ρώσοι καλλιτέχνες των αρχών του 20ού αιώνα έδειχναν ζωηρό ενδιαφέρον για την αγιογραφία και την παραδοσιακή λαϊκή τέχνη.

Τη στιγμή που Γάλλοι καλλιτέχνες όπως ο Γκωγκέν και ο Μανέ αναζητούσαν την ύψιστη αλήθεια στην απλότητα και την πρωτόγονη τέχνη των νησιών της Νότιας Θάλασσας, οι Ρώσοι πρωτοπόροι ανακάλυψαν την πηγή της έμπνευσής τους στη λαϊκή τέχνη της πατρίδας τους. Μέχρι ν' ανοίξουν οι πρώτες μεγάλες εκθέσεις Ρωσικών εικόνων το 1911 και το 1913, είχαν όλοι προλάβει ήδη να μελετήσουν με κάθε λεπτομέρεια τις τεχνοτροπικές και καλλιτεχνικές ιδιαιτερότητες των πρόσφατα συντηρημένων εικόνων.[6] Ακόμη και μετά την Οκτωβριανή επανάσταση και την κρατικοποίηση της εκκλησιαστικής περιουσίας, οι εικόνες έγιναν αντικείμενο μελέτης στα μουσεία. Το 1918 ιδρύθηκε στη Μόσχα μία *Επιτροπή για τη Συντήρηση και Έκθεση των Μνημείων της Παλαιάς Τέχνης* η οποία ανέλαβε το καθήκον της προστασίας και αποκατάστασης των εικόνων και των τοιχογραφιών του Αντρέι Ρουμπλιόφ, του Θεοφάνη του Έλληνα και του Διονυσίου.[7] Το 1920 εκτέθηκε ένα

σώμα 75 συντηρημένων εικόνων μέσα σε έναν καταιγισμό φωτεινών χρωμάτων.

Καλλιτέχνες όπως ο Μιχαήλ Λαριόνοφ και η Νατάλια Γκοντσαρόβα, ο Βασίλι Καντίνσκι ή ο Βλαντίμιρ Τάτλιν ανακάλυψαν τη Ρωσική λαϊκή τέχνη, ο καθένας για τους δικούς του λόγους. Αναζητώντας νέους τρόπους έκφρασης, οι καλλιτέχνες της πρωτοπορίας έδειχναν γοητευμένοι πάνω απ' όλα από την τόλμη των χρωμάτων, την αντίστροφη προοπτική, το ρυθμό και την καθαρή γραμμικότητα της Ρωσικής παραδοσιακής τέχνης. Ο Μαλέβιτς, με τη σειρά του, ανήγαγε το σύμπαν σε ένα Μαύρο Τετράγωνο (σελ. 42 εικ. 2). Τον ενέπνευσαν οι αποκαλούμενες «Μαύρες εικόνες» που δεν είχαν ακόμη αποκατασταθεί και ήταν σκοτεινιασμένες σε τέτοιο βαθμό ώστε να γίνουν αγνώριστες; Μέσω της σύνθεσης του παλαιού με το καινούργιο, οι νέοι καλλιτέχνες της πρωτοπορίας έθεταν νέους, υψηλούς στόχους. Απελευθερωμένες από τα δεσμά της βαρύτητας, οι μορφές αιωρούνται στα έργα του Σαγκάλ *Με τον εβραϊκό νόμο πάνω από την πόλη του* 1924–5 και *Αυτοπροσωπογραφία με γυναίκα (Ο περίπατος) του* 1922 (Κατ. 4 κ. 2). Ο Σαγκάλ ζωγράφισε ξανά και ξανά αυτές τις παραμυθένιες μορφές να πλανώνται στο διάστημα. Δεν προκαλεί έκπληξη το γεγονός ότι θυμίζουν εκείνες τις μορφές που συναντώνται συχνά σε αρκετά *lubki*, όπως στο *Πέταξε από την καμινάδα του* 1878 και στο *Ταξίδι στον αέρα του* 1863 (Κατ. 5 κ. 6).

Dr. Snejanka Dobrianowa-Bauer

1 Βλ. Olga Lelekova, *Ikonenrestaurierung und Ikonenforschung in Russland*, στο *Zwischen Himmel und Erde. Moskauer Ikonen und Buchmalerei des 14. bis 16. Jahrhunderts*, κατάλογος έκθεσης, Φραγκφούρτη 1997, σελ. 87.

2 Βλ. Kurt Eberhart, *Russische Ikonen um 1900*. Υπό έκδοση στον οίκο Legat-Verlag, Τύπιγκεν.

3 Ό. π.

4 Βλ. Arnold Hauser, *Sozialgeschichte der Kunst und Literatur*, Μόναχο 1990, σελ. 898.

5 Oleg Tarasov, *The Russian Icon and the Culture of the Modern: The Renaissance of Popular Icon painting in the Reign o Nicholas II*, Experiment, Τ. 7 (2001), σελ. 73–102.

6 Έκθεση εικόνων το 1911 στην Ακαδημία των Τεχνών με την ευκαιρία του Δεύτερου Παν-ρωσικού Συνεδρίου για την Τέχνη. Το 1913 έγινε έκθεση «Παλαιάς Ρωσικής Τέχνης» στα πλαίσια του εορτασμού της 300ής επετείου από τη δυναστεία των Ρομανώφ.

7 Βλ. Lelekova, ό. π., σελ. 88.

Das Interesse der Avantgarde am Bildkonzept der Ikone[1]

„Wir suchen andere Werte, eine andere Inspiration, eine andere Kunst…"
Nikolaj Punin

Ein junger Kunsthistoriker namens Nikolaj Punin, der soeben seine erste Stelle in einem Museum angetreten hat, verfasst im Jahr 1913 seine erste größere Schrift, die in Gestalt zweier aufeinander folgender Aufsätze in der symbolistischen Kunstzeitschrift *Apollon* publiziert wird. Der erste Text stellt ein vernichtendes Urteil über die zeitgenössische Kunstszene dar[2]; der zweite (*Wege der modernen Kunst und die russische Ikonenmalerei*, im Anhang dokumentiert) ist ein flammendes Plädoyer für eine „Erneuerung der Kunst durch die Rückbesinnung auf vergessene Traditionen".[3] Punin stellt hier die Behauptung auf, dass die realistische und symbolistische Kunst seiner Gegenwart geistlos und im Verfall begriffen sei. Die junge Generation suche daher „andere Werte, andere Inspiration, eine andere Kunst" und das ideale Vorbild sei die altrussische Ikone.[4] Während die zeitgenössische Kunst durch einen übersteigerten Subjektivismus und Formalismus gekennzeichnet sei, finde man in der mittelalterlichen Ikonenmalerei eine „weise und am Leben orientierte Versinnbildlichung" in der es „nichts Subjektives, nichts Gleichartiges und nichts Entfremdetes" gebe.[5] Die Ikone sei ein „lebendiger und ursprünglicher Organismus" und „frei von der leblosen Individualisierung des zeitgenössischen künstlerischen Schaffens".[6] Punin schlussfolgert: „Wir glauben, dass die Ikone in ihrer großartigen und zutiefst lebendigen Schönheit die zeitgenössische Kunst auf einen anderen Weg führt, als ihn die europäischen Kunst in den letzten Jahrzehnten gegangen ist."[7]

Was auf den ersten Eindruck wie ein kulturkonservatives Plädoyer erscheinen mag, erweist sich bei genauerer Betrachtung als frühe Programmschrift der russischen Avantgarde; tatsächlich entwickelt sich ihr Autor in den folgenden Jahren zu einem ihrer berühmtesten Theoretiker. 1915, also bald nach Erscheinen der Aufsätze, nimmt Punin Kontakt zu den Petersburger Futuristen auf und tritt als ihr leidenschaftlicher Fürsprecher in Erscheinung.[8] Praktisch zeitgleich

veröffentlicht er eine Monografie über den bedeutendsten russischen Ikonenmaler Andrej Rubljow[9], offenbar ohne hierin einen Widerspruch zu sehen. Wieder ein wenig später, unmittelbar nach der Oktoberrevolution, verfasst er radikale „antipassatistische" Verlautbarungen im Duktus Marinettis gegen die „überlebte" Kunst der Vergangenheit.[10] Er propagiert die „neue" Kunst der „linken" Futuristen und veröffentlicht etliche Schriften über zeitgenössische Künstler und Kunstwerke, die zum Teil als grundlegende Werke in die Kunstgeschichte eingehen werden.[11] Für kurze Zeit wird der Kunstkritiker und Theoretiker zum Kulturpolitiker, bis im Zuge der Stalinisierung die durch die Revolution kurzzeitig eröffneten Spielräume für die Avantgarde wieder verschlossen werden, so dass Punin nichts anderes bleibt, als sich in die Museumsarbeit und die akademische Lehre zurückzuziehen.[12]

Was aber veranlasst einen angehenden ästhetischen Revolutionär, sich der altrussischen Ikonenmalerei zuzuwenden und von ihr Wegweisung für die zeitgenössische Kunst zu erwarten? Punin stand mit seiner Faszination für die Ikone keineswegs allein – im Gegenteil: Schon bevor er in Kontakt mit den damals so genannten „linken" oder „jungen" Künstlern der russischen Avantgarde trat, hatte er mit ihnen bereits diese Vorliebe gemeinsam. In demselben Jahr 1913, als seine beiden ersten Aufsätze veröffentlicht wurden, veranstaltete der neoprimitivistische Künstler Michail Larionow eine Ausstellung von Ikonenvorzeichnungen (Podlinniki) und Volksbilderbögen (Lubki), die er selbst gesammelt hatte.[13] Auf einer weiteren von Larionow 1913 organisierten Ausstellung unter dem Titel *Zielscheibe* (Mischen) wurden zeitgenössische Kunstwerke zusammen mit Ikonen und traditionellen Holzschnitten gezeigt. David Burljuk, einer der Exponenten des Kubofuturismus, sammelte ebenfalls Ikonen und Kunsthandwerk. Etliche Avantgardekünstler – darunter Tatlin, Filonow, Chekrygin und Redko – waren als Ikonenmaler ausgebildet. Andere wie Alexander Schewtschenko, Natalija Gontscharowa oder El Lissitzky interessierten sich intensiv für mittelalterliche Sakralarchitektur und russische Volkskunst. Sie alle brachten diese speziellen Kenntnisse auf unterschied-

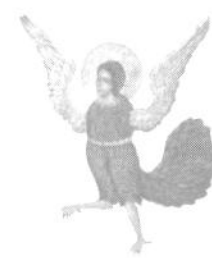

Το ενδιαφέρον της πρωτοπορίας για τις εικονογραφικές αντιλήψεις των εικόνων[1]

«Αναζητούμε άλλες αξίες, μια άλλη έμπνευση, μια άλλη τέχνη …»
Νικολάι Πούνιν

Ένας νέος ιστορικός τέχνης με το όνομα Νικολάι Πούνιν, ο οποίος μόλις είχε αρχίσει να εργάζεται σε μουσείο, γράφει το 1913 το πρώτο μεγάλο του σύγγραμμα, το οποίο δημοσιεύεται στο συμβολιστικό περιοδικό τέχνης *Apollon* με τη μορφή δύο πραγματειών σε συνέχειες. Το πρώτο κείμενο αποτελεί μια στηλιτευτική κριτική για την καλλιτεχνική σκηνή της εποχής[2], το δεύτερο (*Δρόμοι της μοντέρνας τέχνης και ρωσική αγιογραφία*, το οποίο παρατίθεται στο παράρτημα) είναι μια θερμή επιχειρηματολογία υπέρ μιας «ανανέωσης της τέχνης μέσω της επιστροφής σε λησμονημένες παραδόσεις»[3]. Ο Πούνιν διατυπώνει εδώ τον ισχυρισμό, ότι η ρεαλιστική και συμβολιστική κυρίαρχη τέχνη της εποχής του είναι ανούσια και βρίσκεται σε παρακμή. Γι' αυτό η νέα γενιά αναζητά «άλλες αξίες, άλλη έμπνευση, μια άλλη τέχνη» και το ιδανικό πρότυπο είναι οι παλαιότερες ρωσικές θρησκευτικές εικόνες[4]. Ενώ η τέχνη της εποχής χαρακτηρίζεται από υπερβολικό υποκειμενισμό και φορμαλισμό, στη μεσαιωνική αγιογραφία βρίσκει κανείς έναν «σοφό, προσανατολισμένο στη ζωή συμβολισμό» στον οποίο «δεν υπάρχει τίποτα το υποκειμενικό, τίποτα το ομοειδές και τίποτα το αλλότριο»[5]. Η θρησκευτική εικόνα είναι ένας ζωντανός και πρωτογενής οργανισμός» και είναι «απαλλαγμένος από την άψυχη εξατομίκευση της σύγχρονης καλλιτεχνικής δημιουργίας»[6]. Ο Πούνιν συμπεραίνει: «Πιστεύουμε ότι η θρησκευτική εικόνα με την εκπληκτική και ολοζώντανη ομορφιά της οδηγεί τη σύγχρονη τέχνη σε έναν δρόμο διαφορετικό από αυτόν στον οποίον πορεύτηκε η ευρωπαϊκή τέχνη τους τελευταίους αιώνες.»[7]

Αν και με την πρώτη εντύπωση μπορεί να φαίνεται ως μία συντηρητική αγόρευση, αποδεικνύεται με μια πιο προσεκτική εξέταση ως η προαναγγελία της ρωσικής πρωτοπορίας. Πραγματικά, ο συγγραφέας της εξελίσσεται τα επόμενα χρόνια σε έναν από τους πιο διάσημους θεωρητικούς της πρωτοπορίας. Το 1915, δηλαδή λίγο μετά τη δημοσίευση των πραγματειών, ο Πούνιν έρχεται σε επαφή με τους φουτουριστές της Αγίας Πετρούπολης και εμφανίζεται ως ένθερμος υποστηρικτής τους.[8] Ταυτόχρονα δημοσιεύει μία μονογραφία για τον σημαντικότερο Ρώσο αγιογράφο, Αντρέι Ρουμπλιόφ[9], προφανώς χωρίς να διακρίνει κάποια αντίφαση σε αυτή του την πράξη. Και πάλι λίγο αργότερα, αμέσως μετά την Οκτωβριανή Επανάσταση, συγγράφει στο ύφος του Μαρινέτι μία ριζοσπαστική «αντιπαρελθοντική» μπροσούρα ενάντια στην τέχνη του παρελθόντος που «ξεπεράστηκε».[10] Προπαγανδίζει τη «νέα» τέχνη των «αριστερών» φουτουριστών και δημοσιεύει αρκετά συγγράμματα για καλλιτέχνες και έργα της εποχής του, τα οποία επρόκειτο εν μέρει να αποτελέσουν θεμελιώδη έργα στην ιστορία της τέχνης.[11] Για ένα σύντομο χρονικό διάστημα ο κριτικός και θεωρητικός της τέχνης στρέφεται προς την πολιτιστική πολιτική, μέχρι να στενέψουν και πάλι, με τον Σταλινισμό, τα περιθώρια που είχε δημιουργήσει πρόσκαιρα η Επανάσταση για την τέχνη της πρωτοπορίας. Έτσι ο Πούνιν δεν έχει άλλη επιλογή από το να επιστρέψει στην εργασία του στο μουσείο και στην ακαδημαϊκή διδασκαλία.[12]

Τι οδηγεί όμως έναν επαναστάτη της αισθητικής να στραφεί στην παλαιορωσική αγιογραφία και να αναζητά σε εκείνη κατευθυντήριες γραμμές για την σύγχρονη τέχνη; Ο Πούνιν δεν ήταν ο μόνος που γοητευόταν από τις βυζαντινές εικόνες – το αντίθετο: ήδη πριν έρθει σε επαφή με τους τότε επονομαζόμενους «αριστερούς» ή «νέους» καλλιτέχνες της ρωσικής πρωτοπορίας, συμμερίζονταν κι εκείνοι την ίδια προτίμηση. Τον ίδιο χρόνο, το 1913, όταν δημοσιεύτηκαν οι δύο πρώτες του πραγματείες, ο νεοπριμιτιβιστής καλλιτέχνης, Μιχαήλ Λαριόνοφ, διοργάνωσε μια έκθεση με προσχέδια θρησκευτικών εικόνων (podlinniki) και σχέδια με λαϊκά θέματα (lubki), τα οποία είχε συλλέξει μόνος του.[13] Σε μια άλλη έκθεση που οργάνωσε ο Λαριόνοφ το 1913 με τον τίτλο *Στόχος* παρουσιάστηκαν σύγχρονα έργα τέχνης μαζί με θρησκευτικές εικόνες και παραδοσιακά χαρακτικά σε ξύλο. Ο Νταβίντ Μπουρλιούκ, ένας από τους εκπροσώπους του κυβοφουτουρισμού, συνέλεξε επίσης βυζαντινές εικόνες και χειροτεχνίες. Αρκετοί καλλιτέχνες της πρωτοπορίας, ανάμεσά τους

liche Weise in ihre Kunst ein. Den Grund des besonderen Interesses vor allem an alten Ikonen brachte Natalija Gontscharowa in einem Ausstellungskatalog auf die prägnante Formel: „Die Kunstwerke des Ostens kopieren die Natur nicht, sie verbessern sie nicht, sie schaffen sie neu."[14]

Dieser Satz enthält in nuce die beiden Hauptmotive, von denen die Künstlerinnen und Künstler der Avantgarde geleitet waren, wenn sie sich für altrussische Kunst begeisterten. Erstens waren die künstlerischen und philosophischen Debatten dieser Zeit überwiegend geprägt von einem Bedürfnis der Abgrenzung gegenüber dem Westen. In der Tradition des Slawophilentums, dem im 19. Jahrhundert große Teile der russischen Intelligenzia verbunden waren, suchte man nach spezifisch russischen oder östlichen Eigenschaften, die eine eigenständige Identität und darüber hinaus oft sogar eine besondere historische Mission Russlands begründen sollten.[15] Diesem mit der deutschen Romantik vergleichbaren geistesgeschichtlichen Kontext entsprang bereits seit dem späten 18. Jahrhundert ein ausgeprägtes Interesse am russischen Mittelalter und an der frühen Ikonenmalerei. Von engagierten Mäzenen gefördert, versuchten seit den 1870er Jahren namhafte Künstler historische Sakralarchitektur und Fresken zu rekonstruieren und traditionell russisches Kunsthandwerk wiederzubeleben.[16] Nicht zufällig erfuhr diese Begeisterung für altrussische Kunst am Vorabend des Ersten Weltkrieges einen erneuten Aufschwung. Anlässlich des 300-jährigen Bestehens der Romanow-Dynastie fand 1913 im Archäologischen Institut in Moskau eine Ausstellung von Ikonen des 14. bis 17. Jahrhunderts und anderer traditioneller russischer Erzeugnisse statt.[17] Die begeisterte Aufnahme insbesondere der Ikonen durch die kulturell interessierte Öffentlichkeit war nicht frei von nationalistischem Pathos, das in diesen Jahren auch bei etlichen avantgardistischen Künstlern wie Burljuk, Chlebnikow oder Gontscharowa vorherrschte.[18]

Stärker noch als das nationale war aber das ästhetische Motiv, womit der zweite Aspekt des Interesses an der Ikone angesprochen ist. Eine Besonderheit der Romanow-Ausstellung bestand darin, dass hier zum ersten Mal eine größere Anzahl von nach neuesten wissenschaftlichen Kenntnissen frisch restaurierten Ikonen exponiert war, das heißt, dass erstmals einem breiteren Publikum alte Ikonen in ihrer ursprünglichen Gestalt vor Augen geführt wurden. Dies war et-

was ganz Neues insofern, als man zuvor die von einer jahrhundertelangen lebhaften kultischen Beanspruchung (die Ikonen wurden umhergetragen, geküsst, eingeräuchert, mit Blumengebinden versehen etc.) arg strapazierten Bildwerke nur mit verdunkeltem Firnis oder gar in beschädigter Form hatte betrachten können. Hinzu kam, dass viele Ikonen mit einem dekorativen Metallbeschlag (Oklad) oder Übermalungen versehen worden waren.[19] Diese Veränderungen waren mit eine Ursache dafür, dass man im 19. Jahrhundert ungeachtet des nationalromantischen Interesses die mittelalterliche Ikone unter ästhetischen Gesichtspunkten eher geringschätzte. Ein weiterer Grund hierfür lag in dem vorherrschenden neoklassizistischen Kanon. Vor allem bestimmte ästhetische Charakteristiken der altrussischen Ikone wie z. B. ihr Verzicht auf die Zentralperspektive oder die vermeintliche „Unproportionalität" der Figuren mussten aus dieser Perspektive als Ausdruck künstlerischer Unbeholfenheit erscheinen. Wenn bedeutende Künstler wie Viktor Nesterow oder Michail Wrubel Elemente der Ikonenmalerei in ihrer Kunst aufgriffen oder selbst Kirchenfresken malten, suchten sie daher diese ästhetischen „Mängel" im Sinne des Zeitgeschmacks zu „korrigieren". Die Kunstwissenschaftler wiederum interessierten sich für die ästhetische Seite der Ikone überhaupt nicht, da sie diese als minderwertig gegenüber der neuzeitlichen Malerei empfanden, und konzentrierten ihre Forschung ausschließlich auf ikonografische Fragen.[20]

Erst zu Beginn des 20. Jahrhunderts wurde diese Geringschätzung der künstlerischen Qualität der Ikone überwunden, transformierte sich die Ikone vom Kultgegenstand zum Kunstwerk. Dies ist vor allem der Verdienst der jungen Künstlerinnen und Künstler der um 1907/ 1908 entstehenden künstlerischen Avantgarde, die – wie bereits erwähnt – begannen, Volkskunst und Ikonen zu sammeln, auszustellen und zum Vorbild ihrer eigenen Malerei zu machen. Zwar hatte auch die ältere Generation der Künstler aus dem von Alexander Benois begründeten Verband *Welt der Kunst* (Mir iskusstwa) Ikonen gesammelt – auf dem Pariser *Salon d'automne* 1906 zeigte Diaghilew sogar neben zeitgenössischen Werken russischer Kunst einige alte Ikonen – jedoch betrachtete man die zumeist von namenlosen Mönchen gemalten Kultbilder als ästhetisch nicht gleichrangig.[21] Anders die Neoprimitivisten: Sie erkannten gerade in den Abweichungen vom klassischen Kanon, die die alten Ikonen aufweisen, eine eigenständige

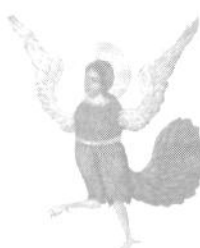

οι Τάτλιν, Φιλόνοφ, Τσεκρίγκιν και Ρέντκο, είχαν παρακολουθήσει μαθήματα αγιογραφίας. Άλλοι, όπως οι Αλεξάντρ Σεφτσένκο, Ναταλία Γκοντσαρόβα και Ελ Λισίτσκι έδειχναν έντονο ενδιαφέρον για τη μεσαιωνική θρησκευτική αρχιτεκτονική και για τη ρωσική λαϊκή τέχνη. Ο καθένας μετέφερε με τον δικό του διαφορετικό τρόπο τις ειδικές του γνώσεις στην τέχνη του. Τον λόγο που προκάλεσε το ιδιαίτερο αυτό ενδιαφέρον κυρίως για τις παλαιότερες θρησκευτικές εικόνες, εξέθεσε η Ναταλία Γκοντσαρόβα σε κατάλογο έκθεσης με την εξής σαφή διατύπωση: «Τα έργα των ανατολικών χωρών δεν αντιγράφουν τη φύση, δεν την βελτιώνουν, την αναδημιουργούν.»[14]

Η πρόταση αυτή περιέχει κατά βάση τους δυο κυριότερους λόγους που εξηγούν το γιατί οι καλλιτέχνες της πρωτοπορίας γοητεύονταν από την παλαιορωσική τέχνη. Πρώτον οι καλλιτεχνικές και φιλοσοφικές συζητήσεις της εποχής αυτής διαμορφώνονταν κατά κύριο λόγο από μια ανάγκη οριοθέτησης σε σχέση με τη Δύση. Στην παράδοση των σλαβικών χωρών, με την οποία ήταν συνδεδεμένη η πλειοψηφία των ρώσων διανοουμένων του 19ου αιώνα, αναζητούνταν εξειδικευμένα ρωσικά ή ανατολικά χαρακτηριστικά, τα οποία θα θεμελίωναν μια μοναδική ταυτότητα και εκτός αυτού ακόμα και μια ιδιαίτερη ιστορική αποστολή της Ρωσίας.[15] Μέσα σε αυτό το ιστορικό-καλλιτεχνικό πλαίσιο, το συγκρίσιμο με τον γερμανικό ρομαντισμό, δημιουργήθηκε ήδη στα τέλη του 18ου αιώνα έντονο ενδιαφέρον για τον ρωσικό Μεσαίωνα και την αγιογραφία. Ονομαστοί καλλιτέχνες επεχείρησαν από το 1870, υποστηριζόμενοι από δραστήριους μαικήνες της τέχνης, να επαναφέρουν τη θρησκευτική αρχιτεκτονική και τις νωπογραφίες και να αναζωογονήσουν την παραδοσιακή ρωσική χειροτεχνία.[16] Δεν ήταν τυχαίο ότι ο ενθουσιασμός αυτός για την παλαιορωσική τέχνη είχε πριν τον Πρώτο Παγκόσμιο Πόλεμο ραγδαία εξέλιξη. Με αφορμή τα 300 χρόνια της Δυναστείας των Ρομανόφ, το 1913 έλαβε χώρα στο Αρχαιολογικό Ινστιτούτο της Μόσχας μία έκθεση με θρησκευτικές εικόνες του 14ου – 17ου αιώνα και άλλα παραδοσιακά ρωσικά δημιουργήματα.[17] Η ενθουσιώδης υποδοχή, κυρίως των θρησκευτικών εικόνων, από το ενδιαφερόμενο κοινό, δεν ήταν απαλλαγμένη από εθνικιστικό πάθος, από το οποίο διέπονταν τα χρόνια εκείνα αρκετοί καλλιτέχνες της πρωτοπορίας, όπως οι Μπουρλιούκ, Χλέμπνικοφ και Γκοντσαρόβα.[18]

Ωστόσο, ισχυρότερο από το εθνικό ήταν το αισθητικό κίνητρο, που συνιστά το δεύτερο λόγο του ενδιαφέροντος των νεωτεριστών καλλιτεχνών για τις θρησκευτικές εικόνες. Μια ιδιαιτερότητα της έκθεσης για τους Ρομανόφ είναι ότι εκεί εκτέθηκε για πρώτη φορά ένας μεγάλος αριθμός θρησκευτικών εικόνων, που είχαν συντηρηθεί σύμφωνα με τις τελευταίες επιστημονικές τεχνικές, γεγονός που σημαίνει ότι ένα πιο ευρύ κοινό είχε για πρώτη φορά την ευκαιρία να δει παλιές θρησκευτικές εικόνες στην αρχική τους μορφή. Κάτι τέτοιο αποτελούσε καινοτομία, από την άποψη ότι το κοινό είχε, μέχρι τότε, τη δυνατότητα να δει τα έργα αυτά, τα οποία είχαν υποστεί σοβαρές φθορές από τις λατρευτικές τελετές αιώνων (οι εικόνες γίνονταν αντικείμενο περιφοράς, προσκυνούνταν, θυμιατίζονταν, διακοσμούνταν με λουλούδια), μόνο με ένα απλό βερνίκι ή χωρίς οποιαδήποτε επεξεργασία. Επιπλέον, σε πολλές εικόνες τοποθετούνταν διακοσμητικά, μεταλλικά προστατευτικά (oklad) ή οι εικόνες επιζωγραφίζονταν.[19] Οι αλλαγές αυτές αποτέλεσαν τον λόγο για τον οποίο τον 19ο αιώνα οι μεσαιωνικές εικόνες, παρά το εθνικο-ρομαντικό ενδιαφέρον, μάλλον υποτιμούνταν από αισθητικής απόψεως. Ένας επιπλέον λόγος για αυτό ήταν η επικράτηση του νεοκλασικιστικού κανόνα. Ιδιαίτερα κάποια συγκεκριμένα αισθητικά χαρακτηριστικά της παλαιορωσικής εικόνας, όπως π.χ. η αποφυγή της κεντρικής προοπτικής ή η υποτιθέμενη «δυσαναλογία» των μορφών ερμηνεύονταν, από αυτή την άποψη, ως έκφραση καλλιτεχνικής αδυναμίας. Όταν σημαντικοί καλλιτέχνες, όπως ο Βίκτορ Νεστέροφ ή ο Μιχαήλ Βρούμπελ εφάρμοζαν στοιχεία της αγιογραφίας στην τέχνη τους ή ζωγράφιζαν οι ίδιοι εκκλησιαστικές νωπογραφίες, προσπαθούσαν για τους λόγους αυτούς να «διορθώσουν» τις εν λόγω αισθητικές «ελλείψεις» σύμφωνα με τη μόδα της εποχής. Αφετέρου, οι ερευνητές που ασχολούνταν επιστημονικά με την τέχνη δεν έδειχναν το παραμικρό ενδιαφέρον για την αισθητική των θρησκευτικών εικόνων, επειδή τη θεωρούσαν κατώτερη από αυτή της σύγχρονης ζωγραφικής και επικέντρωναν τις μελέτες τους αποκλειστικά σε εικονογραφικά ζητήματα.[20]

Αυτή η υποτίμηση της καλλιτεχνικής ποιότητας των βυζαντινών εικόνων ξεπεράστηκε μόλις στις αρχές του 20ού αιώνα και η θρησκευτική εικόνα μετατράπηκε από αντικείμενο λατρείας σε έργο τέχνης. Αυτό αποτελεί, πάνω από όλα, επίτευγμα των νέων καλλιτεχνών της πρωτοπορίας που πρωτοεμφανίστηκαν περίπου την περίοδο 1907/1908, οι οποίοι, όπως προαναφέρθηκε, άρχισαν να συλλέγουν έργα λαϊκής τέχνης και θρησκευτικές εικόνες, να τα

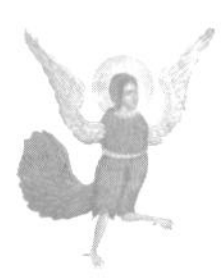

Qualität und eine innere Gemeinsamkeit mit ihren eigenen künstlerischen Anliegen. Erstmals begannen daher Künstler und Kunsthistoriker nach 1913 die ästhetischen Charakteristiken der altrussischen Ikonenmalerei überhaupt zu analysieren.[22] Sie kamen dabei schnell zu dem Ergebnis, dass hier keineswegs von einem Mangel an künstlerischen Fähigkeiten oder an Kenntnissen von Darstellungsmitteln die Rede sein kann, sondern dass vielmehr andere, eigenständige Darstellungsprinzipien in höchster Meisterschaft verwirklicht worden sind. Ein Beispiel hierfür ist die fehlende Zentralperspektive in den Ikonen, die häufig bemerkte Tatsache, dass hier etwa ein Bauwerk, ein Altar oder ein Thron von drei Seiten zugleich ansichtig gemacht wird und zum Bildhintergrund hin breiter wird anstatt sich, wie in der zentralperspektivischen Darstellung, zu verjüngen (vgl. Abb. 1). Wie der orthodoxe Priester und Philosoph Pawel Florenski und später der Künstler Lew Shegin herausarbeiteten, handelt es sich hier um bewusst eingesetzte Verfahren innerhalb eines geschlossenen und in sich sinnvollen Systems, das auf einer mystisch-religiösen Weltauffassung basiert[23]: Nicht der Betrachter ist der zentrale Bezugspunkt, auf den hin der Bildraum konzipiert wird, sondern die imaginäre Tiefe des Bildes selbst, das dadurch eine metaphysische Dimension erhält und sich gegenüber der realen, gegenständlichen Welt absetzt, anstatt sich auf diese abbildhaft zu beziehen. Die mittelalterliche Ikonenperspektive verneint radikal die euklidische Konzeption eines einheitlichen, homogenen und unendlichen Raumes sowie deren künstlerisches Pendant, die Zentralperspektive, die im 19. Jahrhundert als die schlechthin wissenschaftliche und einzig wahrheitsgetreue Darstellungsform des Raumes galt. Interessant ist nun, dass die euklidische Raumkonzeption und die Zentralperspektive zu Beginn des 20. Jahrhunderts auch von naturwissenschaftlicher Seite in Frage gestellt wurden, nämlich durch die Relativitätstheorie sowie durch die wahrnehmungsphysiologischen Untersuchungen von Hermann v. Helmholtz, Ernst Mach und Wilhelm Wundt. Für die jüngere Künstlergeneration erwies sich damit die bislang allgemeingültige Form der Raumdarstellung als ebenso obsolet wie die dahinter stehende positivistische Weltauffassung. Viele von ihnen begannen, sich für neue esoterische Lehren und Grenzwissenschaften zu interessieren[24] – und nach alternativen künstlerischen Vorbildern zu suchen.

In der Ikone fanden sie nicht nur hinsichtlich der Raumdarstellung

eine Fülle von Anregungen, sondern auch zum Beispiel in der Verwendung der Farbe: Vor allem in der Nowgoroder Ikonentradition wurden die Farben einer relativ feststehenden Palette – insbesondere Zinnoberrot, Dunkelgrün und Ocker – unvermischt und flächig nebeneinander aufgetragen. Dieses polychrome Verfahren erzeugt eine ausgeprägte Leuchtkraft und Eindringlichkeit, ja geradezu den Eindruck von „Plakathaftigkeit" (Onasch).[25] Dabei mussten die Farben keineswegs notwendig mit denen der dargestellten Gegenstände übereinstimmen, da in der Ikone die naturalistische Wiedergabe der Realität überhaupt nicht angestrebt wurde; sie hatten vielmehr rein symbolische Bedeutung. Ein weiterer Bereich, in dem die Ikone aufregend aktuell und innovativ wirken musste, sind ihre Verfahren der Zeitdarstellung. Während in der klassizistischen Lehre die zeitliche Kohärenz der dargestellten Handlung(en) als unabdingbar galt, konnten die alten Ikonenmeister mühelos verschiedene Zeitabschnitte (z. B. Episoden aus dem Leben eines Heiligen), mehr noch: zwei fundamental unterschiedliche Zeittypen – die irdische, chronologische Zeit und die himmlische, ewige Zeit – in einem einzigen Bild nebeneinander darstellen.[26] Diese wenigen Hinweise mögen ausreichen, um nachvollziehbar zu machen, dass die Künstlerinnen und Künstler der russischen Avantgarde (und nicht nur sie: auch Henri Matisse äußerte sich anlässlich eines Russlandaufenthalts ähnlich[27]) auffallende Wesensähnlichkeiten zwischen der Ikone und ihrer eigenen Kunst entdecken konnten und dass sie der Ikone nicht nur höchste künstlerische Qualität zuschrieben, sondern sie auch als Vorbild betrachteten.

Diese Faszination richtete sich nicht nur auf Ikonen, sondern auch auf alte Ladenschilder und russisches Kunsthandwerk, also auf „primitive" Kunstwerke allgemein. Damit steht der Primitivismus der russischen Avantgarde im internationalen Kontext einer Hinwendung zu als „ursprünglich" empfundenen Vorbildern wie z. B. afrikanischen oder ozeanischen Skulpturen, die bekanntermaßen als entscheidende Stichwortgeber für die Entwicklung der modernen Kunst fungierten.[28] Jedoch bestehen bei der Ikonenrezeption der russischen Avantgarde entscheidende Besonderheiten im Unterschied etwa zum Primitivismus der deutschen Expressionisten oder der französischen Kubisten: Anders als die westlichen Kollegen befassten sich die russischen Avantgardekünstler kaum mit außereuropäischen, also kulturell fremden Kunstwerken, sondern primär mit Hervorbringungen der

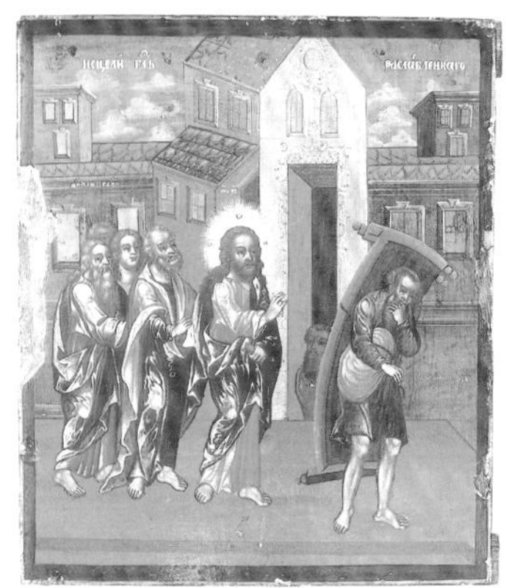

1 *Heilung des Lahmen*, Russland, 18. Jh.

Η ίαση του χωλού, Ρωσία, 18ος αιώνας

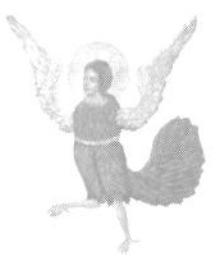

εκθέτουν και να τα ανάγουν σε πρότυπο για τη δική τους ζωγραφική. Η προηγούμενη γενιά των καλλιτεχνών της ομάδας *Ο Κόσμος της Τέχνης* (mir iskusstvo), που είχε ιδρύσει ο Αλεξάντρ Μπενουά, είχε επίσης συλλέξει θρησκευτικές εικόνες —στο Παρισινό salon d'automne του 1906 ο Ντιαγκίλεφ είχε μάλιστα εκθέσει, πλάι σε σύγχρονα έργα της ρωσικής τέχνης, και μερικές παλιές εικόνες- αλλά αντιμετώπιζε τις λατρευτικές εικόνες που ήταν τις περισσότερες φορές ζωγραφισμένες από ανώνυμους μοναχούς ως αισθητικά κατώτερες.[21] Οι νεοπριμιτιβιστές, όμως, αναγνώρισαν αμέσως στις αποκλίσεις από τον κλασσικό κανόνα, που χαρακτηρίζουν τις παλιές θρησκευτικές εικόνες, μία μοναδική ποιότητα και μια εσωτερική κοινή βάση με τις δικές τους καλλιτεχνικές τάσεις. Έτσι, μόνο μετά το 1913 άρχισαν οι καλλιτέχνες και οι ιστορικοί της τέχνης να αναλύουν τα αισθητικά χαρακτηριστικά της παλαιορωσικής αγιογραφίας.[22] Μέσω της ανάλυσης αυτής εξήγαγαν γρήγορα το συμπέρασμα, ότι σε καμία περίπτωση δεν πρόκειται για έλλειψη καλλιτεχνικών δεξιοτήτων ή γνώσης των τεχνικών απεικόνισης, αλλά μάλλον για εφαρμογή διαφορετικών και πρωτότυπων μορφολογικών αρχών με υψηλή δεξιοτεχνία. Ένα παράδειγμα για αυτό αποτελεί η έλλειψη κεντρικής προοπτικής στις βυζαντινές εικόνες. Όπως π.χ. το γεγονός που συχνά παρατηρείται, ότι ένα κτίσμα, η Αγία Τράπεζα ή ένας θρόνος απεικονίζονται από τρεις πλευρές ταυτόχρονα και φαρδαίνουν προς το φόντο, αντί να στενεύουν, όπως γίνεται στην κεντρική απεικόνιση (Βλ. εικ. 1). Όπως συμπέραναν ο ορθόδοξος ιερέας και φιλόσοφος Πάβελ Φλορένσκι και αργότερα ο καλλιτέχνης Λεβ Σέγκιν, πρόκειται για τεχνικές που εφαρμόζονται συνειδητά στα πλαίσια ενός κλειστού συστήματος, το οποίο βασίζεται σε μία μυστική – θρησκευτική αντίληψη του κόσμου:[23] Κεντρικό σημείο αναφοράς, σύμφωνα με το οποίο συλλαμβάνεται το θέμα της εικόνας, δεν είναι ο παρατηρητής, αλλά το ίδιο το νοητό βάθος της εικόνας, η οποία λαμβάνει με τον τρόπο αυτό μία μεταφυσική διάσταση και διαχωρίζεται από τον πραγματικό, υλικό κόσμο, αντί να αναφέρεται σ' αυτόν ως ομοίωμα. Η μεσαιωνική αγιογραφική άποψη αρνείται κατηγορηματικά την ευκλείδεια αντίληψη ενός ενιαίου, ομογενούς και απείρου χώρου, όπως και την καλλιτεχνική του αντιστοιχία, την κεντρική προοπτική, η οποία τον 19ο αιώνα ίσχυε σαν η κατεξοχήν επιστημονική και μοναδική πιστή τεχνική αναπαράστασης του χώρου. Είναι όμως ενδιαφέρον ότι η ευκλείδεια αντίληψη του χώρου και η

κεντρική προοπτική αμφισβητήθηκαν στις αρχές του 20ού αιώνα και από την πλευρά των φυσικών επιστημόνων και συγκεκριμένα μέσω της θεωρίας της σχετικότητας και των ερευνών της ψυχολογίας της αντίληψης από τους Χέρμαν φον Χελμχολτζ, Ερνστ Μαχ και Βίλχελμ Βουντ. Για τη νεότερη γενιά καλλιτεχνών αποδείχθηκε, με αυτό τον τρόπο, ότι αυτή η μορφή αναπαράστασης του χώρου, που ίσχυε για καιρό, ήταν εξίσου απαρχαιωμένη, όπως και η θετικιστική αντίληψη του κόσμου που αντιπροσώπευε. Πολλοί από αυτούς άρχισαν να εκδηλώνουν ενδιαφέρον για νέες αποκρυφιστικές θεωρίες και επιστήμες [24] και να αναζητούν εναλλακτικά καλλιτεχνικά πρότυπα.

Στη θρησκευτική εικόνα δεν βρήκαν μόνο ένα πλήθος ερεθισμάτων όσον αφορά την απεικόνιση του χώρου. Ένα άλλο παράδειγμα είναι η εφαρμογή των χρωμάτων: κυρίως στην αγιογραφική παράδοση του Νόβγκοροντ χρησιμοποιούνταν αμιγή και επιφανειακά, το ένα δίπλα στο άλλο τα χρώματα μιας σχετικά σταθερής παλέτας – ιδιαίτερα το κιννάβαρι, το βαθύ πράσινο και η ώχρα. Αυτή η τεχνική της πολυχρωμίας δημιουργεί μία εντυπωσιακή ζωηρότητα και παραστατικότητα, ακόμα και την εντύπωση επιδεικτικότητας.[25] Τα χρώματα δεν είναι απαραίτητο να ταιριάζουν με τα φυσικά χρώματα του απεικονιζόμενου αντικειμένου, γιατί στις θρησκευτικές εικόνες δεν επιδιώκεται καθόλου η νατουραλιστική απόδοση της πραγματικότητας, αλλά πολύ περισσότερο έχουν συμβολικό χαρακτήρα. Ένας άλλος τομέας, στον οποίο η θρησκευτική εικόνα έδωσε ερεθίσματα και υπήρξε σύγχρονη και πρωτοποριακή, είναι οι τεχνικές της για την αναπαράσταση του χρόνου. Ενώ στην κλασική τεχνοτροπία η χρονική συνοχή των απεικονιζόμενων ενεργειών ήταν απαραίτητη, οι παλιοί αγιογράφοι μπορούσαν χωρίς κόπο να αναπαραστήσουν σε μία μόνο εικόνα διάφορες χρονικές περιόδους (π.χ. γεγονότα της ζωής ενός Αγίου) ή ακόμα δύο ριζικά διαφορετικές μορφές χρόνου, τον επίγειο κοινό χρόνο και τον ουράνιο αιώνιο χρόνο.[26] Αυτές οι λίγες παρατηρήσεις αρκούν για να καταστήσουν σαφές ότι οι καλλιτέχνες της ρωσικής πρωτοπορίας (και όχι μόνο αυτοί: και ο Ανρί Ματίς έκανε παρόμοιες παρατηρήσεις με αφορμή μια επίσκεψή του στη Ρωσία[27]) μπορούσαν να βρουν σαφείς και ουσιώδεις ομοιότητες ανάμεσα στις θρησκευτικές εικόνες και τη δική τους τέχνη και όχι μόνο απέδιδαν στις εικόνες ύψιστη καλλιτεχνική ποιότητα, αλλά τις υιοθετούσαν ως πρότυπα και πηγή έμπνευσης.

eigenen Kultur. Diese Kultur gehörte zudem keineswegs vollständig der Vergangenheit an, sondern war vor allem in Dörfern und Kleinstädten noch lebendig, wenngleich – wie z. B. im Falle der handgemalten Ladenschilder und der Holzschnitte – vom allmählichen Aussterben bedroht.[29] Die jungen russischen Künstler waren zumeist selbst in der mit der Ikone verbundenen spezifischen Religiosität und kultischen Tradition aufgewachsen. Sie waren also in eigener Person mehr oder weniger eng mit der Kultur verbunden, deren Hervorbringungen sie nun als „primitive" Werke enthusiastisch aufnahmen.

Noch wichtiger ist ein weiterer Aspekt, der nicht die Künstlerbiografien, sondern die rezipierten Werke selbst betrifft: Die Ikone ist mehr als ein „primitives" Kunstwerk. Was sie von Holzschnitten und Lackminiaturen, Ladenschildern und Holzspielzeug unterscheidet, ist ihre religiöse Funktion und – daraus resultierend – ihr Bildkonzept, das sich fundamental von dem Bildkonzept unterscheidet, das sich in der westeuropäischen Malerei seit der Renaissance herausgebildet hat.[30] Die Ikone will nicht Wirklichkeit abbilden, sondern sie repräsentiert oder besser verkörpert eine andere, göttliche Wirklichkeit. Sie ist heilig und ihr ist göttliche Wirkungsmacht eigen. Diese besondere Charakteristik wird in der orthodoxen Theologie aus der Inkarnationslehre sowie aus der Dreieinigkeit Gottes abgeleitet.[31] Demnach verkörpert die Ikone das Göttliche auf Erden analog zur Menschwerdung Gottes in Christus. Jesus stellt ein Abbild Gottvaters dar, wobei Vater und Sohn, Urbild und Abbild substanziell identisch sind. So wie in Christus Gott selbst gegenwärtig wurde, ist in der Ikone ihr Urbild gegenwärtig. Diese „Inkorporation" (Schmalenbach), also die Verschmelzung des Bildwerks mit seinem Gehalt ist neben den spezifischen Darstellungsprinzipien der Ikone und über diese hinaus der wichtigste Grund für das besondere Interesse der Avantgarde an der Ikonenmalerei.[32]

Nicht zufällig erreicht die Faszination für die alten Kultbilder mit den Ikonenausstellungen und der Veröffentlichung von Punins Streitschrift ihren Höhepunkt im Jahr 1913, das zum „Kulminationspunkt in der Entwicklung der russischen Avantgarde" (Kowtun) wurde.[33] Zu diesem Zeitpunkt hat sich die Avantgarde bereits formiert und in einer Reihe von Ausstellungen der Öffentlichkeit präsentiert und tritt nun in heftige polemische Auseinandersetzungen mit den Repräsentanten des etablierten Kunstbetriebs.[34] Vor allem aber ist die Tendenz zur

Auflösung des Gegenstands in der bildenden Kunst um 1913 an ihrem kritischen Punkt angelangt. Michail Larionow stellt in Moskau seine ersten rayonistischen Gemälde aus, also Bilder, in denen nicht primär ein Gegenstand, sondern die von ihm ausgehenden Lichtstrahlen wiedergegeben werden sollen. Kasimir Malewitsch hat bereits ein Jahr zuvor im Rahmen seiner Bühnenbildgestaltung für die futuristische Oper *Sieg über die Sonne* (Abb. 2) ein *Schwarzes Quadrat* gemalt und entwickelt daraus nun die suprematistische Malerei, die er 1915 erstmals dem Publikum zeigen wird. Wladimir Tatlin stellt im Mai 1914 zum ersten Mal abstrakte Arbeiten aus Holz, Pappe, Metall und anderen Materialien aus, Vorformen seiner im Jahr darauf entstehenden *Eck-Konterreliefs* (S. 136 Abb. 4). Kandinskys Essay *Über das Geistige in der Kunst* ist in Russland bereits seit 1911 bekannt. Diverse Manifeste „junger" Künstler betonen die notwendige Konzentration auf die „Essenz der Malerei selbst".[35] In diesem Kontext ist auch Gontscharowas Feststellung zu verstehen, wonach die östlichen Kunstwerke die Natur „neu schaffen". Punins Aufsätze erscheinen also mitten in einer Phase des Umbruchs, und er hebt in ihnen genau diejenigen Eigenschaften der mittelalterlichen Ikonen hervor, die in einer inneren Beziehung zur Gegenstandslosigkeit in der Kunst stehen. So lobt er insbesondere den Antinaturalismus der Ikonen, ihre überindividuelle Objektivität und ihren Symbolcharakter. Die Farbe werde nicht wie bei den Impressionisten als Farbwert, also nach ihrer physiologischen Wirkung auf die Netzhaut eingesetzt, sondern in ihrer reinen stofflichen und zugleich symbolischen Qualität. Vor allem aber sei die Ikone ein „lebendiger und authentischer Organismus".[36] Mit dieser Charakterisierung spricht Punin gerade diejenigen Kriterien an, die über die konkrete historische Situation um 1913 in Russland hinaus allgemeine Relevanz für die gesamte Kunst der Moderne besitzen. Denn die Verweigerung eines abbildhaften, also nachgeordneten Verhältnisses zur Realität und die selbstwerte Existenz als eigenständiger Organismus können als konstitutive Eigenschaften des modernen Kunstwerks gelten.[37] Punin erkennt also zu einer Zeit, da die avantgardistischen Künstlerinnen und Künstler soeben ihre jeweils eigenen Wege hin zur Gegenstandslosigkeit antreten, diese im Bildkonzept der Ikone bereits vorgebildet.

Die neue Perspektive auf die Ikonenmalerei, die durch Avantgardekünstler und junge Kunsthistoriker wie Punin eröffnet wird, ist

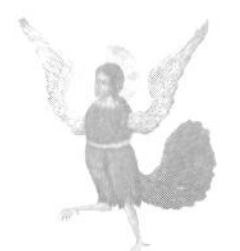

Ο ενθουσιασμός αυτός δεν αφορούσε μόνο στις θρησκευτικές εικόνες, αλλά και σε παλιές ταμπέλες καταστημάτων και στη ρωσική χειροτεχνία, δηλαδή γενικά σε «πρωτόγονα» έργα τέχνης. Με τον τρόπο αυτό, ο πριμιτιβισμός της ρωσικής πρωτοπορίας αποτελεί μέρος μια διεθνούς στροφής σε πρότυπα που θεωρούνται «αυθεντικά», όπως για παράδειγμα τα γλυπτά της Αφρικής και της Ωκεανίας, τα οποία λειτούργησαν, ως γνωστόν, ως αποφασιστικοί παράγοντες για την εξέλιξη της μοντέρνας τέχνης.[28] Παρόλα αυτά στην κριτική υποδοχή των θρησκευτικών εικόνων από τη ρωσική πρωτοπορία υπήρξαν ιδιαιτερότητες που τη διαφοροποιούν από τον πριμιτιβισμό των γερμανών εξπρεσιονιστών ή των γάλλων κυβιστών: σε αντίθεση με τους δυτικούς συναδέλφους τους, οι καλλιτέχνες της ρωσικής πρωτοπορίας δεν ασχολήθηκαν σχεδόν καθόλου με εξω-ευρωπαϊκά έργα τέχνης, αλλά κατά βάση με δημιουργίες του ίδιου τους του πολιτισμού. Ο πολιτισμός αυτός δεν ανήκε σε καμία περίπτωση ολοκληρωτικά στο παρελθόν, αλλά ήταν ακόμη ζωντανός, κυρίως σε χωριά και μικρές πόλεις, αν και απειλούνταν με σταδιακή εξαφάνιση, όπως για παράδειγμα στην περίπτωση των ζωγραφισμένων στο χέρι ταμπελών καταστημάτων και χαρακτικών σε ξύλο.[29] Οι νέοι ρώσοι καλλιτέχνες είχαν κατά κανόνα ανατραφεί και οι ίδιοι με τη συγκεκριμένη θρησκευτικότητα που συνδέονταν με τις εικόνες. Ήταν λοιπόν προσωπικά, λίγο ή πολύ, στενά δεμένοι με τον πολιτισμό του οποίου τις δημιουργίες υποδέχονταν τώρα με ενθουσιασμό σαν «πρωτόγονα» έργα.

Ακόμη πιο σημαντικό είναι ένα άλλο στοιχείο, το οποίο δεν αφορά στη ζωή των καλλιτεχνών, αλλά στα ίδια τα έργα: Η θρησκευτική εικόνα είναι κάτι παραπάνω από ένα «πρωτόγονο» έργο τέχνης. Αυτό που τη διαφοροποιεί από ξυλογραφίες και μικρογραφίες, ταμπέλες καταστημάτων και ξύλινα παιχνίδια, είναι η θρησκευτική της λειτουργία και ως εκ τούτου, η τεχνοτροπία της, η οποία διαφέρει ριζικά από την τεχνοτροπία που αναπτύχθηκε στη δυτικοευρωπαϊκή ζωγραφική από την Αναγέννηση.[30] Η θρησκευτική εικόνα δεν έχει σκοπό να απεικονίσει την πραγματικότητα αλλά αντιπροσωπεύει, ή καλύτερα ενσαρκώνει μία άλλη, θεϊκή πραγματικότητα. Είναι ιερή και ενοποιημένη με τη θεία δύναμη. Αυτός ο ιδιαίτερος χαρακτήρας διοχετεύεται στην Ορθόδοξη Θεολογία με τη διδασκαλία της ενσάρκωσης, όπως και με την τριπλή υπόσταση του Θεού.[31] Σύμφωνα με αυτά, η εικόνα ενσαρκώνει το θεϊκό επί της γης, όπως ακριβώς

ο Θεός έγινε άνθρωπος μέσω του Χριστού. Ο Ιησούς αποτελεί μία απεικόνιση του Πατέρα, όπου Πατέρας και Υιός, το πρότυπο και η απεικόνιση ουσιαστικά ταυτίζονται. Όπως ο Θεός είναι ο ίδιος παρόν στο Χριστό, έτσι και στην εικόνα το πρότυπό της είναι επίσης παρόν. Αυτή η «ενσάρκωση», σύμφωνα με τα λόγια του Σμάλενμπαχ, δηλαδή αυτή η συγχώνευση του έργου ζωγραφικής με το περιεχόμενό του, είναι εκτός των άλλων ειδικών αρχών αναπαράστασης της θρησκευτικής εικόνας, ο σημαντικότερος λόγος του ιδιαίτερου ενδιαφέροντος της πρωτοπορίας για την αγιογραφία. [32]

Δεν είναι τυχαίο ότι ο ενθουσιασμός για τις παλαιότερες λατρευτικές εικόνες έφτασε στο αποκορύφωμά του το 1913 με τις εκθέσεις θρησκευτικών εικόνων και τη δημοσίευση του συγγράμματος του Πούνιν και έγινε «το κορυφαίο σημείο στην εξέλιξη της ρωσικής πρωτοπορίας», σύμφωνα με τον Κόβτουν.[33] Σε αυτό το χρονικό σημείο η πρωτοπορία έχει ήδη διαμορφωθεί και παρουσιάζεται στο κοινό με μια σειρά από εκθέσεις ενώ βρίσκεται σε σφοδρές διαμάχες με τους εκπροσώπους των ήδη εδραιωμένων καλλιτεχνικών κύκλων.[34] Πάνω από όλα, όμως, η τάση για αφηρημένη απεικόνιση του αντικειμένου στη ζωγραφική έφθασε σε ένα κρίσιμο σημείο γύρω στο 1913. Ο Μιχαήλ Λαριόνοφ εκθέτει στη Μόσχα τους πρώτους του ραγιονιστικούς πίνακες, δηλαδή εικόνες, στις οποίες δεν αποδίδεται ένα αντικείμενο αλλά το φως που αναδύεται από αυτό. Ο Καζιμίρ Μαλέβιτς είχε ζωγραφίσει, ήδη ένα χρόνο πριν, στα πλαίσια της σκηνογραφίας του για το φουτουριστικό έργο της όπερας Νίκη επί του ήλιου (εικ. 2) ένα Μαύρο Τετράγωνο και ανέπτυσσε έτσι την σουπρεματιστική ζωγραφική, την οποία θα εκθέσει στο κοινό για πρώτη φορά το 1915. Ο Βλαντιμίρ Τάτλιν εκθέτει το Μάιο του 1914 για πρώτη φορά αφηρημένα έργα από ξύλο, χαρτόνι, μέταλλο και άλλα υλικά, πρώιμες μορφές του Ζωγραφικού αντι-ανάγλυφου (σελ. 136 εικ. 4) που δημιουργήθηκε ένα χρόνο αργότερα. Η μελέτη του Καντίνσκυ Για το Πνευματικό στην Τέχνη είναι γνωστή στη Ρωσία ήδη από το 1911. Διάφορες διακηρύξεις «νέων» καλλιτεχνών υπογραμμίζουν την ανάγκη επικέντρωσης στην «ίδια την ουσία της ζωγραφικής».[35] Σε αυτά τα πλαίσια πρέπει να γίνει προσπάθεια κατανόησης του συμπεράσματος της Γκοντσαρόβα, σύμφωνα με το οποίο τα ανατολικά έργα τέχνης «αναδημιουργούν» τη φύση. Οι πραγματείες του Πούνιν δημοσιεύονται, λοιπόν, σε μια εποχή ριζικής αλλαγής και τονίζει σε αυτές αυτά ακριβώς τα χαρακτηριστικά των

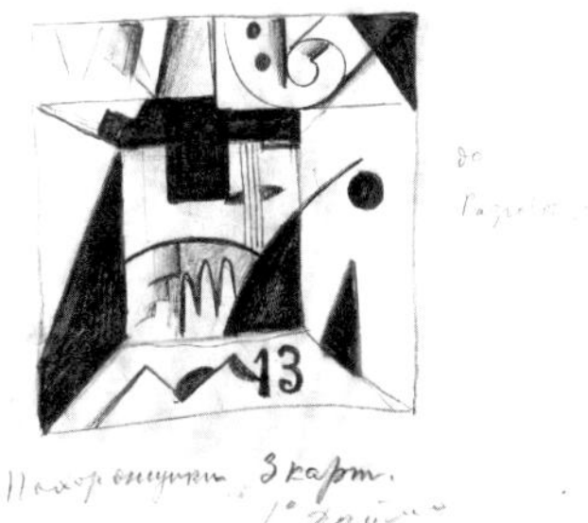

2 K. Malewitsch *Bühnendekoration zur Oper Sieg über die Sonne für den 1. Akt, 3. Bild*, 1913

K. Μαλέβιτς *Σκηνογραφία της όπερας Νίκη επί του ήλιου πράξη 1, εικ. 3*, 1913

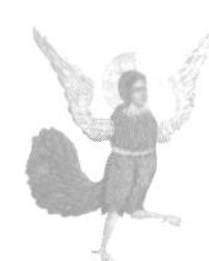

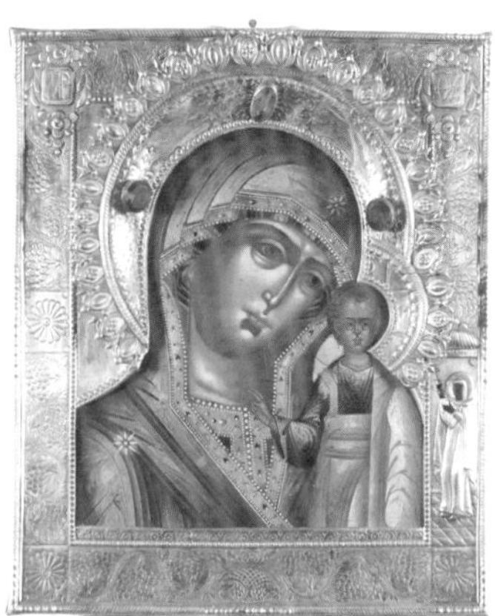

3 *Gottesmutter Kasankaja,* Russland, nach 1800

Παναγία του Καζάν, Ρωσία, περ. 1800

keine „historische" in dem Sinne, dass es dabei um ein besseres Verständnis der historischen Funktion und Wirkungsweise ihrer spezifischen ästhetischen Merkmale gegangen wäre. Eher umgekehrt: Ihr Zugang zur Ikone ist konsequent ahistorisch insofern, als deren Strukturmerkmale anstatt auf den zeitgenössischen Kontext der Ikone auf den eigenen zeitgenössischen Kontext des frühen 20. Jahrhunderts bezogen werden. Nicht die Ikone als historisches Faktum ist aus dieser Sichtweise von Interesse, sondern das, was sie jenseits ihrer Historizität als ästhetisches, gewissermaßen „überzeitliches" Substrat mit dem modernen Kunstwerk wesenhaft gemeinsam hat. So konnte man ihren religiösen Wirkungszusammenhang völlig ignorieren und sie als rein künstlerische Schöpfung betrachten.[38] Aus dieser Umkehrung der Perspektive auf die Bedürfnisse der eigenen Gegenwart ergibt sich zwangsläufig eine Vielfalt der möglichen Interpretationen je nach subjektiver Lesart. Das spezifische Interesse eines Betrachters rückt ebenso spezifische Aspekte der Ikone in den Vordergrund und vernachlässigt andere. Dies ist deshalb von Bedeutung, weil etliche Künstlerinnen und Künstler der russischen Avantgarde sich mit der Ikonenmalerei nicht nur auseinander gesetzt, sondern darüber hinaus in Bezugnahme auf diese ihre eigenen – divergierenden – künstlerischen Konzeptionen entwickelt haben. Interessanterweise wurden dabei nicht nur metaphysisch begründete Kunstkonzepte wie diejenigen von Kandinsky oder Malewitsch durch das altrussische Kultbild inspiriert oder von ihm abgeleitet, sondern auch im Neoprimitivismus, im Konstruktivismus und in Tatlins Materialkultur kann man das Bildkonzept der Ikone – säkular gewendet – wiederentdecken. Neben den Kunstwerken selbst, die zu analysieren den Rahmen dieses Beitrags sprengen würde[39], belegen dies eine ganze Reihe zeitgenössischer Künstlerschriften. Ein kurzer Tour d'Horizon mag im Folgenden die Breite und Vielfalt der aktiven Verarbeitung der Ikone durch Künstler der russischen Avantgarde verdeutlichen.

Schon die Neoprimitivisten um Larionow und Gontscharowa waren, wie bereits erwähnt, von den Ikonen fasziniert. Alexander Grischtschenko, ein Mitglied der Gruppe, äußerte 1913 ganz ähnlich wie Punin die Überzeugung, dass die Krise, in der sich die Malerei seiner Auffassung nach befand, nur durch die Inspiration der alten Primitiven und namentlich der russischen Ikonen überwunden werden könne.[40] Im Jahr 1915 betonte er in einem Vortrag *Wie und warum nähern wir uns der russischen Ikone,* dass die Ikone gerade deshalb über so „ungewöhnliche Ausdruckskraft" verfüge, weil sie den akademischen Maßstäben nicht entspricht.[41] Sein Freund und Malerkollege Alexander Schewtschenko forderte 1913 in der programmatischen Broschüre *Neoprimitivismus. Seine Theorie, seine Möglichkeiten, seine Leistungen* eine „freie und eklektizistische" Adaption (anstelle „schlichter Nachahmung") der qualitätvollen Darstellungsprinzipien der Ikone durch die moderne Kunst; anzustreben sei eine „gute Struktur", ein „guter Stil" und eine „gute Faktur" des Werks.[42] Der Begriff der Faktur erfreute sich in diesen Jahren in den Künstlerkreisen der russischen Avantgarde großer Beliebtheit. Bezeichnet wird damit die Gesamtheit der gestalterischen Möglichkeiten, den Bildträger selbst sowie seine Oberfläche mit verschiedenen Materialien und Pigmenten zu bearbeiten; betont wird damit neben der „Gemachtheit" des Werks auch die Eigenwertigkeit des verwendeten Materials. Zum programmatischen Begriff wurde faktura wahrscheinlich durch den Künstler, Sammler und Kunstforscher Woldemar Matwei, der unter dem Pseudonym Wladimir Markow bedeutende theoretische Schriften der frühen Avantgarde veröffentlichte. In seinem Buch *Faktur. Prinzipien des Schaffens in den plastischen Künsten* (1914), geht er konsequent vom Material aus. Das Material sei die „Mutter der Faktur", kein Material sei zu verachten, aus dem Material selbst müsse die künstlerische Faktur gewonnen werden.[43] Hier klingen bereits die Prinzipien der „Materialkultur" Wladimir Tatlins an, der es später als seine Aufgabe als Künstler bezeichnete, „in meinem Werk neue Beziehungen zwischen Materialien herzustellen".[44]

Bemerkenswerterweise sah Markow in der altrussischen Ikone ein Vorbild für gute Gestaltung der Faktur. Tatsächlich wurde in der Ikonenmalerei eine große Vielfalt an Materialien eingesetzt, verbunden mit einer enormen Bandbreite an handwerklichen Möglichkeiten der Materialbearbeitung und Oberflächengestaltung. Man denke nur an die konstitutiv zur Ikone gehörende in einem komplizierten Verfahren erstellte Holztafel, die verschiedenen Schichten der Grundierung und des Farbauftrags sowie die Verwendung von Edelmetallen und Edelsteinen (vgl. Abb. 3). Auch Tatlins Kunst steht in Beziehung zur Ikonenmalerei, und dies gilt nicht nur für seine frühen Gemälde, die offenkundig in Auseinandersetzung mit sakraler Malerei entstanden sind[45], sondern auch für die spätere Materialkultur, in deren Kontext

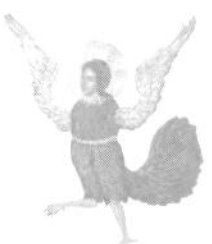

μεσαιωνικών θρησκευτικών εικόνων τα οποία έχουν μία εσωτερική σύνδεση με την έλλειψη παραστατικότητας στην τέχνη. Έτσι επαινεί κυρίως τον αντινατουραλισμό των εικόνων, την υπερατομική τους αντικειμενικότητα και τον συμβολικό τους χαρακτήρα. Το χρώμα δεν χρησιμοποιείται, όπως στους ιμπρεσιονιστές σαν χρωστικό υλικό, δηλαδή σύμφωνα με την φυσιολογική του επίδραση στο μάτι, αλλά με την καθαρά υλική και συνάμα συμβολική του ποιότητα. Πάνω από όλα όμως η θρησκευτική εικόνα είναι ένας «ζωντανός και πρωτότυπος οργανισμός».[36] Με αυτόν τον χαρακτηρισμό ο Πούνιν αναφέρεται σε εκείνα τα κριτήρια, τα οποία ξεκινώντας από τη συγκεκριμένη ιστορική κατάσταση στη Ρωσία το 1913, σχετίζονται με το σύνολο της σύγχρονης τέχνης. Γιατί η άρνηση μιας αναπαριστατικής, δηλαδή δευτερεύουσας, σχέσης προς την πραγματικότητα και η ύπαρξη ως αυτόνομος οργανισμός αποτελούν βασικά χαρακτηριστικά του μοντέρνου έργου τέχνης.[37] Ο Πούνιν αναγνωρίζει, λοιπόν, την έλλειψη αντικειμένου στην τεχνοτροπία της θρησκευτικής εικόνας, σε μια εποχή που οι καλλιτέχνες της πρωτοπορίας μόλις έχουν βρει το δικό τους δρόμο για να φτάσουν σε αυτήν.

Η νέα προοπτική της αγιογραφίας, η οποία δημιουργείται μέσω των καλλιτεχνών της πρωτοπορίας και νέων ιστορικών της τέχνης, όπως ο Πούνιν, δεν είναι «ιστορική», καθώς αν ήταν, θα επρόκειτο για μια καλύτερη κατανόηση της ιστορικής λειτουργίας και των τρόπων επίδρασης των ειδικών αισθητικών χαρακτηριστικών της. Συμβαίνει μάλλον το αντίθετο: Η εισαγωγή στην βυζαντινή εικόνα είναι εντελώς ανιστορική στο βαθμό που τα δομικά της χαρακτηριστικά δεν έχουν να κάνουν με τις συνθήκες της εποχής της εικόνας αλλά με τις σύγχρονες συνθήκες των αρχών του 20[ού] αιώνα. Σύμφωνα με αυτή την άποψη, δεν ήταν η εικόνα ως ιστορικό δεδομένο που είχε προσελκύσει την προσοχή τους, αλλά εκείνες οι ιδιότητές της

-πέραν της ιστορικότητάς της- οι οποίες συνέδεαν πνευματικά την εικόνα με το μοντέρνο έργο τέχνης σε ένα αισθητικό –σχεδόν υπερβατικό επίπεδο. Έτσι θα μπορούσε κανείς να αγνοήσει εντελώς τη θρησκευτική της υπόσταση και να την αντιμετωπίσει σαν καθαρά καλλιτεχνική δημιουργία.[38] Από αυτή την μεταστροφή προς τις ανάγκες της εποχής προκύπτει αναπόφευκτα μία ποικιλία πιθανών ερμηνειών ανάλογα κάθε φορά με την υποκειμενική εκδοχή. Έτσι το ειδικό ενδιαφέρον ενός παρατηρητή φέρνει στο προσκήνιο συγκεκριμένες απόψεις της εικόνας και αγνοεί άλλες. Αυτό είναι

σημαντικό, γιατί ορισμένοι καλλιτέχνες της ρωσικής πρωτοπορίας όχι μόνο ασχολήθηκαν με την αγιογραφία, αλλά εκτός αυτού ανέπτυξαν τις δικές τους αποκλίνουσες καλλιτεχνικές τεχνοτροπίες με βάση αυτήν. Είναι ενδιαφέρον ότι δεν πήγασαν από την παλαιορωσική λατρευτική εικόνα μόνο τεχνοτροπίες με μεταφυσική υπόσταση, όπως αυτές του Καντίνσκι ή του Μαλέβιτς, αλλά μπορεί κανείς να βρει την τεχνοτροπία της θρησκευτικής εικόνας – με μία κοσμική εκδοχή – στον νεοπριμιτιβισμό, στον κονστρουκτιβισμό και στην κουλτούρα των υλικών του Τάτλιν. Αυτά τα έργα τέχνης, τα οποία δεν είναι δυνατόν να αναλυθούν στα πλαίσια αυτού του άρθρου,[39] πλαισιώνονται από μία σειρά από σύγχρονα καλλιτεχνικά μανιφέστα. Μία σύντομη αναδρομή θα διασαφηνίσει το εύρος και την ποικιλία των ενεργητικών αναπλάσεων και προσαρμογών της βυζαντινής εικόνας από καλλιτέχνες της ρωσικής πρωτοπορίας.

Ήδη και οι νεοπριμιτιβιστές, όπως ο Λαριόνοφ και η Γκοντσαρόβα, ήταν, όπως προαναφέρθηκε, γοητευμένοι από τις θρησκευτικές εικόνες. Ο Αλεξάντρ Γκριτσένκο, μέλος της ομάδας, εξέφρασε το 1913, ακριβώς όπως ο Πούνιν, την πεποίθηση, ότι η κρίση την οποία, σύμφωνα με τη γνώμη του, διερχόταν η ζωγραφική, μπορούσε να ξεπεραστεί μόνο μέσω της έμπνευσης από παλιά πρότυπα και συγκεκριμένα από τη ρωσική εικόνα.[40] Το 1915 τόνισε σε μία διάλεξή του με τίτλο *Πώς και γιατί μας αγγίζει η ρωσική εικόνα*, ότι η εικόνα διέθετε τόσο «ασυνήθιστη εκφραστική δύναμη», ακριβώς γιατί δεν ακολουθούσε τις ακαδημαϊκές νόρμες.[41] Ο φίλος του και επίσης ζωγράφος Αλεξάντρ Σεφτσένκο υποστήριξε το 1913 στην προγραμματική του μπροσούρα *Νεοπριμιτιβισμός: Η θεωρία του, οι δυνατότητές του, οι επιδόσεις του*, μία «ελεύθερη και εκλεκτική υιοθέτηση» (αντί για «απλή μίμηση») των ποιοτικών αρχών απεικόνισης της θρησκευτικής εικόνας από τη μοντέρνα τέχνη. Αυτό που πρέπει να επιτευχθεί είναι μια «καλή δομή», ένα «καλό στιλ», και μια «καλή factura» του έργου.[42] Ο όρος factura είχε εκείνη την εποχή μεγάλη απήχηση στους καλλιτεχνικούς κύκλους της ρωσικής πρωτοπορίας. Αυτός ο όρος χαρακτηρίζει το σύνολο των παραστατικών δυνατοτήτων, το ίδιο το στήριγμα της εικόνας, όπως επίσης και την επιφάνειά του που είναι επεξεργασμένη με διάφορα υλικά και χρωστικές ουσίες. Εκτός από τη «δημιουργία» του έργου τονίζεται εδώ και η αυταξία του υλικού που χρησιμοποιείται. Η factura έγινε προφανώς προγραμματικός όρος από τον καλλιτέχνη, συλλέκτη

die Konterreliefs, der *Turm der dritten Internationale* und der *Letatlin* stehen. Nikolaj Punin, der 1913 die Ikone als movens der Erneuerung der Kunst propagiert hatte, wurde in den zwanziger Jahren zum wichtigsten Interpreten und Propagandisten Tatlins, in dessen Kunst er seine Erwartungen verwirklicht fand. Tatlin sei auf seiner Suche nach einer Quelle für die Erneuerung der Kunst bei der Ikonenmalerei fündig geworden, schrieb Punin in einer Monografie über den Künstler, weil gerade in ihr die Hingabe ans Material und die liebevolle Ausübung einer Vielzahl von Techniken sorgfältig tradiert worden sind. In einem Prozess der „unbewussten" Aneignung dieser Tradition habe Tatlin sich instinktiv auf den „neuen Weg" begeben, auf dem schon die „jahrhundertealte und kraftvolle Kultur gegangen ist".[46] Aus Punins Sicht stellte Tatlins Materialkunst die vollendete Nachfolgerin der altrussischen Ikone dar.

Die säkularisierende Sichtweise der Ikone, die sich in Punins Argumentation ausdrückt, schlug sich teilweise auch in den Diskussionen der Künstler und Künstlerinnen nieder, die sich in den zwanziger Jahren als Konstruktivisten bezeichneten. Ähnlich wie Tatlin schätzten Ljubow Popowa, Olga Rosanowa und Alexander Rodtschenko die Farbe als eigenständigen materialen Wert und betrachteten sie als zentralen Inhalt der Malerei. Die altrussischen Ikonen dienten ihnen insofern als Vorbild, als diese, wie Popowa 1921 in einem Vortrag betonte, „uns den spezifischen Wert der Farbe zeigen" und „die verzerrte Darstellung zu formalen und malerischen Zwecken" vorweggenommen haben.[47] Die Analogien der konstruktivistischen Kunstauffassung zur Ikonenmalerei gehen aber über die Ebene der Darstellungsverfahren hinaus. Popowa und ihre Kollegen lehnten grundsätzlich jede Gegenstandsreferenz des Kunstwerks ab und bezeichneten das Kunstwerk selbst als Gegenstand bzw. „Ding" (Weschtsch).[48] Damit rekurrierten sie implizit auf diejenige Eigenschaft der Ikone, die Punin 1913 als organische Ganzheitlichkeit beschrieben hatte. Die geistige Klammer, die ein so hochgradig spirituelles Bildwerk wie die Ikone mit der vollkommen antimetaphysischen Kunst des Konstruktivismus verbindet, ist der radikale Antimimetismus, der beiden so sehr verschiedenen Bildkonzepten gemeinsam ist: Das konstruktivistische Werk soll als eigenständiges „Ding" gleichrangig neben den existierenden Dingen der Wirklichkeit stehen, ohne diese abzubilden, so wie die Ikone den Anspruch negiert, die äußere Wirklichkeit wiederzugeben. Beide sind

eigenständige, sich nicht abbildhaft auf die Wirklichkeit beziehende Organismen – mit dem Unterschied allerdings, dass die Ikone symbolisch auf eine übergeordnete Wirklichkeit verweist.

Diese metaphysische Komponente der Ikone, ihr Symbolismus ist, wenngleich die Aufmerksamkeit davon zunächst durch die Entdeckung ihrer ästhetischen Qualitäten abgelenkt wurde, von Avantgardisten und zeitgenössischen Kunsttheoretikern gleichfalls aufmerksam registriert worden. Am gründlichsten befasste sich damit der bereits erwähnte Priester und Philosoph Pawel Florenski, der in den Jahren 1921 bis 1924 an den „Staatlichen höheren künstlerisch-technischen Werkstätten" (Wchutemas), der Folgeinstitution der Moskauer Kunstakademie, einen Lehrstuhl innehatte. Seine Bücher und Vorlesungen über das Konzept von Raum und Zeit in der Ikonenmalerei stellen, aus streng orthodoxer Perspektive geschrieben, vor allem deren theologische Bedeutung in den Vordergrund, haben aber zur Erhellung des Bildkonzepts der Ikone in Abgrenzung zum westlichen Tafelbild wesentlich beigetragen.[49] Florenski verteidigte die „umgekehrte Perspektive" der Ikonenmalerei gegen die Zentralperspektive, die er – einige Jahre vor Erwin Panofskys berühmtem Vortrag über die Perspektive als „symbolische Form" – als „Verfahren symbolischer Ausdruckskraft, eine von vielen möglichen symbolischen Stilrichtungen" bezeichnete.[50] Florenski polemisierte nicht nur gegen die Auffassung, dass einzig mittels der Zentralperspektive die Wirklichkeit wissenschaftlich korrekt auf eine zweidimensionale Fläche übertragen werden könne, sondern er erhob umgekehrt den Anspruch, dass die Ikonenperspektive – und nur diese – Ausdruck einer übergeordneten, objektiven, nämlich der göttlichen Wahrheit sei.

Ungeachtet seiner originellen und vielfach innovativen theoretischen Argumentationsführung besaß Florenski in künstlerischer Hinsicht einen konservativen Geschmack, und seine Erwartungen an die zeitgenössische Kunst erschöpften sich mehr oder weniger in einer realistischen Sakralmalerei.[51] Die zeitgleiche Tendenz wichtiger Teile der avantgardistischen Künstlerschaft hin zur metaphysisch begründeten Abstraktion blieb ihm unverständlich. Dabei verdanken gerade die beiden wichtigsten Exponenten dieser Tendenz, Kandinsky und Malewitsch der Ikonenmalerei entscheidende Anregungen. Florenskis Postulat, dass das Bild ein „Fenster" zu einer geistigen Welt sein müsse, hat mehr als jeder andere Künstler Kandinsky verwirk-

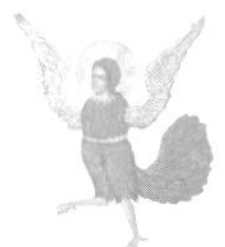

και ερευνητή τέχνης Βόλντεμαρ Ματβέι, ο οποίος δημοσίευσε με το ψευδώνυμο Βλαντίμιρ Μαρκόφ σημαντικά θεωρητικά συγγράμματα της πρώιμης πρωτοπορίας. Στο βιβλίο του «Factura: Οι αρχές δημιουργίας της Γλυπτικής τέχνης» (1914), στηρίζεται βασικά στο υλικό. Το υλικό είναι η «Μητέρα της factura», κανένα υλικό δεν πρέπει να περιφρονείται, από το ίδιο το υλικό πρέπει να επιτευχθεί η καλλιτεχνική δημιουργία.[43] Εδώ γίνονται ήδη αισθητές οι αρχές της «κουλτούρας των υλικών» του Βλαντίμιρ Τάτλιν, ο οποίος χαρακτήρισε αργότερα ως υποχρέωση του σαν καλλιτέχνη, «να δημιουργώ στο έργο μου νέες σχέσεις μεταξύ των υλικών».[44]

Είναι αξιοσημείωτο ότι ο Μαρκόφ είδε στην παλαιορωσική εικόνα ένα πρότυπο για την ορθή διαμόρφωση της factura. Πραγματικά, στην αγιογραφία χρησιμοποιούνταν μία μεγάλη ποικιλία υλικών, συνδυασμένη με μία ευρύτατη γκάμα δυνατοτήτων επεξεργασίας του υλικού και διαμόρφωσης της επιφάνειας με το χέρι. Αρκεί να σκεφτεί κανείς το ταμπλό, το οποίο ανήκει δομικά στην εικόνα και κατασκευάζεται με πολύπλοκη διαδικασία, τα διάφορα επίπεδα βερνικώματος και χρωματισμού, όπως και τη χρησιμοποίηση πολύτιμων μετάλλων και λίθων (Βλ. εικ. 3). Και η τέχνη του Τάτλιν συσχετίζεται με την αγιογραφία, και αυτό δεν ισχύει μόνο για τους πρώτους του πίνακες, οι οποίοι προφανώς δημιουργήθηκαν σε αντιπαράθεση με την κοσμική ζωγραφική [45], αλλά και για τον μετέπειτα υλικό πολιτισμό, στου οποίου τα πλαίσια δημιουργήθηκαν τα αντι-ανάγλυφά του, το Μνημείο της 3ης Διεθνούς και το Λετάτλιν. Ο Νικολάι Πούνιν, ο οποίος το 1913 διακήρυξε την εικόνα σαν βασική κινητήρια δύναμη της ανανέωσης στην τέχνη, έγινε τη δεκαετία του '20 ο σημαντικότερος ερμηνευτής και υποστηρικτής του Τάτλιν, στην τέχνη του οποίου υλοποιούνταν οι προσδοκίες του. Ο Τάτλιν βρήκε στην αγιογραφία την πηγή για την ανανέωση της τέχνης που αναζητούσε, έγραψε ο Πούνιν σε μία μονογραφία του για τον καλλιτέχνη, γιατί ακριβώς σε αυτήν καλλιεργούνταν το πάθος για το υλικό και η χρήση ενός πλήθους τεχνικών. Σε μία διεργασία «υποσυνείδητης» υιοθέτησης αυτής της παράδοσης, ο Τάτλιν πορεύτηκε ενστικτωδώς στο «νέο δρόμο», τον οποίον είχε ήδη διανύσει «ο ισχυρός πολιτισμός αιώνων».[46] Σύμφωνα με την άποψη του Πούνιν η κουλτούρα των υλικών του Τάτλιν αποτελούσε τον άξιο διάδοχο της παλαιορωσικής εικόνας.

Η εκκοσμικευμένη άποψη της θρησκευτικής εικόνας, η οποία εκφράζεται στην επιχειρηματολογία του Πούνιν, συμπεριλαμβάνεται εν μέρει και στις συζητήσεις των καλλιτεχνών, οι οποίοι αυτο-αποκαλούνταν τη δεκαετία του '20 κονστρουκτιβιστές. Όπως ο Τάτλιν, έτσι και οι Λιουμπόφ Ποπόβα, Όλγα Ροζάνοβα και Αλεξάντρ Ρότσενκο εκτιμούσαν το χρώμα σαν αυτόνομη υλική αξία και το θεωρούσαν το κεντρικό περιεχόμενο της ζωγραφικής. Η παλαιορωσική εικόνα τους χρησίμευε σαν πρότυπο στο βαθμό που, όπως τόνισε η Ποπόβα σε μία διάλεξή της το 1921, «μας δείχνει τη συγκεκριμένη αξία του χρώματος» και καθόρισαν «την αφηρημένη απεικόνιση για μορφολογικούς και ζωγραφικούς σκοπούς». [47] Οι αντιστοιχίες, όμως, του καλλιτεχνικού ρεύματος του κονστρουκτιβισμού με την αγιογραφία ξεπερνούν το επίπεδο των τεχνικών απεικόνισης. Η Ποπόβα και οι συνάδελφοί της αρνούνταν κατηγορηματικά κάθε αναφορά του έργου σε κάποιο αντικείμενο και χαρακτήριζαν το ίδιο το έργο σαν αντικείμενο ή «πράγμα» (Weschtsch).[48] Με τον τρόπο αυτό επικαλούνται έμμεσα εκείνα τα χαρακτηριστικά της εικόνας, τα οποία ο Πούνιν είχε χαρακτηρίσει το 1913 σαν οργανική ολότητα. Ο πνευματικός σύνδεσμος, ο οποίος συνδέει ένα τόσο πνευματικό ζωγραφικό έργο, όπως είναι η θρησκευτική εικόνα, με την εντελώς αντιμεταφυσική τέχνη του κονστρουκτιβισμού, είναι ο ριζικός αντι-μιμητισμός, ο οποίος είναι κοινός σε αυτές τις δύο τόσο διαφορετικές τεχνοτροπίες: Το κονστρουκτιβιστικό έργο πρέπει να είναι αυτόνομο «πράγμα», ισότιμο με τα υπάρχοντα αντικείμενα της πραγματικότητας, χωρίς να τα απεικονίζει, όπως η θρησκευτική εικόνα αρνείται να αποδώσει την εξωτερική πραγματικότητα. Και τα δύο είναι αυτόνομοι οργανισμοί που δεν συνδέονται αναπαραστατικά με την πραγματικότητα, με τη διαφορά βέβαια, ότι η βυζαντινή εικόνα παραπέμπει συμβολικά σε μία ανώτερη πραγματικότητα.

Αυτό το μεταφυσικό στοιχείο της εικόνας, ο συμβολισμός, καταγράφηκε εξίσου λεπτομερειακά από τους καλλιτέχνες της πρωτοπορίας και τους σύγχρονους θεωρητικούς της τέχνης, αν και η προσοχή στράφηκε σε αυτό μέσω της διαπίστωσης της αισθητικής ποιότητας της εικόνας. Με αυτό το θέμα ασχολήθηκε πιο διεξοδικά ο προαναφερθείς ιερέας και φιλόσοφος Πάβελ Φλορένσκυ, ο οποίος την περίοδο 1921 – 1924 κατείχε πανεπιστημιακή έδρα στα Ανώτερα Κρατικά Καλλιτεχνικά – Τεχνικά Εργαστήρια (VKhUTEMAS), το ινστιτούτο που διαδέχθηκε την Ακαδημία Τέχνης στη Μόσχα. Τα βιβλία και οι διαλέξεις του για την αντίληψη του χώρου και του χρόνου στην αγιογραφία φέρνουν στο προσκήνιο, γραμμένα από

licht, allerdings in einer von Florenskis orthodoxer Weltsicht abweichenden Tendenz.[52] In Kandinskys „Abstraktionsprozess" der Jahre 1908 bis 1911 spielte die Ikone eine wichtige Rolle nicht nur in ikonografischer Hinsicht, sondern vor allem aufgrund ihrer antimimetischen, transzendenten Bildkonzeption.[53] Dies bringt sein berühmtes Zitat zum Ausdruck, durch die in russischen Bauernhäusern aufgehängten Heiligenbilder habe er gelernt „ein Bild nicht von außen zu betrachten, sondern mich im Bilde zu bewegen, im Bilde zu leben", er „bekam Augen' für das Abstrakte in der Malerei".[54] Die religiösen Sujets (Himmelfahrt, Allerheiligen, St. Georg) ebenso wie die der Volkskunst entliehenen Gestaltungsmittel (zunehmende Flächenhaftigkeit der Bilder, das Auseinandertreten von Linie und Farbe), die Kandinsky in jenen Jahren einsetzte, dienten ihm gleichermaßen als Mittel zur Auflösung des Gegenstandes (vgl. Kat. 72 u. 73). Im Verlauf des Abstrahierungsprozesses transzendierte er aber diese Mittel ebenso wie den Gegenstand selbst: Der geistige Gehalt, den seine abstrakten Kompositionen symbolisch zum Ausdruck bringen sollen, wird gegenüber dem traditionellen Vorbild entgöttlicht und subjektiviert. Denn die Abstraktion war bei Kandinsky ausdrücklich eine Funktion des geistigen Selbstausdrucks, womit er sich im scharfen Gegensatz nicht nur zum Postulat der Eigenwertigkeit von Material und Faktur der russischen Konstruktivisten setzte, sondern auch mit wichtigen Vertretern des Bauhauses differierte. „Die Entstehung des Werkes ist kosmischen Charakters. Der Urheber des Werkes ist also der Geist. Das Werk existiert also abstrakt vor seiner Verkörperung, die den menschlichen Sinnen das Werk zugänglich macht."[55] Das Medium, mittels dessen der geistige Inhalt zum materiellen Ausdruck kommt, ist das sensitiv besonders begabte Individuum, die Künstlerseele. In dieser neuplatonisch anmutenden Beschreibung des Schaffensprozesses steht weniger die göttliche Macht als vielmehr die Subjektivität des Künstlers im Mittelpunkt, diese bezieht ihre Legitimation jedoch aus der privilegierten Rezeption einer transzendenten Idealität.[56] Kandinskys abstrakte Bilder sind ikonenhafte Darstellungen einer Idealität, die nur er (zusammen mit wenigen Eingeweihten) wahrnehmen und vermitteln kann. Seine Innenschau ist der meditativen Haltung des mittelalterlichen Malermönchs vergleichbar, der unter Fasten und Gebeten und in aller Einsamkeit die göttliche Wahrheit zu erfassen und möglichst getreu niederzuschreiben sucht.

Auf ganz andere Weise näherte sich Kasimir Malewitsch dem „Geist des Primitiven". Während der aus einer großbürgerlichen Familie stammende hochgebildete Kandinsky die russische Volkskultur zum Gegenstand ethnografischer Studien machte, fühlte sich Malewitsch ihr unmittelbar emotional verbunden. Er empfand in den Ikonen „etwas Verwandtes und Wunderbares. In ihnen zeigte sich mir das ganze russische Volk mit seinem ganzen emotionalen Schöpfertum. … Ich spürte eine Verbindung zwischen der bäuerlichen Kunst und den Ikonen: Die Ikonenkunst ist die höhere Kulturform der bäuerlichen Kunst."[57] In den Jahren 1908 bis 1913 festigte sich dementsprechend das Bauernsujet als derjenige Themenkreis, der bis zu seinem Lebensende von zentraler Bedeutung bleiben sollte. Zugleich entwickelte er eine eigenständige Bildsprache, die nur noch wenig mit dem kubofuturistischen und neoprimitivistischen Stil seiner Zeitgenossen gemeinsam hatte und mit der er in fruchtbarer künstlerischer Freiheit an die Ikonenmalerei anknüpfte.

Der Suprematismus, den Malewitsch 1915 mit einem Paukenschlag an die Öffentlichkeit brachte, stellt nicht etwa einen Bruch mit dieser positiven Bezugnahme auf die russische Tradition dar. Ganz im Gegenteil ist er als Konsequenz und Radikalisierung gerade der ikonenhaften Züge seiner frühen Malerei zu verstehen. Malewitsch selbst schreibt in seiner Autobiografie, er habe bei der Betrachtung der Ikonen verstanden, dass Kunst aus zwei verschiedenen Teilen bestehe, einem „reinen" malerischen und einem gegenständlichen, dem „so genannten Inhalt", wobei ihn zunehmend nur der erstere, die „Malerei als solche" interessierte. Die Begegnung mit der Ikone habe ihn „überzeugt", dass es in der Malerei nur um die „Empfindung der Kunst" gehen dürfe.[58] Wie kein anderer Künstler der russischen Avantgarde beanspruchte Malewitsch mit allen Konsequenzen programmatisch die Nachfolge der Ikonenmaler anzutreten. Er war der erste und einzige, der nicht nur die Ikone zum Modell seiner Kunst machte, sondern eigene Werke zu Ikonen erklärte. Zugleich knüpfte er an die mit der Ikone verbundenen Kultformen an, wenn er etwa sein *Schwarzes Quadrat* analog zu der in den russischen Bauernstuben gepflegten Tradition in einer Wandecke unterhalb der Decke (der „schönen Ecke") befestigte (Abb. 4 und 5), oder wenn er gemeinsam mit seinen Witebsker Schülern die suprematistischen Grundformen Quadrat, Kreuz und Kreis auf großen Plakaten oder Fahnen befestigte und bei

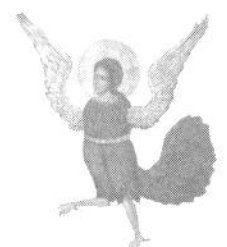

καθαρά ορθόδοξη άποψη, κυρίως τη θεολογική τους σημασία, αλλά έχουν συνεισφέρει ουσιαστικά στην κατανόηση της τεχνοτροπίας της εικόνας σε αντιπαράθεση με τον δυτικό πίνακα.[49] Ο Φλορένσκυ υπερασπίστηκε την «αντίστροφη προοπτική» της αγιογραφίας ενάντια στην κεντρική προοπτική, την οποία λίγα χρόνια πριν την περίφημη διάλεξη του Έρβιν Πανόφσκυ για την προοπτική σαν «συμβολική μορφή», είχε χαρακτηρίσει σαν «διαδικασία συμβολικής εκφραστικής δύναμης, μία από τις πολλές δυνατές συμβολικές στιλιστικές κατευθύνσεις».[50] Ο Φλορένσκυ δεν αντιπαρατάχθηκε μόνο στην άποψη ότι η πραγματικότητα μπορεί να αποδοθεί επιστημονικά σωστά σε δισδιάστατο επίπεδο μόνο μέσω της κεντρικής προοπτικής, αλλά και απαίτησε η προοπτική της βυζαντινής εικόνας – και μόνο αυτής – να είναι έκφραση μιας ανώτερης, αντικειμενικής, δηλαδή της θείας πραγματικότητας.

Παρά την πρωτότυπη και πολύ νεωτεριστική θεωρητική επιχειρηματολογία του, ο Φλορένσκυ είχε από καλλιτεχνικής άποψης συντηρητικό γούστο και οι προσδοκίες του από τη σύγχρονη τέχνη εξαντλούνταν λίγο ή πολύ σε μια ρεαλιστική εκκλησιαστική ζωγραφική.[51] Η σύγχρονη τάση σημαντικού μέρους καλλιτεχνών της πρωτοπορίας για μεταφυσικά θεμελιωμένη αφαίρεση παρέμενε για εκείνον ακατανόητη. Παράλληλα, οι δύο σημαντικότεροι εκπρόσωποι της τάσης αυτής, ο Καντίνσκι και ο Μαλέβιτς οφείλουν στην αγιογραφία σημαντικά ερεθίσματά τους. Το αξίωμα του Φλορένσκυ, ότι η εικόνα πρέπει να είναι ένα «παράθυρο» σε έναν πνευματικό κόσμο, το υλοποίησε περισσότερο από κάθε άλλον καλλιτέχνη ο Καντίνσκι, αλλά με μία τάση που απείχε από την ορθόδοξη αντίληψη του κόσμου που είχε ο Φλορένσκυ.[52] Στη δική του «διαδικασία αφαίρεσης» την περίοδο 1908 – 1911 η βυζαντινή εικόνα έπαιξε σημαντικό ρόλο όχι μόνο από εικονογραφική άποψη, αλλά κυρίως λόγω της αντι-μιμητικής, υπερβατικής της νοοτροπίας.[53] Αυτό οδήγησε στη διατύπωση της περίφημης φράσης του, ότι μέσω των εικόνων αγίων στα ρωσικά αγροτικά σπίτια, έμαθε «να μην παρατηρεί μια εικόνα από έξω, αλλά να κινείται μέσα στην εικόνα, να ζει μέσα στην εικόνα», «τα μάτια του είδαν το αφηρημένο στη ζωγραφική».[54] Τα θρησκευτικά θέματα (η Ανάληψη, οι Άγιοι Πάντες, ο Άγιος Γεώργιος) όπως και τα μέσα απεικόνισης που δανείστηκαν από τη λαϊκή τέχνη (αυξανόμενη επιπεδότητα της εικόνας, χωρισμός γραμμής και χρώματος), τα οποία εφάρμοζε εκείνη την εποχή ο Καντίνσκι, του

χρησίμευαν εξίσου σαν μέσο για την αφαιρετική παρουσίαση του αντικειμένου (Βλ. Κατ. 72 κ. 73). Κατά τη διάρκεια της αφαιρετικής διαδικασίας, όμως, υπερέβη αυτό το μέσο ακριβώς όπως και το αντικείμενο το ίδιο: το πνευματικό περιεχόμενο, το οποίο ήθελαν να εκφράσουν συμβολικά οι αφαιρετικές του συνθέσεις, χάνει το θεϊκό στοιχείο και υποκειμενικοποιείται έναντι του παραδοσιακού προτύπου. Γιατί η αφαίρεση ήταν για τον Καντίνσκι μια λειτουργία της πνευματικής αυτό-έκφρασης, με την οποία αντιτάχθηκε έντονα όχι μόνο στο αξίωμα της αυταξίας του υλικού και της factura του ρωσικού κονστρουκτιβισμού, αλλά και διαφοροποιήθηκε από σημαντικούς εκπροσώπους του. «Η δημιουργία του έργου έχει κοσμικό χαρακτήρα. Ο δημιουργός του έργου είναι άρα το πνεύμα. Το έργο λοιπόν υπάρχει και έξω από την πραγμάτωσή του η οποία το καθιστά αντιληπτό στις ανθρώπινες αισθήσεις.»[55]. Το μέσον δια του οποίου το πνευματικό περιεχόμενο εκφράζεται υλικά είναι το ιδιαιτέρως ταλαντούχο άτομο, η ψυχή του καλλιτέχνη. Σε αυτήν τη νεοπλατωνική ανάλαφρη περιγραφή της διαδικασίας της δημιουργίας κεντρικό ρόλο έχει λιγότερο η θεϊκή δύναμη από ότι η υποκειμενικότητα του καλλιτέχνη, η οποία όμως αντλεί τη νομιμότητά της από την προνομιακή αποδοχή μιας υπερβατικής ταυτότητας.[56] Οι αφηρημένοι πίνακες του Καντίνσκι απεικονίζουν με τρόπο παρόμοιο με αυτόν της θρησκευτικής εικόνας μία ιδανικότητα, την οποία μόνο ο ίδιος (μαζί με ορισμένους μυημένους) μπορεί να αντιληφθεί και να μεταδώσει. Η εσωτερική του αναζήτηση μπορεί να παρομοιαστεί με τη στάση διαλογισμού του μοναχού – ζωγράφου του Μεσαίωνα, ο οποίος προσπαθούσε μέσα από τη νηστεία και την προσευχή και μέσα σε απόλυτη μοναξιά να αντιληφθεί τη θεϊκή πραγματικότητα και να την καταγράψει όσο το δυνατόν πιο πιστά.

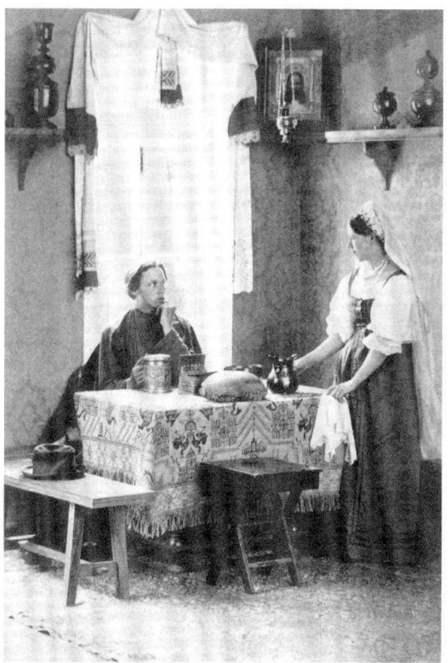

4 „Schöne Ecke" einer russischen Bauernstube, 1870–1880

«Ωραία γωνιά» σε ρωσικό αγροτικό σπίτι, 1870–1880

Με ένα τελείως διαφορετικό τρόπο προσέγγισε ο Καζιμίρ Μαλέβιτς το «Πνεύμα του πρωτόγονου». Ενώ ο μορφωμένος Καντίνσκι, ο οποίος προερχόταν από μεγαλοαστική οικογένεια, έκανε τη ρωσική λαϊκή τέχνη αντικείμενο εθνογραφικών ερευνών, ο Μαλέβιτς είχε ένα ισχυρό συναισθηματικό δεσμό με αυτήν. Έβρισκε στην εικόνα «κάτι το οικείο και το εκπληκτικό. Μέσω αυτής μου αποκαλύφθηκε ολόκληρος ο ρωσικός λαός με όλη του τη συναισθηματική δημιουργία. … Αισθανόμουν μια σύνδεση ανάμεσα στην αγροτική τέχνη και την εικόνα: η τέχνη της εικόνας είναι η ανώτερη πολιτιστική μορφή της αγροτικής τέχνης».[57] Την περίοδο 1908 – 1913 σταθεροποιήθηκαν

Demonstrationen umhertrug, wie man Ikonen bei Prozessionen herumzuführen pflegt.[59] In dem diesen Kultformen inhärenten unmittelbaren, ja naiven Verhältnis zum Bildwerk ist zugleich die Vorstellung von dessen besonderer Wirkungsmacht enthalten, die vom Urbild auf das Abbild übertragen wird. Nur so ist auch zu verstehen, weshalb die unklare Autorschaft angesichts der Vielzahl von roten und schwarzen Quadraten und Kreisen, die im Umkreis von Malewitsch gemalt wurden, kein prinzipielles Problem darstellte, und weshalb folgerichtig ein in den zwanziger Jahren aus seiner Hand entstandenes *Schwarzes Quadrat* genauso museumswürdig geworden ist wie dessen „Urbild"

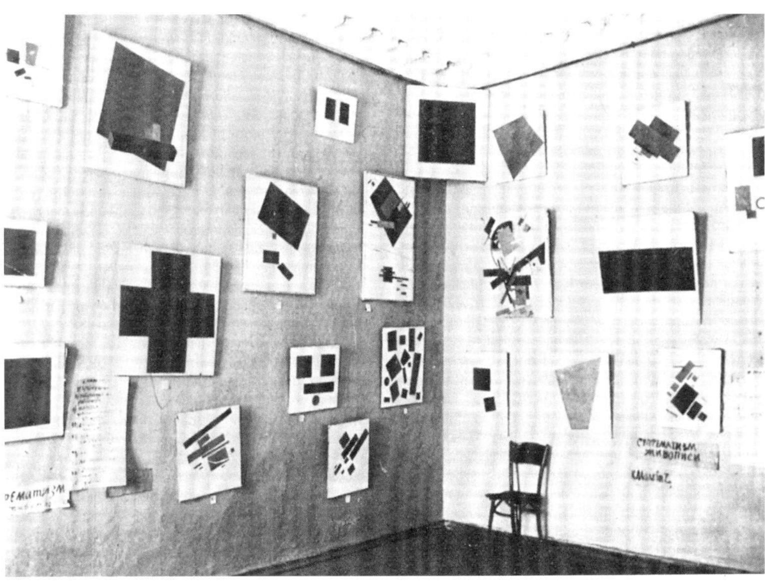

5 Ausstellung 0.10 mit *Schwarzem Quadrat* von K. Malewitsch, 1915
έκθεση 0.10, *Μαύρο Τετράγωνο* του Κ. Μαλέβιτς, 1915

von 1913/15. Auch die Ikone ist ja ohne den Willen zu besonderer Originalität und in direkter Anlehnung an einen Prototypen gemalt worden und bezieht ihre Heiligkeit gerade aus dieser Tatsache.

Es ist verschiedentlich herausgearbeitet worden, dass Malewitsch wesentliche Anregungen von dem antipositivistischen und wissenschaftskritischen Philosophen Pjotr Uspenski bezogen hat, der in Russland zu Beginn des Jahrhunderts nicht zuletzt auch in Künstlerkreisen ähnlich intensiv rezipiert wurde wie andere esoterische Autoren.[60] Analog zu Uspenski betrachtete Malewitsch seine suprematistische Malerei als höchste Manifestation eines zu erstrebenden „kosmischen Bewusstseins" der Menschheit, einer Art höheren Bewusstseinszustands, der die Erfahrung der vierten Dimension und der „Essenz" der Wirklichkeit ermögliche. Mit diesen Vorstellungen überschritt Malewitsch den Rahmen der christlich-orthodoxen Theologie. In einem Brief im Jahre 1920 schrieb er: „In ihm, dem Quadrat, sehe ich das, was die Menschen einstmals im Angesicht Gottes sahen."[61] Malewitsch ging aber bei seiner Suche nach einer letzten Realität noch einen Schritt weiter. Er begnügte sich nicht damit, in seiner

Kunst die „kosmische Wirklichkeit als gegenstandslose Wirklichkeit" zu „offenbaren", sondern er versuchte diese neue, höhere Realität im Suprematismus selbst zu schaffen.[62] So forderte er 1919: „Lasst uns die Welt den Händen der Natur entreißen und eine neue Welt errichten, die den Menschen gehört."[63] Später schrieb er, die Gegenstandslosigkeit ermögliche es, „gigantische Schöpfungen, ähnlich den Schöpfungen der Natur, wie Berge, Täler usw. zu vollbringen".[64] Die „gegenstandslose Welt" sollte ein neues Paradies werden. Damit erhob sich Malewitsch implizit selbst zum Weltenschöpfer. Zugleich transformierte sich sein gegenstandsloser Suprematismus vom ikonenhaften Abbild eines Urbilds höherer Realität zu dieser höheren Realität selbst. Solche Hybris musste dem Theologen Pawel Florenski freilich noch weniger akzeptabel erscheinen als Kandinskys subjektive Geistesschau. Beide Künstler nahmen sich Freiheiten, die ihre Kunst von der Ikone wieder entfernten, nachdem sie sich von ihr hatten inspirieren lassen. Beide gingen in ihren metaphysisch begründeten Kunstkonzeptionen vom Bildkonzept der Ikone aus und dann über dieses hinaus, indem sie ihnen Weltsichten, die erst in der Moderne möglich wurden, unterlegten.

Ebenso wie die säkularen, ganz unmetaphysischen Konzepte der „Faktur" und des Kunstwerks als „Ding" stellen also die metaphysisch begründeten Avantgardekonzepte keine restaurative Fortschreibung eines historisch gewordenen Modells dar, sondern dessen lebendige Aneignung und Transformation. Dieses spezifische Verhältnis moderner Künstler zur Tradition hat der Kunsthistoriker und Kritiker Nikolaj Punin theoretisch reflektiert und begründet. 1927, also mehr als zehn Jahre nach seinem frühen Aufsatz über die Bedeutung der Ikone für die Erneuerung der Kunst, veröffentlichte er eine Broschüre über avantgardistische Kunst in Russland mit dem Titel *Traditionen der neueren russischen Kunst*. Sein Versuch, den Begriff der Tradition mit dem der Moderne in Beziehung zu setzen, ist für zeitgenössische Schriften ein eher ungewöhnliches Unterfangen angesichts des vorherrschenden Selbstbildes vieler Moderner, mit allem Vorhergehenden gebrochen zu haben und außerhalb der Tradition zu stehen.[65] Zwar sei es verständlich, schreibt Punin, dass die Kunst vorangegangener Epochen von den jungen Künstlern als nicht mehr zeitadäquat empfunden werde. Dennoch werde die Kunst jeder neuen Epoche „nicht aus dem Nichts geboren", vielmehr „lebt sie im-

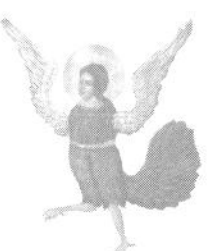

στο έργο του τα αγροτικά θέματα ως εκείνος ο θεματικός κύκλος, ο οποίος θα είχε μεγάλη σημασία μέχρι το τέλος της ζωής του. Παράλληλα, ανέπτυξε μία μοναδική τεχνοτροπία, η οποία είχε ελάχιστα κοινά με το κυβοφουτουριστικό και νεοπριμιτιβιστικό στιλ των συγχρόνων του και με το οποίο συνδέθηκε με την αγιογραφία με μια γόνιμη καλλιτεχνική ελευθερία

Ο σουπρεματισμός, τον οποίο ο Μαλέβιτς έφερε θριαμβευτικά στη δημοσιότητα το 1915, δεν αποτελεί μία ρήξη με αυτές τις θετικές αναφορές στη ρωσική παράδοση. Αντιθέτως, πρέπει να κατανοηθεί σαν συνέπεια και ριζοσπαστικοποίηση αυτών ακριβώς των χαρακτηριστικών της θρησκευτικής εικόνας που περιέχονται στα αρχικά του έργα. Ο ίδιος ο Μαλέβιτς γράφει στην αυτοβιογραφία του ότι με την παρατήρηση των εικόνων κατάλαβε ότι η τέχνη αποτελείται από δύο διαφορετικά μέρη, ένα «καθαρά» ζωγραφικό και ένα που αφορά το αντικείμενο, το «λεγόμενο περιεχόμενο», από τα οποία τον ενδιαφέρει μόνο το πρώτο, η «ίδια η ζωγραφική». Η συνάντηση με τη βυζαντινή εικόνα τον «έπεισε» ότι η ζωγραφική πρέπει να αφορά μόνο στην «αντίληψη της τέχνης».[58] Όπως κανένας άλλος καλλιτέχνης της ρωσικής πρωτοπορίας, ο Μαλέβιτς διεκδίκησε προγραμματικά, αναλαμβάνοντας όλες τις συνέπειες, να δημιουργήσει τη διάδοχη κατάσταση της αγιογραφίας. Ήταν ο πρώτος και μοναδικός, ο οποίος όχι μόνο έκανε τη θρησκευτική εικόνα μοντέλο της τέχνης του, αλλά και ανακήρυξε ορισμένα έργα του εικόνες. Παράλληλα, συνδέοταν με τις λατρευτικές μορφές της εικόνας, όταν για παράδειγμα κρεμούσε το *Μαύρο Τετράγωνο* σε μια γωνιά του τοίχου (η «ωραία γωνιά»), ακολουθώντας την παράδοση που καλλιεργούνταν στα ρωσικά αγροτικά σπίτια (εικ. 4 κ. 5), ή όταν στερέωνε μαζί με τους μαθητές του τα σουπρεματιστικά βασικά σχήματα: τετράγωνο, σταυρός και κύκλος σε μεγάλα πλακάτ ή σημαίες και τα περιέφερε σε παρουσιάσεις, όπως περιφέρουν τις εικόνες στις λιτανείες.[59] Σε αυτήν την άμεση και αφελή σχέση με το ζωγραφικό έργο, που συνδέεται με αυτή τη λατρευτική μορφή, περιέχεται η ιδέα της ιδιαίτερης δύναμης, η οποία μεταβιβάζεται από το πρότυπο στην απεικόνιση. Μόνο έτσι μπορεί επίσης να κατανοηθεί ο λόγος για τον οποίο δεν αποτελούσε πρόβλημα η ασαφής δημιουργία με το πλήθος των κόκκινων και μαύρων τετραγώνων και των κύκλων, που ζωγραφίζονταν στον κύκλο του Μαλέβιτς, και για τον οποίο το *μαύρο τετράγωνο* που δημιούργησε ο ίδιος τη δεκαετία του '20 άξιζε να εκτεθεί σε μουσείο

ακριβώς όσο και το «πρότυπό» του της περιόδου 1913/15. Άλλωστε και η βυζαντινή εικόνα ζωγραφίστηκε χωρίς την πρόθεση να είναι πρωτότυπη προσεγγίζοντας το πρότυπο. Με αποτέλεσμα να αντλεί την ιερότητά της από αυτό ακριβώς το γεγονός.

Έχει εξακριβωθεί με διάφορους τρόπους, ότι ο Μαλέβιτς είχε αντλήσει ουσιαστικά ερεθίσματα από τον αντι-θετικιστή και επιστημονικό-κριτικό φιλόσοφο Πιοτρ Ουσπένσκυ, ο οποίος έγινε εξίσου δεκτός, όπως και άλλοι εσωτεριστές συγγραφείς, στους καλλιτεχνικούς κύκλους της Ρωσίας στις αρχές του αιώνα.[60] Όπως ο Ουσπένσκυ, έτσι και ο Μαλέβιτς θεωρούσε τη σουπρεματιστική ζωγραφική ύψιστη εκδήλωση μιας «κοσμικής συνείδησης» της ανθρωπότητας, η οποία πρέπει να κατακτηθεί, μια μορφή ανώτερης συνειδησιακής κατάστασης, η οποία επιτρέπει τη βίωση της τέταρτης διάστασης και της «ουσίας» της πραγματικότητας. Με αυτές τις αντιλήψεις ο Μαλέβιτς ξεπέρασε τα πλαίσια της ορθόδοξης θεολογίας. Σε μία επιστολή του το 1920 έγραφε: «Σε αυτό, στο τετράγωνο, βλέπω αυτό το οποίο είδαν κάποτε οι άνθρωποι στο πρόσωπο του Θεού.»[61] Ο Μαλέβιτς, όμως, έκανε και ένα περαιτέρω βήμα στην αναζήτηση της ανώτερης πραγματικότητας. Δεν αρκέστηκε να παρουσιάσει στην τέχνη του την «κοσμική πραγματικότητα ως μη παραστατική πραγματικότητα», αλλά προσπάθησε να δημιουργήσει αυτή τη νέα, ανώτερη πραγματικότητα στον σουπρεματισμό.[62] Έτσι, το 1919 έδινε το έναυσμα: «Ας αρπάξουμε τον κόσμο από τα χέρια της φύσης κι ας δημιουργήσουμε έναν νέο κόσμο, που θα ανήκει στους ανθρώπους».[63] Αργότερα έγραψε ότι η έλλειψη αντικειμένου του επέτρεπε «να κατασκευάσει γιγαντιαία δημιουργήματα, παρόμοια με τα δημιουργήματα της φύσης, όπως τα βουνά, οι κοιλάδες κτλ.»[64] Ο «μη αντικειμενικός κόσμος» έπρεπε να γίνει ένας νέος παράδεισος. Ο Μαλέβιτς ανέδειξε έτσι έμμεσα τον εαυτό του σε δημιουργό του κόσμου. Παράλληλα, ο σουπρεματισμός του μετατράπηκε από απεικόνιση ενός προτύπου ανώτερης πραγματικότητας στην ίδια την ανώτερη πραγματικότητα. Αυτή η ύβρις πρέπει φυσικά να φάνηκε στον θεολόγο Πάβελ Φλορένσκυ ακόμη λιγότερο αποδεκτή από την υποκειμενική πνευματική παρουσίαση του Καντίνσκι. Και οι δύο καλλιτέχνες υιοθέτησαν καινοτομίες που απομάκρυναν την τέχνη τους από τη θρησκευτική εικόνα, αφού πρώτα εμπνεύστηκαν από αυτήν. Και οι δύο βασίστηκαν για τη μεταφυσικά θεμελιωμένη αντίληψη της τέχνης τους στην τεχνοτροπία της εικόνας και έπειτα

mer durch die Lehren der vorangegangenen Zeit, und sie sucht in anderen manchmal sehr entfernten Epochen nach Vorbildern, um von ihnen zu lernen".[66] So hätten die Künstler der russischen Moderne die altrussische Ikone, den volkstümlichen Lubok sowie Ladenschilder und Kinderzeichnungen als Quelle genutzt, in denen sie „Halt für ihre tollkühnen Neuerungen" finden konnten.[67] Wichtig sei, dass an die Tradition nicht auf rein reproduktive Weise angeknüpft werde; einfache Nachahmung führe nur zu „rein äußerlicher Übertragung des Stils des Vorbilds", nicht aber zu „wahrhafter Tradition".[68] Die Perspektive, die die jungen Künstler auf die Vergangenheit einnehmen, müsse stets von aktuellen Bedürfnissen und Notwendigkeiten geprägt sein, „bedingt durch den Entwicklungsgang der neueren Kunst selbst".[69] Damit brachte Punin das Verhältnis der Avantgarde zur Ikone auf den Punkt. Die Fortführung der Tradition in der neuen Kunst ist keine Rückkehr zur Vergangenheit, sondern das Erreichen einer neuen Qualitätsstufe innerhalb einer sich dialektisch vollziehenden Entwicklung. Der Impuls geht dabei explizit von der neuen Kunst aus, er geschieht aus dem Blickwinkel der Moderne und ist geleitet von ihren Bedürfnissen. Die Tradition dient als Quelle, als Legitimation und Bestätigung, zugleich bietet sie einen Platz in der Geschichte, weil die Künstler sich mit ihrem eigenen Schaffen in die Tradition stellen können. Da dieses Sich-in-die-Tradition-stellen aber nicht mehr aus der Tradition heraus geschieht, sondern als bewusste Handlung von aus der Tradition entlassenen modernen Individuen, handelt es sich um einen Akt der produktiven Aneignung und selbstbewussten Gestaltung von Geschichte. Was die Künstlerindividuen Popowa und Tatlin, Kandinsky und Gontscharowa, Larionow und Malewitsch bei all ihrer Unterschiedlichkeit eint, ist diese Haltung. In Punins Worten ausgedrückt, verkörpert ihr Werk „wahrhafte Tradition".

Dr. Verena Krieger

1 Ausführlich dargestellt und belegt werden die in diesem Beitrag erläuterten Zusammenhänge in dem Buch der Autorin *Von der Ikone zur Utopie. Kunstkonzepte der russischen Avantgarde*, Köln-Weimar-Wien 1998. Dort auch ausführliche Literaturhinweise.

2 Nikolaj Punin, *Puti sowremennago iskusstwa (Po powodu 'straniz chudoshestwennoi kritiki' Sergeja Makowskago) (Wege der modernen Kunst. Anlässlich der „Kunstkritischen Seiten" Sergej Makowskis)*, in: *Apollon 9/1913*, S. 52–61.

3 Nikolaj Punin, *Puti sowremennago iskusstwa i russkaja ikonopis (Wege der modernen*

Kunst und die russische Ikonenmalerei)*, in: *Apollon 10/1913*, S. 44–50; Zitat S. 50.

4 Ebenda, S. 50.

5 Ebenda, S. 47.

6 Ebenda.

7 Ebenda, S. 50.

8 Darüber berichtet er in einem Kapitel seiner Autobiografie: *Kwartira No. 5 (Wohnung Nr. 5)*, in: *Panorama iskusstw (Rasskasy o chudoshnikach i pisatelach) (Panorama der Künste. Erzählungen über Künstler und Schriftsteller)*, 12, Moskau 1989, S. 162–198. Die Autobiografie *Iskusstwo i rewoljutsia (Kunst und Revolution)* ist nur in handschriftlichen Fragmenten erhalten.

9 Nikolaj Punin, Andrej Rubljow, in: *Apollon 2/1915*, S. 1–23.

10 Punins Texte dieser Phase sind dokumentiert insbesondere in der von ihm redaktionell betreuten Zeitschrift *Iskusstwo kommuny (Die Kunst der Kommune)*, die in den Jahren 1918/19 erschien.

11 Dies gilt insbesondere für Punins Monografie: *Tatlin (Protiw kubisma) (Tatlin. Gegen den Kubismus)*, Petrograd 1921.

12 1918 bis 1923 ist Punin unter dem Volkskommissar für das Bildungswesen Anatoli Lunatscharski in der ISO (Abteilung für Bildende Kunst) tätig und fördert in dieser Funktion gezielt die Avantgarde. In der Stalinzeit wird er mehrere Male verhaftet. 1953 stirbt er in einem Lager. Zu Punins Biografie vgl. W. N. Petrow, *N. N. Punin i ego iskusstwowetscheskie raboty (Punin und seine kunstwissenschaftlichen Arbeiten)*, in: *N. N. Punin, Russkoe i sowjetskoe iskusstwo (isbrannye trudy o russkom is sowjetskom isobrasitelnom iskusstwe) (Russische und sowjetische Kunst. Ausgewählte Werke zur russischen und sowjetischen bildenden Kunst)*, Moskau 1976.

13 Katalog *Wystawka ikonopisnych podlinnikow i lubkow organisowannaja M. F. Larionowym (Ausstellung von Ikonenvorzeichnungen und Volksbilderbögen, organisiert von M. Larionow)*, Moskau 1913.

14 Natalija Gontscharowa, *Indusski i persidski lubok (Indische und persische Volksbilderbögen)*, in: *Ausstellungskatalog* (Anm. 13), S. 11 f.

15 Eine hervorragende und bis heute noch brauchbare Darstellung dieser geistigen Strömung gibt Thomas Garrigue Masaryk, *Russische Geistes- und Religionsgeschichte*, 2 Bände (1913), Neuauflage Frankfurt/Main 1992.

16 Zu Abramzewo, dem Mir iskusstwa und den nationalromantischen Bestrebungen in Russland vgl. u. a. Valentine Marcadé, *Le renouveau de l'art pictural russe: 1863–1914*, Lausanne 1972; Camilla Grey, *Das große Experiment. Die russische Kunst 1863–1922*, Köln 1974; Grigori Sternin, *Das Kunstleben Russlands zu Beginn des 20. Jahrhunderts*, Dresden 1978; John E. Bowlt, *The Silver Age. Russian Art of the Early Twentieth Century and the „World of Art" Group*, Newtonville/Mass 1980; Marie Schäfer, *Historienmalerei und Nationalbewusstsein in Russland 1860–1890*, Köln 1985; Jewgenia Kiritschenko, *Zwischen Byzanz und Moskau. Der Nationalstil in der russischen Kunst*, München 1991.

17 Katalog *Wystawka drewnerusskago iskusstwa. Imperatorski Moskowski Archeologitscheski Institut imeni Imperatora Nikolaja II. (Ausstellung altrussischer Kunst. Kaiserliches Moskauer Archäologisches Institut Zar Nikolaus II.)*, Moskau 1913.

18 So schrieb David Burljuk 1910 im „Blauen Reiter" über die „Wilden Russlands": „Unsere Kunst ist national." Ähnlich dachten die meisten Kubofuturisten, namentlich Gontscharowa und Larionow sowie die Dichter Welimir Chlebnikow und Benedikt Lifschits. Diese Haltung war aber nicht unumstritten; z. B. wandte sich der symbolistische Dichter, Kunstkritiker und Herausgeber von „Apollon", Makowski gegen jeden „ästhetischen Chauvinismus": Sergej Makowski, *Stranizy chudoshestwennoj kritiki, kniga wtoroja: sowremennye russkie chudoshniki (Kunstkritische Seiten, zweites Buch: Moderne russische Künstler)*, Sankt Petersburg 1909, S. 27.

19 Vgl. Susana Skalowa, *Die Semiotik mittelalterlicher russischer Ikonen, ihre Beschädigung, Restaurierung Nachahmung und Fälschung*, in: Eva Haustein-Bartsch (Hg.), *Russische Ikonen. Neue Forschungen*, Recklinghausen 1991, S. 171–189.

20 Dies gilt für die Forschergeneration um I. P. Sacharow, F. I. Buslajew, N. Iwantschin-Pisarew und D. A. Rowinski. Buslajew beispielsweise bezeichnete die künstlerische

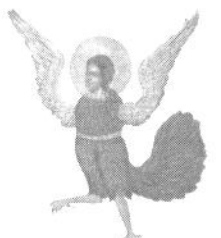

την ξεπέρασαν δημιουργώντας μια νέα αντίληψη για τον κόσμο η οποία ήταν δυνατή μόνο για τη σύγχρονη τέχνη.

Ακριβώς όπως η κοσμική, μη μεταφυσική αντίληψη της factura και του έργου τέχνης ως πραγματικού αντικειμένου έτσι και οι μεταφυσικά τεκμηριωμένες αντιλήψεις της πρωτοπορίας δεν αποτελούν αναβίωση ενός ιστορικού μοντέλου, αλλά τη ζωντανή του προσαρμογή και μετατροπή. Αυτήν την ειδική σχέση των σύγχρονων καλλιτεχνών με την παράδοση εξέτασε και θεμελίωσε θεωρητικά ο ιστορικός τέχνης και κριτικός Νικολάι Πούνιν. Το 1927, δηλαδή πάνω από δέκα χρόνια μετά την πρώτη του έκθεση σχετικά με τη σημασία της θρησκευτικής εικόνας για την ανανέωση της τέχνης, δημοσίευσε ένα μανιφέστο για την τέχνη της πρωτοπορίας στη Ρωσία με τον τίτλο *Παραδόσεις της νέας ρωσικής τέχνης*. Η προσπάθειά του να συνδέσει τον όρο της παράδοσης με αυτόν της μοντέρνας τέχνης είναι μία μάλλον ασυνήθιστη απόπειρα δεδομένης της επικρατούσας εικόνας που είχαν πολλοί σύγχρονοι καλλιτέχνες για τον εαυτό τους, ότι έχουν διακόψει όλους τους δεσμούς τους με το παρελθόν και βρίσκονται εκτός της παράδοσης.[65] Είναι μεν κατανοητό, γράφει ο Πούνιν, ότι η τέχνη παλαιότερων εποχών θεωρείται από τους νέους καλλιτέχνες ότι δεν ανταποκρίνεται πλέον στη σύγχρονη εποχή. Παρ' όλα αυτά η τέχνη κάθε νέας εποχής «δεν γεννιέται από το τίποτα», πολύ περισσότερο «ζει πάντα μέσα από τα διδάγματα των περασμένων εποχών, και αναζητεί πρότυπα σε άλλες εποχές, μερικές φορές πολύ μακρινές, για να μάθει από αυτές».[66] Έτσι είχαν χρησιμοποιήσει και οι καλλιτέχνες της ρωσικής σύγχρονης τέχνης την παλαιορωσική εικόνα, το λαϊκό *lubok* όπως και ταμπέλες καταστημάτων και παιδικά σχέδια, σαν πηγή, στην οποία μπορούσαν να βρουν «στήριγμα για τους παράτολμους νεωτερισμούς τους».[67] Είναι σημαντικό η σύνδεση με την παράδοση να μην γίνεται με καθαρά αναπαραγωγικό τρόπο. Η απλή απομίμηση οδηγεί μόνο σε «καθαρά εξωτερική μεταφορά του στιλ του πρωτοτύπου», αλλά όχι «σε αυθεντική παράδοση».[68] Η άποψη, την οποία υιοθετούν οι νέοι καλλιτέχνες από το παρελθόν, πρέπει να αναδιαμορφώνεται συνεχώς σύμφωνα με τις σύγχρονες ανάγκες, «να καθορίζεται από την εξελικτική πορεία της ίδια της νεώτερης τέχνης».[69] Έτσι ο Πούνιν βρήκε την ουσία της σχέσης της πρωτοπορίας με τη θρησκευτική εικόνα. Η συνέχιση της παράδοσης στη νέα τέχνη δεν αποτελεί επιστροφή στο παρελθόν, αλλά την επίτευξη ενός νέου επιπέδου ποιότητας στα πλαίσια μιας διαλεκτικής

εξέλιξης. Η παρόρμηση ξεκινάει σαφώς από τη νέα τέχνη, δημιουργείται από τις ιδέες της σύγχρονης τέχνης και καθοδηγείται από τις ανάγκες της. Η παράδοση χρησιμεύει ως πηγή, ως νομιμότητα και επιβεβαίωση και παράλληλα προσφέρει μια θέση στην ιστορία, γιατί οι καλλιτέχνες μπορούν με την ίδια τους τη δημιουργία να γίνουν μέρος της παράδοσης. Επειδή το «να γίνουν μέρος της παράδοσης» δεν συμβαίνει έξω από την παράδοση, αλλά σαν συνειδητή ενέργεια σύγχρονων ατόμων που βρίσκονται εκτός της παράδοσης, πρόκειται για μία πράξη παραγωγικής υιοθέτησης και συνειδητής διαμόρφωσης της ιστορίας. Αυτό το οποίο ενώνει τους καλλιτέχνες Ποπόβα και Τάτλιν, Καντίνσκι και Γκοντσαρόβα, Λαριόνοφ και Μαλέβιτς μέσα στη διαφορετικότητά τους, είναι η στάση αυτή. Όπως εκφράζουν τα λόγια του Πούνιν, το έργο τους ενσαρκώνει την «αληθινή παράδοση».

Dr. Verena Krieger

1 Οι έννοιες που επεξηγούνται στο παρόν άρθρο παρουσιάζονται και τεκμηριώνονται αναλυτικά στο βιβλίο της συγγραφέα: *Von der Ikone zur Utopie. Kunstkonzepte der russischen Avantgarde*, Κολωνία-Βαϊμάρη-Βιέννη 1998, όπου και υπάρχει εκτεταμένη βιβλιογραφία.
2 Nikolaj Punin, *Puti sowremennago iskusstwa (Po powodu 'straniz chudoshestwennoi kritiki' Sergeja Makowskago)*, στο *Apollon 9/1913*, σελ. 52–61.
3 Nikolaj Punin, *Puti sowremennago iskusstwa i russkaja ikonopis* στο: *Apollon 10/1913*, σελ. 44–50, παράθεμα σελ. 50.
4 Ό.π., σελ. 50.
5 Ό.π., σελ. 47.
6 Ό.π.
7 Ό.π, σελ. 50.
8 Το γεγονός αυτό το αφηγείται σε ένα κεφάλαιο της αυτοβιογραφίας του: *Kwartira No. 5 (Διαμέρισμα αριθ. 5)*, στο: *Panorama iskusstv (Rasskasy o chudoshnikach i pisatelach)*, 12, Μόσχα 1989, σελ. 162–198. Η αυτοβιογραφία *Iskusstvo i revoljutsia* είναι διαθέσιμη μόνο σε χειρόγραφα αποσπάσματα.
9 Nikolaj Punin, Andrej Rubljov, στο: *Apollon 2/1915*, σελ. 1–23.
10 Τα κείμενα του Πούνιν αυτής της περιόδου σώζονται κατά κύριο λόγο στο περιοδικό *Iskusstwo kommuny*, του οποίου τη συντακτική επιμέλεια είχε ο ίδιος, και το οποίο δημοσιεύτηκε για πρώτη φορά το 1918/19.
11 Αυτό ισχύει κυρίως για τη μονογραφία του Πούνιν: Τάτλιν (*Protiv kubisma*), Πετρούπολη 1921.
12 Τα έτη 1918–1923, όταν υπουργός παιδείας διατελεί ο Ανατόλι Λουνατσάρσκυ, ο Πούνιν εργάζεται στο ISO (Τμήμα Εικαστικών Τεχνών) και προωθεί σκόπιμα από τη θέση αυτή την πρωτοπορία. Στην περίοδο του Στάλιν φυλακίζεται πολλές φορές. Το 1953 πεθαίνει σε στρατόπεδο. Για τη βιογραφία του Πούνιν πρβλ. W. N. Petrow, *N. N. Punin i ego iskusstvovetscheskie raboty*, στο: N.N. Punin, *Russkoe i sovjetskoe iskusstvo (isbrannye trudy o russkom is sovjetskom isobrasitelnom iskusstve)*, Μόσχα 1976.
13 Katalog *Vystawka ikonopisnych podlinnikow i lubkov organisovannaja*, Μόσχα 1976
14 Natalija Gontscharowa, *Indusski i persidski lubok* : Κατάλογος έκθεσης (υποσημείωση 13), σελ 11.

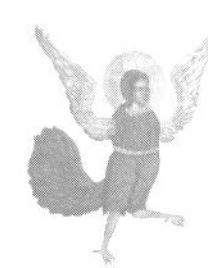

Qualität der Ikonen als „gering, urtümlich und rückständig", zitiert nach: N. Schtschokotow, *Ikonopis kak iskusstwo (Die Ikonenmalerei als Kunst)*, Moskau 1914, S. 16.

21 Zum unterschiedlichen Verhältnis von Mir iskusstwa und Avantgarde zur russischen Volkskunst: Alla Powelikhina/Jewgeny Kowtun, *Russian Painted Shop Signs and Avant-Garde Artists*, Leningrad 1991.

22 In scharfer Abgrenzung zu der älteren Forschergeneration z. B. Nikolaj Schtschokotow, *Ikonopis kak iskusstwo. Po powodu sobranija ikon I. S. Ostrouchowa i S. Rjabuschinskogo (Die Ikonenmalerei als Kunst. Aus Anlass der Ikonensammlung Ostrouchows und Rjabuschinskis)*, Moskau 1914.

23 Pawel Florenski, *Die umgekehrte Perspektive* (1920), in: Ders., *Die umgekehrte Perspektive. Texte zur Kunst* (übersetzt und herausgegeben von André Sikojew), München 1989; Lew Shegin, *Die Sprache des Bildes. Form und Konvention in der alten Kunst*, Dresden 1982; darauf aufbauend: Boris Uspenski, *Zur Semiotik der Ikone*, in: Karl Eimermacher (Hg.), *Semiotica sowietica 2. Sowjetische Arbeiten der Moskauer und Tartuer Schule zu sekundären modellbildenden Zeichensystemen 1962–1973*, Aachen 1986, S. 755–825.

24 Zur Rezeption okkulter Theorien durch Künstler der russischen Avantgarde vgl. u. a.: Linda Henderson, *The Artist, „The Forth Dimension" and Non-Euclidean Geometry 1900–1930. A Romance of Many Dimensions*, Yale University 1975; Anthony Parton, *Mikhail Larionov and the Russian Avant-Garde*, London 1993; Katalog *Okkultismus und Avantgarde. Von Munch bis Mondrian 1900–1915*, Frankfurt/Main 1995.

25 Konrad Onasch, *Ikonen*, Berlin 1962, S. 12.

26 Vgl. Jana Hlawackowa, *Casowost obrazu jako mira jeho kultownosti (Die Zeitauffassung des Bildes als Maß seiner kultischen Funktion)*, in: *Umeni (Kunst)*, Bd. 29, Prag 1981, S. 516–525.

27 vgl. Jurij Russakow, *Matisse in Russia in the Autumn of 1911*, in: *The Burlington Magazine 5/1975*, S. 284–291.

28 William Rubin, *Primitivismus in der Kunst des 20. Jahrhunderts*, München 1984; Karla Bilang, *Bild und Gegenbild. Das Ursprüngliche in der Kunst des 20. Jahrhunderts*, Stuttgart/Berlin/Köln 1990. Im Gegensatz zu Bilang erwähnt Rubin weder die russische Avantgarde noch die Bedeutung der Ikone und der russischen Volkskunst für die Genese der abstrakten Moderne.

29 Vgl. Alla Powelikhina/Jewgeny Kowtun, *Russian Painted Shop Signs and Avant-Garde Artists*, Leningrad 1991.

30 Zur abendländischen imago in Analogie und Abgrenzung zu eikon vgl. Kurt Bauch, *Imago*, in: Gottfried Boehm (Hg.), *Was ist ein Bild?*, München 1994, S. 275–299.

31 Zur Theologie der Ikone vgl. Ernst Benz, *Geist und Leben der Ostkirche*, Hamburg 1957; Egon Sendler, *The Icon. Image of the Invisible*, Redondo Beach/California 1988.

32 Werner Schmalenbach, *Grundsätzliches zur primitiven Kunst*, in: *Acta Tropica Bd. 15, Nr. 4*, Basel 1958; ders., *Die Kunst des Primitivismus als Anregungsquelle für die europäische Kunst bis 1900*, Köln 1961. Schmalenbach beschreibt in seiner Studie ähnlich wie bereits Carl Einstein in seinem berühmten Aufsatz über Negerplastik (Leipzig 1915) die Inkorporation des Göttlichen als wichtigstes Merkmal afrikanischer Kunst. Im Unterschied zum totemistischen Kultobjekt verfügt die Ikone jedoch über eine hoch differenzierte und jahrhundertelang tradierte theologische Begründung.

33 Jewgeni Kowtun, *Der Augenzeuge des Unsichtbaren. Über das Werk von Pawel Filonow*, in: Jürgen Harten/Jewgenia Petrowa (Hg.), *Pawel Filonow und seine Schule*, Ausstellungskatalog, Köln 1990, S. 16–35, S. 16.

34 Auf einen höhnischen Artikel des Kunstkritikers Alexander Benois antwortet Olga Rosanowa nicht minder polemisch mit der programmatischen Schrift *Grundlagen des neuen Schaffens und die Gründe seines Nichtverstehens (Sojus molodjoshi, 3/1913*, S. 14–22).

35 Michail Larionow, *Lutschistskaja shiwopis (Rayonistische Malerei)*, 1913, zitiert nach John E. Bowlt (Hg.), *Russian Art and the Avant-Garde*, London 1988, S. 91.

36 Nikolaj Punin, *Puti sowremennago iskusstwa i russkaja ikonopis* (Anm. 3), S. 47.

37 Exemplarisch formuliert dies Werner Haftmann, *Malerei im 20. Jahrhundert* (2 Bän-

de), München 1962, S. 22.

38 Beispielhaft für eine solche ästhetisierende und ahistorische Betrachtungsweise ist das Buch des Kunsthistorikers Pawel Muratow, *Drewne-russkaja ikonopis w sobranii I. S. Ostrouchowa (Altrussische Ikonenmalerei in der Sammlung Ostrouchows)*, Moskau 1914, in dem es heißt: „Das Gelübde des altrussischen Künstlers war ein Gelübde des Mönchstums in der Kunst … In seinem Schaffen lebt er in einer Einsamkeit, die nicht religiös, sondern künstlerisch ist."

39 Exemplarische Bildanalysen sowie Hinweise auf Bildanalysen anderer Autoren befinden sich in dem in Anm. 1 genannten Buch der Autorin.

40 A. Grischtschenko, *O swjasach russkoj shiwopisi s wisantiei i sapadom XIII–XX s. Mysli shiwopisza (Über die Beziehungen der russischen Malerei mit Byzanz und dem Westen vom 13. bis zum 20. Jahrhundert. Gedanken des Künstlers)*, Moskau 1913, S. 7.

41 A. Grischtschenko, *Woprosy shiwopisi III: Russkaja ikona kak iskusstwo shiwopisi (Fragen der Malerei Bd. III: Die russische Ikone als Malkunst)*, Moskau 1917, S. 32.

42 A. Schewtschenko, *Neoprimitiwism. Ego teorija, ego wosmoshnosti, ego dostishenija*, Moskau 1913, S. 13 ff.

43 Wladimir Markow (Woldemar Matwei), *Faktura. Prinzipy twortschestwa w plastitscheskich iskusstwach*, St. Petersburg 1914, S. 2 ff.

44 Wladimir Tatlin, *Kunst mündet aus in Technik* (1932), zitiert nach: Kunstverein München (Hg.), *Wladimir Tatlin 1885–1953*, Ausstellungskatalog, München 1970, S. 63.

45 Vgl. Larissa A. Shadowa (Hg.), *Tatlin*, Weingarten 1987, S. 71 ff; Anatoli Strigaljow, *Die Bedeutung der altrussischen und der volkstümlichen Kunst in Tatlins Werk*, in: Jürgen Harten (Hg.), *Vladimir Tatlin. Leben, Werk, Wirkung. Ein internationales Symposium*, Köln 1993, S. 128–135.

46 Nikolaj Punin, *Tatlin (Protiw kubisma)*, Petrograd 1921, S. 12.

47 Ljubow Popowa, Materialien für einen Vortrag über den Stil, zitiert nach: Magdalena Dabrowski (Hg.), *Ljubow Popowa 1889–1924*, Ausstellungskatalog, Köln 1991.

48 Die Position des „Dingismus" (Weschtschism) wird exemplarisch formuliert bei Nikolaj Tarabukin, *Ot molberta k maschine (Von der Staffelei zur Maschine)*, Moskau 1923: „Der Künstler schafft in den Formen seiner Kunst Wirklichkeit, und der Realismus wird von ihm als das Schaffen eines authentischen Dings verstanden, eines in Form und Inhalt sich selbst genügenden Dinges, das nicht Gegenstände der wirklichen Welt reproduziert, sondern vom Künstler von Anfang bis Ende ohne Projektionslinien, die von der Wirklichkeit zu ihm gezogen werden könnten, konstruiert worden ist." (Zitiert nach Rainer Georg Grübel, *Russischer Konstruktivismus. Künstlerische Konzeptionen, literarische Theorie und kultureller Kontext*, Wiesbaden 1981, S. 43).

49 Die wichtigsten Schriften Pawel Florenskis zur Ikonenmalerei und der bildlichen Darstellung von Raum und Zeit in neueren deutschsprachigen Ausgaben: *Die umgekehrte Perspektive. Texte zur Kunst* (übersetzt und herausgegeben von André Sikojew), München 1989; *Die Ikonostase. Urbild und Grenzerlebnis im revolutionären Russland*, mit einer Einführung von Ulrich Werner, Stuttgart 1990; *Raum und Zeit (Werke Bd. 5)*, hg. von Olga Radetzkaja und Ulrich Werner, Berlin 1997.

50 Florenski, *Die umgekehrte Perspektive* (Anm. 49), S. 55.

51 Florenski war Mitglied und Förderer der Künstlervereinigung „Makowez", die in den zwanziger Jahren in Opposition zur „linken" Avantgarde stand. Vgl. W. P. Lapschin, *Is istorii chudoshestwennoj shisni Moskwy 1920-ch godow. „Makowez". Sojus chudoshnikow i poetow „iskusstwo – shisn" (Aus der Geschichte des künstlerischen Lebens im Moskau der zwanziger Jahre. „Makowez". Der Künstler- und Dichterverband „Kunst und Leben")*, in: *Sowjetskoe iskusstwosnanie (Sowjetische Kunstwissenschaft)* 1979, Nr. 2, Moskau 1980, S. 355–391 sowie: *Nicoletta Misler, Il rovesciamento della prospettiva*, in: Pavel Florenski, *La prospettiva rovesciata e altri scritti, a cura di Nicoletta Misler*, Roma 1984, S. 3–53.

52 Pawel Florenski, *Die Ikonostase* (Anm. 49), S. 70.

53 Eine ikonografische Analyse einiger Hauptwerke dieser Jahre bei Noemi Smolik, *Von der Ikone zum gegenstandslosen Bild. Der Maler Vasilij Kandinskij*, Phil. Diss., München 1992.

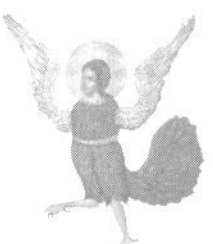

15 Μία έξοχη και μέχρι σήμερα αποδεκτή παρουσίαση αυτού του πνευματικού ρεύματος δίνει ο Thomas Garrigue Masaryk, *Russische Geistes- und Religionsgeschichte*, 2 τόμοι (1913), Neuauflage Φρανκφούρτη 1992.

16 Για το Abramzewo, το Mir iskusstva και τις εθνικορομαντικές προσπάθειες στη Ρωσία πρβλ. μεταξύ άλλων: Valentine Marcadé, *Le renouveau de l'art pictural russe: 1863–1914*, Λωζάνη1972. Camilla Grey, *Das große Experiment. Die russische Kunst 1863–1922*, Κολωνία 1974. Grigori Sternin, *Das Kunstleben Rußlands zu Beginn des 20. Jahrhunderts*, Δρέσδη 1978. John E. Bowlt, *The Silver Age. Russian Art of the Early Twethieth Century and the "World of Art" Group*, Newtonville/Mass 1980. Marie Schäfer, *Historienmalerei und Nationalbewußtsein in Rußland 1860–1890*, Κολωνία 1985. Jewgenia Kiritschenko, *Zwischen Byzanz und Moskau. Der Nationalstil in der russischen Kunst*, Μόναχο 1991.

17 Katalog *Vystavka drewnerusskago iskusstva*. Imperatorski Moskovski Archeologitscheski Institut imeni Imperatora Nikolaja II, Μόσχα 1913.

18 Ο Νταβίντ Μπουρλιούκ έγραψε το 1910 στο *Blauen Reiter* το εξής σχετικά με τους «Wilden Rußlands»: «Η τέχνη μας είναι εθνική» Κατά τον ίδιο τρόπο σκέφτονταν οι περισσότεροι κυβοφουτουριστές, και συγκεκριμένα η Γκοντσαρόβα και ο Λαριόνοφ, όπως και οι ποιητές Βελιμίρ Χλέμπνικοφ και Μπένεντικτ Λιφσιτς. Η άποψη αυτή όμως δεν ήταν αδιαμφισβήτητη, π.χ. ο συμβολιστής ποιητής, κριτικός τέχνης και εκδότης του «Apollon», Μακόφσκι αντιτάχθηκε στον «αισθητικό σωβινισμό»: Sergej Makowski, *Stranizy chudoshestwennoj kritiki, kniga vtoroja: sovremennye russkie chudoshniki*, Αγία Πετρούπολη 1909, σελ. 27.

19 πρβλ. Susana Skalova, *Die Semiotik mittelalterlicher russischer Ikonen, ihre Beschädigung, Restaurierung Nachahmung und Fälschung*, στο: Eva Hanstein-Bartsch, *Russische Ikonen. Neue Forschungen*, Recklinghausen 1991, σελ. 171–189.

20 Αυτό ισχύει για τη γενιά ερευνητών των I. P. Sacharow, F. I. Buslajev, N. Ivantschin-Pisarev και D. A. Rovinski. Ο Buslajev για παράδειγμα χαρακτηρίζει την καλλιτεχνική ποιότητα της εικόνας σαν «χαμηλή, πρωτόγονη και υποανάπτυκτη»: σύμφωνα με τον: N. Schtschokotov, *Ikonopis kak iskusstwo*, Μόσχα 1914, σελ. 16.

21 Για τις διάφορες σχέσεις του Κόσμου της Τέχνης και της πρωτοπορίας με τη ρωσική λαϊκή τέχνη: Alla Povelikhina/Jewgeni Kovtun, *Russian Painted Shop Signs and Avant-garde Artists*, Λένινγκραντ 1991.

22 Σε απόλυτη αντίθεση με την παλιά γενιά ερευνητών, π.χ. Nikolaj Schtschokotov, *Ikonopis kak iskusstvo. Po povodu sobranija ikon I. S. Ostrouchova i S. Rjabuschinskogo*, Μόσχα 1914.

23 Pavel Florenski, *Die umgekehrte Perspektive* (1920), στο: Ders., *Die umgekehrte Perspektive. Texte zur Kunst*, Μόναχο 1989. Lew Shegin, *Die Sprache des Bildes. Form und Konvention in der alten Kunst*, Dresden 1982. Βασιζόμενος σε αυτό: Boris Uspenski, *Zur Semiotik der Ikone*, in: Karl Eimermacher, *Semiotica sovietica 2. Sowjetische Arbeiten der Moskauer und Tartuer Schule zu sekundären modellbildenden Zeichensystemen 1962–1973*, Άαχεν 1986, σελ. 755–825.

24 Για την υποδοχή αποκρυφιστικών θεωριών από τους καλλιτέχνες της ρωσικής πρωτοπορίας πρβλ. μεταξύ άλλων: Linda Henderson, *The Artist, «The Forth Dimension» and Non-Euclidean Geometry 1900–1930. A Romance of Many Dimensions*, Yale University 1975. Anthony Parton, *Mikhail Larionov and the Russian Avant-Garde*, Λονδίνο 1993. Katalog *Okkultismus und Avantgarde. Von Munch bis Mondrian 1900–1915*, Φρανκφούρτη 1995.

25 Konrad Onasch, *Ikonen*, Βερολίνο 1962, σελ. 12.

26 Jana Hlavackova, *Casowost obrazu jako míra jeho kultownosti*, στο: Umení, Τ. 29, Πράγα 1981, σελ. 516–525.

27 Yurij Russakov, *Matisse in Russia in the Autumn of 1911*, στο: *The Burlington Magazine 5/1975*, σελ. 284–291.

28 William Rubin, *Primitivismus in der Kunst des 20. Jahrhunderts*, München 1984, Karla Bilang, *Bild und Gegenbild. Das Ursprüngliche in der Kunst des 20. Jahrhunderts*, Στουτγάρδη/Βερολίνο/Κολωνία 1990. Σε αντίθεση με τον Bilang ο Rubin δεν αναφέρει ούτε τη ρωσική πρωτοπορία ούτε τη σημασία της εικόνας και της ρωσικής λαϊκής τέχνης για τη γέννηση της αφαιρετικής σύγχρονης τέχνης.

29 Alla Povelikhina/Yevgeni Kowtun, *Russian Painted Shop Signs and Avant-garde Artists*, Λένινγκραντ 1991.

30 Σχετικά με το imago των ανατολικών χωρών σε αναλογία και διαχωρισμό από την εικόνα πρβλ. Kurt Bauch, *Imago*, στο: Gottfried Boehm, *Was ist ein Bild?*, Μόναχο 1994, σελ. 275–299.

31 Για την Θεολογία της εικόνας πρβλ. Ernst Benz, *Geist und Leben der Ostkirche*, Αμβούργο 1957. Egon Sendler, *The Icon. Image of the Invisible*, Redondo Beach/Καλιφόρνια 1988.

32 Werner Schmalenbach, *Grundsätzliches zur primitiven Kunst*, στο: Acta Tropica Bd. 15, No. 4, Βασιλεία 1958, του ιδίου., *Die Kunst des Primitivismus als Anregungsquelle für die europäische Kunst bis 1900*, Κολωνία 1961. Ο Schmalenbach περιγράφει στην έρευνά του, όπως ο Carl Einstein στην περίφημη έκθεσή του για τη μαύρη γλυπτική (Λειψία 1915) την ενσάρκωση του Θείου σαν σημαντικό χαρακτηριστικό της αφρικανικής τέχνης. Σε αντίθεση με το τοτεμιστικό λατρευτικό αντικείμενο, η εικόνα διαθέτει μια εντελώς διαφοροποιημένη θεολογική θεμελίωση με παράδοση αιώνων.

33 Jewgeni Kowtun, *Der Augenzeuge des Unsichtbaren. Über das Werk von Pawel Filonow*, in: Jürgen Harten/Yevgenia Petrova, *Pawel Filonov und seine Schule*, Κατάλογος έκθεσης, Κολωνία 1990, σελ. 16–35, σελ. 16.

34 Σε ένα υποτιμητικό άρθρο του κριτικού τέχνης Αλεξάντρ Μπενουά, η Όλγα Ροζάνοβα απαντά εξίσου αποδοκιμαστικά με το προγραμματικό σύγγραμμα *Grundlagen des neuen Schaffens und die Gründe seines Nichtverstehens* (*Sojus molodjoshi*, 3/1913, σελ. 14–22).

35 Michail Larionov, *Puti sovremennago iskusstva i russkaja ikonopis* (Υποσημείωση 3), σελ. 47.

36 Nikolaj Punin, *Puti sowremennago iskusstwa i russkaja ikonopis* (Υποσημείωση 3), σελ. 47.

37 Αυτό αναφέρεται ενδεικτικά από τον Werner Haftmann, *Malerei im 20. Jahrhundert* (2 τόμοι), Μόναχο 1962, σελ. 22.

38 Παράδειγμα για μια τέτοια αισθητική και όχι ιστορική αντίληψη είναι το βιβλίο του ιστορικού τέχνης, Pawel Muratow, *Drewne-russkaja ikonopis w sobranii I. S. Ostrouchova*, Μόσχα 1914, στο οποίο αναφέρεται: «Η προσφορά του παλαιότερου ρώσου καλλιτέχνη ήταν μια προσφορά του μοναχισμού στην τέχνη … Δημιουργώντας ζει μέσα στη μοναξιά, η οποία δεν είναι θρησκευτική αλλά καλλιτεχνική.»

39 Ενδεικτικές αναλύσεις πινάκων όπως και παραπομπές σε αναλύσεις πινάκων άλλων συγγραφέων βρίσκονται στο βιβλίο της συγγραφέα που αναφέρεται στην υποσημείωση 1.

40 A. Grischtschenko, *O swjasach russkoj shiwopisi s wisantiei i sapadom XIII–XX s. Mysli shiwopisza*, Μόσχα 1913, σελ. 7.

41 A. Grischtschenko, *Voprosy shiwopisi III: Russkaja ikona kak iskusstwo shiwopisi*, Μόσχα 1917, σελ. 32.

42 A. Schewtschenko, *Neoprimitivism. Ego teorija, ego vosmoshnosti, ego dostishenija*, Μόσχα 1913, σελ. 13.

43 Vladimir Markov (Voldemar Matvei), *Faktura. Prinzipy tvortschestva w plastitscheskich iskusstvach*, Αγ. Πετρούπολη 1914, σελ. 2.

44 Vladimir Tatlin, *Kunst mündet aus in Technik* (1932), Σύμφωνα με: Kunstverein München, *Wladimir Tatlin 1885–1953*, Κατάλογος έκθεσης, Μόναχο 1970, σελ. 63.

45 πρβλ. Larissa A. Shadova , *Tatlin*, Weingarten 1987, σελ. 71ff. Anatoli Strigaljov, *Die Bedeutung der altrussischen und der volkstümlichen Kunst in Tatlins Werk*, στο: Jürgen Harten, *Wladimir Tatlin. Leben, Werk, Wirkung. Ein internationales Symposium*, Κολωνία 1993, σελ. 128–135.

46 Nikolaj Punin, *Tatlin (Protiv kubisma)*, Πετρούπολη 1921, σελ. 12.

47 Ljubov Popowa, *Materialien für einen Vortrag über den Stil*, Σύμφωνα με: Magdalena Dabrowski, *Ljubov Popowa 1889–1924*, Κατάλογος έκθεσης, Κολωνία 1991.

48 Η θέση του «πραγματισμού» (Veschtschism) διατυπώνεται ενδεικτικά από τον Nikolaj Tarabukin, *Ot molberta k maschine*, Μόσχα 1923: «Ο καλλιτέχνης δημιουργεί με τις φόρμες του έργου του πραγματικότητα, και ο ρεαλισμός γίνεται για αυτόν

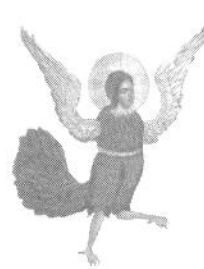

54 Wassily Kandinsky, *Die gesammelten Schriften*, hg. von Hans Roethel und Jelena Hahl-Koch, Bd. 1, Bern 1980, S. 158 f. und S. 152.

55 Kandinsky, Gesammelte Schriften (Anm. 54), S. 53.

56 Zu den geistesgeschichtlichen Quellen Kandinskys vgl. insbesondere Sixten Ringbom, *The Sounding Cosmos. A Study in the Spiritualism of Kandinsky and the Genesis of Abstract Painting*, Abo 1970; Armin Zweite, *Kandinsky zwischen Tradition und Innovation*, in: ders. (Hg.), Kandinsky und München. Begegnungen und Wandlungen 1896 - 1914, Ausstellungskatalog, München 1982, S. 134-177 sowie bezogen auf spezifisch östliche Traditionslinien: John E. Bowlt/Rose-Carol Washton Long, *The Life of Vasilii Kandinsky in Russian Art. A Study of On the Spiritual in Art*, Newtonville/Mass. 1980.

57 *Detstwo i junost Kasimira Malewitscha. Glawy is awtobiografii chudoshnika (Kindheit und Jugend Kasimir Malewitschs. Einige Kapitel aus der Autobiographie des Künstlers)*, in: K istorii russkogo awangarda. N. Chardshiew, K. Malewitsch, M. Matjuschin *(The Russian Avant-Garde. With a Post-script by Roman Jacobson)*, Stockholm 1976, S. 85–127, Zitate S. 108 und 117.

58 Ebenda, S. 122f.

59 Larissa Shadowa, *Kasimir Malewitsch und sein Kreis. Suche und Experiment. Aus der Geschichte der russischen und sowjetischen Kunst zwischen 1910 und 1930*, Dresden 1978, S. 79.

60 W. Sherwin Simmons, *Kasimir Malevich's Block Square and the Genesis of Suprematism 1907 - 1915*, New York/London 1981 sowie Linda Henderson (Anm. 24).

61 Zitiert nach Walter Kambartel, *Konstruktivismus in Osteuropa*, in: *Propyläen Kunstgeschichte Bd. 12*, S. 213.

62 Kasimir Malewitsch, *Suprematismus - Die gegenstandslose Welt*, hg. von Werner Haftmann, Köln 1962, S. 172.

63 Zitiert nach Camilla Grey, *Das große Experiment. Die russische Kunst 1863–1922*, Köln 1974, S. 201.

64 Zitiert nach Heiner Stachelhaus, *Kasimir Malewitsch. Ein tragischer Konflikt*, Düsseldorf 1989, S. 119.

65 Nikolaj Punin, *Noweischie Tetschenija w russkom iskusstwe, 1. Traditsii noweischego russkogo iskusstwa (Neuere Tendenzen in der russischen Kunst, 1. Traditionen der neueren russischen Kunst)*, Leningrad 1927.

66 Ebenda, S. 5.

67 Ebenda, S. 10.

68 Ebenda, S. 6.

69 Ebenda, S. 10.

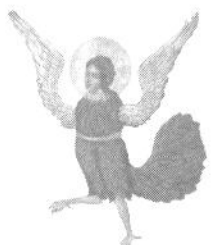

κατανοητός σαν την δημιουργία ενός αυθεντικού πράγματος, ενός αντικειμένου αυτάρκους σε μορφή και περιεχόμενο, το οποίο δεν αναπαράγει αντικείμενα του πραγματικού κόσμου, αλλά έχει κατασκευαστεί από την αρχή μέχρι το τέλος από καλλιτέχνες, χωρίς γραμμές που μπορούν να μεταφερθούν από την πραγματικότητα σε αυτό». (Σύμφωνα με τον Rainer Georg Grübel, *Russischer Konstruktivismus. Künstlerische Konzeptionen, literarische Theorie und kultureller Kontext*, Βισμπάντεν 1981, σελ. 43).

49 Τα σημαντικότερα συγγράμματα του Πάβελ Φλορένσκυ για την αγιογραφία και η απεικόνιση του χώρου και του χρόνου στις νέες γερμανόφωνες εκδόσεις: *Die um-gekehrte Perspektive. Texte zur Kunst* (μεταφραστής και εκδότης: André Sikojew), Μόναχο 1989. *Die Ikonostase. Urbild und Grenzerlebnis im revolutionären Rußland*, με εισαγωγό σημείωμα του Ulrich Werner, Στουτγάρδη 1990. *Raum und Zeit* (τομ. 5), εκδόθηκε από την Olga Radetzkaja και τον Ulrich Werner, Βερολίνο 1997.

50 Φλορένσκυ, *Η αντίστροφη προοπτική* (υποσημείωση 49), σελ. 55.

51 Ο Φλορένσκυ ήταν μέλος και υποστηρικτής του συλλόγου τέχνης «Makowez», ο οποίος αντιτάχθηκε τη δεκαετία του '20 στην «αριστερή» πρωτοπορία πρβλ. W. P. Lapschin, *Is istorii chudoshestvennoj shisni Moskwy 1920-ch godow. «Mako-wez» (Sojus chudoshnikow i poetov «iskusstwo - shisn» «Makowez»)*, στο: Sowjets-koe iskusstvosnanie 1979, αριθ. 2, Μόσχα 1980, σελ. 355–391 όπως και: Nicoletta Misler, *Il rovesciamento della prospettiva*, in: Pavel Florenski, *La prospettiva roves-ciata e altri scritti, a cura di Nicoletta Misler*, Ρώμη 1984, σελ. 3–53.

52 Pavel Florenski, *Die Ikonostase* (υποσημείωση 49), σελ. 70.

53 Μια εικονογραφική ανάλυση ορισμένων βασικών έργων αυτών των ετών βρίσκουμε στον Noemi Smolik, *Von der Ikone zum gegenstandslosen Bild. Der Maler Vasilij Kan-dinskij*, Phil. Diss., Μόναχο 1992.

54 Vassily Kandinsky, *Die gesammelten Schriften*, εκδοθέντα από τους Hans Roethel και Jelena Hahl-Koch, τομ. 1, Βέρνη 1980, σελ. 158 και σελ. 152.

55 Kandinsky, *Gesammtelte Schriften* (υποσημείωση 54), σελ. 53.

56 Για τις ιστορικές πηγές του Καντίνσκι πρβλ. κυρίως Sixten Ringbom, *The Sounding Cosmos. A Study in the Spiritualism of Kandinsky and the Genesis of Abstract Pain-ting*, Abo 1970. Armin Zweite, *Kandinsky zwischen Tradition und Innovation*, στο: ders. (έκδοση), *Kandinsky und München. Begegnungen und Wandlungen 1896–1914*, Κατάλογος έκθεσης, Μόναχο 1982, σελ. 134–177 όπως και αναφερόμενος σε ειδικές ανατολικές κατευθύνσεις της παράδοσης: John E. Bowlt/Rose-Carol Washton Long, *The Life of Vasilii Kandinsky in Russian Art. A Study of On the Spiritual in Art*, Newtonville/Mass 1980.

57 *Detstvo i junost Kasimira Malewitscha. Glawy is awtobiografii chudoshnika*, στο: *K istorii russkogo avangarda. N. Chardshiev, K. Malevitsch, M. Matjuschin (The Rus-sian Avant-Garde. With a Post-script by Roman Jacobson)*, Στοκχόλμη 1976, σελ. 85–127, παραθέματα σελ. 108 και 117.

58 Ό. π., σελ. 122.

59 Larissa Shadova, *Kasimir Malewitsch und sein Kreis. Suche und Experiment. Aus der Geschichte der russischen und sowjetischen Kunst zwischen 1910 und 1930*, Δρέσδη 1978, σελ. 79.

60 W. Sherwin Simmons, *Kasimir Malevich's Black Square and the Genesis of Suprema-tism 1907–1915*, Νέα Υόρκη, Λονδίνο 1981 όπως και Linda Henderson (υποσημείωση 24).

61 Σύμφωνα με τον Walter Kambartel, *Konstruktivismus in Osteuropa*, in: *Propyläen Kunstgeschichte* τομ. 12, σελ. 213.

62 Kasimir Malevitsch, *Suprematismus – Die gegenstandslose Welt*, Κολωνία 1962, σελ. 172.

63 Σύμφωνα με την Camilla Grey, *Das große Experiment. Die russische Kunst 1863–1922*, Κολωνία 1974, σελ. 201.

64 Σύμφωνα με τον Heiner Stachelhaus, *Kasimir Malewitsch. Ein tragischer Konflikt*, Ντίσελντορφ 1989, σελ. 119.

65 Nikolaj Punin, *Noveischie Tetschenija w russkom iskusstve, 1. Traditsii noveischego russkogo iskusstva*, Λένινγκραντ 1927.

66 Ό. π., σελ. 5.
67 Ό. π., σελ. 10.
68 Ό. π., σελ. 6.
69 Ό. π., σελ. 10.

41

Malewitsch und die „Schwarzen Ikonen"

Fährt man durch das Russland unserer Tage, so kann es passieren, dass man eine ganz ähnliche Entdeckung macht, wie die junge Ikonenrestauratorin Irina Majorova, die während eines Aufenthalts am Peipussee, Estland eine kleine Kirche betrat und dort unrestaurierte Ikonen vorfand: „Die Kerzen, die im Laufe der Jahre immer wieder in unmittelbarer Nähe einiger Ikonen angezündet worden waren, hatten die Oberfläche der Ikonen verrußt", erinnert sie sich in einem Gespräch, das ich mit ihr im Juni 2003 führte. „Es hatte sich aus dem herunter getropften Wachs und dem Ruß eine dunkle Schicht gebildet, die eine chemische Reaktion mit dem Firnis gebildet haben muss, denn beim Anfassen gab sie etwas nach, war dick und zäh und verhinderte den Blick auf die Malerei." Die einst leuchtende Ikone war nahezu schwarz (vgl. Abb. 1).

Die „schwarzen Ikonen" oder auch „schwarzen Bretter" sind historisch schon im Jahre 1744 in einem Dekret der Heiligen Synode Russlands belegt.[1] Wie die bekannte russische Ikonenrestauratorin Olga Lelekowa erklärt, ist für das Erblinden der Ikone paradoxer Weise eine Maltechnik mit verantwortlich, die die Leuchtkraft der Ikone eigentlich erhöhen sollte. „Russische Ikonen unterscheiden sich von jenen anderer orthodoxer Länder nicht nur in ihrem Stil, sondern auch in ihrer Maltechnik", schreibt Lelekova. „Eine ihrer Besonderheiten ist beispielsweise die auf das fertige Bild aufgebrachte Schutzschicht auf Leinölbasis, die Olifa. Diese Ölschicht verlieh den Farben Leuchtkraft und schützte sie zuverlässig in den kalten und feuchten Kirchen. Die Olifa wurde jedoch verhältnismäßig rasch dunkel und verwandelte sich nach 100–150 Jahren in eine undurchsichtige, schwarze Schicht, unter der man weder die Malerei erkennen konnte, noch das Bild selbst."[2]

Malewitsch, der von den Ikonen tief beeindruckt war und in ihnen etwas „Verwandtes und Wunderbares" entdeckte[3], muss diese schwarzen Ikonen gekannt haben. Dass sein *Schwarzes Quadrat* (Abb. 2) in Beziehung steht mit der Ikone ist in der wissenschaftlichen Forschung schon mehrfach erörtert worden. Wie Verena Krieger überzeugend darlegt, hat Malewitsch die Ikone auch nicht nur als ästhetisches Vorbild gesehen, sondern darüber hinaus seine eigene Kunst als Ikone verstanden[4]. So bezeichnete er sein *Schwarzes Quadrat* als „nackte Ikone meiner Zeit", als „Ikone des Suprematismus"[5]. Ist es da nicht naheliegend, dass Malewitsch sich in seinem *Schwarzen Quadrat* von den schwarzen Ikonen hat inspirieren lassen, die auch heute noch in den Ikonostasen russischer Kirchen abgelegener Bezirke zu finden sind?

Dr. Snejanka Dobrianowa-Bauer

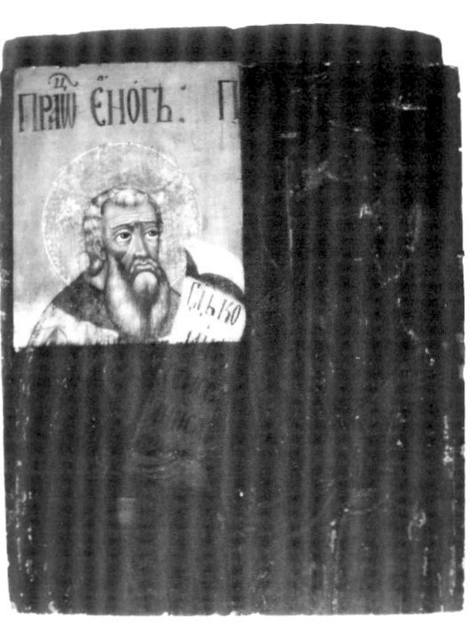

1 *Erzväter Henoch und Adam*
Russland, Ende 18. Jh. (Aufnahmen vor und nach der Restaurierung)
Еνοχ και Αδάμ
τέλη του 18ου αιώνα (πριν και μετά τη συντήρηση)

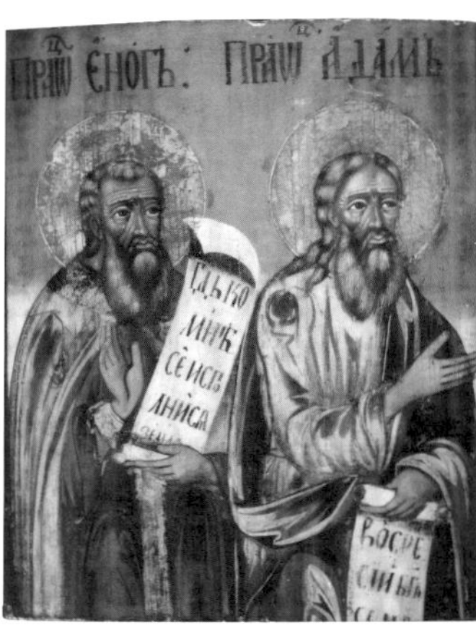

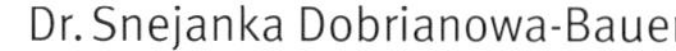

1 Vgl. *Russkaja pozdnaja ikona ot XVII do nacala XX stoletija. (Die russische späte Ikone 17. bis Anfang 20. Jahrhundert.)* Sammelband. Moskau 2001. S. 21-22.
2 Lelekova, Olga. *Ikonenrestaurierung und Ikonenforschung in Russland.* In: *Zwischen Himmel und Erde. Moskauer Ikonen und Buchmalerei des 14. bis 16. Jahrhunderts.* Austt.-Kat. Frankfurt 1997. S. 87.
3 Vgl. *Detstwo i junost Kasimira Malewitscha. Glawy iz awtobiografij hudoschnika (Kindheit und Jugend Kasimir Malewitschs. Einige Kapitel aus der Autobiographie des Künstlers,* in: *K istorij russkogo awangarda. N. Chardschiew, K. Malewitsch, M. Matjuschin (The Russian Avantgarde. With a Post-script by Roman Jacobson),* Stockholm 1976, S. 85–127. Zitat S. 108.
4 Vgl. Aufsatz von Verena Krieger in dieser Veröffentlichung: *„Wir suchen andere Werte, eine andere Inspiration, eine andere Kunst …". Das Interesse der Avantgarde am Bildkonzept der Ikone.* Vgl. ebenfalls von Krieger: *Von der Ikone zur Utopie.* Köln 1998. S. 127.
5 Zitiert nach Werner Haftmann, Einleitung zu: *Kasimir Malewitsch, Suprematismus – Die gegenstandslose Welt,* Köln 1962, S. 19.

Ο Μαλέβιτς και οι «Μαύρες Εικόνες»

Περνώντας τις μέρες μας στη Ρωσία είναι πιθανόν να κάνουμε μία παρόμοια ανακάλυψη, όπως αυτή της νεαρής συντηρήτριας εικόνων Irina Majorova, η οποία, κατά τη διάρκεια της παραμονής της στο Έστλαντ, επισκέφτηκε μια μικρή εκκλησία και βρέθηκε μπροστά σε εικόνες που δεν είχαν συντηρηθεί: «Τα κεριά που έκαιγαν σε μικρή απόσταση είχαν αφήσει με την πάροδο του χρόνου μία κάπνα στην επιφάνεια των εικόνων» θυμόταν σε μια συζήτηση που είχα κάνει μαζί της τον Ιούνιο του 2003. «Το κερί που έσταζε και η κάπνα είχαν δημιουργήσει ένα σκοτεινό στρώμα. Πρέπει να είχε προκληθεί μία χημική ένωση με το βερνίκι, διότι όταν το ακουμπούσε κανείς υποχωρούσε. Το στρώμα αυτό ήταν παχύ και τραχύ και εμπόδιζε τη θέαση της εικόνας». Η άλλοτε λαμπερή εικόνα είχε γίνει σχεδόν μαύρη (Βλ. εικ. 1).

Οι «μαύρες εικόνες» τεκμηριώνονται ιστορικά σε ένα θέσπισμα της Ιεράς Συνόδου της Ρωσίας.[1] Όπως εξηγεί η γνωστή ρωσίδα συντηρήτρια εικόνων Olga Lelekova, για την «τύφλωση» των εικόνων ευθύνεται κατά παράδοξο τρόπο μία ζωγραφική τεχνική, η οποία ουσιαστικά έπρεπε να αυξάνει τη φωτεινότητα των εικόνων. «Οι ρωσικές εικόνες ξεχωρίζουν από εκείνες άλλων ορθόδοξων χωρών, όχι μόνο λόγω τεχνοτροπίας, αλλά και λόγω της ζωγραφικής τεχνικής τους», γράφει η Lelekova. «Μια από τις ιδιαιτερότητές της είναι για παράδειγμα ένα προστατευτικό στρώμα που μπαίνει πάνω στο έτοιμο έργο, με βάση το λινέλαιο. Το βερνίκι αυτό αυξάνει τη φωτεινότητα των χρωμάτων και τα προστατεύει στις κρύες και υγρές εκκλησίες. Μετά την πάροδο 100 ή 150 χρόνων το προστατευτικό βερνίκι σκούραινε και μεταμορφωνόταν σε μια αδιόρατη μαύρη επίστρωση, κάτω από την οποία δεν ήταν δυνατό πλέον να διακρίνει κανείς ούτε τη ζωγραφική ούτε την απεικόνιση.[2]

Ο Μαλέβιτς, ο οποίος είχε εντυπωσιαστεί από τις εικόνες και ανακάλυπτε σ' αυτές κάτι «οικείο και θαυμαστό»[3], πρέπει να γνώριζε αυτές τις μαύρες εικόνες. Το γεγονός ότι το «Μαύρο Τετράγωνο» (εικ. 2) σχετίζεται με τις εικόνες, έχει συζητηθεί πολλές φορές από την επιστημονική έρευνα. Όπως τεκμηριωμένα υποστηρίζει η Verena Krieger, «Ο Μαλέβιτς δεν έβλεπε τις εικόνες μόνο ως αισθητικό πρότυπο, αλλά αντιλαμβανόταν και τη δική του τέχνη ως εικόνα».[4] Έτσι χαρακτηρίζει το «Μαύρο Τετράγωνο ως «γυμνή αλήθεια της εποχής μου», ως «Εικόνα του Σουπρεματισμού».

Δεν είναι προφανές ότι ο Μαλέβιτς εμπνεύστηκε το «Μαύρο Τετράγωνο» από τις μαύρες εικόνες οι οποίες ακόμη και σήμερα μπορούν να εντοπιστούν στα εικονοστάσια ρωσικών εκκλησιών;

Dr. Snejanka Dobrianowa-Bauer

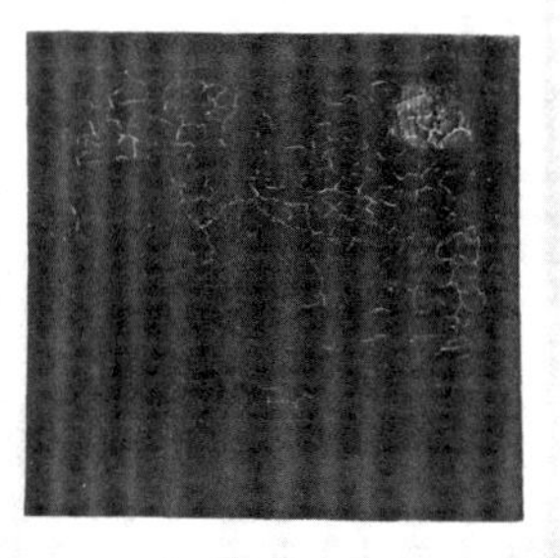

2 K. Malewitsch *Schwarzes Quadrat*, um 1915

K. Μαλέβιτς *Μαύρο Τετράγωνο*, 1915

1 Βλ. *Russkaja pozdnaja ikona ot XVII do nacala XX stoletija*, Sammelband, Μόσχα 2001, σελ. 21–22.
2 Olga Lelekova, *Ikonenrestaurierung und Ikonenforschung in Russland*, στο *Zwischen Himmel und Erde. Moskauer Ikonen und Buchmalerei des 14. bis 16. Jahrhunderts*, κατάλογος έκθεσης, Φρανκφούρτη 1997, σελ. 87.
3 Πρβ. *Detswo I junost Kasimira Malewitscha. Glawy iz awtobiografij hudoschnika*, στο *K istorij russkogo awangarda*. N. Chardschiev, K. Malewitsch, M. Matjuschin, Στοκχόλμη 1976, σελ. 85–127.
4 Βλ. Verena Von Krieger, *Von der Ikone zur Utopie*, Κολωνία 1998, σελ. 127.
5 Παρατίθεται από: Werner Haftmann, Einleitung zu: *Kasimir Malewitsch, Suprematismus – Die gegenstandslose Welt*, Köln 1962, σελ. 9.

Der Lubok in Russland

Die sinnverwandten Begriffe Volksbilderbogen und Lubok bezeichnen primitive Kunstwerke, die im Russland des 18. und 19. Jahrhunderts sowohl in den Städten als auch auf dem Land weit verbreitet waren. Diese auflagenstarken Druckblätter waren für die ästhetische Erziehung und Aufklärung des Volkes bestimmt. Die Blätter mit religiösen Sujets dienten als Papierikonen, während die weltlichen Inhalts belehrten, unterhielten und amüsierten.

Die Bilderwelt des Lubok mit seiner Vorliebe für bestimmte Figuren und Sujets war einerseits sehr traditionsgebunden, andererseits immer für neue Ausdrucksformen und aktuelle Geschehnisse offen. Die hervorgehobene Linienführung und Dekorativität, Größenverformung, Übertreibung und Groteske, die grellen lebensfrohen Farben sind für solche Kunstwerke charakteristisch. All dies verleiht dem Lubok seine Eigenart und Anziehungskraft.

Die Geschichte des Lubok in Russland umspannt 200 Jahre. Sie beginnt in der zweiten Hälfte des 17. Jahrhunderts und reicht bis zum Anfang des 20. Jahrhunderts. Zunächst wurden die Bilder mit Hilfe hölzerner Drucktafeln angefertigt. Die Drucktafeln wurden in der Technik des Hochschnitts bearbeitet, wobei der Hintergrund ausgeschnitten wurde, während die Bildkonturen erhaben blieben. Ende des 17. bis Anfang des 18. Jahrhunderts wurde in Russland der Kupferstich eingeführt, den man bald für die Anfertigung des Lubok verwendete. Der Kupferstich erlaubte eine längere Benutzung der Druckplatte und damit die Herstellung in höheren Auflagen. Der Lubok in Kupferstichtechnik wurde fast bis zur Mitte des 19. Jahrhunderts produziert, bevor er durch die Lithografie abgelöst wurde. Das Auftragen der Zeichnung auf eine Steinplatte und das Abziehen der Bilder waren bei diesem neuen Verfahren weitaus weniger arbeitsaufwendig, als bei der Anfertigung der Holzschnitte. In der zweiten Hälfte des 19. Jahrhunderts arbeiteten die Lubokwerkstätten fast nur noch mit der Lithografie. Diese neue Technik des Steindrucks erlaubte wesentlich höhere Auflagen: Die Übertragung des Kupferstichs auf die Steinplatte konnte nach Abnutzung der Platte mehrmals mit derselben wiederholt werden. Ende des 19. bis Anfang des 20. Jahrhunderts wurde bei der Herstellung der Lubki die Chromolithografie angewendet. Die Drucktechnik und künstlerische Qualität änderten sich, die Bilder blieben aber nach wie vor unterhaltsam und interessant.

Die Lubki wurden meistens in kleinen Werkstätten und Fabriken in Moskau hergestellt, die gedruckten Blätter kolorierte man dann in den Moskauer Vorstädten. Im 17. Jahrhundert verkaufte man Lubki meistens auf dem Gemüsemarkt auf dem Roten Platz, bis die Verkaufsstelle von Büchern und Lubki im 18. Jahrhundert zu der Erlöserbrücke in der Moskauer Innenstadt verlegt wurde. Seit der zweiten Hälfte des 18. und im Laufe des 19. Jahrhunderts wurden die massenhaft produzierten Bilder in die verschiedenen Städte verschickt, um dann von den reisenden Händlern auf den Jahrmärkten verkauft zu werden. Solch einen Lubokverkäufer kann man auf dem Bild *Sbitentschik und Chodebtschik* sehen (Abb. 1). Der Begriff Chodebtschik stammt von dem Wort gehen (chodit) ab, d.h. der Verkäufer geht durch die Märkte und trägt selbst seine Ware. An dem Stab, den er hält, ist ein Bilderstapel befestigt. Damit haben die Passanten die Möglichkeit, die angebotenen Blätter zu betrachten. Als Sbitentschik bezeichnete man den Verkäufer von „Sbiten", einem russischen Nationalgetränk aus gekochtem Honig mit Ingwer.

Die meisten Lubki stellten scherzhafte und unterhaltsame Blätter mit populären Gestalten wie den musizierenden und tanzenden Bären und die Ziege dar (Abb. 2). Hierbei spielt der Bär meistens Balalajka und die Ziege auf dem Holzlöffel. Die Straßenunterhaltung mit einem Zirkusbär und einem als Ziege verkleideten Menschen war bei den Volksfesten unentbehrlich, sie war eine Art wanderndes Theater. Zu den Merkmalen solcher Blätter gehören spannende und spielerische Situationen sowie gereimte Dialoge wie zum Beispiel das Sujet der „Blintschiza" (*Plinsenbäckerin*). Es entstand in der zweiten Hälfte des 18. Jahrhunderts als Holzschnitt (S. 123 Abb. 7) und wurde bis zur Mitte des 19. Jahrhunderts vielfach variiert und wiederholt. Dieses Sujet – die Belästigung einer mit Pfannkuchen beschäftigten Köchin durch einen Nichtstuer und ihre angebliche Koketterie – war für den Betrachter in jedem Jahrhundert unterhaltsam.

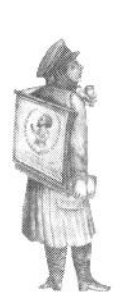

1 *Moskauer Stadttypen: Sbiten-Verkäufer und Hausierer (Sbitentschik und Chodebtschik)*, 1858

Πωλητής σμπίντεν και πλανόδιος, 1858

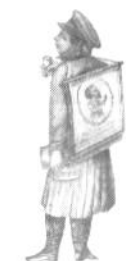

Το lubok στη Ρωσία

Η ρωσική λαϊκή ζωγραφιά, η λουμπκική ζωγραφιά, το lubok είναι όροι που παρουσιάζουν εγγύτητα ως προς το νόημά τους και αναφέρονται στα έργα του λαϊκού εικαστικού πριμιτιβισμού των 18ου–19ου αιώνων, τα οποία απαντώνται σε ευρεία κλίμακα τόσο στο αστικό περιβάλλον όσο και στην ύπαιθρο.

Κατασκευασμένα με την τεχνική της εκτύπωσης και εκδιδόμενα σε μεγάλο αριθμό αντιτύπων, τα έργα αυτά καλούνταν να ικανοποιήσουν καλλιτεχνικές και γνωστικές ανάγκες του λαού. Διασκέδαζαν, δίδασκαν, διαφώτιζαν. Τα φύλλα με θρησκευτικά θέματα έπαιζαν το ρόλο χάρτινων εικόνων.

Ο παραστατικός κόσμος των λαϊκών ζωγραφιών διακρίνεται αφ’ ενός για την προσήλωση στην παράδοση, σε αγαπημένους ήρωες και θέματα, αφ’ ετέρου για το άνοιγμά του στα νέα φαινόμενα, στις νέες μορφές, ακόμα και στην επικαιρότητα.

Το ιδιαίτερο σύστημα των εικαστικών μέσων με την έντονη γραμμή και το διακοσμητικό στοιχείο, με την παραμόρφωση της κλίμακας των μεγεθών, με την υπερβολή και το αλλόκοτο, με πρόσθετο στοιχείο τον έντονο χαρμόσυνο και ζωντανό χρωματισμό, έκαναν τα λαϊκά έργα ιδιαίτερα ελκυστικά.

Η ιστορία των λαϊκών έργων αυτού του τύπου στη Ρωσία ανέρχεται σε δύο αιώνες. Αρχίζει από το δεύτερο ήμισυ του 17ου αιώνα και φτάνει σχεδόν μέχρι τις αρχές του 20ού αιώνα. Αρχικά τα έργα αυτά τυπωνόταν σε ξύλινες πλάκες χάραξης. Κατασκευάζονταν με την τεχνική της υψιτυπίας, κατά την οποία αφαιρείται το φόντο και γίνεται ανάγλυφο το περίγραμμα του έργου. Στο μεταίχμιο των 17ου–18ου αιώνων εμφανίζεται η χαλκογραφία και αμέσως ακολουθεί το χαλκογραφημένο lubok, που επέτρεψε την παράταση της χρονικής διάρκειας της εκμετάλλευσης μιας και της αυτής πλάκας και τη χρήση της σε μεγαλύτερο αριθμό εκτυπώσεων. Το χαλκογραφημένο lubok διατηρήθηκε στη ζωή σχεδόν μέχρι τα μέσα του 19ου αιώνα και στη συνέχεια αντικαταστάθηκε από τη λιθογραφία. Η μεταφορά του έργου σε λιθογραφική πλάκα και η εκτύπωσή της από την πέτρα ήταν κατά πολύ λιγότερο κοπιαστικό έργο, απ’ ό,τι η χάραξη σε πλάκα. Κατά το δεύτερο ήμισυ του 19ου αιώνα η λιθογραφία εδραίωσε την ύπαρξή της στη ζωή των λουμπκικών εργαστηρίων. Μετά το 1850 οι εκδότες εισήγαγαν την πρακτική της αύξησης της εκτύπωσης φύλλων με την εφαρμογή συγκεκριμένης τεχνικής, βάσει της οποίας η εκτύπωση με χάραξη μεταφερόταν στη λιθογραφική πέτρα και μετά τη φθορά της πέτρας ανανεωνόταν με αλλεπάλληλες χρήσεις ενός και του αυτού πρωτοτύπου. Στο μεταίχμιο των 19ου–20ού αιώνων στην παραγωγή του lubok άρχισε να χρησιμοποιείται η χρωμολιθογραφία. Άλλαζαν οι τεχνικές, άλλαζε η καλλιτεχνική ποιότητα, όμως τα έργα παρέμεναν συναρπαστικά και ενδιαφέροντα.

Η παραγωγή των λαϊκών έργων συνδέεται με μικρά βιοτεχνικά εργαστήρια ή με ιδρύματα εργοστασιακού τύπου της Μόσχας. Ο χρωματισμός γινόταν στα περίχωρα της πόλης. Η πώληση των τυπωμένων φύλλων κατά τον 17ο αιώνα γινόταν στην σειρά των πάγκων με τα λαχανικά της Κόκκινης Πλατείας. Τον 18ο αιώνα άρχισαν να πουλούν βιβλία και γκραβούρες στη γέφυρα Σπάσκι στο κέντρο της πόλης. Από το δεύτερο ήμισυ του 18ου αιώνα και ιδιαίτερα κατά τη διάρκεια του 19ου αιώνα, η μαζική παραγωγή των λουμπκικών εργαστηρίων μεταφερόταν σε πολλές πόλεις προς πώληση σε εμποροπανηγύρεις, με διανομείς απλούς πωλητές. Παρόμοιο πωλητή μπορεί να δει κανείς στο έργο *Πωλητής σμπίντεν και πλανόδιος* (εικ. 1). Η ονομασία «πλανόδιος» στα ρώσικα «χοντέμπσικ» προέρχεται από τη λέξη – χοντίτ – βαδίζω, δηλαδή ο άνθρωπος που πουλάει, μεταφέροντας ο ίδιος το προϊόν. Μεταφέρει στην πλάτη του ένα πακέτο με έργα, που στηρίζονται σε μπαστούνι. Οι περαστικοί έχουν την δυνατότητα να κοιτάζουν και να διαβάζουν τα φύλλα που διατίθενται προς πώληση. Ο πωλητής σμπίντεν, είναι ο έμπορος του ρώσικου εθνικού ποτού «σμπίτεν». Το σμπίτεν πωλούνταν ζεστό, το έβραζαν με μέλι και πρόσθεταν πιπερόριζα.

Μία από τις πλέον πολυάριθμες κατηγορίες λαϊκών έργων που είχαν αμείωτη επιτυχία στο κοινό, ήταν τα κωμικά, τα αστεία φύλλα με παραδοσιακούς δημοφιλείς ήρωες. Σε αυτούς συμπεριλαμβάνονται η αρκούδα που χορεύει παίζοντας μουσική και η κατσίκα (εικ. 2). Η αρκούδα στο φύλλο παίζει συνήθως μπαλαλάικα, ενώ η κατσίκα κρατάει το ρυθμό με ξύλινα κουτάλια. Η διασκέδαση στο δρόμο με

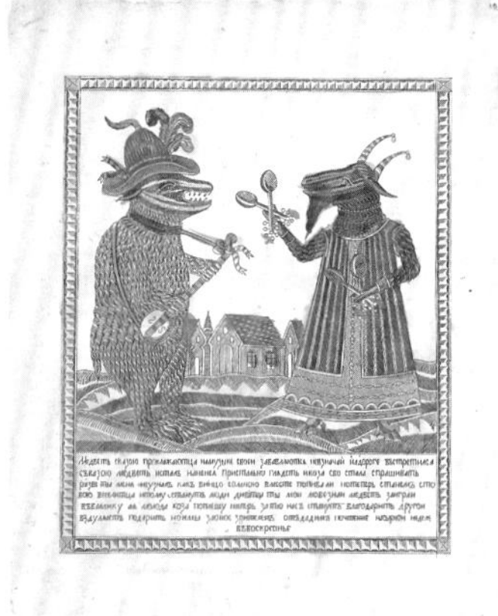

2 *Der Bär und die Ziege*, 2. Viertel 19. Jh.

Η αρκούδα και η γίδα, δεύτερο τέταρτο 19ου αιώνα

Der sitzende Riesenkater ist auch eine altbekannte Gestalt des russischen Lubok (Kat. 99 u. 100). Man nannte ihn *Kater von Kasan, mit dem Verstand von Astrachan und der Vernunft von Sibirien.* Traditionell betrachteten die Forscher diesen Kater als angebliche Satire auf Peter den Großen, denn er parodiert den Titel des russischen Zaren. In der Tat aber entstand das Blatt viel früher als zur Regierungszeit Peters des Großen, und überdies hat es mehrere westliche Vorbilder. Es gibt italienische, holländische und spanische Bilderbögen mit ähnlichen Darstellungen eines sitzenden Katers, dessen Fell durch charakteristische kurze parallele Striche gezeichnet wird. Dieses Sujet, das seinen Ursprung in der *Geschichte der Tiere* (1551) von Konrad Gesner hat, gehört zu den so genannten „wandernden" Sujets[1], die von Land zu Land wechselten. Die Lubokmeister interpretierten diese Sujets, variierten die Details und fügten den Bildern unterschiedliche Texte hinzu. Darüber hinaus kann man den *Kater von Kasan, Astrachan und Sibirien* genauso als Iwan den Schrecklichen identifizieren, denn er eroberte diese Länder für Russland. Direkte Analogien sind im Lubok fast nie möglich.

Zu den „wandernden" Sujets gehören auch die Darstellungen der „verkehrten Welt", in der Menschen und Tiere ihre Rollen tauschen und die Schwachen über die Starken triumphieren. In dieser Welt herrscht die Parodie. So umspielt das Blatt *Unsinnige Sachen zum Spaß und zum Lachen* (Kat. 70) das Motiv des Begräbnisses eines Jägers, der von seinen Opfern – von Hasen, Hirschen, Bibern und Vögeln – beerdigt wird. Dieses Motiv wurde den deutschen Volksbilderbögen *Begräbnis eines Jägers*[2] entliehen. Das Blatt *Vom Ochsen, der nicht mehr Ochse sein wollte und ein Fleischer wurde* (Abb. 3) baut ebenfalls auf das Prinzip der „verkehrten Welt". Dieses Blatt ist eines der bekanntesten und amüsantesten im russischen Lubok: Die naturalistisch dargestellte Hauptszene wird von zahlreichen lustigen Randbildern umrahmt. So treibt ein Esel einen Bauern an, ein anderer Bauer wird von einem Schaf geschoren, die Dorfweiber ziehen einen Esel in einer Kutsche durch die Stadt, und ein Papagei steckt einen Menschen in den Käfig

„damit er spricht". Der Sinn solcher Szenen lag in der Unterhaltsamkeit, im Belehren, in der Absurdität solcher Situationen und im Amüsieren des Betrachters und Lesers.

Das wohl populärste Sujet der „verkehrten Welt" war der Lubok *Die Mäuse tragen einen Kater zu Grabe.* Das Bild entstand am Ende des 17. Jahrhunderts und wurde mehrfach bis zum Anfang des 20. Jahrhunderts gedruckt und von mehreren Forschern untersucht. Der angesehene Kunstsammler und Verleger Rowinskij kam, wie andere Wissenschaftler auch, zu der Schlussfolgerung, dass Lubki mit diesem Motiv eine Parodie auf das Begräbnis des Zaren Peter I. waren. Hier wird Peter I. wieder mit einem Kater assoziiert, vorwiegend wohl wegen der ausgesprochen unterschiedlichen Einstellung des Volkes zu Peters Reformen und zu Peter selbst. M. A. Aleksejewa konnte jedoch schlüssig beweisen, dass das Bild vor der Regierungszeit Peters I. und ohne jeglichen Zusammenhang damit entstanden ist.[3] Das Sujet entspricht vollkommen der Volkssatire und den bekannten Beispielen der russischen Lachkultur des 17. Jahrhunderts. Unglaubliches passiert: Das starke Tier und ewiger Feind wird gefangen, gefesselt und unter Geleitschutz zu Grabe getragen. Die Komposition variierte im Laufe der Zeit: Die Anzahl der Mäuse im Trauerzug wurde immer größer, die Bezeichnungen der Lubki veränderten sich. Das ausgestellte Blatt heißt *Eine unglaubliche Geschichte* (Kat. 69) und repräsentiert im vollen Sinne die Parodie der Geschichte, abgesehen von allen Änderungen.

Die Motive aus der russischen Literatur und Folklore sind in den Lubki weit verbreitet. Die Helden der Märchen und Sagen – Iwan-Zarensohn, Ilja aus Myrom, Bowa-Königssohn – kämpfen, siegen, vollbringen Heldentaten. In den Bildern tritt das Narrative in den Vordergrund. Auf dem Lubok *Die Geschichte vom Dummkopf Emelja mit der roten Kappe* (Kat. 13) sieht man zahlreiche Szenen, in denen verschiedene Gegenstände Emeljas Befehle und Wünsche erfüllen, während er faul auf seinem Ofen liegt: Die Eimer tragen Wasser aus dem Fluss, eine Axt hackt Holz, der Ofen fährt Emelja, wohin er will. Und der Lubok über den Hahn und den Fuchs erzählt, wie es demjenigen ergeht, der Schmeicheleien liebt: Die Bilder in den Kartuschen schildern lebhaft, wie der Fuchs den leichtsinnigen Hahn verführt, welcher sich von den Lobesworten des Fuchses über sein schönstimmiges Singen einwickeln lässt (Kat. 12).

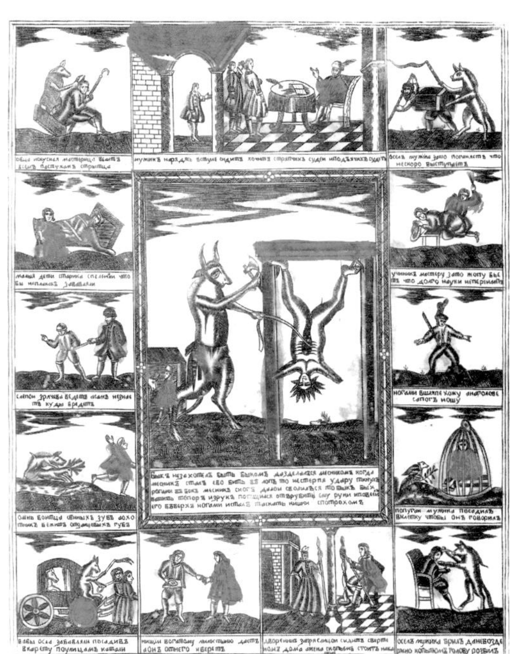

3 *Vom Ochsen, der nicht mehr Ochse sein wollte und ein Fleischer wurde*, Anfang 19. Jh.
Ο ταύρος δεν ήθελε να είναι ταύρος και έγινε κρεοπώλης, αρχές 19ου αιώνα

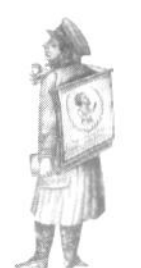

εξημερωμένη αρκούδα και άνθρωπο, ντυμένο με εθνική φορεσιά και μάσκα κατσίκας, ήταν αναντικατάστατα στοιχεία κατά τη διάρκεια εορταστικών διασκεδάσεων, αποτελούσαν κατά κάποιο τρόπο έναν περιοδεύοντα θίασο.

Η ενδιαφέρουσα κατάσταση, η ατμόσφαιρα παιχνιδιού, ο διάλογος με ρυθμικές αντιφωνήσεις είναι τα ψυχαγωγικού χαρακτήρα διακριτά γνωρίσματα των φύλλων, στον αριθμό των οποίων μπορούμε να συγκαταλέξουμε την υπόθεση με την ονομασία *Μπλίνσιτσα*. Εμφανίστηκε σε lubok από ξύλο το δεύτερο μισό του 18ου αιώνα (σελ. 123 εικ. 7) και επαναλαμβανόταν σε διάφορες εκδοχές μέχρι τα μέσα του 19ου αιώνα. Το φορτικό κόλλημα του αργόσχολου στην μαγείρισσα, που είναι απασχολημένη με το ψήσιμο των μπλινί (τηγανίτες), η πρόθεσή της με στοιχεία παιγνιδίσματος να μην ενδώσει, κάτι που γίνεται αντιληπτό από το κείμενο που το συνοδεύει, όλα αυτά φαίνονταν διασκεδαστικά στον θεατή, ανεξάρτητα με την εποχή στην οποία ζούσε.

Ο καθιστός τεράστιος γάτος είναι επίσης γνωστός αρχαίος θρυλικός ήρωας του ρώσικου lubok (Κατ. 99 κ. 100). Τον ονόμαζαν *Γάτο του Καζάν, πνεύμα του Αστραχάν, σύνεση της Σιβηρίας*. Οι ερευνητές των lubki θεωρούσαν παραδοσιακά, ότι δήθεν αυτός ο γάτος συμβολίζει τη φιγούρα του αυτοκράτορα Πέτρου του Α΄, καθώς στον τίτλο του γάτου περιέχονται ονομασίες των ρώσικων γαιών που συμπεριλαμβάνονται στην τεράστια αυτοκρατορία. Στην πραγματικότητα, το έργο με τον καθιστό γάτο εμφανίστηκε πολύ πιο πριν από την εποχή του Πέτρου του Α΄ και το κυριότερο έχει δυτική προέλευση. Στους λαϊκούς μύθους της Ιταλίας, της Ολλανδίας και της Ισπανίας υπάρχουν απεικονίσεις καθιστών γάτων με πόζες που μοιάζουν πολύ μεταξύ τους με τη χαρακτηριστική σχεδίαση και τις κοντές παράλληλες γραμμούλες που αναπαριστάνουν το τρίχωμα. Αυτό το θέμα, που ανάγεται στην *Ιστορία των ζώων* του Κόνραντ Ζέσνερ το 1551, ανήκει στον αριθμό των «πλανόδιων»[1], που περιπλανώνται από τη μια χώρα στην άλλη. Οι καλλιτέχνες του lubok το εμπλούτιζαν απλώς με τις λεπτομέρειές τους, την καλλιτεχνική τους νοηματοδότηση και βεβαίως προσέθεταν νέο κείμενο. Η ονομασία του γάτου ως *Γάτου του Καζάν, του Αστραχάν και της Σιβηρίας*, μπορεί να αποδοθεί εξίσου στην προσωπικότητα του Ιβάν του Τρομερού, καθώς ακριβώς αυτός κατέκτησε τις εν λόγω περιοχές για τη Ρωσία. Οι άμεσες αναλογίες στο lubok δεν επιδέχονται απόδειξη σχεδόν ποτέ.

Μεταξύ των «μεταφερόμενων» υποθέσεων έργων συγκαταλέγονται και φύλλα με θέμα τον «αντεστραμμένο κόσμο», «τον κόσμο ανάποδα», στον οποίο οι άνθρωποι και τα ζώα αλλάζουν θέσεις, όπου οι ανίσχυροι θριαμβεύουν επί των ισχυρών, όπου βασιλεύει η παρωδία. Η υπόθεση *Ανοησίες για γέλιο, του λαού η διασκέδαση* παίζει με το θέμα της κηδείας του κυνηγού από εκείνα τα ζώα, τα οποία είναι πάντα τα θύματά του: κάστορες, λαγοί, τάρανδοι, πουλιά (Κατ. 70). Το ίδιο το θέμα είναι δανεισμένο από τα γερμανικά λουμπκικά έργα με την ονομασία *Η κηδεία του κυνηγού*[2]. Ο «Αντεστραμμένος κόσμος», όπου τα ζώα κυριαρχούν έναντι των ανθρώπων, αντανακλάται στο ρώσικο έργο ο *Ταύρος δεν ήθελε να είναι ταύρος, αλλά έγινε κρεοπώλης* (εικ. 3). Αυτό είναι ένα από τα πιο γνωστά και ενδιαφέροντα φύλλα στο ρώσικο lubok, όπου γύρω από τη κεντρική αρκετά νατουραλιστική σκηνή εκτίθεται πληθώρα διασκεδαστικών επεισοδίων, στα οποία ο γάιδαρος κυνηγάει τον μουζίκο, το πρόβατο κουρεύει τον βοσκό, γυναίκες, ζεμένες στο κάρο, μεταφέρουν στους δρόμους έναν γάιδαρο, ο παπαγάλος βάζει στη θέση του στο κλουβί άνθρωπο «για να μιλήσει». Η σημασία των επεισοδίων έγκειται στο διασκεδαστικό χαρακτήρα των θεμάτων, στο διδακτικό χαρακτήρα τους, στο οξύμωρο των ίδιων των καταστάσεων, που προορίζονται για τη διασκέδαση του θεατή – αναγνώστη.

Νομίζω ότι το πιο γνωστό και το πιο διαδεδομένο στον κύκλο του «κόσμου ανάποδα» ήταν το lubok *Τα ποντίκια θάβουν το γάτο*. Η ζωγραφιά άντεξε πολλές επανεκδόσεις, αρχίζοντας από το τέλος του 17ου αιώνα, όταν εμφανίστηκε, μέχρι και τις αρχές του 20ού αιώνα. Προσέλκυσε την προσοχή όλων όσοι ασχολήθηκαν με τη μελέτη της λαϊκής ζωγραφιάς. Για μεγάλο διάστημα κυριαρχούσε η άποψη, που επαναλάμβανε άκριτα την άποψη του γνωστού συλλέκτη και εκδότη του lubok Ντ. Α. Ροβίνσκι, ότι στη βάση της υπόθεσης βρίσκεται η σάτιρα της κηδείας του αυτοκράτορα Πέτρου του Α΄ (και πάλι συνδέεται συνειρμικά η προσωπικότητα του Πέτρου Α΄ με τον γάτο, πιθανόν και λόγω της ασυνήθιστης σε μεγάλο βαθμό σχέσης του κοινού προς τον ίδιο και τις μεταρρυθμίσεις του, κάτι που επέτρεψε να ερμηνευθεί η σάτιρα με αυτόν τον κατευθυνόμενο τρόπο). Η Μ. Α. Αλεξέγιεβα απέδειξε με πειστικό τρόπο, ότι η ζωγραφιά εμφανίστηκε νωρίτερα από την έναρξη της βασιλείας του Πέτρου του Α΄ και δεν είχε καμία σχέση μ' αυτόν απ' την αρχή[3]. Αυτή εγγράφεται πλήρως στον κύκλο των σατιρικών θεμάτων, που συμπίπτει με τα γνωστά δείγματα

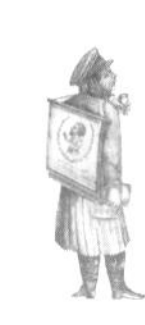
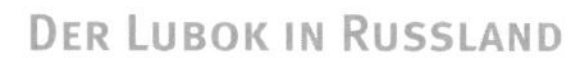

Die Herausgeber von Lubki schöpften die Themen ebenso aus den zahlreichen Volksliedern und Romanzen. Um die Mitte des 19. Jahrhunderts entstand das Interesse an den Volksliedern dank ihrer Erforschung durch Wissenschaftler, die eine große Menge Liedmaterial sammelten und veröffentlichten. Diese Melodien waren so erfolgreich, dass sogar die höchsten Auflagen blitzschnell vergriffen waren. Auf den Lubki jener Zeit sieht man im Reigen tanzende Mädchen, einen Kavalier in einer zu seiner Liebsten fahrenden Kutsche, Flöten spielende Hirten, Blumenkränze flechtende Mädchen, verliebte Pärchen etc. Als illustratives Beispiel kann das Blatt *Im weiten Feld steht eine Linde* (Abb. 4) dienen.

Seit der Mitte des 19. Jahrhunderts sind die dargestellten Szenen häufig der Gegenwart gewidmet, die traditionellen scherzhaften Themen rücken dabei in den Hintergrund. Der Bau der ersten russischen Eisenbahnlinie zwischen Moskau und Petersburg oder auch die Luftschifffahrt wurden in die Bildersprache des Lubok umgesetzt. Eine Dampflokomotive mit Soldaten auf den Plattformwagen, die ihre erste Reise ins Ungewisse machen, sind im Stil des volkstümlichen Primitivismus angefertigt. Die Ballonfahrten regten die Künstler zu ganzen Reihen satirischer Bilder an, denen eine idiomatische und wörtlich genommene Redewendung zu Grunde lag: Der Ausdruck „zum Schornstein hinaus fliegen" bedeutet so viel wie „Pleite gehen". Auf einem Bild sieht man einen aus dem Schornstein herausfliegenden Kaufmann, der wörtlich vor seinen Gläubigern wegfliegt (Kat. 5). Die *Reise durch die Luft* (Kat. 6) heißt ein anderes Blatt, auf dem ein Säufer, der seine verschwenderische Ehefrau und seine ganze Habe verspielte, und ein „zum Schornstein hinausfliegender" Kartenspieler abgebildet sind.

Einige Lubki stellen ausgewählte historische Ereignisse dar. Vorherrschend sind die Blätter, welche die Siegesmeldungen der russischen Armee illustrieren. Sehr beliebt waren auch die Portraits heldenhafter Generäle und Heerführer. Im Grunde sind diese Darstellungen sehr kanonisch: die großformatige Figur des reitenden Heerführers vor dem Hintergrund einer Schlacht oder der marschierenden Truppe. Diesen Portraits gleicht auch das Bild des „Eroberers Sibiriens, Jermak Timofeewitsch". Er lebte am Ende des 16. Jahrhunderts in den Zeiten Iwans des Schrecklichen und war beim Volk sehr populär. Die Lubok-Maler wendeten sich häufig den Sujets mit dem Zaren Pe-

ter dem Großen zu. So zeigt das Bild das Ereignis auf dem Ladoga-See im Jahre 1724: Während des Sturmes blieb Peter furchtlos und unerschrocken. Er ermutigte seine Reisegefährten, als ihr Boot zu kentern drohte. Die romantische Geschichte über die erste Begegnung des Zaren mit seiner künftigen Frau Katharina im Hause des Fürsten Menschikow, einem der engsten Vertrauten und Gefährten Peters, wurde zur weiteren beliebten, oft abgebildeten Episode aus seinem Leben (Abb. 5).

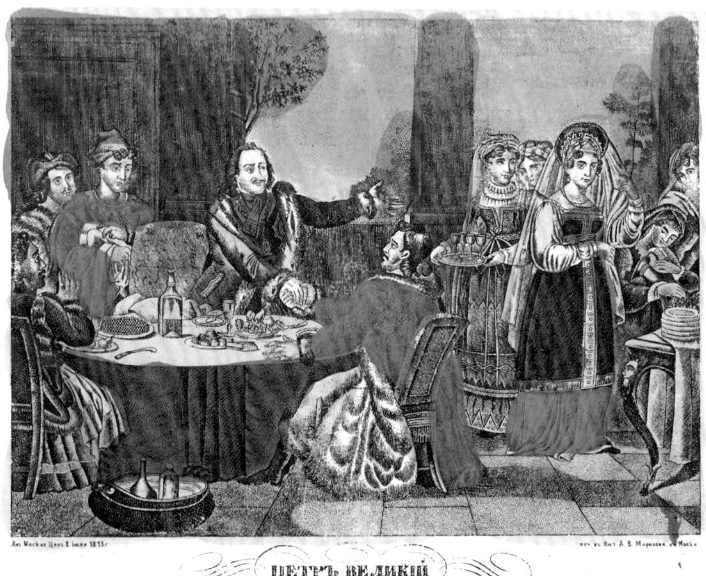

5 *Peter der Große wird von Fürst Menschikow Ekatherina vorgestellt*, 1870er Jahre

Η πρώτη συνάντηση του Τσάρου Πέτρου με τη μελλοντική του σύζυγο Αικατερίνη στο σπίτι του Κόμη Μενσκικόφ, Δεκαετία του 1870

Die religiösen Themen und Sujets nahmen in den Lubki ihren festen Platz ein. Sie wurden jedoch nicht in der Manier der russischen Ikone mit ihrem erhabenen und zurückhaltenden Aufbau angefertigt, sondern vielmehr in der Art der volkstümlichen primitiven Kunst mit ihrer Neigung zu fröhlicher und greller Farbigkeit und Dekorativität.

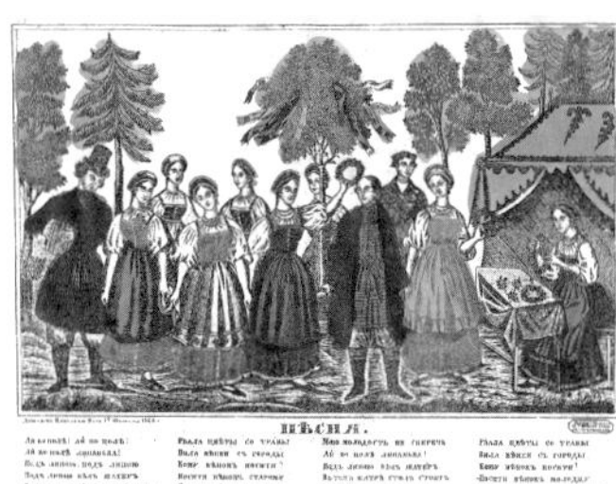

4 *Im weiten Feld steht eine Linde*, nach einem Volkslied, 1875

Μια φλαμουριά μόνη της στο χωράφι, Διασκευή λαϊκού τραγουδιού, 1875

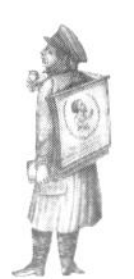

της ρώσικης ψυχαγωγικής τέχνης του 17ου αιώνα. Η απίστευτη διαδικασία των γεγονότων, όπου το ισχυρό θηρίο και αιώνιος εχθρός συλλαμβάνεται, δένεται και στέλνεται με τη συνοδεία των ανίσχυρων για ταφή, είναι ένα χαρακτηριστικό θέμα – παρωδία του βασιλείου των ζώων. Η σύνθεση του lubok υπέστη μεγάλο αριθμό αλλαγών σε όλη τη διάρκεια της μακρόχρονης ζωής του: μεγάλωσε ο αριθμός των ποντικιών που σέρνουν το έλκηθρο με τον δεμένο γάτο, άλλαξαν οι ονομασίες τους, μεγάλωσε ο αριθμός των γραμμών της νεκρώσιμης ακολουθίας. Μάλιστα, ακόμα και η ονομασία των ζωγραφιών άλλαξε με τον καιρό. Η εκδοχή που παρουσιάστηκε στην έκθεση, είχε τον τίτλο *Μία απίστευτη ιστορία* (Κατ. 69). Αλλά παρ' όλες τις αλλαγές στην υπόθεση του θέματος, διατηρείται εξ' ολοκλήρου η παρωδιακή κατάσταση της αλληγορίας.

Η ρώσικη λογοτεχνία, το φολκλόρ αναπαριστάται σε ευρεία κλίμακα στην τέχνη του lubok. Οι ήρωες των παραμυθιών, του ρωσικού λαϊκού επικού τραγουδιού, των μεταφρασμένων διηγημάτων, όπως ο Ιβάν το πριγκιπόπουλο, ο Ιλιά από το Μιρόμ, ο Μπόβα το βασιλόπουλο, μάχονται με τους εχθρούς, νικούν, κάνουν ανδραγαθήματα. Οι ζωγραφιές ξεχωρίζουν λόγω της ευρείας κλίμακας αφηγηματικότητάς τους. Στο *παραμύθι για τον Αιμίλιο τον βλάκα, με τον κόκκινο σκούφο*, για παράδειγμα, προβάλλονται άπειρα επεισόδια, όπου ο Αιμίλιος, ξαπλωμένος κοντά στη σόμπα, αναγκάζει όλα τα αντικείμενα να εκπληρώσουν όλες τις επιθυμίες του: οι κουβάδες μεταφέρουν το νερό από το ποτάμι, το τσεκούρι κόβει ξύλα, η σόμπα τον μεταφέρει όπου επιθυμεί κ.τ.λ. (Κατ. 13). Παρόμοια πληροφοριακή πληρότητα χαρακτηρίζει και τη ζωγραφιά των μέσων του 19ου αιώνα με το διήγημα για την κότα και την αλεπού. Εικονογραφεί όλες τις λεπτομέρειες του κειμένου που είναι διακοσμημένο με πλαίσιο, στο οποίο παρατίθεται η ιστορία της αλεπούς που παραπλανά την κότα, που της αρέσουν τα επαινετικά λόγια για την ομορφιά της και το «καλλίφωνο» τραγούδι της (Κατ. 12).

Οι ζωγραφιές που διακοσμούν τα λόγια των ρώσικων λαϊκών τραγουδιών και των ρομάντζων, αφορούν ένα τεράστιο όγκο του ρώσικου lubok καθ' όλη τη διάρκεια του δεύτερου μισού του 19ου αιώνα. Το ενδιαφέρον προς το τραγούδι εξηγείται εν πολλοίς με το γεγονός ότι στα μέσα του 19ου αιώνα οι ερευνητές μπορούσαν όχι μόνο να συγκεντρώσουν μεγάλο υλικό που αφορά την ιστορία του λαϊκού τραγουδιού, αλλά και να το εκδώσουν σε μια σειρά συλλογών τραγουδιών. Από αυτές τις συλλογές άρχισαν να αντλούν οι εκδότες τα θέματα των φύλλων τους. Η επιτυχία στο κοινό ήταν τόσο μεγάλη, ώστε τραγούδια και ρομάντζα πωλούνταν κατά τεράστιο αριθμό αντιτύπων και επανεκτυπώνονταν συνεχώς. Οι χορωδίες χορευτικών συγκροτημάτων των κοριτσιών στο δάσος, το πλέξιμο στεφανιών, οι βοσκοί που παίζουν με αυλούς, ερωτευμένα ζευγάρια, άμαξες και έλκηθρα που μεταφέρουν μακριά τους αγαπημένους καβαλιέρους, αυτά είναι τα θέματα της εικονογράφησης στα φύλλα με τα τραγούδια του τύπου: *Μία φλαμουριά μόνη της στο χωράφι* (εικ. 4).

Η νεωτερικότητα εισέβαλλε κυριαρχικά στις λαϊκές ζωγραφιές των μέσων και του δεύτερου μισού του 19ου αιώνα, παραμερίζοντας συχνά σε δεύτερο πλάνο τα θέματα με παραδοσιακούς γελωτοποιούς και παλιάτσους. Η κατασκευή του σιδηρόδρομου μεταξύ Μόσχας και Πετρούπολης και η ανακάλυψη των πτήσεων είχαν νοηματοδοτηθεί ιδιότυπα από το lubok. Η ατμομηχανή, το τραίνο με τα στρατιωτάκια σε ανοικτές πλατφόρμες, τα οποία πραγματοποιούν το πρώτο ταξίδι με άγνωστο προορισμό, έχουν μεταδοθεί με το ύφος του λαϊκού πριμιτιβισμού. Οι πτήσεις του αερόστατου, που καθιστούν εφικτή την εναέρια μετακίνηση των ανθρώπων, εξώθησαν τους καλλιτέχνες των lubki σε σατιρικές παρομοιώσεις με απόλυτα καθημερινές καταστάσεις. Η παρομοίωση βασίζεται σε μία ιδιωματική έκφραση γι' αυτόν που «πετάει από την καμινάδα», δηλαδή τον χρεοκοπημένο έμπορο, ο οποίος κυριολεκτικά πετάει από την καμινάδα, για να αποφύγει τις πληρωμές (Κατ. 5). «Ταξίδι στον αέρα» είναι ο τίτλος μιας άλλης τυπωμένης εικόνας, όπου «πετούν από την καμινάδα» ένας μέθυσος, η γυναίκα του η σπάταλη και ο χαρτοπαίχτης που έχασε όλα τα υπάρχοντά του (Κατ. 6).

Ορισμένα lubki εικονογραφούν ιστορικά θέματα. Υπερτερούν τα θέματα που αναπαρίσταναν τις νικηφόρες επιχειρήσεις του ρωσικού στρατού, σύμφωνα με τις ειδήσεις που δημοσιεύονταν στις εφημερίδες. Ιδιαίτερα δημοφιλείς ήταν οι προσωπογραφίες των ηρωικών στρατηγών του ρώσικου στρατού. Ήταν κατά βάση αρκετά τυποποιημένες: η μεγάλη μορφή του στρατηλάτη πάνω στο άλογο με τεταμένο το χέρι μπροστά, έχοντας για φόντο τη μάχη ή τα συντάγματα που παρελαύνουν. Με παρόμοιο τρόπο αποδίδεται και η αναπαράσταση του Γιερμάκ Τιμοφέγιεβιτς, του γνωστού αρχηγού του ρώσικου στρατού, του κατακτητή της Σιβηρίας, που έζησε στο τέλος του 16ου αιώνα επί του τσάρου Ιβάν του Τρομερού, αγαπημένου και

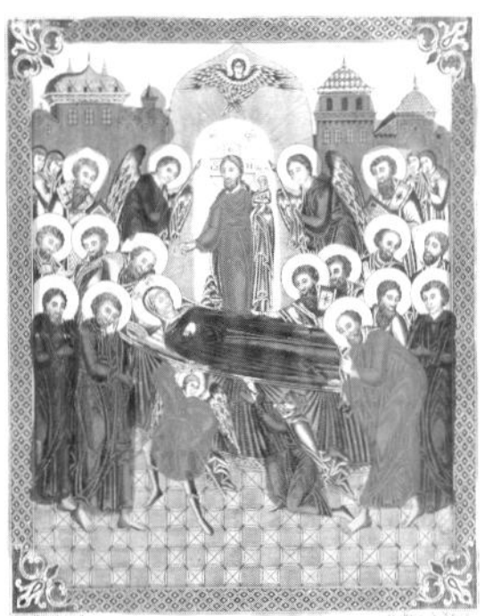

6 *Entschlafen der Gottesmutter*,
1873

Η Κοίμηση της Θεοτόκου, 1873

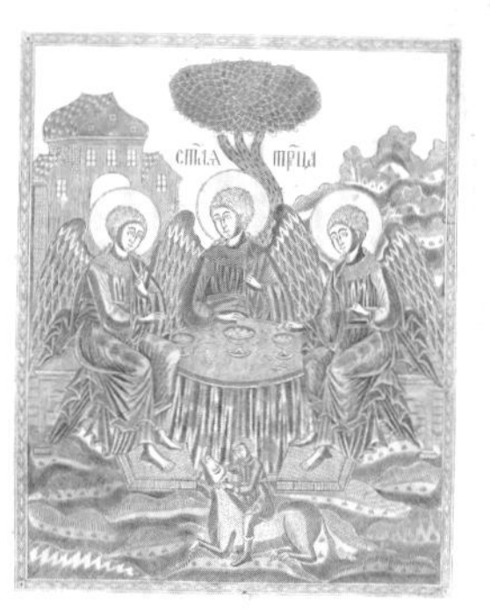

7 *Alttestamentliche Heilige Drei-
faltigkeit*, 1830er Jahre

Αγία Τριάδα, δεκαετία 1830

Als Beispiel dafür werden die religiösen Blätter *Entschlafen der Got-
tesmutter* (Abb. 6) und *Hl. Dreifaltigkeit* (Abb. 7) gezeigt, die durch
ihre naiven Reize und ihre Offenheit gekennzeichnet sind. Die Ikono-
grafie und Thematik des religiösen Lubok erweitern und ergänzen un-
sere Vorstellung von der russischen Ikonenmalerei.

Eine eigene Gruppe bilden die gemalten Lubki, die sich von den
gedruckten vor allem dadurch unterschieden, dass sie von Anfang bis
Ende ausschließlich mit der Hand, ohne jegliche Vervielfältigungs-
vorrichtungen angefertigt wurden: Mit Pinseln, Federn und verdünn-
ten Temperafarben entstand damit stets ein Unikat. Die Bildsprache,
die künstlerische Grundlage dieser handgemalten Lubki unterschei-
det sich ebenfalls von den gedruckten Blättern: Zu den wesentlichen
Wirkungsmitteln gehören die starke Farbigkeit und die Schönheit der
Zeichnung, so dass hier Ornamente, Muster und Farben dominieren.

Der gemalte Lubok entstand erst in der Mitte des 18. Jahrhunderts
und war hauptsächlich im Norden Russlands und rund um Moskau
verbreitet. Seine Hersteller hatten in der Regel rege Kontakte mit den
Miniaturmalern, Kopisten und Ikonenmalern. Die Entstehung und
Entwicklung des gemalten Lubok ist mit den Altgläubigen verbunden,
deren Ideologen ausgewählte religiöse Themen bildnerisch bearbei-
ten und popularisieren wollten. So sind die Darstellungen der Zwei-
finger-Bekreuzigung, der angeblich „richtigen" Kreuzformen, der An-
zahl der Prosphoren und anderer Streitpunkte im Ritusbereich öfters
zu sehen, die nach den Reformen Patriarchs Nikon in den 1660er Jah-
ren entstanden und zur Spaltung der orthodoxen Kirche führten (vgl.
Abb. 9 und 10). Dazu gehören auch die Blätter mit Portraits der von
Altgläubigen verehrten Lehrer und Mentoren. In der Folgezeit wuchs
aber die Herstellung und Verbreitung der gemalten Lubki über diesen
ursprünglichen Rahmen hinaus und entwickelte sich zu einem eige-
nen Bereich der Volkskunst.

Die Inhalte der gemalten Lubki sind vielfältig und zeichnen sich
aus durch ausgeprägte moralisch-belehrende Tendenz und Neigung
zur Allegorie. Sie umfassen Illustrationen zu den Erzählungen und Le-
genden der alten Sammlungen und Codices, wie *Seelische Apothe-
ke* (Kat. 91) und *Sterblicher, gib acht*, zu den Geschichten des Alten
und Neuen Testaments, wie *Adam und Eva am Baum der Erkenntnis*
(Kat. 27), religiöse Verse und Wandkalender. Einige Sujets aus der
Volkskunst wurden zu Apokryphen, wie *Fragen und Antworten: Über*

die bösen Weiber (Kat. 45) angefertigt. Beliebtes Thema für die gemal-
ten Lubki waren die Sirenen *Sirin* (Kat. 41) und *Alkonost*, die mit ihrem
süßen Gesang die Reisenden in den Tod führten, aber auch Freude
und Belohnung im Paradies versprachen. Die Künstler versuchten die
Szenen ausführlich darzustellen, wie z. B. die Menschen, welche Si-
rin mit lauten Tönen und Kanonenschüssen erschrecken, um sie los-
zuwerden.

Die gemalten Lubki sind ausgesprochen narrativ, was ihre beleh-
rende Funktion verstärkt. Auf dem Blatt *Die sieben Todsünden* sehen
wir die Tiere und ihnen gegenüberstehende Engel, die Sünden und Tu-
genden symbolisieren. Daneben stehen Texte mit den detaillierten An-
weisungen zu den guten Taten und dem gerechten Lebenswandel. Auf
dem Blatt *Höllisches Ungeheuer* (Abb. 8) sind ebenfalls mehrere Texte
mit Beschreibungen von Sünden und Tugenden gegenübergestellt.

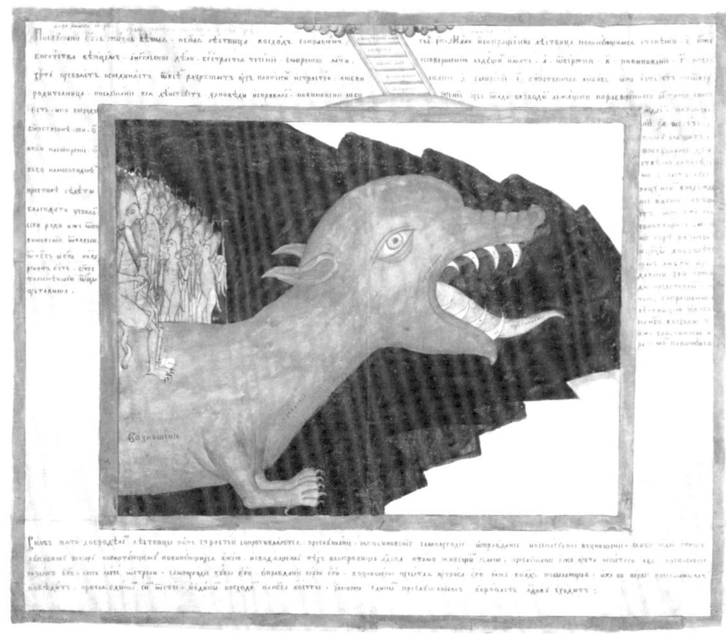

8 *Höllisches Ungeheuer*, Mitte 19. Jh.

Τέρας της Κολάσεως, μέσα 19ου αιώνα

Die Welt der Lubki ist mannigfaltig und reizvoll. Viele Künstler,
auch diejenigen, die anscheinend von der Volkskunst weit entfernt
waren, wandten sich immer wieder der Kunst des Lubok zu. Auch die

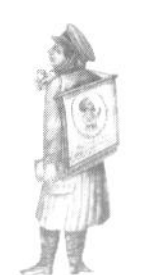

δημοφιλούς λαϊκού ήρωα. Από τις ιστορικές προσωπικότητες ήταν συμπαθής στους καλλιτέχνες των lubki ο αυτοκράτορας Πέτρος ο Α΄. Σε μια καταιγίδα το 1724 στη λίμνη Λαδόγα, όταν η βάρκα παρά λίγο να αναποδογυρίσει, έδειξε μεγάλη ανδρεία και τόλμη, ενθάρρυνε τους συνταξιδιώτες του και αυτό έγινε ένα από τα αγαπημένα θέματα των καλλιτεχνών. Το δεύτερο αγαπημένο lubok αυτής της σειράς ήταν η σκηνή της γνωριμίας του Πέτρον με τη μέλλουσα γυναίκα του Αικατερίνη την Α΄, την οποία γνώρισε στο σπίτι του βοηθού και συνεργάτη του Α. Ντ. Μενσικόφ (εικ. 5).

Ο όγκος των lubki που έφτασαν μέχρι εμάς περιλαμβάνει και θρησκευτικά θέματα. Οι λαϊκές αυτές ζωγραφιές είναι χρωματισμένες έντονα, αλλά ως προς τη σύνθεσή τους εκτελούνται με εντελώς διαφορετικό τρόπο απ' ό,τι οι εικόνες. Ο τρόπος σχεδίασής τους ξεχωρίζει επίσης απ' τις εικόνες, λόγω της μεγαλύτερής τους ροπής προς το πρωτόγονο και την προτίμηση στα χαρούμενα χρώματα και στη διακοσμητικότητα. Ως παραδείγματα μπορούν να αναφερθούν τα θρησκευτικά θέματα *Κοιμήσεως της Θεοτόκου* (εικ. 6), και *Αγία Τριάδα* (εικ. 7), έργα που χαρακτηρίζονται από απλοϊκή χάρη και ειλικρίνεια. Το θρησκευτικό lubok δεν υστερεί σε τίποτε, κάπου μάλιστα λειτουργεί και ως συμπλήρωμα του τεράστιου κόσμου της ρωσικής εικόνας ως προς τις εικονογραφικές αρετές του και το εύρος της θεματικής του.

Τα επιτοίχια ζωγραφισμένα έργα αποτελούν ιδιαίτερο τομέα της λαϊκής εικαστικής τέχνης. Το ζωγραφισμένο lubok ξεχωρίζει ιδιαίτερα από το τυπωμένο. Οι ζωγραφιές από την αρχή μέχρι το τέλος κατασκευάζονταν στο χέρι με τη βοήθεια πινέλου και φτερών. Χρησιμοποιούνταν αραιωμένα χρώματα τέμπερας. Το κάθε φύλλο είναι μοναδικό, καθώς αποτελεί προϊόν της ατομικής καλλιτεχνικής δημιουργίας. Τα ζωγραφισμένα έργα έχουν διαφορετική καλλιτεχνική βάση απ' ό,τι τα εκτυπωμένα lubki, άλλο εικαστικό σύστημα. Κύρια στοιχεία της συναισθηματικής τους επίδρασης στον θεατή ήταν το χρώμα, η φωτεινότητα, η ομορφιά του έργου. Εδώ υπερτερεί το διακοσμητικό στοιχείο, το σχεδιάγραμμα και η ομορφιά της γραμμής του περιγράμματος.

Το ζωγραφικό lubok δεν διαδόθηκε παντού, αλλά σε μεμονωμένες περιοχές της Ρωσίας, στον Βορρά, στη Μόσχα και στα περίχωρά της. Οι καλλιτέχνες του ζωγραφικού lubok είχαν συνήθως στενές σχέσεις με τον κύκλο των καλλιτεχνών της μικρογραφίας, των αντιγραφέων βιβλίων, των αγιογράφων. Η γέννηση της τέχνης του ζωγραφικού lubok ανάγεται στα μέσα του 18ου αιώνα. Η εμφάνισή του και η πρωταρχική του λειτουργία έχει σχέση με το περιβάλλον των σχισματικών, με τις ανάγκες των ιδεολογικών τους εκπροσώπων για επεξεργασία και εκλαΐκευση συγκεκριμένων θεμάτων. Εξ' ου και οι ζωγραφιές που απεικονίζουν το σύμβολο του σταυρού με δύο δάχτυλα, τις «σωστές» μορφές του σταυρού, την ποσότητα του πρόσφορου στην λειτουργία και άλλα τελετουργικά χαρακτηριστικά, στα οποία διαφωνούσαν οι οπαδοί της «νέας» και της «παλιάς» θρησκείας μετά τις μεταρρυθμίσεις του πατριάρχη Νίκωνα το 1660 που οδήγησαν στο σχίσμα της Ορθόδοξης εκκλησίας (Βλ. εικ. 9 κ. 10). Επίσης περιλαμβάνονται και οι προσωπογραφίες των πιο σεβαστών για τους παλαιόπιστους πνευματικών ταγών. Στη συνέχεια, όμως, η παραγωγή των ζωγραφικών lubki ξεπέρασε αυτά τα πλαίσια και έγινε ένα ξεχωριστό καλλιτεχνικό είδος.

Η θεματική των ζωγραφικών lubki είναι πολύ πλούσια, αν και εδώ υπερτερεί το ηθικοπλαστικό, το αλληγορικό και το παραινετικό στοιχείο. Η εικονογράφηση αυτή αφορά διηγήματα και αλληγορίες των λογοτεχνικών συλλογών του τύπου *Πνευματικό φάρμακο* (Κατ. 91) ή *Κοίταξε με προσοχή, την σήψη του ανθρώπου, γιατί η ζωή σου τελειώνει*, στις διηγήσεις της Παλαιάς και Νέας Διαθήκης, όπως *Ο Αδάμ και η Εύα στο δέντρο της γνώσης* (Κατ. 27). Ορισμένα θέματα της λαϊκής τέχνης αντλήθηκαν από τα απόκρυφα ευαγγέλια: *Ερωτήσεις και απαντήσεις για τις κακές συζύγους* (Κατ. 45). Αγαπημένα θέματα του ζωγραφικού lubok ήταν τα διηγήματα για τα πουλιά *Σειρήνα* (Κατ. 41) και *Αλκόνοστ*, τα οποία με την ομορφιά τους και τη γλυκιά φωνή τους παραπλανούν τους ταξιδιώτες, αλλά υπόσχονται χαρά και ανταμοιβή στον παράδεισο. Οι καλλιτέχνες προσπαθούσαν να δείξουν με ποιο τρόπο οι άνθρωποι φοβίζουν το πουλί με δυνατούς ήχους μουσικής και με κανονιοβολισμούς, που είναι το μοναδικό μέσο να αποφύγουν την ολέθρια επίδρασή του.

Το ζωγραφικό lubok συνοδεύεται από μεγάλο γραπτό κείμενο, γεγονός που ενισχύει την παραινετική του λειτουργία. Για παράδειγμα, το θέμα των επτά θανάσιμων αμαρτημάτων, παράλληλα με την απεικόνιση των ζώων, που συμβολίζουν την προσωποποίηση των αμαρτημάτων και των αγγέλων που συμβολίζουν τις αρετές, εικονογραφούνται όλα τα καλά έργα, τα οποία βοηθούν τον άνθρωπο να περάσει το δρόμο από την αμαρτία στην ευλάβεια και συνοδεύονται

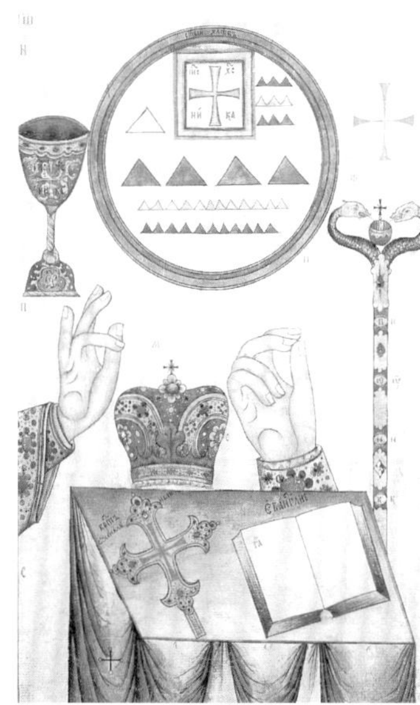

9 *Darstellung einiger Attribute und Symbole der Altgläubigen*, Ende 18./Anfang 19. Jh.
Παρουσίαση ορισμένων συμβόλων Ορθόδοξων Παλαιόπιστων, τέλη 18ου–αρχές 19ου αιώνα

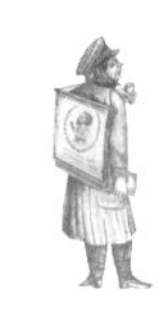

Agitationskunst wendete mehrfach die Formen des Lubok an, insbesondere während der Kriege und der Revolutionen. Seine Anziehungskraft bestand in der Anschaulichkeit der Darstellung. Ein einzigartiges Beispiel des Lubok im 20. Jahrhundert ist ein Sammelband, der während des Ersten Weltkrieges in Petrograd herausgegeben wurde. Die aktuelle Satire auf die deutsche Armee, Soldaten, Generäle und Kaiser Wilhelm II. findet hier ihren bildlichen Ausdruck in den traditionellen Formen des volkstümlichen Lubok. Der *Kater von Kasan* wird zu *Waska, Kater von Preußen, Feind der Russen*, die *Plinsenbäckerin* wird zu *Fritz bereitet sich nach seinem Sieg das Mittagessen vor*; *desgleichen hat die Welt noch nie gesehen – die arme Katze wird er verspeisen* (S. 122 u. 123 Abb. 4–7).

Viele Künstler haben sich mit der Kunst des Lubok auseinander gesetzt und in ihren Werken einen kreativen Umgang mit diesem Kunstphänomen präsentiert. Auf diese Weise lebt der Lubok weiter.

Dr. Elena I. Itkina

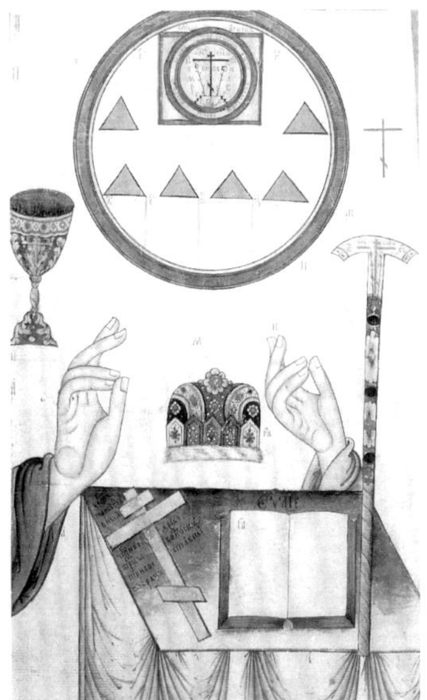

10 *Darstellung einiger Attribute und Symbole der Altgläubigen, Ende 18./Anfang 19. Jh.*

Παρουσίαση ορισμένων συμβόλων Ορθόδοξων Παλαιόπιστων, τέλη 18ου-αρχές 19ου αιώνα

1   Aleksejeva M.A., *Gravjura na dereve „Myschi kota na pogost volokut" – Pamjatnik russkogo narodnogo tvortschestwa konca XVII – natschala XVIII veka (Der Holzschnitt „Die Mäuse tragen einen Kater zu Grabe" – Das Denkmal der russischen Volkskunst Ende des 17. – Anfang des 18. Jahrhunderts)*, in: *Russkaja literatura XVIII – natschala XIX veka v obtschestwenno-kulturnom kontekste*, Leningrad 1983, S. 64.
2   Itkina E. I., *Sjuzety „perevjornutogo mira" w nemeckom i russkom lubke (Die Sujets der „verkehrten Welt" im russischen und deutschen Lubok)*, in: *Zabelinskije nautschnyje tschtenija*, 2001, S. 46–47.
3   Aleksejeva M.A., op. cit., S. 45–79.

από κείμενο. Στη ζωγραφιά *Το τέρας του Άδη* (εικ. 9) ο καλλιτέχνης δηλώνει ακόμα και με τις λέξεις του κειμένου τα αμαρτήματα και σε αντιδιαστολή με αυτά, τα σκαλοπάτια της κλίμακας των αρετών.

Ο κόσμος των lubki είναι ποικίλος και ελκυστικός. Σε διαφορετικές χρονικές περιόδους αποδεικνύεται χρήσιμος στους καλλιτέχνες, που από μια πρώτη ματιά φαινόταν μακριά απ' αυτόν. Είναι επίσης γνωστό, ότι η τέχνη της μαζικής προπαγάνδας χρησιμοποίησε αρκετές φορές τις μεθόδους του lubok, ιδιαίτερα κατά τις περιόδους των πολέμων και της επανάστασης. Το εύληπτο της παραστατικής μορφής είναι που το κατέστησε προτιμητέο. Ένα μοναδικό δείγμα του Ρωσικού lubok στον 20ό αιώνα είναι η ανθολογία που εκδόθηκε στην Πετρούπολη κατά την περίοδο του Πρώτου Παγκόσμιου Πολέμου, όπου η σύγχρονη σάτιρα προς το γερμανικό στρατό, τους στρατιώτες, τους στρατιωτικούς ηγέτες, τον αυτοκράτορα Βιλχέλμ τον II, πήραν τη μορφή του παραδοσιακού lubok με τη χρήση παραδοσιακών μοτίβων, όπως του *γάτου από το Καζάν*, ο οποίος μετατρέπεται στον *Βάσκα, τον γάτο της Πρωσίας, εχθρό της Ρωσίας* είτε της *Μπλίνσιτσα* που μετατρέπεται στον Φριτς, ο οποίος *μετά τις νίκες του ετοιμάζει το μεσημεριανό του* (σελ. 122 κ. 123 εικ. 4–7).

Πολλοί καλλιτέχνες έχουν διερευνήσει και αξιοποιήσει δημιουργικά στο έργο τους την τέχνη του lubok. Αυτό είναι το στοιχείο που κρατάει το lubok ζωντανό.

Dr. Elena I. Itkina

1   M. A. Alekseyewa, *Grawyura na dewere «Myshi kota na pogost volokut» – Pamyat-nik russkogo narodnogo twortshestwa konca XVII veka*, στο *Russkaya literature XVI-II – natshala XIX weka w obtshestvenno-kulturnom kontekste*, Λένινγκραντ 1983, σελ. 64.

2   E. I. Itkina, *Syuzety «perewyornutogo mira» w nemechom i russkom lubke*, στο *Zabelinskiye nautshiniye chteniya*, 2001, σελ. 46–47.

3   M. A. Alekseyewa, ό. π., σελ. 45–79.

„Lubok von heute" – Auf der Suche nach dem „kollektiven Stil"

Anfang des 20. Jahrhunderts schloss sich die russische Kunst der allgemeineuropäischen Avantgarde an. Obwohl der Kubismus und der Fauvismus durchaus eine Rolle für die russischen Avantgardekünstler spielten, wurde der Neoprimitivismus zur vorherrschenden Kunstströmung in dieser Zeit.

Das Interesse für primitive Kunst zeigten bereits die Maler von *Welt der Kunst*. Sie befassten sich jedoch bloß mit der äußerlichen dekorativen Seite der Volksbilderbögen. Es waren die Avantgardekünstler, die das künstlerische System der Volksbilder in vollem Maße würdigten und weiterentwickelten, ohne sich dabei in die Geschichte oder soziale Funktion des Lubok zu vertiefen. In dieser Hinsicht ist die Äußerung von Michail Larionow kennzeichnend: „Es muss vollkommen unwichtig sein, wann Volksbilder im Allgemeinem und die russischen insbesondere entstanden sind. Der Moment des Begreifens eines Kunstwerkes und unser Empfinden dafür soll keinen Bezug auf das haben, was wir ‚Zeit' nennen."[1]

Larionow postulierte ewige Gültigkeit und damit die Einheit der Kunstprinzipien sowohl der Vergangenheit als auch der Gegenwart und bezeichnete sie als äußerste Schärfe der künstlerischen Sprache. Die gleichgesinnten Künstler der russischen Avantgarde nannten sich „Primitive" (Malewitsch, Kljun) oder „Neoprimitivisten" (Larionow, Gontscharowa, Schewtschenko).

Wassily Kandinsky war der erste Avantgardekünstler, der die Volkskunst entdeckte. Die Volkskunst erfüllte seine Seele und sein ganzes Schaffen und ließ ihn nicht mehr los. Diese Entdeckung geschah 1892, als der junge Absolvent der juristischen Fakultät der Moskauer Universität in das Wologda Gouvernement geschickt wurde, um dort die Bauernhaushalte zu untersuchen. Viele Jahre später beschrieb er in seinem Erinnerungsbuch *Stufen* (1918) die Eindrücke der damaligen Reise durch den russischen Norden: „Ich habe immer noch in lebhafter Erinnerung, wie sich mir an der Schwelle eines Bauernhauses ein unerwartetes farbenfrohes Bild bot. Der Tisch, die Bänke, im Mittelpunkt des Raumes der große Ofen, die Schränke, die Regale – all das war mit buntem schwungvollem Ornament durchgehend bemalt. An den Wänden hingen Lubki: ein symbolisch dargestellter Recke, eine Schlacht, ein mit Farben wiedergegebenes Lied. Die ‚schöne Ecke' war ganz mit gemalten und gedruckten Ikonen bedeckt, davor glimmerte rot ein Lämpchen, als ob es ein in aller Stille lebender, geheimnisvoll flackernder stolzer Stern wäre, der über mysteriöse Weisheit verfüge. Als ich endlich in die Stube hereingekommen war, umfing mich die Malerei und ich trat in sie hinein."[2]

Wassily Kandinsky hat den Avantgardekünstlern die „primitive" Volkskunst näher gebracht. Früher als die anderen begann er mit der Erforschung des „Primitiven", er zog darüber hinaus noch nicht bekannte Arten der volkstümlichen Kultur heran und deutete den Begriff des „Primitiven" breiter. 1912 erschien der Almanach *Blauer Reiter*. Auf seinen Seiten sind zwei Bildnisse gegenüber gestellt, die Avantgarde sowie die alte „primitive" Kunst: Grafik, Malerei, Bildhauerei verschiedener Völker und Länder.[3] Im Almanach wurden auch sieben russische Lubki aus der Sammlung von W. Kandinsky veröffentlicht. Den größten Teil der Sammlung hatte er während seiner Reise nach Russland im Jahre 1910 erworben. Im Brief vom 27. November an Gabriele Münter schreibt er: „Heute bin ich endlich zum Markt gegangen. Ich war alleine (Larionow hatte Vorstellung in den Kasernen, und Hartmann war krank). Es war sehr kalt. ... Also konnte ich nur zwei Stunden aushalten und kaufte nur zwei Ikonen (eine davon ist ein hervorragendes Triptychon), vier Rubel für beide. Hier kann man ausgezeichnete Werke finden. Lubki betrachtete ich nur kurz, und es ist mir nichts besonderes aufgefallen."[4]

Für Kandinskys Vorliebe zum Lubok spricht ebenso ein Foto, das Gabriele Münter in seinem Arbeitszimmer in München aufgenommen hat. An einer hervorragenden Stelle an der Wand hängen einige Lubki mit dem Paradiesvogel Alkonost in der Mitte.

Der Lubok nahm wesentlichen Einfluss auf Kandinskys Kunstsystem und schöpferische Methode. Einige Forscher schreiben dem Lubok eine besondere Rolle in dem Entstehen von kosmogonischen und apokalyptischen Bildern des Künstlers zu. Außerdem halfen ihm die „grob gemalten" Lubki, nach I. M. Snegirew, sich von der neutra-

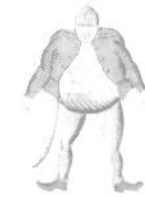

«Το lubok σήμερα»: αναζητήσεις «συλλογικού χαρακτήρα»

Στις αρχές του 20ού αιώνα η ρωσική τέχνη έρχεται να συναντήσει το γενικό ευρωπαϊκό ρεύμα της πρωτοπορίας. Κύρια κατεύθυνση στη ζωγραφική της ρωσικής πρωτοπορίας αυτής της περιόδου γίνεται ο νεοπριμιτιβισμός, έχοντας βεβαίως αποτίσει τον δέοντα φόρο τιμής στο φοβισμό και στον κυβισμό.

Οι καλλιτέχνες του *Κόσμου της Τέχνης* είχαν ήδη εκδηλώσει το ενδιαφέρον τους για την «πρωτόγονη τέχνη». Αφομοίωσαν, ωστόσο, μόνο την εξωτερική, τη διακοσμητική πλευρά του λαϊκού έργου ζωγραφικής. Μόνο οι καλλιτέχνες της πρωτοπορίας εκτίμησαν σε πλήρη βαθμό και ανέπτυξαν δημιουργικά το καλλιτεχνικό σύστημα του lubok, χωρίς να ενδιαφερθούν για την ιστορία του και την κοινωνική λειτουργία του. Είναι χαρακτηριστικά τα λεγόμενα του Μιχαήλ Λαριόνοφ, κατά τον οποίο «πρέπει να μας είναι εντελώς αδιάφορο το πότε εμφανίστηκε το lubok εν γένει και ειδικότερα το ρώσικο lubok. Η στιγμή της κατανόησης του καλλιτεχνικού έργου και αυτό που παίρνουμε από αυτό, δεν μπορεί να έχει σχέση με αυτό που αποκαλείται χρόνος».[1]

Ο Λαριόνοφ απεδείκνυε την αιωνιότητα των δημιουργικών αρχών, οι οποίες εμφανίστηκαν μεν και στο παρελθόν και στη σημερινή εποχή, αλλά είναι ενιαίες και αναφέρθηκε σ' αυτές ως την οριακή οξύτητα της καλλιτεχνικής γλώσσας. Οι καλλιτέχνες της ρώσικης πρωτοπορίας, οι οποίοι συμμερίζονταν τις απόψεις του Λαριόνοφ, άρχισαν να αυτοαποκαλούνται «πριμιτιβιστές» (Μαλέβιτς, Κλιουν) ή «νεοπριμιτιβιστές» (Λαριόνοφ, Γκοντσαρόβα, Σεφτσένκο).

Ο Βασίλι Καντίνσκι είναι ο πρώτος καλλιτέχνης της ρώσικης πρωτοπορίας που ανακάλυψε τη λαϊκή τέχνη, αφήνοντάς την να διατρέξει την ψυχή του και τη δημιουργία του, έτσι που ποτέ πλέον δεν την αποχωρίστηκε. Αυτό συνέβη το 1892, όταν ο Καντίνσκι, νεαρός τότε απόφοιτος της νομικής σχολής του Πανεπιστημίου Λομονόσοφ της Μόσχας, στάλθηκε στην περιοχή της Βόλογκντα για επιθεώρηση των αγροτικών νοικοκυριών. Πολλά χρόνια μετά στο βιβλίο των αναμνήσεών του που δημοσιεύτηκε το 1918 με τον τίτλο *Βήματα*, ο καλλιτέχνης περιγράφει τις εντυπώσεις του από το ταξίδι του στο ρωσικό Βορρά, στο κατώφλι της ξυλόκτιστης αγροικίας: «Θυμάμαι έντονα, πως σταμάτησα στο κατώφλι μπροστά σε αυτό το απρόσμενο θέαμα. Τραπέζι, παγκάκια, και μια σπουδαία τεράστια θερμάστρα, ντουλάπες, σκευοθήκη, ήταν όλα διακοσμημένα με μεγάλα πολύχρωμα στολίδια. Στους τοίχους κρέμονταν lubki: συμβολική αναπαράσταση ενός γενναίου ήρωα, μιας μάχης, ενός τραγουδιού που αποδίδεται με χρωματισμούς. Στο εικονοστάσι, πλήθος μορφών, άλλες ζωγραφισμένες με το χέρι και άλλες τυπωμένες και, μπροστά απ' αυτές, αναμμένο το κόκκινο καντήλι, σαν να γνωρίζει κάτι για τον εαυτό του, σαν να ζει για τον εαυτό του, ένα σεμνό και περήφανο αστέρι που κρυφά τρεμοσβήνει. Όταν επιτέλους μπήκα στον ξενώνα, η ζωγραφιά με αγκάλιασε και εγώ μπήκα μέσα της».[2]

Η κύρια συμβολή στη μύηση των καλλιτεχνών της ρώσικης πρωτοπορίας στην πριμιτιβιστική τέχνη ανήκει στον Καντίνσκι. Ο Καντίνσκι δεν αρχίζει μόνο να μελετά νωρίτερα από τους άλλους την εμπειρία του πριμιτίφ, αλλά του δίδει και μια ευρύτερη ερμηνεία, έτσι ώστε να συμπεριλάβει σχεδόν άγνωστα είδη του λαϊκού πολιτισμού. Στο ημερολόγιο *Γαλάζιος καβαλάρης*, που εκδόθηκε το 1912, βρίσκουμε σε ένθετες σελίδες να αντιπαρατίθενται «δυο μορφές», αυτές της σύγχρονης πρωτοπορίας και του πριμιτίφ: γραφικές τέχνες, ζωγραφική, γλυπτική των «πριμιτίφ» διαφόρων εποχών και χωρών.[3] Στο ημερολόγιο δημοσιεύτηκαν επίσης επτά ρώσικα lubki από τη συλλογή του Καντίνσκι. Το κύριο μέρος της συλλογής το απέκτησε κατά την επάνοδό του στη Ρωσία το 1910. Ο Β. Καντίνσκι, σε επιστολή του της 27ης Νοεμβρίου προς την Γκαμπριέλ Μίντερ, γράφει τα εξής: «Τελικά πήγα στην αγορά μόνος μου (ο Λαριόνοφ είχε θεατρική παράσταση στους στρατώνες, ο Γκάρντμαν είναι κρυωμένος). Έκανε κρύο!...Έτσι άντεξα μόνο μιάμιση ώρα και αγόρασα μόνο δυο εικόνες (η μία ήταν ένα υπέροχο τρίπτυχο) 4 ρούβλια και για τις δυο. Μπορεί να βρει κανείς εδώ θαυμάσια πράγματα μερικές φορές. Είδα για λίγο τους πίνακες και δεν βρήκα τίποτε ιδιαίτερο».[4]

Μια μαρτυρία της αγάπης του Καντίνσκι για τα ρώσικα lubki είναι η δημοσιευμένη φωτογραφία της Γκαμπριέλ Μίντερ, η οποία φωτογράφισε τον καλλιτέχνη στο γραφείο του διαμερίσματός του στο Μόναχο. Στον τοίχο κρεμόταν σε περίοπτη θέση μερικά lubki,

len Eleganz seiner früheren neoromantischen Werke zu befreien.[5]

Sein Interesse für Lubki teilte Kandinsky mit den Künstlern der Gruppe *Karobube*. In seinen Erinnerungen über Larionow zitierte P. Mansurow letzteren: „Am meisten bummelten wir mit Kandinsky durch die Märkte und suchten Bauernlubki."[6] Larionow besaß wie Kandinsky eine eigene Lubok-Sammlung.

Die im Februar 1913 eröffnete *Erste Lubok-Ausstellung* aktivierte das Interesse der Avantgardekünstler am „Primitiven" und gab ihnen die Möglichkeit, ihr schöpferisches Kredo vorzustellen. Die Ausstellung wurde von N. D. Winogradow organisiert. Im Katalog veröffentlichte er einen Artikel von M. Larionow, und in der Ausstellung wurden „die neuen russischen Lubki" von N. Gontscharowa gezeigt, d. h. die Ausstellung wurde eng an die künstlerische Tätigkeit der Avantgardekünstler gebunden. In dem Vorwort zum Katalog schrieb Larionow: „Lubok ist mannigfaltig. Es gibt den Kupferstich- und Holzschnittlubok, es gibt handgemalte und mit Schablone angefertigte, die auf Tabletts, Tabakdosen, Glas, Holz, Kachel oder Blech gemalten Lubki (apropos, sie existieren immer noch als Ladenschilder und sind verblüffend vielfältig). Es gibt sie auch als bedruckten Stoff, Schablone, Lederprägung, als Ikonen-Schreine aus Messing, Glasperlen, Perlen, Stickerei, es gibt sie als Pfefferkuchen und gebackenen Teig."[7]

Die breite Palette der ausgestellten Werke in der *Ersten Lubok-Ausstellung* übte einen besonders starken Einfluss auf die Avantgardekünstler aus. Ausgestellt wurde eine Sammlung chinesischer Volksbilder und Bilderbögen aus Europa und dem Osten von N. D. Winogradow aus Charbin, Rogowins Sammlung der Lubki von Altgläubigen sowie die russischen Lubki von M. Larionow. Die Einzigartigkeit der Ausstellung und das große Interesse an der primitiven Kunst regten Larionow an, selbst eine neue Lubok-Ausstellung zu organisieren. Zu dieser Ausstellung erschien ebenfalls ein Katalog, Larionow benutzte das gleiche Vorwort noch einmal.

Diese zweite, von Larionow organisierte Lubok-Ausstellung brachte N. D. Winogradow auf die Idee, eine noch umfangreichere Auswahl von Werken der primitiven Kunst zu sammeln und auszustellen. Die neue Ausstellung sollte im September 1914 eröffnet werden. Der ausgebrochene Krieg machte alle Pläne zunichte und gab gleichzeitig den Avantgardisten eine unerwartete Chance, ihre schöpferischen Ideen zu verwirklichen. Es handelte sich um die Vereinigung *Lubok von heute*.

Während N. Gontscharowa und M. Larionow in ihren Werken die Gestaltungsmittel und die Formensprache der Lubki aktiv verwendeten, gründete eine Gruppe der Avantgardekünstler nach dem Ausbruch des Ersten Weltkrieges eine Vereinigung mit dem kennzeichnenden Namen *Lubok von heute*. Der Krieg gab der Entwicklung der Massenkunst einen entscheidenden Impuls. Schon im ersten Kriegsjahr wurden ca. 1000 Kriegspropaganda-Lubki herausgegeben. In dieser Menge waren 23 von der Vereinigung publizierte Serien nur ein Tropfen auf den heißen Stein, aber sie sind es, die heute in der Kunstgeschichte ihren festen Platz innehaben, die anderen sind in Vergessenheit geraten.

Die Entstehungs- und Entwicklungsgeschichte des Verlages *Lubok von heute* ist dank den Untersuchungen von N. I. Chardschiew und E. F. Kowtun bekannt geworden.[8] Umstritten ist bis jetzt die Problematik der Autorenschaft.[9] In diesem Beitrag wird versucht, neue Autorenzuschreibungen vorzuschlagen, was die Zahl der anonymen Lubki verringern könnte.

Die Vereinigung *Lubok von heute* wurde im August 1914 von G. B. Gorodeckij gegründet. Zu den Mitgliedern zählten bekannte russische Avantgardekünstler wie Kasimir Malewitsch, Aristarch Lentulow, Wladimir Majakowski, Ilja Maschkow, David Burljuk oder Wasilij Tschekrygin. Sie wurden durch ihr großes Interesse für den Lubok und die primitive Kunst sowie durch ihr Bestreben vereinigt, diese Kunst in den Zeiten der kriegsbedingten patriotischen Begeisterung weiterzuentwickeln.

Über den Gründer der Vereinigung G. B. Gorodeckij ist nicht viel bekannt geblieben. Vermutlich war er eng mit den russischen Kubofuturisten verbunden, denn die Bilder wurden in der Druckerei von S. Mucharskij in Moskau aufgelegt, in der gleichen Druckerei also, in der auch viele Sammelbände der Futuristen gedruckt wurden. Bekannt ist nur ein Porträt von G. B. Gorodeckij, das von W. Majakowski in den Zeiten der Verlagsexistenz gezeichnet worden war.[10]

Am 20. November 1914 wurde in Petrograd die Ausstellung *Krieg und Presse* eröffnet. Unter allen Massendruckerzeugnissen aus den ersten Kriegsmonaten wurden die Ausgaben von *Lubok von heute* als die besten hervorgehoben. So schrieb G. Magula in seinem Artikel in der Zeitschrift *Lukomorje*: „Die amüsanteste ist eine Serie des Verlags *Lubok von heute*. Sie ist fantasievoll und mit kühner Dekorativität gestaltet. Die Autoren sind die jungen Moskauer Futuristen".[11]

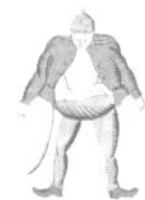

στο κέντρο «Το παραδείσιο πτηνό Alkonost».

Το lubok επέδρασε κατά τρόπο έμμεσο μεν, αλλά ουσιαστικό στη δημιουργική μέθοδο, στο καλλιτεχνικό σύστημα του Καντίνσκι. Μια σειρά ερευνητών θεωρούν ότι ο καλλιτέχνης επηρεάστηκε ιδιαίτερα από το lubok όσον αφορά τη δημιουργία σκηνών καταστροφής και κοσμογονίας. Εκτός αυτού, σύμφωνα με τον ορισμό του Ι. Μ. Σνεγκίρεφ, τα «με χονδροειδή τρόπο ζωγραφισμένα» ρώσικα lubki βοήθησαν τον Καντίνσκι να απαλλαγεί από την ουδέτερη κομψότητα που ήταν χαρακτηριστική στα πρώιμα νεορομαντικά έργα του.[5]

Το ενδιαφέρον του Καντίνσκυ για το lubok συμμερίζονται και τα μέλη της καλλιτεχνικής ομάδας *Βαλές Καρό*. Στις αναμνήσεις του Μανσούροφ για τον Λαριόνοφ παρατίθενται τα λόγια του τελευταίου, κατά τον οποίο «ο Καντίνσκι περνούσε τον περισσότερο χρόνο του στα παζάρια ψάχνοντας για lubki».[6] Ο Λαριόνοφ, όπως και ο Καντίνσκι, είχε δική του συλλογή από lubki .

Η *Πρώτη έκθεση Lubok*, που εγκαινιάσθηκε τον Φεβρουάριο του 1913, ενεργοποίησε τον ενδιαφέρον των καλλιτεχνών της πρωτοπορίας για τον πριμιτιβισμό και τους επέτρεψε να δηλώσουν δημόσια το δικό τους δημιουργικό πιστεύω. Διοργανωτής της έκθεσης αυτής έγινε ο Ν. Ντ. Βινογκράντοφ. Αυτός έδωσε τη δυνατότητα στον Λαριόνοφ να δημοσιεύσει το άρθρο του στον κατάλογο και στη Γκοντσαρόβα να εκθέσει τα «νέα ρώσικα lubki», δηλαδή να συνδέσει την έκθεση με την καλλιτεχνική πρακτική της πρωτοπορίας. Ο Λαριόνοφ γράφει στον πρόλογο του καταλόγου: «Το lubok είναι ποικιλόμορφο. Υπάρχει lubok τυπωμένο σε χάλκινες πλάκες, σε ξύλινους πίνακες, χρωματισμένο με το χέρι και στο περίγραμμα…lubok ζωγραφισμένο σε δίσκους, ταμπακιέρες, γυαλί, ξύλο, πλακίδια, τενεκέ. Υπάρχουν ακόμη lubki τυπωμένα σε ύφασμα, καλούπια, δέρμα, χάντρες, κέντημα, αρτύματα με σχέδια, ψημένη ζύμη».[7]

Η πρώτη έκθεση των lubki προκάλεσε ιδιαίτερη εντύπωση στους καλλιτέχνες της πρωτοπορίας. Ο Βινογκράντ εξέθεσε επίσης συλλογή κινέζικων λαϊκών έργων και τη συμπλήρωσε με ανάλογα έργα πρωτόγονης τέχνης από τις χώρες της Ανατολής και της Ευρώπης, lubki των Παλαιόπιστων από τη συλλογή του Ν. Ρογκόβιν, ρώσικα lubki του Λαριόνοφ. Η ιδιομορφία της έκθεσης και το μεγάλο ενδιαφέρον για την πρωτόγονη τέχνη ώθησαν τον Λαριόνοφ να οργανώσει τον Μάρτιο άλλη μια έκθεση με lubki. Ο κατάλογος αυτής της έκθεσης δημοσιεύθηκε επίσης και ο Λαριόνοφ την προλόγισε με το ίδιο άρθρο.

Ο Ν. Δ. Βινογκράντοφ, μετά από τη δεύτερη έκθεση του Λαριόνοφ που ήταν αφιερωμένη στο lubok, αποφάσισε να συγκεντρώσει και να εκθέσει ακόμη πιο ευρύ κύκλο αντικειμένων πρωτόγονης τέχνης. Η νέα έκθεση είχε προγραμματιστεί να γίνει τον Σεπτέμβριο του 1914, το ξέσπασμα, όμως, του πολέμου άλλαξε όλα τα σχέδια και έδωσε την απρόσμενη δυνατότητα στους καλλιτέχνες της πρωτοπορίας να υλοποιήσουν τις δημιουργικές τους αναζητήσεις. Εδώ αναφερόμαστε στον σύνδεσμο *Το lubok σήμερα*.

Την περίοδο κατά την οποία η Γκοντσαρόβα και ο Λαριόνοφ αξιοποιούσαν στο έργο τους τις εικαστικές μεθόδους και τεχνικές του lubok, μια σειρά καλλιτεχνών της πρωτοπορίας μετά την έναρξη του Πρώτου Παγκόσμιου Πολέμου ίδρυσε τη δική της ένωση με τη χαρακτηριστική ονομασία *Το lubok σήμερα*. Ο πόλεμος έδωσε ιδιαίτερη ώθηση στη μαζική τέχνη. Από την πρώτη κιόλας χρονιά του πολέμου δημιουργήθηκαν 1000 περίπου προπαγανδιστικά lubki. Υπ' αυτές τις συνθήκες, οι είκοσι τρεις σειρές lubok που εξέδωσε η ένωση, είναι σταγόνα στον ωκεανό. Είναι όμως αυτές ακριβώς οι σειρές που παραμένουν σήμερα στην ιστορία της τέχνης, ενώ όλες οι άλλες έχουν λησμονηθεί.

Η ιστορία της ίδρυσης και της δραστηριότητας του εκδοτικού οίκου *Το lubok σήμερα* έγινε γνωστή χάρη στις εργασίες των Ν. Ι. Χαρντζίεφ και Ε. Φ. Κοφτούν.[8] Αδύναμο σημείο στη μελέτη «Το lubok σήμερα» αποτελεί το πρόβλημα του προσδιορισμού των δημιουργών.[9] Στην παρούσα εργασία γίνονται μερικά βήματα προς αυτή την κατεύθυνση, προτείνονται νέοι τρόποι προσδιορισμού της ταυτότητας των δημιουργών, οι οποίοι ενδεχομένως θα μειώσουν τον αριθμό των «ανώνυμων» lubki.

Ο σύνδεσμος *Το lubok σήμερα* οργανώθηκε από τον Γκ. Μπ. Γκοροντέτσκι τον Αύγουστο του 1914. Μέλη του έγιναν γνωστοί καλλιτέχνες της ρώσικης πρωτοπορίας, όπως οι : Καζιμίρ Μαλέβιτς, Αριστάρχ Λεντούλοφ, Βλαντίμιρ Μαγιακόφσκι, Ιλιά Μασκόφ, Νταβίντ Μπουρλιούκ και ο Βασίλι Τσεκρίγκιν. Τους ένωνε το έντονο ενδιαφέρον τους για το πρωτόγονο στοιχείο της τέχνης και η τάση για δημιουργική ανάπτυξη του συστήματος του lubok κατά την περίοδο της πατριωτικής ανάτασης που προκάλεσε ο Πρώτος Παγκόσμιος Πόλεμος.

Πενιχρές είναι οι γνώσεις μας για τον οργανωτή της ένωσης Γκοροντέτσκι. Είναι πρόδηλη η σχέση του με την ομάδα των

Für den Verlag *Lubok von heute* wurde diese Ausstellung zu einer Art Gesamtschau, da die Vereinigung im November 1914 aufgelöst wurde. Die Ursachen dafür beschrieb W. Majakowski in seiner Autobiografie *Ich selbst*. An den Kriegsanfang zurückdenkend schrieb er: „Ich war aufgeregt. Zuerst nur von der dekorativen, Aufsehen erregenden Seite. In Auftrag gegebene Plakate, ganz im Sinne des Kriegs,“ – und weiter – „das Grauen des Krieges ist dicht herangekommen. Der Krieg ist abscheulich.“[12]

Aristarch Lentulow schrieb in seinen Erinnerungen über Majakowskis „hundertprozentige Teilnahme an der Herstellung der Lubki.“[13] Tatsächlich stehen die gereimten Texte von W. Majakowski in jedem Blatt außer einem. 1955 wurden diese Texte in die Gesamtwerke von W. Majakowski, herausgeben von W. A. Katanjan, eingeschlossen.

Der Erfolg des *Lubok von heute* basierte hauptsächlich auf den Texten von W. Majakowski. Mit ihrer derben Sprache und Scherzliedform korrespondierten sie treffend mit der alten russischen Tradition der gereimten Texte und wurden ganz im Sinne der Volksbilderbögen geschrieben. Die Stilistik der Blätter wurde von den Gedichten bestimmt. Die Künstler erkannten selbst die besondere Rolle des Gedichtes im Lubok. Kasimir Malewitsch schrieb im Dezember 1914 an M. W. Matjuschin: „Ich entwarf durch und durch volkstümliche Lubki, und falls ihre Sprache zu grob vorkommt, so soll sie [die Verlegerin N. Butkowskaja] keine Angst haben, da das ganz im Sinne des Volkes ist – die Lubki haben eine absolut andere Ästhetik.“[14]

Obwohl alle Mitglieder des *Lubok von heute* eine ausgeprägte Individualität besaßen, versuchten sie einen „kollektiven Stil“ zu schaffen, dessen Grundlage die spezifischen Gestaltungsmittel der Volksbilderbögen sein sollten. Die Führung übernahm dabei zweifellos Kasimir Malewitsch, der die Anregungen und die besondere Bildsprache, die Komposition und Farbtönung vorgab.

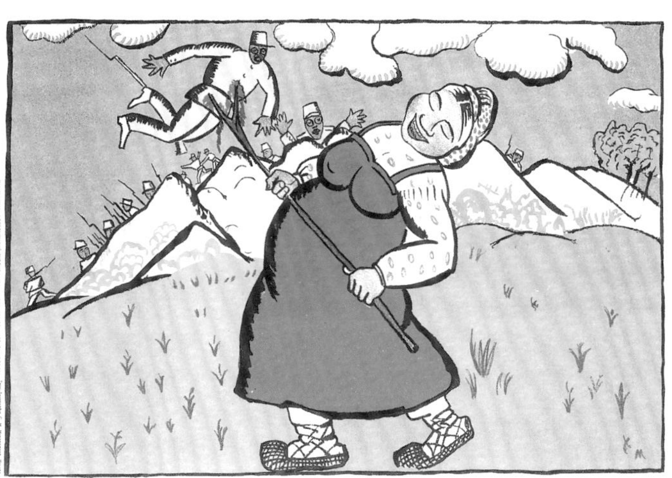

1 K. Malewitsch *Ein Österreicher ging nach Radziwill…*, 1914
K. Μαλέβιτς *Πήγε ο Αυστριακός στο Ραντζιβίλι…*, 1914

Während des Ersten Weltkriegs arbeitete Malewitsch besonders intensiv. In seinen Briefen an Michail Matjuschin gab er mehrmals zu: „Die heranrückende Kriegsgefahr zwingt mich sehr viel zu arbeiten“ und „In Anbetracht der unruhigen Zeit, die uns der Krieg bringt, arbeite ich sehr intensiv und male jetzt Bilder (eigentlich keine Bilder, denn die Zeit der Bilder ist vorbei) …“.[15]

Die Lubki von Malewitsch zeichnen sich durch eine stilistische Einheit aus und können problemlos zugeschrieben werden. Zudem sind fast alle Blätter mit „K. M.“ signiert. Malewitsch verwendet meisterhaft die folkloristischen Gestalten des russischen Luboks, sein charakteristisches Farben- und Darstellungssystem, die Verfahren des Bildaufbaus und der Dekoration. Mit besonderer Vorliebe stellt der Künstler Bauern und Bäuerinnen im Vordergrund dar, die rote Hemde und Trägeröcke anhaben, und lässt nie „Posjem“, d. h. bunte dekorative Blumen und Sträucher, außer Acht.

Ende 1914 wurden Farbabbildungen von drei Lubki in der Zeitschrift *Lukomorje* Nr. 30 anonym veröffentlicht. In einem Brief an Matjuschin meldet Malewitsch seine Autorenschaft an.[16] Es handelt sich dabei um die Lubki *Ein Österreicher ging nach Radziwill* (Abb. 1), *Bei unseren Alliierten Franzosen* und *Der Wurster steht bei Lodz* (Abb. 2). Trotz der Signatur „K. M.“ und der Aussage von Malewitsch schreiben manche Forscher zwei dieser Blätter W. Majakowski zu. So schließt W. Katanjan das Blatt *Bei unseren Alliierten Franzosen* in seine Liste der von W. Majakowski malerisch gestalteten Werke ein.[17]

Man schreibt auch umgekehrt Malewitsch sehr oft die Werke von W. Majakowski zu. Das lässt sich damit erklären, dass die Blätter von W. Majakowski keine stilistische Einheit im Unterschied zu Malewitsch besitzen, ihr Stil entwickelt sich vielmehr von Blatt zu Blatt. Die Lubki von W. Majakowski sind „laienhafter“, naiver, manchmal auch schablonenhafter, als die von anderen Künstlern, sie sind folglich sehr unterschiedlich. Zum Glück der Forscher hat er drei seiner Lubki signiert. Zwei Blätter haben die Signatur „W. M.“: *Ach, du Deutscher* (Abb. 3) und *Rothaariger und rauer Deutscher*. Das erste Blatt beweist, dass W. Majakowski noch nicht die Technik der Zeichnungsübertragung in die Chromlithografie beherrscht, daher die gebrochene Zeichnung und der weiße Hintergrund. Es ist merkwürdig, dass dieses Blatt trotz deutlicher Signatur im Katalog zur Ausstellung *Berlin-Moskau* Kasimir Malewitsch zugeschrieben ist.[18]

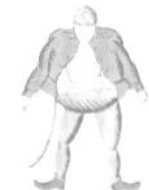

ρώσων κυβοφουτουριστών, καθώς οι εικόνες της ένωσης του lubok τυπωνόταν στο τυπογραφικό εργαστήριο του Σ. Μουχάρσκι στη Μόσχα, εκεί όπου είχαν εκδοθεί και πολλές ανθολογίες των φουτουριστών. Γνωστό είναι μόνο το πορτρέτο του Γκοροντέτσκι που φιλοτέχνησε ο Μαγιακόφσκι κατά την περίοδο της λειτουργίας του εκδοτικού οίκου.[10]

Στην έκθεση *Πόλεμος και τύπος*, που εγκαινιάσθηκε στην Πετρούπολη στις 20 Νοεμβρίου 1914 παρουσιάστηκε το μαζικό τυπωμένο προϊόν του τύπου τους πρώτους μήνες του πολέμου και η κριτική ξεχώριζε τις εκδόσεις *Το lubok σήμερα* ως τις καλύτερες. Ο Γκ. Μαγκούλα στην κριτική του για την έκθεση που δημοσιεύτηκε στο περιοδικό *Lukomorye*, γράφει: «Η πιο διασκεδαστική σειρά της έκδοσης, *Το lubok σήμερα* είναι κατά τη γνώμη μου η πιο διασκεδαστική από όλες τις εκδόσεις της ένωσης. Η φαντασία και η τολμηρή χρωματική διακόσμηση ανήκει στο πινέλο των νέων φουτουριστών από τη Μόσχα».[11]

Αυτή η έκθεση ήταν και η κατακλείδα της εκδοτικής δραστηριότητας *Το lubok σήμερα*, καθώς το Νοέμβριο του 1914 η ένωση διαλύθηκε. Ο Βλαντιμίρ Μαγιακόφσκι στην αυτοβιογραφία του *Εγώ ο ίδιος* αναφέρεται στα αίτια της διάλυσής της. Ενθυμούμενος την έναρξη του πολέμου γράφει: «Στην αρχή ήμουν ενθουσιασμένος από τη διακοσμητική, την θορυβώδη πλευρά του. Αφίσες κατά παραγγελία, οι οποίες, βέβαια, ήταν καθ' όλα πολεμικές». Στη συνέχεια: «κατάντησε μια πλήρης φρίκη του πολέμου. Ο πόλεμος είναι αποκρουστικός».[12]

Ο Αριστάρχ Λεντούλοφ έγραφε στις αναμνήσεις του ότι ο Μαγιακόφσκι «συμμετείχε 100%» στη δημιουργία των lubki του εκδοτικού οίκου.[13] Πραγματικά, όλα τα φύλλα, εκτός από μια εξαίρεση, συνοδεύονται από ποιητικά κείμενα του Βλαντιμίρ Μαγιακόφσκι. Αυτά έχουν συμπεριληφθεί στα Άπαντα του ποιητή που εξέδωσε ο Β. Α. Κατανιάν το 1955.

Τα ποιήματα του Β. Μαγιακόφσκι καθόρισαν σε σημαντικό βαθμό την επιτυχία του «Το lubok σήμερα». Χοντροκομμένα, σε μορφή λαϊκών ρώσικων τραγουδιών, εναρμονίζονταν με τον καλύτερο τρόπο με τη φύση του λαϊκού έργου, αναγεννώντας παλιές παραδόσεις του συστήματος ομοιοκαταληξίας των κειμένων. Τα ποιήματα έδιναν τον τόνο στον καλλιτέχνη, καθόριζαν το ύφος των lubki. Οι ίδιοι οι καλλιτέχνες αναγνώριζαν τον ιδιαίτερο ρόλο των ποιημάτων στο

λαϊκό έργο. Ο Καζιμίρ Μαλέβιτς έγραφε στο γράμμα του προς τον Ματιούσιν (Δεκέμβριος του 1914): «Εγώ επινόησα lubki καθαρά λαϊκά και, εάν τα λόγια τους είναι κάπως τραχιά, τότε [αυτή (η εκδότρια Ν. Μπουτκόφσκαγια)] ας μη φοβάται, γιατί έτσι είναι το λαϊκό, έχει τελείως διαφορετική αισθητική».[14]

Η έντονη προσωπικότητα που είναι χαρακτηριστική για τους καλλιτέχνες του *Το lubok σήμερα*, συνδυαζόταν με τις προσπάθειες αναζήτησης ενός «συλλογικού ύφους», ξεκινώντας από την ιδιοτυπία της καλλιτεχνικής γλώσσας του λαϊκού έργου. Ο Καζιμίρ Μαλέβιτς έγινε ο αδιαμφισβήτητος ηγέτης που έδινε τον τόνο και καθόριζε τη συγκρότηση των παραστάσεων των lubki, τη λύση ως προς τη σύνθεση και τους χρωματισμούς.

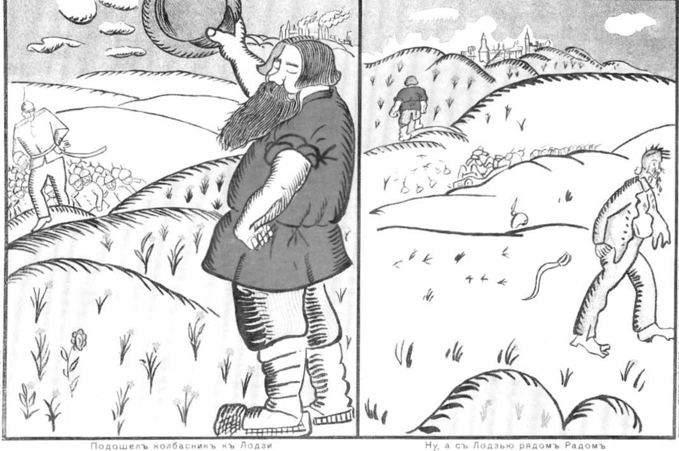

2 K. Malewitsch *Der Wurster steht bei Lodz*, 1914
K. Μαλέβιτς *Πλησίασε ο αλαντοποιός στο Λόντζι*, 1914

Στα χρόνια του Πρώτου παγκοσμίου Πολέμου, ο Μαλέβιτς εργαζόταν με πολύ έντονους ρυθμούς. Σε γράμμα του προς τον φίλο του Μιχαήλ Ματιούσιν εξομολογούνταν για πολλοστή φορά: «Ο επερχόμενος πολεμικός συναγερμός με αναγκάζει να δουλέψω εντατικά». Και σε άλλο γράμμα: «Λόγω της ταραγμένης περιόδου που μας φέρνει ο πόλεμος, αναγκάζομαι να εργαστώ με εντατικούς ρυθμούς και να ζωγραφίζω πίνακες (που μάλλον δεν είναι πίνακες, ο καιρός των πινάκων πέρασε) …»[15]

Η σειρά των lubki που δημιούργησε ο Μαλέβιτς, ξεχωρίζει λόγω του ενιαίου ύφους της και δεν δημιουργεί προβλήματα αναφορικά με τον προσδιορισμό της πατρότητάς της. Συν τοις άλλοις, όλα τα φύλλα είναι υπογεγραμμένα με το μονόγραμμα «Κ. Μ.» Ο Μαλέβιτς χρησιμοποιεί με υπέροχο τρόπο τις παραδοσιακές μορφές του ρώσικου lubok, τους χαρακτηριστικούς τρόπους χρωματισμού, το σχέδιο, τη δόμηση της σύνθεσης, της διακόσμησης. Στον Μαλέβιτς άρεσε ιδιαίτερα να απεικονίζει σε μεγάλο πλάνο τους μουζίκους με κόκκινα βαμβακερά πουκάμισα και τις γυναίκες με κόκκινα παραδοσιακά ρώσικα ενδύματα και όταν ζωγράφιζε λουλούδια και θάμνους ποτέ δεν ξεχνούσε τον «ανεμοστρόβιλο».

Der zweite Lubok mit der Signatur „W. M.", *Rothaariger und rauer Deutscher*, zeichnet sich schon durch eine höhere Professionalität aus. Wie es häufig üblich war, teilt W. Majakowski die Komposition in viele kleine Szenen auf, welche die Abfolge des Geschehens schildern. Er benutzt geschickt die Gestaltungsmittel der Lubki und die technischen Möglichkeiten der Chromlithografie.

Das dritte Blatt, *Hey, Sultan, sitze lieber in deiner Porta, sonst versaut man dir deine Schnauze bei einer Schlägerei* (Abb. 4) ist unten links mit „Majakowsk." signiert. Das trifft sich gut, da sich dieses Werk auf den ersten Blick als eines von Malewitsch mit seinem kennzeichnenden großformatigen Bildaufbau, einheitlichen Farbflächen und eine Radierung nachahmender Schraffierung der Konturen erweisen kann. Hier zeigt sich das „stilistische Muster" des führenden russischen Avantgardekünstlers. Nicht zufällig schreiben manche Forscher dieses Blatt ungeachtet der Signatur Malewitsch zu, wie z. B. im Katalog zur Ausstellung der russischen Avantgarde im Hamburg 2001.19 Tatsächlich beweist dieser Lubok von W. Majakowski seine rasche künstlerische Entwicklung und Malewitschs Einfluss auf die anderen Mitglieder der Vereinigung *Lubok von heute*.

Die Autorenschaft von W. Majakowski kann nicht nur durch die Signatur, sondern auch durch die Darstellung eines typischen Pferdes, einer Art Wahrzeichen des Künstlers, nachgewiesen werden. Dieses schöne Lubok-Pferd mit gewellter Mähne sieht man auf allen drei Lubki, dabei ändert sich lediglich seine Größe, so dass es auf dem zuletzt gefertigten Blatt am größten erscheint. Das Blatt veranschaulicht den Angriff der deutsch-türkischen Flotte auf die russischen Seehäfen in der Nacht zum 16. Oktober 1914.20

Ein weiteres anonymes Blatt, *Österreicher in den Karpaten* (Abb. 5), könnte man ebenso W. Majakowski zuschreiben. Auf den ersten Blick scheint es, als ob dieses Blatt von Laienhand gemalt wurde. Der Künstler verwendet Lubok-Stereotypen, wenn er die fliehenden österreichischen Soldaten als Marionetten mit vor Angst hochgehobenen Händen darstellt. Der flotte Kosak auf einem Braunen scheint von einem anderen Lubok übergesprungen zu sein. Dieses Verfahren, das Pferd nur zur Hälfte abzubilden oder nur sein Maul zu zeigen, ist für alle vier Lubki von Majakowski typisch. Es ermöglichte ihm, die Zentralfiguren größer zu zeichnen und die Anwesenheit oder Bewegungen der ganzen Schwadron symbolisch darzustellen.

Ebenfalls schwierig ist die Autorenschaft der Werke Aristarch Lentulows, eines weiteren Avantgardekünstlers. Die Lubki von Majakowski und Malewitsch sind in zahlreichen Ausstellungen und Katalogen präsent. Die Lubki von Lentulow dagegen bleiben praktisch unbekannt. In der Regel signierte er seine Werke nicht, nur eins davon, *Masse von Deutschen*, ist rechts mit der Signatur „L" versehen. Die Autorenschaft von Lentulow kann auch durch die Ähnlichkeit dieses Lubok mit seinem Bild *Krieg 1914* nachgewiesen werden. Sein Lubok ist daher reproduktiv, die Besonderheiten der Lubok-Kunst werden hier nicht eingehalten.

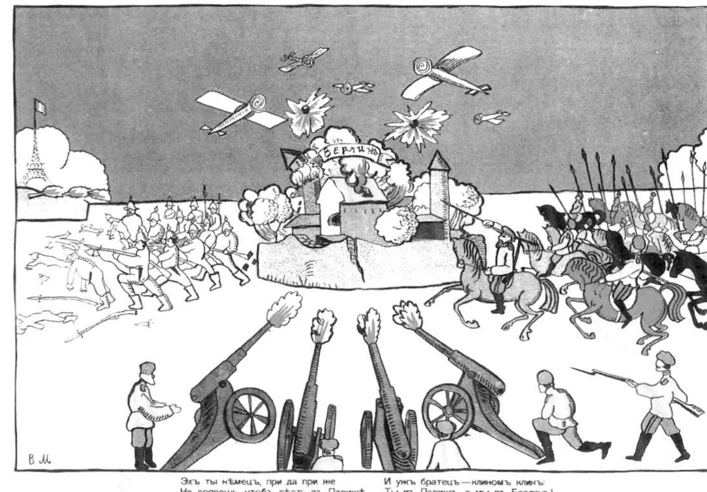

3 W. Majakowski *Ach, du Deutscher…*, 1914
Β. Μαγιακόφσκι *Αx, εσύ Γερμανέ…*, 1914

Ein anderes Blatt ist ihm besser gelungen. G. Mjasojedow, ein Forscher der späteren Lubki, schrieb das schönste Blatt aus der Reihe *Doch übergaben die Österreicher den Russen die Stadt Lemberg*21 Lentulow zu. Das scheint richtig zu sein. Der Maler begeisterte sich in dieser Zeit für die „schrägen Formen" der Stadtdarstellung, was auf diesem Lubok zu sehen ist.

Als Ergänzung könnte man Lentulow noch ein anonymes Blatt zuschreiben. Es handelt sich um den Lubok *Das ist fürchterlich, das ist stark*. Die Autorenschaft von Lentulow kann in zweierlei Hinsicht bewiesen werden. Erstens ist da die unverkennbare Ähnlichkeit mit dem

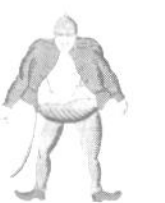

Στο τέλος του 1914, στο περιοδικό *Lukomorye*, τεύχος 30, δημοσιεύτηκαν οι έγχρωμες αναπαραγωγές τριών lubki χωρίς να αναφέρεται ο δημιουργός.[16] Ο Μαλέβιτς στο γνωστό γράμμα του προς τον Ματιούσιν λέει, ότι τα έργα αυτά του ανήκουν. Αυτά τα lubki είναι τα εξής: *Πήγε ο αυστριακός στο Ραντιζβίλι* (εικ. 1), *Ανάμεσα στους συμμάχους μας, οι Γάλλοι* και *Πλησίασε ο αλανταποιός στο Λόντζι* (εικ. 2). Τα φύλλα υπογράφονται με το μονόγραμμα «Κ. Μ.», ενώ υπάρχουν και οι μαρτυρίες του ίδιου του συγγραφέα. Παρ' όλ' αυτά, μερικοί ερευνητές αποδίδουν τα δύο φύλλα από τα τρία στον Βλαντιμίρ Μαγιακόφσκι. Εκτός των άλλων, ο Β. Καταγιάν συμπεριέλαβε στον κατάλογο των lubki που ζωγράφισε ο Μαγιακόφσκι το φύλλο του Μαλέβιτς *Ανάμεσα στους συμμάχους μας, οι Γάλλοι*.[17]

Από την άλλη πλευρά, έχουμε και έργα του Μαγιακόφσκι που αποδίδονται συχνά στον Μαλέβιτς. Αυτό εξηγείται εν μέρει από το γεγονός ότι στα έργα του Μαγιακόφσκι, σε αντιδιαστολή με αυτά του Μαλέβιτς, ο οποίος δημιούργησε μια ολοκληρωμένη σειρά lubki, δεν υπάρχει ενιαίο ύφος, από φύλλο σε φύλλο ο καλλιτέχνης εξελίσσεται βήμα-βήμα, διαμορφώνεται. Στα lubki του Μαγιακόφσκι υπάρχει περισσότερος «ερασιτεχνισμός», περισσότερη «αφέλεια», «τραχύτητα», απ' ότι σ' εκείνα των συναδέλφων του, χαρακτηρίζονται από μεγαλύτερη ποικιλία. Ο Μαγιακόφσκι, ευτυχώς για τους ερευνητές, υπέγραψε τρία lubki. Δύο απ' αυτά έχουν το μονόγραμμα «Β. Μ.». Αυτά τα lubki είναι *Αχ, εσύ Γερμανέ* (εικ. 3) και «Γερμανός ξανθοκόκκινος και μαλλιαρός» . Ο Μαγιακόφσκι στο πρώτο φύλλο δεν έχει ακόμη αφομοιώσει καλά την τεχνική και τους τρόπους μεταφοράς του έργου σε χρωμολιθογραφία. Απ' εδώ απορρέει και η αποσπασματικότητα του έργου, το λευκό πεδίο του φόντου. Είναι πολύ περίεργο που, παρά το γεγονός ότι η υπογραφή είναι ευδιάκριτη, αυτό το lubok στον κατάλογο της έκθεσης *Βερολίνο - Μόσχα* αποδίδεται στον Καζιμίρ Μαλέβιτς.[18]

Η εκτέλεση του δεύτερου lubok με το μονόγραμμα «Β. Μ.» «Γερμανός ξανθοκόκκινος» είναι υψηλότερου επαγγελματικού επιπέδου. Εδώ ο Μαγιακόφσκι χρησιμοποιεί το χαρακτηριστικό για το lubok διαμελισμό του έργου σε επιμέρους εικόνες, οι οποίες δείχνουν την αλληλουχία των γεγονότων. Χρησιμοποιεί έντεχνα τα λουμπκικά στερεότυπα, τις τεχνικές δυνατότητες της χρωμολιθογραφίας.

Το τρίτο lubok του Μαγιακόφσκι *Εχ, σουλτάνε, να καθόσουν στην Πόλη // Δράκε τη μουσούδα σου μην τη χαλάς* (εικ. 4) στην αριστερή

κάτω γωνία έχει την υπογραφή «Μαγιακόφσκι.». Ευτυχώς. Γιατί, με μια πρώτη ματιά, θυμίζει τα lubki του Μαλέβιτς: υπάρχουν εδώ και οι μεγάλες φιγούρες στη δόμηση της σύνθεσης, πολλές επιστρώσεις με χρώμα, η επιδέξια χρήση του σχεδίου σύμφωνα με το περίγραμμα του έργου που μιμείται το χαρακτικό. Όλ' αυτά αποτελούν τη συγκρότηση του «υφολογικού προτύπου», που δημιούργησε ο ηγέτης της ρώσικης πρωτοπορίας. Δεν είναι τυχαίο ότι αυτό το lubok, παρά την υπογραφή που φέρει, μερικές φορές αποδίδεται στον Μαλέβιτς. Έτσι καταχωρήθηκε από τους συντάκτες του καταλόγου της έκθεσης της ρώσικης πρωτοπορίας στο Αμβούργο το 2001.[19] Ωστόσο, στη συγκεκριμένη περίπτωση, το μόνο που μπορούμε να επισημάνουμε είναι ο ταχύρυθμος εμπλουτισμός και η ποικιλομορφία καλλιτεχνικών τεχνικών του Μαγιακόφσκι και η επίδραση που άσκησε το πρότυπο του Μαλέβιτς στα άλλα μέλη του συνδέσμου *Το lubok σήμερα*.

Η πατρότητα του έργου του Μαγιακόφσκι, ακόμα και εάν αγνοήσουμε την υπογραφή, επιβεβαιώνεται θα λέγαμε από το «σήμα κατατεθέν» ή την επαγγελματική κάρτα του καλλιτέχνη που είναι το άλογο. Εάν κοιτάξει κανείς τα τρία lubki του Μαγιακόφσκι, θα διαπιστώσει ότι σε όλα υπάρχει το όμορφο λουμπκικό άλογο με την κυματιστή χαίτη. Αλλάζει μόνο το μέγεθος της απεικόνισης, μεγαλώνοντας από το πρώτο προς το τελευταίο lubok. Και μάλιστα αυτό ήταν το τελευταίο και χρονολογικά. Το θέμα του lubok ήταν η έναρξη των πολεμικών επιχειρήσεων στη Μαύρη θάλασσα, όταν τη νύχτα προς τις 16 Οκτωβρίου 1914 γερμανικά και τουρκικά πλοία εξαπέλυσαν επίθεση στα ρώσικα λιμάνια.[20]

Προτείνεται ο προσδιορισμός της πατρότητας ενός ακόμη ανυπόγραφου lubok. Είναι και αυτό έργο του Μαγιακόφσκι. Αυτό το φύλλο είναι το *Οι Αυστριακοί στα Καρπάθια* (εικ. 5). Με μια πρώτη ματιά είναι ερασιτεχνική δουλειά, όμως ο καλλιτέχνης χρησιμοποιεί στη δόμηση του έργου λουμπκικά στερεότυπα, απεικονίζοντας τους Αυστριακούς που έχουν τραπεί σε φυγή σαν φοβισμένες μαριονέτες με τα χέρια ψηλά. Δεξιά βρίσκεται ένας μοχθηρός κοζάκος πάνω σε κόκκινο άλογο, που είναι λες και έχει μεταπηδήσει από μία τελείως διαφορετική σκηνή. Για τον Μαγιακόφσκι είναι πολύ χαρακτηριστική η τεχνική της σύνθεσης, την οποία υιοθετεί και στα τέσσερα φύλλα: το άλογο δεν αναπαριστάται ολόκληρο, παρά μόνο το μισό του σώμα, είτε μόνο η κεφαλή. Αυτό του επέτρεπε τη μεγέθυνση των κεντρικών φιγούρων και ταυτοχρόνως την απόδοση της κίνησης, είτε της

Lubok *Doch übergaben die Österreicher den Russen die Stadt Lemberg*, die weißen, schwarzen, roten, goldfarbigen und grauen Pferdchen scheinen von einem anderen Lubok auf diesen übergesprungen zu sein. Zweitens ähnelt dieser Lubok in seinem Bildaufbau und in einigen Details dem Bild *Gefecht zweier Schiffe* aus dem gleichen Jahr.

An der Verlagsarbeit zu *Lubok von heute* nahm auch Ilja Maschkow, ein weiterer herausragender Künstler der Avantgarde, teil. Seine Werke, die auch in anderen Verlagen veröffentlicht wurden, signierte er mit dem Pseudonym „I. Gorskin". Maschkow ist der Autor des einzigen ohne gereimten Text erschienenen Lubok *Russen erobern die Stadt Luk*. Das Blatt ist unten rechts mit „Gr I" signiert. Seinem Stil nach steht es zwischen traditionellem Lubok vom Verlag Sutin und dem *Lubok von heute*. Ein anderer Lubok, *Bei Wilhelm Hohenzollern*, ist viel ausdrucksvoller. Die satirische Gestalt des Kaisers mit übergroßen, weit abstehenden Ohren und dynamischer Zeichnung demonstriert die Möglichkeiten des Künstlers in der Lubok-Gestaltung.

Wassily Tschekrygin und David Burljuk, zwei weitere Mitglieder des *Lubok von heute*, haben keine signierten Blätter hinterlassen. Ihre Autorenschaft ist bis heute nicht nachgewiesen. In seinem Artikel *Neues über Majakowski als Maler* erwähnt N. I. Chardschiew zwei von D. Burljuk signierte Lubki, gibt aber keine genaueren Angaben.[22] Möglicherweise waren nur die Zeichnungen signiert, und die Signaturen wurden nicht auf die Steinplatten übertragen.

Zwei weitere interessante Blätter sind keinem der Künstler zuzuschreiben. Der Lubok *Im ruhmreichen Augusteischen Wald* ist sehr ungewöhnlich. Sein Stil ähnelt nicht demjenigen, der von Malewitsch vorgegeben wurde. Die karikierten Figuren der rennenden und ertrinkenden Deutschen sind so klein und zahlreich dargestellt, dass es einem vor den Augen flimmert. Der Wald dagegen, im Stil von André

Derain und Maurice Vlaminck gemalt, ist sehr schön. Dieses Blatt präsentiert die Vorliebe dieses unbekannten Künstlers zum Fauvismus.

Zu den besten Werken der Vereinigung zählt der Lubok *Engländer auf Helgoland*. Wassily Katanjan schreibt dieses Blatt Majakowski zu, aber das ist nur eine Vermutung.

Weitere Forschungsarbeit an der Autorenschaftsproblematik soll ermöglichen, im so genannten „kollektiven Stil" den einzelnen verborgenen Künstler zu definieren. Diese Arbeit könnte auch helfen, die Bestrebungen der russischen Avantgardisten besser zu verstehen.

Dr. Nadejda Minjajlo

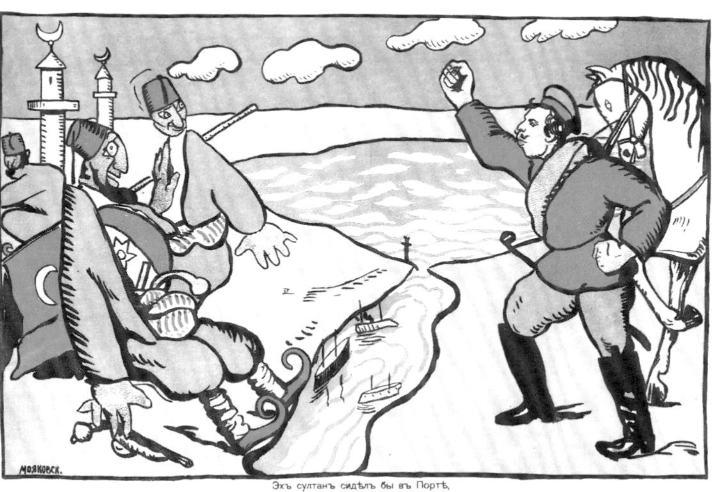

4 W. Majakowski, *Hey, Sultan…*, 1914
 В. Μαγιακόφσκι, *Εχ, σουλτανε…*, 1914

1 *Wystawka ikonopisnych podlinnikow i lubkow, organizowannaja M. F. Larionowym. Katalog*, (Ausstellung der Ikonenoriginale und Lubki, organisiert von M. F. Larionow. Katalog) Moskau 1913, S. 6–7.

2 Kandinsky W., *Tekst chudoschnika. [Stupeni.]* (Text des Künstlers. [Stufen]), Moskau 1918, S. 27–28.

3 Der Almanach *Der Blaue Reiter* erschien Anfang 1912 in München unter Redaktion von W. Kandinsky und F. Marc.

4 Zit. nach Sokolow B. M., Objedinenije *„Sinij Wsadnik" i narodnaja kartinka* (Die Vereinigung „Der Blaue Reiter" und der Volksbilderbogen), in: *Mir narodnoj kartinki*, Moskau, 1999, S. 352.

5 Ebenda, S. 353.

6 Zit. nach Powelichina A. W., Kowtun, E. F. *Russkaja schiwopisnaja wyweska i chudoschniki awangarda* (Die russischen Ladenschilder und die Künstler der Avantgarde), Leningrad 1991, S. 71.

7 *Perwaja wystawka lubkow*. Organizowana N. D. Winigradowym 12–24 fewralja 1913 goda. Katalog. (Die *Erste Lubok-Ausstellung*, organisiert von N. D. Winogradow am 12.–24. Februar 1913. Katalog), Moskau 1913, S. 7.

8 Chardschijew N. I., *Nowoje o Majakowskom – chudoschnike* (Neues über Majakowski als Maler), in: *Iskusstwo*, 1968, Nr. 11
Kowtun E. F., *Izdatelstwo „segodnjaschnij lubok"* (Der Verlag „Lubok von heute"), in: *Stranicy istorii oteschestwennogo iskusstwa wtoroj polowiny XIX – naschala XX weka*, Sankt Peterburg, 1993.

9 Mjasojwdow G., *Russkij lubok konca XIX – naschala XX weka* (Der russische Lubok Ende des 19. – Anfang des 20. Jahrhunderts), in: *Illustracija*, Moskau 1998;
Bolotina I. S., *Lubki*, in: Ilja Maschkow. *Albom reprodukcij*, Moskau 1977;
Minjajlo N. G., *Lubok i russkij awangard* (Lubok und die russische Avantgarde), in: *Mit voller Kraft. Russische Avantgarde 1919–1934*, Kassel, Hamburg 2001;
Minjajlo N. G., *„Segodnjaschnij lubok* („Lubok von heute"), in: *Narodnaja kartinka Rossii i Germanii XIX – naschala XX weka*, Moskau 2001.

10 veröffentlicht in: *Majakowskij – chudoschnik* (Majakowski als Künstler), Moskau 1963, S. 54.

11 G. Magula. *Wojna i narodnyje kartiny* (Der Krieg und die Volksbilder), in: *Lukomorje*, 1914, Nr. 30, S. 17.

12 Majakowski W. W., *Ja sam* (Ich selbst), in: Majakowski W. W., *Gesamtwerke*, Bd. 1, Moskau 1955, S. 22.

13 *Lentulow o Majakowskom* (Lentulow über Majakowski), in: *Iskusstwo*, 1982, Nr. 3, S. 45.

14 Malewitsch K. S., *Pismo M. W. Matjuschinu 12 dekabrja 1914 goda* (Der Brief an M. W.

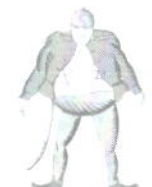

παρουσίας ολόκληρης ύλης ιππικού.

Αρκετά προβλήματα δημιουργήθηκαν σε ό,τι αφορά τον προσδιορισμό της πατρότητας των έργων ενός άλλου καλλιτέχνη της πρωτοπορίας, του Αρίσταρχ Λεντούλοφ. Σε αντιδιαστολή με τον Μαλέβιτς και τον Μαγιακόφσκι, τα lubki των οποίων συμπεριλαμβάνονταν στη σύνθεση των εκθέσεων και των καταλόγων των καλλιτεχνών, τα έργα του Λεντούλοφ που αφορούν το lubok παραμένουν ουσιαστικά άγνωστα. Ο καλλιτέχνης κατά κανόνα δεν υπέγραφε τα lubki. Μόνο ένα απ' αυτά, *Η μάζα των Γερμανών*, φέρει το μονόγραμμα «Λ» στη δεξιά γωνία του. Την πατρότητα των έργων του Λεντούλοφ επιβεβαιώνει η εγγύτητα του lubok προς τον πίνακα *Ο πόλεμος του 1914*. Έτσι εξηγείται και ο αναπαραγωγικός του χαρακτήρας, η μη τήρηση της ιδιαιτερότητας του έργου λαϊκής ζωγραφικής.

Πολύ πιο πετυχημένο είναι ένα άλλο σχέδιο έργου του Λεντούλοφ που αφορά το lubok. Ο ερευνητής του όψιμου lubok Γκ. Μιασογέντοφ απέδωσε στον Λεντούλοφ το πιο όμορφο lubok της σειράς *Οι αυστριακοί παρέδωσαν στους Ρώσους το Λέμπεργκ*.[21] Εδώ, ο προσδιορισμός της πατρότητας είναι εντελώς ακριβής. Κατά την περίοδο αυτή το ενδιαφέρον του καλλιτέχνη έτσι ακριβώς μπορούσε να διαθλάται στο lubok, με τις «κεκλιμένες μορφές» απεικόνισης της πόλης.

Ως συμπλήρωμα στα δυο αυτά lubki του Λεντούλοφ προτείνουμε τον προσδιορισμό της πατρότητας ενός ακόμη ανώνυμου τυπώματος. Πρόκειται για το lubok *Αυτό είναι φοβερό, είναι πάρα πολύ*. Δυο γεγονότα μαρτυρούν ότι το έργο ανήκει στον Λεντούλοφ: Πρώτον, η αναμφίβολη υφολογική ομοιότητα με το lubok *Οι Αυστριακοί παρέδωσαν στους Ρώσους το Λέμπεργκ*. Εκτός αυτού, τα κόκκινα, λευκά, κοκκινότριχα, καστανόξανθα, ψαρά, μαύρα άλογα είναι σαν να πήδηξαν απ' αυτό και καλπάζοντας πέρασαν από το ένα lubok στο άλλο. Δεύτερο επιχείρημα που επιβεβαιώνει την πατρότητα του έργου του Λεντούλοφ αποτελεί η πασιφανής εγγύτητα ως προς την δόμηση της σύνθεσης, ως προς σειρά λεπτομερειών στο lubok και στον πίνακα *Μάχη δυο πλοίων*, που φιλοτέχνησε την ίδια χρονιά.

Είναι γνωστή η συμμετοχή στην εκδοτική δουλειά της ένωσης *Το lubok σήμερα* ενός άλλου λαμπρού εκπρόσωπου της ρώσικης πρωτοπορίας, του Ιλία Μασκόφ. Εκείνος υπέγραφε τα lubki με το ψευδώνυμο «Ι. Γκορσκίν». Και μάλιστα ο καλλιτέχνης δημιούργησε

και μια σειρά lubki που εκδόθηκαν από άλλους εκδοτικούς οίκους. Είναι πιθανόν να είναι αυτός ο δημιουργός του μοναδικού lubok που δεν συνοδεύεται με ποιητικό κείμενο, της *Κατάκτησης της Γερμανικής πόλης Λικ από τους Ρώσους*. Το φύλλο το υπέγραψε με το μονόγραμμα «Gr I» στην κάτω δεξιά γωνία. Αυτό το φύλλο ήταν αρκετά παραδοσιακό, βρισκόταν στο μεταίχμιο μεταξύ του παραδοσιακού lubok και του έργου των καλλιτεχνών της ένωσης *Το lubok σήμερα*. Πολύ πιο φωτεινό ήταν το lubok «*Στου Βιλχέλμ Γκογκεντσόλλερν*. Η σατιρική μορφή του αυτοκράτορα με τα τεράστια πεταχτά μουστάκια, η χαρακτηριστική και δυναμική εικόνα μαρτυρούν το ευρύ φάσμα των δυνατοτήτων του καλλιτέχνη στο σχεδιασμό του lubok.

Δύο μέλη της ένωσης *Το lubok Σήμερα*, ο Βασίλι Τσεκρίγκιν και ο Νταβίντ Μπουρλιούκ, δεν άφησαν τις υπογραφές τους στα lubki και μέχρι σήμερα δεν έχουν ταυτιστεί έργα τους. Ο Ν. Ι. Χαρντζίεφ στο άρθρο του *Νεώτερα περί του Μαγιακόφσκι*

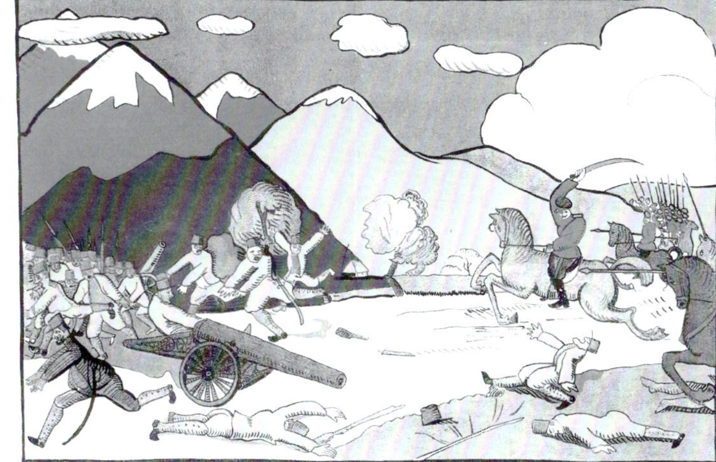

5 W. Majakowski *Österreicher in den Karpaten*, 1914

Β. Μαγιακόφσκι *Οι Αυστριακοί στα Καρπάθια*, 1914

– *ζωγράφου* αναφέρεται σε δυο lubki με τις υπογραφές του Ντ. Μπουρλιούκ, χωρίς να συγκεκριμενοποιεί τα φύλλα για τα οποία γίνεται λόγος.[22] Πιθανόν, οι υπογραφές να ήταν στα πρωτότυπα και να μην μεταφέρθηκαν στις λιθογραφικές πλάκες.

Ανώνυμα εξακολουθούν να θεωρούνται δυο ενδιαφέροντα φύλλα. Το lubok *Στο ένδοξο Αυγουστιάτικο δάσος* αποτελεί μεμονωμένη περίπτωση: εκπίπτει από την υφολογία που έχει προσδιορίσει ο ηγέτης της ομάδας Καζιμίρ Μαλέβιτς. Η αστεία απεικόνιση των μικρών μαύρων φιγούρων των γερμανών που πνίγονται και τρέχουν και αυτοί είναι πάρα πολλοί, τόσο που θολώνουν τα μάτια στο έντονο κίτρινο φόντο. Όμως πόσο ωραίο, ασυνήθιστο για lubok, στο στιλ του Αντρέ Ντερέν και του Μωρίς Βλαμένκ, είναι το δάσος! Εδώ είναι έκδηλη η προτίμηση του αγνώστου καλλιτέχνη για το φοβισμό.

Το υπέροχο σατιρικό lubok *Άγγλοι στο Γκέλγκολαντ* μπορούμε να το

Matjuschin von 12.12.1914), in: *Rukopisnyj otdel IRLI*, F. 656.
15 Zit. nach Kowtun E. F. *„Pobeda nad Solncem" – naschalo suprematizma (Der Sieg über die Sonne – der Anfang des Suprematismus)*, in: *Nasche nasledije*, 1989, Nr. 2, S. 135.
16 Malewitsch K. S. op. cit., f. 656.
17 Majakowskij W. W., *Gesamtwerke*, Bd. 1, S. 451.
18 *Berlin – Moskwa (Berlin – Moskau)*. Katalog, Moskau, 1996, S. 108.
19 Mit voller Kraft ... S. 36.
20 Kersnowskij A. A. *Istorija russkoj armii (Geschichte der russischen Armee)*, Moskau, 1994, Bd. 4, S. 125.
21 Mjasojedow G. op. cit., S. 250.
22 N. I. Chardzijew, op. cit. S. 37.

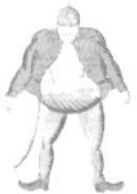

κατατάξουμε στις πιο ενδιαφέρουσες δουλειές των καλλιτεχνών της ένωσης. Ο Βασίλι Κατανιάν θεωρεί ότι είναι έργο του Μαγιακόφσκι, άποψη που, επί του παρόντος, παραμένει εικασία.

Χρειάζεται πολύ δουλειά ακόμα για την ταύτιση των ανώνυμων φύλλων, που ελπίζω ότι θα μας επιτρέψει να αναγνωρίσουμε το κρυμμένο στο «συλλογικό ύφος» πρόσωπο του καλλιτέχνη και να αποκτήσουμε σαφέστερη αντίληψη για τις αναζητήσεις της ρώσικης πρωτοπορίας σε ένα από τα στάδια της καλλιτεχνικής της εξέλιξης.

Dr. Nadejda Minjajlo

1. *Wystawka ikonopisnych podlinnikow i lubkow*, organizowannaya M. F. Larionowym. Κατάλογος, Μόσχα 1913, σελ. 6–7.
2. Kandinsky, W., *Tekst chudochnika. [Stupeni]*, Μόσχα 1918, σελ. 27–28.
3. Το ημερολόγιο *Γαλάζιος καβαλάρης (Der Blaue Reiter)*, κυκλοφόρησε στις αρχές του 1912 στο Μόναχο με την επιμέλεια των Β. Καντίνσκι και Φ. Μαρκ.
4. Από το βιβλίο: Solokov B. M., Obyedinenye *«Siniy Wsadnik» I narodnaya kartinka*, στο *Mir narodnoy kartinki*, Μόσχα 1999. σελ. 352.
5. Ό. π., σ. 353.
6. Όπως στο Povelichina A. V., Kovtun E. F., Russkaya *chiwopisnaya vyveska I chudchniki avangarda*, Λένινγκραντ 1991, σελ. 71.
7. Pervaya vystavka lubkov. Organizovna N. D. Vinigradowym 12–24 fevralya 1913 goda. Katalog, Μόσχα. 1913. σελ. 7.
8. Chardchiev N. I., *Novoye od Majakovskom – chudochnike (Νεώτερα για το Μαγιακόφσκι ως καλλιτέχνη)*. Στο: *Iskusstvo*, 1968, Νο 11. Kovtun E. F., *Izdatelstvo «segodnyasny lubok»* Στο: *Stranicy isorii otechestvennogo iskusstva vtoroy poloviny XIX – nachal XX veka*, Αγία Πετρούπολη 1993.
9. Miasoyvdov G., *Russkij lubok konca XIX – nachala XX veka*, στο Illustracija, Μόσχα 1998. Bolotina I. S., *Lubki*, στο Ilya Mashkov. *Albom reprodukciy*, Μόσχα 1977. Minjailo N. G. *Lubok I russkiy avangard*, στο *Mit voller Kraft. Russische Avantgarde 1919–1934*, Κάσελ, Αμβούργο 2001. Minjailo N. G., *«Segodnyasniy lubok»*, στο *rodnaya kartinka Rossii I Germanii XIX – nachala XX veka*, Μόσχα 2001.
10. Δημοσιεύτηκε στο βιβλίο: *Majakovski – chudochnik*, Μόσχα 1963, σελ. 54.
11. G. Magula, *Voyna I narodniye kartiny*, στο *Lukomorye* 1914, Νο. 30. σελ. 17.
12. Majakovski, V. V., *Ya sam*, στο Majakovski V. V., *Gesamtwerke*, τ. 1, Μόσχα 1955. σελ. 22.
13. *Lentulov o Majakovskom*, στο *Iskusstvo* 1982, Νο 3. σελ. 45.
14. Malevisch, K.S. Pis'mo M. V. Matyusinu 12 dekabrya 1914 goda, στο Rukopisiniy otdel IRLI, Φ. 656.
15. Από το βιβλίο: Kovtun E. F. *«Pobeda nad Solncem» – nachalo suprematizma*, στο: nase naslediye,1989, Νο 2, σελ. 135.
16. Malevitsch I.S., ό.π., F. 656.
17. Majakovski, V. V., Gesamtwerke, τ. 1, σελ. 451.
18. Berlin – Moskva, Κατάλογος, Μόσχα 1996. σελ. 108.
19. Mit voller Kraft …, σελ. 36.
20. Kersnovsky A.a. Istoriya russkoy armii, Μόσχα 1994, τ. 4. σελ. 125.
21. Myasoyedov G., ό. π., σελ. 250.
22. N. I. Chardchiyev, ό. π. , σελ. 37.

Grafische Arbeiten von Natalija Gontscharowa und Michail Larionow

Am Anfang des 20. Jahrhunderts strebten die Künstler der russischen Avantgarde nach Erneuerung der künstlerischen Ausdrucksmittel und wendeten sich dabei den nationalen Quellen und der Volkskunst zu. Um eine primitive, von der Zivilisation noch nicht getrübte Kunst zu sehen, reichte schon ein Ausflug in eine kleine Provinzstadt, wo seit Jahrhunderten die Läden mit bunten, handgemalten Schildern geschmückt waren, wo man auf den Sonntagsmärkten die Volksbilderbögen und ausgemalten Servierbretter, Ton- und Holzspielzeug, Lebkuchenfiguren und Spitzen verkaufte.

Die Volkskultur besaß in Russland uralte Traditionen und spielte schon immer eine überaus wichtige Rolle. Seit Jahrhunderten basierte sie auf dem religiösen Bewusstsein der Bevölkerung. Die Ikone, als ritueller und sakraler Gegenstand, war ein wichtiger Bestandteil des Lebens der russischen Menschen. Die Avantgardekünstler erweiterten die ästhetische Auffassung der Ikone und führten sie in den Kontext des modernen kulturellen Lebens ein. Sie betrachteten die Aktualisierung der Volkskunsttraditionen als eine bedeutende Alternative zur westlichen Kultur. Nicht zufällig schrieb Natalija Gontscharowa im Jahre 1913: „Ich schüttele den Staub von meinen Füßen ab und entferne mich vom Westen. Ich gehe zur Quelle aller Kunst, nach Osten."[1]

Dieses letzte Jahr vor dem ersten Weltkrieg war für Natalija Gontscharowa und ihren Ehemann und Mitstreiter Michail Larionow durch zahlreiche wichtige Ereignisse gekennzeichnet. Im Februar 1913 wurde die von N. D. Winogradow organisierte *Erste Volksbilderbögen-Ausstellung* eröffnet, wo neben chinesischen, türkischen, burjatischen und russischen Volksbilderbögen auch Gontscharowas „neue russische Lubki" ausgestellt wurden. Dieser Vergleich rief heftige Reaktionen hervor.[2] Im Ausstellungskatalog veröffentlichte Larionow einen polemischen Aufsatz, in dem er proklamierte, dass die formale Kunstsprache ihren eigenen und absoluten Wert in der Kunst der verschiedenen Völker sowohl in der Vergangenheit als auch in der Gegenwart habe. Auf einer weiteren *Ausstellung der Ikonen und Lubki*, die von M. Larionow im März 1913 organisiert wurde, waren weitere

Bilder der Avantgardisten zu sehen. Mit ihren Arbeiten waren hier Michail Larionow, Natalija Gontscharowa, Kasimir Malewitsch und der georgische Primitivist Niko Pirosmani vertreten. Man konnte hier auch Kinderzeichnungen, eine Sammlung der Moskauer Ladenschilder sowie über 600 russische Lubki, Volksspielzeug, Haushaltsgegenstände und Geschirr bewundern.

Mit dieser Ausstellung wollte Larionow einerseits die Existenz des Primitivismus im zeitgenössischen Bewusstsein präsentieren, anderseits ging es ihm darum, die Werke der modernen Malerei auszustellen, vor allem seine und Gontscharowas, die er als unverkennbaren Bestandteil der russischen Volkskultur betrachtete, da sie sehr dem Stil der Lubokbilder ähnelten.

Gontscharowa und Larionow haben einen hervorragenden Beitrag zur Entwicklung des kubo-futuristischen Buches, einer der wichtigsten Kunstgattungen der russischen Avantgarde, geleistet. Im April 1910 erschien der erste kubo-futuristische Sammelband *Sadok sudej*, der auf Tapeten gedruckt wurde – „auf den spießbürgerlichen Häuten der Michelwohnungen", schrieb einer der Autoren, D. Burljuk. „Die Tapeten wanden sich, drehten sich – sie wollten nicht die neuen Wörter, Keime und Spermien der neuen Literatur auf sich nehmen."[3]

Die im August 1912 im Verlag von Aleksej Krutschenych erschienenen Postkarten sind als „erste Druckaktion der russischen Futuristen"[4] zu bezeichnen. Der Dichter Krutschenych präsentiert sich hier auch als Maler.[5] Die künstlerische Sprache dieser gezeichneten satirischen Postkarten (*Moderne Ehe*, *Beim Pferderennen*) wirkt im Vergleich mit seiner bahnbrechenden poetischen Sprache relativ banal. Das unterscheidet ihn deutlich von den künstlerischen Leistungen anderer Autoren – Schewtschenkos, Tatlins und insbesondere Gontscharowas und Larionows, welche die meisten Postkarten geschaffen haben. In diesen kleinformatigen grafischen Werken setzten sie die Sujets und Kompositionen aus ihrer Malerei ein, ohne dabei die Ausdruckskraft und Monumentalität zu verlieren. Ähnlich verfährt auch Gontscharowa: Auf den Postkarten *Mann mit Weintraubenkör-*

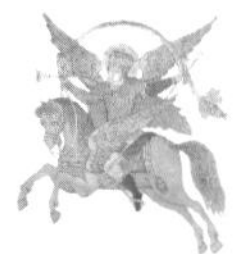

Γραφιστικά έργα των Νατάλια Γκοντσαρόβα και Μιχαήλ Λαριόνοφ

Στις αρχές του 20[ου] αιώνα οι καλλιτέχνες της ρωσικής πρωτοπορίας, στην προσπάθειά τους να ανανεώσουν την καλλιτεχνική γλώσσα, απευθύνονται στις εθνικές πηγές και προπαντός στη λαϊκή τέχνη. Όπως πολύ σωστά παρατήρησαν πολλοί, οι ρώσοι κυβοφουτουριστές δεν χρειαζόταν να τρέξουν στη μακρινή Πολυνησία για να γνωρίσουν μια πρωτόγονη δημιουργία που δεν είχε αλλοιωθεί από τον πολιτισμό. Έφτανε να πάνε σε μια μικρή επαρχιακή πόλη, όπου όπως πολλά χρόνια πριν, τα μαγαζιά ήταν διακοσμημένα με χρωματιστές βιοτεχνικές πινακίδες, στις κυριακάτικες εμποροπανηγύρεις εμπορεύονταν lubki και διακοσμημένους δίσκους και οι αγρότες, όπως στα παλιά χρόνια, έφερναν από τα περίχωρα πήλινα και ξύλινα παιχνίδια, διακοσμημένα αρτύματα και κούπες.

Ο λαϊκός πολιτισμός και η θρησκευτική εικόνα αποτελούσαν βασικά προσδιοριστικά στοιχεία ταυτότητας στην κοινωνική ζωή της Ρωσίας. Για αιώνες η εικόνα αποτελούσε ένα καθαγιασμένο, λειτουργικό αντικείμενο, αναπόσπαστο τμήμα της ανθρώπινης ζωής. Οι καλλιτέχνες της πρωτοπορίας έδωσαν έμφαση στις αισθητικές αρχές των εικόνων και στο νόημά τους για τη σύγχρονη πολιτιστική πραγματικότητα. Η διατήρηση της επικαιρότητας των λαϊκών παραδόσεων ήταν γι' αυτούς σοβαρή εναλλακτική πρόταση έναντι του δυτικού πολιτισμού. Δεν είναι τυχαίο, ότι η Νατάλια Γκοντσαρόβα, έγραφε το 1913: «Τινάζω τη σκόνη από τα πόδια μου και αφήνω τη Δύση πίσω μου. Ο δρόμος μου με οδηγεί στην πρωταρχική πηγή όλων των τεχνών, στην Ανατολή.»[1]

Αυτή η χρονιά, η τελευταία πριν τον πρώτο παγκόσμιο πόλεμο, ήταν γεμάτη από σημαντικά γεγονότα στη ζωή της Γκοντσαρόβα και του συζύγου της και συνοδοιπόρου Μιχαήλ Λαριόνοφ. Τον Φεβρουάριο του 1913 έγινε η *Πρώτη έκθεση lubki*, που οργάνωσε ο Ν. Ντ. Βινογκράντοφ, όπου παράλληλα με τα κινέζικα, τουρκικά και ρώσικα λαϊκά έργα είχαν εκτεθεί και «νέα ρώσικα lubki» της Γκοντσαρόβα, τα οποία προκάλεσαν την έντονη αντίδραση των σύγχρονων της.[2] Στον κατάλογο αυτής της έκθεσης δημοσιεύτηκε ένα πολεμικό άρθρο του Λαριόνοφ, ο οποίος αποδείκνυε την απόλυτη αυταξία της τυπικής γλώσσας στην τέχνη διαφόρων λαών του παρελθόντος και του παρόντος. Ακριβώς μετά από ένα μήνα, τον Μάρτιο του 1913 ο Λαριόνοφ οργάνωσε νέα έκθεση, τη *Δεύτερη Έκδεση εικόνων και των lubki*, στην οποία παρουσιάστηκαν περισσότερα έργα από καλλιτέχνες της πρωτοπορίας. Εκτέθηκαν έργα του Λαριόνοφ, της Γκοντσαρόβα, του Καζιμίρ Μαλέβιτς και του γεωργιανού πριμιτιβιστή Νίκο Πιροσμάνι, παιδικές ζωγραφιές, συλλογή από πινακίδες καταστημάτων στη Μόσχα, καθώς επίσης και περισσότερα από 600 lubki, παραδοσιακά παιχνίδια, σπιτικά σκεύη και σερβίτσια.

Αυτή η έκθεση του Λαριόνοφ, αφ' ενός μεν καταδείκνυε το γεγονός της ύπαρξης του πριμιτιβισμού, αφ' ετέρου δε παρουσίαζε τη σύγχρονη τέχνη, προπαντός τη δική του και της Γκοντσαρόβα, ως συστατικό και οργανικό τμήμα του λαϊκού ρωσικού πολιτισμού, λόγω της υφολογικής συγγένειας με τα lubki.

Ο Λαριόνοφ και η Γκοντσαρόβα συνέβαλαν καθοριστικά στην εξέλιξη του κυβο-φουτουριστικού βιβλίου που άσκησε μεγάλη επίδραση στα πλαίσια της Ρωσικής πρωτοπορίας. Τον Απρίλιο του 1910 παρουσιάστηκε το πρώτο κυβο-φουτουριστικό ημερολόγιο, το *Sadok sudey* τυπωμένο σε χαρτί ταπετσαρίας -«μικροαστικά επιστρώματα των διαμερισμάτων του Κ. και της Κας Μετριότητας», όπως έγραψε ένας από τους συγγραφείς, ο Ντ. Μπουρλιούκ. «Η ταπετσαρία γύριζε, περιστρέφονταν, δεν ήθελε να αποδεχτεί τις νέες λέξεις, την αρχή και το σπέρμα της νέας λογοτεχνίας.»[3]

Τον Αύγουστο του 1912 εμφανίστηκαν οι κάρτες του εκδοτικού οίκου του Αλεξέι Κρουτσόνιχ, οι οποίες δικαίως θεωρούνται «ως η πρώτη έντυπη πράξη των ρώσων φουτουριστών»[4]. Είναι ενδιαφέρον, ότι ο εκδότης και ποιητής κροντσόνιχ έδρασε σ' αυτή την περίπτωση ως ζωγράφος.[5] Η καλλιτεχνική γλώσσα των χιουμοριστικών ιχνογραφιών που φιλοτέχνησε ο Κρουτσόνιχ στις κάρτες του (*Σύγχρονος γάμος, Τ τρεχάματα* κ.τ.λ.), είναι αρκετά κοινότοπη, σε αντίθεση με τη ριζοσπαστική ποιητική του γλώσσα. Αυτό δεν μπορεί να το πει κανείς για τα έργα άλλων καλλιτεχνών που συμμετέχουν σ' αυτή την

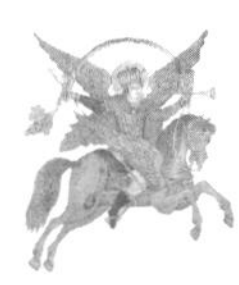

ben, *Frau mit Weintraubenkörben*, *Der Löwe* (Abb. 1) und *Der Stier* benutzt sie Motive aus ihrem Polyptychon *Weinlese* (1911). Die Postkarte *Die Heuernte* (1910–11) ähnelt ihrem gleichnamigen Gemälde, und die Postkarte *Eisbrecher* (1911) erinnert an das Bild *Winterlandschaft (Eisbrecher)* (1911). Die Postkarte *Raucher* (Abb. 2) wiederholt das gleichnamige Bild von 1912, das auch *Stil der Tablettmalerei* benannt wurde. *Der Weiße Pfau* (Abb. 3) ist eine Variante eines identischen Bildes aus dem Zyklus *Künstlerische Möglichkeiten in der Pfau-Angelegenheit* (1911). Alle diese Postkarten führen dem Zuschauer ein prägnantes Bild des bäuerlichen Russlands vor und spiegeln den naiven Geist der Volkskunst wider. Ihre Kunstsprache ist grob und sehr expressiv.

Auch Larionow verwendete Motive aus seinen früheren Kunstwerken wie beispielsweise in den Postkarten *Friseur* (1910) und *Soldat auf der Rast* (1911) (Abb. 4 und 5). Auf der Postkarte *Die Stadt* (Abb. 6) experimentierte er aber schon mit seiner neuen Theorie des Rayonismus.[6] Im Jahr 1912 wandte er diese Theorie sowohl in seiner Malerei (*Glas*, *Rayonistische Wurst*, *Makrele*) als auch in den Illustrationen für das Buch *Altertümliche Liebe* (1912) von A. Krutschenych an. Dieser Theorie folgte auch Gontscharowa mit ihren sechs Lithografien zu den Gedichten von T. Tschurilin.

Im August 1912 erschien das Buch *Spiel in der Hölle* von A. Krutschenych und W. Chlebnikow mit 16 Lithografien von Gontscharowa. In dieser ersten, von ihr selbst entworfenen Ausgabe strebt sie einen maximal einheitlichen und architektonisch ungeteilten „Buch-Organismus" an. Die Kompositionen der meisten Lithografien bestanden aus überproportional in die Länge gezogenen Figuren von Hexen, Teufeln und Geistern. Gontscharowa hatte sie aus der Volks- und Lubokkunst entlehnt. N. Chardziew bezeichnete diese Darstellungen als eine „Selbstparodie" Gontscharowas auf ihr monumentales Kunstwerk *Evangelisten* (1911).[7] Zwischen den zahlreichen Figuren aus der Unterwelt brachte sie handgeschriebene Texte an, die stilisierten altslawischen Manuskripten und handgeschriebenen Kirchenbüchern ähnelten. Auf diese Weise konnte sie einzelne Zitate aus der altrussischen sakralen Buchkunst und dem Burleske-Poem mit Elementen aus Spielkarten verflechten.

Im November 1912 erschien das Poem *Weltvomende* von W. Chlebnikow und A. Krutschenych. Bei der Gestaltung des Poems hat Gontscharowa zum ersten Mal in der Geschichte des Futurismus Collage-

Technik angewendet, wobei sie versucht hat, die Natürlichkeit und Naivität eines Kindes nachzuahmen. In diesem absichtlich „unordentlichen" Buch wechseln sich die lithografischen, „handgeschriebenen" Texte mit denen ab, die mit einem Gummistempel gedruckt wurden. Zu den Autoren des Sammelbands *Weltvomende* gehörten auch M. Larionow, W. Tatlin und N. Rogowin. In einigen ihrer Grafiken benutzten sie die Ausdrucksmöglichkeiten von Kinderzeichnungen.

Das erfolgreichste Jahr im Schaffen von Gontscharowa und Larionow auf dem Gebiet der Buchgrafik war 1913, als Larionows Manifest des „Rayonismus" erschien. In dieser neuen Stilrichtung arbeiteten die beiden Künstler sowohl zusammen, z.B. an den Illustrationen

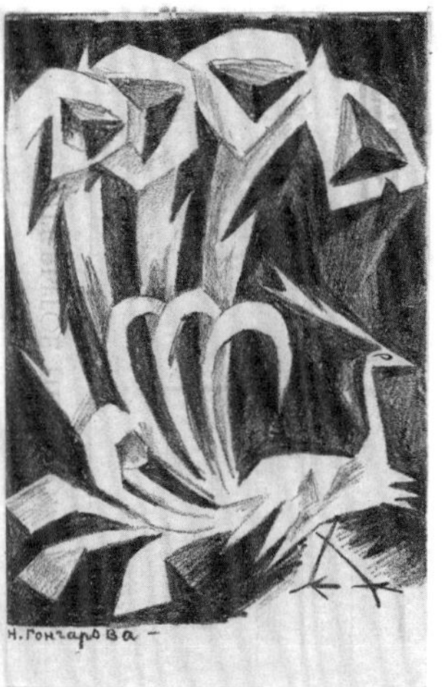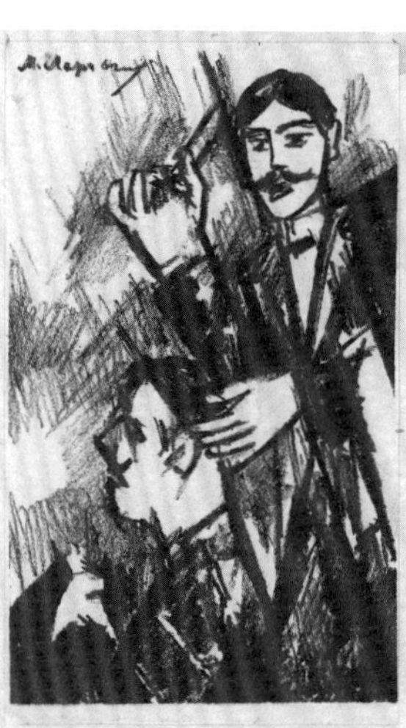

zum Buch von K. Bolschakow *Le Futur*, als auch selbstständig. Während Larionow zwei Bücher von A. Krutschenych (*Pomada* und *Halblebend*) gestaltete, schuf Gontscharowa zehn Farblithografien für den Gedichtband von S. Bobrow *Wertograder über dem Weinstock*.

Neben ihren rayonistischen Werken gestalteten beide Künstler ebenso primitivistische Bücher, wobei sie aktiv die Traditionen der Volkskunst anwendeten. Das bezieht sich auf die Lithografien zu den 1913 erschienenen Büchern: *16 Zeichnungen von Natalija Gon-*

1 N. Gontscharowa *Der Löwe* 1912
   N. Γκοντσαρόβα *Το Λιοντάρι*, 1912

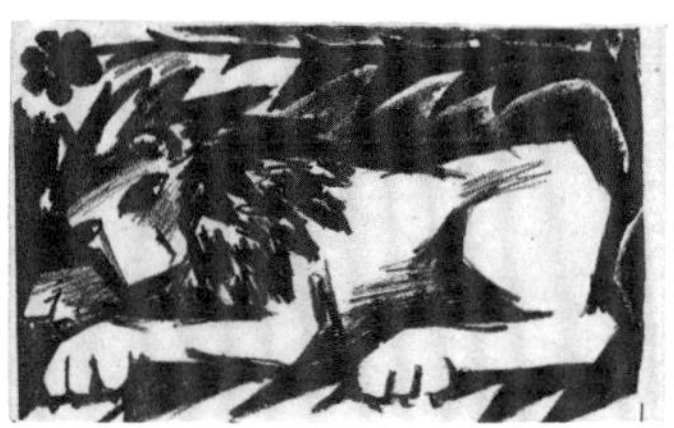

2 N. Gontscharowa *Raucher*, 1912
   N. Γκοντσαρόβα *Λευκό παγώνι*,
   1912

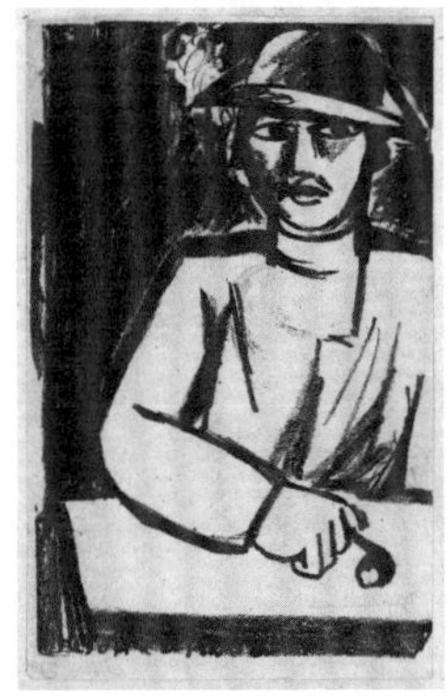

3 N. Gontscharowa *Der Weiße Pfau*, 1912
   N. Γκοντσαρόβα *Λευκό παγώνι*, 1912

4 M. Larionow *Der Friseur*, 1910
   M. Λαριόνοφ *Ο κουρέας*, 1910

έκδοση, όπως οι Σεφτσένκο, Τάτλιν και ιδιαίτερα η Γκοντσαρόβα και ο Λαριόνοφ, στους οποίους ανήκει και το μεγαλύτερο μέρος των καρτών. Σ' αυτά τα μικρά χαρακτικά χρησιμοποιούσαν θέματα και συνθέσεις από πολλά ζωγραφικά τους έργα καταφέρνοντας να διατηρήσουν την εκφραστικότητα και τη μεγαλοπρέπειά τους. Έτσι, για παράδειγμα, οι κάρτες της Γκοντσαρόβα *Άνδρας με κοφίνια σταφύλια*, *Γυναίκα με κοφίνια σταφύλια*, το *Λιοντάρι* (εικ. 1) και ο *Ταύρος* δημιουργήθηκαν σύμφωνα με τα μοτίβα του ζωγραφικού πολύπτυχού της ο *Τρύγος* (1911). Η κάρτα *Θερισμός* (1910–1911) θυμίζει πίνακα με τον ίδιο τίτλο, ενώ ο *Παγοθραύστης* (1911) έχει μια πνοή από τον πίνακα *Χειμερινό τοπίο (παγοθραύστης)* της ίδιας χρονιάς. Η κάρτα της Γκοντσαρόβα *Καπνιστής* (εικ. 2) επαναλαμβάνει τον ομώνυμο πίνακα του 1912, ο οποίος έχει και δεύτερη ονομασία: *Στο ύφος της διακόσμησης δίσκου*. Η κάρτα *Λευκό παγόνι* (εικ. 3) αποτελεί εκδοχή του έργου από τον κύκλο *Καλλιτεχνικές δυνατότητες με αφορμή το παγόνι* (1911). Όλες αυτές οι κάρτες, στις οποίες αποτυπώνεται ανάγλυφα ο τρόπος ζωής της αγροτικής Ρωσίας, δημιουργήθηκαν με το απλοϊκό – αφελές πνεύμα, που χαρακτηρίζει τη λαϊκή τέχνη. Η καλλιτεχνική τους γλώσσα ξεχωρίζει λόγω της σκόπιμης τραχύτητας της μορφής και της μεγάλης εκφραστικότητάς της.

Και ο Λαριόνοφ αναπαρήγαγε επίσης στις κάρτες του 1912 προγενέστερα έργα του, όπως για παράδειγμα *Ο κουρέας* (1910) ή *Στρατιώτης που ξεκουράζεται* (εικ. 4 κ. εικ. 5) (1911). Ωστόσο, στο έργο *Πόλη* (εικ. 6) δοκίμασε για πρώτη φορά τη νέα θεωρία του ραγιονισμού[6]. Εφάρμοσε τη θεωρία του στα ζωγραφικά έργα *Γυαλί*, *Ραγιονιστικό σαλάμι* και *Σκουμπρί*, αλλά και στην εικονογράφηση του βιβλίου του Α. Κρουτσόνιχ *Παλιομοδίτικη αγάπη* (1912). Η Γκοντσαρόβα ακολούθησε με τη σειρά της αυτή τη θεωρία στις έξι λιθογραφίες των ποιημάτων του Τ. Τσουριλίν.

Εν τω μεταξύ, τον Αύγουστο του 1912 βγαίνει στο φως της δημοσιότητας το βιβλίο των Α. Κρουτσόνιχ και Β. Χλέμπνικοφ *Παιχνίδι στον Άδη* με 16 λιθογραφίες της Γκοντσαρόβα. Στην πρώτη αυτή αυτοτελή έκδοση η Γκοντσαρόβα προσπαθεί να φτάσει σε μια ύψιστη ολοκλήρωση ενός ενιαίου ως προς την αρχιτεκτονική του «οργανισμού του βιβλίου». Οι συνθέσεις των περισσότερων λιθογραφιών αποτελούνταν από δυσανάλογα επιμηκυμένες μορφές διαβόλων, δαιμόνων και μαγισσών, τους οποίους ο Ν. Χαρτζίεφ αποκάλεσε «αυτο-παρωδία» των μνημειακών ζωγραφικών συνθέσεων

της Γκοντσαρόβα *Ευαγγελιστές* (1911)[7]. Δίπλα σε όλα τα κακά πνεύματα του κάτω κόσμου η καλλιτέχνιδα παρενέβαλε στη σύνθεση χειρόγραφα κείμενα που μιμούνταν τη γραφή των Παλαιο-σλαβικών χειρογράφων και τα χειρόγραφα βιβλία προσευχών. Το γεγονός ότι συνδύασε αναφορές από ορθόδοξα Παλαιορωσικά θρησκευτικά

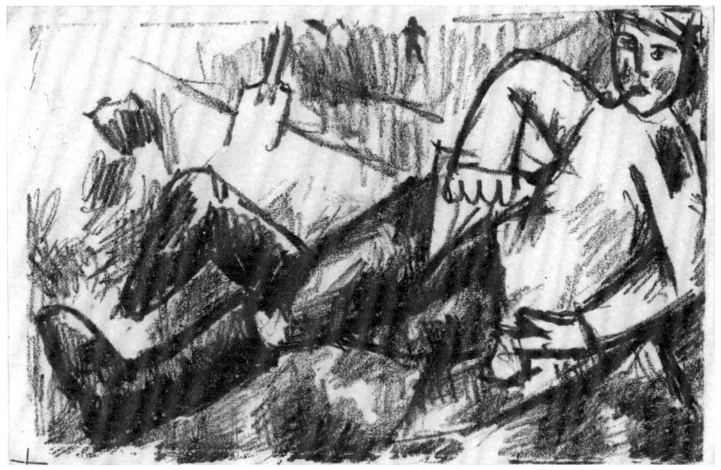

5 M. Larionow *Soldat auf der Rast*, 1911

M. Λαριόνοφ *Στρατιώτης που ξεκουράζεται*, 1911

κείμενα με σατιρικά ποιήματα και στοιχεία χαρτοπαιξίας, ήταν κάτι εξαιρετικά προκλητικό.

Στο ποίημα των Β. Χλέμπνικοφ και Α. Κρουτσόνιχ *Ο κόσμος από το τέλος*, το Νοέμβριο του 1912 η Γκοντσαρόβα είναι η πρώτη από τους φουτουριστές καλλιτέχνες που χρησιμοποιεί το κολλάζ, μέσω του οποίου προσπαθεί να μεταδώσει την παιδική απλοϊκότητα και φυσικότητα. Σ' αυτό το επιτηδευμένα ακατάστατο βιβλίο τα χειρόγραφα και χαραγμένα κείμενα εναλλάσσονται μ' εκείνα που έχουν εκτυπωθεί με ελαστικές σφραγίδες από παιδικό αλφάβητο. Στη συλλογή *Ο κόσμος από το τέλος* έλαβε μέρος ο Λαριόνοφ, καθώς επίσης και οι Β. Τάτλιν και Ν. Ρογκόβιν. Σε ορισμένες από τις εικονογραφήσεις που έκαναν οι ίδιοι χρησιμοποίησαν τις εκφραστικές δυνατότητες του παιδικού σχεδίου.

Το 1913 υπήρξε το πιο εποικοδομητικό έτος για την Γκοντσαρόβα και τον Λαριόνοφ σχετικά με τη σχεδίαση βιβλίων, δεδομένου ότι τότε εκδόθηκε το μανιφέστο του Λαριόνοφ «Ραγιονισμός». Στα πλαίσια της υφολογίας αυτού του νέου ρεύματος δουλεύουν οι καλλιτέχνες τόσο μαζί, δημιουργώντας εικονογραφήσεις στο βιβλίο του Κ. Μπολσακόφ *Le Futur*, όσο και αυτοτελώς, φιλοτεχνώντας

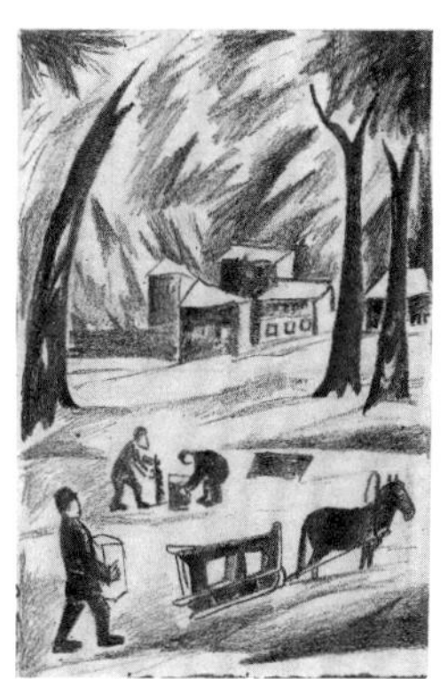

6 M. Larionow *Die Stadt*, 1912

M. Λαριόνοφ *Πόλη*, 1912

tscharowa und Michail Larionow, auf die Monografie von Eli Eganbüri *Natalija Gontscharowa und Michail Larionow* und den Sammelband *Eselschwanz und Zielscheibe*. Für das Buch *Zwei Poeme. Einsiedler. Einsiedlerin* von A. Krutschenych zeichnete sie 14 *Selbstständige Illustrationen*, die zwar keinen unmittelbaren Bezug zum Text haben, aber die Poetik des Textes weiterführen und dank ihrer Ausdruckskraft und Emotionalität an Szenen der *Heiligengeschichten* anknüpfen.

Das Monumentalwerk von Gontscharowa, das Album *Mystische Bilder des Krieges* (vgl. Abb. 7 u. 8) von 1914, spiegelt ihre ganze Erfahrung in der Buchlithografie sowie das Thema der Zerrissenheit Russlands zwischen Osten und Westen wider. In diesem Werk interpretiert die Künstlerin die tragischen Ereignisse ihrer Zeit. Die großformatigen Lithografien erinnern an monumentale Fresken. Durch Groteske und Metapher verband Gontscharowa zwei verschiedene Bereiche, die göttliche und die menschliche Geschichte und, wie sich N. Gurjanowa ausdrückt, hat sie die Volkskunst genutzt, in der sich Mythen, Epen und die primitive Kunst treffen.[8]

Mystische Bilder des Krieges gilt als Höhepunkt der russischen Schaffensperiode von Gontscharowa. Die von ihr ausgeübte, bahnbrechende Verbindung der künstlerischen Sprache mit den Traditionen der Volkskunst ist hier am deutlichsten zu erkennen. Dieses Werk gehört zweifellos zu den bedeutendsten Errungenschaften des europäischen Expressionismus am Anfang des 20. Jahrhunderts.

Der Beginn des Ersten Weltkrieges war ein tiefer Einschnitt im privaten und künstlerischen Leben von Gontscharowa und Larionow. Aber ihre Werke und ästhetischen Experimente in der Druckgrafik der frühen 1910er Jahre, in denen die künstlerischen Besonderheiten des Primitivismus verarbeitet wurden, haben die Kunst der russischen Avantgarde bereichert. Ihre Werke haben die Experimente der Moderne mit den Errungenschaften der traditionellen Kultur verbunden.

Dr. Elena Barkhatowa

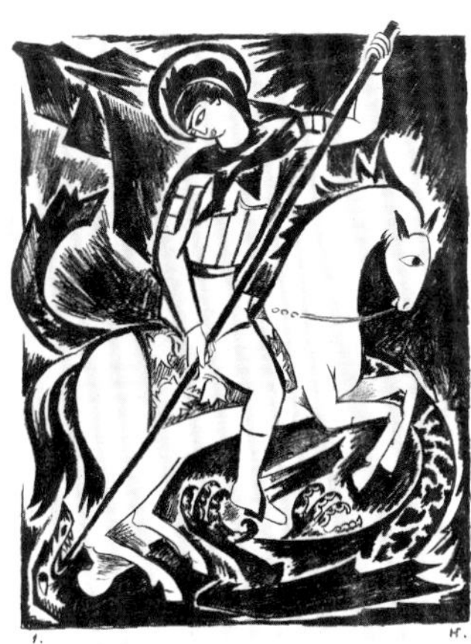

7 N. Gontscharowa *Heiliger Georg*, 1914

   N. Гкοντσαρόβα Ἅγιος Γεώργιος, 1914

1 Natalija Gontscharowa. 1900–1913. *Katalog wystawki kartin*, Moskau 1913, S. 1.
2 Owsjannikowa E. B., *K rekonstrukcii „Perwoj wystawki lubkow" w Moskwe. 1913 (Zur Rekonstruktion der „Ersten Ausstellung der Lubki in Moskau. 1913)*, in: *Mir narodnoj kartinki*, wyp. 30, Moskau 1999, S. 93–131.
3 Burljuk D., *Fragmenty iz wospominanij futurista (1907–1917) (Fragmente aus den Erinnerungen eines Futuristen, 1907-1917). Otdel rukopisej Rossijskoj nazional'noj biblioteki (Manuskripteabteilung der Russischen Nationalbibliothek)*, f. 552, Nr. 1.
4 Poljakow W., *Russkaja futuristitscheskaja kniga (Russisches futuristisches Buch)*, Moskau 1998, S. 238.
5 A. E. Krutschenych absolvierte 1906 die Kunstschule in Odessa. Seit 1905 beschäftigte er sich mit den Lithografien. (vgl. Kowtun E., *Russkaja futuristitscheskaja kniga*, Moskau 1989, S. 78) Erste Ausgabe des Albums *Ganz Cherson in Karikaturen, Chargen und Bildnissen. Zeichnungen von A. Krutschenych*, gedruckt 1910, wurde sehr bekannt. Im Buch von W. Poljakow (op. cit. S. 237–238), in dem die im Jahr 1912 verlegten Postkarten von Krutschenych aufgeführt sind, sind keine von ihm selbst gestalteten Postkarten zu finden. In der Sammlung der russischen Nationalbibliothek in Sankt Petersburg werden sieben Postkarten von A. Krutschenych aufbewahrt, deren Rückseite mit „Postkarte" gestempelt ist. (*Beim Pferderennen, Er fährt zum Pferderennen, Moderne Ehe, Ihre Karriere, Lehrer und Schüler, Der Arzt und die Kranke, Man gebärt weder Sohn, noch Tochter*). Darüber hinaus gibt es in der Russischen Nationalbibliothek 22 weitere Lithografien im Postkartenformat, die aber nicht gestempelt sind.
6 vgl. Poljakow W., op. cit., S. 90.
7 Chardschijew N., *Pamjati Natalii Gontscharowoj (1881–1962) i Michaila Larionowa (1881-1964) (Zum Andenken an Natalia Gontscharowa und Michail Larionow)*, in: *Iskusstwo knigi*, wyp 5, Moskau 1968, S. 311.
8 Gurjanowa N., *Wojennye grafitscheskije cikly N. Gontscharowoj i O. Rozanowoj (Grafische Kriegszyklen von N. Gontscharowa und O. Rozanowa)*, in: *Panorama iskusstw*, 12, Moskau 1989, S. 79.

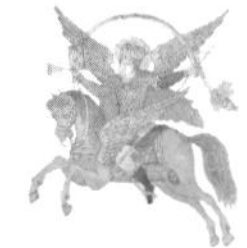

ποιητικές συλλογές, ο μεν Λαριόνοφ – δύο βιβλία του Α. Κρουτσόνιχ (*Πομάδα* και *Μισοζώντανος*), η δε Γκοντσαρόβα το βιβλίο με ποιήματα του Σ. Μπομπρόφ *Αμπελουργοί πάνω από τα κλίματα*, στο οποίο φιλοτεχνεί 10 χρωμολιθογραφίες.

Παράλληλα με τα ραγιονιστικά έργα και οι δύο καλλιτέχνες συνεχίζουν να δημιουργούν πριμιτιβιστικά βιβλία, στα οποία είναι έντονα παρούσα η χρήση των παραδόσεων της λαϊκής τέχνης. Αυτό αφορά τις λιθογραφίες, που έχουν συμπεριληφθεί σε εκδόσεις του 1913, όπως τα *16 σχέδια της Νατάλια Γκοντσαρόβα και του Μιχαήλ Λαριόνοφ*, τη μονογραφία *Νατάλια Γκοντσαρόβα και Μιχαήλ Λαριόνοφ* και την ανθολογία *Ουρά γαϊδάρου και Μάτι Ταύρου*. Δημιουργεί για το βιβλίο του Α. Κρουτσόνιχ *Δύο ποιήματα: Ερημίτης. Ερημίτισσα* 14 *αυτοτελείς εικονογραφήσεις*, οι οποίες δεν έχουν μεν άμεση σχέση με το κείμενο, αλλά αναπτύσσουν και συμπληρώνουν τις ποιητικές παραστάσεις που χάρη στην συναισθηματική εκφραστικότητά τους συνδέονται συνειρμικά με σκηνές από την *αγιογραφική λογοτεχνία*.

Ωστόσο, το πλέον μνημειώδες έργο της Γκοντσαρόβα ήταν το άλμπουμ του 1914 *Μυστικές Εικόνες του πολέμου* (Βλ. εικ. 7 κ. εικ. 8), το οποίο ενσάρκωσε με τον πιο λαμπρό τρόπο, τόσο το σύνολο της εμπειρίας της στον τομέα του εικονογραφημένου με λιθογραφίες βιβλίου, όσο και το θέμα του διχασμού της Ρωσίας μεταξύ Δύσης και Ανατολής. Εδώ η καλλιτέχνης δεν ερμηνεύει μόνο τα τραγικά γεγονότα της εποχής της, αλλά και με τα μέσα της γλώσσας του lubok, την οποία έχει αφομοιώσει ολόπλευρα, αποδίδει τη λαϊκή αντίληψη για τον πόλεμο. Σύμφωνα με την τελευταία ο πόλεμος γίνεται αντιληπτός ως αποκάλυψη. Στις μεγάλου σχήματος λιθογραφίες, που θυμίζουν με το μνημειακό χαρακτήρα τους τοιχογραφίες, η Γκοντσαρόβα μέσα από τη γελοιογραφική υπερβολή (γκροτέσκο) και τη μεταφορά συνένωσε στοιχεία θεϊκής και ανθρώπινης ιστορίας, «διάφορους τύπους πολιτισμού. Όπως διαπιστώνει η Ν. Γκουριάνοβα επωφελήθηκε από τη λαϊκή τέχνη στην οποία συνυπάρχουνοι μύθοι, το επικό και το πρωτόγονο στοιχείο.[8]

Οι *Μυστικές Εικόνες του πολέμου* είναι ένα μεγαλειώδες έργο που επιστεγάζει τη ρωσική περίοδο της Γκοντσαρόβα. Εδώ η καινοτόμος γλώσσα της εδράζεται με τον πλέον οργανικό τρόπο στις παραδόσεις της εθνικής τέχνης. Ταυτόχρονα αυτό το έργο δικαίως εντάσσεται στις γραμμές των μεγάλων κατακτήσεων του ευρωπαϊκού εξπρεσιονισμού των αρχών του 20[ού] αιώνα.

Ο παγκόσμιος πόλεμος δεν άλλαξε δραματικά μόνο τη ζωή της Γκοντσαρόβα και του Λαριόνοφ, αλλά και πολλές από τις καλλιτεχνικές τους επιδιώξεις. Αλλά οι κατακτήσεις αυτών των καλλιτεχνών στον τομέα της εικονογράφησης βιβλίων στις αρχές της δεκαετίας του 1910, στις οποίες έχουν αφομοιώσει δημιουργικά τα χαρακτηριστικά της πρωτόγονης και λαϊκής τέχνης, εμπλούτισαν την τέχνη της ρωσικής πρωτοπορίας. Στο έργο τους επιτυγχάνεται η σύνθεση του πειραματισμού της μοντέρνας τέχνης με κατακτήσεις του παραδοσιακού πολιτισμού.

Dr. Elena Barkhatowa

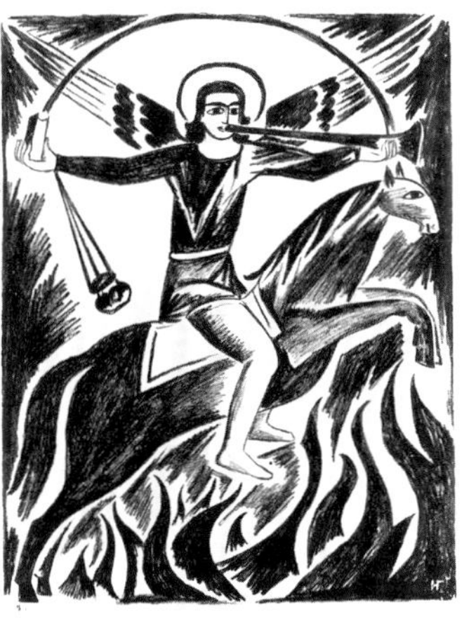

8 N. Gontscharowa *Erzengel Michael*, 1914

N. Γκοντσαρόβα *Αρχάγγελος Μιχαήλ*, 1914

1   Natalija Gontscharowa. 1900–1913. Κατάλογος της έκθεσης, Μόσχα 1913, σελ. 1.
2   E. B. Ovsyannikova, K rekonstrukcii *Pevoy vystawki lubkov w Moskve*. 1913, στο *Mir narodnoy kartinki*, vγρ. 30, Μόσχα 1999, σελ. 93–131.
3   D. Burlyuk, *Fragmenty iz vospominaniy futurista* (1907–1917). Τμήμα χειρογράφων της Ρωσικής Εθνικής Βιβλιοθήκης, Φ. 552, No. 1.
4   V. Polyakov, *Russkaya futuristicheskaya kniga*, Μόσχα 1988, σελ. 238.
5   Ο Α. Ε. Κρουτσόνιχ το 1906 τελείωσε το Καλλιτεχνικό Ινστιτούτο της Οδησσού. Από το 1905 εργάστηκε ως λιθογράφος (Βλ. E. Kowtun, *Russkaya futuristicheskaya kniga*, Μόσχα 1989, σελ. 78). Η πρώτη έκδοση του άλμπουμ «Όλη η Χερσόνησος σε γελοιογραφίες, καρικατούρες και προσωπογραφίες. Σχέδια του Α. Κρουτσόνιχ» τυπώθηκε το 1910 και υπήρξε ιδιαίτερα δημοφιλής. Στο βιβλίο του Β. Πολιακόφ (ό.π., σελ. 237–238), από όπου αντλείται η αναφορά στις κάρτες που εκδόθηκαν το 1912 από τον Α. Κρουτσόνιχ, δεν μνημονεύονται οι κάρτες που δημιούργησε ο ίδιος ο Κρουτσόνιχ. Στη συλλογή της Ρωσικής Εθνικής Βιβλιοθήκης του Αγίας Πετρούπολης διατηρούνται 7 κάρτες του Α. Κρουτσόνιχ, στο πίσω μέρος των οποίων υπάρχει η σφραγίδα «ανοιχτή επιστολή». («Στον αγώνα δρόμου», «Πηγαίνοντας στον αγώνα», «Σύγχρονος γάμος», «Η καριέρα της», «Ο δάσκαλος και ο μαθητής», «Ο γιατρός και η άρρωστη», «Δε γέννησαν ούτε γιο ούτε κόρη»). Εκτός από αυτά τα φύλλα στην Ρωσική Εθνική Βιβλιοθήκη υπάρχουν 22 λιθογραφίες σε σχήμα κάρτας, αλλά χωρίς σφραγίδα.
6   Βλ. V. Polyakov, ό. π., σελ. 90.
7   N. Chardziev, *Pamyati Natalii Goncharovoy (1881–1962) i Mikhaila Larionova (1881–1964)*, στο *Iskusstvo Knigi*, vγρ 5, Μόσχα 1968, σελ. 131.
8   N. Guryanowa, *Voyennye graficheskiye cikly N. Goncharovoj i. O. Rozanowoj*, στο Panorama iskusstvu, 12, Μόσχα 1989, σελ. 79.

Kandinsky und der Lubok

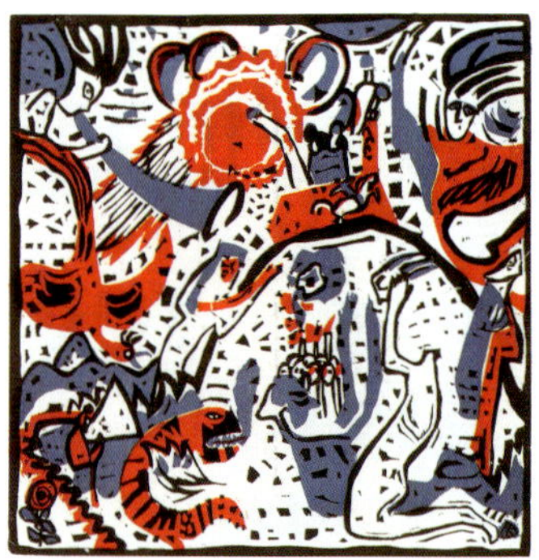

1 W. Kandinsky *Große Auferstehung*, 1911

Β. Καντίνσκι *Μεγάλη Ανάσταση*, 1911

In der Tretjakow-Galerie in Moskau ist ein Hl. Georg von Wassily Kandinsky zu sehen, der zwischen 1914 und 1917 entstand. Die flächig-dekorative Lösung dieses Bildes sowie die Themenauswahl scheint auf den ersten Blick von der Ikonenmalerei beeinflusst. Doch andererseits hat Kandinsky hier schon den Rahmen einer bildlichen Darstellung gesprengt. Die Komposition wird nicht vom genrehaften Inhalt definiert, sondern von der Verteilung der Farbflecken. Ein wogendes Meer von verschiedenen Farbklängen braust uns entgegen, bei dem der Kontrast im Mittelpunkt steht: Hell-Dunkel-Lagen werden von warmen und kalten Flecken abgelöst, die ihrerseits die Formen prägen. Das ganze Bild vibriert. Nicht so sehr die Ikone scheint hier Pate gestanden zu haben, sondern der Lubok.

Dass Kandinsky die Lubki nicht nur kannte, sondern auch sehr schätzte, das wird aus einem Brief an seinen Freund, den Maler Nikolai Kulbin deutlich: „Es ist mein alter Traum", schrieb er, „den Bilderbogen *Jüngstes Gericht* zu erwerben, nach Möglichkeit einen alten, primitiven (mit der Schlange, den Teufeln, Erzpriestern usw.). Wenn Sie im Apraxin-Hof oder in den Kaufbudenreihen auf einen solchen stoßen, seien Sie so lieb, ihn zu kaufen und an mich zu schicken."[1]

Wahrscheinlich hat der vibrierende Farbfleck des Lubok – übernommen von der Volkskunst – mit seiner Leuchtkraft und Expressivität Kandinsky am meisten beeindruckt. Das belegen seine Erinnerungen von einer Forschungsexpedition im Jahr 1889 nach Wologda in Nordrussland, einer Hochburg der Altgläubigen. Damals hatte er eine Bauernhütte gesehen, die ihn tief beeindruckte: „Hier habe ich gelernt, ein Bild nicht objektiv anzuschauen, sondern in dem Bild herumzuwandern und darin zu leben. Ich kann mich deutlich erinnern, dass ich auf der Schwelle zu diesem unerwarteten Anblick stehen blieb. Der Tisch, die Bänke, der gewichtige und riesige Ofen, die Schränke und Kommoden – alles war mit bunten schwungvollen Mustern bemalt. An den Wänden hingen Lubki mit symbolisch dargestellten Rittern, Kampfszenen und farbig gestalteten, überlieferten Liedern. Dann die Ikonenecke, die mit gemalten und gedruckten Bildern vollgehängt war, davor das warme, rote Licht des Lämpchens,

als wüsste es etwas über sich, vor sich hin lebend wie ein geheimnisvoll flüsternder, bescheidener und doch stolzer Atem. Als ich endlich in die gute Stube hineinging, umringte mich die Malerei, und ich ging in sie hinein. Seit dieser Zeit lebte dieses Gefühl unbewusst in mir weiter."[2]

In seinen Grafiken *Große Auferstehung* und *Allerheiligen* (1911, beide aus *Klänge*, Abb. 1 und 2) befasst sich Kandinsky mit einer religiösen Thematik. Doch die narrative Bildstruktur ist zweitrangig und der Farbfleck dominiert die Komposition. Die einzelnen Figuren sind durch eine Konturierung nur stellenweise angedeutet, Berge, Städte, Kirchentürme schwingen und verdrehen sich und sie alle – Betende und Reiter, das höllische Ungeheuer und der Paradiesvogel – gestalten das Bild zu einer Symphonie von Farbklängen. Ein ähnlicher Bildaufbau findet sich auf den Lubki *Unsinnige Sachen zum Spaß und zum Lachen* (1873) und *Eine unglaubliche Geschichte: Die Mäuse tragen den Kater zu Grabe* (1858, Abb. 3). Die aufgetragene Kolorierung auf dem Lubok greift über die Konturierung der Figuren hinaus. Das verleiht dem Farbauftrag einen starken Eigencharakter. Die Verteilung der Farbflecken bestimmt die Rhythmik des Bildes: Der erste Schritt zur Befreiung der Farbe von der Form ist vollbracht. Vor dem Hintergrund der Faszination Kandinskys am Lubok ist zu vermuten, dass er sich bei der Auflösung der Bildkomposition in einzelne Farbflecke von den Lubki hat inspirieren lassen.

Dr. Snejanka Dobrianowa-Bauer

1 Kowtun, E. F., Briefe W. Kandinskys an N. I. Kulbin, in: *Denkmäler der Kultur. Neuentdeckungen*, Leningrad 1981, S. 407. In: *Lubok – Russische Volksbilderbogen 17. bis 19. Jahrhundert*. Leningrad 1984, S. 16.
2 Kandinsky, W., *Tekst hudoschnika (Text des Künstlers)* Moskau 1918, S. 27–28. Zit. nach: Tarassow, Oleg. *Russische Ikone und Avantgarde: Tradition und Umbrüche*. In: *Zwischen Himmel und Erde*, Hg. Bettina-Martine Wolter, Frankfurt 1997. S. 93.

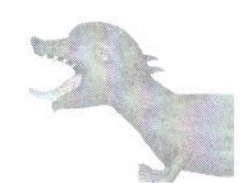

Ο Καντίνσκι και το lubok

Στη συλλογή έργων της Πινακοθήκης Τρετιακόφ στη Μόσχα ανήκει και το έργο του Βασίλι Καντίνσκι Άγιος Γεώργιος, που δημιουργήθηκε ανάμεσα στα 1914 και 1917. Ο διακοσμητικός, με ευρείες επιφάνειες, σχεδιασμός του ζωγραφικού έργου, όπως και η θεματική επιλογή, παραπέμπουν εκ πρώτης όψεως στην αγιογραφία. Από την άλλη μεριά, ο Καντίνσκι, σ' αυτό το έργο, διερευνά το παραδοσιακό πλαίσιο της παραστατικής ζωγραφικής. Η σύνθεση δεν καθορίζεται από το θέμα της αλλά από τη διάχυση χρωματικών κηλίδων. Ένα κύμα διαφορετικών τόνων και αποχρώσεων μας πλημμυρίζει καθώς στεκόμαστε μπροστά στον πίνακα. Οι μορφές σχηματίζονται μέσω της αντίθεσης φωτεινών και σκοτεινών λωρίδων σε συνδυασμό με κηλίδες θερμών και ψυχρών χρωμάτων. Η εικόνα δονείται στο σύνολό της. Η κινητήρια δύναμη που βρίσκεται πίσω από τον πίνακα είναι μάλλον το lubok παρά η αγιογραφία.

Το γεγονός ότι ο Καντίνσκι όχι απλώς γνώριζε τα lubki, αλλά εκτιμούσε ιδιαίτερα την καλλιτεχνική τους αξία, συνάγεται από μία επιστολή που είχε στείλει σ' έναν από τους φίλους του, τον ζωγράφο Νικολάι Κούλμπιν: «Έχω ένα όνειρο από παλιά», έγραφε, «να αποκτήσω ένα χαρακτικό της Δευτέρας Παρουσίας, ένα πρωτόγονο κατά προτίμηση (με τον βοσκό, το διάβολο, τους αρχιερείς κ.λ.π.). Αν τύχει και πέσεις πάνω σε κάποιο από αυτά στην αγορά ή στους πάγκους των μικροπωλητών, αγόρασέ μου το σε παρακαλώ, και στείλέ το μου».[1]

Ήταν πιθανώς αυτές οι ζωηρές χρωματικές κηλίδες του lubok που προκάλεσαν τόσο έντονη εντύπωση στον Καντίνσκι με την λάμψη και τον εκφραστικό τους χαρακτήρα, στοιχεία της λαϊκής τέχνης. Το γεγονός επιβεβαιώνεται και από τα απομνημονεύματά του από την εποχή που έκανε επιτόπια έρευνα στην περιοχή Βολογκντά στη Βόρεια Ρωσία, προπύργιο των παλαιόπιστων. Σ' αυτή του την περιοδεία εντυπωσιάστηκε από ένα αγροτόσπιτο: «εδώ έμαθα να βλέπω μία εικόνα όχι εξωτερικά, αλλά να κινούμαι μέσα σ' αυτή, να ζω μέσα στην εικόνα. Θυμάμαι χαρακτηριστικά ότι ένα αναπάντεχο θέαμα με ακινητοποίησε στο κατώφλι [του αγροτόσπιτου]. Το τραπέζι, οι πάγκοι, η τεράστια και βαριά σόμπα, οι ντουλάπες και οι σιφονιέρες –όλα ήταν ζωγραφισμένα από πάνω ως κάτω με έντονα ζωηρόχρωμα διακοσμητικά μοτίβα. Στους τοίχους ήταν κρεμασμένα lubki με συμβολικές αναπαραστάσεις ιπποτών, σκηνές μαχών και εικονογραφημένα λαϊκά τραγούδια. Μετά ήταν η γωνιά με τις εικόνες, καλυμμένη πέρα ως πέρα από ζωγραφισμένες και τυπωμένες εικόνες μπροστά από τις οποίες έκαιγε μία μικρή κόκκινη λάμπα, σαν ένα ζωντανό πνεύμα που τρεμόπαιζε μυστηριωδώς, γεμάτο σεμνότητα και περηφάνια. Όταν τελικά μπήκα μέσα στο δωμάτιο, η ζωγραφική με κυρίευσε ολοκληρωτικά. Αν και δεν το είχα συνειδητοποιήσει, κουβαλούσα αυτό το αίσθημα πάνω μου συνεχώς, από τότε».[2]

Το 1911 ο Καντίνσκι ασχολείται με θρησκευτικά θέματα στη σειρά «Ήχοι», απ' όπου προέρχονται τα σχέδια με θέμα την Ανάσταση και τους Άγιους Πάντες (εικ. 1 κ. 2). Η αφηγηματική δομή των εικόνων είναι δευτερεύουσας σημασίας σε σύγκριση με την κυριαρχία των χρωματικών κηλίδων. Οι μορφές υποδεικνύονται με τα περιγράμματά τους εδώ κι εκεί· βουνά, πόλεις, πύργοι εκκλησιών δονούνται και εισέρχονται το ένα στο άλλο, μία πληθώρα ανθρώπων σε στάση προσευχής ή πάνω σε άλογα, τέρατα του κάτω κόσμου και παραδείσια πτηνά, όλα αυτά δημιουργούν τη σύνθεση της εικόνας σε μία συμφωνία τόνων και αποχρώσεων. Ένας παρόμοιος εικονογραφικός σχεδιασμός συναντάται και στα lubki: «Ανόητα πράγματα για γέλιο» (1873) Μία απίστευτη ιστορία: Πως τα ποντίκια έθαψαν τη γάτα (1858, εικ. 3). Το χρώμα συχνά ξεφεύγει από τα περιγράμματα των μορφών στο lubok. Η διασπορά των χρωματικών κηλίδων στην επιφάνεια δίνει και το ρυθμό στην εικόνα: έγινε το πρώτο βήμα για την απελευθέρωση του χρώματος από τη μορφή. Αν αναλογιστεί κανείς τον ενθουσιασμό του Καντίνσκι για το lubok μπορούμε να συμπεράνουμε ότι τα lubki αποτέλεσαν την κινητήρια δύναμη της έμπνευσης που τον οδήγησε στην αναγωγή της ζωγραφικής σύνθεσης σε χρωματικές κηλίδες.

Dr. Snejanka Dobrianowa-Bauer

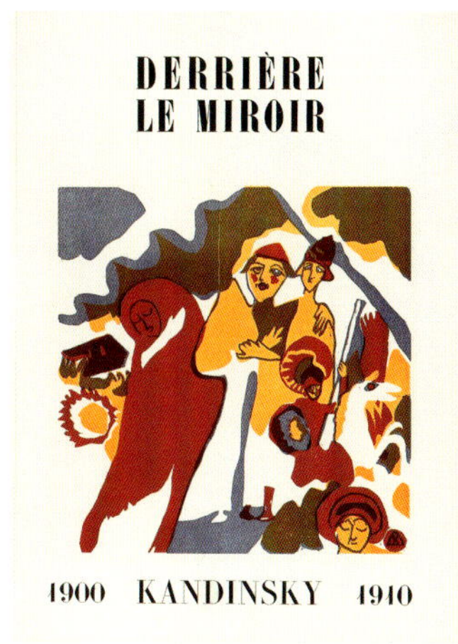

2 W. Kandinsky *Allerheiligen*, 1911

Β. Καντίνσκι Άγιος Πάντες, 1911

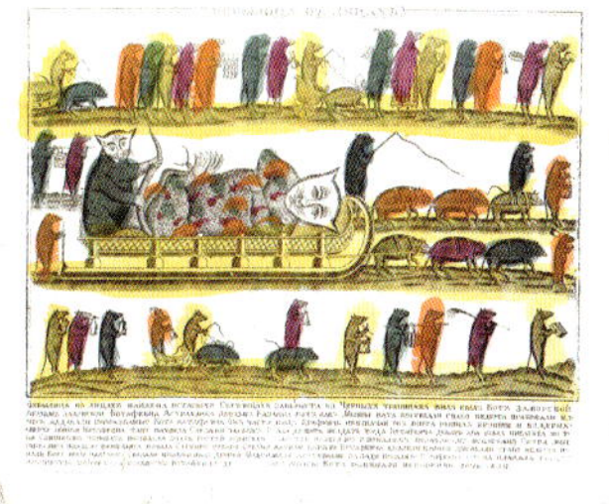

3 *Eine unglaubliche Geschichte: Die Mäuse tragen den Kater zu Grabe*, 1858

Μία απίστευτη ιστορία: Πως τα ποντίκια έθαψαν τη γάτα, 1858

1　E. F. Kovtun, *Denkmäler der Kultur, Neuentdeckungen*, Λένινγκραντ 1981, σελ. 407, στο *Lubok – Russische Volksbilderbogen 17. bis 19. Jahrhundert*, Λένινγκραντ 1984, σελ. 16.

2　V. Kandinsky, *Tekst chudoshnika*, Μόσχα 1918, σελ. 27–28. Όπ. αναφ. στο: Oleg Tarassow, *Russische Ikone und Avantgarde: Tradition und Umbrüche*, στο *Zwischen Himmel und Erde*, εκδ. Bettina-Martine Wolter, Φρανκφούρτη 1997, σελ. 93.

Das Ikonenhafte und Volkstümliche in den Kostümentwürfen der russischen Avantgarde

Setzt man sich mit dem Phänomen der russischen Avantgarde auseinander, so kann ihre enge Verbindung mit der Kultur des Alten Russland kaum übersehen werden. Die russische Volkskunst wie auch die alte Ikonenmalerei haben maßgeblich die frühe russische Avantgarde beeinflusst und zahlreiche Künstler Anfang des 20. Jahrhunderts zu Experimenten mit Farbe und Form inspiriert.

Mit dem erstarkenden Nationalismus und der Russifizierung im ganzen Land unter der Regierung des Zaren Alexander III. (1881–1894) wuchs auch das Interesse an der nationalen historischen Vergangenheit. Aus der Wiederentdeckung des Alten Russland wurde ein neues nationales Selbstbewusstsein geschöpft, mit dem Bestreben, sich auf das eigene Kulturerbe zu besinnen. Seit der Zeit Peters des Großen hatte die westliche Kultur einen starken Einfluss auf die russische Kunst ausgeübt, die nun von den Slawophilen als „verderblich" abgelehnt wurde. Sie forderten den Verzicht auf die Imitation der westlichen Stile, um sich statt dessen den altrussischen Stil zum Vorbild zu nehmen.

Zunächst „von oben" verordnet, wurde die Rückbesinnung auf die traditionellen Werte bald von breiten Schichten der Bevölkerung unterstützt und als eigenes Anliegen propagiert. In kurzer Zeit entstanden zahlreiche religiöse und profane Bauten mit dem Anspruch, die Tradition der altrussischen Architektur fortzusetzen. In vielen Fällen handelte es sich aber um nicht mehr als kitschige und geschmacklose Nachahmungen. So wurde etwa das Städtchen Fjedorowskaja Sloboda in Tsarskoe Selo errichtet, in dem man sich nur in altrussischen Kostümen des 16. Jahrhunderts aufhalten sollte. In Moskau, im Herzen Russlands, kamen Kostümbälle in Mode, man tanzte in altrussischer Tracht russische Tänze zu russischer Musik. Bis dahin unbekannte Werke der alten russischen Literatur – Sagen, Märchen, Balladen – sowie zahlreiche Abhandlungen zur altrussischen Holzbaukunst, zu traditionellen Ornamenten, Kostümen u. a. wurden in kurzer Zeit veröffentlicht.

Übertriebener Patriotismus und die Vorliebe für alles „Altrussische" beherrschte das Leben in Russland zu Beginn des 20. Jahrhunderts. Diese mit allen Kräften vom Zarenhof unterstützte und geförderte Begeisterung für alles Alte, die sich in kitschiger Mode und Oberflächlichkeit ausdrückte, erweckte bei vielen Intellektuellen das Verlangen nach ernsthafter wissenschaftlicher Auseinandersetzung mit der altrussischen Kultur. Große Mäzene und Kunstliebhaber (Stschukin, Morozow, Bachruschin, Tretjakow) gründeten große private Kunstsammlungen, die sich unter anderem auch der nationalen Kunst widmeten. In vielen Städten wurden Kunstausbildungszentren gestiftet, um den Fortbestand der traditionellen Volkskunst zu sichern. Innerhalb weniger Jahre wurden zahlreiche Ausstellungen zu unterschiedlichen Bereichen der russischen Kultur organisiert.[1]

Besonderes Interesse fand das traditionelle russische Kostüm, dem die internationale Ausstellung 1902 in St. Petersburg gewidmet war. Nicht nur die russische, auch die europäische Gesellschaft war von der Poesie der russischen Tracht, ihrer Schönheit und Farbenpracht fasziniert.

Kunstwissenschaftler und Künstler entdeckten die Kunst der Lubki und der Ikonenmalerei neu. Die Ikone wurde nicht mehr nur als reiner Kultgegenstand und Symbol der traditionellen russischen Religiosität gesehen, sondern als Kunstobjekt mit eigener Qualität. Man begeisterte sich für die strahlenden, kräftigen Farben, für die „Freiheit in der Materialität" und die „Strenge des Stils"[2], aber auch für das hohe philosophische Niveau der altrussischen Ikonenmalerei. In zahlreichen privaten Kunstsammlungen fanden die alten Ikonen, sorgfältig restauriert und häufig ausgestellt, einen festen Platz.

Auch die Avantgarde-Künstler hatten diese kulturelle Entwicklung offenkundig im Blickfeld. Von den Tendenzen der konventionellen, akademisierenden „Salonkunst" und der oberflächlichen offiziösen, hurrapatriotischen „Volkstümlichkeit" jedoch bald zutiefst enttäuscht, wollten sie in ihrer Suche nach dem Neuen zu den Wurzeln

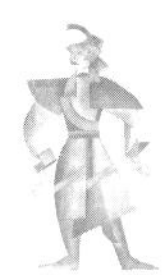

Το θρησκευτικό και λαϊκό στοιχείο στα σχέδια κοστουμιών της Ρωσικής Πρωτοπορίας

Αν ασχοληθούμε βαθύτερα με το φαινόμενο της ρωσικής πρωτοπορίας, δεν μπορούμε να παραβλέψουμε τη στενή της σχέση με την κουλτούρα της παλαιάς Ρωσίας. Τόσο η ρωσική λαϊκή τέχνη όσο και η παραδοσιακή ζωγραφική των εικόνων επηρέασαν καθοριστικά τη ρωσική πρωτοπορία των πρώτων χρόνων και ενέπνευσαν πολυάριθμους καλλιτέχνες στις αρχές του 20ού αιώνα να πειραματιστούν με το χρώμα και τη φόρμα.

Με τον ανερχόμενο εθνικισμό και τη ρωσοποίηση ολόκληρης της χώρας υπό τη διακυβέρνηση του Τσάρου Αλέξανδρου III (1881–1894), ενισχυόταν και το ενδιαφέρον για το εθνικό ιστορικό παρελθόν. Με την εκ νέου ανακάλυψη της Παλαιάς Ρωσίας, διαμορφώθηκε μια νέα εθνική συνείδηση με στόχο την επανασύνδεση με την πολιτιστική κληρονομιά της χώρας. Ήδη από την εποχή του Μεγάλου Πέτρου η δυτική κουλτούρα ασκούσε μια έντονη επιρροή στη ρωσική τέχνη, την οποία οι σλαβόφιλοι απέρριπταν ως «βλαβερή» και διεφθαρμένη. Ζητούσαν την παραίτηση από κάθε μίμηση δυτικής τεχνοτροπίας και, αντί αυτής, την ανάδειξη σε πρότυπο του παλαιού ρωσικού στυλ.

Αρχικά εκ των άνωθεν διατεταγμένη, η αναδρομή στις παραδοσιακές αξίες σύντομα υποστηριζόταν από πλατιά πληθυσμιακά στρώματα και προπαγανδιζόταν ως δική τους επιθυμία. Σε σύντομο χρονικό διάστημα ανεγέρθηκαν πολυάριθμα εκκλησιαστικά και λαϊκά κτίρια που φιλοδοξούσαν να είναι συνεχιστές της παλαιάς ρωσικής αρχιτεκτονικής. Σε πολλές περιπτώσεις όμως δεν επρόκειτο παρά μάλλον για κακόγουστες απομιμήσεις. Έτσι χτίστηκε η κωμόπολη «Fyedorovskaya Sloboda» στο Τσάρσκοε Σέλο, όπου οι κάτοικοι έπρεπε να κυκλοφορούν με ιστορικά κοστούμια και ενδυμασίες του 16ου αιώνα. Στη Μόσχα, την καρδιά της Ρωσίας, έγιναν μόδα οι χοροί με κοστούμια εποχής, στους οποίους οι συμμετέχοντες χόρευαν ρωσικούς χορούς με ιστορικές ρωσικές ενδυμασίες και παραδοσιακή ρωσική μουσική. Άγνωστα μέχρι τότε έργα της παλαιάς ρωσικής λογοτεχνίας – θρύλοι, παραμύθια, μπαλάντες – καθώς και πολυάριθμες μελέτες γύρω από την παλιά ρωσική ξυλουργική, τα παραδοσιακά διακοσμητικά μοτίβα, τα κοστούμια κ.α. εκδόθηκαν σε σύντομο χρονικό διάστημα.

Ο υπερβολικός πατριωτισμός και η προτίμηση για καθετί το «παλαιό ρωσικό» κυριαρχούσαν στη ζωή της Ρωσίας στις αρχές του 20ού αιώνα. Αυτός ο ενθουσιασμός για καθετί παλιό, υποστηριζόμενος και προωθούμενος με κάθε τρόπο από την τσαρική αυλή, που εκφραζόταν με μια κακόγουστη μόδα και επιπολαιότητα, αφύπνισε σε πολλούς διανοούμενους την επιθυμία να ασχοληθούν με επιστημονική σοβαρότητα με την παλαιά ρωσική τέχνη. Μεγάλοι μαικήνες της τέχνης και φιλότεχνοι (Στσούκιν, Μοροζόφ, Βαχρούσιν, Τρετιακόφ) συνέστησαν μεγάλες ιδιωτικές συλλογές έργων τέχνης, που εκτός των άλλων επικεντρώνονταν και στην εθνική τέχνη. Σε πολλές πόλεις οργανώθηκαν και χρηματοδοτήθηκαν κέντρα καλλιτεχνικής εκπαίδευσης, για να εξασφαλίσουν τη συνέχιση της παραδοσιακής λαϊκής τέχνης. Μέσα σε λίγα χρόνια διοργανώθηκαν πολλές εκθέσεις[1] για διάφορους τομείς της ρωσικής κουλτούρας. Ιδιαίτερο ενδιαφέρον προκάλεσε η παραδοσιακή ρωσική ενδυμασία, στην οποία ήταν αφιερωμένη η διεθνής έκθεση του 1902 στην Αγία Πετρούπολη. Όχι μόνο η ρωσική αλλά και η ευρωπαϊκή κοινωνία ήταν γοητευμένη από την ποιητικότητα της ρωσικής ενδυμασίας, από την ομορφιά και τον χρωματικό της πλούτο.

Θεωρητικοί της τέχνης και καλλιτέχνες ανακάλυψαν εκ νέου την τέχνη των lubki και της ζωγραφικής των εικόνων. Η εικόνα δεν θεωρούνταν πλέον μόνο λατρευτικό αντικείμενο και σύμβολο της παραδοσιακής, ρωσικής θρησκευτικότητας αλλά αντικείμενο τέχνης με αυτόνομη ποιότητα. Ήταν ενθουσιασμένοι με τα απαστράπτοντα, έντονα χρώματα, με την «ελευθερία στην επιλογή του υλικού» και την «αυστηρότητα του ύφους»[2] αλλά επίσης με το υψηλό φιλοσοφικό επίπεδο της παλιάς ρωσικής αγιογραφίας. Οι παλιές εικόνες, προσεκτικά συντηρημένες, παρουσιάζονταν συχνά σε εκθέσεις και αποτελούσαν αναπόσπαστο μέρος πολλών ιδιωτικών συλλογών έργων τέχνης.

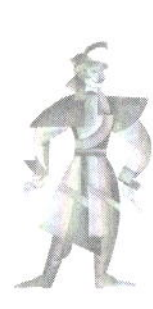

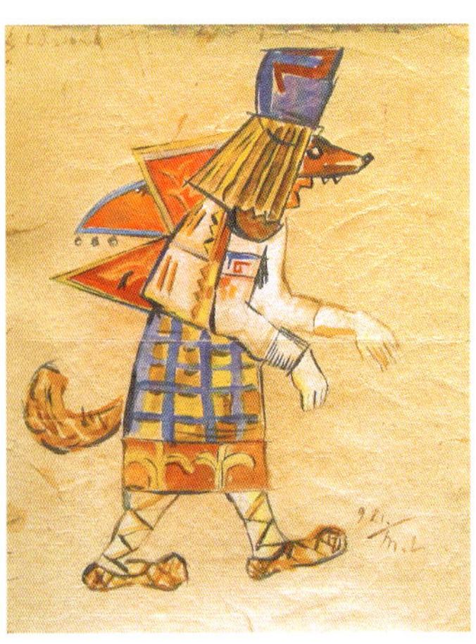

1   M. Larionow *Kostümentwurf „Fuchs"*, 1915
М. Λαριόνοφ *Σχέδιο κοστου-μιού για την Αλεπού στην παράσταση «Η αλεπού»*, 1915

der wahren alten russischen Volkskultur gelangen. Wie vor ihnen die Narodniki begaben sich etliche Künstler auf eine Art Forschungsreise in die Provinz, um dort die authentische Volkskunst besser kennen zu lernen. In den außerordentlich vitalen und fantasievollen Formen und Farben der traditionellen Kunst fanden sie eine neue und starke Inspirationsquelle für ihr Schaffen. Die Avantgardisten wandten sich vor allem den einfachen Formen zu, der Natürlichkeit und Ursprünglichkeit der alten Kunst, wie es sich z. B. in den neoprimitivistischen Bildern von Natalia Gontscharowa, Michail Larionow, Alexander Schewtschenko u. a. nachvollziehen lässt. Manche wandelten die kosmische Ganzheit der Ikonen durch individuelles Empfinden um und gaben sie in einer neuen Formensprache wieder, wie z. B. Kasimir Malewitsch, Pawel Filonow oder Wladimir Tatlin.

Nicht nur die bildende Kunst des russischen Volkes fand lebhaftes Interesse bei den Avantgarde-Künstlern, sondern auch das Volkstheater als wichtiger Bestandteil der traditionellen Kultur.

Das dramatische Theater entstand in Russland erst im 18. Jahrhundert. Bis dahin existierte das Theater nur in Form eines wandernden „Balagans" – ähnlich dem Kasperle- bzw. dem Puppentheater – oder als „Skomorochi", durch das Land ziehende Sänger, Tänzer, Musikanten und Clowns. Beide Ursprungsformen des russischen Theaters hatten einen kritischen Charakter und waren gleichzeitig eng mit dem Karnevalesken verbunden. Wegen ihrer Kritik an Staat und Kirche von der Orthodoxie streng verboten und von der Regierung verfolgt, richtete sich dieses wandernde Volkstheater an die Interessen und Probleme des einfachen Volkes.

Anfang des 20. Jahrhunderts, als allgemeine Erneuerungstendenzen sich auch im Theaterbereich durchsetzten, versuchten die großen Regisseure der Avantgarde – Wachtangow, Meyerhold, Oklopkow und Tairow – eine Synthese der unterschiedlichen Theaterrichtungen zu erreichen. Dafür waren sowohl eine allgemeine Erneuerung der Gestaltung, Bühnendekoration und der Kostümentwürfe als auch neue Inszenierungen erforderlich. Anstelle der Trennung der Theaterbereiche in Drama, Oper, Ballett und Operette proklamierten sie ihr Verschmelzen zu einem neuen Ganzen. Dem Zuschauer bekannte und vertraute Theaterstücke sollten durch die meisterhafte Vereinigung von Dramaturgie, Musik, Tanz und Gesang neu inszeniert und gestalten werden. Dadurch hoffte man, das Theater aus seiner Verschlafenheit und Konventionali-

tät zu reißen. Dieses neue Theater sollte nicht nur für den engen Kreis der Intelligenzija zugänglich und verständlich sein, sondern auch breitere Volksschichten erreichen. In Anbetracht des allgemeinen Bildungsstandes der russischen Bevölkerung um die Jahrhundertwende benötigte man zur Bewältigung dieser schwierigen Aufgabe für das neue Theater neben neuen Regisseuren, Schauspielern und neuen Theaterstücken auch eine neue, ausdrucksvolle Bühnengestaltung und neue Theaterkostüme. Nicht mehr das rein Dekorative der Bühnenbilder und Kostüme sollte im Vordergrund stehen, sondern vielmehr ihr erzählerischer, symbolischer und für jedermann erkennbarer Charakter. Dies konnte nicht ohne intensive Auseinandersetzung mit der langen Tradition des Volkstheaters und der Volkskunst geschehen. Die Elemente des „Balagan", des Jahrmarkttheaters, der wandernden „Skomorochi" wurden bewusst von den Erneuerern des Theaters aufgegriffen und auf neue Weise angewandt. Die angesehensten russischen Avantgarde-Künstler (u. a. Tatlin, Malewitsch, Popowa, Gontscharowa, Stepanowa) hatten großen Anteil an der Entstehung und Entwicklung dieses neuen Theaters. Ihre Entwürfe für Bühne und Theaterkostüme nehmen einen wichtigen Platz in der Geschichte der russischen Avantgarde ein.

Zu den herausragenden Vertretern der russischen Avantgarde, die eine Erneuerung des Theaters durch ihr künstlerisches Schaffen bewirkten, gehört Michail Larionow. Von der altrussischen Kunst stark beeindruckt, sammelte Larionow alte Ladenschilder und Ikonen. Die Dekorativität der russischen Volkskunst, der „primitive" bäuerliche Stil des Lubok sowie seine lebhaften, bunten Farben inspirierten den Künstler zu seinen neoprimitivistischen Werken. Die Kostümentwürfe und Bühnendekorationen, die der Künstler für Djagilews *Ballets Russes* schuf, weisen einen deutlichen Einfluss des russischen Volkstheaters auf, und sie verwandelten die Theaterbühne in einen volkstümlichen Karneval mit bäuerlichen, ja sogar vulgären, vor allem aber vitalen und lebensfröhlichen Elementen.

„Seine Entwürfe … gewannen ihren Effekt aus der Spannung zwischen erzählerischen oder choreografischen Sequenzen und dem unerwarteten visuellen Wechsel."[3]

Der Neoprimitivismus und die volkstümliche Vitalität der russischen Trachten zeigen sich deutlich in Larionows Kostümentwurf *Fuchs* (Abb. 1) zum gleichnamigen Ballett. Die lebhaften Farben erinnern an die bunte Palette der Lubki.

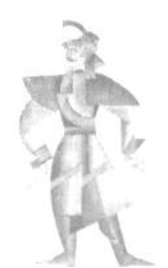

Αυτή η πολιτιστική εξέλιξη ήταν εμφανώς ορατή στους καλλιτέχνες της πρωτοπορίας. Καθώς όμως σύντομα απογοητεύτηκαν βαθιά από τις τάσεις της συμβατικής «τέχνης του εργαστηρίου» που έτεινε προς τον ακαδημαϊσμό καθώς και της ρηχής, ημιεπίσημης, σοβινιστικής, πατριωτικής «λαϊκότητας», θέλησαν στην αναζήτησή τους για την καινοτομία να διεισδύσουν στις ρίζες της αυθεντικής παλαιάς ρωσικής λαϊκής τέχνης. Όπως πριν από αυτούς οι Narodniki, αρκετοί καλλιτέχνες ξεκίνησαν ένα είδος ταξιδιού αναζήτησης στην επαρχία, για να γνωρίσουν εκεί καλύτερα την γνήσια λαϊκή τέχνη. Στις εξαιρετικά ζωντανές και ευφάνταστες φόρμες και χρώματα της παραδοσιακής τέχνης βρήκαν μια νέα ισχυρή πηγή έμπνευσης για τη δημιουργία τους. Οι καλλιτέχνες της πρωτοπορίας στράφηκαν ιδιαίτερα στις απλές φόρμες, στη φυσικότητα και στον αρχετυπικό χαρακτήρα της παλαιάς τέχνης, όπως γίνεται κατανοητό για παράδειγμα στα νεοπριμιτιβιστικά έργα της Νατάλια Γκοντσαρόβα, του Μιχαήλ Λαριόνοφ, του Αλεξάντρ Σεφτσένκο κ.α. Κάποιοι άλλοι μετέπλαθαν την συμπαντική ενότητα των λατρευτικών εικόνων μέσω της προσωπικής τους αίσθησης και την απέδιδαν εκ νέου με μια νέα μορφοπλαστική γλώσσα, όπως οι Καζιμίρ Μαλέβιτς, Πάβελ Φιλόνοφ, ή ο Βλαντίμιρ Τάτλιν.

Οι καλλιτέχνες της πρωτοπορίας έδειχναν ζωηρό ενδιαφέρον όχι μόνο για την εικαστική τέχνη του ρωσικού λαού αλλά και για το λαϊκό θέατρο ως σημαντικό συστατικό στοιχείο της παραδοσιακής κουλτούρας.

Το δράμα πρωτοεμφανίστηκε στη Ρωσία μόλις τον 18ο αιώνα. Έως τότε το θέατρο υπήρχε μόνο με τη μορφή ενός περιοδεύοντος «balagan» - που έμοιαζε με κουκλοθέατρο – ή ενός «skomoro-chi», μιας ομάδας από τραγουδιστές, χορευτές, μουσικούς και κλόουν που περιόδευε σε όλη τη χώρα. Και οι δυο αυτές πρώιμες μορφές του ρωσικού θεάτρου είχαν έναν κριτικό χαρακτήρα και ήταν στενά συνδεδεμένες με το στοιχείο του Καρναβαλιού. Εξαιτίας της κριτικής τους προς το κράτος και την Ορθόδοξη εκκλησία, ήταν αυστηρά απαγορευμένες και διώκονταν από την κυβέρνηση, οπότε το περιπλανώμενο αυτό λαϊκό θέατρο προσανατολίστηκε στα ενδιαφέροντα και τα προβλήματα του απλού λαού.

Αρχές του 20ού αιώνα, όταν υπερίσχυαν γενικότερα ανανεωτικές τάσεις και στον χώρο του θεάτρου, οι μεγάλοι σκηνοθέτες της ρωσικής πρωτοπορίας –Βαχτάνγκοφ, Μέγερχολντ, Οκλόπκοφ και Ταϊρόφ– επιχειρούν να επιτύχουν μια σύνθεση των διαφορετικών τάσεων. Για τον σκοπό αυτό ήταν απαραίτητες μια γενική ανανέωση της θεατρικής μορφής, της σκηνογραφίας και της ενδυματολογίας αλλά και νέες μορφές σκηνοθεσίας. Αντί για το διαχωρισμό των θεατρικών ειδών σε δράμα, όπερα, μπαλέτο και οπερέτα διακήρυσσαν την συγχώνευση όλων αυτών σε μια «νέα ενότητα». Θεατρικά έργα, γνωστά και οικεία στον θεατή, έπρεπε μέσα από την αριστοτεχνική σύμπραξη δραματουργίας, μουσικής, χορού και τραγουδιού να σκηνοθετηθούν και να αποκτήσουν νέα μορφή. Με τον τρόπο αυτό ήλπιζαν να αποσπάσουν το θέατρο από το λήθαργο και τη συμβατικότητά του. Αυτό το νέο θέατρο δεν θα έπρεπε να είναι προσβάσιμο και κατανοητό μόνο από τον στενό κύκλο των διανοουμένων αλλά προοριζόταν να αγγίξει πλατύτερα λαϊκά στρώματα. Λαμβάνοντας υπόψη το γενικό μορφωτικό επίπεδο του ρωσικού πληθυσμού γύρω στα 1900, η επιτυχία αυτού του δύσκολου εγχειρήματος όσον αφορά το νέο θέατρο απαιτούσε όχι μόνο νέους σκηνοθέτες, ηθοποιούς και θεατρικά έργα, αλλά και μια νέα, δυνατή στην έκφραση, διαμόρφωση του σκηνικού χώρου καθώς και νέα θεατρικά κοστούμια. Σε πρώτη θέση δεν θα έπρεπε να βρίσκεται πλέον το αμιγώς διακοσμητικό στοιχείο των σκηνικών και των κοστουμιών, αλλά πολύ περισσότερο ο αφηγηματικός, συμβολικός και αναγνωρίσιμος από όλους χαρακτήρας. Κάτι τέτοιο δεν μπορούσε να συμβεί χωρίς την ουσιαστική αντιπαραβολή προς τη μακρά παράδοση του λαϊκού θεάτρου και της λαϊκής τέχνης. Τα στοιχεία του “balagan”, του θεάτρου των πανηγυριών, των περιοδευόντων “skomorochi” μελετήθηκαν συνειδητά και χρησιμοποιήθηκαν με νέο τρόπο. Οι επιφανέστεροι καλλιτέχνες της ρωσικής πρωτοπορίας (Τάτλιν, Μαλέβιτς, Ποπόβα, Γκοντσαρόβα, Στεπάνοβα) έπαιξαν σπουδαίο ρόλο στη δημιουργία και την εξέλιξη αυτού του νέου θεατρικού είδους. Τα σχέδιά τους για τα σκηνικά και τα θεατρικά κοστούμια κατέχουν μια σημαντική θέση στην ιστορία της ρωσικής πρωτοπορίας.

Στους εξέχοντες εκπροσώπους της ρωσικής πρωτοπορίας, που συνέβαλαν στην ανανέωση του θεάτρου με το καλλιτεχνικό τους έργο, ανήκει ο Μιχαήλ Λαριόνοφ. Εντυπωσιασμένος έντονα από την παλαιά ρωσική τέχνη, ο Λαριόνοφ συνέλεγε παλιές ταμπέλες καταστημάτων και εικόνες. Ο διακοσμητικός πλούτος της ρωσικής λαϊκής τέχνης, το «πρωτόγονο» χωριάτικο ύφος του lubok καθώς και

Das Kostüm des Fuchses, halb Tier, halb Mensch, mit den traditionellen bäuerlichen Schuhen (Lapti), dem weißen Hemd und dem typischen Hut wirkt wie eine Replik der Volkstrachten und weckt vertraute Assoziationen an das bäuerliche Landleben. Durch die meisterhafte Verbindung der Tracht mit der Gestalt eines Tieres verleiht Larionow den schablonenhaften Formen neues, plastisches Leben.

Auf den Lubki aus dem 19. Jahrhundert sind öfters tierische Gestalten zu erkennen, die bestimmte menschliche Charakterzüge repräsentieren. Während z. B. Vögel als Gesandte des Paradieses Gutmütigkeit und Glück symbolisieren, verkörpern der Kater oder der Fuchs schlaue und hinterlistige Charakterzüge eines Bauern. Offensichtlich entnahm Larionow seine Figur des Fuchses dem russischen Lubok. Die schematische Körperhaltung und die flächenhafte seitliche Darstellung des Fuchses bei Larionow kann als eine Anspielung auf die Darstellung der Mäuse auf dem Lubok *Eine unglaubliche Geschichte* (1858, Kat. 69) angesehen werden.

Auch Natalija Gontscharowa war von den kräftigen Farben des Lubok und seiner flächigen Bilderwelt inspiriert. Zusammen mit Michail Larionow arbeitete Gontscharowa ab 1915 für Djagilews *Ballets Russes*, später auch für Boris Romanows Russisches Theater in Berlin und Michail Fokins Balletttruppe in den USA.

1915 entwarf die Künstlerin für das Ballett *Liturgie* eine Reihe von prächtigen Kostümskizzen, die sowohl den Einfluss der russischen Trachten als auch den der altrussischen Freskenmalerei, vor allem von Theophanus dem Griechen, zeigen. In dem Kostümentwurf *Römischer Soldat* (Abb. 2) erkennt man Elemente volkstümlicher Dekorativität, aber auch Parallelen zu einem mittelalterlichen, altrussischen Ritter, obwohl doch ein antiker römischer Krieger gemeint ist, wie der Name des Kostüms nahe legt. In diesem Zusammenhang sei auf die Analogien dieses Kostümentwurfs zu den dekorativen Illustrationen russischer Märchen verwiesen, wie sie die russischen Symbolisten (z. B. Wrubels und Wasnezow) schufen.

Die statuarische Gestalt des *Römischen Soldaten* erinnert in ihrer Haltung deutlich an die heiligen Gestalten der altrussischen Ikonen. Auch der Gesichtsausdruck des Kriegers und die unnatürliche Haltung seines Körpers bezeugen diese enge Verbindung. Zuletzt beweist auch die Farbensymbolik, die in diesem Kostümentwurf eine wichtige Rolle spielt, eine Auseinandersetzung der Künstlerin mit der

altrussischen Ikonenmalerei: Die dominierende Farbe Rot symbolisiert pulsierendes Leben und zugleich den Blutzoll des Krieges. Rot ist auch die Farbe der Märtyrer. Diese Interpretation ist besonders in der Ikonenmalerei der Nowgoroder Schule anzutreffen.[4]

Märchenhafte Kostümentwürfe fertigte auch Wladimir Tatlin an. Obwohl an Kostümen kaum interessiert, rechnete er aber solche offenkundig nicht zu historischen oder folkloristischen russischen Themen hinzu. Einige Zeit stand der späterhin führende Konstruktivist unter starkem Einfluss von Larionows neoprimitivistischen Werken. Der abgebildete Kostümentwurf (Abb. 3) zeigt einen deutlichen Bezug zur Volkskunst, vor allem zum russischen Volkstheater, dem die Gestalt des „Petruschka" (eine dem Kasperle ähnliche Figur) entnommen wurde. Es bleibt unbekannt, für welches Theaterstück dieses Kostüm entworfen wurde, wahrscheinlich aber für eine Burleske. Das Marionettenhafte erinnert deutlich an das folkloristische Balagan, in dem Petruschka in Satyr- und Karikaturform die Nöte des einfachen Volkes wie auch seine unerschütterliche Lebensfröhlichkeit thematisiert. Tatlins Kostümentwurf für Petruschka lässt die Nähe zur Volkstracht erkennen: die Kappe und die breiten Kleider, der Gürtel und die Strohschuhe, einfache Ornamentik, die bunten und übertrieben kräftigen Farben. Obwohl stark von Larionow beeinflusst, weist dieser Entwurf bereits konstruktivistische Elemente auf, die für Tatlins späteres Schaffen prägend wurden: nämlich farbige Flächen und deutlich umrissene Konturen.

Stark volkstümliche Tendenzen zeigen auch die Kostümentwürfe des ukrainischen Konstruktivisten Anatoli Petritzkij . In den 1910er Jahren besuchte er zusammen mit anderen jungen Künstlern die von Alexandra Exter in Kiew gegründete Kunstschule. Unter ihrem Einfluss

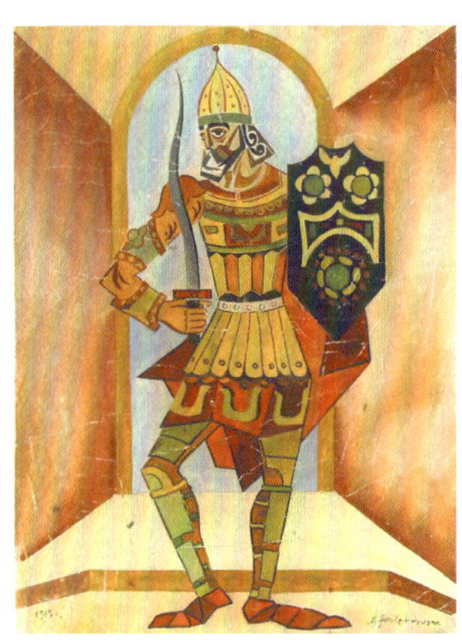

2 N. Gontscharowa *Kostümentwurf „Römischer Soldat"*, 1915

Ν. Γκοντσαρόβα *Σχέδιο κοστουμιού του Ρωμαίου Στρατιώτη στην παράσταση μπαλέτου «Λειτουργία»*, 1915

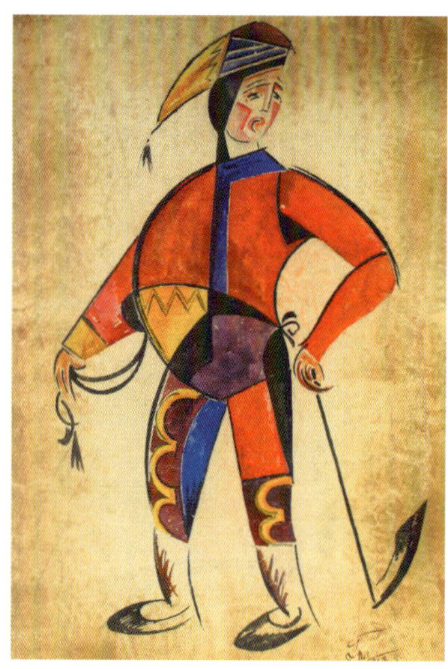

3 W. Tatlin *Unbekannter Kostümentwurf*, 1913

Β. Τάτλιν *Άγνωστο σχέδιο κοστουμιού*, 1913

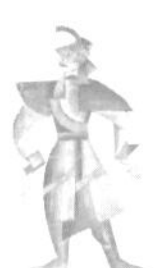

τα ζωντανά, ποικίλα χρώματα έδωσαν στον καλλιτέχνη την έμπνευση για τα νεοπριμιτιβιστικά έργα του. Τα σχέδια των κοστουμιών και των σκηνικών, που έφτιαξε ο καλλιτέχνης για τα *Ρωσικά Μπαλέτα* του Ντιαγκίλεφ, ήταν σαφώς επηρεασμένα από το ρωσικό λαϊκό καρναβάλι με ενσωματωμένα αγροτικά στοιχεία και μάλιστα χυδαία, προπάντων όμως γεμάτα ζωτικότητα και όρεξη για ζωή.

«Τα σχέδιά του … αντλούσαν την εκφραστική δύναμή τους από την ένταση ανάμεσα στα αφηγηματικά και χορογραφικά μέρη και τις απροσδόκητες οπτικές εναλλαγές»[3].

Ο Νεοπριμιτιβισμός και η λαϊκή ζωτικότητα των ρωσικών παραδοσιακών ενδυμασιών αποκαλύπτονται με σαφήνεια στο κοστούμι του Λαριόνοφ *Αλεπού* (εικ. 1) για το ομώνυμο μπαλέτο. Τα ζωντανά χρώματα θυμίζουν την πολύχρωμη παλέτα των lubki.

Τα κοστούμι της αλεπούς, που θύμιζε κατά το ήμισυ ζώο και κατά το ήμισυ άνθρωπο, με τα παραδοσιακά χωριάτικα παπούτσια (lapti), το άσπρο πουκάμισο και το χαρακτηριστικό καπέλο, φαίνεται σαν αντίγραφο των λαϊκών ενδυμασιών και ξυπνά οικείους συνειρμούς σε σχέση με την αγροτική ζωή στην ύπαιθρο. Με την αριστοτεχνική σύνδεση της λαϊκής φορεσιάς με τη μορφή ενός ζώου, ο Λαριόνοφ προσδίδει στις σχηματοποιημένες φόρμες νέα, ανάγλυφη ζωή.

Στα lubki του 19ου αιώνα απαντούν συχνά μορφές ζώων, που αντιπροσωπεύουν συγκεκριμένα στοιχεία ανθρώπινων χαρακτήρων. Ενώ π.χ. τα πουλιά συμβολίζουν, ως απεσταλμένοι του παραδείσου, την καλοσύνη και ευτυχία, ο γάτος και η αλεπού ενσαρκώνουν την εξυπνάδα και πονηριά ενός χωρικού. Προφανώς ο Λαριόνοφ δανείστηκε τη μορφή της «αλεπούς» από το ρωσικό lubok. Η σχηματοποιημένη στάση του σώματος και η επίπεδη, πλευρική απεικόνιση της αλεπούς στον Λαριόνοφ μπορεί να θεωρηθεί ότι υπαινίσσεται την απεικόνιση των ποντικών στο lubok «*Απίστευτες Ιστορίες*» (1858, Κατ. 69).

Και η Νατάλια Γκοντσαρόβα εμπνεύστηκε από τα έντονα χρώματα του lubok και από τις επίπεδα πλασμένες παραστάσεις του. Από το 1915 η Γκοντσαρόβα συνεργάστηκε με τον Μιχαήλ Λαριόνοφ για τα *Ρώσικα Μπαλέτα* του Ντιαγκίλεφ, αργότερα για το Ρωσικό Θέατρο του Μπόρις Ρομανόφ στο Βερολίνο και για τον θίασο του Μιχαήλ Φόλκιν στις Η.Π.Α.

Το 1915 η καλλιτέχνιδα σχεδίασε μια σειρά αριστουργηματικών κοστουμιών, που δείχνουν την επιρροή τόσο της ρωσικής λαϊκής φορεσιάς όσο και της παλαιάς ρωσικής τοιχογραφίας, προπάντων του Θεοφάνη του Έλληνα. Στο σχέδιο κοστουμιού *Ρωμαίος Στρατιώτης* (εικ. 2) αναγνωρίζονται στοιχεία λαϊκής διακοσμητικής, αλλά και συγγένειες με τη μορφή ενός ιππότη της μεσαιωνικής Ρωσίας, παρόλο που – όπως υποδηλώνει η ονομασία του κοστουμιού – εδώ πρόκειται για έναν πολεμιστή της ρωμαϊκής αρχαιότητας. Στο πλαίσιο αυτό ας υπενθυμίσουμε τις αναλογίες αυτού του κοστουμιού με τις διακοσμητικές εικονογραφήσεις ρωσικών παραμυθιών, όπως εκείνες που φιλοτέχνησαν οι Ρώσοι Συμβολιστές, όπως οι Βρούμπελ και Βασνέζοφ.

Η μνημειακή μορφή του *Ρωμαίου Στρατιώτη* παραπέμπει με τη στάση του σώματος σαφώς στις μορφές των Αγίων σε μεσαιωνικές ρωσικές λατρευτικές εικόνες. Επιπλέον, η έκφραση του προσώπου και η αφύσικη στάση του σώματος του πολεμιστή επιβεβαιώνουν την στενή αυτή σχέση. Τέλος, οι συμβολισμοί των χρωμάτων, που στο κοστούμι αυτό παίζουν σημαντικό ρόλο, αποδεικνύουν την ενασχόληση της καλλιτέχνιδας με τη ρωσική αγιογραφία: το κυρίαρχο χρώμα κόκκινο συμβολίζει την πάλλουσα ζωή και συγχρόνως το αιματηρό τίμημα του πολέμου. Κόκκινο είναι επίσης το χρώμα των μαρτύρων. Αυτή η ερμηνεία συναντάται ιδιαίτερα στη ζωγραφική των εικόνων της Σχολής του Νόβγκοροντ[4].

Παραμυθένια σχέδια κοστουμιών φιλοτέχνησε και ο Βλαντίμιρ Τάτλιν. Παρόλο που ενδιαφερόταν ελάχιστα για τα θεατρικά κοστούμια, προφανώς δεν τα κατέτασσε στα ιστορικά και λαογραφικά ρωσικά θέματα. Για ένα ορισμένο χρονικό διάστημα ο μετέπειτα κορυφαίος κονστρουκτιβιστής καλλιτέχνης βρισκόταν υπό την ισχυρή επιρροή του νεοπριμιτιβιστικού έργου του Λαριόνοφ. Το απεικονιζόμενο κοστούμι παρουσιάζει μια σαφή αναφορά στη λαϊκή τέχνη, προπάντων στο ρωσικό λαϊκό θέατρο, από το οποίο δανείζεται τη μορφή του «Πετρούσκα» (μία μορφή που μοιάζει με φασουλή). Παραμένει άγνωστο για ποιο θεατρικό έργο δημιουργήθηκε το κοστούμι αυτό, κατά πάσα πιθανότητα όμως για ένα μπουρλέσκ θέαμα. Η ομοιότητα της μορφής με μαριονέτα θυμίζει σαφώς το φολκλορικό balagan, στο οποίο ο Πετρούσκα με τη μορφή σατύρου και καρικατούρας αντιπροσωπεύει τα βάσανα του απλού λαού, όπως επίσης και την ανυπέρβλητη αίσθηση της χαράς της ζωής. Το κοστούμι του Τάτλιν για τον Πετρούσκα αφήνει να φανεί η συγγένειά του με τη λαϊκή φορεσιά: το κάλυμμα της κεφαλής και τα φαρδιά ρούχα, η ζώνη και τα

entwarf Petritzkij Theaterkostüme u. a. für die Stücke *Sorotschinski Jahrmarkt*, *Nördliche Recken* und *Nur und Anitra* (vgl. Abb. 4).

Petritzkijs Kostümentwürfe strahlen die Vitalität der ukrainischen Tracht aus. Um den Eindruck des Dekorativen zu verstärken, sind sie mit den traditionellen geometrischen Ornamenten der ukrainischen Volkskleidung verziert. Die Helden aus Gogols Erzählungen hat Petritzkij in malerische Trachten gekleidet – in die typischen ukrainischen Lederstiefel, weißes Hemd, Hose und Pelzhut. In ihrer plumpen Körperhaltung verweisen sie auf die typischen ukrainischen Charaktere: Schlauheit, Fröhlichkeit und Lebenslust. (vgl. Abb. 5 u. 6)

Petritzkij setzt die Figuren nicht in den leeren Raum, sondern vor einen Hintergrund, der in seiner Lakonie und Skizzenhaftigkeit eindeutig konstruktivistisch ist. Trotz seiner konstruktivistischen Lösung und der Abwesenheit jeder Konkretisierung verleiht der Künstler den Figuren eine gewisse Stabilität. Die Zerlegung der Figuren in rein geometrische, farbige Flächen unterstreicht die Lebhaftigkeit der Gestalten. Schwarze Konturen verstärken die ausgeprägte Dynamik der Zeichnung. Elemente der Folkloristik bereichern die konstruktivistischen Formen und geben den Kostümentwürfen einen faszinierenden Ausdruck und unverkennbar nationalen Charakter. (vgl. Abb. 7)

Neben der Volkskunst arbeiteten die Künstler der Avantgarde intensiv die Ikonenmalerei auf. Alte russische Ikonen und Fresken stimulierten sie, einen eigenen und aussagekräftigen Stil herauszubilden. Dabei ging es den Künstlern nicht um die bewusste Adaptation der Ikonenmalerei, sondern um den Rückgriff auf einzelne Bildmittel.[5] Sie stützten sich auf die Erfahrung der russischen Ikonen- und Freskenmaler und übernahmen die synthetische Malweise, bei der Silhouette und Bewegung der Figuren in einem dargestellt werden (vgl. Exter, Popowa), die flächige Behandlung des Raumes, den Charakter der Silhouetten und ihre Verbindung mit den Konturlinien.

Die knapp vierjährige Tätigkeit (1920–1924) Ljubow Popowas für das Theater nimmt einen wichtigen Platz in der Geschichte der modernen Theaterdekorationen und Kostümentwürfe ein. Ihre ersten Arbeiten für das Theater schuf die Künstlerin zu Alexander Tairows Inszenierung von *Romeo und Julia* (1920) am Moskauer Kammertheater. In einer weiteren Arbeit für das Theater, *Tanquinius, der Hohe Priester* (1922, Abb. 8), werden die Anleihen an altrussische Fresken sichtbar. Der Kostümentwurf ist zu einem eigenen Kunstwerk geworden,

in dem die dargestellte Person in ihrer Individualität sichtbar wird. Die Figur wirkt abstrakt und zugleich symbolisch. Zweifellos wurde die Künstlerin durch die kraftvollen Bilder in russischen Kirchen und Klöstern inspiriert, wie etwa die Heiligendarstellungen von Theopha-

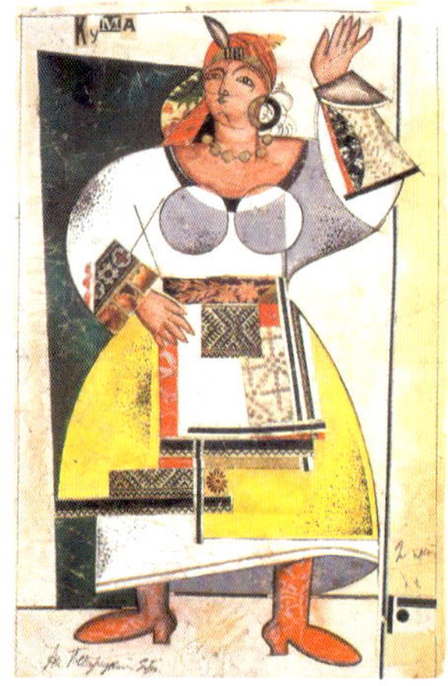

5 A. Petrizkij *Kostümentwurf „Kuma"*, 1925
А. Петрíтςκιι Σχέδιο κοστουμιού «Kuma», 1923

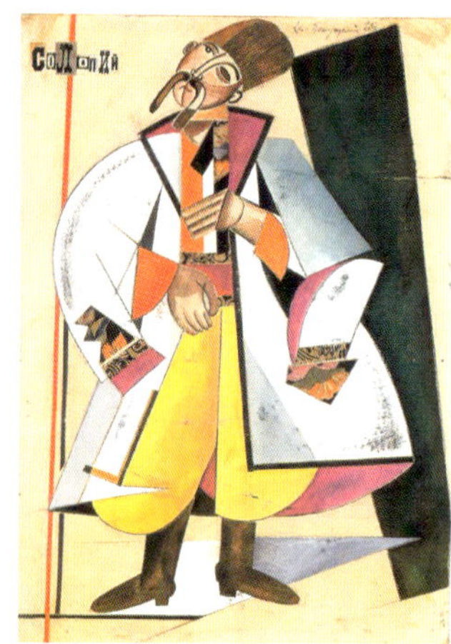

6 A. Petrizkij *Kostümentwurf „Solopi"*, 1925
А. Петрíτςκιι, Σχέδιο κοστουμιού «Solopi», 1923

nus dem Griechen, die schwerlosen Figuren des Dionissij, die lichttragenden Farben der Fresken des Ferapontow-Klosters, aber auch die Ikonen der Nowgoroder Schule.

In ihrer Ausführung ähneln die Figuren denen des Theophanus. Sie sind durch Lichtreflexe (probela) aufgehellt. Die leuchtenden Streifen und breiten Pinselstriche, nachlässig aufgetragen, verschmelzen miteinander, die Formen scheinen sich dabei zu wölben. Sie werden durch die Modellierung der Farbtöne, durch die steigende Erhellung des Haupttons konstruiert. Das verleiht dem Entwurf besondere Lebendigkeit und Dynamik. Diesen Effekt benutzte Popowa auch in ihrer Malerei, z. B. in der abstrakten Serie *Architektonik*.

Anders als in den Kostümentwürfen von Larionow oder Gontscharowa findet man bei Popowa keinen Bezug zur volkstümlichen Malerei des Lubok. Die Künstlerin geht nicht ins Detail, sie arbeitet mit ganzen Flächen, die sie konsequent zerlegt, um sie kühn und lako-

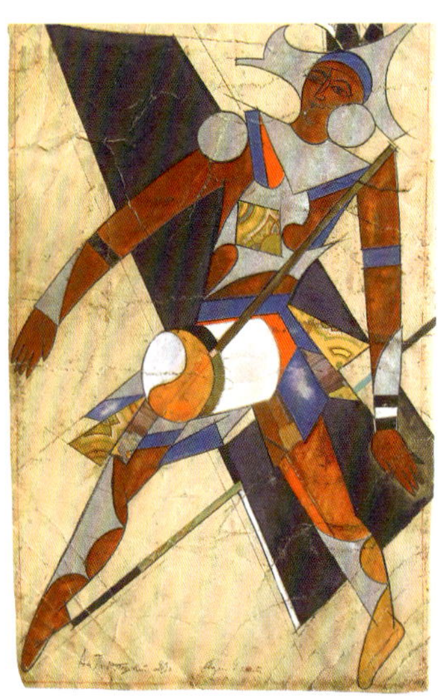

4 A. Petritzkij *Kostümentwurf „Musikant Nr. 4" für „Nur und Anitra"*, 1923
А. Петрíτςκιι Σχέδιο κοστουμιού «Μουσικός No. 4» για την παράσταση «Νουρ και Ανίτρα», 1923

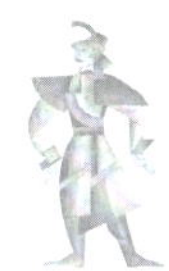

παπούτσια από χόρτο, απλά διακοσμητικά μοτίβα, τα πολύχρωμα και υπερβολικά ζωηρά χρώματα. Παρά την έντονη επιρροή του Λαριόνοφ, το σκίτσο αυτό διαθέτει ήδη κονστρουκτιβιστικά στοιχεία, που γίνονται καθοριστικά για το ύστερο έργο του Τάτλιν: δηλαδή ευρείες χρωματικές επιφάνειες και σαφή περιγράμματα.

Έντονα λαϊκότροπες τάσεις εμφανίζουν επίσης τα σχέδια κοστουμιών του Ουκρανού κονστρουκτιβιστή Ανατόλι Πετρίτσκυ. Στη δεκαετία του 1910 φοιτούσε μαζί με άλλους νέους καλλιτέχνες στην καλλιτεχνική σχολή που είχε ιδρύσει στο Κίεβο η Αλεξάντρα Έξτερ. Υπό τη δική της επιρροή ο Πετρίτσκυ σχεδίασε θεατρικά κοστούμια για τα θεατρικά έργα *Πανηγύρι στο Σοροτσίνσκι, Βόρειοι Ήρωες* και *Νουρ και Ανίτρα* (Βλ. εικ. 4). Τα κοστούμια του Πετρίτσκυ ακτινοβολούν τη ζωτικότητα της ουκρανικής λαϊκής ενδυμασίας. Για την ενίσχυση του διακοσμητικού χαρακτήρα είναι στολισμένα με τα παραδοσιακά γεωμετρικά μοτίβα της ουκρανικής λαϊκής φορεσιάς. Ο Πετρίτσκυ έντυσε τους ήρωες της αφήγησης του Γκόγκολ με ζωγραφικές ενδυμασίες – με τις χαρακτηριστικές ουκρανικές δερμάτινες μπότες, άσπρο πουκά-μισο, παντελόνι και γούνινο καπέλο. Με την αδέξια στάση του σώματος παραπέμπουν σε τυπικά ουκρανικά χαρακτηριστικά: πονηριά, ευθυμία και όρεξη για ζωή (Βλ. εικ. 5 κ. 6).

Ο Πετρίτσκυ τοποθετεί τις μορφές όχι στον άδειο χώρο, αλλά μπροστά σε φόντο, που στην λακωνικότητα και το σχεδιαστικό του ύφος είναι σαφώς κονστρουκτιβιστικό. Παρά την κονστρουκτιβιστική λύση και την απουσία κάθε συγκεκριμενοποίησης, ο καλλιτέχνης προσδίδει στις μορφές μια σχετική σταθερότητα. Ο κατατεμαχισμός των μορφών σε καθαρά γεωμετρικές, έγχρωμες επιφάνειες υπογραμμίζει τη ζωντάνια των μορφών. Μαύρα περιγράμματα ενισχύουν τη χαρακτηριστική δυναμικότητα του σχεδίου. Φολκλορικά στοιχεία

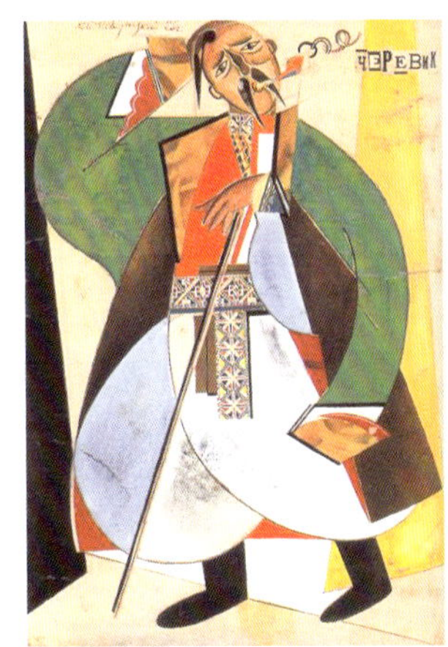

7 A. Petrizkij *Kostüment-wurf „Tscherewik"*, 1925

A. Πετρίτσκιι *Σχέδιο κοστουμιού «Tschere-wik»*, 1925

εμπλουτίζουν τις κονστρουκτιβιστικές φόρμες και προσδίδουν στα κοστούμια μια συναρπαστική έκφραση και έναν απαράμιλλο εθνικό χαρακτήρα Βλ. εικ.7).

Παράλληλα με τη λαϊκή τέχνη, οι καλλιτέχνες της πρωτοπορίας διερευνούσαν εντατικά τη ζωγραφική των λατρευτικών εικόνων. Παλιές ρωσικές εικόνες και νωπογραφίες τους ενέπνευσαν να διαμορφώσουν ένα δικό τους ύφος, γεμάτο εκφραστικότητα. Δεν επρόκειτο για συνειδητή προσαρμογή της ζωγραφικής των εικόνων, αλλά για μια αναδρομή σε μεμονωμένα μορφοπλαστικά μέσα.[5] Βασίστηκαν στις εμπειρίες των Ρώσων ζωγράφων φορητών εικόνων και μνημειακών τοιχογραφιών και υιοθέτησαν τόσο τον συνθετικό τρόπο απεικόνισης, με τον οποίο γίνονται ένα η σιλουέτα και η κίνηση των ανθρώπινων μορφών, όσο και την δισδιάστατη απόδοση του χώρου, τον χαρακτήρα των μορφών και το συνδυασμό τους με τη γραμμικότητα των περιγραμμάτων.

Η σχεδόν τετραετής ενασχόληση (1920–1924) της Λιουμπόφ Ποπόβα με το θέατρο κατέχει μια σημαντική θέση στην ιστορία της μοντέρνας θεατρικής σκηνογραφίας και ενδυματολογίας. Η καλλιτέχνιδα δημιούργησε τα πρώτα της έργα για το θεατρικό *Ρωμαίος και Ιουλιέττα* σε σκηνοθεσία Αλεξάντρ Ταϊρόφ (1920) στο Θέατρο Δωματίου της Μόσχας. Σε μια άλλη δουλειά της, για το έργο *Ταρκύνιος, ο πρωθιερέας* (1922, εικ. 8), τα δάνεια από τις παλιές ρωσικές τοιχογραφίες είναι προφανή. Η ιδέα ενός κοστουμιού εξελίσσεται σε αυτόνομο έργο τέχνης, το οποίο φανερώνει την ατομικότητα του απεικονιζόμενου προσώπου. Η μορφή δρα αφαιρετικά και ταυτόχρονα συμβολικά. Αναμφισβήτητα η καλλιτέχνιδα εμπνεύστηκε από τα γεμάτα δύναμη χρώματα των νωπογραφιών στις ρωσικές εκκλησίες και μοναστήρια, τις παραστάσεις αγίων του Θεοφάνη του Έλληνα, τις εξαϋλωμένες μορφές του Διονυσίου, τα φωτοβόλα χρώματα των νωπογραφιών στη Μονή Θεράποντος, αλλά και τις εικόνες της Σχολής του Νόβγκοροντ.

Ως προς τον τρόπο που έχουν ζωγραφιστεί, οι μορφές μοιάζουν με εκείνες του Θεοφάνη. Το ανακλώμενο φως (probelá) τις κάνει φωτεινότερες. Οι λαμπερές λωρίδες και οι φαρδιές, γρήγορα περασμένες πινελιές ενώνονται μεταξύ τους, οι φόρμες φαίνεται να καμπυλώνονται. Πλάθονται μέσα από τη χρωματική διαβάθμιση, με την αυξανόμενη φωτεινότητα του κύριου χρώματος, πράγμα που προσδίδει στο έργο ιδιαίτερη ζωντάνια και δυναμισμό. Η

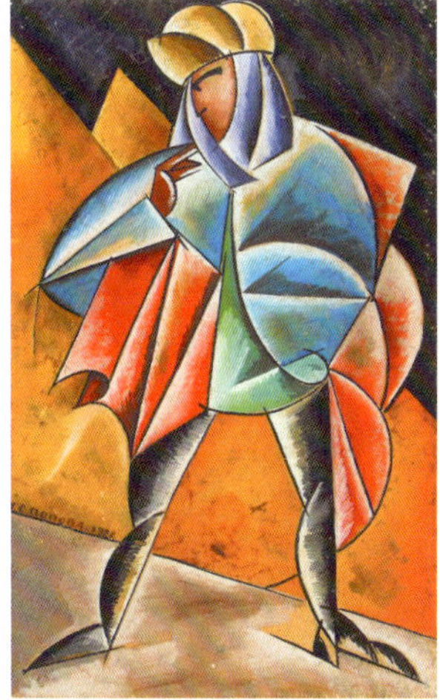

8 L. Popowa *Kostümentwurf für die Aufführung „Tanqui-nius, der Hohe Priester"*, 1922

Λ. Ποπόβα *Σχέδιο κοστουμιού για το έργο «Ταρκύνιος, ο Πρωθιερέας»*, 1922

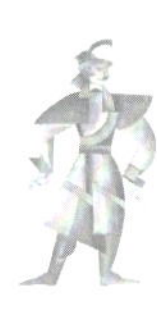

nisch zugleich wieder zu verbinden. Dadurch entsteht eine ausgesprochen expressive Komposition. Die Figur ist in eine skizzenhaft konstruktivistisch betonte Traumlandschaft eingefügt.

Auch ein anderer Kostümentwurf Popowas hat eindeutigen Bezug zur religiösen Bildsprache. Er könnte als „Marienbild" bezeichnet werden (Abb. 9). Komposition und Bildaufbau sowie die Körperstellung der Frauengestalt ähneln eindeutig den traditionellen, für alle Kunstepochen charakteristischen Darstellungen der Muttergottes. In ihrem Bild versucht Popowa westliche und altrussische Traditionen zu vereinen. Wie auf allen russischen Ikonen wird der Körper der Muttergottes beinahe völlig von Gewändern bedeckt, nur Gesicht und Hände bleiben frei. Diese Gewänder bekleiden nicht nur den Körper, sondern auch die Seele, deren transparente Farbe sie annehmen. Die Falten der Kleider drücken sowohl Körperbewegungen aus als auch den spirituellen Rhythmus des ganzen Wesens.

Obwohl Popowa das Gesicht nur schematisch skizziert, stellt es den Mittelpunkt des Bildes dar. Eine leichte Neigung des Kopfes sowie ein erkennbar trauernder Gesichtsausdruck sind typische Merkmale der Muttergottesdarstellungen in der religiösen Malerei.

Die Farbkombination des prächtigen Gewandes (Rot, Blau, Grün) hat symbolische Bedeutung und ist ebenso für die Ikonenmalerei charakteristisch. So versinnbildlicht Blau den Himmel in seiner Reinheit und Unveränderlichkeit. Blau ist in diesem Zusammenhang ein Zeichen dafür, dass die dargestellte Figur dem Himmel angehört. Grün ist ein Symbol für den Kosmos und die Hoffnung. Rot ist die Farbe der Liebe und der Macht, in diesem Fall der Macht der Muttergottes als Sinnbild der Kirche.

Auch in diesem Kostümentwurf verwendet Popowa, ähnlich wie Theophanus der Grieche, aufblitzende Farbflächen, um dem Bild Dynamik zu verleihen.

Trotz des starken Bezugs zur religiösen Malerei ist dieser Kostümentwurf ein wichtiger Schritt in der Entwicklung der avantgardistischen Malerei, da hier Elemente des Kubismus und des Konstruktivismus meisterhaft verbunden sind (Flächensegmentierung, Konstruktion der Figur u. a.).

Die geschickte Ausführung der Bühnenbilder und der Kostümentwürfe für Tairows Kammertheater in Moskau machten Alexandra Exter zu einer der führenden Bühnenbildnerinnen Russlands im 20. Jahr-

hundert. Bereits in der Agitationskunst offenbarte Exter ihre Begabung als Designerin. In den Theaterentwürfen strebte sie nach einer plastischen, rhythmischen Einheit auf der Bühne. Durch das Zusammenspiel von Dekorationen, Kostümen und Schauspielern sollte ein einheitlicher Ausdruck des dramaturgischen Geschehens hergestellt werden.[6]

Die Kostümentwürfe für die Aufführung von *Romeo und Julia* (1921) am Moskauer Kammertheater zählen zu ihren bedeutendsten Theaterarbeiten. Sie offenbaren eine deutliche Nähe zu ihrer damaligen Malerei aus der gleichen Schaffensperiode, vor allem in der rhythmischen Spannung, die durch die Diagonalvernetzung von Farbflächen und Lichtstrahlen gebildet wird. Im Kostümentwurf für Romeo (Abb. 10) etwa stellte sie den menschlichen Körper als eine kinetische Energie dar. Die Figur scheint durch die dynamisch gefaltete Kleidung in Bewegung gebracht zu sein, der Körper ist wie mit dem Kostüm vereint, Konturen und Farben verschmelzen zu einem einheitlichen Rhythmus.

An diesem Kostümentwurf erkennt man deutlich, dass die Künstlerin die Methoden der Ikonenmalerei genutzt hat, um die Ausdruckskraft der Darstellung zu verstärken. Die Betonung der Figur in ihren Umrissen als Ganzes wie auch in einzelnen Flächen ist ein Stilmittel der altrussischen Emailkunst, aber auch der Ikonenmalerei. Sowohl Andrej Rublew als auch die Meister der Jaroslawer Schule verliehen den sehr aufrecht stehenden Figuren eine Dynamik durch die Gestaltung ihrer Gewänder. In Exters Entwürfen erinnern die Körperhaltung der Figuren, ihre leichte Kopfneigung und die leichte Drehung des Körpers deutlich an die „primitiven" Gestalten der Ikonenmalerei. Alexandra Exter war in der Tradition ihres Landes verwurzelt. Ihre geistige Bindung an die Vergangenheit fand sowohl in ihren Gemälden als auch in ihren Bühnenbildern Ausdruck.

Auf den ersten Blick scheint der Kostümentwurf von Konstantin Wjalow zu *Stenka Rasin* (1924, Kat. 62) keine Verbindung mit der Ikonenmalerei zu haben. Bei näherer Betrachtung eröffnen sich jedoch erstaunliche Parallelen. Vermutlich nahm Wjalow für die Darstellung des Volkshelden Stepan Rasin unbewusst oder assoziativ Merkmale auf, die charakteristisch für die Ikonendarstellungen des Hl. Georg sind.

Der Hl. Georg, Schutzpatron Russlands, wird bevorzugt auf einem Pferd reitend dargestellt, die Lanze hält er in der rechten Hand. Ob-

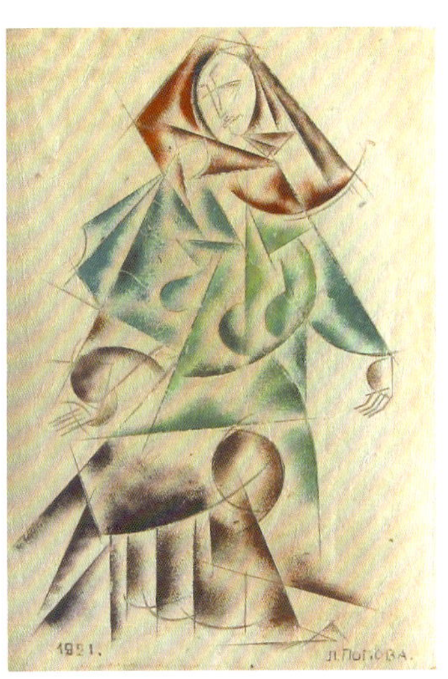

9 L. Popowa *Unbekannter Kostümentwurf,* 1921

Λ. Попóβα *Χωρίς τίτλο,* 1921

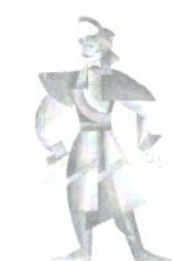

Ποπόβα χρησιμοποιούσε τα μορφοπλαστικά αυτά τεχνάσματα και στη ζωγραφική της, όπως στην αφηρημένη σειρά των *ζωγραφικών αρχιτεκτονημάτων* της.

Σε αντίθεση με τα σχέδια κοστουμιών του Λαριόνοφ ή της Γκοντσαρόβα, στα έργα της Ποπόβα δεν απαντούν αναφορές στη λαϊκή ζωγραφική του lubok. Η καλλιτέχνιδα δεν υπεισέρχεται σε λεπτομέρειες, δουλεύει με ολόκληρες επιφάνειες, τις οποίες τέμνει με συνέπεια, για να τις επανασυνδέσει εκ νέου με τόλμη και λακωνικότητα. Με τον τρόπο αυτό δημιουργείται μια ιδιαίτερα εκφραστική σύνθεση. Η μορφή έχει τοποθετηθεί σε ένα απλά σχεδιασμένο, κονστρουκτιβιστικά τονισμένο, ονειρικό τοπίο.

Ένα ακόμη σχέδιο κοστουμιού της Ποπόβα παραπέμπει ολοφάνερα στην θρησκευτική μορφοπλαστική γλώσσα. Θα μπορούσε να ονομαστεί «Παναγία» (εικ. 9). Η σύνθεση και το χτίσιμο της εικόνας, η στάση του σώματος της γυναικείας μορφής ομοιάζουν σαφώς με τις παραδοσιακές απεικονίσεις της Θεομήτορος, χαρακτηριστικές για όλες τις εποχές της τέχνης. Στο έργο της η Ποπόβα προσπαθεί να συγκεράσει δυτικές και παλαιές ρωσικές παραδόσεις. Όπως σε όλες τις ρωσικές εικόνες, το σώμα της Παναγίας καλύπτεται σχεδόν ολοκληρωτικά από ενδύματα, μόνο το πρόσωπο και τα χέρια παραμένουν γυμνά. Τα ενδύματα αυτά δεν περιβάλλουν μόνο το σώμα αλλά και την ψυχή, το διαφανές χρώμα της οποίας αποκτούν και τα ίδια. Οι πτυχές του μανδύα υποδηλώνουν τόσο τις κινήσεις του σώματος, όσο και τον πνευματικό παλμό της όλης ύπαρξης. Παρόλο που η Ποπόβα αποδίδει μόνο σχηματικά το πρόσωπο, αυτό αποτελεί το κεντρικό σημείο της παράστασης. Μια ελαφριά κλίση του κεφαλιού καθώς και μια έκφραση προσώπου με φανερή τη θλίψη είναι τα τυπικά χαρακτηριστικά των απεικονίσεων της Θεομήτορος στη θρησκευτική ζωγραφική.

Ο χρωματικός συνδυασμός του μεγαλόπρεπου μανδύα (κόκκινο, μπλε, πράσινο) έχει συμβολική σημασία και είναι επίσης χαρακτηριστικός για τη ζωγραφική των λατρευτικών εικόνων. Έτσι το μπλε συμβολίζει την αγνότητα και το αμετάβλητο του ουρανού. Το μπλε στον συσχετισμό αυτό αποτελεί σημάδι ότι η εικονιζόμενη μορφή ανήκει στον ουρανό. Το πράσινο είναι το σύμβολο του κόσμου και της ελπίδας. Το κόκκινο είναι το χρώμα της αγάπης και της δύναμης, στην περίπτωση αυτή της δύναμης της Θεομήτορος ως αλληγορίας της εκκλησίας.

Και στο κοστούμι αυτό η Ποπόβα χρησιμοποιεί, όμοια με τον Θεοφάνη τον Έλληνα, λαμπερές χρωματικές επιφάνειες για να προσδώσει στην εικόνα δυναμικότητα. Παρά την ισχυρή αναφορά στη θρησκευτική ζωγραφική, το κοστούμι αυτό αποτελεί ένα σημαντικό βήμα στην εξέλιξη της ζωγραφικής της πρωτοπορίας, αφού αριστοτεχνικά συνδέονται εδώ στοιχεία του Κυβισμού και του Κονστρουκτιβισμού (τεμαχισμός της επιφάνειας, κατασκευή της μορφής κ.α.).

Η επιδέξια εκτέλεση των σκηνικών και των κοστουμιών για το Θέατρο Δωματίου του Ταΐρόφ στη Μόσχα ανέδειξαν την Αλεξάντρα Έξτερ ως μια από τις κορυφαίες σκηνογράφους της Ρωσίας του 20ού αιώνα. Ήδη στην Προπαγανδιστική Τέχνη η Έξτερ απεκάλυψε το ταλέντο της ως σχεδιάστριας. Στις δημιουργίες της για το θέατρο επεδίωκε μια αρμονία πλαστικότητας και ρυθμού επί σκηνής. Με τη συνεργία σκηνικών, κοστουμιών και ηθοποιών αναζητούσε μια ενιαία έκφραση της δραματικής πράξης.[6]

Τα κοστούμια για την παράσταση *Ρωμαίος και Ιουλιέττα* (1921) στο Θέατρο Δωματίου της Μόσχας συγκαταλέγονται ανάμεσα στα σημαντικότερα έργα της για το θέατρο. Αποκαλύπτουν φανερές ομοιότητες με την ζωγραφική της ίδιας περιόδου, ιδιαίτερα στη ρυθμική ένταση, που δημιουργείται με τη διαγώνια δικτύωση των έγχρωμων επιφανειών και των ακτίνων φωτός. Στο κοστούμι για τον *Ρωμαίο* (εικ. 10), για παράδειγμα, απεικόνισε το ανθρώπινο σώμα ως κινητική ενέργεια. Η μορφή φαίνεται να έχει τεθεί σε κίνηση μέσα από το δυναμικά πτυχωμένο ένδυμα, το σώμα σαν να είναι ενωμένο με το κοστούμι, τα περιγράμματα και τα χρώματα συνενώνονται σε έναν ενιαίο ρυθμό.

Σ' αυτό το έργο αναγνωρίζει κανείς με σαφήνεια, ότι η καλλιτέχνιδα έκανε χρήση των μεθόδων της ζωγραφικής των λατρευτικών εικόνων, για να ενδυναμώσει την εκφραστική δύναμη της παράστασης. Η έμφαση στη μορφή με τα περιγράμματά της τόσο ως σύνολο όσο και στις επιμέρους επιφάνειές της αποτελεί ένα στυλιστικό μέσο της παλαιάς ρωσικής τέχνης των σμάλτων, αλλά και της ζωγραφικής των εικόνων. Τόσο ο Αντρέι Ρουμπλιόφ όσο και οι μεγάλοι ζωγράφοι της Σχολής του Γιάροσλαβ προσέδιδαν δυναμικότητα στις εξαιρετικά ευθυτενείς μορφές με τον τρόπο διαμόρφωσης των ενδυμάτων τους. Στις δημιουργίες της Έξτερ η στάση του σώματος των μορφών, η ελαφριά κλίση του κεφαλιού και

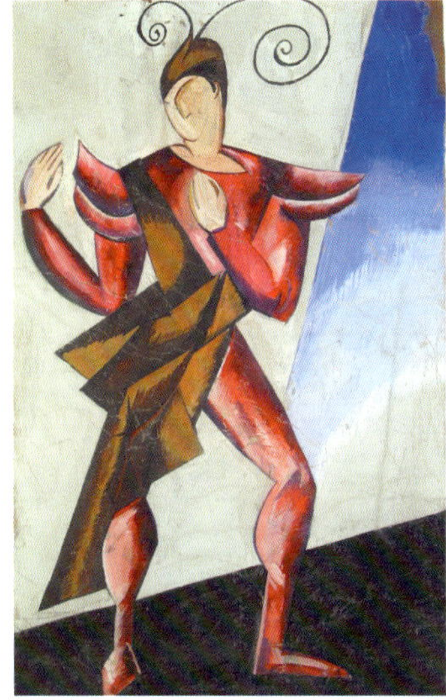

10 A. Exter *Kostümentwurf „Romeo"*, 1921

Α. Έξτερ *Σχέδιο κοστουμιού για τον Ρωμαίο για την παράσταση «Ρωμαίος»*, 1921

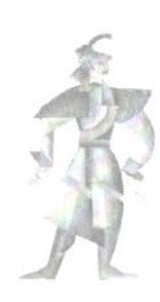

wohl in Wjalows Kostümentwurf die Figur, verstärkt durch konstruktivistische Elemente, fast mechanisch erscheint, so erkennt man doch einen deutlichen Bezug zu den traditionellen Darstellungen des Hl. Georg. Auf Wjalows Skizze schreitet bzw. reitet Rasin nach links, hält in seiner Hand einen Säbel und trägt ein rotes Gewand. Die Farbe des Gewandes kann eine Anspielung entweder auf die Uniform der Kosaken sein, denen Rasin angehörte, oder auf den roten Ritterumhang aus den Darstellungen des Hl. Georg. In diesem Zusammenhang symbolisiert das Rot die Farbe des Krieges und zugleich die Farbe des Martyriums und der Freiheit. Die Ähnlichkeit mit dem Hl. Georg wird noch größer, wenn man den schwarzen Balken betrachtet, der vom Ellbogen schräg von links oben nach rechts unten verläuft – deutliche Reminiszenz an die Lanze bzw. Standarte des Hl. Georgs. Eine solche Neufassung der traditionellen Ikonenmalerei war für etliche russische und ukrainische Konstruktivisten kennzeichnend.

Noch offensichtlicher wird die Nähe zur Ikonenmalerei in den Kostümentwürfen von Juri Annenkow für ein unbekanntes Stück (Abb. 11 u. 12). Die Gesichter der beiden dargestellten Personen scheinen direkt den Heiligenbildern entnommen zu sein. Besonders die durch fette, schwarze Linien hervorgehobenen Augenbrauen und die tief liegenden mandelförmigen, großen Augen, sehr detailliert gezeichnet, erwecken diesen Eindruck. Der traurige und allwissend durch den Betrachter in die Ferne gerichtete Blick ähnelt sehr den mittelalterlichen Ikonen der Nowgoroder Schule (vgl. Abb. 13). Auch das lange, dreieckige, stark ausgeprägte Gesicht ist für die russischen Ikonen des Mittelalters typisch. Das gelbe orthodoxe Kreuz, das den Blick auf sich zieht und symbolhaft die Bedeutung der Dargestellten vermittelt (beide Figuren stellen wahrscheinlich orthodoxe Popen dar), ist so, wie es schräg im Bild steht, ebenfalls den alten Ikonen entnommen (vgl. Johannes Christomos, Archangelsk, 16. Jahrhundert). Die avantgardistisch gelöste, kubo-futuristische Dynamik der Bilder verleiht den Figuren eine ausgeprägte Dramatik.

Viele der Theaterkostümentwürfe, unabhängig von der jeweiligen Stilrichtung, zeigen eindeutig die Verbundenheit der russischen Avantgarde-Künstler mit der jahrhundertealten russischen Kultur. Die Ähnlichkeit mit den Lubki und den Ikonen ist manchmal verblüffend, sie ist jedoch nicht auf das bloße Zitieren zurückzuführen, sondern auf die Beschäftigung mit der eigenen Tradition. Wie den akademi-

schen Malern lag auch den Künstlern nichts an der Bewahrung und dem Kopieren des Alten. Die schöpferische Auseinandersetzung mit der Kunst der Ikonenmalerei und des Lubok begünstigte die kreative Entwicklung der Avantgardemalerei. Schaffenskraft und unerschöpfliche Phantasie wurzelten in der wahren Verbundenheit der Avantgardisten mit dem russischen Volk und seiner Geschichte.

Swetlana Kapitonowa

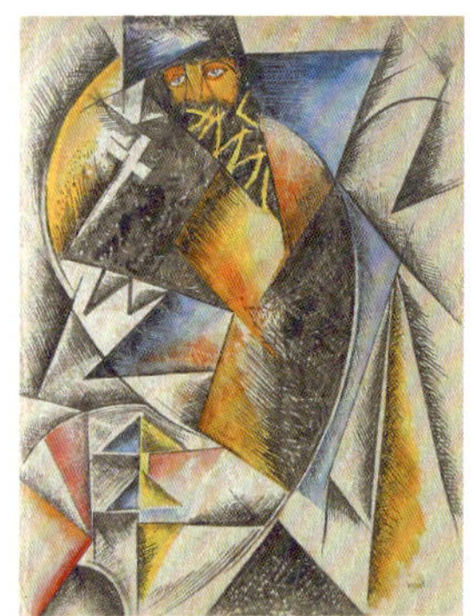

11 J. Annenkow *Kostümentwurf für eine unbekannte Aufführung*, 1916

Γ. Ανένκοφ *Σχέδιο κοστουμιού για μια άγνωστη παράσταση*, 1916

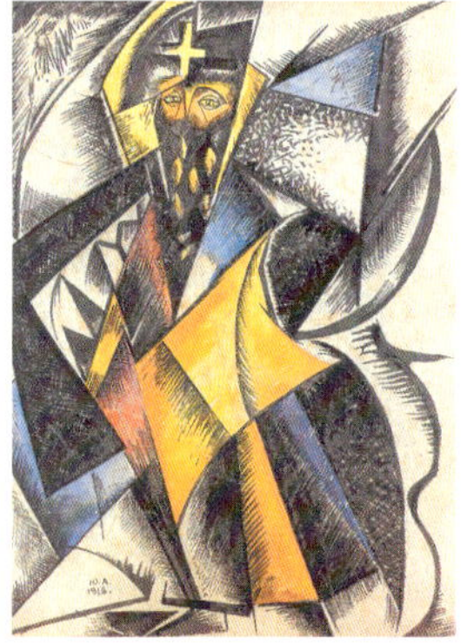

12 J. Annenkow *Kostümentwurf für eine unbekannte Aufführung*, 1916

Γ. Ανένκοφ *Σχέδιο κοστουμιού για μια άγνωστη παράσταση*, 1916

1　z. B. *Internationale Ausstellung der Kunstplakate* (St. Petersburg, 1900), *Erste Internationale Ausstellung des historischen und modernen Kostüms* (St. Petersburg, 1902), *Allrussische Ausstellung der Heimindustrieartikel* (1902, 1913), *Ausstellung des Russischen Porträts* (1905), **Altrussische Kunst** (Moskau, 1913) u. a.
2　Tarassow, O., *Russische Ikone und Avantgarde: Tradition und Umbrüche*, in: *Zwischen Himmel und Erde. Moskauer Ikonen und Buchmalerei des 14.–16. Jahrhunderts*, Frankfurt 1997, S. 99.
3　Spielmann, H. (Hrsg.), *Die russische Avantgarde und die Bühne 1890–1930*, Schleswig 1991, S. 17.
4　vgl. *Grossmächtiges Nowgorod*, Legat-Verlag 2003
5　vgl. Krieger, V. *Von der Ikone zur Utopie: Kunstkonzepte der russischen Avantgarde*, Köln 1998, S. 172.
6　vgl. Jablonskaja, M. *Russische Künstlerinnen 1900 bis 1935*, Bergisch Gladbach, 1990, S. 120.

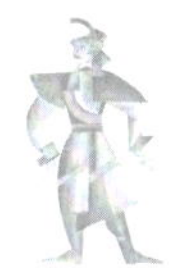

η ήπια συστροφή του σώματος θυμίζουν εμφανώς τις «πρωτόγονες» μορφές της ζωγραφικής των εικόνων. Η Αλεξάντρα Έξτερ αντλούσε από την παράδοση της πατρίδας της. Η πνευματική της σχέση με το παρελθόν βρήκε την έκφρασή της τόσο στα ζωγραφικά έργα όσο και στα σκηνικά της.

Με την πρώτη ματιά το κοστούμι που εμπνεύστηκε ο Κονσταντίν Βιαλόφ για το έργο «Στένκα Ράσιν» (1924, Κατ. 62) δείχνει να μην έχει καμία σχέση με τη ζωγραφική των λατρευτικών εικόνων. Παρατηρώντας όμως το έργο από πιο κοντά, αποκαλύπτονται εκπληκτικοί παραλληλισμοί. Υποθέτουμε ότι για την απεικόνιση του λαϊκού ήρωα Στένκα Ράσιν ο Βιαλόφ υιοθέτησε, ασυνείδητα ή συνειρμικά, χαρακτηριστικά που παραπέμπουν στις απεικονίσεις του Αγίου Γεωργίου.

Ο Άγιος Γεώργιος, προστάτης άγιος της Ρωσίας, αναπαρίσταται κατά προτίμηση έφιππος να κρατά λόγχη στο δεξί χέρι. Παρόλο που η μορφή στο κοστούμι του Βιαλόφ, ενισχυμένη από κονστρουκτιβιστικά στοιχεία, φαίνεται σχεδόν μηχανική, αναγνωρίζει όμως κανείς μια σαφή αναφορά στις παραδοσιακές απεικονίσεις του Αγίου Γεωργίου. Στο σκίτσο του Βιαλόφ ο Ράσιν προχωρεί, δηλαδή ιππεύει προς τα αριστερά, στο χέρι κρατά ένα σπαθί και φορά ένα κόκκινο χιτώνιο. Το χρώμα του ενδύματος μπορεί να υποδηλώνει είτε την στολή των Κοζάκων, στους οποίους ανήκε ο Ράσιν, είτε το κόκκινο χιτώνιο των ιπποτών σε παραστάσεις του Αγίου Γεωργίου. Στην περίπτωση αυτή το κόκκινο είναι το χρώμα του πολέμου και ταυτόχρονα το χρώμα του μαρτυρίου και της ελευθερίας. Η ομοιότητα με τον Άγιο Γεώργιο γίνεται ακόμα εντονότερη, αν παρατηρήσουμε τη μαύρη δοκό, που εκτείνεται από πάνω αριστερά προς κάτω δεξιά – σαφής ανάμνηση της λόγχης ή του λαβάρου του Αγίου Γεωργίου. Μια τέτοια αναδιατύπωση της παραδοσιακής ζωγραφικής της εικόνας ήταν χαρακτηριστική για ορισμένους Ρώσους και Ουκρανούς Κονστρουκτιβιστές.

Στα κοστούμια που σχεδίασε ο Γιούρι Ανένκοφ για ένα άγνωστο θεατρικό έργο (εικ. 11 κ. 12) γίνεται ακόμα πιο φανερή η εγγύτητα προς τη ζωγραφική των εικόνων. Τα πρόσωπα των δύο εικονιζόμενων μορφών φαίνεται να προέρχονται απευθείας από τον κόσμο της αγιογραφίας. Την εντύπωση αυτή δημιουργούν προπάντων τα έντονα φρύδια, σχεδιασμένα με χοντρές μαύρες γραμμές και τα βαθουλωτά, αμυγδαλωτά, μεγάλα μάτια, σχεδιασμένα με κάθε λεπτομέρεια. Το θλιμμένο βλέμμα, που γνωρίζει τα πάντα, διαπερνά το θεατή και

κατευθύνεται στο άπειρο, μοιάζει πολύ με τις μεσαιωνικές εικόνες της Σχολής του Νόβγκοροντ (πρβλ. την εικόνα «Άγιος Νικόλαος», Σχολή Νόβγκοροντ, 12ος αι., Βλ. εικ. 13). Το μακρύ, τριγωνικό και με έντονα χαρακτηριστικά πρόσωπο είναι επίσης τυπικό στις ρωσικές εικόνες του Μεσαίωνα. Ο χρυσός ορθόδοξος σταυρός, που αιχμαλωτίζει το βλέμμα και αποδίδει συμβολικά τη σπουδαιότητα των εικονιζόμενων (και οι δύο αναπαριστούν κατά πάσα πιθανότητα ορθόδοξους ιερωμένους) προέρχεται επίσης – έτσι όπως βρίσκεται λοξά στην εικόνα – από τον εικονογραφικό πλούτο των παλαιών εικόνων (πρβλ. Ιωάννης Χρυσόστομος, 16ος αι.). Η πρωτοποριακή ανοιχτή κυβοφουτουριστική δυναμική των εικόνων προσδίδει στις μορφές έντονη δραματικότητα.

Πολλές από τις δημιουργίες κοστουμιών, ανεξάρτητα από τις εκάστοτε στυλιστικές τάσεις, δείχνουν με σαφήνεια τον δεσμό των Ρώσων καλλιτεχνών της πρωτοπορίας με την παλιά ρωσική κουλτούρα. Η ομοιότητα με τα lubki και τις εικόνες είναι μερικές φορές εντυπωσιακή. Η διατήρηση και η αντιγραφή του παλιού δεν ήταν αυτό που ενδιέφερε τους καλλιτέχνες της πρωτοπορίας όπως και τους ακαδημαϊκούς ζωγράφους. Η γόνιμη αντιπαραβολή προς την τέχνη των λατρευτικών εικόνων και του lubok ευνόησε την δημιουργική εξέλιξη της ζωγραφικής της πρωτοπορίας. Η δύναμη της δημιουργίας και η ανεξάντλητη φαντασία είχαν τις ρίζες τους στον γνήσιο δεσμό των καλλιτεχνών της πρωτοπορίας με τον ρωσικό λαό και την ιστορία του.

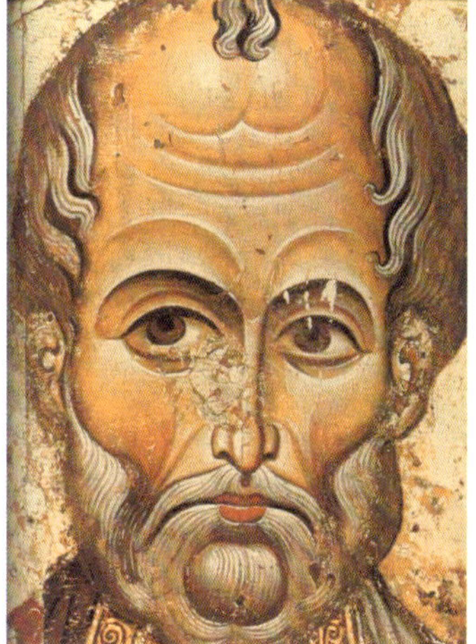

13 *Hl. Nikolaus*, Nowgorod, 12. Jh.
Άγιος Νικόλαος, Σχολή
Νόβγκοροντ, 12ος αι.

Swetlana Kapitonowa

1   Π.χ. *Διεθνής Έκθεση Καλλιτεχνικής Αφίσσας* (Αγία Πετρούπολη, 1900), *Πρώτη Διεθνής Έκθεση Ιστορικής και Σύγχρονης Ενδυμασίας* (Αγία Πετρούπολη, 1902), *Παν-ρωσική Έκθεση Προϊόντων Οικιακής Βιομηχανίας* (1902, 1913), *Έκθεση Ρωσικής Προσωπογραφίας* (1905), *Παλαιά Ρωσική Τέχνη* (Μόσχα, 1913).
2   O. Tarassov, *Russische Ikone und Avantgarde: Tradition und Umbrüche*, στο *Zwischen Himmel und Erde. Moskauer Ikonen und Buchmalerei des 14.–16. Jahrhunderts*, Φραγκφούρτη 1997, σελ. 99.
3   H. Spielmann, *Die russische Avantgarde und die Bühne 1890–1930*, Σλέσβικ 1991, σελ. 17.
4   Βλ. *Grossmächtiges Nowgorod*, Legat-Verlag 2003.
5   Βλ. V. Krieger, *Von der Ikone zur Utopie: Kunstkonzepte der russischen Avantgarde*, Κολωνία 1998, σελ. 172.
6   Βλ. M. Jablonskaja, *Russische Künstlerinnen 1900 bis 1935*, Bergisch Gladbach 1990, σελ. 120.

Marc Chagall und die Kunst der Ikonen

Welche Rolle das Werk von Marc Chagall für die Entwicklung der Kunst im 20. Jahrhundert gespielt hat, wird in der Kommentarliteratur auf unterschiedliche Weise bewertet. Dass er wie kaum ein anderer mit seinen ebenso melancholischen wie lebensfrohen Bildern, mit den Sehnsüchten und den Träumen, denen er Zeit seines langen Lebens anschaubaren Ausdruck verliehen hat, die Herzen vieler Menschen berührt, ja verzaubert hat, bleibt unbestritten. Die außergewöhnliche Popularität, die das Werk des aus ostjüdischem Hause stammenden, 1887 in Witebsk/Weißrussland geborenen Künstlers bis heute weltweit genießt, speist sich vor allem aus der Begegnung mit dem späteren Oeuvre des „Malers mit den Engelsflügeln" (Walter Erben), d. h. mit den Bildern seit den 50er Jahren, den Glasfenstern von Jerusalem oder Zürich, nicht zuletzt dem Radierzyklus, den Farblithografien und den Gemälden zur Bibel.

Dahinter tritt bisweilen der Blick auf die frühen, oftmals kühneren Bildideen zurück, unter denen ein Sachverhalt unser besonderes Interesse verdient: Marc Chagall hat schon während seiner Studienzeit in St. Petersburg (Frühjahr 1908 bis Herbst 1910) Bilder und Zeichnungen gefertigt, in denen er sich mit russisch-orthodoxem Bildmaterial auseinander setzte. Anschließend in Paris (Herbst 1910 bis Herbst 1914) schuf er gar umfangreiche Tableaus, die sowohl was ihre Ikonografie als auch ihre Kompositionsweise angeht, die genauere Kenntnis russischer Ikonen voraussetzen. Die Kommentarliteratur hat den Sachverhalt erst Jahrzehnte später zur Kenntnis genommen.[1]

Für die ersten Kommentare zum Thema bedurfte es erstaunlicherweise des Anstoßes, dass Chagall selber expressis verbis auf sein schon frühzeitiges Interesse an den Ikonen hingewiesen hat. Aus Anlass einer Ausstellung im Art Institute von Chicago hielt er an der dortigen Universität eine Rede, der wir diesen Passus entnehmen: Russia had two artistic traditions: the popular and the religious. I wanted an art of the soil, not an art solely of the head. I had the good fortune to be born of the people; but popular art, although I always liked it, did not satisfy me. It was too exclusive. It excluded the refinements of civilization. And I have always had decided taste fo refined expression, for culture. The refined art of my native country was religious art. I recognized the quality of some great creations of the icon tradition – for example, the work of Rublew. But this was essentially a religious, an othodox art; and, as such, it remained strange to me. For me, Christ was a great poet, whose poetical teaching had been forgotten by the modern world.[2]

Schenkt man dieser Äußerung des Künstlers Glauben, zog Chagall die Tradition der Ikonenkunst, deren kultivierter „Verfeinerung" wegen, für die er Andreij Rublew als Zeugen benennt, der „populären" russischen Kunsttradition vor, womit er wohl die bäuerlichen Holzschnitte (Lubki) im Blick hatte. Um welche künstlerischen Qualitäten der Ikonen mag es ihm gegangen sein, wenn er von der „Verfeinerung" der traditionellen Kunst seiner Heimat sprach? Darüber gibt eine Bemerkung des Künstlers Auskunft, die Edouard Roditi 1960 veröffentlichte: „... Ich habe immer danach gestrebt, mich von der Volkskunst anregen zu lassen, genauso wie von jeder großen Kunst, die auf das Volk einwirkt. Deshalb habe ich in Russland immer die Ikonen geliebt. In ihrer Plastik liegt oft etwas Magisches, Unwirkliches, und die Farben sind wie ein Leuchten, das die Nacht erhellt."[3]

In der Tat könnte Chagalls Faszination vom „Leuchten, das die Nacht erhellt" bei der von Robert Delaunay beeinflussten farblichen Fassung von *Golgatha* (1912) eine Rolle gespielt haben (s. u.). Nicht weniger bedeutsam erscheint jedoch der Hinweis darauf, dass ihm die künstlerisch so wertgeschätzte Tradition der Ikonen in ihrer Orthodoxie „fremd geblieben" sei. Soviel möchte ich der Analyse der nachfolgend in den Blick gefassten Werke des Künstlers vorwegnehmen: Dieses Urteil aus dem Munde des Künstlers wird sich bestätigen. Anders gesagt: Chagall zieht Nutzen aus dem Umgang mit der Ikonenkunst auf dem Weg zu einer eigenständigen Kunst.

Möglicherweise aus dem ersten Jahr seines Studiums, vielleicht auch erst von 1909, stammt eine Federzeichnung auf Papier mit dem Sujet einer *Kreuzigung* (Abb. 8).[4] Die Zeichnung gilt als das erste Beispiel für ein Werk von Marc Chagall, das das Sujet einer Ikone aufgreift. Wir werden sie später im Zusammenhang mit dem *Golgatha-*

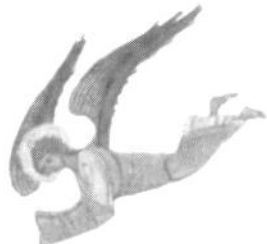

Ο Μαρκ Σαγκάλ και η τέχνη των εικόνων

Ο ρόλος που διαδραμάτισε το έργο του Μαρκ Σαγκάλ στην εξέλιξη της τέχνης του 20^{ού} αιώνα αξιολογείται ποικιλοτρόπως από τους κριτικούς. Παραμένει αδιαμφισβήτητο το γεγονός ότι άγγιξε τις ψυχές πολλών ανθρώπων, τις μάγεψε, θα μπορούσε να πει κανείς, τόσο με τις μελαγχολικές όσο και με τις γεμάτες από χαρά για τη ζωή εικόνες του, με τους πόθους και τα όνειρά του, τα οποία σε όλη τη διάρκεια της μακράς ζωής του εξέφραζε με εμφανή τρόπο. Η αξιοσημείωτη δημοτικότητα που απολαμβάνει σε παγκόσμια κλίμακα μέχρι σήμερα το έργο του καλλιτέχνη, ο οποίος κατάγεται από εβραϊκή οικογένεια της ανατολικής Ευρώπης και γεννήθηκε το 1887 στο Βιτέμπσκ της Λευκορωσίας, οφείλεται κυρίως στην επαφή με τα παλαιότερα δημιουργήματα του «Ζωγράφου με τα αγγελικά φτερά» (χαρακτηρισμός του Βάλτερ Έρμπεν για τον Σαγκάλ), δηλαδή με τις εικόνες από τη δεκαετία του 1950, τα βιτρώ από την Ιερουσαλήμ ή τη Ζυρίχη, καθώς και με τα χαρακτικά, τις έγχρωμες λιθογραφίες και τους πίνακες «με θέματα από τη Βίβλο».

Εξαιτίας αυτών, δίναμε συχνά μικρότερη προσοχή στις πρωιμότερες, συχνά πιο τολμηρές, ιδέες του, το ενδιαφέρον μας, όμως, πρέπει να στραφεί ιδιαιτέρως στο εξής: Ο Μαρκ Σαγκάλ ήδη κατά τη διάρκεια των σπουδών του στην Αγία Πετρούπολή (άνοιξη 1908 έως φθινόπωρο 1910) φιλοτέχνησε εικόνες στις οποίες ασχολούνταν με ρωσικό-ορθόδοξο εικαστικό υλικό. Στη συνέχεια, στο Παρίσι (φθινόπωρο 1910 έως φθινόπωρο 1914) δημιούργησε ευμεγέθεις πίνακες οι οποίοι τόσο όσον αφορά στην εικονογραφία τους όσο και στον τρόπο σύνθεσής τους προϋποθέτουν ακριβή γνώση των ρωσικών αγιογραφιών. Οι θεωρητικοί και κριτικοί της τέχνης έλαβαν υπόψη τους τα γεγονότα αυτά δεκαετίες αργότερα.[1]

Προκαλεί κατάπληξη το γεγονός ότι για τα πρώτα σχόλια σχετικά με την πηγή της έμπνευσής του χρειάστηκε ο ίδιος ο Σαγκάλ να καταδείξει με αδιαμφισβήτητο τρόπο το πρώιμο ενδιαφέρον του για τις αγιογραφίες. Με αφορμή μία έκθεση στο Art Institute του Σικάγο έδωσε μία διάλεξη στο τοπικό πανεπιστήμιο, από όπου και το εξής απόσπασμα: «Στη Ρωσία επικρατούσαν δύο καλλιτεχνικές παραδόσεις: η λαϊκή και η θρησκευτική. Επιθυμούσα μία τέχνη για την ψυχή όχι μόνο για το πνεύμα. Είχα την καλή τύχη να προέρχομαι από λαϊκούς ανθρώπους. Όμως η λαϊκή τέχνη, παρά το γεγονός ότι πάντα μου άρεσε, δεν με ικανοποιούσε. Ήταν πολύ «κλειστή». Απέκλειε τη λεπτότητα του πολιτισμού. Και εγώ έκλινα προς την εκλεπτυσμένη έκφραση, τον πολιτισμό. Η εκλεπτυσμένη τέχνη της γενέτειράς μου ήταν η θρησκευτική. Αναγνώρισα την ποιότητα κάποιων εξαίσιων δημιουργημάτων που ανήκουν στην παράδοση της αγιογραφίας – για παράδειγμα, το έργο του Ρουμπλιόφ. Αυτή όμως κατ' ουσία ήταν θρησκευτική, ορθόδοξη τέχνη, και ως τέτοια παρέμενε ξένη προς εμένα. Για μένα ο Χριστός ήταν ένας μεγάλος ποιητής, η ποιητική διδασκαλία του οποίου ξεχάστηκε από τον σύγχρονο κόσμο».[2]

Αν πιστέψει κανείς τα λόγια του καλλιτέχνη, ο Σαγκάλ προτιμούσε την παράδοση της αγιογραφίας εξαιτίας της καλλιεργημένης «λεπτότητάς» της, για την οποία επικαλείται ως μάρτυρα τον Αντρέι Ρουμπλιόφ, και όχι τη «λαϊκή» ρωσική καλλιτεχνική παράδοση, έκφραση με την οποία αναφέρεται κατά πάσα πιθανότητα στα λαϊκά ξυλόγλυπτα (Lubki). Πληροφορίες για την καλλιτεχνική ποιότητα των αγιογραφιών, στην οποία αναφέρεται με τον όρο «λεπτότητα» της παραδοσιακής τέχνης της πατρίδας του, αντλούμε από μία παρατήρηση του καλλιτέχνη την οποία δημοσίευσε το 1960 ο Εντουάρντο Ροντίτι: «... προσπαθούσα πάντοτε να εμπνέομαι από τη λαϊκή τέχνη, όπως και από κάθε εξαιρετικό είδος τέχνης, που έχει επίδραση στον λαό. Για το λόγο αυτό αγαπούσα πάντα τις αγιογραφίες της Ρωσίας. Υπάρχει κάτι μαγικό στην πλαστικότητά τους, κάτι εξωπραγματικό και τα χρώματα μοιάζουν με φως που φωτίζει τη νύχτα».[3]

Πραγματικά, ο ενθουσιασμός του Σαγκάλ για το «φως που φωτίζει τη νύχτα» πρέπει να διαδραμάτισε κάποιο ρόλο στη χρωματική σύλληψη του *Γολγοθά* (1912) για την οποία επηρεάστηκε από τον Ρόμπερτ Ντελωναί (βλ. παρακάτω). Εξίσου σημαντική μοιάζει η πληροφορία ότι η παράδοση των αγιογραφιών, την οποία εκτιμούσε τόσο πολύ από καλλιτεχνικής άποψης, «παρέμεινε ξένη» προς αυτόν όσον αφορά στο ορθόδοξο κομμάτι της. Πριν προβώ στην ανάλυση των έργων του καλλιτέχνη θέλω να σας αποκαλύψω το εξής: η φράση αυτή

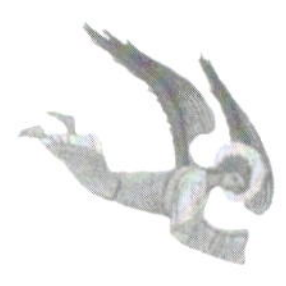

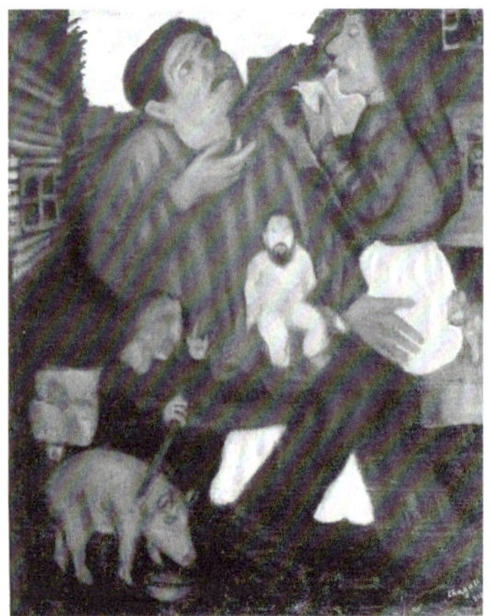

1 M. Chagall *Die Hl. Familie*, 1910
Μ. Σαγκάλ *Η Ιερή Οικογένεια*, 1910

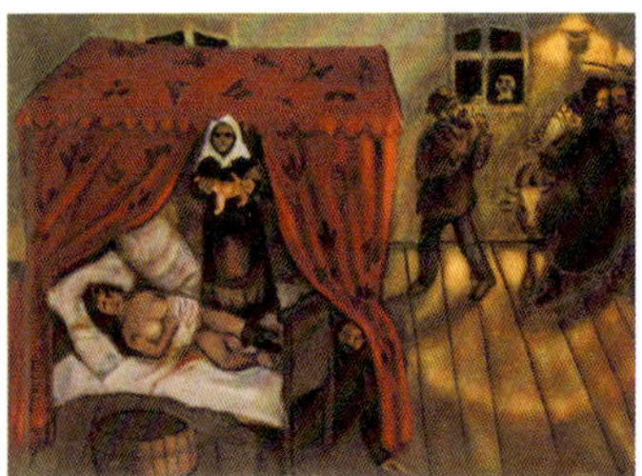

2 M. Chagall *Die Geburt*, 1910
Μ. Σαγκάλ *Η γέννηση*, 1910

Gemälde genauer betrachten. Für diese Zeichnung wie auch für zwei nachfolgend zu besprechende Gemälde, die wenig später in St. Petersburg entstanden sind, trifft zu, was Franz Meyer „Bezugspunkte" zur Kunst der Ikonen genannt hat.[5] Als solche fungieren bei Chagall ein paar Bildelemente, die das besondere Interesse des Betrachters darum auf sich ziehen, weil er sie nicht aus den vertrauten Kontexten heraus „zitiert". Sie spielen vielmehr in verfremdeter Form auf orthodoxe Vorbilder an.

So thront in *Die Hl. Familie* (Abb. 1)[6] ein bärtiges(!) Christuskind auf dem Schoß seines Vaters, der verzückt den Blick gen Himmel richtet. Die „Gottesmutter" des befremdlichen Gemäldes wendet sich desinteressiert ab, sie liest in einem Buch, während sich ein Schwein nebst Hirtin zu Füßen der Gruppe tummelt. Die augenscheinliche Verwandlung des Pantokrators ins Kindhafte, dem der fromme Augenaufschlag und der Zeigegestus des Vaters offenbar nicht gelten, hat groteske Züge. Findet der Kunststudent Chagall vielleicht in der Dekomposition orthodoxer Bildschemata den Schlüssel, um eine eigene künstlerische Bildsprache zu entfalten? Franz Meyer argumentiert in diese Richtung: „Chagall beabsichtigte keinesfalls Ikone zu schaffen; im Gegenteil: Er wollte die ‚vernünftige' Inkonografie der Ikone zerbrechen und eine Logik aus innerer Vernunft – sie hat den Anschein von Unvernunft – an ihre Stelle setzen."[7] Ein Jahr später, in Paris, wird Chagall dieselbe Bilderfindung, farblich nun ins „Fauvistische" gewendet, ikonografisch noch einmal zuspitzen: Das bärtige Christuskind springt dort mit ausladender Geste vom Schoß des Vaters, wobei ihm der Nimbus verrutscht.[8]

Zu Chagalls Hauptwerken der St. Petersburger Studienzeit gehört das Gemälde mit dem Titel *Die Geburt* (Abb. 2).[9] Im Zentrum des Gemäldes steht ein „Bild im Bild", das den Moment unmittelbar nach der Geburt eines Kindes wie ein Mysterium präsentiert. Franz Meyer erschien die Szene, in der die Hebamme das Neugeborene gleich einer rituellen Elevatio hochhebt und dabei mit einer Hand auf dessen Kopf zeigt, wie „ein barbarisches Götterbild im Schrein des Vorhangs". Der Baldachin, der die Szene überwölbt, erinnerte ihn an den „Betthimmel im Geburtsbild einer Ikone".[10] Die Vorbilder für die von Chagall geschaffenen Figuren wie auch das kompositionelle Arrangement der Szene unter dem Baldachin ist aber nicht dort, sondern im Sujet „Entschlafen der Gottesmutter" (russ.: Uspenie Bogomateri) zu

suchen, das in der orthodoxen Welt weit verbreitet ist (Abb. 3)[11]: In der Ikone erhebt sich, hoch aufgerichtet und dem Betrachter in zentraler Position frontal zugewandt, die Gestalt Christi über dem aufgebahrten Leichnam der Gottesmutter, indem er die Seele der Verstorbenen (russ.: Dusen'ka) auf seinen Händen empfängt. Die lateinisch „Assumptio animae" genannte Szene wird vom blauen Bogen des Kosmos überwölbt, während sich, zur Rechten wie zur Linken der Bahre, Heilige und die Schar der Jünger der Verstorbenen zuneigen.

Wir finden alle wesentlichen Elemente des Ikonenvorbilds, wenn auch zugegebenermaßen ins „Barbarische" (F. Meyer) bzw. ins Derb-Groteske gewendet, in Chagalls Gemälde *Die Geburt* wieder: An die Stelle der Christusgestalt tritt bei ihm die der Hebamme, die das zappelnde Neugeborene als „Seelchen" vor der Brust hält; wo in der Ikone der Korpus der entschlafenen Gottesmutter lagert, wälzt sich bei Chagall die entblößte Wöchnerin in ihrem Blut. Bei Chagall spielt die vormals trauernde Schar der Jünger eine Rolle im Hintergrund des Gemäldes: Im Lichtkegel einer schwachen Lampe drängt eine Gruppe von Bauern mitsamt ihrer Kuh ins Geburtszimmer hinein. Immerhin, der Anführer der Gruppe fordert die Nachdrängenden zum Schweigen auf – auch bei Chagall geht es um ein Geheimnis, das sich den Blicken der Unwürdigen entzieht.

Viel Fantasie haben die Kommentatoren darauf verwendet, die kauernde Gestalt eines Mannes zu deuten, der hinter der Bettkante hervorlugt. Theodor Däubler und Karl With waren sich einig, in dieser Männerfigur den „feigen" Vater des Kindes zu entdecken, der sich unter dem Wochenbett verkrochen habe und „nun herauskriecht und den Helden spielen wird" (Konrad With).[12] Dass es sich um ein literarisches Motiv handeln müsse, meinte Lucien Goldmann, wenn er in dem Kauernden die jüdisch-mythologische Figur des „Gottgesandten" verkörpert sieht, der „die Juden in entscheidenden Augenblicken ihres Lebens beobachtet und ihr Verhalten aufzeichnet".[13] Nun liegt es durchaus nahe, in dem Kauernden bei Chagall den Vater des Kindes zu vermuten. Was immer uns jedoch psychologisch oder literarisch dazu einfallen mag, auch diese Figur folgt kunstgeschichtlicher Anregung: Eine Variante des *Entschlafens der Gottesmutter*, wie sie im vergangenen Jahr auch in der Nowgorod-Ausstellung des Frankfurter Ikonen-Museums zu sehen war, bringt vermutlich den Kirchenvater Andreas von Kreta ins Bild (gest. um 720 n. Chr.), der das heilige

που ειπώθηκε από τον ίδιο τον καλλιτέχνη πρόκειται να επιβεβαιωθεί. Με άλλα λόγια: ο Σαγκάλ επωφελείται της επαφής του με την τέχνη της αγιογραφίας στην πορεία του προς μία ανεξάρτητη τέχνη.

Το σχέδιο με πένα σε χαρτί με θέμα μία *Σταύρωση* (εικ. 8) πιθανόν προέρχεται από το πρώτο έτος των σπουδών του, ίσως ήδη από το 1909.[4] Το σχέδιο θεωρείται ως το πρώτο παράδειγμα έργου του Μαρκ Σαγκάλ, που άπτεται της αγιογραφικής θεματογραφίας. Στη συνέχεια θα ασχοληθούμε πιο διεξοδικά με το σχέδιο συσχετίζοντάς το με τον πίνακα *Γολγοθάς*. Για το σχέδιο αυτό καθώς και για δύο ακόμα πίνακες, με τους οποίους θα ασχοληθούμε στη συνέχεια, και οι οποίοι δημιουργήθηκαν λίγο αργότερα στην Αγία Πετρούπολη, ισχύει αυτό που ο Φράντς Μέγιερ χαρακτήρισε ως «σημεία αναφοράς» για την τέχνη της αγιογραφίας.[5] Κάποια στοιχεία της εικόνας λειτουργούν ως τέτοια στο έργο του Σαγκάλ, και κινούν το ιδιαίτερο ενδιαφέρον του θεατή, γιατί ακριβώς δεν τα «παραθέτει» μέσα σε οικεία συμφραζόμενα. Παραπέμπουν θα έλεγε κανείς με αλλότρια μορφή σε ορθόδοξα πρότυπα.

Έτσι, στην *Ιερή Οικογένεια* (εικ. 1)[6] το γενειοφόρο θείο βρέφος κάθεται στην αγκαλιά του πατέρα του, ο οποίος στρέφει εκστασιασμένος το βλέμμα του προς τον ουρανό. Η «Θεομήτωρ» της παράδοξης αυτής εικόνας στρέφει αλλού το βλέμμα της χωρίς κανένα ενδιαφέρον, διαβάζει ένα βιβλίο, ενώ ένας χοίρος μαζί με τη βοσκό περιφέρονται στα πόδια της ομάδας. Η προφανής μετατροπή του Παντοκράτορα σε παιδί, στο οποίο δεν ταιριάζει το βλέμμα γεμάτο ευλάβεια και η χειρονομία της ευλογίας, διαθέτει τόνους γκροτέσκου. Μήπως ο φοιτητής της σχολής καλών τεχνών βρίσκει στην αποσύνθεση ορθόδοξων θεμάτων το κλειδί για την αναδίπλωση της δικής του καλλιτεχνικής γλώσσας; Ο Φραντς Μέγιερ υποστηρίζει αυτή την άποψη: «ο Σαγκάλ σε καμία περίπτωση δεν είχε την πρόθεση να δημιουργήσει μία αγιογραφία, αντιθέτως: ήθελε να διαλύσει τη «λογική» εικονογραφία της αγιογραφίας και να βάλει στη θέση της μία εσωτερική λογική που φαινομενικά μοιάζει παράλογη».[7] Ένα χρόνο αργότερα, στο Παρίσι, έχοντας στραφεί χρωματικά στον «φοβισμό» ο Σαγκάλ θα κλιμακώσει την ίδια σύλληψη: το γενειοφόρο θείο βρέφος πηδάει, με μία κεφάτη χειρονομία, από την αγκαλιά του πατέρα του, ενώ του γλιστράει το φωτοστέφανο.[8]

Στα κυριότερα έργα του Σαγκάλ από την περίοδο που φοιτούσε στην Αγία Πετρούπολη συγκαταλέγεται ο πίνακας με τίτλο *Η Γέννηση*

(Εικ. 2).[9] Στο κέντρο του πίνακα απεικονίζεται «μία εικόνα μέσα στην εικόνα», και η στιγμή αμέσως μετά τη γέννηση αποδίδεται ως Μυστήριο. Η σκηνή στην οποία η μαία σηκώνει με τελετουργική χειρονομία το νεογέννητο και ταυτόχρονα δείχνει με το χέρι της το κεφάλι του, δίνει στον Μέγιερ την εντύπωση «μίας βάρβαρης εικόνας του Θεού πίσω από το παραπέτασμα». Ο θολωτός ουρανός που καλύπτει τη σκηνή, θυμίζει τον «ουρανό της κλίνης στην απεικόνιση της γέννησης στις εικόνες».[10] Τα πρότυπα για τις μορφές που δημιούργησε ο Σαγκάλ και η συνθετική οργάνωση της σκηνής κάτω από τον θολωτό ουρανό δεν απεικονίζονται στη Γέννηση των εικόνων, αλλά πρέπει να αναζητηθούν στο θέμα "Η Κοίμηση της Θεοτόκου" (ρωσ.: Uspenie Bogomateri), ένα θέμα ιδιαίτερα διαδεδομένο στον ορθόδοξο κόσμο (Εικ. 3)[11]: Στην εικόνα τονίζεται η μορφή του Χριστού που στέκεται κατά μέτωπο στραμμένος προς τον θεατή της εικόνας πάνω από το πτώμα της Θεοτόκου που κείτεται στη νεκρική κλίνη, ενώ δέχεται στα χέρια του την ψυχή της νεκρής (ρωσ.: dusen'ka). Η σκηνή της οποίας η λατινική ονομασία είναι «Assumptio animae» καλύπτεται από το μπλε τόξο του κόσμου, ενώ στα αριστερά και τα δεξιά του φέρετρου σκύβουν οι άγιοι και πλήθος πενθούντων νέων.

Στον πίνακα του Σαγκάλ *Η Γέννηση* είναι δυνατόν να εντοπιστεί το σύνολο των βασικών στοιχείων της πρότυπης αγιογραφίας, ακόμα κι αν δεχτούμε ότι αποδίδονται με «βάρβαρο» (Φ. Μέγιερ) ή με τραχύ γκροτέσκο τρόπο: στη θέση της μορφής του Χριστού εμφανίζεται η μαία, η οποία κρατάει μπροστά από το στήθος της το νεογέννητο που σπαρταράει ως «ψυχούλα», στο σημείο όπου στη θρησκευτική εικόνα κείτεται το σώμα της νεκρής Θεοτόκου, στον πίνακα του Σαγκάλ βρίσκεται η λεχώνα μέσα στο αίμα της, ενώ το σώμα της παραμένει ακάλυπτο. Στον Σαγκάλ το πλήθος των πενθούντων νέων διαδραματίζει το δικό του ρόλο στο βάθος του πίνακα: μέσα σε μία ισχνή δέσμη φωτός που εκπέμπεται από μία λάμπα εισέρχεται στο δωμάτιο της γέννας μία ομάδα αγροτών μαζί με την αγελάδα τους . Ο οδηγός της ομάδας καλεί όσους τον ακολουθούν να σωπάσουν - και στον πίνακα του Σαγκάλ η γέννηση είναι ένα μυστήριο που πρέπει να μείνει μακριά από τα μάτια των ανάξιων.

Οι σχολιαστές χρησιμοποίησαν μεγάλες δόσεις φαντασίας για να εξηγήσουν τη μορφή ενός άνδρα που κάθεται οκλαδόν και ξεπροβάλλει πίσω από τη γωνία της κλίνης. Οι Ντάουμπλερ και Βιτ ομοφωνούν ως προς την ταύτιση της ανδρικής μορφής με τον «δειλό»

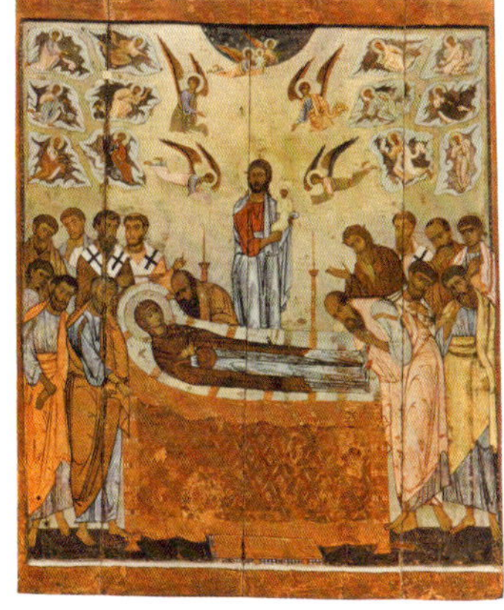

3 F. Grek *Uspenje Bogomateri (Entschlafen der Gottesmutter)*, Ende 14. Jh.

F. Grek *Uspenje Bogomateri (Κοίμηση της Θεοτόκου)*, Αγιογραφία από τα τέλη του 14[ου] αιώνα

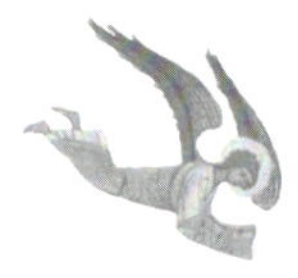

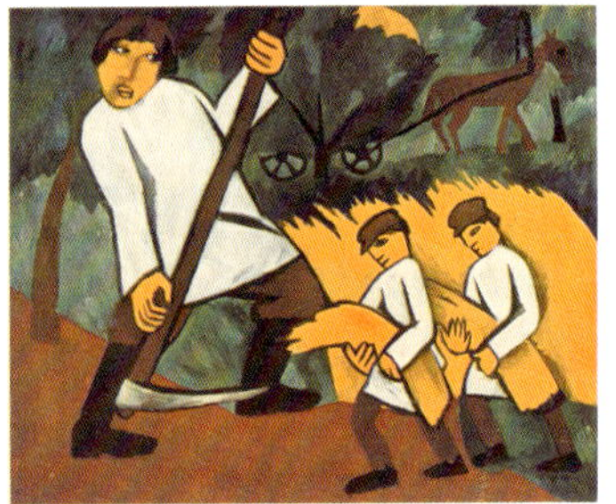

4 N. Gontscharowa *Heuernte*, 1910

N. Γκοντσαρόβα *Φερισμός,* 1910

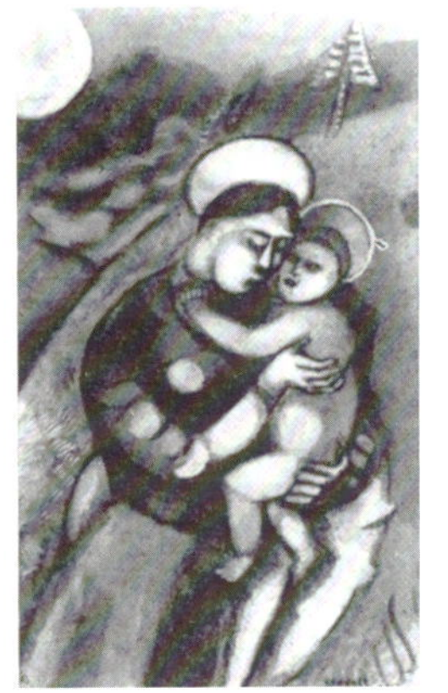

5 M. Chagall *Madonna mit Kind*, 1910

M. Σαγκάλ *Παναγία με παιδί,* 1910

Geschehen als Erster verkündet und damit die Tradition der Uspenie-Ikone begründet haben soll.[14]

Wie kam der damals 23-jährige Kunststudent dazu, sich ausgerechnet mit jener Kunsttradition Russlands zu befassen, die ihm von seinem Elternhaus und seiner jüdischen Schulbildung her fremd sein musste? Lernte er die Ikonen in den Museen von St. Petersburg kennen, vielleicht im Russischen Museum mit seiner bedeutenden Sammlung orthodoxer Kunst? Davon wird man ausgehen dürfen, wie auch Chagalls spätere Erinnerung bestätigt.[15]

Eine weitere Anregung kam hinzu. Im Frühjahr 1907 war Chagall in der Kunstschule am Moiki-Kanal aufgenommen worden, die von der *Kaiserlichen Gesellschaft zur Unterstützung der Künste* unterhalten wurde. Der Leiter der Schule hieß Nikolai Roerich (1874–1947) und gehörte zu Chagalls Lehrern. Zwar hatte sich Roerich dem modernen Stil des *Mir Iskusstwa* angeschlossen (später ging er mit Sergei P. Diaghilew und Leon Bakst, dem zweifellos bedeutenderen Lehrer Chagalls, in den Westen), in seinem Unterricht am Moiki-Kanal gehörten aber wohl Übungen zur russisch-orthodoxen Kunst zu seinen Lieblingsthemen. Schmeichelhaft ist es nicht, wenn Chagall in *Mein Leben* sich darüber lustig macht, dass Roerich „unlesbare Gedichte" geschrieben und seinen gelangweilten Studenten aus eigenen „historisch-archäologischen Büchern" vorgelesen habe.[16] Gegenstand dieser Bücher waren offenbar jene kunsthistorischen Studien, die Roerich in den Jahren 1903 und 1904 in Nowgorod, Pskow und Jaroslawl, den klassischen Zentren der Ikonenkunst, betrieben hatte. In den Gouvernements Kiew und Smolensk waren ihm daraufhin Restaurierungsaufgaben in ländlichen Kirchen anvertraut worden. Auch weisen seine eigenen Bilder, die Titel wie *Die blaue Wandmalerei* oder *Das Gotteshaus* tragen, mancherlei Bezüge zur russisch-orthodoxen Bildtradition auf. Vor allem hatte es Roerich die von Michail Wrubel (1856–1910) zur Regel erhobene „ornamentale Anordnung von Formen" angetan, die, wie wir wissen, nicht nur die damals panslawistisch geneigten Traditionalisten, sondern selbst Vertreterinnen und Vertreter der jungen Künstlergeneration, wie z. B. die spätere „Rayonistin" Natalija Gontscharowa (vgl. Abb. 4)[17] zu eigenen ikonenartigen Bildern anregte.

Man könnte vermuten, dass Marc Chagall das russisch-orthodoxe Kapitel seiner ja noch in der Entwicklung befindlichen Kunst in dem Moment zum Abschluss bringt, als er im Herbst 1910 St. Petersburg verlässt und nach Paris geht. Das ist aber keineswegs der Fall. Im Gegenteil, erst recht in der franzöischen Hauptstadt entdeckt er das russische Erbe als einen künstlerischen Fundus, mit dem er – wie kein anderer seiner vom Fauvismus und Kubismus infizierten Künstlerkollegen – wuchern kann. So kommt es, dass zu seinen bekanntesten und größten Kompositionen der Jahre 1910–1914 zwei Gemälde gehören, in denen sich Chagall erneut mit Figuren und Bildformen auseinander setzt, deren Ursprünge in der Ikonenkunst zu suchen sind.

Zuvor werfen wir einen Blick auf das Sujet der Madonna bzw. auf Gottesmutterbilder, von denen die Ostkirche wenigstens zwölf Typen kennt.[18] Immerhin drei davon spielen als unmittelbare Vorbilder für Chagalls Frühwerk ihre Rollen. Dazu gehören die so gennante *Hodegetria*[19] und, wie nachfolgend dargestellt, die *Gottesmutter Orans*. *Madonna mit Kind* heißt eine Gouache auf Papier aus dem Jahre 1911, die heute zu einer Privatsammlung in Bern gehört (Abb. 5).[20] Ein unbefangener Betrachter des Blattes könnte sich fragen, ob nicht die Szene, die eine Mutter in zärtlicher Umarmung mit ihrem Kind zeigt, als ein typisch Chagall'scher Bildvorwurf zu werten ist. So intim, so malerisch in der realistischen Auffassung, wie wir sie von Chagalls Studienzeit her kennen, ist das Blatt gehalten; zur idyllischen Landschaft des Hintergrunds gehören eine freundlich dreinschauende Sonnenscheibe, ein spielzeugartiges Tannenbäumchen am Horizont und eine Hügelkrümmung, welche die innige Szene wie ein natürlicher Baldachin überwölbt. Wären da nicht die Nimbi, welche die Köpfe von Mutter und Kind hinterfangen und damit das Vorbild der *Muttergottes des Erbarmens* (griech: Eleousa) unmittelbarer zitieren (vgl. Abb. 6).[21]

In den Jahren 1912/1913 greift Chagall bei der Formulierung der Hauptfiguren einer Zeichnung wie auch einer Gouache, die Russland bzw. Mutterschaft betitelt sind[22], auf den Ikonentyp der *Gottesmutter Orans* auf, der auch *Große Panhagia* (Allumfassende) oder *Blacherniotissa* genannt wird, weil er auf ein Muttergottesbild in der Blachernenkirche zu Konstantinopel zurückgeht. Die im russisch-orthodoxen Raum weit verbreiteten Varianten sind unter dem Namen *Muttergottes des Zeichens* (Gottesmutter Znamenie, griech.: Platytera) bekannt.[23] Die beiden kleinformatigen Arbeiten Chagalls mögen sich formal und stilistisch voneinander unterscheiden, sie haben jedoch

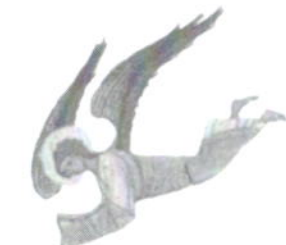

πατέρα του παιδιού ο οποίος κρύφτηκε κάτω από την κλίνη και τώρα «ξεπροβάλλει με σκοπό να παραστήσει τον ήρωα», όπως το έθεσε ο Βιτ.[12] Ο Γκόλντμαν εξέφρασε την άποψη ότι πρόκειται για λογοτεχνικό μοτίβο και βλέπει στον καθιστό άντρα την εβραϊκή μυθολογική μορφή του «απεσταλμένου του Θεού» ο οποίος «παρακολουθεί τους Εβραίους σε σημαντικές στιγμές της ζωής τους και καταγράφει τη συμπεριφορά τους».[13] Φαίνεται πιο λογικό στην περίπτωση του έργου του Σαγκάλ να υποθέσει κανείς ότι πρόκειται για τον πατέρα του παιδιού. Σε οποιεσδήποτε ψυχολογικές ή λογοτεχνικές προσεγγίσεις κι αν προβούμε το βέβαιο είναι ότι και αυτή η μορφή αντλεί πρότυπα από την ιστορία της τέχνης: μία παραλλαγή της «Κοιμήσεως της Θεοτόκου», που παρουσιάστηκε στην έκθεση για τις εικόνες του Νόβγκορόντ στο Μουσείο Εικόνων της Φρανκφούρτης τον περασμένο χρόνο, πιθανόν εισάγει στη σύνθεση τον Πατέρα της Εκκλησίας, Ανδρέα Κρήτη (ο οποίος απεβίωσε περίπου το 720 μ.Χ.) και λέγεται ότι είναι ο πρώτος που διηγείται το ιερό γεγονός της κοίμησης. Ως εκ τούτου, υποθέτουμε ότι αυτός θεμελίωσε την παράδοση της θρησκευτικής εικόνας «Uspenie».[14]

Πώς αποφάσισε ο τότε 29χρονος φοιτητής της σχολής καλών τεχνών να ασχοληθεί με εκείνη την καλλιτεχνική παράδοση της Ρωσίας η οποία του ήταν τελείως άγνωστη τόσο εξαιτίας της καταγωγής του όσο και της εβραϊκής εκπαίδευσής του; Γνώριζε άραγε τις αγιογραφίες που εκτίθονταν στα μουσεία της Αγίας Πετρούπολης, ή ίσως στο Ρωσικό Μουσείο με τη σημαντική συλλογή έργων ορθόδοξης τέχνης; Κάτι τέτοιο θα πρέπει να το θεωρήσουμε ως δεδομένο, και επιβεβαιώνεται αργότερα από τις αναμνήσεις του Σαγκάλ.[15]

Προστέθηκε ένα ακόμα ερέθισμα. Την άνοιξη του 1907 ο Σαγκάλ έγινε δεκτός στη Σχολή Καλών Τεχνών του Moiki Canal, η οποία επιχορηγούνταν από την *Αυτοκρατορική Ένωση για την Υποστήριξη των Τεχνών*. Ο διευθυντής της σχολής ονομαζόταν Νικολάι Ρέριχ (1874–1947) και υπήρξε δάσκαλος του Σαγκάλ. Ο Ρέριχ είχε ασπασθεί το μοντέρνο στιλ του *Κόσμου της Τέχνης* (αργότερα μετανάστευσε μαζί με τους Σεργκέι Ντιαγκίλεφ και Λέον Μπακστ, τον αναντίρρητα σημαντικότερο δάσκαλο του Σαγκάλ, στη Δύση), στα μαθήματα, όμως, που παρέδιδε στη σχολή πρέπει να συγκαταλέγονταν στα αγαπημένα του θέματα και ασκήσεις σχετικά με την ορθόδοξη ρωσική τέχνη. Δεν είναι ιδιαίτερα κολακευτικό το γεγονός ότι ο Σαγκάλ στο έργο του *Η*

Ζωή μου αναφέρεται περιπαιχτικά στο γεγονός ότι ο Ρέριχ έγραφε «άθλια ποιήματα» και διάβαζε στους μαθητές του αποσπάσματα από τα «ιστορικά-αρχαιολογικά του βιβλία» προκαλώντας τους πλήξη.[16] Το αντικείμενο των βιβλίων αυτών συνδεόταν προφανώς με τις έρευνες για την ιστορία της τέχνης τις οποίες διεξήγαγε ο Ρέριχ κατά τα έτη 1903 και 1904 στο Νόβγκορόντ, το Πσκοφ και το Γιαροσλάβ, τα κλασικά κέντρα τέχνης της αγιογραφίας. Ως εκ τούτου, στις περιοχές του Κιέβου και του Σμολένσκ του ανατέθηκαν εργασίες αναπαλαίωσης τοπικών εκκλησιών. Επίσης κάποιοι από τους πίνακές του οι οποίοι φέρουν τίτλους όπως *Η μπλε τοιχογραφία* ή *Ο οίκος του Θεού* παραπέμπουν στην ορθόδοξη ρωσική τέχνη. Αυτό που κυρίως συνεπήρε τον Ρέριχ ήταν η «διακοσμητική διάταξη των μορφών» την οποία ο Μιχαήλ Βρούμπελ (1856–1910) ανήγαγε σε κανόνα και η οποία, όπως γνωρίζουμε, ενέπνευσε - όχι μόνο τους οπαδούς της παράδοσης που έκλιναν προς τον πανσλαβισμό, αλλά και τους εκπροσώπους της νέας γενιάς καλλιτεχνών, όπως π.χ. τη Νατάλια Γκοντσαρόβα οπαδό αργότερα του «ραγιονισμού» (εικ. 4)[17] – με αποτέλεσμα τη δημιουργία έργων πολύ κοντά στην παράδοση της αγιογραφίας.

Θα μπορούσε κανείς να υποθέσει ότι ο Μαρκ Σαγκάλ ολοκληρώνει το ρωσικό – ορθόδοξο κεφάλαιο της εξελισσόμενης ακόμα τέχνης του τη στιγμή που το φθινόπωρο του 1910 εγκαταλείπει την Αγία Πετρούπολη για να μεταβεί στο Παρίσι. Κάτι τέτοιο, όμως, δεν ισχύει σε καμία περίπτωση. Το αντίθετο, στη γαλλική πρωτεύουσα ανακαλύπτει τη ρωσική κληρονομιά ως καλλιτεχνικό εφαλτήριο, από το οποίο εκείνος – όπως κανένας από τους συναδέλφους του που είχαν μολυνθεί από το φοβισμό και τον κυβισμό – μπορούσε να εξελιχθεί. Έτσι εξηγείται το γεγονός ότι στις γνωστότερες και μεγαλύτερες συνθέσεις του της περιόδου 1910–1914 ανήκουν δύο πίνακες στους οποίους ο Σαγκάλ πραγματεύεται για ακόμη μία φορά μορφές και εικαστικές φόρμες των οποίων τα πρότυπα μπορούν να αναζητηθούν στην τέχνη των εικόνων.

Αρχικά θα ρίξουμε μια ματιά στο μοτίβο της Παναγίας, δηλαδή στις παραστάσεις της Θεοτόκου. Η ανατολική εκκλησία γνωρίζει δώδεκα τουλάχιστον τύπους αυτής της παράστασης.[18] Τουλάχιστον τρεις από τις παραστάσεις αυτές διαδραματίζουν το δικό τους ρόλο ως άμεσα πρότυπα για το πρώιμο έργο του Σαγκάλ. Σε αυτές ανήκουν η επονομαζόμενη Οδηγήτρια[19] και, όπως παριστάνεται στη συνέχεια,

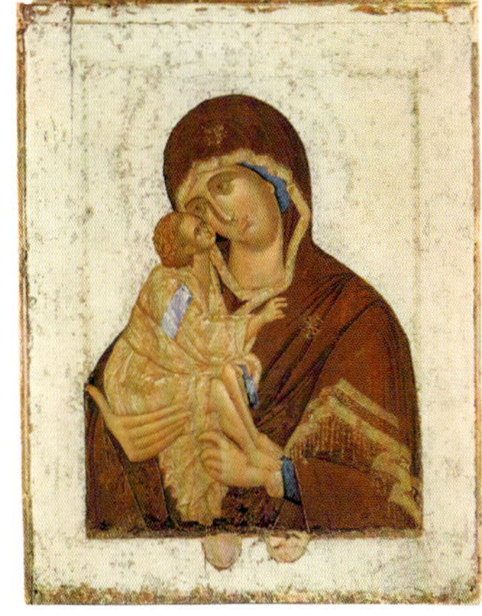

6　F. Grek *Bogomater Donskaja (Gottesmutter von Don)*, Ende 14. Jh.

F. Grek *Bogomater Donskaja (Θεοτόκος της Don)*, Αγιογραφία από τα τέλη του 14ου αιώνα

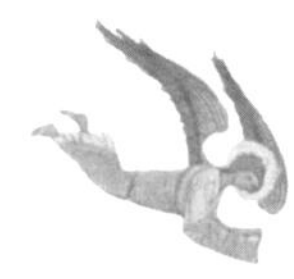

das zentrale Motiv gemeinsam: Vor dem Leib der „Schwangeren" erscheint in einem Medaillon das Bild eines aufrecht stehenden, nackten Kindes. Dem Titel nach handelt es sich dabei um die Erscheinung des Ungeborenen und spielt damit auf die ostkirchliche Theologie der Präexistenz des Logos an. Andere, vor allem dörfliche Motive sind Bildeinfälle Chagalls, die der Offenbarung des Geburtsmysteriums im Hier und Jetzt Ausdruck verleihen. Die Federzeichnung diente Chagall offenbar als detailgetreue Vorstudie zu einem großformatigen Gemälde, das zur Sammlung des Stedelijk-Museums Amsterdam gehört und *Mutterschaft (Die Schwangere)* heißt (Abb. 7).[24]

Dass die hier von Chagall geschaffene Madonna, in der Zeichnung wie im Gemälde, „direkt von russischen Ikonen mit der Darstellung der Blacherniotissa angeregt" worden sei, hat Lionello Venturi als erster vermutet.[25] Im Sinne der orthodoxen Bedeutungsperspektive nimmt die hoch aufgerichtete, dem Betrachter frontal zugewandte Mutterfigur die Mittelachse des Gemäldes ein. Mit ihrer Monumentalität weitet sie den farblich wie formal stark gegliederten Bildraum ins Kosmische hinein, sodass ihr Haupt der schmalen Mondsichel benachbart ist. Bedeutungsvoll erscheint der demonstrative Handgestus der großen Schwangeren, wie sie mit dem Zeigefinger ihrer Linken auf das Ungeborene in ihrem Leib hinweist.

Ein anderer Bildeinfall des Malers überrascht den Betrachter und irritiert zugleich: Die Madonna wird als doppelgesichtiges Mannweib vorgestellt. Für diese ikonografische Eigenheit ist in der Ikonenmalerei kein glaubwürdiges Vorbild auszumachen. Eine zentralrussische Ikone aus dem 16. Jahrhundert, die vor dem Unterleib eines geflügelten Engels den Pantokrator im Medaillon zeigt, könnte man zum Vergleich heranziehen, da wir wissen, dass diese *Vision des Hl. Petrus von Alexandria* betitelte Ikone im Oktober 1907, also zu Beginn von Chagalls Studienzeit in St. Petersburg, in der Kunstzeitschrift *Starije Gody* abgebildet worden war.[26] Die Dreiköpfigkeit der dort dargestellten, mit großen Flügeln ausgestatteten Engelsgestalt bezieht sich allerdings auf die Trinität und kann von Chagall kaum als Bildvorwurf für seine androgyne Doppelgesichtigkeit gewertet worden sein. Stattdessen finden wir in seinem eigenen Werk, und zwar in einem zwei Jahre zuvor geschaffenen Gemälde mit dem Titel *Hommage à Apollinaire*[27], eine doppelgeschlechtliche Gestalt, die nahe legt, dass wir es auch im Gemälde *Mutterschaft* mit einem originären Bildeinfall des

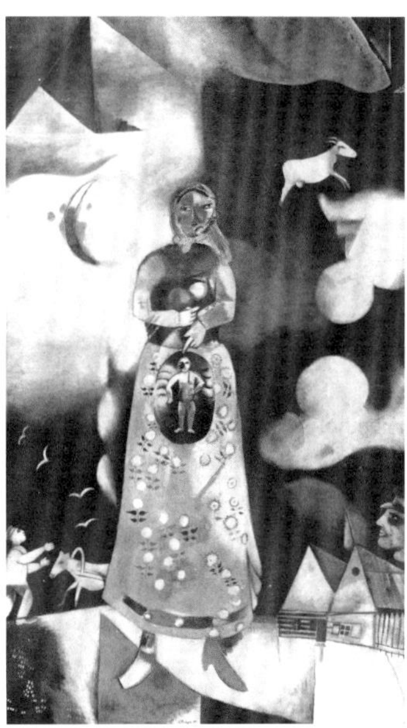

7 M. Chagall *Mutterschaft (Die Schwangere)*, 1913

Μ. Σαγκάλ *Μητρότητα (Η κυοφορούσα)*, 1913

Künstlers zu tun haben. Dafür spricht, dass das Motiv des Kindes im Spannungsfeld zwischen Mutter und Vater als Schlüsselthema in Chagalls Gemälde *Golgatha* zu deuten ist.

In *Golgatha* von 1912 (ursprünglich trug das Gemälde den Titel *Christus gewidmet*), das heute zur Sammlung des Modern Art Museums New York gehört (Abb. 9)[28], findet Chagalls künstlerische Auseinandersetzung mit der orthodoxen Kunsttradition seiner russischen Heimat einen Höhepunkt, der an künstlerischer Qualität alle übrigen der hier vorgestellten Werke überragt. Die eindrucksvoll konzipierte farbige Fassung des bis dahin umfänglischsten Gemäldes des Künstlers lässt uns heute das Werk als eines der bedeutendsten Gemälde aus der Pariser Zeit von 1914 bis 1917 überhaupt erscheinen. Vieles daran – die fantastische Szenerie, der bildnerische Erfindungsreichtum und, nicht zuletzt, die Strahlkraft der Farbkontraste – erstaunen den Betrachter.

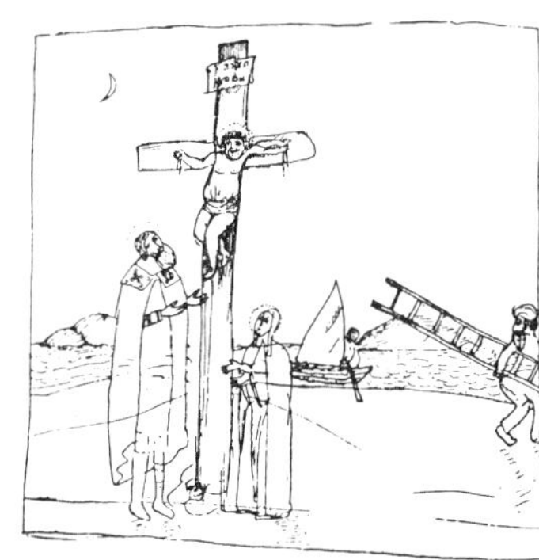

8 M. Chagall *Kreuzigung*, 1908/09

Μ. Σαγκάλ *Σταύρωση*, 1908/09

Die Ikonografie des Gemäldes hatte Chagall in einer schon erwähnten Federzeichnung aus dem Jahr 1908 oder 1909, die den Titel *Kreuzigung* trägt, in zahlreichen Einzelheiten bereits vorgebildet (Abb. 8).[4] Auch die kompositionelle Anlage gleicht der des Gemäldes. Der Anlass für die Entstehung der Federzeichnung ist zweifellos in Chagalls „Paraphrasen" zu russisch-orthodoxen Bildwerken zu suchen. Die streng frontal platzierte Kreuzigungsgruppe mit dem ans Kreuz gehängten Korpus, zwei akklamierenden Assistenzfiguren, Stigmata an Händen und Füßen und tropfendes Blut – selbst die Kreuzesinschrift und (wenn auch, im Sinne der insgesamt flüchtig angelegten Zeichnung, lediglich angedeutet) der Adamsschädel am Fuß des Kreuzes und die Hügellinie der Schädelstätte lassen erkennen, dass der Künstler das Inventar einer orthodoxen Kreuzigungsikone sehr wohl kennt. Der bestimmte Typus einer Kreuzigungsikone ist allerdings nicht auszumachen, wie auch der insgesamt unprätentiös realistische Stil der Zeichnung mit der formalen Eleganz einer klassi-

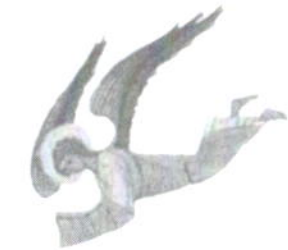

η «Θεοτόκος Orans» (σε στάση προσευχής). *Παναγία βρεφοκρατούσα* ονομάζεται μία υδατογραφία σε χαρτί του 1911, η οποία σήμερα ανήκει σε ιδιωτική συλλογή στη Βέρνη (εικ. 5).[20] Ένας θεατής με διευρυμένους ορίζοντες θα μπορούσε να αναρωτηθεί αν η σκηνή που παριστάνει μία μητέρα σε τρυφερό εναγκαλισμό με το παιδί της, μπορεί να αξιολογηθεί ως τυπικό εικαστικό δείγμα του Σαγκάλ. Το έργο είναι τόσο οικείο, με ένα ύφος τόσο ρεαλιστικά ζωγραφικό, όπως το γνωρίζουμε από την περίοδο των σπουδών του Σαγκάλ. Στο ειδυλλιακό τοπίο του βάθους διακρίνονται ένας ήλιος, ένα μικρό έλατο στον ορίζοντα που μοιάζει με παιχνίδι και ένα ύψωμα που καλύπτει τη σκηνή σαν φυσικός θόλος. Τα φωτοστέφανα που καλύπτουν το πίσω μέρος της κεφαλής της μητέρας και του παιδιού είναι τα μόνα στοιχεία που παραπέμπουν άμεσα στο πρότυπο της «Θεοτόκου του Ελέους», στα Ελληνικά «Ελεούσα» (εικ. 6).[21]

Κατά την περίοδο 1912–1913 ο Σαγκάλ χρησιμοποιεί κατά την επεξεργασία των κύριων μορφών ενός σχεδίου και μίας υδατογραφίας, η οποία τιτλοφορείται Ρωσία και Μητρότητα[22], τον εικονογραφικό τύπο της «Θεοτόκου Orans», που ονομάζεται και «Μεγάλη Παναγία» ή «Βλαχερνιώτισσα», επειδή ανάγεται στην εικόνα της Θεοτόκου στην Εκκλησία των Βλαχερνών στην Κωνσταντινούπολη. Οι παραλλαγές που είναι ιδιαίτερα διαδεδομένες στον ορθόδοξο ρωσικό χώρο είναι γνωστές με την ονομασία «Θεοτόκος Πλατυτέρα» (Θεοτόκος Znamenie).[23] Τα δύο μικρού μεγέθους έργα του Σαγκάλ μπορεί να διαφέρουν μεταξύ τους από μορφολογική και τεχνοτροπική άποψη, το κεντρικό μοτίβο, όμως, είναι κοινό: μπροστά από το σώμα της «κυοφορούσας» εμφανίζεται σε μετάλλιο η εικόνα του όρθιου γυμνού βρέφους. Σύμφωνα με τον τίτλο πρόκειται για την εμφάνιση του αγέννητου και παραπέμπει στο δόγμα της ανατολικής εκκλησίας περί του προϋπάρχοντος Λόγου. Κάποια άλλα, κυρίως αγροτικά, μοτίβα είναι επινοήσεις του Σαγκάλ, που δίνουν έκφραση στην αποκάλυψη του μυστηρίου της Γέννησης στον παρόντα τόπο και χρόνο. Το σχέδιο με πένα χρησίμευε στον Σαγκάλ προφανώς ως λεπτομερές προσχέδιο ενός πίνακα μεγάλου μεγέθους που ανήκει στη συλλογή του Μουσείου Στέντελικ στο Άμστερνταμ και ονομάζεται *Μητρότητα (Η κυοφορούσα)* (εικ. 7).[24]

Πρώτος ο Λιονέλο Βεντούρι υπέθεσε ότι η Παναγία του Σαγκάλ, τόσο στο σχέδιο όσο και στον πίνακα, «εμπνέεται απευθείας από τις ρωσικές αγιογραφίες με θέμα την Παναγία των Βλαχερνών».[25]

Στα πλαίσια της ορθόδοξης προοπτικής, σύμφωνα με την οποία το μέγεθος υποδηλώνει τη σημασία του προσώπου, η φιγούρα της Θεομήτορος που είναι στραμμένη μετωπικά προς τον θεατή καταλαμβάνει τον κεντρικό άξονα του πίνακα. Με τη μνημειακότητά της εισάγει τον χρωματικά και μορφολογικά έντονα διευθετημένο εικαστικό χώρο στον κοσμικό χώρο, έτσι ώστε η κεφαλή της να πλησιάζει το μικρό φεγγάρι. Η δεικτική χειρονομία της ευμεγέθους κυοφορούσας έχει ιδιαίτερη σημασία, παραπέμπει με τον δείκτη του αριστερού της χεριού στο αγέννητο που βρίσκεται στη μήτρα της.

Ένα άλλο εικαστικό εύρημα του ζωγράφου αιφνιδιάζει και ταυτόχρονα ενοχλεί τον θεατή: Η Παναγία παριστάνεται σαν διπλοπρόσωπη ανδρόγυνη μορφή. Για την εικονογραφική αυτή ιδιομορφία δεν μπορούμε να βρούμε πειστικό πρότυπο. Για τη σύγκριση, θα μπορούσε κανείς να χρησιμοποιήσει μία αγιογραφία του 16ου αιώνα που προέρχεται από την κεντρική Ρωσία και παριστάνει μπροστά από το υπογάστριο ενός φτερωτού αγγέλου τον Παντοκράτορα σε μετάλλιο, καθώς γνωρίζουμε ότι η αγιογραφία με τίτλο *το όραμα του Αγίου Πέτρου Αλεξανδρείας* δημοσιεύθηκε τον Οκτώβριο του 1907, δηλαδή στην αρχή των σπουδών του Σαγκάλ, στο περιοδικό τέχνης «Starije Gody».[26] Η τρικέφαλη αγγελική μορφή με τα μεγάλα φτερά που παριστάνεται εκεί παραπέμπει βέβαια στην Αγία Τριάδα και μάλλον δεν μπορεί να θεωρηθεί ως πρότυπο για την ανδρόγυνη δικέφαλη μορφή του Σαγκάλ. Αντ' αυτού βρίσκουμε στο έργο του καλλιτέχνη και μάλιστα σε έναν πίνακα που δημιούργησε δύο χρόνια νωρίτερα με τον τίτλο *Τιμή στον Απολιναίρ*[27], μία ερμαφρόδιτη μορφή, η οποία μας οδηγεί στην πεποίθηση ότι και στον πίνακα *Μητρότητα* πρόκειται για πρωτότυπο εικαστικό εύρημα του καλλιτέχνη. Σε αυτό συνηγορεί και το γεγονός ότι το μοτίβο του παιδιού στον πίνακα του Σαγκάλ «Γολγοθάς» βρίσκεται ως θέμα-κλειδί στο πεδίο μεταξύ μητέρας και πατέρα.

Στον Γολγοθά του 1912 (αρχικά ο πίνακας έφερε τον τίτλο *Αφιερωμένος στον Χριστό*), ο οποίος σήμερα βρίσκεται στη συλλογή του Μουσείου Μοντέρνας Τέχνης της Νέας Υόρκης (εικ. 9)[28], η καλλιτεχνική ενασχόληση του Σαγκάλ με την ορθόδοξη καλλιτεχνική παράδοση της πατρίδας του φτάνει στην κορύφωσή της, υπερβαίνοντας σε καλλιτεχνική ποιότητα όλα τα υπόλοιπα έργα που παρουσιάζονται εδώ. Η εντυπωσιακά δομημένη χρωματική σύλληψη του μέχρι τότε μεγαλύτερου πίνακα του καλλιτέχνη μας κάνει να

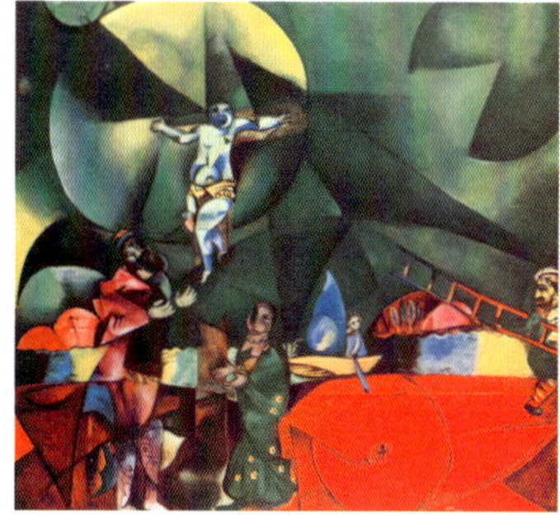

9 M. Chagall *Golgatha,* 1912
Μ. Σαγκάλ *Γολγοδάς,* 1912

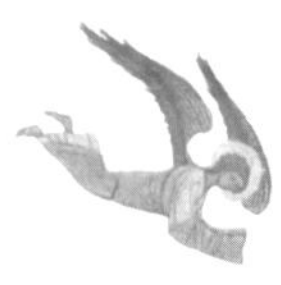

schen Kreuzigungsikone schwerlich vergleichbar ist.[29]

So unbezweifelbar die Motive der Chagall'schen *Kreuzigung* an orthodoxes Bildmaterial erinnern, so wenig „wörtlich" wollen die Zitate genommen werden. Im Gegenteil, Chagall greift kühn in den vorgegebenen Bildbestand ein: Er führt traditionsfremde Figuren wie den leitertragenden Gnom am rechten Bildrand oder den an das Ufer eines Sees anlegenden Bootsfahrer ein, drängt damit die Kreuzigungsgruppe aus der beherrschenden Mittelstellung heraus und tauscht überdies – indem er die orthodoxe Regel bricht – beide Figuren unter dem Kreuz gegeneinander aus. Zugleich differenziert er sie in ihren Größenverhältnissen beträchtlich. Das übergroße Mannsbild trägt einen Vollbart, damit weicht der Künstler vom vertrauten Bild des Johannes unter dem Kreuz ab. Eine fantastische Landschaft mit See und Inseln im Hintergrund dient Chagall als autonomer Illusionsraum.

Die größte künstlerische Freiheit gegenüber den mutmaßlichen Ikonenvorbildern, wie sie Chagall aus der eigenen Zeichnung in die Gestaltung seines Gemäldes übernimmt, besteht darin, dass sich der Korpus des Gekreuzigten in den eines Kindes verwandelt. Diese ikonografische Eigentümlichkeit wird auch in der Kommentarliteratur zu *Golgatha* nirgends verkannt. Dabei wird gerne auf eine Äußerung Chagalls aus dem Jahr 1949 Bezug genommen, wonach er die „symbolische Figur" Christi „als unschuldiges Kind" habe zeigen wollen.[30] Man versteht gut, dass diese erstaunliche Bilderfindung zu mancherlei Spekulationen geführt hat, die mal psychologisch „Kind und unschuldiges Leiden", ein andermal archetypisch – das Kind als „eidolon", als Bild der Seele[31] – zusammendenken, stets im Bewusstsein, dass man es hier doch mit einer Kreuzigungsszene zu tun hat. Eben darin steckt das Problem: Gegenüber der vorangegangenen Zeichnung löscht der Maler in *Golgatha* nahezu alle Bildelemente, wie sie der Kenner orthodoxer Tradition mit einer Kreuzigungsikone verbindet: Stigmata und Blutstropfen, der Adamsschädel am Kreuzesfuß, das Epigramm – das alles kennt die Gemäldefassung nicht mehr. Auch tragen die Figuren keine Nimbusse. Schließlich greift die farbliche Komposition des Gemäldes kräftig ein, indem es das Kreuz in grüne und braune Farbfetzen zerlegt, sodass es wie entmaterialisiert erscheint. Der unbefangene Betrachter erkennt ein blaufarbenes Kind, das mit ausgebreiteten Armen von oben herabschreitet. Einbeschrieben der überdimensionalen Mond- oder Sonnenscheibe

wird das Kind schwebend, nicht aber hängend vorgestellt. Auch hier kommt unserer Deutung ein Wort des Malers zu Hilfe, das Franz Meyer überliefert hat. Marc Chagall, vor 1961: „In genauem Sinn war da kein Kreuz, bloß ein blaues Kind in der Luft. Das Kreuz interessierte mich weniger."[32]

Wenn nun der „Gekreuzigte" ein herabsteigendes Kind darstellt, finden wir dann vielleicht über die Betrachtung des Paares unter dem Kreuz den Schlüssel zu seiner Deutung? Das einem Mönch ähnelnde Mannsbild wird uns, in der kantigen Form seines rot-blauen Gewandes wie innerlich erregt, mit himmelndem Blick und pathetisch anmutender Gestik vorgeführt. Ein Meditierender, ein visionärer Seher vielleicht? Ihm gegenüber umspielt die Frauengestalt ein weich fallendes Kleid in sattem Grün mit Blütenmuster. Ihre Gestalt ist sehr viel kleiner als die des Mannes. Wie sie ihre Hände öffnet und die Brust entblößt, bietet sie sich dem herbschreitenden Knaben zum Stillen an.

Die figürliche, physiognomische wie auch psychologische Zeichnung des Paares durch den Maler lassen erkennen, dass er hier dem Betrachter das Bild seiner eigenen Eltern vorstellt. So sehr sich die hoch gewachsene, schlanke Gestalt des Vaters Zahar, der einen Vollbart trug, von der sehr viel kleineren und vollschlanken Figur Feigaltas, der Mutter des Künstlers, unterschied, von so gegensätzlicher Natur hat Chagall, in Gemälden, Zeichnungen wie auch in *Mein Leben*, die Charaktere der beiden beschrieben. Den Vater, Sohn eines Synagogenvorstehers, kannte Marc als einen frommen, einen ernsten, auch ein schwermütigen Mann. Als energisch hingegen, geschäftig und gesprächig, stets zupackend ihren Kindern und dem Gemischtladen der Familie zugetan, schildert uns Chagall die Mutter. Der Vergleich mit einer Gouache des Künstlers aus demselben Jahr illustriert diese Sicht auf die Eltern (Abb. 10).[33] Das Bild des ungleichen Paares der Eltern, das bezeichnenderweise durch den Schadchen, den Heiratsvermittler, zusammenfand, transzendiert Chagall in *Golgatha* zum Symbol einer widersprüchlichen Einheit, die er im Bild des blauen Kindes metaphorisch auf sich selbst zu beziehen scheint.

Dass das Gemälde auf geheimnisvolle Weise vom Licht der Farben durchleuchtet wird, sodass Figuren und Landschaft wie verzaubert erscheinen – dass das Gemälde mit kräftig leuchtenden Farben gemalt ist, kam bisher noch gar nicht zur Sprache. *Golgatha* baut sich auf dem Komplementärkontrast zwischen Rot und Grün auf. Der wirkt,

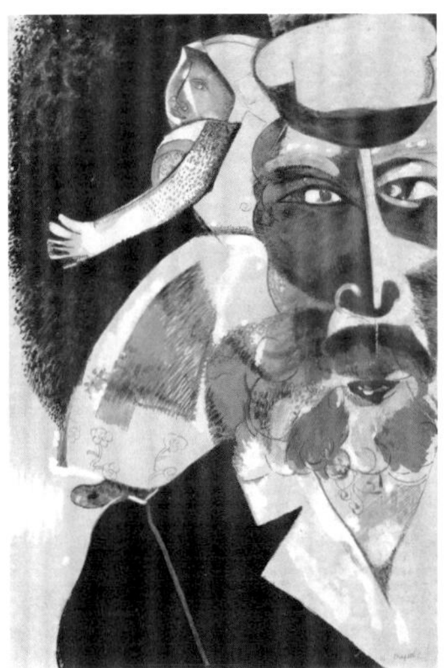

10 M. Chagall *Die Eltern*, 1912
Μ. Σαγκάλ *Οι γονείς*, 1912

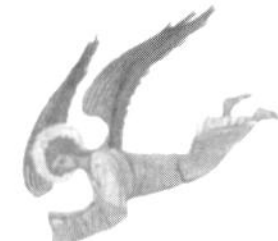

τον αξιολογούμε ως έναν από τους σημαντικότερους πίνακες της εποχής του Παρισιού, από το 1914 έως το 1917. Πολλά στοιχεία του – το φανταστικό σκηνικό, ο πλούτος των εικαστικών ευρημάτων και η ακτινοβολία των χρωματικών αντιθέσεων – εντυπωσιάζουν τον θεατή.

Τα εικονογραφικά στοιχεία του πίνακα είχαν αποδοθεί από τον Σαγκάλ με πολλές λεπτομέρειες σε ένα σχέδιο με πένα του έτους 1908 ή 1909 στο οποίο έχουμε ήδη αναφερθεί και τιτλοφορείται *Σταύρωση* (εικ. 8).[4] Και η σύνθεση είναι παρόμοια με αυτή του πίνακα. Η έμπνευση για τη δημιουργία του σχεδίου πρέπει αναμφίβολα να αναζητηθεί στις «Παραφράσεις» του Σαγκάλ στα ρωσικά – ορθόδοξα έργα. Η ομάδα της σταύρωσης που είναι τοποθετημένη σε αυστηρά μετωπική στάση με το σώμα κρεμασμένο στο σταυρό, οι δύο βοηθητικές μορφές, τα στίγματα στα χέρια και τα πόδια και το αίμα που στάζει – ακόμα και η επιγραφή του σταυρού και (παρά το γεγονός ότι γίνεται απλή αναφορά εξαιτίας του γρήγορου σχεδιασμού) το κρανίο του Αδάμ στη βάση του σταυρού και ο λόφος του τόπου των κρανίων, μας κάνουν να αντιληφθούμε ότι ο καλλιτέχνης γνωρίζει πολύ καλά το τυπικό της ορθόδοξης εικόνας της σταύρωσης. Δεν είναι εφικτή η αναγνώριση του ακριβούς τύπου της αγιογραφίας της σταύρωσης και δύσκολα μπορούμε να προβούμε σε συγκρίσεις ανάμεσα στο ανεπιτήδευτο σε γενικές γραμμές ρεαλιστικό στιλ του σχεδίου και την τυπική κομψότητα μίας κλασικής εικόνας σταύρωσης.[29]

Όσο αναμφισβήτητη είναι η προέλευση των μοτίβων της *Σταύρωσης* του Σαγκάλ από ορθόδοξο εικαστικό υλικό, τόσο λιγότερο «κυριολεκτικά» θα πρέπει να αντιμετωπίσουμε την απόδοσή τους. Αντίθετα ο Σαγκάλ επεμβαίνει τολμηρά στο ήδη υπάρχον εικαστικό υλικό: εισάγει φιγούρες ξένες προς την παράδοση, όπως τη μορφή ενός νάνου που κουβαλάει μία σκάλα στο δεξί άκρο της εικόνας ή τον βαρκάρη στην όχθη μίας λίμνης, εξωθεί κατ' αυτόν τον τρόπο την ομάδα της σταύρωσης από την κυρίαρχη κεντρική της θέση και πέρα από αυτό σπάζοντας τον ορθόδοξο κανόνα – αλλάζει τις δύο φιγούρες κάτω από τον σταυρό. Ταυτόχρονα τις διαφοροποιεί σε μεγάλο βαθμό όσον αφορά στο μέγεθος. Η υπερμεγέθης εικόνα του άντρα φέρει γενειάδα, με τον τρόπο αυτό ο καλλιτέχνης αποκλίνει από τη γνωστή εικόνα του Ιωάννη κάτω από τον σταυρό. Το φανταστικό τοπίο με τη λίμνη και τα νησιά στο βάθος χρησιμεύει στον Σαγκάλ ως αυτόνομος φανταστικός χώρος.

Η μεγαλύτερη καλλιτεχνική ελευθερία απέναντι στα πιθανά αγιογραφικά πρότυπα και στον τρόπο που ο Σαγκάλ τα παραλαμβάνει από το σχέδιό του για τη διαμόρφωση του πίνακα βρίσκεται στο γεγονός ότι το πτώμα του εσταυρωμένου μεταμορφώνεται στο σώμα ενός παιδιού. Η εικονογραφική αυτή ιδιομορφία δεν παραβλέφθηκε από την κριτική που ασχολήθηκε με τον *Γολγοθά*. Γίνεται συχνά αναφορά στη δήλωση του ίδιου του Σαγκάλ, το έτος 1949, σύμφωνα με την οποία επιθυμούσε να αποδώσει τη «συμβολική φιγούρα» του Χριστού «ως αθώο παιδί».[30] Είναι κατανοητό το γεγονός ότι αυτή η εκπληκτική εικαστική σύλληψη οδήγησε σε ποικίλες υποθέσεις, οι οποίες την προσεγγίζουν άλλοτε από ψυχολογικής άποψης και βλέπουν ένα «παιδί που βασανίζεται άδικα» και άλλοτε αρχετυπικά – το παιδί ως «είδωλο» ως εικόνα της ψυχής[31] – έχοντας πάντα υπόψη τους ότι πρόκειται για μία σκηνή σταύρωσης. Εκεί ακριβώς εντοπίζεται το πρόβλημα: σε σχέση με το σχέδιο, ο ζωγράφος διαλύει στον *Γολγοθά* σχεδόν όλα τα εικαστικά στοιχεία τα οποία ο γνώστης της ορθόδοξης παράδοσης συνδέει με μία εικόνα σταύρωσης: στίγματα και σταγόνες αίματος, το κρανίο του Αδάμ στη βάση του σταυρού, το επίγραμμα – όλα αυτά δεν περιλαμβάνονται στη σύνθεση της εικόνας. Οι μορφές εξάλλου δε φέρουν φωτοστέφανο. Και τέλος η χρωματική σύνθεση του πίνακα επεμβαίνει διαλύοντας το σταυρό σε πράσινα και καφέ μέρη, έτσι ώστε να φαντάζει εξαϋλωμένος. Ο ανεπηρέαστος θεατής αναγνωρίζει ένα μπλε παιδί, το οποίο κατεβαίνει προς τα κάτω με απλωμένα χέρια. Εγγεγραμμένο στο υπερμέγεθες φεγγάρι ή ήλιο το παιδί παριστάνεται αιωρούμενο όχι όμως κρεμάμενο. Στην κατανόηση του έργου συμβάλλουν και σε αυτή την περίπτωση κάποιες δηλώσεις του ίδιου του ζωγράφου που μας παραδίδονται από τον Φρανς Μέγιερ. Ο Μαρκ Σαγκάλ δηλώνει, πριν το 1961: «στην πραγματικότητα δεν υπήρχε σταυρός, μόνο ένα μπλε παιδί στον αέρα. Ο σταυρός με ενδιέφερε λιγότερο».[32]

Αν, λοιπόν, ο «Εσταυρωμένος» παριστάνει ένα αιωρούμενο παιδί μήπως παρατηρώντας το ζευγάρι κάτω από το σταυρό μπορούμε να βρούμε το κλειδί της ερμηνείας; Η εικόνα του άνδρα που θυμίζει μοναχό μας παρουσιάζεται με τη γωνιώδη απόδοση του κόκκινου-μπλε ενδύματός του σε εσωτερική διέγερση, με το βλέμμα στραμμένο προς τον ουρανό κάνοντας ταυτόχρονα μία μεγαλειώδη χειρονομία. Ένας άντρας που διαλογίζεται, ίσως ένας οραματιστής μάντης; Απέναντί του η γυναικεία φιγούρα, καλύπτεται από ένα βαθύ

wie wir von Henri Matisse wissen, auf das Auge „wie ein Gong". Ein aufwändiges Vokabular an geometrischen und sphärischen Dreiecken, Kreisen, Kreissegmenten zerlegt das Gemälde in ein rhythmisch bewegtes Gefüge transparenter Farbflächen. Marc Chagall schließt sich damit den Farbuntersuchungen seines Malerfreundes Robert Delaunay (1885–1941) an. Dessen künstlerische Zielsetzung, wonach reine, eigengesetzliche Farben sich mit der eigengesetzlichen Form so verbinden, damit sich das Rhythmische unmittelbar mit dem Melodischen vermählt, prägt die Farbgestalt von *Golgatha*. Die expressionistische Sicht, wie sie sich in einer Bemerkung von Jacob Tugendhold über die „feurig-blutige Kreuzigung" ausspricht[34], verkennt das farbkünstlerische Konzept des Bildes. Wenn man es mit der ikonografischen Analyse verknüpft, weist es über die formale Erfindung des Künstlers hinaus. Die komplementäre Einheit, „Harmonie als Einheit von Kontrasten" (ein Satz von Georges Seurat), trifft auf das Paar unter dem Kreuz nicht weniger als auf die Farbkomposition zu.

Kaum ein Kommentar zu diesem Gemälde verzichtet darauf, Chagalls Bemerkung von 1949 im Gespräch mit Isaak Kloomok anzuführen, wonach er (Chagall) in *Golgatha* die eigenen Eltern sehe und sie „als Modelle für die ewige Vater- und Mutteridee" verwendet habe.[35] Falsch ist das freilich nicht, für den Versuch einer metaphorischen Deutung des geheimnisvollen Bildes bleibt der Satz jedoch marginal. Vielleicht ist der Schlüssel zum besseren Verständnis des Gemäldes darin zu erkennen, dass er sich selbst mit diesem Gemälde als Wanderer zwischen Ost und West, dass er seine persönliche und künstlerische Existenz in einer polaren, chassidisch gesagt, in der dialogischen Situation des „Ich und Du" (Martin Buber) zu begreifen gelernt hat. Neben anderen, nicht immer überzeugenden Versuchen, den eigenen Stil, sich in der französischen Hauptstadt als originärer Künstler zu etablieren, führte Marc Chagall – neben anderen Spuren, man denke an seine damalige Berührung mit dem Fauvismus oder dem Kubismus – die Kühnheit im Umgang mit der Ikonentradition seiner russischen Heimat auf einen Weg, der sich schließlich als unumkehrbar erwiesen hat. Chagall hat seine Auseinandersetzung mit orthodoxem Bildmaterial als einen Bruch verstanden, wenn er in demselben Gespräch mit Kloomok sagt: When I painted this picture in Paris (gemeint ist *Golgatha*) I was freeing myself psychologically from the conception of the icon painters and from Russian art generally.[36] *Gol-*

gatha muss man nicht als den künstlerischen Höhepunkt der Begegnung Chagalls mit der russisch-orthodoxen Kunst ansehen, mit dem Gemälde leistete er aber einen bemerkenswerten Beitrag zur jungen Pariser Kunstszene, indem er einen eigenen künstlerischen Weg beschreitet.

Dr. Udo Liebelt

1 Eine erste systematische Bearbeitung der fraglichen Werke findet sich in der Dissertation des Verfassers dieses Beitrags: Udo Liebelt: *Marc Chagall und die Kunst der Ikonen. Theologisch-ikonologische Untersuchung des Auftretens russisch-orthodoxer Bildelemente im Frühwerk Marc Chagall.* Inauguraldissertation, Marburg o. J. (1972).

2 Engl. Übers. des in franz. Sprache gehaltenen Vortrags, in Heywood, R. B.: *The Works of the Mind.* Chicago und London 1966, S. 22. Vgl. auch Chagalls Bekenntnis gegenüber Jacques Lassaigne: „Mon coeur se calmait avec les icones." In: *Jacques Lassaigne: Chagall*, Paris 1957, S. 20–22.

3 Eduardo Roditi: *Dialoge über Kunst.* Aus dem Englischen übertragen von A. E. Leroy. Wiesbaden 1960, S. 38.

4 Marc Chagall: *Kreuzigung* 1908/09, FZ/P, verschollen. Abb. entn.: Franz Meyer: *Marc Chagall, Leben und Werk.* Köln, 1961, S. 172.

5 F. Meyer, a. a. O., S. 91.

6 *Die Heilige Familie* 1910, ÖLw 76x63,5 cm. Abb. entn.: F. Meyer, a. a. O., S. 75.

7 F. Meyer, a. a. O., S. 91.

8 Abb. in F. Meyer, a. a. O., Bildkatalog Nr. 130, sowie in: Udo Liebelt: *Marc Chagall und die Kunst der Ikonen. Theologisch-ikonologische Untersuchung des Auftretens russisch-orthodoxer Bildelemente im Frühwerk Marc Chagalls.* Inauguraldissertation, Marburg o. J. (1972), Abb. 10 .

9 Abb. entn.: F. Meyer, a. a. O., S. 89.

10 F. Meyer, a. a. O., S. 88.

11 Abb. 3: Ikone von Feofan Grek, Ende 14. Jh, entn.: Konrad Onasch: *Ikonen*, Gütersloh 1961, Tf. 14 und S. 349f.

12 Konrad With: *Marc Chagall.* In: *Die Junge Kunst*, H. 35, Leipzig 1923, S. 9., sowie schon zuvor bei Theodor Däubler: *Marc Chagall.* In: *Jahrbuch der jungen Kunst*, Leipzig 1920, S. 57f.

13 Lucien Goldmann: *Zu den Bildern Chagalls, Überlegungen eines Soziologen.* In: *Neue Rundschau* 1967, H. 1, S. 66.

14 Vgl. Konrad Onasch: *Liturgie und Kunst der Ostkirche in Stichworten, unter Berücksichtigung der Alten Kirche.* Leipzig 1981, S. 102–104.

15 Vgl. Udo Liebelt: *Marc Chagall im Gespräch*, in: *Marc Chagall, Himmel und Erde. Druckgraphik und andere Werke*, Verzeichnis der Bestände des Sprengel Museum Hannover, bearb. und kommentiert von Udo Liebelt. Hannover 1996, S. 276f.

16 M Chagall: *Mein Leben.* Stuttgart 1959, S. 86.

17 N. Gontscharowa: *Heuernte 1910*, ÖLw 117,7 x 98 cm, Abb. entn.: Camilla Gray: *Die russische Avantgarde der modernen Kunst 1863–1922*, Köln 1963, Tf. III. Vgl. auch Tf. IV, VII und Abbn. Nr. 54, 56 und 66; Zum Neobyzantinismus in der russischen Kunst vor und nach der Jahrhundertwende vgl. U. Liebelt: *Marc Chagall und die Kunst der Ikonen*, a. a. O., S. 44–50.

18 Vgl. K. Onasch, a. a. O., S. 141–146.

19 Man vgl. z. B. Chagalls Gouache *Madonna mit Kind* von 1911, abgebildet in U. Liebelt: *Marc Chagall und die Kunst der Ikonen*, a. a. O., S. 60 f., mit der *Gottesmutter von Smolensk* aus der Schule von Vologna (14. Jh.), Abb. in K. Onasch: *Ikonen*, a. a. O., Tf. 69.

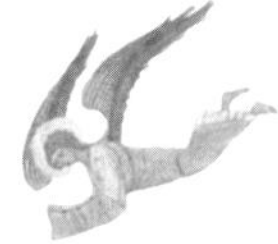

πράσινο φόρεμα με άνθη που πέφτει απαλά. Η μορφή της είναι πολύ μικρότερη από αυτή του άνδρα. Ανοίγει τα χέρια της αποκαλύπτοντας το στήθος της και το προσφέρει στο παιδί που κατεβαίνει για να θηλάσει.

Η σχηματική, φυσιογνωμική και ψυχολογική απεικόνιση του ζευγαριού από τον ζωγράφο μας επιτρέπουν να καταλάβουμε ότι παρουσιάζει στον θεατή την εικόνα των γονιών του. Όσο διαφέρει η ψηλή λεπτή μορφή του γενειοφόρου πατέρα Ζάχαρ από την πολύ κοντύτερη και γεμάτη φιγούρα της Φέιγκα-Ιτά, της μητέρας του καλλιτέχνη, τόσο διαφορετικούς περιέγραφε ο Σαγκάλ σε πίνακες, σχέδια καθώς και στο βιβλίο *Η ζωή μου* τους χαρακτήρες των γονιών του. Ο Μαρκ γνώρισε τον πατέρα του, γιο ενός επικεφαλής της συναγωγής ως ευσεβή, σοβαρό και μελαγχολικό άντρα. Αντίθετα ο Σαγκάλ περιγράφει τη μητέρα του ενεργητική, πολυάσχολη και ομιλητική, αφοσιωμένη στα παιδιά της και στο παντοπωλείο της οικογένειας. Μία υδατογραφία του καλλιτέχνη, έργο του ίδιου έτους, αποτυπώνει την ίδια εικόνα για τους γονείς (Εικ. 10).[33] Την εικόνα του διαφορετικού ζευγαριού των γονιών, το οποίο γνωρίστηκε μέσω ενός προξενητή, ο Σαγκάλ την ανάγει στον *Γολγοθά* σε σύμβολο μίας αντιφατικής ενότητας την οποία φαίνεται να συσχετίζει μέσω της εικόνας του μπλε παιδιού μεταφορικά με τον εαυτό του.

Δεν πραγματευτήκαμε μέχρι στιγμής το γεγονός ότι ο πίνακας – πράγμα που φυσικά δεν αποδίδεται στην ασπρόμαυρη απεικόνιση – φωτίζεται με μυστηριώδη τρόπο από το φως των χρωμάτων, έτσι ώστε οι φιγούρες και το τοπίο να μοιάζουν μαγεμένες – είναι ζωγραφισμένος με έντονα φωτεινά χρώματα. Ο *Γολγοθάς* βασίζεται στην αντίθεση των συμπληρωματικών χρωμάτων, του κόκκινου και του πράσινου. Η αντίθεση αυτή επιδρά στο μάτι «σαν τον ήχο της καμπάνας», όπως γνωρίζουμε από τον Ανρί Ματίς. Μία πληθώρα γεωμετρικών και σφαιρικών τριγώνων, κύκλων, τμημάτων κύκλου διαλύει τον πίνακα σε ένα σύνολο διάφανων χρωματικών επιφανειών που κινούνται ρυθμικά. Ο Μαρκ Σαγκάλ με τον τρόπο αυτό ασπάζεται τις χρωματικές μελέτες του φίλου και συναδέλφου του Ντελωναί (1885–1941). Η χρωματική διαμόρφωση του *Γολγοθά* αποτυπώνει τον καλλιτεχνικό του στόχο, τη σύνδεση δηλαδή καθαρών αυτόνομων χρωμάτων με τις αυτόνομες μορφές, έτσι ώστε το ρυθμικό να παντρεύεται άμεσα με το μελωδικό. Η εξπρεσιονιστική άποψη, όπως εκφράζεται σε μία παρατήρηση του Τζέικομπ Ταγκεντχολντ σχετικά

με την «πύρινη-αιματηρή σταύρωση»[34], παραβλέπει τη χρωματική-καλλιτεχνική σύλληψη της εικόνας. Αν την συνδέσει κανείς με την εικονογραφική ανάλυση, απομακρύνεται από το μορφολογικό εύρημα του καλλιτέχνη. Η συμπληρωματική ενότητα, «αρμονία ως ενότητα αντιθέτων» όπως είπε κάποτε ο Ζωρζ Σερά, ισχύει τόσο για το ζευγάρι κάτω από τον σταυρό όσο και για τη χρωματική σύνθεση.

Όλες οι κριτικές του συγκεκριμένου πίνακα περιλαμβάνουν την παρατήρηση που έκανε το 1949 ο Σαγκάλ στη συζήτηση με τον Ισαάκ Κλούμοκ, σύμφωνα με την οποία ο Σαγκάλ στον *Γολγοθά* βλέπει τους γονείς του και τους χρησιμοποιεί «ως μοντέλα για την παντοτινή ιδέα του πατέρα και της μητέρας»[35]. Σίγουρα δεν είναι λάθος, αλλά στην προσπάθεια να δοθεί μεταφορική σημασία στον μυστηριώδη πίνακα η φράση παραμένει δευτερεύουσας σημασίας. Ίσως το κλειδί για την καλύτερη κατανόηση του πίνακα βρίσκεται στο γεγονός ότι με τον πίνακα αυτόν έμαθε να κατανοεί τον εαυτό του ως οδοιπόρο μεταξύ Ανατολής και Δύσης, την ατομική και καλλιτεχνική του ύπαρξη σε μία πολωμένη -για να το διατυπώσουμε χασιδικά-διαλογική σχέση του «Εγώ και του Εσύ» (για να χρησιμοποιήσουμε τα λόγια του Μάρτιν Μπούμπερ). Παράλληλα με άλλες, όχι πάντα επιτυχημένες, προσπάθειες να εδραιώσει το δικό του στιλ και τον εαυτό του στη γαλλική πρωτεύουσα ως πρωτότυπου καλλιτέχνη, η τόλμη του Μαρκ Σαγκάλ – εκτός από άλλα δείγματα, για παράδειγμα την επαφή του με τον φοβισμό ή τον κυβισμό - στη συναναστροφή με την παράδοση της ρωσικής αγιογραφίας τον οδήγησε σε μία πορεία η οποία αποδείχτηκε μη αναστρέψιμη. Ο Σαγκάλ αντιμετώπισε την επαφή του με το ορθόδοξο εικαστικό υλικό ως ρήξη, όταν λέει στην ίδια συζήτηση με τον Κλούμοκ: Όταν ζωγράφιζα τον πίνακα αυτόν στο Παρίσι (εννοεί τον *Γολγοθά*) απελευθέρωνα τον εαυτό μου ψυχολογικά από τη σύλληψη των αγιογράφων και γενικά από τη ρωσική τέχνη.[36] Ο *Γολγοθάς* δεν πρέπει να αντιμετωπίζεται ως η καλλιτεχνική κορύφωση της συνάντησης του Σαγκάλ με τη ρωσική – ορθόδοξη τέχνη, με τον πίνακα αυτόν συνεισφέρει σημαντικά στη νέα καλλιτεχνική σκηνή του Παρισιού, δημιουργώντας την προσωπικη του καλλιτεχνική πορεία.

Dr. Udo Liebelt

20 Marc Chagall: *Madonna mit Kind* 1910, G/Karton, 24,5×14,7 cm. Abb. entn: F. Meyer, a. a. O., Bildkatalog Nr. 129, vgl. U. Liebelt, a. a. O., S. 59.

21 Feofan Grek: *Bogomater Donskaja (Gottesmutter vom Don)*, Ikone vom Ende 14. Jh. Abb. entn.: K. Onasch: *Ikonen*, a. a. O., Tf. 86/87.

22 *Mutterschaft* 1912/13, FZ/P, Abb. in F. Meyer, a. a. O., S. 208; Russland 1912/13, G/P, 27×18,2 cm, Abb. in F. Meyer, a. a. O., S. 196.

23 Vgl. z. B. die russ. Ikone, Jaroslawl 12. (13.) Jh, 193×120 cm. In: K. Onasch, *Ikonen*, a. a. O., Tf. 6, S. 345f.

24 Marc Chagall: *Mutterschaft (Die Schwangere)* 1913, ÖLw 194×115 cm. Abb. entn.: F. Meyer, a. a. O., S. 209.

25 L. Venturi: *Marc Chagall, biographisch-kritische Studie*, Genf u. a. 1956, S. 38.

26 Abb. in U. Liebelt: *Marc Chagall und die Kunst der Ikonen*, a. a. O., Abb. 27, dazu S. 78–80.

27 Abb. in F. Meyer, a. a. O., S. 155.

28 Marc Chagall: *Golgatha* 1912, ÖLw 174×191,1 cm. Abb. entn.: F. Meyer, a. a. O., S. 175.

29 Man vgl. z. B. die *Kreuzigungs-Ikone von Dionisij*, Ende 15./Anfang 16. Jh. aus der Staatl. Tretjakow-Galerie Moskau. Abb. in K. Onasch, Ikonen, a. a. O., Tf. 106.

30 Vgl. Isaak Kloomok: Marc Chagall, *His Life and Work*. New York 1951, S. 31.

31 Vgl. Herbert Schade: *Die religiöse Welt des Marc Chagall*. In: *Stimmen der Zeit* 84, H. 12 (Bd. 1964), S. 424f..

32 F. Meyer, a. a. O., S. 174.

33 Marc Chagall: *Die Eltern* 1912, G/P 51×34 cm. Abb. entn.: F. Meyer, a. a. O., S. 193

34 Abraham Efross und Jacob Tugendhold: *Die Kunst Marc Chagalls*. Autoris. Übers. aus dem Russischen von F. Ichak-Rubiner. Potsdam 1921.

35 Vgl. I. Kloomok, a. a. O., S. 31 f.

36 a. a. O.

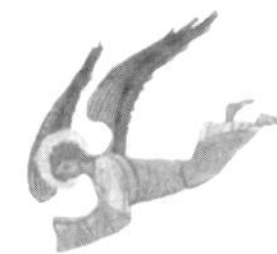

1   Μία πρώτη συστηματική επεξεργασία των εν λόγω έργων μπορεί κανείς να βρει στη διατριβή του συγγραφέα αυτής της μελέτης: Udo Liebelt: *Marc Chagall und die Kunst der Ikonen. Theologisch-ikonologische Untersuchung des Auftretens russisch-orthodoxer Bildelemente im Frühwerk Marc Chagalls. Inauguraldissertation*, Marburg, (χ.χ.), 1972.

2   Αγγλική μετάφραση της διάλεξης που πραγματοποιήθηκε στη γαλλική γλώσσα, στο Heywood, R. B.: *The Works of the Mind*. Σικάγο και Λονδίνο 1966, σελ. 22. πρβλ. επίσης Εξομολόγηση του Σαγκάλ στον Ζακ Λασαίν: *Mon coeur se calmait avec les icones*. Στο: Jacques Lassaigne: Chagall, Παρίσι 1957 σελ. 20–22.

3   Eduardo Roditi: *Dialoge über Kunst*. Μεταφορά από τα αγγλικά του A. E. Leroy. Βισμπάντεν 1960, σελ. 38 .

4   Μαρκ Σαγκάλ: Σταύρωση 1908–9, χαμένο. Εικ. από: Franz Meyer: *Marc Chagall, Leben und Werk*, Κολωνία 1961, σελ. 172.

5   F. Meyer, ό.π., σελ. 91.

6   Η Ιερή οικογένεια 1910, 76×63,5 cm. Εικ. από: F. Meyer, ό.π., σελ. 75.

7   F. Meyer, ό.π. , σελ. 91.

8   Εικ. στο F. Meyer, ό.π., Κατάλογος εικόνων αρ. 130, καθώς και: Udo Liebelt: *Marc Chagall und die Kunst der Ikonen. Theologisch-ikonologische Untersuchung des Auftretens russisch-orthodoxer Bildelemente im Frühwerk Marc Chagalls*. Διδακτορική διατριβή, Μάρμπουργκ, (χ.χ.) 1972, Εικ. 10.

9   Εικ. από: F. Meyer, ό.π., σελ. 89.

10 F. Meyer, ό.π., σελ. 88.

11 Εικ. 3: Θρησκευτική εικόνα του εοφανη του Έλληνα, τέλη 14[ου] αι., εικ. από: Konrad Onasch: *Ikonen*, Gütersloh 1961, Πίν. 14 και σελ. 349f.

12 Konrad With: *Marc Chagall*. Στο: *Die Junge Kunst*, Η. 35, Λειψία 1923, σελ. 9, όπως προηγουμένως στο Theodor Däubler: *Marc Chagall*. Στο: *Jahrbuch der jungen Kunst*, Λειψία 1920, σελ. 57 κ. έ.

13 Lucien Goldmann: *Zu den Bildern Chagalls, Überlegungen eines Soziologen*, στο *Neue Rundschau* 1967, τ. 1, σελ. 66.

14 Πρβλ. Konrad Onasch: *Liturgie und Kunst der Ostkirche in Stichworten, unter Berücksichtigung der Alten Kirche*. Λειψία 1981, σελ. 102–104.

15 Πρβλ. Udo Liebelt: *Marc Chagall im Gespräch*, στο: *Marc Chagall, Himmel und Erde. Druckgraphik und andere Werke*, Κατάλογος των εκθεμάτων του Sprengel Museum Hannover, επεξεργασία και σχόλια από τον Udo Liebelt. Ανόβερο 1996, σελ. 276f

16 M. Chagall: *Mein Leben*. Στουτγάρδη 1959, σελ. 86.

17 N. Gontscharowa: Συγκομιδή του σανού 1910, 117,7 x 98 cm, εικ. από: Camilla Gray: *Die russische Avantgarde der modernen Kunst 1863 - 1922*, Köln 1963, Πίν. III. πρβλ. επίσης πίν. IV, VII και αρ. εικ. 54, 56 και 66. Σχετικά με τον «νεοβυζαντινισμό» στη ρωσική τέχνη πριν και μετά την αλλαγή του αιώνα πρβλ. U. Liebelt: Marc Chagall und die Kunst der Ikonen, ό. π., σελ. 44-50.

18 Πρβλ. K. Onasch, ό. π., σελ. 141-146.

19 Γίνεται σύγκριση π.χ. μεταξύ της υδατογραφίας του Σαγκάλ Madonna mit Kind του 1911, που παρουσιάζεται στο U. Liebelt: Marc Chagall und die Kunst der Ikonen, ό. π., σελ. 60 κ.έ., με τη «Θεοτόκο του Smolensk» της σχολής της Vologna (14[ος] αι.), Εικ. Στο K. Onasch: Ikonen, ό. π., πίν. 69.

20 Marc Chagall: Madonna mit Kind 1910, 24,5 x 14,7 εκ. Εικ. από F. Meyer, ό.π., Κατάλογος εικόνων αρ. 129, πρβλ. U. Liebelt, ό. π., σελ. 59.

21 Feofan Grek: Bogomater Donskaja (Θεοτόκος του Don), Αγιογραφία του τέλους του 14[ου] αι. Εικ. από: K. Onasch: *Ikonen*, ό.π. , Πίν. 86/87.

22 Μητρότητα 1912–13, Εικ. στο F. Meyer, ό.π., σελ. 208; Ρωσία 1912–13, 27×18,2 εκ., Εικ. στο F. Meyer, ό.π., σελ. 196.

23 Πρβλ. π. χ. τη ρωσική θρησκευτική εικόνα, Jaroslawl 12[ος] (13ος) αι., 193×120 εκ. στο K. Onasch, *Ikonen*, ό. π., πίν. 6, σελ. 345f.

24 Marc Chagall: Μητρότητα (Η κυοφορούσα) 1913, 194×115 εκ. Εικ. από: F. Meyer, ό. π., σελ. 209.

25 L. Venturi: *Marc Chagall, biographisch-kritische Studie*, Genf 1956, σελ. 38.

26 Εικ. στο U. Liebelt: *Marc Chagall und die Kunst der Ikonen*, ό. π., Εικ. 27, σχετικά σελ. 78–80.

27 Εικ. στο F. Meyer, ό. π. , σελ. 155.

28 Marc Chagall: Γολγοθάς 1912, 174×191,1 εκ. Εικ. από: F. Meyer, ό. π., σελ. 175.

29 Γίνεται σύγκριση π.χ. της θρησκευτικής εικόνας της Σταύρωσης του Dionisij, τέλη 15[ου]/ αρχές 16[ου] αι. από την Κρατική Πινακοθήκη Τρετιακόφ της Μόσχας. K. Onasch, *Ikonen*, ό. π., πίν. 106.

30 Πρβλ. Isaak Kloomok: *Marc Chagall, His Life and Work*, Νέα Υόρκη 1951, σελ. 31 .

31 Πρβλ. Herbert Schade: *Die religiöse Welt des Marc Chagall*. Στο: *Stimmen der Zeit* 84, τεύχος 12 (1964), σελ. 424f.

32 F. Meyer, ό.π., σελ. 174.

33 Marc Chagall: *Die Eltern* 1912, 51×34 εκ. Εικ. από: F. Meyer, ό.π., σελ. 193.

34 Abraham Efross και Jacob Tugendhold: *Die Kunst Marc Chagalls*. Έγκυρη μετάφραση από τα ρωσικά του F. Ichak - Rubiner. Potsdam 1921.

35 Πρβλ. I. Kloomok, ό. π., σελ. 31f.

36 Ό. π..

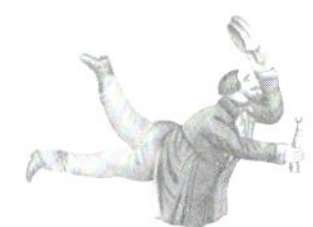

Als Chagall das Fliegen lernte

Zu einigen Elementen und Themenkomplexen in Chagalls Bildern

„Mir war, als stiege ich zum Himmel auf durch die Birken, den Schnee, die Rauchwolken, mit diesen dicken Weibern, diesen bärtigen Bauern, die sich ununterbrochen bekreuzigen.“[1]   M. Chagall

Fliegende Menschen über Dächern, Tiere und Gegenstände schweben in- und miteinander, über- und untereinander. Befreit vom eigenen Körpergewicht gleiten sie leise über Dächer, Flüsse und Städte. Immer wieder hat Chagall in seinen Bildern auf diese Topoi zurückgegriffen. Zu seinem bildlichen Inventar gehören auch Tiere aus Fabeln, wie der Hahn, die Ziege, der Esel und der Fisch. Im Laufe seiner langjährigen malerischen Tätigkeit hat Chagall ein eigenes ikonografisches System mit starkem Wiedererkennungswert entwickelt. In geradezu exemplarischer Weise ist es in seinem Werk *Commedia dell' Arte* und in den vorangehenden Skizzen zu finden. Woher kommt diese Bilderwelt, woher nimmt Chagall seine Inspirationen (Abb. 1)?

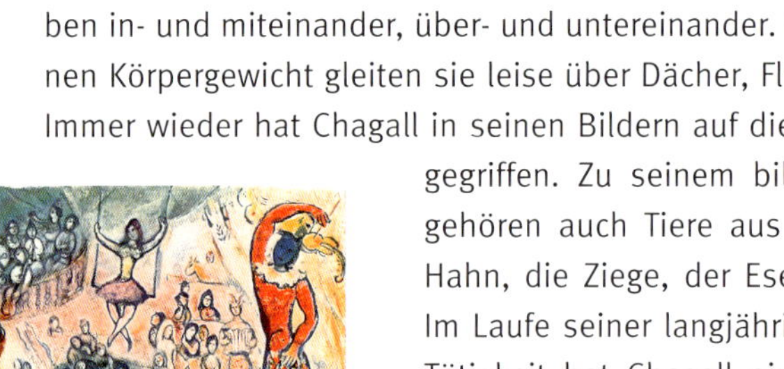

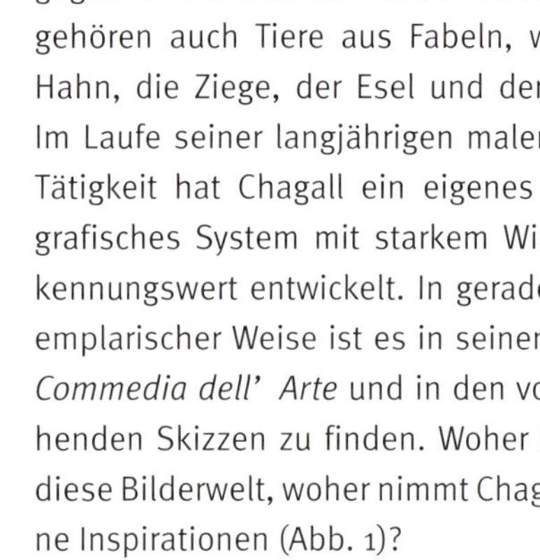

1 M. Chagall *Commedia dell' Arte*, 1958
Μ. Σαγκάλ *Commedia dell' Arte*, 1958

Die im Jahr 1959 angefertigte Arbeit *Commedia dell' Arte* hat der damalige Frankfurter Kulturdezernent Dr. Karl von Rath bei Chagall für das Foyer des Frankfurter Theaterneubaus in Auftrag gegeben. Den Titel *Commedia dell' Arte* hatte Chagall dem Bild selbst gegeben. In einem Gespräch mit von Rath gab der Künster an, dass der Theaterbesucher „das, was er auf der Bühne gesehen habe, im Bild in einer adäquaten Fortsetzung wiederfinden“[2] solle. Auf den ersten Blick weist das 2,55 Meter mal 4 Meter in Längsformat konzipierte Gemälde einen panoramaähnlichen Bildaufbau auf. Wie auf einem Rundhorizont umspannt die Zuschauertribüne eine Manege, die sich – einem aus der Historienmalerei bekannten symbolischen Feldherrnhügel gleich – in den vorderen Bildplan ausbreitet.

Die Organisation des Bildraums läuft der in sich geschlossenen Struktur eines realen Zirkuszeltes entgegen. Obwohl das Bild eine wohl durchdachte, balancierte Achsensymmetrie aufweist, ist der Raum, als ein einheitliches dreidimensionales System im Sinne der akademischen Malerei, aufgelöst. Es setzt sich aus einer Vielzahl einzelner Blickwinkel zusammen, zeigt also unterschiedliche Perspektiven: Ein künstlerisches Konzept, das an das der Ikonen anschließt.

Die Welt als Bühne

„All the world's a stage. And all the men and women merely players" beschrieb einst Shakespeare. Auch in Chagalls *Commedia dell' Arte* haben wir das Gefühl auf eine Bühne zu blicken, auf der jeder und jedes bestimmte Rollen spielt. Im organisatorischen Mittelpunkt des Gemäldes und im Schnittpunkt der Diagonalen hat Chagall eine nackte, musizierende Frauengestalt mit Eselskopf platziert. Von unten kommend reckt sich der überdimensionale Kopf eines Hahnes in Richtung Eselin. Rechts und links wuseln Akrobaten und Clowns – Artisten schwingen auf dem Hochtrapez. Eine Ziege mit rot-grünen Flügeln und Blumenstrauß fliegt über die Köpfe der Zuschauer. In der Manege selbst lebt das Witebsk aus Chagalls Kindheitstagen auf, links klettert eine Architekturlandschaft den Bildrand hoch und bildet einen innerbildlichen Rahmen, rechts hat sich Chagall selbst als Clown gemalt, der Wawa umarmt – vielleicht auch Bella. Chagall im Rampenlicht. Der Pont-Neuf der Pariser Zeit mit Mondhimmel grenzt diese Szenerie von den passiven Zuschauern auf der Tribüne ab. Im rechten Bildteil des Zuschauerraums, oberhalb der Manege, hat Chagall Figuren gesetzt, die geometrisierte Köpfe – Dreieck und Raute – aufweisen. Malewitsch hatte solche Häupter gemalt. Ein Zufall? Wohl kaum.

Nachdem Chagall im Jahr 1918 von dem sowjetischen Volkskommissar Anatolij Lunatscharskij zum Kommissar der bildenden Künste

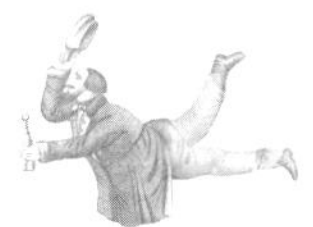

Όταν ο Σαγκάλ έμαθε να Πετάει

Ανάλυση στοιχείων και θεματικών συνθέσεων στο έργο του Σαγκάλ

«Ένιωθα σαν να ανέβαινα στον ουρανό μέσα από τις σημύδες, το χιόνι, τα σύννεφα, με αυτές τις χοντρές γυναίκες και τους μουσάτους χωρικούς που σταυροκοπιόνταν αδιάκοπα.»[1]   Μ. Σαγκάλ

Ιπτάμενοι άνθρωποι πάνω από στέγες, ζώα και αντικείμενα που αιωρούνται ο ένας μέσα και μαζί με τον άλλο, πάνω και κάτω από τον άλλο. Απελευθερωμένοι από το σωματικό βάρος γλιστρούν πάνω από σκεπές, ποτάμια και πόλεις. Στους πίνακες του Σαγκάλ επανέρχονται συχνά αυτοί οι κοινοί εικονογραφικοί τόποι. Στα εικονογραφικά του θέματα ανήκουν και μορφές παραμυθιών, όπως ο πετεινός, η κατσίκα, ο γάιδαρος και το ψάρι. Κατά τη διάρκεια της μακροχρόνιας ενασχόλησής του με τη ζωγραφική ο Σαγκάλ ανέπτυξε ένα δικό του, αναγνωρίσιμο εικονογραφικό σύστημα. Με παραδειγματικό τρόπο το αναγνωρίζουμε στο έργο του *Commedia dell' Arte* και στα προσχέδια αυτού. Από πού προέρχεται αυτός ο κόσμος των εικόνων, από πού εμπνέεται ο Σαγκάλ; (εικ. 1)

Το έργο του 1959 *Commedia dell' Arte* δημιουργήθηκε από τον Σαγκάλ κατά παραγγελία του τότε επικεφαλής του πολιτιστικού τομέα του Δήμου Φρανκφούρτης Δρ. Καρλ Βον Ραθ για το φουαγιέ του νέου κτιρίου του Θεάτρου της Φρανκφούρτης. Ο τίτλος «Commedia dell' Arte» δόθηκε από τον ίδιο τον Σαγκάλ. Σε μία συζήτηση με τον Βον Ραθ ο καλλιτέχνης δήλωσε ότι ο επισκέπτης του θεάτρου «θα βρει στον πίνακα τη συνέχεια αυτού που είδε επί σκηνής»"[2]. Με την πρώτη ματιά ο πίνακας, διαστάσεων 2,55 x 4 μέτρα, ζωγραφισμένος στην κατά μήκος διάσταση, έχει τη δομή ενός πανοράματος. Οι θεατές κυκλώνουν, όπως το ημικυκλικό σκηνικό ενός θεάτρου, τη σκηνή του τσίρκου, η οποία – όμοια με τον γνωστό, από την ιστορική ζωγραφική, συμβολικό λόφο των στρατηγών – εκτείνεται στο μπροστινό επίπεδο της εικόνας.

Η οργάνωση του εικαστικού χώρου μοιάζει με την κλειστή δομή μιας πραγματικής σκηνής θεάτρου. Παρά το γεγονός ότι η εικόνα εμφανίζει μία καλά σχεδιασμένη, ισορροπημένη αξονική συμμετρία, ο χώρος είναι δομημένος στα πλαίσια της ακαδημαϊκής ζωγραφικής, ως ενιαίο τρισδιάστατο σύστημα. Συντίθεται από μία πληθώρα μεμονωμένων οπτικών, εμφανίζει δηλαδή ταυτόχρονα διαφορετικές προοπτικές: καλλιτεχνική σύλληψη η οποία συνδέεται με την αγιογραφία.

Ο κόσμος σαν σκηνή

«Όλος ο κόσμος είναι μία σκηνή. Και όλοι οι άνδρες και οι γυναίκες είναι απλά ηθοποιοί» δήλωσε κάποτε ο Σαίξπηρ. Και στην *Commedia dell' Arte* του Σαγκάλ έχουμε την αίσθηση ότι αντικρίζουμε μία σκηνή, στην οποία κάθε άνθρωπος και κάθε αντικείμενο παίζει ένα συγκεκριμένο ρόλο. Στο κεντρικό οργανωτικό σημείο του πίνακα και στο σημείο τομής του διαγώνιου άξονα ο Σαγκάλ τοποθέτησε μία γυμνή γυναικεία μορφή με κεφάλι γαϊδάρου που παίζει μουσική. Ερχόμενο από κάτω, το υπερφυσικό κεφάλι ενός κόκορα κινείται με κατεύθυνση προς τη γυναικεία μορφή. Αριστερά και δεξιά κινούνται ακροβάτες και κλόουν – αρτίστες αιωρούνται στα σκοινιά. Μία κατσίκα με κόκκινο-πράσινα φτερά και ένα μπουκέτο πετάει πάνω από τα κεφάλια των θεατών. Στη σκηνή αναβιώνει το Βιτέμπσκ των παιδικών χρόνων του Σαγκάλ, αριστερά ένα αρχιτεκτονικό τοπίο σκαρφαλώνει στο πλαίσιο της εικόνας σχηματίζοντας ένα εσωτερικό πλαίσιο, δεξιά ο Σαγκάλ ζωγράφισε τον εαυτό του ως κλόουν, ο οποίος αγκαλιάζει τη Βάβα – ίσως και τη Μπέλα. Ο Σαγκάλ στο προσκήνιο. Η Ποντ-Νεφ της περιόδου του Παρισιού διαχωρίζει με τον φεγγαρόλουστο ουρανό τη σκηνή αυτή από τους παθητικούς θεατές στις κερκίδες. Στο δεξί τμήμα της εικόνας του χώρου των θεατών, πάνω από τη σκηνή του τσίρκου, ο Σαγκάλ τοποθέτησε μορφές που φέρουν γεωμετρικά κεφάλια – τρίγωνα και ρόμβους. Ο Μαλέβιτς είχε ζωγραφίσει γεωμετρικά κεφάλια. Σύμπτωση; Μάλλον όχι.

Μετά την αναγόρευσή του σε επίτροπο των εικαστικών τεχνών της περιφέρειας Βιτέμπσκ το 1918 από το σοβιετικό λαϊκό κομισάριο

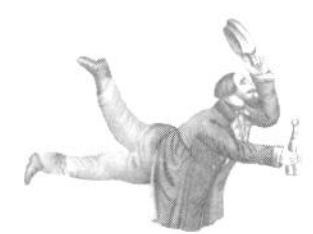

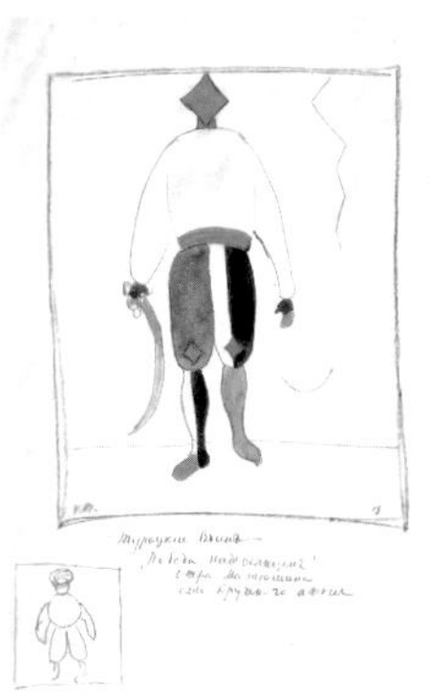

2 K. Malewitsch *Kostümentwurf „Krieger" zur Oper „Sieg über die Sonne"*, 1913

Κ. Μαλέβιτς *Σχέδιο Κοστουμιού για την παράσταση μπαλέτου «Νίκη επί του ήλιου»*, 1913

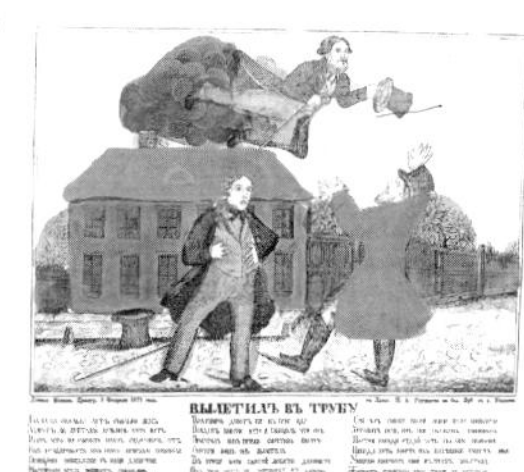

3 *Zum Schornstein hinausgeflogen*, 1872

Πετώντας από την καμινάδα, 1872

für das Gouvernement Witebsk ernannt worden war, hatte er in Witebsk eine Kunstschule gegründet. Chagall selbst übernahm den Posten des Direktors. Zu einem der Lehrer wurde Malewitsch berufen. Schon bald wurde klar: Die künstlerischen Auffassungen der beiden sind unvereinbar. Malewitsch suchte für die neue Gesellschaftsordnung entsprechende neue künstlerische Ausdrucksmittel. Die wahrhaft revolutionäre Kunst war für ihn ungegenständlich. Chagall warf er Mittelmäßigkeit vor. Immer wieder hielt Malewitsch zündende Reden gegen Chagall. Einen Auslandsaufenthalt von Chagall nutzte er, um gegen den Direktor zu putschen und das Witebsker Institut in eine suprematistische Akademie umzuwandeln. Chagall musste flüchten. Malewitsch selbst wurde Direktor.

Chagalls geometrisierte Zuschauerköpfe im Hintergrund des Zirkus' erinnern an jene Bühnenbild- und Kostümentwürfe, die Malewitsch im Jahr 1913 für die futuristische Oper *Sieg über die Sonne* entwickelt und in denen er die Geometrisierung des menschlichen Körpers vorangetrieben hatte (Abb. 2). Wenn Chagall diese Figuren in seiner *Commedia dell' Arte* zitiert, dann kann das nur ein polemischer Kommentar gegenüber dem alten Rivalen sein: Malewitsch, der Zuschauer, darf bewundernd miterleben, wie der zu Weltruhm gelangte Chagall sich in der Manege der Kunst sonnt.

Traum vom Fliegen

Obwohl Chagall und Malewitsch an der Kunstschule in Witebsk so aneinander gerieten, so standen sie doch gemeinsam – zumindest zeitweise – im Fahrwasser der revolutionären Bewegungen der jungen Sowjetunion. Wie keine andere Metapher stand die Flug-Ästhetik für die Aufbruchstimmung der damaligen Zeit. Das Fliegen symbolisierte die geistige Erneuerung und den Glauben an eine gerechtere Welt. Schon vor der Oktoberrevolution hatte Chagall Luftmenschen, fliegende Tiere und Engel gemalt, doch nach der Revolution baut Chagall das Thema kontinuierlich aus, ohne allerdings in die Technik abzugleiten. Während Malewitsch den „Aero-Suprematismus" propagiert, ästhetisch die Strukturen immer weiter vereinfacht und gesellschaftlich von neuen Behausungen im Weltraum träumt, scheint sich Chagall in seiner eher hermetisch abgeschlossenen Welt, die sich aus Elementen russischer Märchen und vor allem jüdisch-chassi-

discher Mystik speist, mehr als wohl zu fühlen. Es ist eine Welt, in der jüdische Sagen von Himmelfahrten der Propheten Henoch, Elias und Isaias berichten, von Bileam aus Mesopotamien, der mit einem Flugapparat aus einer belagerten Stadt flüchtet, und von Achikar, der von Piloten, die auf den Rücken von Adlern fliegen, ein Luftschloss bauen lässt. Es ist eine Welt, in der nach chassidischem Glauben, Tanz und Musik als Gottesdienst verstanden werden, der die Trennung von Gott überwinden hilft. In dieser Welt sind alle Geschöpfe miteinander verbunden und ein jedes enthält einen Funken der Liebe des allgegenwärtigen Gottes. Für Chagall nun mag noch von Bedeutung gewesen sein, dass ihm als Juden nach dem zweiten Gebot das Malen eigentlich verboten war. Indem er seine Figuren aber fliegen lässt, kann er auf diese Weise den Vorwurf des Götzenbildes umgehen. Auch in Chagalls *Commedia dell' Arte* ist die Lebensfreude und Volksnähe der chassidischen Bewegung zu spüren. Volksnähe auch in ästhetischer Hinsicht: Denn bei den Darstellungen seiner fliegenden Figuren orientiert sich Chagall an dem, was die Menschen aus ihrem Alltag kennen, nämlich die populären russischen Volksbilderbögen, die Lubki.

In der Lubok-Darstellung *Zum Schornstein hinausgeflogen* aus dem Jahr 1872 entflieht beispielsweise ein Mann aus dem Schornstein (Abb 3). Der Schuldner macht sich vor den Gläubigern leise aus dem Staub. Ein beliebtes Motiv auf den Lubki des 19. Jahrhunderts. Zugrunde liegt der Schornstein-Metapher eine idiomatische Redewendung, die „Pleite gehen, Bankrott gehen" bedeutet. Auf dem Lubok *Die Reise durch die Luft* (1863) sind sogar die Gründe für den finanziellen Ruin illustriert: Da wird

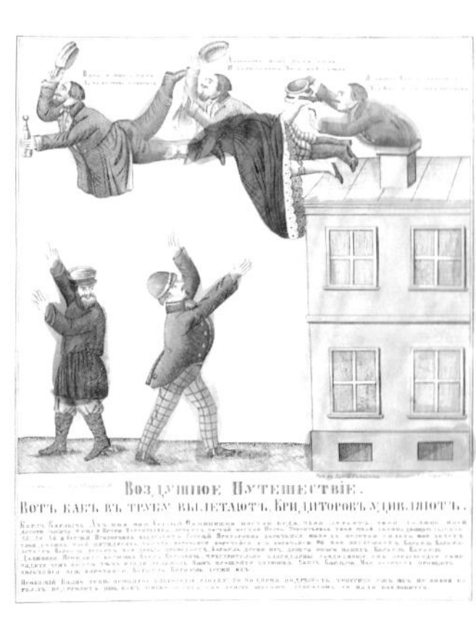

4 *Reise durch die Luft*, 1863

Το ταξίδι στον αέρα, 1863

der Schuldner als Saufbold mit einer Flasche in der Hand gezeigt, mit einer Frau, deren Schmuck und Spitzenunterwäsche ihn ein Vermögen gekostet haben muss und als Zecher mit Hang zum Kartenspiel (Abb. 4).

διαφώτισης Ανατόλι Λουνατσάρσκι, ο Σαγκάλ ιδρύει στο Βιτέμπσκ μία σχολή καλών τεχνών. Ο ίδιος ο Σαγκάλ αναλαμβάνει τη διεύθυνση της σχολής. Ο Μαλέβιτς καλείται να αναλάβει θέση δασκάλου. Πολύ σύντομα γίνεται σαφές ότι οι καλλιτεχνικές πεποιθήσεις των δύο αντρών είναι ασυμβίβαστες. Ο Μαλέβιτς αναζητά για την καινούρια κοινωνική κατάσταση αντίστοιχα καινούρια καλλιτεχνικά εκφραστικά μέσα. Η πραγματικά επαναστατική τέχνη για αυτόν είναι ανεικονική. Κατηγορεί τον Σαγκάλ για μετριότητα. Συχνά εκφωνεί πύρινους λόγους εναντίον του. Εκμεταλλεύεται τη διαμονή του Σαγκάλ στο εξωτερικό για να οργανώσει πραξικόπημα κατά του διευθυντή και να μετατρέψει τη σχολή του Βιτέμπσκ σε σουπρεματιστική ακαδημία. Ο Σαγκάλ πρέπει να δραπετεύσει. Ο Μαλέβιτς γίνεται ο ίδιος διευθυντής.

Τα γεωμετρικά κεφάλια των θεατών του έργου του Σαγκάλ στο βάθος του τσίρκου θυμίζουν εκείνα τα σκηνικά και τα κοστούμια που σχεδίασε ο Μαλέβιτς το 1913 για τη φουτουριστική όπερα *Νίκη επί του ήλιου* και στα οποία προέβαλλε τη γεωμετρικοποίηση του ανθρώπινου σώματος (εικ. 2). Το γεγονός ότι ο Σαγκάλ παραθέτει τις φιγούρες αυτές στην «Commedia dell' Arte» αποτελεί ένα πολεμικό σχόλιο προς τον παλιό του αντίπαλο: ο Μαλέβιτς, ως θεατής, βιώνει απορημένος πώς ο Σαγκάλ, αφού απέκτησε παγκόσμια φήμη, απολαμβάνει την δόξα του στη σκηνή της τέχνης.

Το όνειρο της πτήσης

Παρά το γεγονός ότι οι Σαγκάλ και Μαλέβιτς βρίσκονταν σε αντιπαράθεση στη σχολή καλών τεχνών στο Βιτέμπσκ, ήταν σύμμαχοι – τουλάχιστον κατά περιόδους – στα πλαίσια των επαναστατικών κινητοποιήσεων της νέας Σοβιετικής Ένωσης. Η απεικόνιση της πτήσης ήταν η μεταφορά που ταίριαζε όσο καμία άλλη στη γενική διάθεση φυγής της εποχής εκείνης. Η πτήση συμβόλιζε την πνευματική αναγέννηση και την πίστη σε ένα δίκαιο κόσμο. Ήδη πριν την Οκτωβριανή επανάσταση ο Σαγκάλ ζωγράφιζε ιπτάμενους ανθρώπους, ιπτάμενα ζώα και αγγέλους, όμως μετά την επανάσταση ο Σαγκάλ επεκτείνει συνεχώς το συγκεκριμένο θέμα. Χωρίς φυσικά να αποκλίνει από την τεχνική. Ενώ ο Μαλέβιτς προπαγανδίζει υπέρ του «Αερο-Σουπρεματισμού», απλοποιεί συνεχώς τις δομές από αισθητική άποψη και το όνειρό του για την κοινωνία είναι νέοι οικισμοί στο διάστημα, ο Σαγκάλ μοιάζει να νιώθει κάτι περισσότερο από

άνετα στον ερμητικά κλειστό του κόσμο, που τρέφεται από στοιχεία των ρωσικών παραμυθιών και κυρίως από τον Εβραϊκό Χασιδικό μυστικισμό. Είναι ένας κόσμος στον οποίο ιουδαϊκοί μύθοι μιλούν για ουράνια αναλήψεις των προφητών Ενώχ, Ηλία και Ησαΐα, για τον Βιλεάμ από τη Μεσοποταμία, ο οποίος δραπετεύει με μία ιπτάμενη κατασκευή από μία πολιορκημένη πόλη, και για τον Αχικάρ, ο οποίος έχτισε έναν πύργο στον ουρανό. Είναι ένας κόσμος στον οποίο, σύμφωνα με τη χασιδική πίστη, ο χορός και η μουσική θεωρούνται θρησκευτική λειτουργία, η οποία βοηθάει να ξεπεραστεί ο χωρισμός από το Θεό και στην οποία όλα τα πλάσματα συνδέονται μεταξύ τους και το καθένα λαμβάνει μία σπίθα αγάπης του πανταχού παρόντος Θεού. Για τον Σαγκάλ ίσως έχει σημασία το γεγονός ότι ως Εβραίος σύμφωνα με τη Δεύτερη Εντολή τού απαγορεύεται να ζωγραφίζει. Ζωγραφίζοντας όμως ιπτάμενες μορφές μπορεί να παρακάμψει την κατηγορία της ειδωλολατρίας. Η χαρά της ζωής και η εκλαΐκευση του χασιδικού κινήματος γίνεται αισθητή και στην *Commedia dell' Arte* του Σαγκάλ. Εκλαΐκευση και από αισθητική άποψη: διότι στις παραστάσεις των ιπτάμενων μορφών ο Σαγκάλ προσανατολίζεται σε αυτό που οι άνθρωποι γνωρίζουν από την καθημερινότητά τους, δηλαδή τις δημοφιλείς λαϊκές εικόνες, τα lubki.

Στην παράσταση ενός lubok: *Πετώντας από την καμινάδα* του 1872, για παράδειγμα, ένας άντρας δραπετεύει από την καπνοδόχο του σπιτιού του (εικ. 3). Ο οφειλέτης ξεφεύγει απαρατήρητος από τον πιστωτή. Ένα αγαπητό μοτίβο των lubki του 19ου αιώνα. Η μεταφορά της καπνοδόχου βασίζεται σε μία ιδιωματική φράση που σημαίνει «χρεοκοπία, πτώχευση». Στο lubok, *Το ταξίδι στον αέρα*, 1863 (εικ. 4), απεικονίζονται και οι αιτίες της οικονομικής καταστροφής: παριστάνεται ένας πιστωτής ως μέθυσος με ένα μπουκάλι στο χέρι, με μία γυναίκα της οποίας τα κοσμήματα και τα δαντελένια εσώρουχα πρέπει να του κόστισαν μία περιουσία, και ως γλεντοκόπος με εξάρτηση από το χαρτοπαίγνιο.

Η συνθετική ομοιότητα γίνεται ιδιαίτερα ξεκάθαρη μεταξύ του lubok: *Φυγή από την καπνοδόχο* και των χαρακτικών του Σαγκάλ: *Αυτοπροσωπογραφία με γυναίκα (Περίπατος)* (εικ. 5) και *Με τον εβραϊκό νόμο πάνω από την πόλη* (εικ. 6).[3] Τόσο στον Σαγκάλ όσο και στα lubki οι μορφές ξεφεύγουν από το πραγματικό τους περιβάλλον και διανέμονται σε έναν φανταστικό χώρο – μία οργανωτική αρχή που την απαντούμε και στις αγιογραφίες. Ο Σαγκάλ μετατοπίζει το

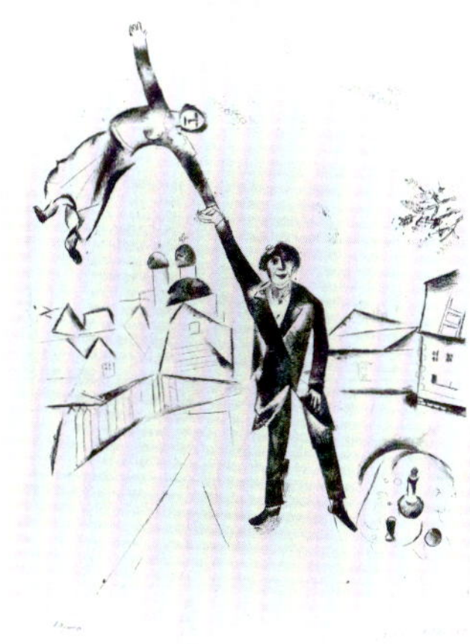

5 M. Chagall *Selbstbildnis mit Frau (Spaziergang)*, 1922
   Μ. Σαγκάλ *Αυτοπροσωπογραφία με γυναίκα (Περίπατος)*, 1922

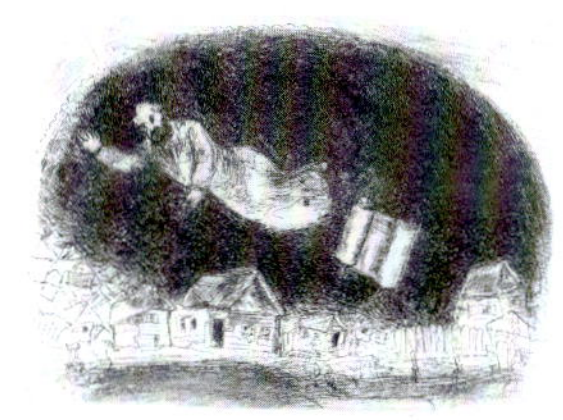

6 M. Chagall *Mit der Thora über der Stadt*, 1924/25
   Μ. Σαγκάλ *Με τον Εβραϊκό νόμο πάνω από την πόλη*, 1924/5

Besonders deutlich wird die kompositorische Ähnlichkeit zwischen dem Lubok *Zum Schornstein hinausgeflogen* und Chagalls Graphiken *Selbstbildnis mit Frau* (*Spaziergang*) (Abb. 5) und *Mit der Thora über der Stadt* (Abb. 6).[3] Sowohl bei Chagall als auch auf den Lubki lösen sich die Figuren von ihrer realen Umgebung und verteilen sich in einem imaginären Raum – ein Organisationsprinzip, das sich auch auf Ikonen wiederfindet. Dabei verlegt Chagall den Vordergrund, der im akademisch konzipierten Bildraum in der vorderen unteren Bildhälfte liegt, in die obere Bildhälfte. Den Hintergrund hat Chagall dafür nach vorne gerückt. Genau den gleichen Bildaufbau weisen nun auch die Lubki mit dem Motiv der Bankrottgegangenen auf. Die ästhetische Verwandtschaft der Darstellungen legt nahe, dass sich Chagall von den Lubki hat inspirieren lassen, um eine neue Raumorganisation für sein Bild zu schaffen.

Das Hahn-Motiv

„Die Farbe meiner Kunst ist die Liebe.“[4]   M. Chagall

Auch das Hahn-Motiv fehlt nicht auf dem *Commedia dell' Arte*-Werk. Stolz den überdimensionalen Kopf nach oben gerichtet und zugleich den Betrachter anblickend, schwebt er von unten kommend in Richtung Bildmittelpunkt. Der Hahn – noch so ein Motiv, das sich wie ein roter Faden durch Chagalls Werk zieht.

Oft erscheint der Hahn in Symbiose mit einem Liebespaar oder mit einer Mutter-Kind-Gruppe. Mitunter ist er in einer Figurengruppe anzutreffen, zusammen mit dem Künstler selbst oder mit Gauklern, Tänzerinnen und Fischen. Manchmal aber übernimmt der Hahn auch die Funktion eines eigenständigen bildtragenden Elements. Groß und farbenprächtig malte ihn Chagall in seinem Bild *Der Hahn* (1929, Abb. 10, Museo Thyssen-Bornemisza Madrid). Im Profil dargestellt, mit einem menschlichen Auge, wird der Hahn von einem Knaben geritten und zärtlich umarmt. Den Hintergrund hat Chagall mit miniaturhaft kleinen schwebenden Figurenpaaren gefüllt, die zur Steigerung der Liebessymbolik beitragen. Das gleiche Motiv findet sich auf einer Radierung, die um 1950 entstanden ist (Abb. 7).

Die Bedeutung des Hahns in Chagalls Werk ist viel diskutiert. Mal steht er für den Kaporeshahn, ein im Ostjudentum verbreiteter

Brauch, am Vorabend des Versöhnungstages (Jom Kippur) für jedes Familienmitglied einen Hahn, respektive ein Huhn zu schlachten, mal wird in ihm ein Symbol für Kraft und erotische Ausstrahlung gesehen.[5] Auch in der russischen Volkskunst steht der Hahn im Kontext erotischer Fantasien. In dem Lubok *Der Hahnenreiter* (Ende 18. Anfang 19. Jahrhundert, Abb. 9) reitet ein gehörnter Ehegatte einen Hahn, stark in den Bildvordergrund gezogen, daher, gefolgt von einem ganzen Heer ebenso Gehörnter. Als Pendant dazu existiert die Huhnreiterin, die, von ihrem Mann betrogen, eine Henne reitet, ebenfalls gefolgt von einer berittenen Hühnergruppe im Hintergrund. In Russland war die Darstellungen des Hahnenreiters sehr populär.

Der thematische Hintergrund für Chagalls Hahnmotiv mag unterschiedliche Quellen haben, doch die Ästhetik der Darstellung verweist auch hier auf den Lubok. Die künstlerischen Besonderheiten bei der Hahndarstellungen – bei Chagall und auf den russischen Lubki – weisen starke Parallelen auf: Der im Profil konzipierte Hahnkopf auf den Lubki und in Chagalls Werken – so auch in *Commedia* – weist ein menschlich gestaltetes, mandelförmiges Auge auf, das eine Frontansicht suggeriert. Diese Addition zweier Blickwinkel, einmal im Profil und einmal en face, und dementsprechend auch zweier Perspektiven, ist als bildaufbauendes Prinzip auf Lubki wie auch auf Ikonen anzutreffen. Sie ist ein Teilaspekt der umgekehrten Perspektive.

Ein ähnliches Bildkonzept weisen beispielsweise die Lubki *Die Geschichte vom Hahn und vom listigen Fuchs* (1852, Abb. 11) und *Ach du meine Güte, ein Dieb ist mir ins Haus gekommen,* (um 1830)[6] sowie Chagalls *Jakobs' Kampf mit dem Engel*, *Der Hahn und die Mondsichel* (Abb. 8), *Der Hahn in der Landschaft* und *Der Akkordeonspieler* auf.[7]

Neben dem Hahn ist auch der Fisch als wichtiges Bildmotiv in Chagalls Arbeit zu nennen. „Die Kleider meines Vaters glänzten

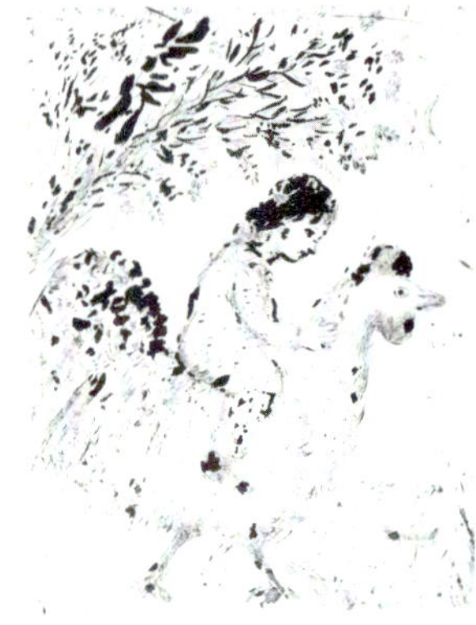

7 M. Chagall *Der Hahnenreiter*, um 1950

М. Сагка́л *Αναβάτης Κόκορα*, περ. 1950

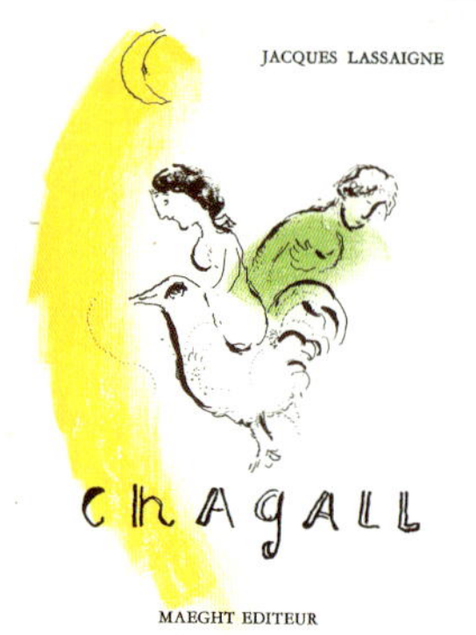

8 M. Chagall *Der Hahn und die Mondsichel*, 1957

М. Σαγκάλ *Ο κόκορας και το μισοφέγγαρο*, 1957

προσκήνιο στο επάνω μισό της εικόνας, ενώ στον ακαδημαϊκό τρόπο απεικόνισης του χώρου το προσκήνιο βρίσκεται στο μπροστά κάτω μισό της εικόνας. Ενώ το βάθος το μετατοπίζει προς τα εμπρός. Την ίδια ακριβώς δομή έχουν και τα lubki με το μοτίβο του χρεοκοπημένου. Η αισθητική συγγένεια των απεικονίσεων μας οδηγεί στο συμπέρασμα ότι ο Σαγκάλ εμπνεύστηκε από τα lubki για να δημιουργήσει μία καινούρια χωρική οργάνωση για τις εικόνες του.

Το μοτίβο του πετεινού

«Το χρώμα της τέχνης μου είναι η αγάπη».[4]   Μ. Σαγκάλ

Και το μοτίβο του πετεινού δεν λείπει από το έργο *Commedia dell' Arte*. Περήφανος με το υπερφυσικό κεφάλι ορθωμένο να κοιτάζει

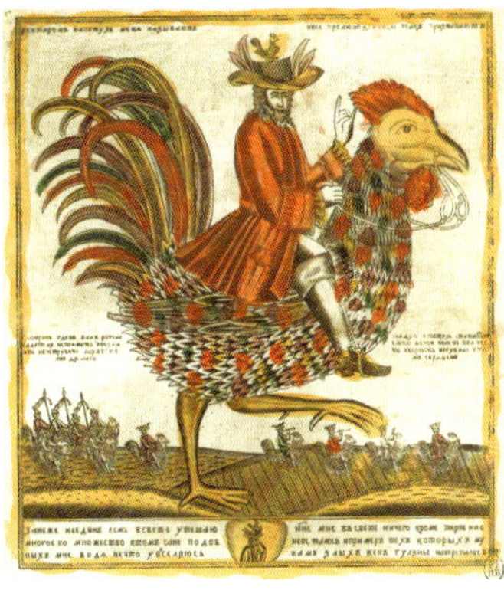

9 *Hahnreiter*, Ende 18. bis Anfang 19. Jh

Αναβάτης Κόκορα, Τέλη 18[ου] – αρχές 19[ου] αιώνα

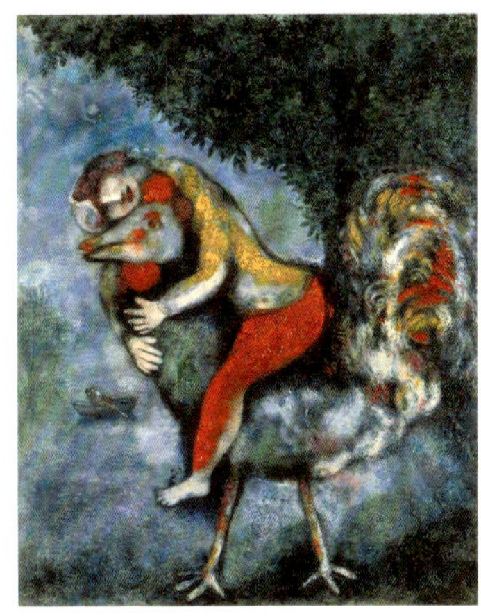

10 M.Chagall *Der Hahn*, 1929

Μ. Σαγκάλ *Ο Κόκορας*, 1929

τον θεατή, αιωρείται ερχόμενος από κάτω με κατεύθυνση προς το κέντρο της εικόνας. Ο πετεινός – ένα ακόμα βασικό μοτίβο στο έργο του Σαγκάλ.

Συχνά ο πετεινός εμφανίζεται να συμβιώνει με ένα ζευγάρι ερωτευμένων ή με ένα σύμπλεγμα μητέρας-παιδιού. Ενίοτε εμφανίζεται και σε μία ομάδα μορφών μαζί με τον ίδιο τον καλλιτέχνη ή με σαλτιμπάγκους, χορεύτριες και ψάρια. Κάποιες φορές, όμως, ο πετεινός λειτουργεί και ως αυτόνομο βασικό στοιχείο της εικόνας. Ο

Σαγκάλ τον παριστάνει μεγάλο και πολύχρωμο στον πίνακα *Ο Κόκορας* (1929), Μουσείο Thyssen Bornemisza, Μαδρίτη (εικ. 10). Ο πετεινός παριστάνεται σε προφίλ, με ανθρώπινο μάτι, με αναβάτη ένα αγόρι που τον αγκαλιάζει τρυφερά. Το βάθος γεμίζεται από τον Σαγκάλ με ζευγάρια μορφών σε μέγεθος μινιατούρας που αιωρούνται, γεγονός που συμβάλλει στην ενίσχυση του ερωτικού συμβολισμού. Το ίδιο μοτίβο το απαντούμε και σε μία χαλκογραφία του 1950 (εικ. 7).

Έχει συζητηθεί πολύ η σημασία του πετεινού στο έργο του Σαγκάλ. Άλλοτε συμβολίζει τον πετεινό ενός εθίμου των Εβραίων της Ανατολικής Ευρώπης, οι οποίοι τις παραμονές της ημέρας της συγχώρεσης (Jom Kippur) σφάζουν για κάθε μέλος της οικογένειας έναν πετεινό, ή μία κότα. Άλλοτε αποτελεί σύμβολο της δύναμης και της ερωτικής έλξης.[5] Και στη ρωσική λαϊκή τέχνη ο πετεινός συγκαταλέγεται στα εικαστικά στοιχεία που συμβολίζουν ερωτικές φαντασιώσεις. Στο lubok: *Αναβάτης Κόκορα*, τέλη 18[ου]–αρχές 19[ου] αιώνα (εικ. 9), ένας απατημένος σύζυγος, που απεικονίζεται στο μπροστινό επίπεδο της εικόνας, αναβαίνει σε έναν πετεινό και ακολουθείται από μια ολόκληρη στρατιά απατημένων. Στον αντίποδα αυτού υπάρχει η εικόνα της Αναβάτισσας της κότας, η οποία, απατημένη από τον σύζυγό της, αναβαίνει σε μία κότα, ακολουθούμενη επίσης από μία - απεικονιζόμενη στο βάθος - ομάδα ορνίθων με αναβάτες. Στη Ρωσία η απεικόνιση αυτή ήταν ιδιαίτερα δημοφιλής.

Το θεματικό υπόβαθρο για το μοτίβο του πετεινού στον Σαγκάλ μπορεί να έχει διαφορετικές πηγές, η αισθητική της απεικόνισης παραπέμπει όμως και εδώ στο lubok. Οι καλλιτεχνικές ιδιαιτερότητες και των δύο παραστάσεων με πετεινό – στον Σαγκάλ και στα ρωσικά lubki – επιδεικνύουν έντονους παραλληλισμούς: Το κεφάλι του πετεινού σχεδιασμένο σε στάση προφίλ στα lubki και στα έργα του Σαγκάλ – το ίδιο και στην Commedia – διαθέτει ένα ανθρώπινο αμυγδαλωτό μάτι, το οποίο απεικονίζεται μετωπικά. Ο συνδυασμός αυτών των δύο οπτικών γωνιών, μία φορά προφίλ και μία φορά κατά μέτωπο, και αντίστοιχα δύο προοπτικών, αποτελεί αρχή της δομής της εικόνας που απαντάται τόσο στα lubki όσο και στις αγιογραφίες. Είναι μία έκφραση της αντίστροφης προοπτικής.

Μία παρόμοια τεχνική απεικόνισης εμφανίζουν για παράδειγμα τα lubki: *Η ιστορία του πετεινού και της πονηρής αλεπούς*, του 1852 (εικ. 11), και *Θεούλη μου ένας κλέφτης μπήκε στο σπίτι μου*, (περίπου

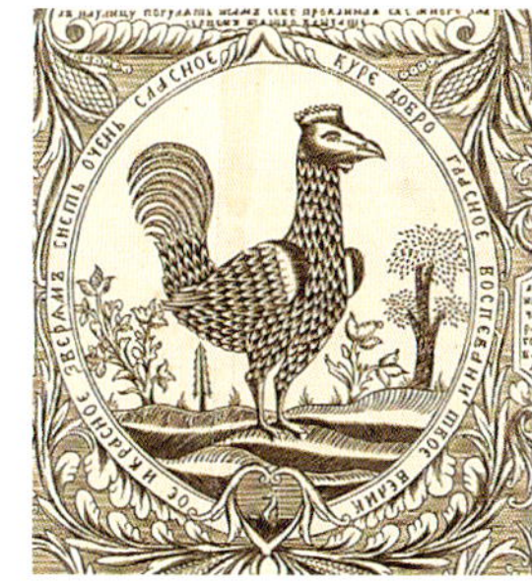

11 *Die Geschichte vom Hahn und vom listigen Fuchs* (Detail), 1852

Η ιστορία του κόκορα και της πονηρής αλεπούς, 1852

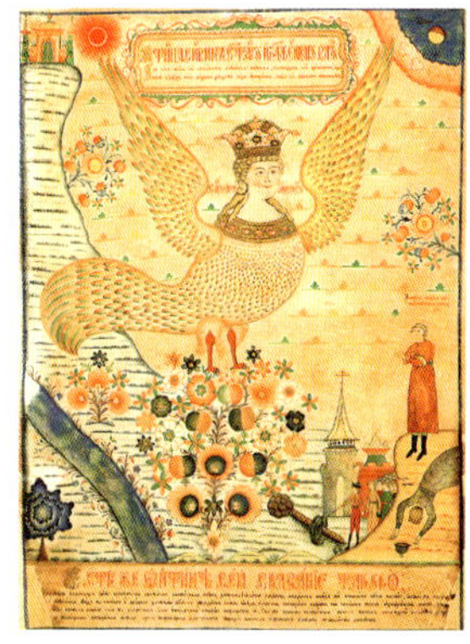

12 *Der Paradiesvogel Sirin*, Russland, erste Hälfte 19. Jh.

Σειρήνα, το παραδείσιο πουλί Πρώτο μισό 19[ου] αιώνα

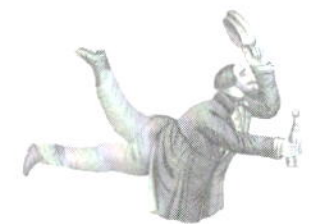

manchmal vor Heringslake. Darüber fielen Lichtreflexe, von oben, von den Seiten", schrieb Chagall in seiner Autobiografie.[8] Der Fisch erschien dem Künstler kostbar und bedeutungsvoll, außerordentlich und mystisch.[9] Chagall malte ihn losgelöst von seinem Element Wasser frei als Einzelfigur oder als Teil einer Figurengruppe, wie etwa in *Commedia dell' Arte, Skizze Nr. 02033.0004.* Der Fisch – eine Metapher für die Kindheit? Schwebende, durch die Luft fliegende Fische finden wir auch auf den Lubki. So etwa auf dem Lubok *Die Geschichte vom Dummkopf Emelja mit der roten Kappe* (Kat. 13).

Hybride Wesen

Im Mittelpunkt des Gemäldes *Commedia dell' Arte* finden wir eine jener für Chagall so charakteristischen Mischfiguren, eine Cello spielende nackte Frau mit Eselskopf. Tierkopfmenschen finden wir immer wieder in Chagalls Werk.

Ob für diese hybriden Wesen auch hier das zweite Gebot konstituierend gewesen sein mag? Der Rabbiner Meier ben Baruch von Rothenburg ob der Tauber hatte im 13. Jahrhundert die Darstellung von menschlichen Gesichtern in der Synagoge verboten. Erlaubt aber waren Tierdarstellungen. Deswegen tragen beispielsweise auf einigen jüdischen Handschriften alle Juden Vogelköpfe. Auf Chagalls Bildern finden wir mitunter auch Vogelfrauen, wie etwa in dem *Flötenspieler* aus dem Jahr 1954 – allerdings invertiert, also mit einem Vogelkörper und einem Frauenkopf. Ähnliche Darstellungen von Vogelfrauen finden sich auch auf Lubki, bemalten Truhen und Spinnrocken sowie auf Kacheln und Stickereien. So auf den Lubki *Der Paradiesvogel Sirin* (Abb. 12) und *Alkonost.*

Mischwesen gibt es auch auf Ikonen. Es handelt sich um die im Osten verbreitete bildliche Darstellung des Hl. Christophoros Kynokephalos, dem Protagonisten des westlichen Christophoros-Mythos. Dieser Heilige hat eine seltsame Hybridenfigur meist mit einem Hundekopf, manchmal auch mit einem Pferde- oder Kamelkopf. Eine größere Ähnlichkeit weisen Chagalls Mischwesen allerdings mit den Darstellungen auf den Lubki auf. So sind etwa auf *Der Bär und die Ziege* (Kat. 45) aus der ersten Hälfte des 19. Jahrhunderts und der *Spaziergang im Marienhain* (Kat. 11) aus dem Jahr 1865 musizierende Bären und Ziegen dargestellt. Tatsächlich weist die Ziege dort eine star-

ke formale Ähnlichkeit mit Chagalls Phantasiewesen auf. Kulturgeschichtlich gehen die musizierenden Tiere auf die in Russland traditionelle Fastnachtsgestalt des dressierten, tanzenden Bären und die des als Ziege verkleideten Mannes zurück: Der Bär spielt dort Balalaika und die Ziege auf Holzlöffeln.

Die Verselbstständigung der Farbe

Chagalls Hauptinteresse beim Aufbau eines Bildes lässt sich bei einem Vergleich der sechs Arbeiten aus der Oper Frankfurt gut nachvollziehen: Die ansatzweise gebildete Narrativität tritt in den Hintergrund und die Details der einzelnen Figuren verschwinden allmählich aus den Bildern (Abb. 14–18). Dafür rücken die künstlerischen Eigenschaften in den Vordergrund.

In dem großen Gemälde und den Skizzen Nr. 02033.0002 und 02033.0004 definiert ausschließlich die Anordnung der Figuren und Gegenstände die Komposition: Wie auf einer Ikone erscheinen unterschiedliche Raum-Zeit-Kontinuitäten gleichzeitig auf dem Bild – der geschlossene Raum des Zirkuszeltes öffnet sich nach unten und der Mond erleuchtet eine Witebsk-Architekturlandschaft aus Chagalls Frühzeit, währendessen in der Skizze Nr. 02033.0013 der Eifelturm der Pariser Jahre rhythmisch mitschwingt.

In den weiteren Skizzen Nr. 02033.0006 und 02033.0014 sind die raumdefinierenden Figuren nur noch angedeutet. An ihrer Stelle tritt das Kolorit hervor. Die ganze Bildfläche vibriert, dominiert von Farbflächen und kapriziösen Farbflecken. Und beim genauen Betrachten der Skizze 02033.0014 fällt die mit Bleistift ausgeführte Einteilung der Bildfläche in geometrische Formen auf. Diese Ansätze einer geometrischen Einteilung der Bildfläche können durch Chagalls ganzes Oeuvre verfolgt werden. Auch auf Chagalls Gouache *o. T.* aus der Witebsker Zeit, entstanden Jahrzehnte vor den *Commedia*-Skizzen[10], ist das gleiche auf Farbe basierende bildaufbauende Prinzip zu erkennen (Abb. 20): Große Farbflächen bestimmen die Komposition, ein leuchtendes, rohes Kolorit dominiert; auch hier verbinden sich malerische mit grafischen Ansatzpunkten. Die einzelnen Farbflächen definieren die Komposition, während die Figuren und Objekte nur schwarz konturiert sind.

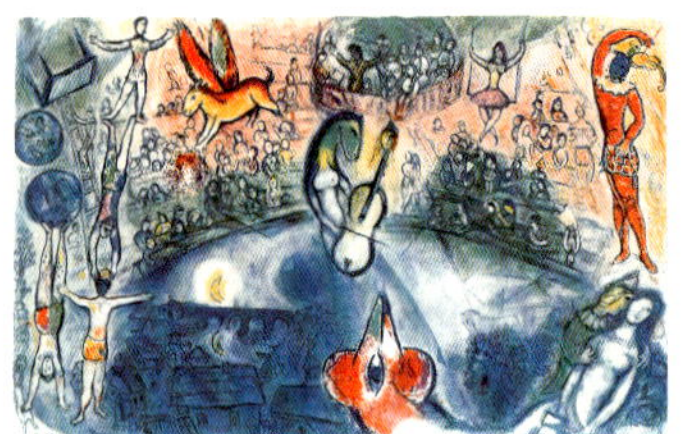

13 M. Chagall *Commedia dell' Arte*, 1958

Μ. Σαγκάλ *Commedia dell' Arte*, 1958

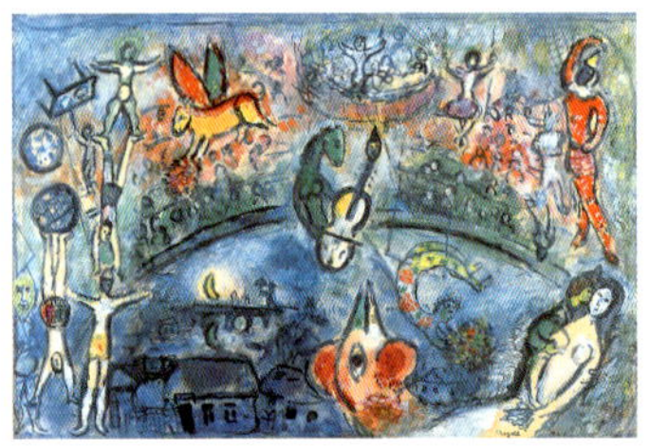

14 Skizze Nr. 02033.0002

Σχέδιο με αρ. 02033.0002

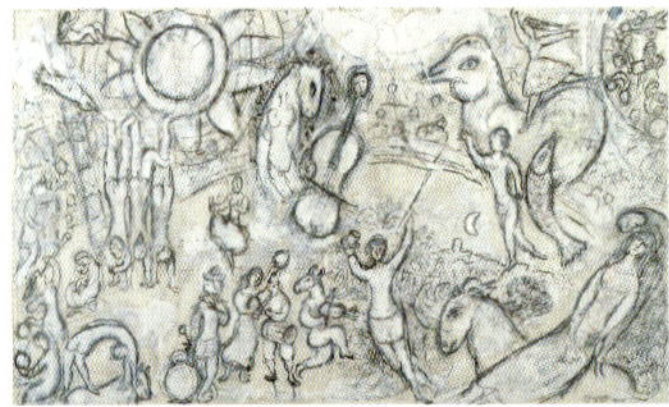

15 Skizze Nr. 02033.0004

Σχέδιο με αρ. 02033.0004

1830),[6] και τα έργα του Σαγκάλ: *Η πάλη του Ιακώβ με τον άγγελο*, *Ο κόκορας και το μισοφέγγαρο* (εικ. 8), *Ο πετεινός στο τοπίο*, *Ο ακορντεονίστας* .[7]

Εκτός από τον πετεινό, πρέπει να αναφερθεί και το ψάρι ως σημαντικό εικαστικό μοτίβο στα έργα του Σαγκάλ. «Τα ρούχα του πατέρα μου γυάλιζαν κάποιες φορές από άλμη ρέγκας. Πάνω τους αντανακλούσε το φως, ερχόμενο είτε από επάνω είτε από το πλάι» γράφει ο Σαγκάλ στην αυτοβιογραφία του.[8] Το ψάρι θεωρείται από τον καλλιτέχνη πολύτιμο και σημαντικό, εξαιρετικό και μυστικιστικό μοτίβο[9]. Ο Σαγκάλ το ζωγραφίζει έξω από το φυσικό του στοιχείο, το νερό, ελεύθερο σαν μεμονωμένη φιγούρα ή ως μέρος μίας ομάδας μορφών, όπως για παράδειγμα στην *Commedia dell' Arte*, (αρ. σχεδίου 02033.0004). Το ψάρι – μία μεταφορά για τα παιδικά χρόνια; Αιωρούμενα ψάρια που πετούν στον ουρανό βρίσκουμε και στα lubki. Έτσι για παράδειγμα στο lubok: *Το παραμύθι του Φόμα του χαζού με τον κόκκινο σκούφο* (Κατ. 13).

Υβριδικά όντα

Στο κέντρο του πίνακα *Commedia dell' Arte* βρίσκουμε μία, τόσο χαρακτηριστική για τον Σαγκάλ, υβριδική μορφή, μία γυμνή γυναικεία μορφή με κεφάλι αλόγου που παίζει τσέλο. Ανθρώπους με κεφάλι ζώου βρίσκουμε συχνά στο έργο του Σαγκάλ.

Μήπως και για τη δημιουργία των υβριδικών όντων έπαιξε σημαντικό ρόλο η δεύτερη εντολή; Ο ραβίνος Μέγιερ Μπεν Βάρουχ από το Ρότενμπουργκ είχε απαγορεύσει τον 13[ου] αιώνα την αναπαράσταση ανθρώπινων προσώπων στη Συναγωγή. Επιτρέπονταν όμως απεικονίσεις ζώων. Για το λόγο αυτό, για παράδειγμα, σε κάποια ιουδαϊκά χειρόγραφα όλοι οι Εβραίοι έχουν κεφάλια πουλιών. Στους πίνακες του Σαγκάλ βρίσκουμε και γυναίκες-πουλιά όπως στον «Παίχτη φλογέρας» από το έτος 1954 – βέβαια αντεστραμμένα, δηλαδή με σώμα πουλιού και γυναικείο κεφάλι. Παρόμοιες απεικονίσεις γυναικών-πουλιών απαντώνται και στα lubki, σε ζωγραφισμένα σεντούκια και ρόκες καθώς και σε πλακίδια και κεντήματα. Έτσι και στα lubki: *Σειρήνα, το πουλί του παραδείσου* (εικ. 12) και *Άλκονοστ*.

Υβριδικά όντα υπάρχουν και στις αγιογραφίες. Πρόκειται για τη διαδεδομένη στην Ανατολή εικαστική απεικόνιση του Άγιου Χριστόφορου του κυνοκέφαλου, του προτύπου του δυτικού Χριστόφορου. Ο Άγιος αυτός έχει μία ασυνήθιστη υβριδική μορφή συνήθως με κεφάλι σκύλου, κάποιες φορές και με κεφάλι αλόγου ή καμήλας. Μεγαλύτερη ομοιότητα διαθέτουν, όμως, οι υβριδικές μορφές του Σαγκάλ με τις παραστάσεις στα lubki. Έτσι στο *Η αρκούδα και η κατσίκα* (Κατ. 45) του πρώτου μισού του 19[ου] αιώνα και στο *Περίπατος στο Μάριενχαϊν* (Κατ. 11) του 1865 παριστάνονται αρκούδες και κατσίκες που παίζουν μουσική. Πραγματικά η κατσίκα στο έργο αυτό επιδεικνύει έντονη μορφολογική ομοιότητα με τα φανταστικά όντα του Σαγκάλ. Αντιμετωπίζοντάς τα στα πλαίσια της ιστορίας της τέχνης, τα ζώα που παίζουν μουσική ανάγονται στην παραδοσιακή ρωσική καρναβαλική μορφή της εκπαιδευμένης αρκούδας που χορεύει και της ανδρικής μορφής που είναι ντυμένη ως κατσίκα: Η αρκούδα εκεί παίζει μπαλαλάικα και η κατσίκα ξύλινα κουτάλια.

Η αυτονόμηση του χρώματος

Συγκρίνοντας έξι έργα του Σαγκάλ από την Όπερα της Φρανκφούρτης γίνεται κατανοητό ποιο είναι το κύριο ενδιαφέρον του κατά τη δημιουργία μίας εικόνας: η αφηγηματικότητα που προκύπτει συνθετικά υποβαθμίζεται και οι λεπτομέρειες των μεμονωμένων μορφών εξαφανίζονται σταδιακά από τις εικόνες (εικ. 14–18). Αντίθετα οι καλλιτεχνικές ιδιότητες έρχονται στο προσκήνιο.

Στον μεγάλο πίνακα και στα σχέδια αρ. 02033.0002 και 02033.0004 η σύνθεση καθορίζεται αποκλειστικά μέσω της διάταξης των μορφών και των αντικειμένων: Όπως συμβαίνει και στις αγιογραφίες, στην ίδια εικόνα εμφανίζονται ταυτόχρονα διαφορετικές χωρικές και χρονικές συνέχειες – ο κλειστός χώρος της σκηνής του τσίρκου ανοίγει προς τα κάτω και το φεγγάρι φωτίζει ένα αρχιτεκτονικό τοπίο του Βιτέμπσκ από την πρώιμη περίοδο του Σαγκάλ, ενώ στο σχέδιο με αρ. 02033.0013 ο Πύργος του Άιφελ από την περίοδο του Παρισιού συμμετέχει ρυθμικά στην ταλάντωση.

Στα υπόλοιπα σχέδια αρ. 02033.0006 και 02033.0014 οι μορφές που ορίζουν το χώρο απλά υποδηλώνονται. Στη θέση τους προβάλλεται το χρώμα. Ολόκληρη η επιφάνεια της εικόνας πάλλεται, κυριαρχούμενη από χρωματικές επιφάνειες και ιδιότροπες χρωματικές κηλίδες. Παρατηρώντας πιο προσεκτικά το σκίτσο 02033.0014 γίνεται αντιληπτή η ανάλυση με μολύβι της επιφάνειας

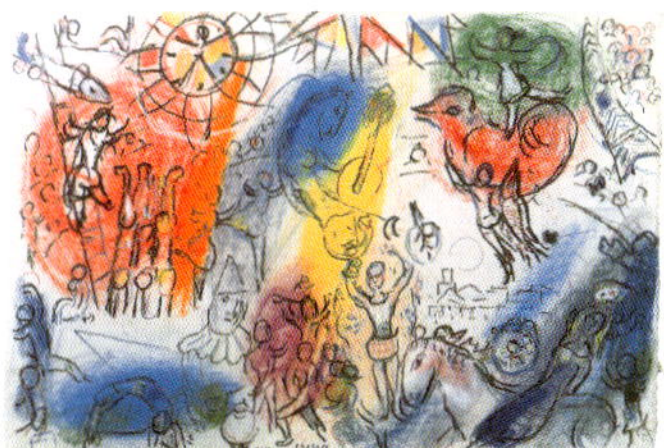

16 Skizze Nr. 02033.0013
   Σχέδιο με αρ. 02033.0013

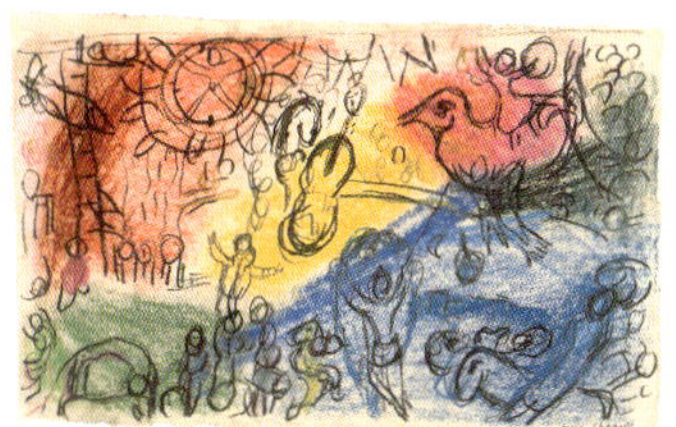

17 Skizze Nr. 02033.0006
   Σχέδιο με αρ. 02033.0006

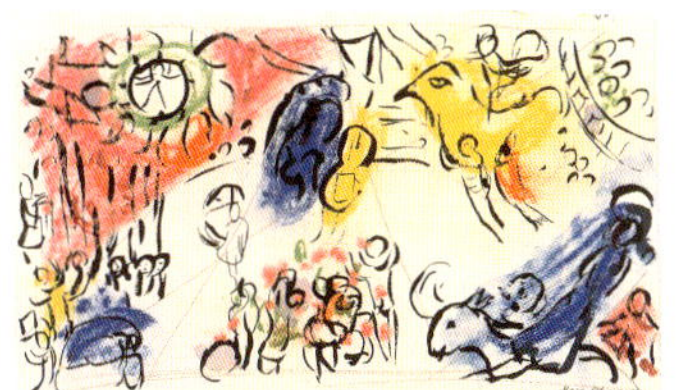

18 Skizze Nr. 02033.0014
   Σχέδιο με αρ. 02033.0014

14–18
M. Chagall, *Skizzen zu Commedia dell' Arte*, 1958
Μ. Σαγκάλ *Σχέδια με Commedia dell' Arte*, 1958

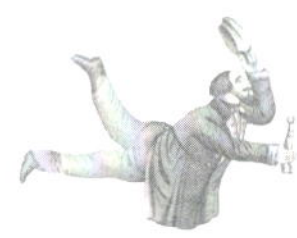

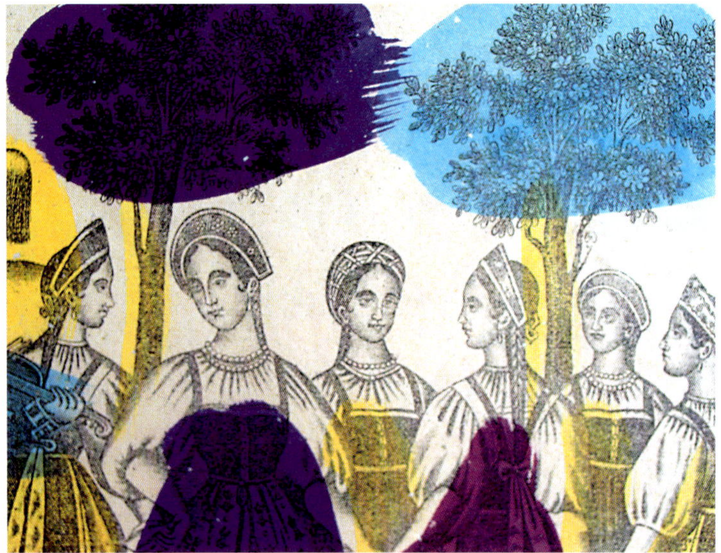

19 *Lied* (Detail), Russland, 19. Jh.
   Pesnya (Τραγούδι), Ρωσία, 19ος αιώνας

Das bildaufbauende, von der Farbe geprägte Prinzip ist ebenfalls im Lubok anzutreffen: Seine leuchtende Farbigkeit lässt auch hier, auf rein künstlerischer Ebene, Vergleiche mit den oben aufgeführten Bildern von Chagall zu. Eine Detaildarstellung des Lubok *Lied* (*Pesnja*, Abb. 19) zeigt, wie stark der Farbauftrag zur Verselbstständigung der Farbe von der Form beigetragen hat: Die mit einem breiten, energischen Pinsel aufgetragenen leuchtenden Farben überlagern die Konturierung, und die einzelnen Formen lösen sich auf. Im Resultat entstehen kapriziöse und höchst dekorative Farbflächen. Die Leuchtkraft des Kolorits auf den Lubki wurde zusätzlich mit der Einführung der Anilinfarben in Russland ab der zweiten Hälfte des 19. Jahrhunderts gesteigert. Das Violett-Lila kam auf und die Lubokwerkstätten setzten bewusst diese Farbe in kontrastreicher Kombination mit Orange-Rot, Himbeer-Rot, mit Rosé und Himmelblau ein, um so die Leuchtkraft der Lubki zu steigern.

Und dass Chagall selbst ein Kolorist war, belegt ein Gespräch mit Walter Erben, in dem er seine Bilder nach künstlerischen Kriterien in „abstrakt und nicht-abstrakt" einteilte. „Ich kenne nur die authentische, die gute Malerei – und das Gegenteil davon. Alles andere ist un-

wesentlich … Auf die plastischen Werte kommt es an, ich habe über vierzig Jahre gebraucht, bis ich begriff, was das ist, – wann die Farben zu klingen beginnen … Das größte Wunder ist jedoch die Materie …" Nach Erben zeigte Chagall dabei auf einen Baum. „Schauen Sie, das ist Materie, die ich meine", fuhr Chagall fort. „Das blüht und klingt, das ist Farbe und Form und – Leben! Leben, das es hervorbringt, das es ausstrahlt. Und dann das Grün – la verdure! Das muss man in der Malerei zu verwirklichen trachten. Wie diese Materie, so hat auch die Farbe ihr Leben, ihr Geheimnis, ihre Bedeutung – dieses alles muss der Maler studieren, erfahren, fühlen …"[11]

Das Parfüm des Heimatlandes

Thematisch verwurzelt im Chassidismus, hat sich Chagall ästhetisch von der russischen Volkskunst und russischen Ikonen inspirieren lassen. So lassen sich Parallelen auf rein bildlicher und künstlerischer Ebene feststellen: Neben der Übernahme ganzer Kompositionen hat Chagall auch einzelne Elemente aus den Lubkidarstellungen in seine Bildsprache integriert. Das Auflösen der narrativen Handlung in ein Miteinander und Nebeneinander in Zeit, was wiederum die Parallelexistenz von mehreren Raumebenen bedingt, sind charakteristische Elemente sowohl von Chagalls Bildkonzept, wie auch von der Ikone und den Lubki. Aber auch vom vibrierenden Farbfleck der Lubki ließ er sich inspirieren.

Und dass Chagalls Werk nicht nur vor dem Hintergrund seiner jüdischen Herkunft zu lesen ist, sondern auch im Kontext der russischen Kultur, darauf hat schon die jüdische Kunsthistorikerin Mira Friedmann hingewiesen: „Scholars, whatever their background, see Chagall both as a Jewish and as a French artist. Notwithstanding the strong Slavic emphasis in his works, and the artist's own comments, almost no one has seriously discussed the expression on this Slavic basis in Chagall, nor has it been studied with any thoroughness."[12] Und auch Chagall selbst schreibt: „Dass ich Kühe, Mägde, Hähne und die Häuser der russischen Provinz zu meinen Grundformen machte, erklärt sich daraus, dass sie zu meinem Milieu gehören, dem ich entstamme, und dass sie zweifellos den nachhaltigsten Eindruck in meiner visuellen Erinnerung hinterlassen haben. So lebhaft und verschiedenartig ein Maler auch auf die Atmosphäre und Einflüsse sei-

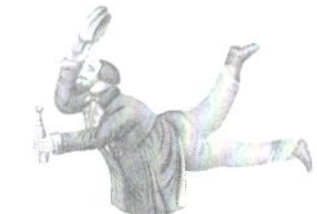

της εικόνας σε γεωμετρικές φόρμες. Τα στοιχεία αυτά μπορούμε να τα δούμε στο σύνολο του έργου του Σαγκάλ. Και στην χωρίς τίτλο υδατογραφία του Σαγκάλ από την περίοδο του Βιτέμπσκ, που δημιουργήθηκε δεκαετίες πριν τα σχέδια της Commedia,[10] αναγνωρίζεται η ίδια αρχή δόμησης της εικόνας με βάση το χρώμα (εικ. 20): μεγάλες χρωματικές επιφάνειες καθορίζουν τη σύνθεση, κυριαρχεί ένα φωτεινό, ακατέργαστο χρώμα, και εδώ τα ζωγραφικά συνθετικά στοιχεία συνδέονται με τα γραμμικά. Οι μεμονωμένες χρωματικές επιφάνειες καθορίζουν τη σύνθεση, ενώ οι μορφές και τα αντικείμενα φέρουν μόνο μαύρα περιγράμματα.

Η αρχή της διαμόρφωσης των εικόνων με βάση το χρώμα απαντάται επίσης στο lubok: η φωτεινή του χρωματικότητα επιτρέπει και εδώ, σε καθαρά καλλιτεχνικό επίπεδο, τη σύγκριση με τις εικόνες του Σαγκάλ που αναφέρθηκαν παραπάνω. Μια λεπτομέρεια στο lubok: *Πέσνια* (εικ. 19) δείχνει πόσο έντονη είναι η συμβολή του τρόπου τοποθέτησης του χρώματος στην αυτονόμησή του από τη μορφή: τα φωτεινά χρώματα που τοποθετούνται γρήγορα με ένα φαρδύ πινέλο καλύπτουν

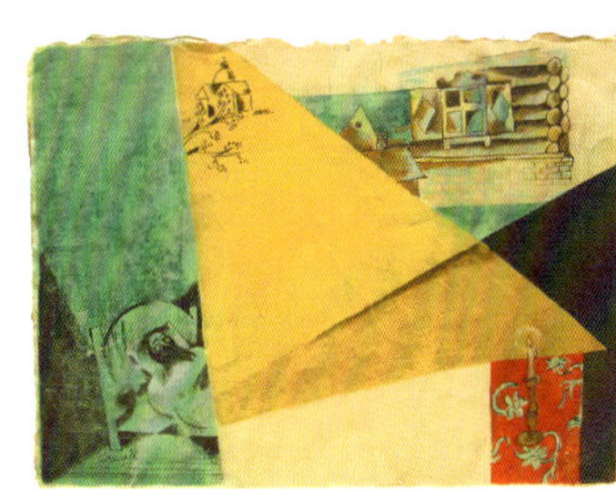

20 M. Chagall *o. T. (Mein Traum)*, um 1918

Μ. Σαγκάλ *Χωρίς τίτλο (Το όνειρό μου)*, περ. 1918

τα περιγράμματα και οι μεμονωμένες μορφές διαλύονται. Ως αποτέλεσμα αυτού δημιουργούνται ιδιόμορφες και διακοσμητικές χρωματικές επιφάνειες. Η φωτεινότητα του χρώματος στα lubki αυξήθηκε με την εισαγωγή των χρωμάτων ανιλίνης στη Ρωσία από το δεύτερο μισό του 19ου αιώνα. Δημιουργήθηκε το ιώδες-μοβ και τα εργαστήρια των lubki χρησιμοποιούσαν συνειδητά το χρώμα αυτό σε συνδυασμούς που δημιουργούν έντονες αντιθέσεις, με πορτοκαλί-κόκκινο, κόκκινο, ροζ και γαλάζιο, για να αυξήσουν τη φωτεινότητα των lubki.

Το γεγονός ότι ο ίδιος ο Σαγκάλ ήταν ένας καλλιτέχνης του χρώματος επιβεβαιώνεται από μία συζήτηση με τον Βάλτερ Έρμπεν, στην οποία κατατάσσει τους πίνακές του με καλλιτεχνικά κριτήρια σε «αφηρημένους και μη-αφηρημένους». «Γνωρίζω μόνο την αυθεντική, την καλή ζωγραφική – και το αντίθετό της. Όλα τα υπόλοιπα είναι

επουσιώδη... Οι πλαστικές αξίες είναι αυτές που έχουν σημασία, χρειάστηκα περισσότερα από σαράντα χρόνια μέχρι να κατανοήσω τι είναι αυτό – πότε αρχίζουν να ηχούν τα χρώματα... Το μεγαλύτερο θαύμα είναι όμως η ύλη...» Σύμφωνα με τον Έρμπεν, ο Σαγκάλ λέγοντας τα παραπάνω έδειχνε ένα δέντρο. «Κοιτάξτε αυτή είναι η ύλη που εννοώ» συνέχισε ο Σαγκάλ. «Ανθεί και ηχεί, αυτό είναι το χρώμα και η μορφή και – ζωή! Η ζωή που προβάλλει, που εκπέμπει. Και μετά το πράσινο – la verdure! Αυτό πρέπει να προσπαθήσουμε να πραγματοποιήσουμε στη ζωγραφική. Όπως η ύλη, έτσι και το χρώμα έχει ζωή, μυστήριο, σημασία – όλα αυτά ο ζωγράφος πρέπει να τα μελετήσει, να τα βιώσει, να τα αισθανθεί...»[11]

Το άρωμα της πατρίδας

Ριζωμένος θεματικά στον χασιδισμό, ο Σαγκάλ αφέθηκε να εμπνευστεί αισθητικά από τη ρωσική λαϊκή τέχνη και τις ρωσικές αγιογραφίες. Έτσι μπορούν να διαπιστωθούν παραλληλισμοί σε καθαρά εικαστικό και καλλιτεχνικό επίπεδο: εκτός από την υιοθέτηση ολόκληρων συνθέσεων, ο Σαγκάλ ενσωμάτωσε στην εικαστική του γλώσσα και μεμονωμένα στοιχεία από τις παραστάσεις των lubki. Η διάλυση της αφηγηματικής δράσης σε ταυτόχρονη και παράλληλη δράση στον χρόνο, πράγμα που προϋποθέτει αφετέρου την παράλληλη ύπαρξη περισσότερων χωρικών επιπέδων, είναι χαρακτηριστικά στοιχεία τόσο στην τεχνική απεικόνισης του Σαγκάλ, όσο και σε αυτή της αγιογραφίας και των lubki. Εμπνεύστηκε όμως και από τις παλλόμενες χρωματικές κηλίδες των lubki.

Η εβραία ιστορικός τέχνης Μίρα Φρίντμαν υπέδειξε ήδη το γεγονός ότι το έργο του Σαγκάλ δεν μπορεί να ειδωθεί μόνο ως αποτέλεσμα της εβραϊκής του καταγωγής αλλά και μέσα από τα συμφραζόμενα του ρωσικού πολιτισμού: «οι λόγιοι, οποιοδήποτε κι αν είναι το υπόβαθρό τους, αντιμετωπίζουν τον Σαγκάλ τόσο ως εβραίο όσο και ως γάλλο καλλιτέχνη. Παρά την έντονη σλαβική επιρροή στα έργα του, και τα σχόλια του ίδιου του καλλιτέχνη, σχεδόν κανείς δεν ασχολήθηκε σοβαρά με τη σλαβική επίδραση στην έκφραση του Σαγκάλ, ούτε και τη μελέτησε ποτέ λεπτομερώς».[12] Και ο ίδιος ο Σαγκάλ γράφει: «Το ότι χρησιμοποίησα τις αγελάδες, τις υπηρέτριες, τους πετεινούς και τα σπίτια της ρωσικής υπαίθρου ως βασικά μοτίβα της ζωγραφικής μου, εξηγείται από το γεγονός ότι αποτελούν στοιχεία του κοινωνικού

ner späteren Umgebung reagieren mag, eine bestimmter Extrakt, ein gewisses Aroma seines Geburtsortes bleibt doch immer an seinen Arbeiten haften … So hoffe ich, die Einflüsse meiner Kindheit nicht allein im Stofflichen bewahrt zu haben."[13]

Dr. Snejanka Dobrianowa-Bauer

1 Chagall, Marc , *Mein Leben*, Stuttgart 1959. S.166.
2 Zitiert nach: Mitteilung der Stadtverwaltung Frankfurt am Main, Nr. 48, 1960, S. 516.
3 Chagalls *Selbstbildnis mit Frau (Spaziergang)*, 1922, Supplementblatt zu *Mein Leben*, 25,1 x 23,5 cm, Bauhaus-Archiv Berlin Inv.-Nr. 65/7; Chagall *Mit der Thora über der Stadt*, 1924/25, Druck mit der nummerierten Auflage von 1957, Städtische Galerie im Städelschen Kunstinstitut Frankfurt am Main, Inv. Nr. SG 3844.
4 Chagall, Marc, *The Artist*, *The Work of the Mind*. The University of Chicago Press, Chicago 1947, S.79.
5 Über Hahnsymbolik bei Chagall: vgl. Goldmann, Christoph. *Bild-Zeichen bei Marc Chagall*, Bd I: *Alphabetische Enzyklopädie der Bildzeichen*, Göttingen 1995; Meyer, Franz. *Marc Chagall, Leben und Werk*, 1961, Köln 1968 (2. Aufl.); Forestier, Sylvie. *Marc Chagall: seine Welt, seine Bilder*. Stuttgart; Zürich: Belser, 1988.
6 *Ach du meine Güte, ein Dieb ist mir ins Haus gekommen*, um 1830, Kupferstich, koloriert, 44,5 x 36 cm, Staatliches Historisches Museum Moskau.
7 Lithographien: *Jakobs Kampf mit dem Engel*, 50 x 70 cm; *Hahn in der Landschaft* (Mourlot 208), in: *Derrière le mirroir*" Nr. 107–108/1958; *Der Akkordeonspieler* (Mourlot 204) in: Jacques Lassaigne. *Chagall*, Paris 1957; *Der Hahn und die Mondsichel* in: Jacques Lassaigne. *Chagall*, Paris 1957.
8 Vgl. Chagall, Marc. Mein Leben, Stuttgart 1959, S. 7.
9 Vgl. Meyer, Franz: Marc Chagall – Leben und Werk, Stuttgart 1961, S. 137.
10 Chagall o. T., um 1916, Gouache auf Papier, 32,8 x 44,2 cm, Privatbesitz.
11 Erben, Walter. *Marc Chagall*. München 1957, S.9.
12 Friedmann, M. *Icon Painting and Russian Popular Art as Sources of Some Works by Chagall: Journal of Jewish Art*, 5/79, S. 94–107.
13 Erben, Walter. *Marc Chagall*. München 1957, S. 126.

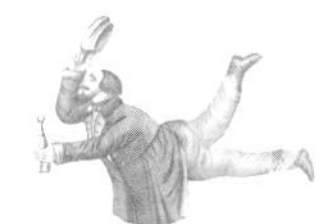

μου κύκλου, από τον οποίο κατάγομαι καθώς και από το γεγονός ότι αναμφίβολα προκάλεσαν έντονη εντύπωση στην οπτική μου μνήμη. Όσο ζωντανά και διαφορετικά και αν αντιδρά ένας ζωγράφος στην ατμόσφαιρα και τις επιρροές του μετέπειτα περιβάλλοντός του, παραμένει στα έργα του ένα συγκεκριμένο εκχύλισμα, ένα άρωμα της πατρίδας του... Έτσι ελπίζω να μην έχω διατηρήσει μόνο σε υλικό επίπεδο τις ειιιδράσεις από τα παιδικά μου χρόνια».[13]

Dr. Snejanka Dobrianowa-Bauer

1   Chagall, Marc, *Mein Leben*, Στουτγάρδη 1959. S. 166.
2   Παρατίθεται από: Mitteilung der Stadtverwaltung Frankfurt am Main, αρ. 48, 1960, σελ. 516.
3   Το έργο του Σαγκάλ *Αυτοπροσωπογραφία με γυναίκα (Περίπατος)*, 1922, περιλαμβάνεται σε παράρτημα στο Mein Leben, 25,1 x 23,5 εκ., Αρχείο Bauhaus Βερολίνο Αρ. ευρετηρίου 65/7. Το έργο *Με τον εβραϊκό νόμο πάνω από την πόλη*, 1924/25, αριθμημένο αντίτυπο του 1957, Δημοτική πινακοθήκη στο Ινστιτούτο τέχνης Städelschen της Φρανκφούρτης, Αρ. ευρετηρίου SG 3844.
4   Chagall, Marc, *The Artist, The Work of the Mind*. The University of Chicago Press, Σικάγο 1947, σελ. 79.
5   Σχετικά με το συμβολισμό του πετεινού στο Σαγκάλ: πρβλ. Christoph Goldmann, Bild-Zeichen bei Chagall, Marc, τόμος I: Alphabetische Enzyklopädie der Bild-zeichen, Γκέτινγκεν 1995. Meyer, Franz. Marc Chagall, Leben und Werk, 1961, Κολονία 1968 (2η έκδοση). Forestier, Sylive. Marc Chagall: seine Welt, seine Bilder. Στουτγάρδη. Ζυρίχη: Belser, 1988.
6   Η *ιστορία του πετεινού και της πονηρής αλεπούς* 1852, έγχρωμη χαλκογραφία, 55 x 74 εκ SHM 66804 I Sch hr 6184, και *Θεούλη μου ένας κλέφτης μπήκε στο σπίτι μου*, περ. 1830, έγχρωμη χαλκογραφία, 44,5 x 36 εκ., Κρατικό Ιστορικό Μουσείο Μόσχας.
7   Λιθογραφίες: *Η πάλη του Ιακώβ με τον άγγελο*, 50 x 70 εκ. *Ο πετεινός στο τοπίο (Mourlot 208)*, στο: *Derrière le mirroir* αρ. 107-108/1958. *Ο ακορντεονίστας (Mourlot 204)* στο: Jacques Lassaigne. *Chagall*, Παρίσι 1957. *Ο πετεινός και το φεγγάρι* στο: Jacques Lassaigne. *Chagall*, Παρίσι 1957.
8   Πρβλ. Chagall, Marc. *Mein Leben*, Στουτγάρδη 1959, σελ. 7.
9   Πρβλ. Meyer, Franz: *Marc Chagall – Leben und Werk*, Στουτγάρδη 1961, σελ. 137.
10 Chagall, *Χωρίς τίτλο*, του 1916, γκουάς σε χαρτί, 32,8 x 44,2 εκ., ιδιωτική συλλογή.
11 Walter Erben, *Marc Chagall*, Μόναχο 1957, σελ. 9.
12 Friedmann, M., *Icon Painting and Russian Popular art as Sources of some Works by Chagall: Journal of Jewish Art*, 5/79, σελ. 94-107.
13 Walter Erben, ό. π., σελ. 126.

Ich habe doch keine Flügel zum Fliegen. Vielleicht nur in meiner Kunst.

Zu den späten Bildern von Alexej von Jawlensky

Im Frankfurter Ikonen-Museum treffen späte Bilder Alexej Jawlenskys auf Ikonen. Eine Begegnung, die formale wie spirituelle Korrespondenzen aufzeigen wird, wenn man darauf verzichtet, den Maler zum Schöpfer moderner Ikonen stilisieren zu wollen. Wie Wassily Kandinsky oder auch die in Russland tätigen Avantgardisten um Kasimir Malewitsch, war auch Alexej Jawlensky geprägt von der Ikonenmalerei wie auch der russischen Volkskunst, fasziniert von der Einfachheit und Unmittelbarkeit der Formen[1] wie auch von der Unbedingtheit ihres spirituellen Gehalts.[2] Und gleichermaßen beeinflusst war der tief religiöse Jawlensky vom Gedankengebäude der Orthodoxie, das wesentlich stärker als das westliche Weltbild von Ganzheitlichkeit geprägt ist. Was Ikonen und die späten Arbeiten Jawlenskys verbindet, ist ihre Zeichenhaftigkeit und ihr Verweischarakter auf einen Archetypen, auf ein Urbild.

Die Werke Alexej Jawlenskys sind jedoch Zeugnisse moderner Kunst, seine späten *Meditationen* laden ein zu einer persönlichen Zwiesprache mit den Betrachtenden und stehen gerade nicht in einem wie auch immer gearteten liturgischen Kontext. Zudem findet neben dem orthodoxen Gedankengut auch eine Fülle anderer Einflüsse Eingang in das Werk Jawlenskys.[3]

1896 nach München übergesiedelt, bewegte sich Jawlensky im Umkreis des *Blauen Reiters*. Gegen die damals gültige Salonmalerei setzten die Avantgardisten das Bild als autonomes Gefüge von Farbe und Fläche. Das heißt, sie verzichteten auf das Wiedergeben einer außerbildlichen Realität und auf die seit der Renaissance gültigen Regeln der Zentralperspektive. In der Befreiung der Farbe und der Vereinfachung der Formen unternahmen die Künstler den Versuch, hinter der äußeren Hülle der sichtbaren Welt ein inneres Wesen der Dinge und die Strukturen der Natur zu offenbaren. Dies geschah in einer Zeit, in der bahnbrechende wissenschaftliche Entdeckungen wie Einsteins Relativitätstheorie von 1905 den Glauben an die sichtbare Welt erschüttert hatten. Ziel der Kunst sollte es nun sein, die „geistige Seite der Natur" (Franz Marc) aufzuzeigen. In einer sich verändernden Welt sollte die Kunst existenziellen Charakter haben. Ausgehend von der Forderung nach einer umfassenden Erneuerung wandten sich die Künstler dem Mittelalter oder auch der Kunst der so genannten Naturvölker zu, in der sie eine unmittelbare Beziehung zur Welt sahen.

Weil sich die Welt für den Einzelnen nur noch fragmentarisch vermittelte, wurde die Kunst für die künstlerische Avantgarde um die Wende zum 20. Jahrhundert zur Projektionsfläche der verlorenen Einheit. Der 1912 erschienene Almanach *Der Blaue Reiter* dokumentiert eindrücklich das Bemühen der Künstler im Umkreis der gleichnamigen Gruppierung nach Schaffung eines umfassenden Gesamtkunstwerks.

Bei Kriegsausbruch 1914 musste Jawlensky Deutschland verlassen. Im Schweizer Exil, zunächst St. Prex am Genfer See, entstanden die Variationen über ein landschaftliches Thema. Über die Variationen fand der Maler ab 1918 wieder zum menschlichen Kopf, der zum bestimmenden Thema der Spätzeit wurde. Von 1917 bis 1919 entstand die Serie der Heiligengeschichte. 1918 dann malte Jawlensky erste abstrakte Köpfe, die ihn bis 1935 beschäftigten.

1921 bewegten Freunde und Ausstellungserfolge den Maler zur Übersiedlung nach Wiesbaden, wo er bis zu seinem Tod 1941 lebte. Acht Jahre später zeigten sich bei Jawlensky erste Symptome von Arthritis Deformans, die in der Folge seine Bewegungsfähigkeit reduzierte. Thematisch hatte sich Jawlensky, wie schon erwähnt, seit 1918 verstärkt dem menschlichen Antlitz zugewandt. Das in diesem Jahr entstandene Bild *Urform* enthält schon die vollständige Reduktion der Formen auf geometrische Grundstrukturen. Die fortschreitende Lähmung zwang Jawlensky 1934 die Formate seiner Bilder zu verkleinern. Auf gleichformatigen seriellen Bildträgern entstanden bis 1938 rund 1050 *Meditationen*.

Die Nationalsozialisten diffamierten den Künstler als entartet und zwangen ihn in die innere Emigration; seine Bilder wurden aus deut-

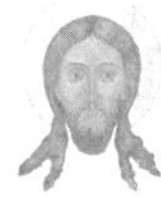

Μόνο η τέχνη μού δίνει φτερά.

Εξετάζοντας τα όψιμα έργα του Αλεξέι Γιαβλένσκι

Τα όψιμα έργα του Αλεξέι Γιαβλένσκι εκτίθενται στο Μουσείο Εικόνων της Φρανκφούρτης, στο πλαίσιο αντιπαραβολής προς μια συλλογή θρησκευτικών εικόνων. Πρόκειται για σύγκριση μέσω της οποίας αποκαλύπτονται μορφολογικές και πνευματικές αντιστοιχίες, πέραν οποιασδήποτε ισοπεδωτικής διάθεσης να αντιμετωπιστεί ο δημιουργός ως μοντέρνος αγιογράφος. Όπως ο Βασίλι Καντίνσκι ή Καζιμίρ Μαλέβιτς και οι καλλιτέχνες της ρωσικής πρωτοπορίας που ανήκαν στον κύκλο του, ο Αλεξέι Γιαβλένσκι δέχτηκε τις επιρροές τόσο της αγιογραφίας όσο και της ρωσικής λαϊκής τέχνης, συνεπαρμένος από την απλότητα και την αμεσότητα των μορφών τους[1], καθώς και από το αδιαπραγμάτευτο πνευματικό τους περιεχόμενο.[2] Ομοίως, τον βαθιά θρησκευόμενο Γιαβλένσκι σημάδεψε η πνευματικότητα της ορθοδοξίας η οποία, σε αντίθεση με το δυτικό κοσμοείδωλο, είναι διαποτισμένη από ολιστικές αρχές. Αυτό που συνδέει τις θρησκευτικές εικόνες με τα όψιμα έργα του Γιαβλένσκι είναι η συμβολιστική οπτική και η αναφορικότητά τους ως προς ένα αρχέτυπο ή μια αρχέγονη εικόνα.

Εντούτοις, τα έργα του Αλεξέι Γιαβλένσκι συνιστούν μαρτυρίες σύγχρονης τέχνης. Οι όψιμοι *Στοχασμοί* του καλούν τον επισκέπτη να συμμετάσχει σε έναν εσωτερικό διάλογο, ενώ το περιεχόμενό τους, όποια κι αν είναι η φύση του, απέχει μακράν από το να είναι θρησκευτικό. Εξάλλου, πέραν της ορθόδοξης σκέψης, το έργο του Γιαβλένσκι αντλεί από μια πληθώρα άλλων επιρροών.[3]

Μετά τη μετεγκατάστασή του στο Μόναχο το 1896, ο Γιαβλένσκι έγινε τακτικός θαμώνας των συγκεντρώσεων του Blaue Reiter (Γαλάζιος Καβαλάρης). Σε αντίθεση με τον κυρίαρχο ακαδημαϊσμό της εποχής, οι καλλιτέχνες της πρωτοπορίας θεωρούσαν την εικόνα ως αυτόνομη σύνθεση χρώματος και επιφανειών, εγκαταλείποντας, με άλλα λόγια, την αναπαράσταση οποιασδήποτε πραγματικότητας εκτός πίνακα, καθώς και τους κανόνες κεντρικής προοπτικής οι οποίοι εφαρμόζονταν από την Αναγέννηση. Με την απελευθέρωση του χρώματος και την απλοποίηση των μορφών, οι καλλιτέχνες επιζητούσαν

να αποκαλύψουν, πίσω από το εξωτερικό κέλυφος του ορατού κόσμου, την ουσία των πραγμάτων και τους νόμους της φύσης. Αυτό συνέβαινε την εποχή που ρηξικέλευθες επιστημονικές ανακαλύψεις, όπως η θεωρία της σχετικότητας του Αϊνστάιν (1905), είχαν υπονομεύσει την πίστη στον ορατό κόσμο. Σύμφωνα με τον ΦρANTς Μαρκ, σκοπός της τέχνης ήταν πλέον η κατάδειξη της "πνευματικής όψης της φύσης", οπότε και θα έπρεπε να διαδραματίσει έναν υπαρξιακό ρόλο εν τω μέσω ενός αέναα μεταβαλλόμενου κόσμου. Ανταποκρινόμενοι στο κάλεσμα για μια μεγαλόπνοη αναβίωση, οι καλλιτέχνες στράφηκαν στον Μεσαίωνα ή στην τέχνη των αποκαλούμενων πρωτόγονων λαών, στους οποίους αναγνώριζαν μια άμεση συνάφεια με τον κόσμο. Εφόσον η εικόνα του κόσμου που εισέπραττε το άτομο ήταν αποκλειστικά και μόνο αποσπασματική, η τέχνη της πρωτοπορίας στο κατώφλι του 20ού αιώνα κατέστη μέσο προβολής μιας χαμένης προ πολλού ενότητας. Το ημερολόγιο *Γαλάζιος Καβαλάρης*, που εκδόθηκε στα 1912, σκιαγραφεί με άκρως παραστατικό τρόπο τις προσπάθειες των καλλιτεχνών της ομώνυμης ομάδας να δημιουργήσουν μια σύνθεση που να περιλαμβάνει όλες τις τέχνες.

Με το ξέσπασμα του πολέμου στα 1914, ο Γιαβλένσκι αναγκάστηκε να εγκαταλείψει τη Γερμανία. Κατά την εξορία του στην Ελβετία, αρχικά στο Σαιντ Πρεξ, στη λίμνη της Γενεύης, ζωγράφισε τις *Παραλλαγές στο Θέμα ενός Τοπίου*. Εγκαταλείποντας τις *Παραλλαγές* αυτές στα 1918, ο καλλιτέχνης επέστρεψε στη ζωγραφική ανθρώπινων κεφαλών, κυρίαρχο θέμα των όψιμων χρόνων του. Μεταξύ 1917 και 1919 φιλοτέχνησε τη σειρά *Θρύλος Αγίων*. Στη συνέχεια, στα 1918, ο Γιαβλένσκι ζωγράφισε τις πρώτες του *Αφηρημένες Κεφαλές*, θέμα που εξακολούθησε να τον απασχολεί έως το 1935.

Στα 1921 με την προτροπή φίλων – και κατόπιν αρκετών επιτυχημένων εκθέσεων – πείστηκε να εγκατασταθεί στο Βισμπάντεν, όπου και έζησε έως τον θάνατό του στα 1941. Οκτώ χρόνια αργότερα, στα 1929, έκαναν την εμφάνισή τους τα πρώτα συμπτώματα παραμορφωτικής αρθρίτιδας, που έμελλε, στα επόμενα χρόνια, να

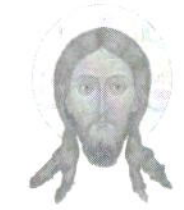

schen Sammlungen und Museen entfernt. Zum zweiten Mal ereilte ihn damit das Schicksal der Isolation. Die Krankheit förderte den Prozess der Vereinsamung. Vor diesem Hintergrund versenkte sich der Maler in das menschliche Antlitz auf der Suche nach dem Wesen des Menschen und verknüpfte dies mit der Frage nach dem Wesen des Bildes. Seine Antwort bilden die *Meditationen*.

Das Oeuvre Jawlenskys beschränkt sich auf die Landschaft, das Stillleben und vor allem auf das Bild des Menschen.[4] Von Anfang an verzichtete der Maler auf erzählerische Elemente in seinen Bildern, und schon in Russland fallen sie durch eine Reduzierung an Details auf. Insgesamt lässt sich das Oeuvre unter den Vorzeichen eines fortschreitenden Abstraktionsprozesses lesen.

Das Jahr 1914 markierte einen gravierenden Einschnitt in Leben und Werk des Malers. Herausgerissen aus seiner vertrauten Umgebung und getrennt von seinen gewohnten sozialen Kontakten fand er ein neues konstantes Gegenüber in der Landschaft.

Jawlensky hatte bereits vor dem Krieg – etwa in den Bildern des Tänzers Alexander Sacharoff, den er in unterschiedlichen Kostümen porträtierte – entdeckt, dass das Erscheinungsbild eines Menschen wandelbar ist und die Erscheinung sein eigentliches Wesen wie hinter einer Maske verbirgt. In St. Prex begegnete ihm Ähnliches im Blick aus dem Fenster seines Arbeitszimmers, den er auf vielen Bildern festhielt. Die Landschaft wurde zu einem konstanten Gegenüber, zur Matrix für das Bild, auf dem sich ihre variable Erscheinung und die wechselnde Empfindung des Malers niederschlugen.

In St. Prex setzte auch etwas ein, was Jawlenskys künstlerische Arbeit von nun an prägen sollte, nämlich das serielle Prinzip.

Die im Ikonen-Museum ausgestellte *Variation: Duft und Frische (Holland), WV Nr. 1040* (Abb. 1) entstand 1918 in Ascona, zu einer Zeit also, als Jawlensky seinen Fensterplatz in St. Prex längst aufgegeben hatte. Unabhängig von der Naturform untersuchte der Künstler in diesen Arbeiten bei einer gleich bleibenden Struktur die je spezifischen Eigenschaften der Farbe bezüglich ihrer räumlichen, zeitlichen oder lichthaften Qualität. So bewirken die hellen Farben rechts im Bild den Eindruck von Leichtigkeit und Aufsteigen, während die dunkle ovale Form links Schwere vermittelt. Dunkle Farbflecken sind wie Satzzeichen über die Komposition verteilt und verankern die hellen Farbtöne. Neben dieser bild-parallelen Bewegung weisen die Farben aber

auch eine räumliche Bewegung auf. So zieht sich das Blau in die Tiefe des Bildes zurück, während das kräftige Rotorange optisch nach vorne in den Raum stößt.

Darüber hinaus vermittelt sich in den Variationen eine zweite Sinnebene, indem die große ovale Form links als phallische Form für das männliche Prinzip steht, während rechts runde Form als weibliches Prinzip gelesen werden kann.

Damit ist man bei einem für das Werk Jawlenskys wesentlichen Begriff: dem des Androgynen. Beginnend bei den androgyn wirkenden Porträts des Tänzers Sacharoff, fand er in seinen Serien androgyne Formeln für das Gesicht. Über die Synthese unterschiedlichster Gegensätze auf den Bildern (helle und dunkle, kalte und warme Farbtöne oder auch Symbole wie Sonne und Mond oder die Teilung ganzer Bildpartien in gegensätzliche Erscheinungen[5]), gelangte er schließlich zu einer Annäherung an die ursprüngliche Bedeutung des Begriffs als Sehnsucht nach einer archaischen Einheit: die Symbiose von Mann (andros) und Frau (gynaikon). Eine Vorstellung, die sich in vielen Kulturen findet, etwa bei Platon thematisiert wird, oder im Yin-Yang der Chinesen, aber auch in der christlichen Tradition.

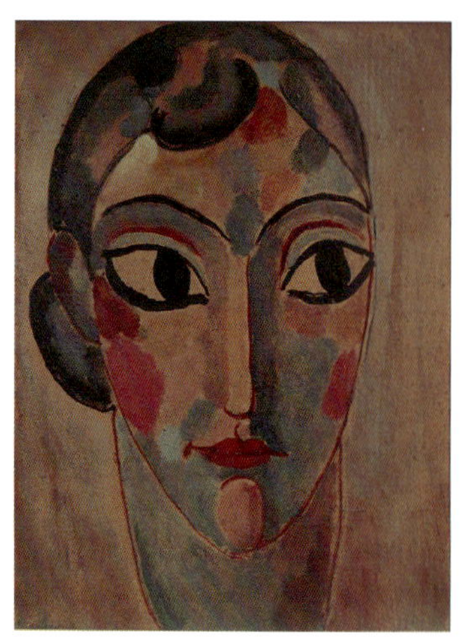

2 A. von Jawlensky *Mystischer Kopf: Klassischer Kopf*, 1918 N. 12, WV Nr. 969

Α. φον Γιαβλένσκι *Μυστικό Κεφάλι: Κλασικό Κεφάλι*, 1918 N. 12, WV Nr. 969

Die beiden Arbeiten *Mystischer Kopf: Klassischer Kopf, 1918 N.12, WV Nr. 969* (Abb. 2) und *Heilandsgesicht: Der Tod II, WV Nr. 1077* (um 1919, Abb. 3) schließen formal und farblich an die Variationen an. Charakteristisch sind der teilweise lasierend dünne Farbauftrag sowie die freien Farbflecken, die spontan und ohne Bezug auf eine außerbildliche Realität auf die Flächen der Gesichter gesetzt sind.[6] Während sich *Mystischer Kopf* jedoch noch stärker an der Naturform orientiert (man beachte den ausgearbeiteten Mund, die Kinnpartie oder auch die

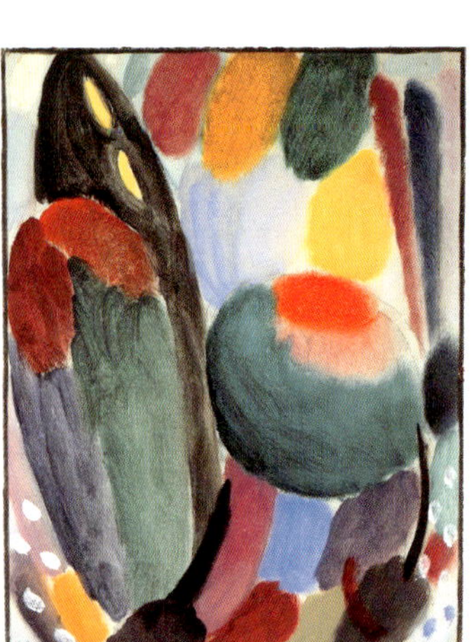

1 A. von Jawlensky *Variation: Duft und Frische (Holland)*, WV Nr. 1040, 1918

Α. φον Γιαβλένσκι *Παραλλαγή: Άρωμα και Φρεσκάδα (Ολλανδία)*, WV Nr. 1040, 1918

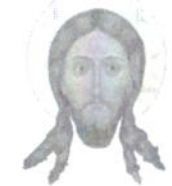

περιορίσουν τις κινητικές ικανότητες του Γιαβλένσκι. Από άποψη θεματικής, ο Γιαβλένσκι, όπως προαναφέρθηκε, είχε από το 1918 επικεντρώσει το ενδιαφέρον του στο ανθρώπινο πρόσωπο. Ο πίνακας *Αρχέγονη Μορφή* του ιδίου έτους καταδεικνύει τον πλήρη περιορισμό των μορφών στα βασικά γεωμετρικά σχήματα. Η προϊούσα παράλυσή του τον ανάγκασε, στα 1934, να περιορίσει το μέγεθος των πινάκων του. Έως το 1938, ο Γιαβλένσκι είχε ζωγραφίσει συνολικά 1.050 *Στοχασμούς* σε διαδοχικούς πίνακες ίδιου μεγέθους.

Οι Εθνικοσοσιαλιστές τον αποκήρυξαν ως έναν εκ των «παρακμιακών» καλλιτεχνών και τον ανάγκασαν να κλειστεί στον εαυτό του απέχοντας από τη δημόσια ζωή, ενώ τα έργα του αποσύρθηκαν από τις συλλογές και τα μουσεία της Γερμανίας. Ήταν η δεύτερη φορά που έπρεπε να υποκύψει στη μοίρα μιας μοναχικής ζωής. Η ασθένειά του επιδείνωσε την ολοένα βαθύτερη μοναξιά του. Υπό αυτές τις συνθήκες, ο καλλιτέχνης βυθίστηκε στην ενατένιση του ανθρώπινου προσώπου, αναζητώντας τη φύση του ανθρώπου και την ουσία της εικόνας. Οι Στοχασμοί στάθηκαν η απάντηση στα ερωτήματα που τον απασχολούσαν.

Το θεματικό πεδίο του έργου του Γιαβλένσκι περιορίζεται στα τοπία, τις νεκρές φύσεις και τα πορτρέτα ανθρώπων.[4] Εξαρχής ο καλλιτέχνης αποκήρυξε κάθε αφηγηματικό στοιχείο στους πίνακές του, οι οποίοι φημίζονταν ήδη στη Ρωσία για την χαρακτηριστική έλλειψη λεπτομερειών. Το συνολικό έργο του μπορεί να ερμηνευθεί υπό το πρίσμα μιας διαδικασίας διαρκούς αφαίρεσης.

Το έτος 1914 αποτέλεσε σταθμό στη ζωή και το έργο του καλλιτέχνη, που αποκομμένος από το οικείο περιβάλλον του και τις βαθιά εδραιωμένες κοινωνικές επαφές του, ανακάλυψε μια νέα πρόκληση στο τοπίο.

Ήδη πριν από τον πόλεμο – στα πορτρέτα του χορευτή Αλεξάντρ Ζαχάροφ, τον οποίο ζωγράφισε με διαφορετικά κοστούμια – ο Γιαβλένσκι είχε ανακαλύψει ότι η εξωτερική εμφάνιση του ανθρώπου είναι ευμετάβλητη, οπότε αποκρύπτει την πραγματική του φύση λειτουργώντας ως μάσκα. Στο Σαιντ Πρεξ αντιμετώπισε ένα παρόμοιο φαινόμενο παρατηρώντας τη θέα από το παράθυρο του γραφείου του, την οποία και αποτύπωσε σε αρκετούς πίνακές του. Για τον Γιαβλένσκι το τοπίο έγινε κάτι σαν συνομιλητής του, μια ζωγραφική μήτρα όπου αντανακλώνταν η μεταβαλλόμενη μορφή του και ο ταραγμένος συναισθηματικός κόσμος του ζωγράφου.

Επιπλέον, το Σαιντ Πρεξ σηματοδότησε την έναρξη αυτού που στη συνέχεια αποτέλεσε τη σφραγίδα του καλλιτεχνικού έργου του Γιαβλένσκι: της βασικής αρχής της σειράς.

Το έργο *Παραλλαγή: Άρωμα και Φρεσκάδα* (εικ. 1), το οποίο εκτίθεται στο Μουσείο Εικόνων, φιλοτεχνήθηκε στην Ασκόνα στα 1918, όταν ο Γιαβλένσκι είχε προ πολλού εγκαταλείψει τη θέση του μπροστά στο παράθυρο του Σαιντ Πρεξ. Στο έργο αυτό, ο καλλιτέχνης διερευνά, στο πλαίσιο μιας αμετάβλητης δομής, τις συγκεκριμένες πτυχές του χρώματος σε σχέση με τις χωρικές, χρονικές ή φωτεινές του ιδιότητες, ανεξαρτήτως της φυσικής μορφής. Στο δεξί τμήμα του εν λόγω πίνακα τα φωτεινά χρώματα δίνουν την εντύπωση της έλλειψης βαρύτητας και της ανοδικής κίνησης, ενώ το σκουρόχρωμο ωοειδές σχήμα στα αριστερά δίνει την αίσθηση της βαρύτητας. Σκουρόχρωμες κηλίδες κείνται διασκορπισμένες σε ολόκληρη την επιφάνεια της σύνθεσης, όπως η στίξη στον γραπτό λόγο, λειτουργώντας ως αντιστάθμισμα των ανοιχτότερων αποχρώσεων. Πέραν αυτής της κατακόρυφης δισδιάστατης κίνησης, τα χρώματα φαίνεται επίσης να κινούνται στον τρισδιάστατο χώρο. Το μπλε, για παράδειγμα, φαίνεται να υποχωρεί στο βάθος του πίνακα, ενώ το επιβλητικό πορτοκαλο-κόκκινο χρώμα προβάλλεται έντονα σε πρώτο πλάνο. Επιπλέον, οι *Παραλλαγές* υποδεικνύουν ένα δεύτερο επίπεδο ερμηνείας, όπου το μεγάλο ωοειδές σχήμα στα αριστερά μπορεί να ερμηνευθεί ως φαλλική μορφή που συμβολίζει την αρσενική αρχή, ενώ η σφαιρική μορφή στα δεξιά ως σύμβολο της θηλυκής αρχής.

Η παρατήρηση αυτή μας φέρνει αντιμέτωπους με μια από τις λέξεις-κλειδιά στο έργο του Γιαβλένσκι, που είναι ο ερμαφροδιτισμός. Ξεκινώντας από την ανδρόγυνη όψη στα πορτρέτα του χορευτή Ζαχάροφ, δημιούργησε σειρά πινάκων με ανδρόγυνες μορφές του ανθρώπινου προσώπου. Μέσα από τη σύνθεση μιας ορισμένης ποικιλίας αντιθέτων στους πίνακές του (φωτεινά και σκούρα, ψυχρά και ζεστά χρώματα ή σύμβολα όπως ο ήλιος και η σελήνη ή ο διαχωρισμός ολόκληρων τμημάτων του πίνακα σε δυαδικές σειρές[5]), κατέληξε να προσεγγίσει εκ νέου την αρχική σημασία της λέξης, γεγονός που μαρτυρεί την τάση για αρχαϊκή ενότητα: συμβίωση ανδρός και γυναικός. Η ιδέα αυτή απαντά σε πολλές κουλτούρες και πολιτισμούς, ως θέμα στον Πλάτωνα για παράδειγμα, ή στην κινεζική διδασκαλία του Γιν και Γιανγκ αλλά και στην χριστιανική παράδοση.

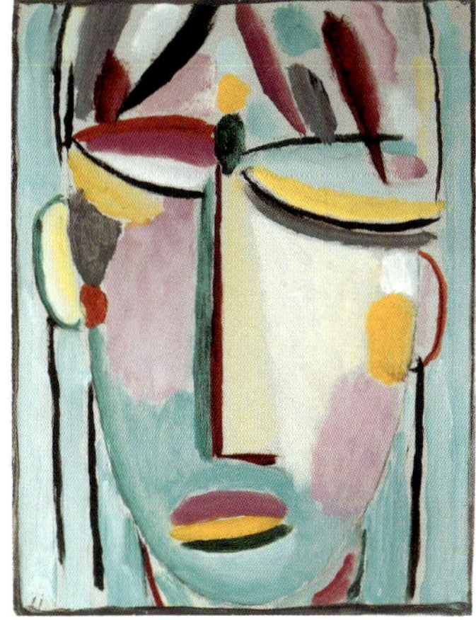

3 A. von Jawlensky *Heilandsgesicht: Der Tod II, WV Nr. 1077,* 1919

A. φον Γιαβλένσκι *Το Πρόσωπο του Σωτήρα: Ο Θάνατος II, WV No. 1077,* 1919

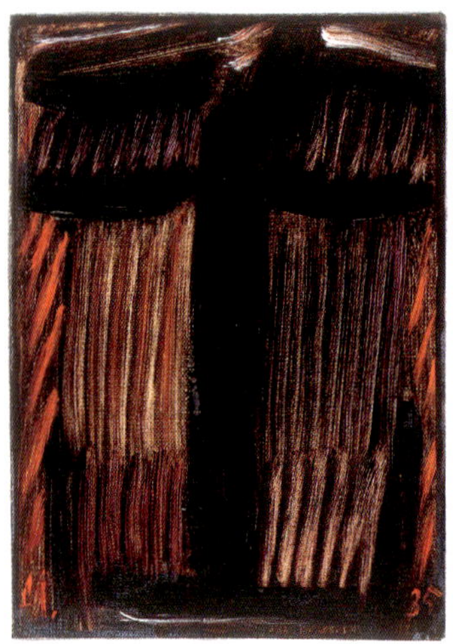

4 A. von Jawlensky *Meditation, September 1935 N. 1, WV, Nr. 1747*
Α. φον Γιαβλένσκι *Διαλογισμός, Σεπτέμβριος 1935 No. 1 WV, Nr. 1747*

Haarpartie), weist *Heilandsgesicht* eine wesentlich stärkere Stilisierung auf. Der Mund etwa besteht nur mehr aus waagrechten Pinselstrichen, einzelne dunkle Linien rechts und links des Kopfes oder im Bereich der Stirn lassen sich noch als Haare deuten, haben aber deutlich an Eigenwert innerhalb der Bildkomposition gewonnen. Die Form der Nase weist bereits die linienhafte, L-förmige Struktur der späteren abstrakten Köpfe auf. Auch die Linien der Augen nehmen bereits die späteren Formen vorweg. Aus den geöffneten Augen des mystischen Kopfes sind einfache leicht diagonale Pinselstriche geworden, die den Eindruck von geschlossenen Lidern evozieren. Der Blick der Figur hat sich in ein inneres Schauen verwandelt. Während Jawlensky bei früheren Köpfen oft den Hintergrund der Figur malerisch unbehandelt oder vernachlässigt gelassen hatte, was eine Gewichtung zugunsten des Kopfes bewirkte, ist die Figur hier deutlich eingebettet in farbige Flächen, die eine gleich starke Gewichtung erfahren. Das heißt, der Maler legte nun und in Folge ein immer stärkeres Gewicht auf das Bild als Ganzes, Figur und ihr Umraum verschmelzen.

Mit der *Meditation, September 1935 N. 1, WV, Nr. 1747* (Abb. 4) macht die Betrachtung nicht nur zeitlich einen Sprung, sondern sie spart auch die im Ikonenmuseum nicht vertretene Serie der abstrakten Köpfe aus, in denen der Maler eine serielle Formel mit maskenhaftem Charakter für seine Köpfe entwickelte.

Die zumeist kaum mehr als Postkarten großen *Meditationen* unterliegen einem stereotypen Bildschema: Ein hochformatiges Bildfeld gliedert sich vertikal und horizontal in vier Farbflächen, die alle eine leicht diagonale Ausrichtung aufweisen. Die ausgestellte *Meditation* wirkt fast monochrom und besteht lediglich aus Rot, Blau und Schwarz sowie deren Mischungen. Deutlich lassen sich die einzelnen Züge des borstigen Pinsels erkennen, wobei Schraffuren stellenweise den hellen Bildgrund durchscheinen lassen. Auch hat Jawlensky die Farbe an einigen Stellen mit dem trockenen Pinsel wieder abgenommen, was diesen Effekt noch steigert. Das Bild scheint aus der Tiefe heraus zu leuchten.[7] Über die Farbflächen hat der Maler eine dunkle Linienstruktur gelegt, die an ein Fensterkreuz, aber auch an ein griechisches Kreuz erinnert.

Mit diesen Bildern ist Jawlensky die denkbar knappste Formel für das menschliche Gesicht gelungen. Ein Bildschema, das hart an der Grenze zur völligen Abstraktion angesiedelt ist, das aber diese Grenze nicht überschreitet, sondern auf der Identifizierbarkeit einer menschlichen Physiognomie beharrt.

Der Begriff der Physiognomie, der sich aus den Worten „physis" (Natur) und „gnome" (Erkenntnis) zusammensetzt, bezieht sich auf die charakteristische Erscheinung eines Menschen. Das Gesicht vermittelt – metaphorisch – zwischen Außen- und Innenwelt.[8] So versuchen wir, im Gesicht unseres Gegenübers Gefühlsbewegungen herauszulesen, zum Beispiel über die Augen. Das Gesicht hat dementsprechend ebenfalls „Fenstercharakter".

Angesichts der tiefen Religiosität des Malers gewinnt nicht zuletzt die Vorstellung vom Menschen als Abbild Gottes an Bedeutung. So beschreibt etwa Nikolaus von Kues im 15. Jahrhundert in seiner *De visione Dei* das Antlitz Gottes als die absolute Form, als Wahrheit und Musterbild aller Gesichter. Und Alexej Jawlensky äußert sich in eine ganz ähnliche Richtung, wenn er sagt: „Das Gesicht ist für mich nicht ein Gesicht, sondern der ganze Kosmos."[9]

Das wahre Gesicht des Menschen, so kann man sagen, offenbart sich für Jawlensky in einem Zusammenspiel aus unveränderlichen Zeichen – einer formalen Struktur – und der Fülle von emotionalen Werten, die in den Bildern durch die Farbe repräsentiert werden. Der Maler folgt damit einer zutiefst anthropologischen Vorstellung des Menschen als Einheit von Leib und Geist.

Vielleicht liegt hier, wie bereits angesprochen, die stärkste Verbindung zu den Ikonen. Wenn dort eine Formel für die Wirklichkeit des göttlichen Urbildes gefunden wurde, dann findet Jawlensky mit den *Meditationen* eine Formel für die Wirklichkeit des Menschen. Er verknüpft diese Annäherung an die Identität des Menschen mit der künstlerischen Frage nach dem Bild und seiner Einheit. Die im Werk zu beobachtende fortschreitende Zusammenführung von Kopf-Motiv und Hintergrund, die Verspannung von Gegenstand und Bildfläche, findet in den *Meditationen* ihren Abschluss: Bildfläche, Motiv und Umraum sind identisch, die malerische Einheit erreicht.

Das serielle Prinzip, in dem sich die invariable Matrix des Bildes mit der Vielfalt der farbigen (emotionalen) Erscheinung als wahres Bild des Menschen präsentiert, ist für Jawlensky letztlich die adäquate Möglichkeit, sein auf Ganzheit basierendes Weltbild einzulösen. Paradoxerweise zeigt sich hier aber auch der stärkste Dissens zu den Ikonen. Während bei Ikonen gleichen Motivs künstlerische Ab-

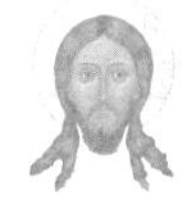

Τα δύο έργα *Μυστικό κεφάλι: κλασικό κεφάλι*, 1918 (εικ. 2) και Κεφαλή του *Το Πρόσωπο του Σωτήρα: Ο Θάνατος II*, περ. 1919 (εικ. 3) συνεχίζουν την παράδοση των Παραλλαγών από μορφολογική και χρωματική άποψη. Και τα δύο χαρακτηρίζονται από λεπτές χρωματικές πινελιές, που δημιουργούν την εντύπωση ημιδιαφανούς βερνικιού, καθώς και από διάσπαρτες ζωηρόχρωμες κηλίδες, αυθόρμητα τοποθετημένες πάνω στα πρόσωπα, χωρίς να παραπέμπουν στον πραγματικό κόσμο εκτός πίνακα.6 Και ενώ η *Μυστικό κεφάλι* εξακολουθεί να είναι εμφανώς προσανατολισμένο προς τη φυσική μορφή (βλέπε την ακριβή απόδοση του στόματος, του πηγουνιού και των μαλλιών), ο κεφάλι του Σωτήρα είναι στυλιζαρισμένη σε αρκετά μεγαλύτερο βαθμό. Το στόμα, για παράδειγμα, αποτελείται όλο κι όλο από μερικές κατακόρυφες πινελιές. Στα δεξιά και αριστερά καθώς και στο εμπρόσθιο τμήμα του κεφαλιού, μερικές σκουρόχρωμες γραμμές φαίνεται να αναπαριστούν τα μαλλιά, έχοντας, ωστόσο, αποκτήσει μάλλον εγγενή αξία όσον αφορά τη συνολική σύνθεση. Το σχήμα της μύτης ήδη χαρακτηρίζεται από τη γραμμική δομή σε σχήμα L των αφηρημένων κεφαλών που έπονται χρονικά. Ομοίως, οι γραμμές των ματιών προαναγγέλλουν φόρμες που θα εξελιχθούν πολύ αργότερα. Τα ανοιχτά μάτια, μυστικου φαλιού έχουν αποδοθεί απλά με ελαφρώς λοξές πινελιές που φέρνουν στον νου το μοτίβο των κλειστών βλεφάρων. Το βλέμμα των μορφών δείχνει πλέον στραμμένο προς τα μέσα. Ενώ ο Γιαβλένσκι παρέλειπε να ζωγραφίσει το φόντο στις πρώιμες κεφαλές του, γεγονός που είχε ως αποτέλεσμα να τονίζεται περισσότερο το ίδιο το κεφάλι, στη συγκεκριμένη περίπτωση η μορφή είναι φαινομενικά ενσωματωμένη σε ζωηρόχρωμες επιφάνειες που αντισταθμίζουν η μια την άλλη, πράγμα που σημαίνει ότι ο καλλιτέχνης στο συγκεκριμένο καθώς και στα επόμενα έργα του επικεντρώνεται περισσότερο στον πίνακα ως σύνολο και λιγότερο στη μορφή και τον περιβάλλοντα χώρο, που αφήνονται να συγχωνευθούν.

Περνώντας στην εξέταση του έργου *Στοχασμός*, 1935 (εικ. 4), επιχειρούμε ένα χρονικό άλμα παραλείποντας τις *Αφηρημένες Κεφαλές* που δεν εκπροσωπούνται στην παρούσα έκθεση και στις οποίες ο ζωγράφος είχε αναπτύξει μια σειρά από μορφές κεφαλών με όψη μάσκας.

Οι *Στοχασμοί* που μόλις και μετά βίας ξεπερνούν σε μέγεθος τις καρτ-ποστάλ ακολουθούν ένα στερεότυπο ζωγραφικό μοτίβο: διαμορφωμένη σε κατακόρυφο σχήμα, η ζωγραφική επιφάνεια διαιρείται καθέτως και οριζοντίως σε τέσσερις χρωματικούς τομείς που οριοθετούνται από ένα ελαφρώς διαγώνιο περίγραμμα. Ο *Στοχασμός*, 1935, που εκτίθεται εν προκειμένω, φαντάζει σχεδόν μονόχρωμος περιλαμβάνοντας μόνο τα χρώματα κόκκινο, μπλε και μαύρο και τους συνδυασμούς τους. Οι μεμονωμένες πινελιές είναι ευδιάκριτες, αφήνοντας σε σημεία να φανεί το ανοιχτόχρωμο φόντο του καμβά μέσα από τις γραμμοσκιάσεις. Για άλλη μια φορά, ο Γιαβλένσκι αφαίρεσε εδώ κι εκεί ένα μέρος του χρώματος χρησιμοποιώντας στεγνό πινέλο και προσπαθώντας, κατ' αυτόν τον τρόπο, να ενισχύσει την προκαλούμενη εντύπωση. Ο πίνακας μοιάζει να ακτινοβολεί εκ των έσω.7 Ο καλλιτέχνης τοποθέτησε ένα πλέγμα σκουρόχρωμων γραμμών πάνω στη ζωηρόχρωμη επιφάνεια, το οποίο παραπέμπει στα κατακόρυφα και οριζόντια χωρίσματα των παραθύρων ή στον Ορθόδοξο σταυρό.

Στους εν λόγω πίνακες ο Γιαβλένσκι βρήκε την μικρότερη δυνατή φόρμα για την αναπαράσταση του προσώπου, ένα ζωγραφικό πρότυπο που αγγίζει τα όρια της πλήρους αφαίρεσης και το οποίο, αντί να υπερβεί τα όρια αυτά, εμμένει στην αναγνωρισιμότητα της ανθρώπινης φυσιογνωμίας.

Η λέξη 'φυσιογνωμία' αποτελεί συνδυασμό των λέξεων 'φύσις' και 'γνώμη' (γνώση, αναγνώριση) και αναφέρεται στην χαρακτηριστική εμφάνιση του άντρα ή της γυναίκας. Το πρόσωπο λειτουργεί ως διάμεσος – μεταφορικά μιλώντας – μεταξύ του εξωτερικού και εσωτερικού κόσμου.8 Γι' αυτό και προσπαθούμε να 'διαβάσουμε', στο πρόσωπο των ανθρώπων που συναντάμε, τις συναισθηματικές τους αντιδράσεις, κοιτώντας τους, για παράδειγμα, στα μάτια. Αντίστοιχα, το πρόσωπο λειτουργεί και ως παράθυρο. Συγκρινόμενη με τη βαθιά θρησκευτικότητα του Γιαβλένσκι, η ιδέα του ανθρώπου ως εικόνας του Θεού αποκτά μεγαλύτερη βαρύτητα, όπως μαρτυρούν και τα γραπτά του Νικόλαου του Κουές ο οποίος κατά τον 15ο αιώνα, στο έργο του *De visione Dei*, περιέγραψε την όψη του Θεού ως απόλυτη μορφή, αλήθεια και αρχέτυπο όλων των προσώπων. Σε ανάλογους τόνους κινήθηκε και ο Αλεξέι Γιαβλένσκι: "Για μένα το πρόσωπο δεν είναι απλά και μόνο ένα πρόσωπο, είναι ολόκληρος ο κόσμος."9

Το πρόσωπο, η αληθινή φύση του ανθρώπου, όπως θα' λεγε κανείς, αποκαλύπτεται στον Γιαβλένσκι μέσα από την σχέση των αμετάβλητων σημείων – ως μέρος της μορφικής δομής – με μια

weichungen für die Aussage irrelevant sind (jede „Mandylion"-Ikone zeigt Christus), ist die vielfältige Erscheinung für die *Meditationen* grundlegend. Jedes Bild ist anders.

Die Ganzheit, der Jawlensky in den über eintausend Bildern der Serie nachspürt, erweist sich letztlich als uneinholbar.

Christian Kaufmann

1 So erinnert sich z.B. Wassily Kandinsky: „Die großen, mit Schnitzereien bedeckten Holzhäuser werde ich nie vergessen.(...) Sie lehrten mich, im Bilde mich zu bewegen, im Bilde zu leben. (...) Der Tisch, die Bänke und jeder Gegenstand waren mit bunten, großzügigen Ornamenten bemalt (...) als ich endlich ins Zimmer trat, fühlte ich von allen Seiten umgeben von der Malerei, in die ich hineingegangen war." (W. Kandinsky, *Rückblicke* (1913), Neuauflage 1977, S.18.)

2 Kasimir Malewitsch bezeichnete nicht nur sein *Schwarzes Quadrat* als die „nackte Ikone unserer Zeit", sondern er platzierte 1915 diese Arbeit in der Ausstellung 0.10 in der Ecke des Ausstellungsraumes, an der Stelle, die im orthodoxen Haushalt von der Ikone eingenommen wird.

3 Mit Rudolf Steiner etwa, der zwischen 1907 und 1911 in der Theosophischen Gesellschaft in München regelmäßig Vorträge hielt, suchte er persönlichen Kontakt. Auch in Ascona ist er mit einer Fülle von Erneuerungsbewegungen in Kontakt gekommen, da der Monte Verità oberhalb der Stadt eine Künstlerkolonie beherbergte, die sich um 1900 als vegetarische Kolonie gegründet hatte und der sich bald andere Lebensreformer wie Karl Wilhelm Diefenbach und Fidus, die beide einem pseudo-religiösen Nackt- und Lichtkult anhingen, anschlossen. Nicht zuletzt war der Monte Verità auch ein Zentrum des Ausdrucktanzes, zu dem die Größen dieser Tanzrichtung pilgerten. Auch Alexander Sacharoff weilte 1920 dort. Spätestens über ihn muss Jawlensky mit den okkultistischen Ideen der Kolonie in Berührung gekommen sein.

4 Von den etwa 2 000 überlieferten Arbeiten Jawlenskys haben 1 500 den Kopf zum Thema.

5 Snejanka Bauer verweist in ihrem Text darauf, dass auch die Lubki von solchen Dualismen gekennzeichnet sind.

6 Diese freien Farbflächen als deutliche Manifestationen der Ablösung des Bildes von der Wiedergabe eine außerbildlichen Realität findet sich natürlich nicht nur im Werk A. Jawlenskys, sondern bei vielen seiner Zeitgenossen. Sie finden sich interessanterweise, wie S. Bauer hinweist, auch bereits bei den Luboks.

7 Die Lichthaftigkeit des Bildgrundes, die Jawlensky bereits in den Variationen ausgelotet hatte, wird hier konstitutiv für die Erscheinung des Bildes. In diesem Sinne sind auch die in einigen wenigen Exemplaren vorhandenen Meditationen auf Goldgrund zu verstehen, die formal am stärksten an Mandylion-Ikonen erinnern.

8 Dieses ‚Dahinter', das sich in den Abstrakten Köpfen in den kosmischen Symbolen ausdrückt, bleibt auch bei den Meditationen in Form des ‚Dritten Auges' erhalten.

9 In: Rosel Gollek, *Der Blaue Reiter im Lenbachhaus* München, Katalog der Sammlung, 1974, S.46.

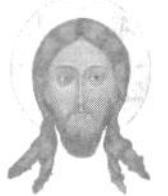

πληθώρα συναισθηματικών αξιών που αναπαρίστανται χρωματικά στους πίνακές του. Κατ' αυτόν τον τρόπο, ο ζωγράφος εντρυφά σε μια βαθιά ανθρωπολογική εικόνα του ανθρώπου ως ενότητας σώματος και πνεύματος.

Η ενόραση αυτή, για την οποία έχει ήδη γίνει λόγος, πιθανότατα δημιουργεί έναν από τους ισχυρότερους δεσμούς μεταξύ των θρησκευτικών εικόνων και των έργων του Γιαβλένσκι. Εάν οι αγιογράφοι είχαν βρει τη φόρμουλα για την απόδοση της πραγματικότητας της αρχέγονης εικόνας της θειότητας, ο Γιαβλένσκι στους *Στοχασμούς* του ανακαλύπτει τη φόρμα για την απόδοση της πραγματικότητας του ανθρώπου. Συνδυάζει την προσέγγιση της ταυτότητας του ανθρώπου με τον αγώνα του καλλιτέχνη για τη δημιουργία του πίνακα και την επίτευξη της ενότητάς του. Η διαρκής συγχώνευση του μοτίβου της κεφαλής με το φόντο, που χαρακτηρίζει τα έργα του, καθώς και το αλληλένδετο αντικειμένου και ζωγραφικής επιφάνειας βρίσκουν την τελείωσή τους στους *Στοχασμούς*: η επιφάνεια του πίνακα, το μοτίβο και ο περίγυρός του ταυτίζονται, η ενότητα που επεδίωκε ο ζωγράφος έχει επιτευχθεί.

Η βασική αρχή της σειράς, μέσω της οποίας η σταθερή μήτρα του πίνακα σε συνδυασμό με την πολλαπλότητα των ζωηρόχρωμων, συγκινησιακών μορφών παρουσιάζεται ως η πραγματική εικόνα του ανθρώπου, προσφέρει, σε τελευταία ανάλυση, την κατάλληλη ευκαιρία στον Γιαβλένσκι να αντισταθμίσει την ολιστική του κοσμοαντίληψη. Όλως παραδόξως, στο σημείο αυτό παρατηρείται και η εντονότερη δυσαρμονία όσον αφορά τον παραλληλισμό των θρησκευτικών εικόνων με τα έργα του Γιαβλένσκι. Ενώ οι καλλιτεχνικές παραλλαγές των θρησκευτικών εικόνων ίδιου μοτίβου δεν επηρεάζουν το μήνυμα του πίνακα (κάθε εικόνα του *Αγίου Μανδυλίου* πρέπει να παρουσιάζει τον Χριστό), η ποικίλη και πολύμορφη εξωτερική εμφάνιση έχει ουσιαστική σημασία για τους *Στοχασμούς*, όπου κάθε εικόνα είναι διαφορετική από όλες τις άλλες.

Η ολότητα που επιδιώκει ο Γιαβλένσκι στους περισσότερο από χίλιους πίνακες της σειράς αποδεικνύεται τελικά απροσπέλαστη.

Christian Kaufmann

1 Ο Βασίλι Καντίνσκι, για παράδειγμα, θυμάται: "Δεν θα ξεχάσω ποτέ τα μεγάλα ξύλινα σπίτια που ήταν διακοσμημένα με ξυλόγλυπτα. (…) Μου έμαθαν να κινούμαι εντός της εικόνας, να ζω μέσα σε αυτήν. (…) Το τραπέζι, οι πάγκοι κι όλα τα άλλα αντικείμενα ήταν ζωγραφισμένα με πλούσια διακοσμητικά στοιχεία σε ζωηρά χρώματα (…) όταν μπήκα τελικά στο δωμάτιο, ένιωσα σα να είχα βρεθεί εν τω μέσω ενός πίνακα." (V. Kandinsky, Rückblicke (1913), νέα έκδοση 1977, σελ. 18.)

2 Μάλιστα ο Καζιμίρ Μαλέβιτς όχι μόνο θεωρούσε το *Μαύρο Τετράγωνό* του ως "σύγχρονη γυμνή θρησκευτική εικόνα" αλλά, στην έκθεση ο.10 του 1915, το τοποθέτησε σε μια γωνιά της αίθουσας, όπως ακριβώς συνηθιζόταν με τις εικόνες στα ορθόδοξα σπίτια.

3 Επεδίωξε, για παράδειγμα, να γίνει μαθητής του Ρούντολφ Στάινερ, ο οποίος μεταξύ 1907 και 1911 έδινε τακτικά διαλέξεις στη Θεοσοφική Εταιρία του Μονάχου. Ομοίως, στην Ασκόνα, ήρθε σε επαφή με διάφορα κινήματα αναβίωσης παλαιότερων μορφών λατρείας, μια και το όρος Verità που δέσποζε στην πόλη στέγαζε μια αποικία καλλιτεχνών που ιδρύθηκε στα 1900 ως κοινότητα χορτοφάγων και στην οποία ενσωματώθηκαν αργότερα και άλλοι μεταρρυθμιστές "βιταλιστές" όπως οι Καρλ Βίλχελμ Ντίφενμπαχ και Φίντους που ήταν οπαδοί της ψευδο-θρησκευτικής λατρείας του γυμνού και του φωτός. Πέραν των άλλων ρόλων του, το Monte Verità λειτουργούσε και ως κέντρο ελεύθερου χορού που συγκέντρωνε την αφρόκρεμα του είδους. Ο Αλεξάντρ Σάκαροφ, μεταξύ άλλων, έμεινε εκεί για λίγο στα 1920 και ήταν πιθανότατα αυτός που μύησε τον Γιαβλένσκι στις αποκρυφιστικές ιδέες της αποικίας, αν, βέβαια, δεν τον είχαν προλάβει παλαιότεροι επισκέπτες.

4 Από τα περίπου 2.000 σωζόμενα έργα του Γιαβλένσκι, τα 1.500 αναπαριστούν το ανθρώπινο κεφάλι.

5 Η *Σνεζάνκα Μπάουερ* επισημαίνει στο κείμενό της που περιέχεται στον παρόντα κατάλογο ότι τα lubki χαρακτηρίζονται από παρόμοιες δυαδικότητες.

6 Αυτές οι ελεύθερες χρωματικές κηλίδες ή γραμμές φανερώνουν σαφώς μια αποσύνδεση του πίνακα από την αναπαράσταση της εκτός πίνακα πραγματικότητας και, όπως είναι φυσικό, απαντούν όχι μόνο στο έργο του Γιαβλένσκι, αλλά και πολλών σύγχρονών του καλλιτεχνών. Ενδιαφέρον παρουσιάζει το γεγονός ότι ο εν λόγω τρόπος χρήσης του χρώματος απαντά και στα lubki, όπως επεσήμανε η Σ. Μπάουερ.

7 Η φωτεινότητα του ζωγραφικού φόντου, την οποία ο Γιαβλένσκι είχε ήδη διερευνήσει στις *Παραλλαγές* του, έχει γίνει εν προκειμένω συστατικό στοιχείο της εντύπωσης που προκαλεί ο πίνακας. Κατ' αυτόν τον τρόπο πρέπει να γίνουν κατανοητοί και οι *Στοχασμοί* σε χρυσαφί φόντο, ελάχιστα δείγματα των οποίων σώζονται και οι οποίοι θυμίζουν ως προς τη μορφή τους τις εικόνες του *Αγίου Μανδυλίου*.

8 Η 'κρυμμένη' αυτή πτυχή, που εκφράζεται στις *Αφηρημένες Κεφαλές* μέσα από κοσμικά σύμβολα, διατηρήθηκε και στους *Στοχασμούς* με τη μορφή ενός 'τρίτου ματιού'.

9 Στο: Rosel Golleck, *Der Blaue Reiter im Lenbachhaus München*, κατάλογος έκθεσης, 1974, σελ. 46.

„Bist du für uns oder gegen uns?"

Kunst im Dienste der politischen Propaganda

Zur Verteidigung von Heimatland und Revolution bedienten sich die russischen Avantgardisten der Bildkonzepte von Lubok und Ikone: Jesus wird zu Lenin, Maria zu einer Arbeiterin und eine Parodie auf Peter den Großen zu einer Karikatur auf Wilhelm II.

Lenin als Ikone

Das Leninbild (Abb. 2) macht stutzig. Es erscheint fremd und doch auch vertraut. Die mit K. Rom signierte Arbeit dürfte um 1924 entstanden sein. Der Randtext „Du bist gestorben, aber dein Name lebt weiter". lässt die Annahme zu, dass die Arbeit kurz nach Lenins Tod – im Jahr 1924 – entstanden sein muss. Lenin schaut, in dem als Brustbild konzipiertem Porträt in Dreiviertelprofil, selbstsicher und mit festem Blick auf den Betrachter herab. Der Figurausschnitt ist durch eine kompakte, in sich geschlossene Form, vor neutralem Hintergrund, ohne Raum- und Zeitbezug präsentiert. Ein Schriftzug unterhalb des Porträtierten weist auf den Dargestellten hin. Und zwar in den Seitenrändern, dort wo auf den Ikonen Schutzpatrone oder Schutzengel zu sehen sind. Im oberen Randbereich prangen umgeben von einem Lorbeerkranz Hammer und Sichel. Dieser Platz ist auf Ikonen oft für den aus einem Himmelssegment herabschauenden Gottvater reserviert.

Fast könnte man sagen, dass Lenin in Apotheose dargestellt ist, ähnlich wie Jesus Christus in der Pose des „Pantokrators" (Abb. 1), als

Allherrscher der Welt. Der Lorbeerkranz unterstützt die Parallele, und der Kreis erinnert an die himmlische Sphäre. Ein Rahmen umspielt das Mittelfeld, wie bei den meisten Ikonen. In den vier Ecken, in denen auf Ikonen oft die Evangelistensymbole dargestellt sind, prangen die fünfzackigen Sterne des Kommunismus.

Das Leninbild kombiniert in Collagetechnik Elemente aus dem Bildkonzept der Ikone und der Ästhetik des Konstruktivismus: So wie beim konstruktivistischen Kinoplakat Fotomontagen in die gemalte Komposition integriert wurden, so präsentiert sich das Lenin-Bild als eine Symbiose einer „Pantokrator"-Ikone mit konstruktivistischen Zitaten und volkstümlich anmutender Ästhetik in Holz. Der Collage-Effekt entsteht durch die Verwendung verschiedener Materialien und Techniken: So ist der Leninkopf, ein Farbdruck einer Fotografie, montiert auf die Holztafel; Sakko, Hemd und Krawatte sind aus nebeneinander gereihten Strohhalmen in das Holz eingelegt – ebenso die Begrenzungslinien der Ränder und die Schrift; die Sterne und die Randpartien sind aus rotem aufgelegtem Papier. Aus den Ecken wachsen stilisierte Ähren und deuten die Diagonalen an. Die Sterne erstrahlen im Glanz und sprühen Funken. Die Statik der streng zentrierten Komposition steht im Widerspruch zu diesen kleinen, verspielt naiven Elementen.

Mit diesem Bild wird Lenin, wie auf Heiligenbildern, in den Rang der Unsterblichen erhöht. Der bildimmanente Agitationscharakter gestattet es diese Arbeit der Agitationskunst zuordnen. Vorläufer der ab 1918 aufgekommenen Agitationskunst sind allerdings schon Jahre davor in der russischen Kunstszene anzutreffen:

Der politische Lubok um 1914

Nach dem Ausbruch des Ersten Weltkrieges wird gezielt mit den Mitteln der Plakatkunst agitiert: Künstler wie Kasimir Malewitsch, Wladimir Majakowsky und Wladimir Lentulow bedienen sich des Bildkonzeptes des Lubok, um gezielt gegen den Feind zu polemisieren.

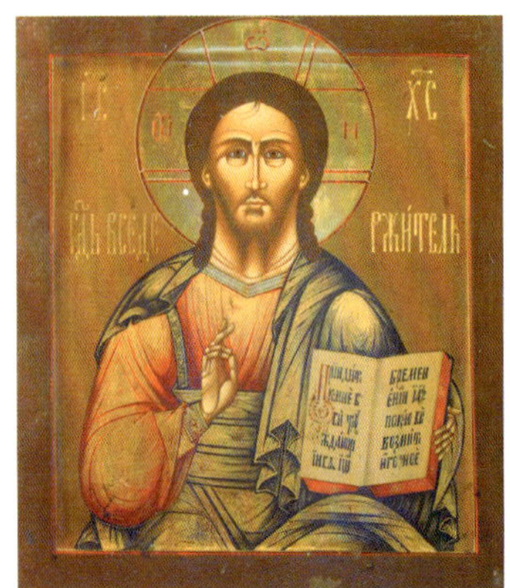

1 *Jesus Christus Pantokrator*, Russland, 19. Jh.

Παντοκράτορα, Ρωσία, 19ος αιώνας

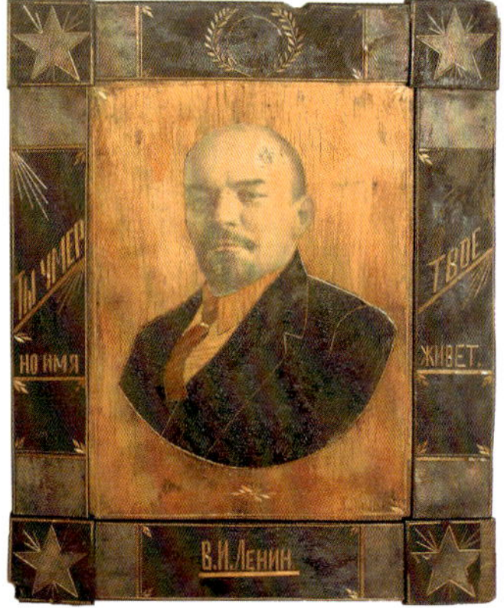

2 K. Rom *Lenin als Ikone*, 20er Jahre 20. Jh.

K. Rom *Πορτρέτο του Λένιν* Δεκαετία 1920

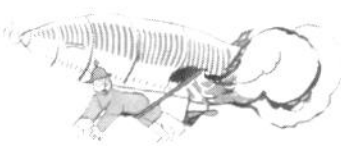

«Είσαι μαζί μας ή εναντίον μας;»

Η τέχνη ως όχημα πολιτικής προπαγάνδας

Οι καλλιτέχνες της Ρωσικής πρωτοπορίας, στην προσπάθειά τους να υπερασπιστούν τόσο την πατρίδα τους όσο και την επανάσταση οικειοποιήθηκαν τις εικαστικές αντιλήψεις των εικόνων και του lubok: Ο Ιησούς μετατράπηκε σε Λένιν, η Παρθένος Μαρία κατέληξε μία εργαζόμενη γυναίκα και μία παρωδία του Μεγάλου Πέτρου μεταμορφώθηκε σε καρικατούρα του Βίλχελμ του Β'.

Η εικόνα του Λένιν

Η προσωπογραφία του Λένιν (εικ. 2) παραξενεύει. Φαίνεται ξένη και ταυτόχρονα οικεία. Το έργο αυτό, με την υπογραφή «K. Rom» θα μπορούσε να έχει φιλοτεχνηθεί το 1924. Το κείμενο του πλαισίου *«Πέθανες, αλλά το όνομά σου συνεχίζει να ζει»* επιτρέπει να υποθέσουμε ότι το έργο αυτό πρέπει να δημιουργήθηκε λίγο μετά το θάνατο του Λένιν, το 1924.

Ο Λένιν στην προσωπογραφία αυτή, που έχει γίνει σαν προτομή σε προφίλ τριών τετάρτων, κοιτάζει το θεατή γεμάτος αυτοπεποίθηση με σταθερό βλέμμα. Η μορφή του στο τμήμα που παρουσιάζεται εδώ, αποτελεί μια συμπαγή κλειστή φόρμα, μπροστά σε ουδέτερο βάθος, χωρίς αναφορά σε χώρο και χρόνο. Μία επιγραφή κάτω από την προσωπογραφία αναφέρεται στον απεικονιζόμενο - και μάλιστα στα πλαϊνά περιθώρια εκεί όπου σε λατρευτικές εικόνες απεικονίζονται οι άγιοι προστάτες ή οι φύλακες άγγελοι. Στο πάνω περιθώριο πλαισιωμένα από δάφνινο στεφάνι προβάλλουν επιβλητικά σφυρί και δρεπάνι. Αυτό το σημείο σε εικόνες προορίζεται συχνά για τον Θεό Πατέρα που ξεπροβάλλει από ένα τμήμα του ουρανού.

Θα μπορούσε να πει κανείς, ότι ο Λένιν στην παράσταση αυτή σχεδόν αποθεώνεται, όμοια με τον Ιησού Χριστό στον εικονογραφικό τύπο του *Παντοκράτορα* (εικ. 1), σαν παντοδύναμος κύριος του κόσμου. Το δάφνινο στεφάνι υπογραμμίζει τον παραλληλισμό και ο κύκλος θυμίζει την ουράνια σφαίρα. Ένα πλαίσιο περιβάλλει το κεντρικό τμήμα, όπως στις περισσότερες εικόνες. Στις τέσσερις γωνίες, εκεί όπου σε εικόνες εμφανίζονται οι Ευαγγελιστές, καμαρώνει το πεντάκτινο αστέρι του Κομμουνισμού.

Η εικόνα του Λένιν συνδυάζει την τεχνική του κολάζ με στοιχεία από την εικονολογία της λατρευτικής εικόνας και την αισθητική του Κονστρουκτιβισμού: έτσι, όπως στην κινηματογραφική αφίσα του Κονστρουκτιβισμού ενσωματώνονται στη ζωγραφική σύνθεση φωτογραφικά μοντάζ, έτσι και η εικόνα του Λένιν παρουσιάζεται σαν συνύπαρξη μιας εικόνας του Παντοκράτορα με κονστρουκτιβιστικά στοιχεία και λαϊκότροπη αισθητική σε ξύλο. Η εντύπωση του κολάζ δημιουργείται από τη χρήση διαφόρων υλικών και τεχνικών: έτσι, το κεφάλι του Λένιν – έγχρωμο τύπωμα μιας φωτογραφίας – είναι προσαρμοσμένο στην ξύλινη επιφάνεια: σακάκι, πουκάμισο και γραβάτα σχηματίζονται από παρατεταγμένα στη σειρά ξυλάκια ένθετα στο ξύλο – το ίδιο και οι διαχωριστικές γραμμές των πλαισίων και η γραφή. Τα άστρα και τα πλαίσια αποτελούνται από κόκκινο επικολλημένο χαρτί. Από τις γωνίες αναφύονται στυλιζαρισμένα κλωνάρια υποδηλώνοντας έτσι τις διαγώνιες. Τα αστέρια φαίνονται να σπινθηροβολούν με λαμπρότητα. Η στατικότητα της αυστηρά κεντραρισμένης σύνθεσης βρίσκεται σε αντίφαση με αυτά τα μικρά χαριτωμένα αθώα μοτίβα.

Με την προσωπογραφία αυτή ο Λένιν, όμοια με τις εικόνες αγίων, ανυψώνεται στην ιεραρχία των αθανάτων. Ο δημαγωγικός χαρακτήρας που ενυπάρχει στην εικόνα επιτρέπει την κατάταξή του έργου στην προπαγανδιστική τέχνη. Ήδη χρόνια πριν από το 1918, χρόνο εμφάνισής της, συναντώνται προδρομικά έργα της προπαγανδιστικής τέχνης στη ρωσική εικαστική σκηνή:

Το πολιτικό Lubok γύρω στο 1914

Μετά το ξέσπασμα του πρώτου παγκοσμίου πολέμου γίνεται συστηματικά προπαγάνδα με τα μέσα της τέχνης : Καλλιτέχνες όπως ο Καζιμίρ Μαλέβιτς, ο Βλαντίμιρ Μαγιακόφσκι και ο Βλαντίμιρ

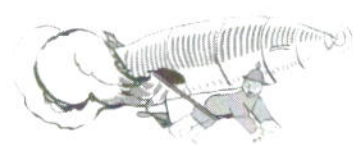

Ganz anders als bei *Schwarzes Quadrat* (S. 43 Abb. 2) findet Malewitsch in seiner Lubokdarstellung *Bei Wissla verfluchten die Deutschen ihr Glück, und dann, bei Gott, liefen sie Amok!* (Abb. 3) aus dem Jahr 1914 zu einer starken Narrativität: Patriotische Gefühle brechen hier mit genrehaften Mitteln hervor. Mit ungehemmter Schadenfreude macht er sich über den Kriegsfeind her: die deutschen Soldaten. Der Kartoffelbauch rutscht jeden Moment herunter, die Hosenträger halten gar nicht mehr und der Hals ist ganz verschwunden. Und ähnlich sieht auch der Rest der „Kartoffelkäfer" im Hintergrund aus. Die Komposition weist große Ähnlichkeiten zum Bildkonzept der Ikone und des Lubok auf: Die Hauptfigur ist in den Hintergrund gezogen, die Nebenfiguren, verteilt auf die einzelnen Hintergrundebenen betonen hierarchisch die Zentralfigur. Der Hintergrund selbst ist aus übereinander gelagerten Ebenen gebildet, aus der Vogelperspektive gesehen. Die Hauptfigur ist allerdings von einem niedrig liegenden Punkt konzipiert: Also auch hier, bei dieser vermeintlich einfachen Komposition, hat Malewitsch verschiedene Sichtaspekte summiert und so die umgekehrte Perspektive angewandt. Auch die den Lubki immanente Narrativität hat Malewitsch bewusst eingesetzt. Die Farbigkeit weist ebenfalls Parallelen zum Lubok auf: Ein leuchtendes Lokalkolorit dominiert, jegliche Modellierung und Plastizität fehlen.

Der anonyme Lubok *Waska, die Katze Preußens, der Feind Russlands* (Abb. 4) ist angelehnt an die alte Lubokkomposition *Der Kater von Kasan* (Abb. 5). Während der historische Lubok eine Satire auf Peter den Großen mit seinem „Katzenschnurrbart" ist, karikiert dieser 1914 entstandene Lubok den deutschen Kaiser Wilhelm II. Die Reformen Peter des Großen hatten heftige Kritik unter seinen Gegnern ausgelöst, das dokumentiert auch eine Reihe von satirischen Lubki. In diesen Darstellungen wird Peter der Große als Katze gezeigt. Der Begleittext zu *Kater von Kasan* lautet: „Kater von Kasan, mit dem Geist von Astrachan und der Vernunft von Sibirien, er lebte gut, aß angenehm und furzte sanft." Kaiser Wilhelm II. nun wird in Katzengestalt mit Pickelhaube karikiert, mit charakteristischem Schnurrbart und blutunterlaufenen Augen. Grimmig, aber etwas dümmlich und desorientiert blickt er drein.

Bei dem undatierten, vermutlich um 1915 entstandenen Lubok *Fritz bereitet sich nach seinem Sieg das Mittagessen vor; desgleichen hat die Welt noch nie gesehen – die arme Katze wird er verspeisen*

(Abb. 6) deutet der Text wahrscheinlich auf den deutschen Sieg bei Tannenberg 1915 hin. Der Künstler scheint sich an das populäre Bildschema des im Laufe des 18. Jahrhunderts aufgekommenen Lubok *Plinsenbäckerin* (Abb. 7) zu orientieren: Der galante reiche Kavalier schäkert mit der jungen Bäckerin, seine Hand greift nach den hinteren weiblichen Rundungen, der Text erläutert die männliche Begierde „… beweise deine Liebe zu mir und lass mich neben dir im Bett schlafen …" Eine Katze sitzt am Rand des Kachelofens und ist Zeugin der verspielten Szene. Bei *Fritz …* sind die Rollen vertauscht: die Bäckerin ist entwichen, der Kavalier hat ihre Rolle übernommen und eine Schürze umgebunden, er kocht. Und die Katze auf dem Ofen schaut ängstlich drein, gleich wird sie in der Pfanne landen. Es ist interessant zu vermerken, dass wie bei *Waska, der Katze Preußens*, der Schnurrbart nach oben weist. Auch hier eine Parodie auf Wilhelm II.?

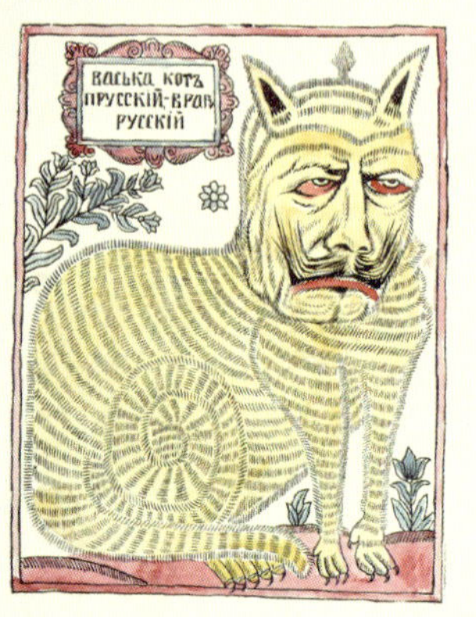

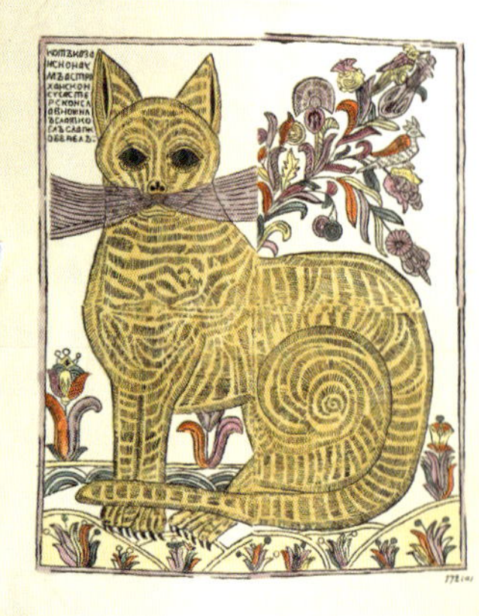

4 *Waska, die Katze Preußens …*, um 1914
   Βάσκα, η γάτα της Πρωσίας …, Περ. 1914

5 *Der Kater von Kasan*, Ende 19. Jh.
   Ο Γάτος του Καζάν, τέλη 19ου αιώνα

Einige dieser gegenwärtigen Lubki haben aber auch durchaus einen Bezug zu den klassischen Kompositionsschemata der Ikonenmalerei, wie beispielsweise Majakowskis Lubok *In seinem fetten, großen Zeppelin schwebte ein haarig Deutscher furchtlos über Warschau hin …* (Abb. 8) Majakowski lehnt sich hierbei an die populäre Ikonendarstellung des Hl. Georg an, modifiziert sie allerdings etwas: hoch zu Ross sitzt der russische Soldat, genau wie der Hl. Georg, mit seinem

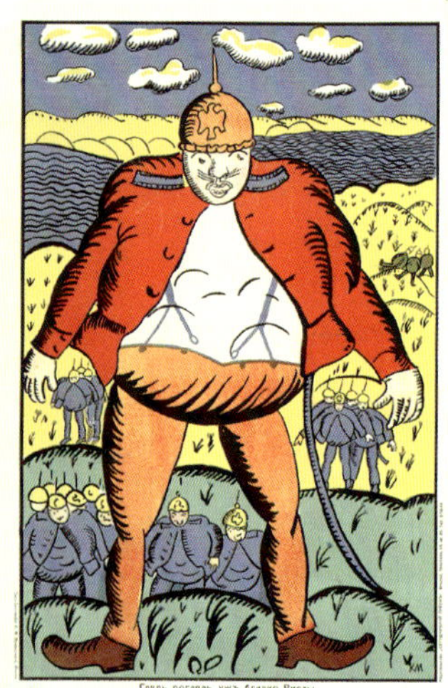

3 K. Malewitsch *Bei Wissla verfluchten die Deutschen ihr Glück…*, 1914
   Κ. Μαλέβιτς *Στη Βίσλα οι Γερμανοί καταριόνταν την τύχη τους…*, 1914

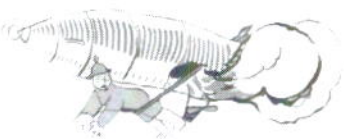

Λεντούλοβ κάνουν χρήση της εικαστικής δομής του lubok για να καταπολεμήσουν εύστοχα τον εχθρό.

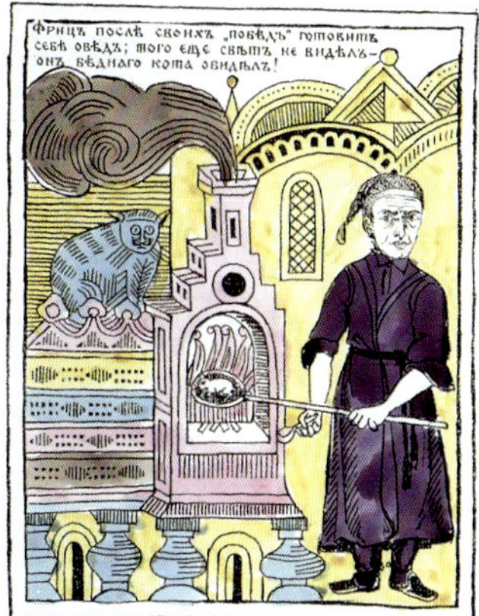

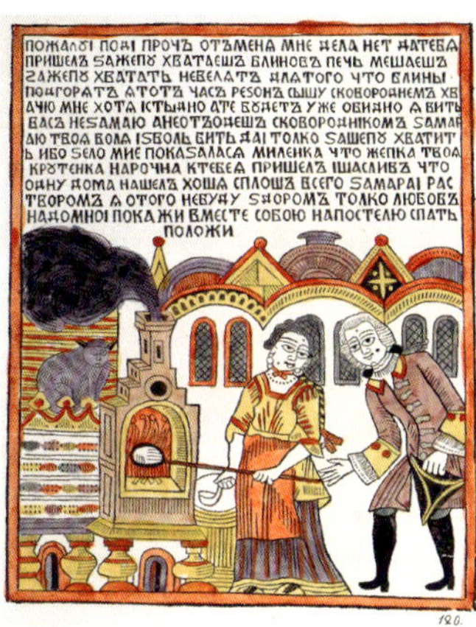

6 *Fritz bereitet …*, um 1915
Ο Φριτς …, Περ. 1915

7 *Plinsenbäckerin*, Ende 19. Jh.
Η γυναίκα που ψήνει τηγανίτες, τέλη 19ου αιώνα

Εντελώς διαφορετικά απ' ότι στο *Μαύρο Τετράγωνο* (σελ. 43 εικ. 2), ο Μαλέβιτς, στην παράσταση του lubok: *Στη Βίσλα οι Γερμανοί καταριόνταν την τύχη τους, και μετά – μα το Θεό – τράπηκαν σε φυγή!* (εικ. 3), έργο του 1914, καταλήγει σε μια έντονη αφηγηματικότητα: πατριωτικά συναισθήματα βγαίνουν ξαφνικά στην επιφάνεια με ηθογραφικά μέσα. Με ασύστολη χαιρεκακία επιτίθεται στον εχθρό: τους γερμανούς στρατιώτες. Ένας στρατιώτης με μια κοιλιά σαν σακί με πατάτες χάνει την ισορροπία του από στιγμή σε στιγμή, οι τιράντες του πανταλονιού δεν συγκρατούν τίποτα πια, ο λαιμός έχει εξαφανιστεί. Παρόμοια η κατάσταση και στο υπόλοιπο των «πατατοσκάθαρων» στο βάθος της παράστασης. Η σύνθεση εμφανίζει μεγάλες ομοιότητες ως προς την εικαστική αντίληψη τόσο της λατρευτικής εικόνας όσο και του lubok: Η κύρια μορφή είναι τοποθετημένη στο πίσω επίπεδο, οι δευτερεύουσες μορφές κατανεμημένες στα επιμέρους επίπεδα στο βάθος δίνουν ιεραρχικά έμφαση στην κεντρική μορφή. Το ίδιο το βάθος αποτελείται από αλλεπάλληλα επίπεδα ιδωμένα από πάνω. Η κεντρική μορφή είναι σχεδιασμένη από ένα χαμηλότερο σημείο: κι εδώ λοιπόν, σ' αυτήν την υποτιθέμενη απλή σύνθεση ο Μαλέβιτς συνδύασε διαφορετικούς τρόπους θέασης και χρησιμοποίησε την αντίστροφη προοπτική. Ο Μαλέβιτς συνειδητά εφάρμοσε επίσης

την αφηγηματικότητα που ενυπάρχει στα Lubki. Η χρωματική γκάμα εμφανίζει επίσης ομοιότητες με το lubok: υπερισχύει μια λαμπερή επιτόπια χρωματικότητα, απουσιάζει κάθε ίχνος απόδοσης όγκου και πλαστικότητας.

Το ανώνυμο lubok με τον τίτλο *Βάσκα, η γάτα της Πρωσίας, εχθρός της Ρωσίας* (εικ. 4) βασίζεται στην παλιότερη lubok σύνθεση: *Ο Γάτος του Καζάν* (εικ. 5). Ενώ το ιστορικό lubok αποτελεί μια σάτιρα στον τσάρο Πέτρο το Μεγάλο με το γατίσιο μουστάκι του, αυτό το lubok του 1914 σατιρίζει τον γερμανό αυτοκράτορα Βίλχελμ, τον Β΄. Οι μεταρρυθμίσεις του Μεγάλου Πέτρου προκάλεσαν την έντονη κριτική των αντιπάλων του, γεγονός που τεκμηριώνεται από μια σειρά σατιρικών lubki. Σ' αυτές τις απεικονίσεις ο τσάρος παριστάνεται σαν γάτα. Το συνοδευτικό κείμενο του *Γάτου του Καζάν* λέει: «Ο Γάτος του Καζάν, με το πνεύμα του Αστραχάν και τη σύνεση της Σιβηρίας, έζησε καλά, έτρωγε ευχάριστα και έκανε ευγενικά». Ο αυτοκράτορας Βίλχελμ ο Β΄ γελοιογραφείται τώρα με τη μορφή της γάτας με μυτερό σκουφάκι, με το χαρακτηριστικό μουστάκι και κατακόκκινα μάτια. Κοιτάζει κατηφής αλλά και κάπως χαζά χωρίς συγκεκριμένο προσανατολισμό.

Στο αχρονολόγητο, πιθανόν γύρω στο 1915 φιλοτεχνημένο lubok με τον τίτλο: *Ο Φριτς μετά τη «νίκη» του ετοιμάζει το μεσημεριανό του, κάτι τέτοιο δεν έχει ξαναδεί ο κόσμος – τη φτωχή γάτα θα φάει* (εικ. 6) το κείμενο αναφέρεται προφανώς στη γερμανική νίκη κοντά στο Τάνεμπεργκ το 1915. Ο καλλιτέχνης φαίνεται να προσανατολίζεται στο δημοφιλή εικονογραφικό τύπο του lubok: *Η γυναίκα που ψήνει τηγανίτες* που διαμορφώθηκε κατά τον 18ο αιώνα: Ο ευγενής πλούσιος καβαλιέρος φλερτάρει τη νεαρή μαγείρισσα, το χέρι του αγγίζει τις οπίσθιες γυναικείες καμπύλες, ενώ ο θρύλος μας εξηγεί πώς εκδηλώνεται ο ανδρικός πόθος «… απόδειξε την αγάπη σου για μένα και άφησε με να κοιμηθώ στο κρεβάτι δίπλα σου…». Μια γάτα κάθεται στην άκρη της μεγάλης σόμπας -επενδυμένης με κεραμικά πλακίδια- και γίνεται μάρτυρας της ερωτικής σκηνής. *Στον Φριτς…* οι ρόλοι έχουν αντιστραφεί: η γυναίκα έχει ξεφύγει, ο καβαλιέρος έχει πάρει το δικό της ρόλο, έχει δέσει μια ποδιά γύρω απ' τη μέση του και μαγειρεύει. Και η γάτα στη σόμπα κοιτάζει φοβισμένη. Την επόμενη στιγμή θα καταλήξει στο τηγάνι. Είναι ενδιαφέρον να σημειωθεί ότι όπως και στη *Βάσκα, τη γάτα της Πρωσίας*, το μουστάκι είναι στριμμένο προς τα πάνω. Μήπως και εδώ μια παρωδία του Βίλχελμ του Β΄;

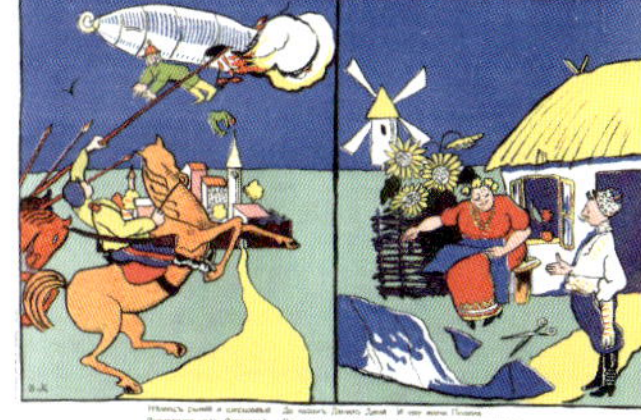

8 W. Majakowski *In seinem fetten, großen Zeppelin …*, 1914
Β. Μαγιακόφσκι *Στο χοντρό μεγάλο Ζέπελιν …*, 1914

Schwert durchbohrt er das Ungeheuer in der Gestalt eines Zeppelins. Dort, wo sich in der Ikonografie des Hl. Georg unterhalb der Pferdehufe der Drache windet, hat Majakowski die Hauptstraße gemalt. Der Reiter wendet sich stark nach hinten und deutet zusammen mit seinem Speer die Diagonale an. Dieses schon im Barock als Gestaltungsprinzip eingesetzte Verdrehen suggeriert Dynamik, Bewegung und impliziert Kraft.

Das Agitationsplakat nach 1917

In der Agitationskunst der ersten Revolutionsjahre wurden von 1917 bis 1925 die revolutionären Ideen mit den Mitteln der Kunst propagiert.

Zur Massenagitationskunst gehören das politische Plakat, das Planen und Gestalten festlicher Akte und Festivitäten, Versammlungen und Demonstrationen, das Entwerfen von Porzellangeschirr mit Agitationskompositionen und das Gestalten von Denkmälern, die im Rahmen von Lenins Plan „Monumentalpropaganda" realisiert wurden. Ab 1925 wurden diese Formen allmählich von Architekturprojekten, der Malerei und von der Kinematografie abgelöst.

Dem politischen Plakat als Agitationsmittel kommt eine besondere Rolle in den Bürgerkriegsjahren zwischen 1918 und 1922 zu. Während dieser Jahre war das Agitationsplakat das verständlichste Ausdrucksmittel – vor allem für die ungebildeten Bevölkerungsschichten, die kaum lesen konnten. Das Agitationsplakat trat das Erbe des Lubok an. Die bekanntesten Plakate wurden entworfen von Dmitrij Moor *Hast du dich als Freiwilliger gemeldet?* (1920) von Deni *Auf dem Berg der Konterrevolution* (1920) und von Alexander Rodtschenko, Warwara Stepanowa und Majakowski. Die Texte wurden oft von ROSTA-Künstlern, wie etwa Wladimir Majakowski und Wladimir Lebedev geschrieben.

Das von Dmitrij Moor entworfene Propagandaplakat *1. Mai* (Abb. 9) ist besonders interessant, weil sich dessen Komposition an eine Deesis-Ikone anlehnt. Bei der *Deesis* ist im Zentrum Jesus Christus als Pantokrator dargestellt, links immer von der Gottesmutter und rechts von Johannes dem Täufer flankiert. In dieser Pose herrscht und richtet er über die Welt. Die Gottesmutter und Johannes der Täufer bitten ihn dabei, Milde walten zu lassen (vgl. Kat. 108). Moors Plakat

stellt eine Apotheose der Arbeiterklasse, der Arbeit schlechthin, dar. Der zentral postierte Arbeiter schmiedet die Zukunft des jungen Sowjetstaates. Zu beiden Seiten ist er – analog zur Deesis-Komposition – von einer ihm assistierenden Frau und einem Mann umgeben. Das gezielt eingesetzte Rot wird unten von Schwarz gesteigert. Die angedeuteten Diagonalen verlaufen vom unteren Bildteil über die Figuren der Frau links und dem Mann rechts und kreuzen sich in dem Amboss. Trotz der starken Zergliederung der Komposition in einen Vorder-, Mittel- und Hintergrund ist die Komposition durch die reduzierte Farbigkeit und ihrer ausgewogenen Verteilung sehr übersichtlich und prägnant. Der Text bildet den Sockel, auf dem das Bild steht. Die drei Figuren aus dem Vordergrund – Arbeiter mit Hammer in der Hand, assistiert von den zwei Nebenfiguren, der Arbeiterin und des Arbeiters – weisen sowohl auf ikonografischer als auch auf inhaltlicher Ebene Parallelen zu Deesis-Ikonen auf.

Während sich die Komposition des Dmitrij-Moor-Plakats *1. Mai* gänzlich an die Deesis-Ikonografie anlehnt, weist das Plakat *Arbeiter, die Sonne der Internationale wird bald die Finsternis besiegen* (Kat. 112) ein Überlagern von zwei vollkommen unterschiedlichen Bildtypen auf. So ist die Komposition einerseits angelehnt an die Schlachtendarstellungen aus der Historienmalerei, auf denen der glorreiche Feldherr in imposanter Pose auf einem Feldherrnhügel verewigt ist. Gleichzeitig aber weist die stark in den Vordergrund gezogene Figur des Rotarmisten, hoch zu Ross, einen Bezug zur Ikonografie des Hl. Georg auf. Auch die gewählte Bogenform des Plakats steigert den sakralen Bezug. Beiden Bildtypen – den Darstellungen des Feldherrn und des Hl. Georg – liegt, so unterschiedlich sie auch sind, die gleiche bildimmanente Aussage zugrunde: das Bekämpfen und Überwinden des Feindes, respektive des Bösen. Bezogen auf die Forderungen der Agitationskunst, erweisen sich beide Bildparadigma als ein perfektes bildgestalterisches Mittel zur Bekämpfung des Klassenfeindes.

In vielen Agitationsplakaten sind dem Lubok immanente antithetische Paare anzutreffen, wie etwa gut-böse oder schön-hässlich. Die Bildschemata wurden somit definiert von jeweils einem antipodischen Gruppenpaar: Arbeiter und Bauer, Rotarmist und Bourgeois. Dieses duale Prinzip hat einen bildaufbauenden Charakter und gliedert die Kompositionen in zwei Teile, die dem Inhalt entsprechen, wie

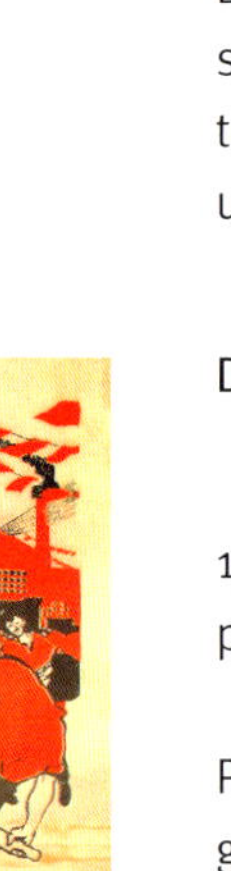

9 D. Moor *Propagandaplakat 1. Mai*, Anfang 20er Jahre 20. Jh.

Ν. Μουρ *Προπαγανδιστική αφίσα 1η Μάη*, Αρχές δεκαετίας 1920

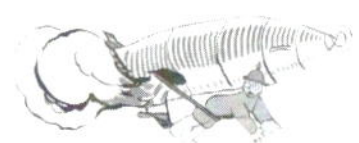

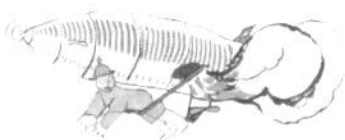

Μερικά όμως από τα σύγχρονα lubki έχουν προφανή σχέση με τα κλασικά σχήματα σύνθεσης της ζωγραφικής των λατρευτικών εικόνων, όπως για παράδειγμα το lubok του Μαγιακόφσκι: *Στο χοντρό μεγάλο Ζέπελιν ένας μαλλιαρός Γερμανός αιωρούνταν άφοβα πάνω από τη Βαρσοβία* (εικ. 8). Ο Μαγιακόφσκι χρησιμοποιεί εδώ σαν πρότυπο τη δημοφιλή εικόνα του Αγίου Γεωργίου, τη διαμορφώνει όμως κάπως διαφορετικά: ψηλά στο άλογο ιππεύει ο Ρώσος στρατιώτης, ακριβώς όπως ο Άγιος Γεώργιος, με το σπαθί του διατρυπά το θηρίο που έχει τη μορφή ενός Ζέπελιν. Εκεί όπου στην εικονογραφία του Αγίου Γεωργίου κάτω από τα πέταλα του αλόγου συστρέφεται ο δράκος, ο Μαγιακόφσκι ζωγράφισε τον κεντρικό δρόμο. Ο αναβάτης στρέφεται έντονα προς τα πίσω και με τη λόγχη του υποδηλώνει τη διαγώνιο της σύνθεσης. Αυτή η συστροφή του σώματος, κύρια μορφοπλαστική αρχή στην τέχνη του Μπαρόκ, υποδηλώνει δυναμισμό, κίνηση και δύναμη.

Η προπαγανδιστική αφίσα μετά το 1917

Στην προπαγανδιστική τέχνη των πρώτων επαναστατικών χρόνων προβάλλονται από το 1917 έως το 1925 οι επαναστατικές ιδέες με τα εκφραστικά μέσα της τέχνης.

Στην τέχνη της μαζικής προπαγάνδας ανήκουν η πολιτική αφίσα, ο σχεδιασμός και η διαμόρφωση εορταστικών εκδηλώσεων, συγκεντρώσεων και διαδηλώσεων, η παραγωγή πορσελάνινων αντικειμένων με προπαγανδιστικές συνθέσεις και η δημιουργία μνημείων, που υλοποιήθηκαν στο πλαίσιο του Σχεδίου Λένιν «Μνημειακή Προπαγάνδα». Από το 1925 αυτές οι μορφές προπαγάνδας αντικαταστάθηκαν βαθμιαία από αρχιτεκτονικά προγράμματα, από τη ζωγραφική και τον κινηματογράφο.

Η πολιτική αφίσα σαν προπαγανδιστικό μέσο αποκτά έναν ιδιαίτερο ρόλο ανάμεσα στα 1918 και 1922, τα χρόνια του εμφυλίου πολέμου. Κατά τη διάρκεια αυτών των ετών η προπαγανδιστική αφίσα ήταν το πιο κατανοητό εκφραστικό μέσο – προπάντων για τα αμόρφωτα στρώματα του πληθυσμού, που ελάχιστα ήταν σε θέση να διαβάσουν.

Η προπαγανδιστική αφίσα ακολούθησε την παράδοση του lubok. Τις πιο γνωστές αφίσες φιλοτέχνησαν ο Ντιμίτρι Μορ *Εσύ κατατάχτηκες σαν εθελοντής;* (1920), ο Ντένι *Στο βουνό της Αντεπανάστασης,* (1920)

ο Αλεξάντρ Ρότσενκο, η Βαρβάρα Στεπάνοβα και ο Μαγιακόφσκι. Τα κείμενα συντάσσονταν συχνά από τους καλλιτέχνες του ROSTA, Βλαντίμιρ Μαγιακόφσκι και Βλαντίμιρ Λεμπέντεφ.

Η προπαγανδιστική αφίσα *1η Μάη* (εικ. 9), έργο του Ντιμίτρι Μορ έχει ιδιαίτερο ενδιαφέρον, γιατί η σύνθεση της έχει σαν πρότυπο μια εικόνα *Δέησης*. Στη Δέηση απεικονίζονται στο μέσον ο Ιησούς Χριστός σαν Παντοκράτορας, αριστερά βρίσκεται πάντα η Θεομήτωρ και δεξιά ο Ιωάννης ο Βαπτιστής. Στη στάση αυτή κυριαρχεί και κυβερνά τον κόσμο. Η Θεομήτωρ και ο Ιωάννης ο Βαπτιστής απευθύνουν τη δέησή τους σ' εκείνον, για να κρίνει με ευσπλαχνία τους ανθρώπους (Βλ. Κατ. 108).

Η αφίσα του Μορ παριστά μια αποθέωση της εργατικής τάξης, της εργασίας αυτής καθεαυτής. Ο κεντρικά τοποθετημένος εργάτης σφυρηλατεί το μέλλον του νεαρού σοβιετικού κράτους. Αριστερά και δεξιά του – αναλογικά της σύνθεσης της Δέησης – πλαισιώνεται από μια γυναικεία μορφή, που τον βοηθά και από έναν άνδρα. Το κόκκινο χρώμα – το οποίο έχει επιλεγεί σκόπιμα – τονίζεται περισσότερο από το μαύρο χρώμα στο κάτω μέρος της σύνθεσης. Οι υπονοούμενες διαγώνιοι διατρέχουν από το κάτω μέρος της σιλουέτας της γυναίκας αριστερά και του άνδρα δεξιά και διασταυρώνονται στο αμόνι. Παρά τον έντονο κατατεμαχισμό της επιφάνειας στο πρώτο, μεσαίο και πίσω επίπεδο η σύνθεση διατηρεί την εξαιρετική σαφήνεια και την εκφραστικότητά της με τη βοήθεια της λιτής χρωματικότητας και της καλοζυγισμένης κατανομής των χρωμάτων. Το κείμενο σχηματίζει το βάθρο, πάνω στο οποίο αναπτύσσεται η εικόνα. Οι τρεις μορφές στο πρώτο επίπεδο – ο εργάτης με το σφυρί στο χέρι, με βοηθούς του τις δυο δευτερεύουσες μορφές, την εργάτρια και τον εργάτη, εμφανίζουν τόσο σε εικονογραφικό όσο και σε εννοιολογικό επίπεδο ομοιότητες με εικόνες της Δέησης.

Ενώ η σύνθεση της αφίσας του Ντιμίτρι Μορ: *1η Μάη* βασίζεται εντελώς στην εικονογραφία της Δέησης, στην αφίσα *Εργάτες, ο Ήλιος της Διεθνούς θα νικήσει σύντομα το Σκοτάδι* (Κατ. 112) αλληλεπικαλύπτονται δυο εντελώς διαφορετικοί εικονογραφικοί τύποι. Έτσι η σύνθεση έχει αφενός σαν πρότυπο τις παραστάσεις μαχών από τη ζωγραφική ιστορικών θεμάτων, στις οποίες ο νικηφόρος στρατηλάτης απαθανατίζεται σε εντυπωσιακή πόζα πάνω στο λόφο των στρατηγών που του επιτρέπει μία στρατηγική επίβλεψη του πεδίου της μάχης. Ταυτόχρονα όμως η μορφή του στρατιώτη του

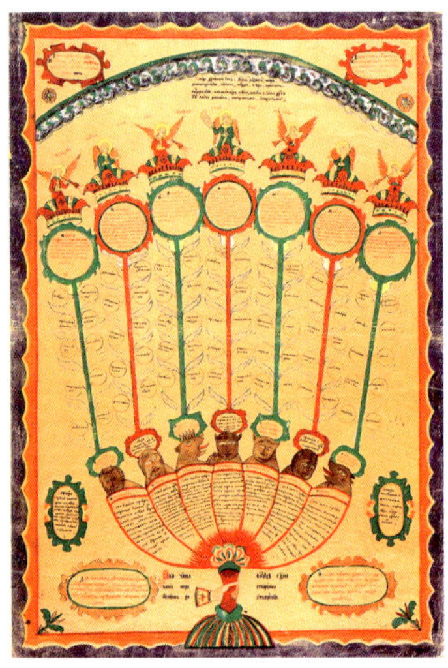

10 *Die sieben Todsünden*,
2. Hälfte 19. Jh.

Τα επτά θανάσιμα αμαρτήματα,
δεύτερο μισό 19ου αιώνα

etwa auf dem Lubok *Die sieben Todsünden* (Abb. 10) und auf dem Plakat *Kosak, bist du für uns oder gegen uns?* (Abb. 11). Hieraus können sich auch zwei zusammengehörende Plakate entwickeln, gedacht als Pendants, beispielsweise die zwei Plakate *Wenn wir unserer vaterländischen Armee genug zu essen geben…* und *Wenn wir unserer vaterländischen Armee aber nichts zu essen geben…* (Abb. 12 u. 13).

Dieses duale Prinzip kann auch das Kolorit miteinbeziehen: So ist der Lubok *Die sieben Todsünden* aus den zwei Komplementärfarben Rot-Grün aufgebaut, während bei den Plakaten ein Rot-Schwarz und Rot-Grün dominiert. Aus diesen wenigen Beispielen wird ersichtlich, dass auch das politische Plakat starke Parallelen zum Bildkonzept sowohl der Ikone als auch des Lubok aufweist.

ROSTA-Fenster

Unter den Plakaten nehmen die 1919 aufgekommenen ROSTA-Fenster eine Sonderstellung ein. Dieser Plakattypus spielte eine besondere Rolle bei der Agitation gegen den Klassenfeind. Die Bezeichnung ROSTA ist eine Abkürzung der staatlichen russischen Nachrichtenagentur *Rossijskoe telegrafnoe agenstvo*, gegründet am 7. September 1918. Die Nachrichtenagentur hatte neben der Nachrichtenvermittlung und Neuorganisation des Pressewesens auch die Aufgabe, für die Sowjetmacht gezielt zu werben. So wurden Flugblätter verteilt, Agitationszüge fuhren durchs Land, über Lautsprecher wurde für die kommunistische Regierung geworben. Und in den leer stehenden Schaufenstern vieler Geschäfte wurden Wandzeitungen aufgehängt – daraus wurden dann die „ROSTA-Fenster“. Das visuell ausgerichtete, lakonische Bildkonzept – auf ein Minimum reduzierte klare,

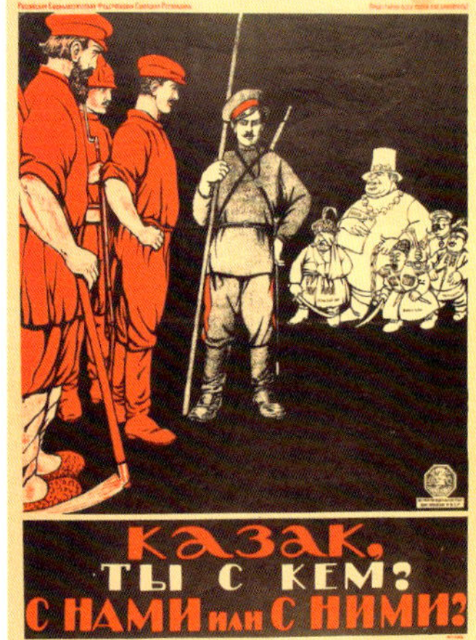

11 *Propagandaplakat Kosak, …*
Anfang 20er Jahre 20. Jh.

Προπαγανδιστική αφίσα Κοζάκε, …, Αρχές δεκαετίας 1920

kompakte Formen, leuchtende Lokalfarben und prägnante Texterläuterungen – deuten auf die starke Verbindung zum Bildparadigma des Lubok hin. Auch die Zeichensprache, reduziert auf die grafischen Symbole der kämpfenden Mächte, lässt in ihrer Prägnanz Vergleiche mit dem Lubok zu: So fegt auf Wladimir Lebedews ROSTA-Fenster *Arbeiterkontrolle: Arbeiter, der aus der Republik die kriminellen Elemente hinausfegt* (Kat. 115) ein Arbeiter die Vertreter der Großbourgeoisie geradezu von der Bildfläche und in *Durch Europa geht das rote Gespenst des Kommunismus* (1922) scheuchen die marschierenden Arbeiter die kugelrunden Figuren des Klassenfeindes wie Hühner in alle Richtungen davon (Kat. 114). Der monumentalen Arbeiterfigur sind die kleinen Figuren des Feindes entgegengestellt; der Klarheit und Kompaktheit der Form die kleinteiligen, zergliederten Figuren; der aufrechten zielsicheren Haltung die stolpernden und purzelnden Kugelmännchen. Weitere Parallelen zum Lubok lassen sich im gesättigten Kolorit, in der Verteilung der Farben auf große Flächen, in den diagonal angelegten Kompositionen, in den grotesken Figuren, die losgelöst von Raum und Zeit vor neutralem Hintergrund schweben, finden. Das unproportionale Größenverhältnis zwischen der Haupt- und den kleinen Satellitenfiguren ist entlehnt vom Bildkonzept der Ikone und auch auf Lubki anzutreffen.

Alexander W. Schewtschenko (1883–1948) malte das Gemälde *Arbeiterin mit Flugblättern* um 1926 (Kat. 117). Die Figur der Frau ist fest im Boden verankert. Sie steht im Dreiviertelprofil nach vorne rechts ausgerichtet, während ihr Kopf verdreht in Dreiviertelprofil nach links schaut. In den Händen hält sie Flugblätter. Ihre monumental postierte Figur steht im Vordergrund eines halbrunden Hügels. Der Hintergrund wird von einer Architekturlandschaft geprägt, Fabrikhallen gliedern sie in Horizontalen und Vertikalen, die rauchenden Schlote der Fabrikschornsteine verdeutlichen die neue Rhythmik des sozialistischen Alltags. Die Figur der Frau verschmilzt mit dem Vordergrund und bildet eine Pyramidalkomposition, die Monumentalität suggeriert. Die Formen sind in kubistischer Manier aufgebaut. Der Volumenaufbau mit fleckenartiger Farbverteilung und einer schraffurähnlichen Pinselführung verweist auf Cézanne.

Die Figur der Frau ähnelt in kompositorischer Hinsicht Ikonen, auf denen die Gottesmutter das Christuskind umarmt (vgl. Kat. 116 und 118). An Stelle des Kindes hält die Arbeiterin allerdings die Flugblät-

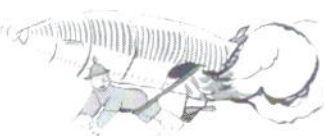

Ερυθρού Στρατού, έντονα τονισμένη σε πρώτο επίπεδο, ψηλά πάνω στο άλογό του, αναφέρεται στην εικονογραφία του Αγίου Γεωργίου. Η δομή της αφίσας με την επιλεχθείσα αψιδωτή φόρμα επιτείνει επίσης τη θρησκευτική αναφορά. Και οι δυο εικονογραφικοί τύποι – η παράσταση του στρατηλάτη και του Αγίου Γεωργίου – εμπεριέχουν, όσο διαφορετικοί κι αν είναι, το ίδιο εννοιολογικό περιεχόμενο: την καταπολέμηση και την υπερνίκηση του εχθρού, δηλαδή του Κακού και της αμαρτίας. Σ' ό,τι αφορά τις απαιτήσεις της προπαγανδιστικής τέχνης, και τα δυο εικονογραφικά παραδείγματα αποδεικνύονται σαν ένα τέλειο μορφοπλαστικό μέσο για την καταπολέμηση του ταξικού εχθρού.

Σε πολλές προπαγανδιστικές αφίσες συναντώνται αντιθετικά

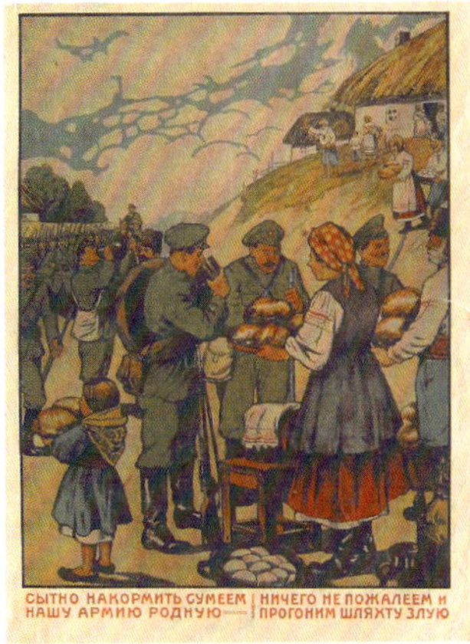

12 *Wenn wir unserer vaterländi- schen Armee genug zu essen geben ...*, 1917

Όταν δίνουμε στον στρατό της πατρίδας μας αρκετό φαγητό ..., 1917

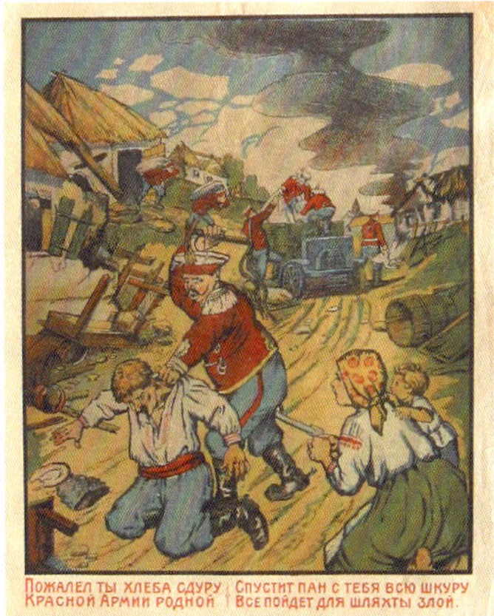

13 *Wenn wir unserer vaterländi- schen Armee aber nichts zu essen geben ...*, 1917

Όταν αντίθετα δεν δίνουμε στον στρατό μας αρκετό φαγητό ..., 1917

ζεύγη, όπως αυτά εμπεριέχονται στο lubok, όπως τα ζεύγη του καλού-κακού και του ωραίου-άσχημου. Τα εικονογραφικά σχήματα ορίζονται έτσι κάθε φορά από ένα ζεύγος αντιθέτων ομάδων: Εργάτες και Αγρότες, Στρατιώτες του Ερυθρού Στρατού και Αστοί. Αυτή η δυαδική αρχή έχει έναν εικονοπλαστικό χαρακτήρα και διαχωρίζει τις συνθέσεις σε δυο μέρη, που αντιστοιχούν στο περιεχόμενο, όπως για παράδειγμα στον lubok *Τα επτά θανάσιμα αμαρτήματα* (εικ. 10)

και στην αφίσα *Κοζάκε, είσαι μαζί μας ή εναντίον μας;* (εικ. 11). Από 'δω μπορούν επίσης να αναπτυχθούν δυο διαφορετικές αφίσες, σχεδιασμένες σαν ζευγάρι, για παράδειγμα οι δυο αφίσες *Όταν δίνουμε στον στρατό της πατρίδας μας αρκετό φαγητό ...* και *Όταν αντίθετα δεν δίνουμε στον στρατό μας αρκετό φαγητό...* (εικ. 12 κ. 13)

Ο δυαδικός αυτός χαρακτήρας συμπαρασύρει και την χρωματικότητα: Έτσι το lubok: Τα επτά θανάσιμα αμαρτήματα βασίζεται στα δυο συμπληρωματικά χρώματα κόκκινο-πράσινο, ενώ στις αφίσες κυριαρχεί ένα κόκκινο-μαύρο και κόκκινο-πράσινο. Από αυτά τα λίγα παραδείγματα γίνεται φανερό ότι η πολιτική αφίσα παρουσιάζει επίσης έντονες ομοιότητες ως προς την εικαστική σύλληψη τόσο της λατρευτικής εικόνας όσο επίσης και του lubok.

Τα παράθυρα ROSTA

Ανάμεσα στις αφίσες, τα παράθυρα ROSTA καταλαμβάνουν μια ιδιαίτερη θέση. Αυτός ο τύπος αφίσας έπαιξε έναν ξεχωριστό ρόλο στην προπαγάνδα ενάντια στον ταξικό εχθρό. Η ονομασία ROSTA είναι μια συντομογραφία του ρωσικού πρακτορείου ειδήσεων *Rossijskoe tele- grafnoe agenstvo*, που ιδρύθηκε στις 7.9.1918. Το πρακτορείο ειδήσεων εκτός από τη μετάδοση ειδήσεων και την αναδιοργάνωση του Τύπου είχε επίσης την αρμοδιότητα να διαφημίζει συγκεκριμένα τη δύναμη των Σοβιέτ. Έτσι μοιράζονταν φυλλάδια, προπαγανδιστικά τρένα διέσχιζαν τη χώρα, από μεγάφωνα διαφημιζόταν η κομμουνιστική κυβέρνηση και εφημερίδες τοίχου κάλυπταν τις άδειες βιτρίνες πολλών καταστημάτων – από δω ξεπήδησαν τα «Παράθυρα ROS- TA». Η οπτικά εστιασμένη, λακωνική εικαστική σύλληψη – καθαρές, συμπαγείς φόρμες, απαλλαγμένες από κάθε περιττό στοιχείο, λαμπερά τοπικά χρώματα, σαφείς και περιεκτικές επεξηγήσεις με κείμενα – υποδεικνύουν τη στενή συγγένεια με το εικαστικό παράδειγμα του lu- bok. Επίσης και σε σημειολογικό επίπεδο – η γλώσσα των συμβόλων περιορίζεται στα γραφιστικά σύμβολα των αγωνιζόμενων εθνών, με τη σαφήνειά της επιτρέπει συγκρίσεις με το lubok: Έτσι στο παράθυρο ROSTA *Εργατικός έλεγχος: Εργάτης, που εκδιώκει από τη Δημοκρατία τα εγκληματικά στοιχεία* (Κατ. 115) του Βλαντίμιρ Λεμπέντεφ ένας εργάτης εκδιώκει τους εκπροσώπους της μεγαλοαστικής τάξης, πετώντας τους κυριολεκτικά έξω από την επιφάνεια της εικόνας. Στο παράθυρο *Κόκκινο Φάντασμα του Κομμουνισμού διασχίζει*

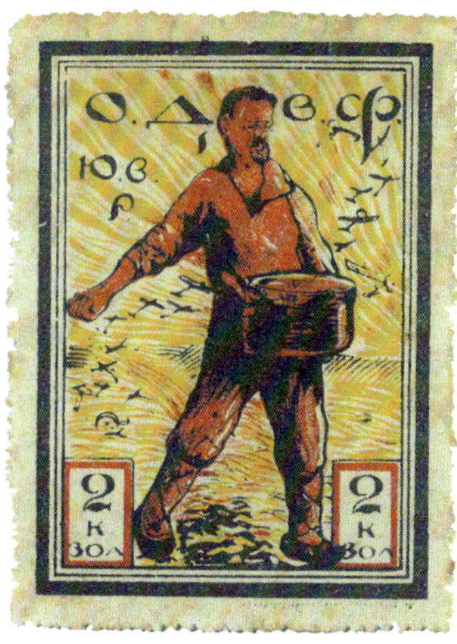

14 *Sonderbriefmarke Trotzki sät Flugzeuge*, 20er Jahre 20. Jh.

Γραμματόσημο, Αρχές δεκαετίας 1920

ter. Die Gottesmutter trägt den Erlöser, das Fleisch gewordene Wort Gottes – die Arbeiterin umarmt die Flugblätter, die das kommunistische Heil verkünden. Das Omophorion der Gottesmutter ist durch ein einfaches Kopftuch ersetzt. Beide Kopfdarstellungen weisen eine klare, kompakte Form auf.

Das Bild verdeutlicht Schewtschenkos 1913 veröffentlichten theoretischen Überlegungen über die Kunst, die er als eine Synthese der Bildkonzepte von Cézanne bis hin zu den Kubisten mit denen von Ikone und Volkskunst verstand.[1]

Dass diese Synthese noch sehr viel weiter reichen kann, zeigt eine kleine Sonderbriefmarke (Abb. 14) aus den 20er Jahren. Mit diesen Sondermarken sollten kostspielige Projekte – etwa der Bau von Staudämmen, öffentlichen Gebäuden und Flugzeugen – finanziert werden. Auf einer dieser Briefmarken greift ein als Bauer verkleideter Trotzki nach den Samen in seine Schürze und sät. Aus den keimenden Samen entspringen kleine Flugzeuge, die schnell wachsen. Im Hintergrund starten die ersten schon gen Himmel. Mit Bedacht scheint der Bildaufbau gewählt. Denn die Komposition erinnert an Millets und Van Goghs Motiv des säenden Bauern, weist aber auch Parallelen zu der humorvollen narrativen Bildsprache des Lubok auf.

Dr. Snejanka Dobrianowa-Bauer

1   Vlg. Schewtschenko, Alexander. *Neoprimitivism. Ego teorija, ego wosmoschnosti, ego dostischenija (Neoprimitivismus. Seine Theorie, seine Möglichkeiten, seine Leistungen)*, Moskau 1913. Zit. nach: Krieger, Verena. *Von der Ikone zur Utopie: Kunstkonzepte der russischen Avantgarde*. Köln Weimar Wien, 1998. S. 139–141.

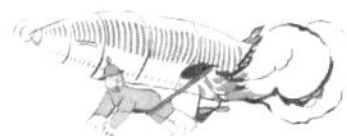

την *Ευρώπη*, του 1922, οι παρελαύνοντες εργάτες εκδιώκουν τις σφαιρικές σιλουέτες του ταξικού εχθρού σαν κοτόπουλα προς όλες τις κατευθύνσεις (Κατ. 114). Στη μνημειακή μορφή του εργάτη αντιπαρατίθενται οι μικρές σιλουέτες του εχθρού, στη σαφήνεια και τη συμπαγή μορφή οι μικροσκοπικές κατατεμαχισμένες μορφές, στην όρθια, προς τον στόχο προσανατολισμένη στάση του σώματος του εργάτη τα σφαιρικά ανθρωπάκια που σκοντάφτουν και κάνουν τούμπες. Κι άλλοι παραλληλισμοί με το lubok διαπιστώνονται στην κορεσμένη χρωματικότητα, στην κατανομή του χρώματος σε μεγάλες επιφάνειες, στις διαγώνια σχεδιασμένες συνθέσεις, στις παράξενες μορφές που εκτός χώρου και χρόνου αιωρούνται σε ουδέτερο φόντο. Η δυσανάλογη σχέση ανάμεσα στα μεγέθη των κεντρικών μορφών και των μικρών δορυφορικών μορφών είναι δανεισμένη από την εικαστική σύλληψη της εικόνας, αλλά συναντάται και στο lubok.

Ο Αλεξάντερ Σεβτσένκο (1883-1948) ζωγραφίζει τον πίνακα *Η Διανομέας Φυλλαδίων* γύρω στο 1926 (Κατ. 117). Η μορφή της γυναίκας είναι ριζωμένη σταθερά στο έδαφος. Στέκει σε προφίλ τριών τετάρτων προς τα εμπρός και δεξιά, ενώ το κεφάλι της γυρισμένο σε προφίλ τριών τετάρτων κοιτάζει προς τα αριστερά. Στα χέρια κρατά φυλλάδια. Η μνημειακά τοποθετημένη σιλουέτα της ορθώνεται στο πρώτο επίπεδο ενός ημικυκλικού λόφου. Στο βάθος της εικόνας κυριαρχεί ένα αρχιτεκτονικό τοπίο που διαρθρώνεται κάθετα και οριζόντια από εργοστασιακά κτίρια. Καμινάδες που καπνίζουν κάνουν σαφή το νέο ρυθμό της σοσιαλιστικής καθημερινότητας. Η μορφή της γυναίκας συγχωνεύεται με το πρώτο επίπεδο και σχηματίζει μια πυραμιδοειδή σύνθεση που υποδηλώνει μνημειακότητα. Οι φόρμες είναι δομημένες με κυβιστική τεχνοτροπία. Το χτίσιμο των όγκων με κατανομή του χρώματος σε πεδία και με πινελιά που μοιάζει με διαγράμμιση παραπέμπει στον Σεζάν.

Η μορφή της γυναίκας ως προς τη σύλληψη της σύνθεσης θυμίζει εικόνες, στις οποίες η Μητέρα του Θεού αγκαλιάζει το μικρό Χριστό (Βλ. Κατ. 116 κ. 118). Αντί για το παιδί η εργάτρια αγκαλιάζει βέβαια τα φυλλάδια. Η Παναγία φέρει το Σωτήρα, τον ενσαρκωμένο Λόγο του Θεού – η εργάτρια αγκαλιάζει τα φυλλάδια, που ευαγγελίζονται την κομμουνιστική σωτηρία. Το μαφόριο της Παναγίας έχει αντικατασταθεί με ένα απλό κεφαλομάντηλο. Και τα δυο κεφάλια χαρακτηρίζονται από μια σαφή συμπαγή φόρμα.

Το έργο αυτό διασαφηνίζει τους θεωρητικούς προβληματισμούς,

που δημοσίευσε ο Σεβτσένκο το 1913 γύρω από την τέχνη, την οποία αντιλαμβανόταν ως μια σύνθεση των εικαστικών συλλήψεων από το Σεζάν έως τους Κυβιστές με εκείνες της λατρευτικής εικόνας και της λαϊκής τέχνης.[1]

Ένα μικρό γραμματόσημο (εικ. 14) της δεκαετίας του '20 δείχνει ότι αυτή η σύνθεση μπορεί να έχει πολύ μεγαλύτερες προεκτάσεις. Τα ειδικά αυτά γραμματόσημα προορίζονταν να χρηματοδοτούν πολυδάπανα προγράμματα – όπως την κατασκευή φραγμάτων, κτίσιμο κρατικών κτιρίων και κατασκευή αεροπλάνων. Σε ένα από αυτά τα γραμματόσημα ο Τρότσκι ντυμένος σαν αγρότης παίρνει από την ποδιά του σπόρους και σπέρνει. Από τους σπόρους που φυτρώνουν ξεπροβάλλουν μικρά αεροπλάνα, που μεγαλώνουν ταχύτατα. Στο βάθος απογειώνονται ήδη τα πρώτα απ' αυτά στον ουρανό. Η δομή του έργου φαίνεται να επιλέχθηκε με περίσκεψη. Γιατί η σύνθεση θυμίζει το θέμα του Μιγιέ και του Βαν Γκογκ, τους χωρικούς που σπέρνουν, εμφανίζει όμως και ομοιότητες με τη χιουμοριστική αφηγηματική εικαστική γλώσσα του lubok (εικ. ...).

Dr. Snejanka Dobrianowa-Bauer

---

[1] Σύγκρινε: Alexander Schewtschenko, *Ego teorija, ego wosmoschnosti, ego dostischenija*, Μόσχα 1913. Όπως αναφέρεται σε: Verena Krieger, *Von der Ikone zur Utopie: Kunstkonzepte der russischen Avantgarde*, Κολωνία, Βαϊμάρη, Βιέννη, 1998, σελ. 139–141.

Bildmittel der Ikone in Kunstwerken der Avantgarde – ein Überblick

Die Künstlerinnen und Künstler der russischen Avantgarde waren von der altrussischen Ikonenmalerei fasziniert. Sie schien ihnen ein Gegenmodell zu dem von ihnen verachteten Naturalismus der westlichen neuzeitlichen Kunst darzustellen und bot in ihrem vermeintlichen „Primitivismus" Anregungen für eine radikal neue moderne Kunst. Einige Avantgarde-Künstler, z.B. Wladimir Tatlin, Pawel Filonow und Wassili Tschekrygin, hatten die traditionelle Ikonenmalerei erlernt, andere wie Alexander Schewtschenko, Wladimir Markow und Lew Shegin, untersuchten systematisch ihre spezifischen Gestaltungsmittel und legten damit die Grundlagen zu einer kunstwissenschaftlichen Erforschung der Ikone. Ihr Interesse war aber keineswegs rein theoretisch: Viele Avantgarde-Künstler haben in ihrer eigenen Kunst bewusst an die Tradition der Ikonenmalerei angeknüpft – sei es, indem sie bildliche Verfahren aus der Ikonenmalerei aufgriffen (so wie etwa Picasso die Formensprache der afrikanischen Plastik verwendete), sei es, dass sie in ihren eigenen Werken die spirituelle Kraft der Ikone wiedererwecken wollten. Auf diese Weise entstanden vielfältige Formen der Adaption ikonenhafter Bildmittel, denen eines gemeinsam ist: Nie handelt es sich um eine schlichte Restauration des ostkirchlichen Kultbildes, stets sind es schöpferische Neuformulierungen. Nicht immer erschließen sich die Beziehungen zwischen Ikone und modernem Kunstwerk auf den ersten Blick – umso mehr gilt dies für westliche Betrachter, die mit den Besonderheiten der Ikonenmalerei wenig vertraut sind. Um den Blick für die Zusammenhänge zu schärfen, sollen daher anhand einiger Beispiele – vorzugsweise von Werken, die in der Ausstellung zu sehen sind – die wichtigsten Charakteristika der Ikonen und ihre Verarbeitung in Werken russischer Avantgardekünstler aufgezeigt werden.

Verkörperung statt Darstellung

Grundsätzlich gilt: Die Ikone ist kein Bild in dem Sinne, wie es uns im Westen seit der Renaissance geläufig ist. Die Ikone stellt keinen Ausschnitt aus der Wirklichkeit dar, sie bezieht sich nicht auf die äußere Realität, in der wir leben, und bildet diese nicht ab. Vielmehr stellt die Ikone eine höhere Wirklichkeit dar. Sie verweist nicht nur als Abbild auf diese göttliche Wirklichkeit, sondern sie verkörpert sie selbst – so wie Jesus Christus das Göttliche auf Erden inkarniert hat. Besonders deutlich ist dies beim „Mandylion", einem Ikonentyp, der der Legende nach „nicht von Menschenhand gemalt" wurde, sondern auf einen Abdruck des Antlitzes Christi zurückgeht (vgl. Kat. 29). Da nach der orthodoxen Theologie die Ähnlichkeit des Urbildes auf die Materie übertragen wird, ist im „Mandylion" Christus selbst auf quasi magische Weise präsent.

In diesem so fundamental vom westlichen Bildkonzept verschiedenen Charakter der Ikone liegt das Faszinosum für die Künstler der Avantgarde: auch ihre Werke sollten nicht äußere Wirklichkeit abbilden, sondern selbst Wirklichkeit sein. So sind Malewitschs suprematistische Werke wie z.B. sein *Schwarzes Rechteck* (Kat. 30) nicht etwa als reines Formexperiment zu verstehen, sondern als ein idealer Weltentwurf, der unserer real existierenden Welt überlegen ist. Die rechteckige Gestalt erinnert an das vertiefte Rechteck in der Holztafel der Ikone. Sie enthält deren Idealität in gereinigter, aller naturalistischen Elemente entledigter Form.

Frontalität und Flächenhaftigkeit

Das wichtigste Mittel zur Vergegenwärtigung des überwirklichen Charakters der Ikone ist der Verzicht auf zentralperspektivische Verkürzung und damit auf die Illusion eines Tiefenraums. Mittelalterliche Ikonen sind vorwiegend flächenhaft gestaltet. Die Heiligen erscheinen in hieratischer Frontalität. Ihre Körper haben kein Volumen. Augen, Nase und Mund sind zeichenhaft auf die Gesichtsfläche aufgetragen (vgl. Abb. 1). Erst seit dem 17. Jahrhundert tauchen durch westliche Einflüsse in der Ikonenmalerei Ansätze von Körperlichkeit auf, wie an den in der Ausstellung zu sehenden Ikonen erkennbar ist.

Jawlensky hat die strenge Frontalität und Flächenhaftigkeit seiner in großer Zahl gemalten Gesichter wie z.B. des Gemäldes *Meditation*

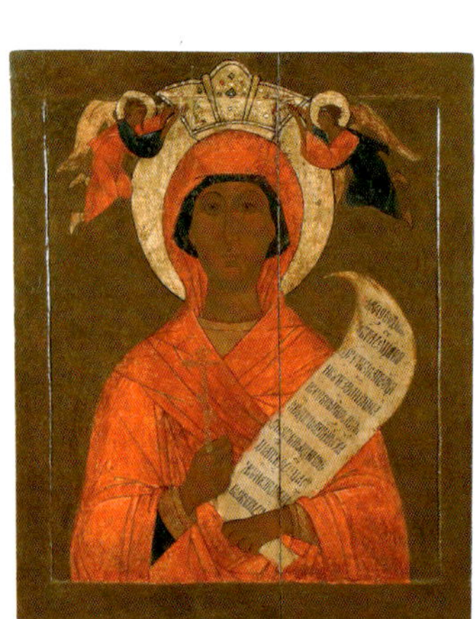

1 *Hl. Paraskewa*, Nowgorod, 16. Jh
Άγιος Παρασκευάς, Νόβγκοροντ
16ᵒˢ αι

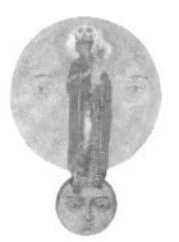

Εικαστικά μέσα της αγιογραφίας σε έργα της πρωτοπορίας – επισκόπηση

Οι καλλιτέχνες της ρωσικής πρωτοπορίας ήταν σαγηνεμένοι από την παλαιορωσική αγιογραφία. Θεωρούσαν πως αποτελούσε το αντίβαρο στον νατουραλισμό της σύγχρονης δυτικής τέχνης, τον οποίο περιφρονούσαν, και τους πρόσφερε με τον φαινομενικό «πρωτογονισμό» της έμπνευση για μία ριζικά καινούρια σύγχρονη τέχνη. Ορισμένοι καλλιτέχνες της πρωτοπορίας, όπως π.χ. οι Βλαντίμιρ Τάτλιν, Πάβελ Φιλόνοφ και Βασίλι Τσεκρίγκιν, είχαν διδαχτεί την παραδοσιακή αγιογραφία, κάποιοι άλλοι όπως οι Αλεξάντρ Σεφτσένκο, Βλαντίμιρ Μαρκόφ και Λεβ Σέγκιν, μελετούσαν συστηματικά τα ειδικά μορφολογικά της μέσα και έθεταν με τον τρόπο αυτό τις βάσεις για την καλλιτεχνική επιστημονική έρευνα της αγιογραφίας. Το ενδιαφέρον τους, όμως, δεν περιοριζόταν σε καμία περίπτωση στον θεωρητικό τομέα: Πολλοί καλλιτέχνες της πρωτοπορίας συνέδεσαν συνειδητά την τέχνη τους με την παράδοση της αγιογραφίας – είτε εφαρμόζοντας τις τεχνικές απεικόνισης της αγιογραφίας (όπως χρησιμοποιούσε για παράδειγμα ο Πικάσο τη μορφολογική γλώσσα της αφρικανικής γλυπτικής), είτε επιθυμώντας να αναβιώσουν στα έργα τους την πνευματική δύναμη των εικόνων. Με τον τρόπο αυτό δημιουργήθηκαν ποικίλες μορφές προσαρμογής θρησκευτικών εικαστικών μέσων, τα οποία έχουν ένα κοινό χαρακτηριστικό: σε καμία περίπτωση δεν πρόκειται για μία απλή αποκατάσταση της λειτουργικής εικόνας της ανατολικής εκκλησίας, πρόκειται πάντα για δημιουργικές αναδιατυπώσεις. Δεν είναι πάντα εφικτή με την πρώτη ματιά η διαπίστωση της σχέσης μεταξύ αγιογραφίας και σύγχρονου έργου – ιδιαίτερα για τους δυτικούς θεατές, οι οποίοι δεν είναι εξοικειωμένοι με τις ιδιαιτερότητες της αγιογραφίας. Για να εξασκηθεί η ικανότητα αντίληψης των σχέσεων αυτών θα πρέπει να καταδειχθούν βάσει κάποιων παραδειγμάτων – κατά προτίμηση έργων που πρόκειται να εκτεθούν στην έκθεση – τα βασικά χαρακτηριστικά των αγιογραφιών και η επεξεργασία που υπέστησαν σε έργα καλλιτεχνών της ρωσικής πρωτοπορίας.

Ενσάρκωση αντί απεικόνισης

Κατά κανόνα ισχύει το εξής: η αγιογραφία δεν αποτελεί εικόνα με την έννοια που μας είναι οικεία στο δυτικό κόσμο μετά την Αναγέννηση. Η αγιογραφία δεν απεικονίζει μέρος της πραγματικότητας, δεν αναφέρεται στην εξωτερική πραγματικότητα, στην οποία ζούμε, και δεν την αναπαριστά. Η αγιογραφία αναπαριστά μία υψηλότερη πραγματικότητα. Δεν παραπέμπει μόνο στη θεϊκή αυτή πραγματικότητα ως ομοίωμά της, αλλά την ενσαρκώνει – με τον ίδιο ακριβώς τρόπο που ο Ιησούς Χριστός αποτελεί την ενανθρώπιση του Θεού στη γη. Ιδιαίτερα εμφανές γίνεται αυτό στο μανδύλιο, έναν είδος αγιογραφίας που σύμφωνα με τον θρύλο δεν «ζωγραφίστηκε από ανθρώπινο χέρι» αλλά ανάγεται στην αποτύπωση της όψης του Χριστού (Βλ. Κατ 29). Καθώς σύμφωνα με την ορθόδοξη θεολογία η ομοιότητα του πρωτοτύπου εντυπώνεται στο αρχικό υλικό, ο Χριστός είναι παρών στο μανδύλιο με σχεδόν μαγικό τρόπο .

Σε αυτόν τον τόσο θεμελιωδώς διαφορετικό χαρακτήρα της αγιογραφίας από τη δυτική σύλληψη της εικόνας βρίσκεται το στοιχείο που ενθουσίασε τους καλλιτέχνες της πρωτοπορίας: και τα δικά τους έργα δεν είχαν ως στόχο την απεικόνιση της εξωτερικής πραγματικότητας, επιθυμούσαν να είναι τα ίδια πραγματικότητα. Έτσι τα σουπρεματιστικά έργα του Μαλέβιτς όπως π.χ. το *Μαύρο Τετράγωνο* (Κατ. 30) δεν πρέπει να ειδωθούν ως μορφολογικά πειράματα, αλλά ως το ιδανικό σχέδιο του κόσμου που υπερέχει του πραγματικού υπαρκτού μας κόσμου. Η τετράγωνη μορφή θυμίζει το τετράγωνο στον ξύλινο πίνακα της αγιογραφίας. Διαθέτει την ιδανικότητά του στην πλέον καθαρή μορφή, απαλλαγμένη από κάθε νατουραλιστικό στοιχείο.

Μετωπικότητα και επιπεδότητα

Το σημαντικότερο μέσο για την κατανόηση του υπερ-πραγματικού χαρακτήρα της αγιογραφίας είναι η παραίτηση από τη σμίκρυνση της κεντρικής προοπτικής και την ψευδαίσθηση του βάθους.

(Kat. 32) von Ikonen und koptischen Mumienporträts übernommen. Augen und Mund erscheinen zeichenhaft, das Gesicht ist nicht individuell, sondern typisiert. Es erhält dadurch den Charakter überindividueller Wahrheit.

Umgekehrte Perspektive

Wo in der Ikone Bauwerke oder ein landschaftlicher Hintergrund erscheinen, sind diese nach dem Prinzip der umgekehrten Perspektive räumlich organisiert: Die Gegenstände verkürzen sich nicht wie bei der Zentralperspektive auf einen in der Bildtiefe gedachten Fluchtpunkt hin, sondern genau umgekehrt: Sie verkürzen sich nach vorne zum Betrachter hin. Das heißt, die mittelalterlichen Ikonenmaler waren keineswegs, wie man bis ins frühe 20. Jahrhundert hinein gedacht hat, unfähig, räumliche Tiefe darzustellen, sondern sie wandten ein anderes Verfahren der Raumdarstellung an. Statt auf den Blickpunkt des Betrachters ist die Ikone auf einen imaginären Blickpunkt aus der Ikone heraus auf den Betrachter konzipiert. Mit anderen Worten: die Raumorganisation der Ikone geschieht aus göttlicher statt aus menschlicher Perspektive! Seit dem 17. Jahrhundert vermischt sich die Ikonenperspektive mit der aus dem Westen importierten Zentralperspektive, gut erkennbar z.B. bei der Ikone *Hl. Dreifaltigkeit* (Kat. 20), in der Sockel und Tisch im Sinne der umgekehrten Perspektive nach vorne hin fluchten, zugleich jedoch durch die Abschrägung der hinteren Tischkanten eine Verkürzung im Sinne der Zentralperspektive suggeriert wird.

Die Künstler der russischen Avantgarde lehnten die Zentralperspektive wie jeglichen Naturalismus entschieden ab und ersetzten sie teils durch rein flächenhafte Darstellungen, so etwa Ljubow Popowa in ihrer *Malerischen Architektonik* (Kat. 97), teils durch Verwendung der umgekehrten Perspektive wie z.B. Pawel Filonow in der Stadtlandschaft seines Aquarells *Mann und Frau* (Abb. 2), teils durch alternative Formen der Raumorganisation. Besonders innovativ war hier El Lissitzky, der, selbst jüdischer Herkunft, sich eingehend mit byzantinischer Kunst beschäftigt und aus der Auseinandersetzung mit den Raumkonzepten des Ostens und des Westens seine *Proune* (Kat. 61) entwickelt hat: räumliche Gegenstände, die sich weder nach vorne noch nach hinten verkürzen und dadurch in der Luft zu schweben scheinen (Parallelperspektive bzw. Axonometrie).

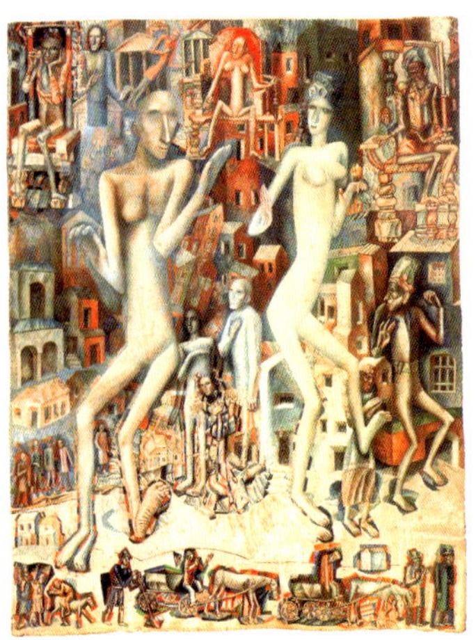

2 P. Filonow *Mann und Frau*, 1912
П. Филоноф *Άντρας και γυναίκα*, 1912

Ausschließung der Zeit aus dem Bild

Anders als in der westlichen Bildtradition seit der Renaissance wird in der Ikone keine Geschichte „erzählt", kein konkreter Moment und auch nicht eine Folge von Momenten innerhalb eines fließenden Zeitkontinuums dargestellt. Die Ikone kennt keine irdische Zeit, sondern sie repräsentiert eine zeitlose, ewig gültige und göttliche Wahrheit. Dies trifft auch dort zu, wo vermeintlich ein historisches Ereignis dargestellt wird wie z.B. der *Hl. Dreifaltigkeit*. Dieses Motiv, das zu den wichtigsten der Ikonenmalerei zählt, hat gerade keinen narrativen, sondern einen rein symbolischen Charakter: es offenbart dem Gläubigen das Geheimnis der Heiligen Trinität. Die meisten Ikonen zeigen aber nicht einmal scheinbar eine Szene, sondern führen das Heilige unmittelbar vor Augen: so z.B. *Die Gottesmutter mit Erlöser, Sonne und Mond* als das göttliche Heil in seiner kosmischen Dimension (Kat. 53).

Überhistorische Wahrheit beanspruchen auch die gegenstandslosen Entwürfe der russischen Avantgardisten. In den ersten Jahren nach der Oktoberrevolution verbanden sie die Bildsprache des Suprematismus, seine geometrischen Formen und leuchtenden Farben teilweise mit den politischen Inhalten der Revolution und der in der Sowjetrepublik neu geschaffenen Institutionen. Ein Beispiel hierfür ist Iwan Kudriashews Entwurf für ein Theater (Kat. 110), in dem das auf der Spitze stehende rote Quadrat die ideale neue Gesellschaft symbolisiert.

Eigenlicht und Plakathaftigkeit

In den altrussischen Ikonen gibt es keine irdische Lichtquelle, keine Atmosphäre und keine farblichen Beziehungen der verschiedenen Bildgegenstände untereinander, weder Licht und Schatten noch farbliche Modulierung oder Mischtöne. Kräftig leuchtende Farben – Rot, Ockergelb, Kobaltblau, Smaragdgrün, Schwarz und Weiß sowie gelegentlich rosa Krapplack – werden unvermischt nebeneinander aufgetragen (Polychromie), sodass der Eindruck von „Plakathaftigkeit" (Konrad Onasch) entsteht. Dabei haben die dargestellten Gegenstände keine natürlichen, sondern symbolische Farben: Das rote Gewand von Christus in den Darstellungen der *Anastasis* (Christi Höllenfahrt

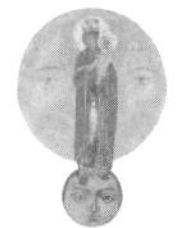

Χαρακτηριστικό των μεσαιωνικών αγιογραφιών είναι η εφαρμογή της μετωπικότητας. Οι Άγιοι παριστάνονται με ιερατική μετωπικότητα. Τα σώματά τους δεν έχουν όγκο. Τα μάτια, η μύτη και το στόμα σχεδιάζονται απλά στην επιφάνεια του προσώπου (εικ.3: Άγιος Παρασκευάς, Νόβγκοροντ 16ος αι). Ήδη από τον 17ο αιώνα, όπως φαίνεται από τις αγιογραφίες που παρουσιάζονται στην έκθεση, εμφανίζονται στην αγιογραφία στοιχεία σωματικότητας, που οφείλονται σε δυτικές επιρροές.

Ο Γιαβλένσκι άντλησε την αυστηρή μετωπικότητα και επιπεδότητα που παρατηρούμε σε μεγάλο αριθμό των προσωπογραφιών που ζωγράφισε, όπως π.χ. στον πίνακα *Διαλογισμός* (Κατ. 32), από αγιογραφίες και κοπτικά πορτρέτα μούμιων. Τα μάτια και το στόμα σχεδιάζονται, το πρόσωπο δεν αποδίδεται με ατομικά χαρακτηριστικά αλλά είναι τυποποιημένο. Αποκτά με τον τρόπο αυτό τον χαρακτήρα μίας υπερατομικής αλήθειας.

Αντίστροφη προοπτική

Στις αγιογραφίες, όταν εμφανίζονται οικοδομήματα ή κάποιο τοπίο στο βάθος, αυτά οργανώνονται χωρικά σύμφωνα με την αρχή της αντίστροφης προοπτικής: τα αντικείμενα δεν μικραίνουν, όπως συμβαίνει με την κεντρική προοπτική, προς ένα σημείο φυγής στο βάθος της εικόνας, αλλά ακριβώς αντίθετα: μικραίνουν προς την πλευρά του θεατή, προς τα εμπρός. Αυτό σημαίνει πως οι αγιογράφοι κατά το μεσαίωνα δεν ήταν σε καμία περίπτωση, όπως πιστευόταν μέχρι τις αρχές του 20ού αιώνα, ανίκανοι να παραστήσουν το βάθος του χώρου, αλλά χρησιμοποιούσαν μία διαφορετική διαδικασία αναπαράστασης του χώρου. Η σύλληψη της εικόνας δεν γίνεται από την οπτική του θεατή αλλά από μία φανταστική οπτική έξω από την εικόνα προς τον θεατή. Με άλλα λόγια: η χωρική οργάνωση της αγιογραφίας πραγματοποιείται από θεϊκή και όχι από ανθρώπινη προοπτική! Από τον 17ο αιώνα η προοπτική της αγιογραφίας εφαρμόζει και στοιχεία της κεντρικής προοπτικής που εισήχθη από τη Δύση, πράγμα που είναι καλά αναγνωρίσιμο για παράδειγμα στην αγιογραφία της *Αγίας Τριάδας* (Κατ. 20), στην οποία το βάθρο και η τράπεζα παριστάνονται σύμφωνα με τις αρχές της αντίστροφης προοπτικής ενώ ταυτόχρονα με την κλίση των πίσω ακμών της τράπεζας υποβάλλεται μία σμίκρυνση υπό την έννοια της κεντρικής προοπτικής.

Οι καλλιτέχνες της ρωσικής πρωτοπορίας απέρριψαν με αποφασιστικότητα την κεντρική προοπτική καθώς και κάθε είδους νατουραλισμό και την αντικατέστησαν εν μέρει με τελείως επίπεδες απεικονίσεις, έτσι για παράδειγμα η Λιουμπόφ Ποπόβα στα *Ζωγραφικά Αρχιτεκτονήματά»* της (Κατ. 32), την αντικατέστησε εν μέρει με τη χρήση της αντίστροφης προοπτικής, όπως π.χ. ο Πάβελ Φιλόνοφ στο αστικό τοπίο της ακουαρέλας του *Άντρας και γυναίκα* (εικ. 7), εν μέρει με εναλλακτικές μορφές της χωρικής οργάνωσης. Ιδιαίτερα νεωτεριστής υπήρξε ο Ελ Λισίτσκι, ο οποίος, εβραϊκής καταγωγής ο ίδιος, ασχολήθηκε σε βάθος με τη βυζαντινή τέχνη και δημιούργησε από την αντιπαράθεση μεταξύ της χωρικής σύλληψης Ανατολής και Δύσης το έργο του *Proun* (Κατ. 61): χωρικά αντικείμενα τα οποία δεν υφίστανται σμίκρυνση ούτε προς τα εμπρός ούτε προς τα πίσω με αποτέλεσμα να δίνουν την εντύπωση ότι αιωρούνται (παράλληλη προοπτική ή / και αξονομετρία).

Αποκλεισμός του χρόνου από την εικόνα

Σε αντίθεση με τη δυτική εικαστική παράδοση από την εποχή της Αναγέννησης, στην αγιογραφία δεν γίνεται «διήγηση» κάποιας ιστορίας, δεν παριστάνεται μία συγκεκριμένη στιγμή ούτε η ακολουθία στιγμών εντός μίας χρονικής συνέχειας. Η αγιογραφία δεν σχετίζεται με τον γήινο χρόνο, αντίθετα αντιπροσωπεύει μία α-χρονική, αιωνίως ισχύουσα και θεϊκή πραγματικότητα. Αυτό ισχύει και στην περίπτωση που απεικονίζεται ένα ιστορικό γεγονός όπως π.χ. η επίσκεψη των τριών αγγέλων στον Αβραάμ. Το μοτίβο αυτό, που συγκαταλέγεται στα σημαντικότερα της αγιογραφίας, δεν έχει αφηγηματικό αλλά καθαρά συμβολικό χαρακτήρα: φανερώνει στον πιστό το μυστήριο της Αγίας Τριάδας. Οι περισσότερες αγιογραφίες δεν αναπαριστούν καν φαινομενικά μία σκηνή, αντίθετα κάνουν το άγιο άμεσα ορατό: έτσι π.χ. η *Θεομήτωρ με τον Λυτρωτή και με τον ήλιο και το φεγγάρι ως Σωτηρία του Θεού στην κοσμική της διάσταση* (Κατ. 53).

Τη διαχρονική αλήθεια διεκδικούσαν και οι αφηρημένες δημιουργίες των ρώσων καλλιτεχνών της πρωτοπορίας. Κατά τα πρώτα χρόνια μετά την Οκτωβριανή Επανάσταση συνέδεαν εν μέρει την εικαστική γλώσσα του σουπρεματισμού, τις γεωμετρικές μορφές του και τα φωτεινά του χρώματα με το πολιτικό περιεχόμενο της

nach seiner Auferstehung) (vgl. Abb. 3) symbolisiert seinen Märtyrertod und sein Blut, das er für die Erlösung der Menschheit vergossen hat. Der Goldhintergrund der Ikonen steht für das göttliche Licht und damit für die überirdische Sphäre, in der sich die dargestellten heiligen Figuren befinden.

Mehr als die anderen Bildmittel der Ikone wird der antinaturalistische Einsatz unvermischter leuchtender Farben auf den Lubok übertragen. Hier kommt ein technischer Aspekt hinzu, denn die schwarzweißen Drucke werden per Hand koloriert, wobei die Farbflächen grob nebeneinander gesetzt werden, was den dargestellten Szenen einen irrealen Charakter verleiht (vgl. Kat. 25). Gerade ihrer Farbigkeit wegen dienen daher die Lubki den Avantgarde-Künstler als Vorbild. Diese radikalisieren die in Ikone und Lubok angelegte Lösung der Farbe aus dem Gegenstandsbezug und machen die Farbe zum selbstwerten Bildgegenstand – so z. B. Iwan Kljun in seinen *Sieben suprematistischen Studien von Farbe und Form* (Costakis Collection, Thessaloniki). Auffälligerweise treten dabei die „klassischen" Farben der Ikone – Rot, Ockergelb und Schwarz – besonders häufig auf.

Geometrischer Schematismus

Die kompositorische Strenge der Ikone und die stetige Wiederkehr festgelegter Formen und Typen resultieren vor allem aus der Tatsache, dass sie auf geometrischen Schemata beruht. Diese betreffen sowohl den Aufbau von Kopf und Nimbus heiliger Figuren wie z.B. bei *Feuerflammende Gottesmutter* (Kat. 34) aus mehreren umeinandergeführten Kreisen als auch die Konstruktion komplexer allegorischer Figuren wie z.B. bei *Gottesmutter nicht verbrennender Dornbusch* (Kat. 50). In beiden Fällen wurde die Komposition mit dem Zirkel ausgeführt und anschließend in die so entstandene abstrakte Metastruktur die einzelnen gegenständlichen Elemente – Gottesmutter, Engel, Heilige – eingefügt. Das Bildganze hat eine hochkomplexe allegorische Bedeutung. Der geometrische Schematismus der Ikone ist also aufs Engste mit ihrer Symbolhaftigkeit verknüpft.

Bei Werken der russischen Avantgarde treffen wir sehr häufig auf einen vergleichbaren abstrakten Schematismus. Beispiele sind die geometrisierend reduzierten Figuren, die Ljubow Popowa und Alexandra Exterfür das Russische Ballett entwarfen (vgl. S. 82f. Abb. 9

u. 10). Aber auch gegenstandslose Kompositionen wie etwa Ilja Tschaschniks *Suprematistisches Kreuz* (Costakis Collection, Thessaloniki) oder El Lissitzkys *Entwurf für ein Rosa Luxemburg Monument* (Kat. 51) sind hier zu nennen. Diese zentralisierenden Figurationen haben unverkennbare Ähnlichkeit mit der Ikone *Gottesmutter nicht verbrennender Dornbusch* oder der Ikone *Das alles sehende Auge Gottes* (Kat. 50 u. 52). Freilich sind die modernen Werke des traditionellen Sinngehalts entleert. Aber ebenso wie in der Ikone dient ihre abstrakte Grundstruktur dazu, Idealität auszudrücken.

Materialität

Zu den besonderen Eigenschaften der Ikone in Abgrenzung zum westlichen Tafelbild gehört ihr ins Auge springender Reichtum an verarbeiteten Materialien. Auch die Ikone setzt sich aus einer Vielzahl verschiedener Materialien zusammen: Da ist zunächst die Holzplatte, die in einem aufwendigen Verfahren hergestellt, anschließend mehrfach grundiert und mit einem Korpusanstrich überzogen wird, bevor schließlich in Temperafarben in zahllosen Schichten die eigentliche Malerei aufgetragen wird. Vor das gemalte Bild wird häufig ein kunstvoll verziertes Blech aus Gold oder Silber (Oklad) gesetzt, das mit Edelsteinen geschmückt sein kann. Ein kostbares Beispiel ist die für Fabergé gearbeitete *Gottesmutter Hodegetria* mit einem mit Email verzierten Oklad (Kat. 75). Ikonen werden weiterhin mit Blumengebinden geschmückt und in Tücher gewickelt. Der Aufwand und Materialreichtum, der hier betrieben wird, ist unermesslich.

Diese Vielfalt der Materialien begeisterte die Künstler der Avantgarde, denn auch sie waren daran interessiert, möglichst viele, zuvor als unwürdig angesehene Materialien mit in ihre Kunstwerke zu integrieren und sich ihre spezifische Aussagekraft zunutze zu machen. Der berühmteste Vertreter solcher Materialkunst war Wladimir Tatlin. Er schuf, angeregt durch die Ikonen ebenso wie durch Picasso, reliefartige und bald auch vollplastische Konstruktionen unter Verwendung von Draht, Porzellan, verschiedenen Metallen, Farben, Holz und weiteren Materialien. Diese von ihm so genannten *Konterreliefs* (vgl. Abb. 4) begriff er als Beitrag zur Entwicklung einer völlig neuen „Materialkultur". Nach Tatlins Vorstellung besteht die schöpferische Arbeit des Künstlers darin, aus dem Material die in ihm selbst ange-

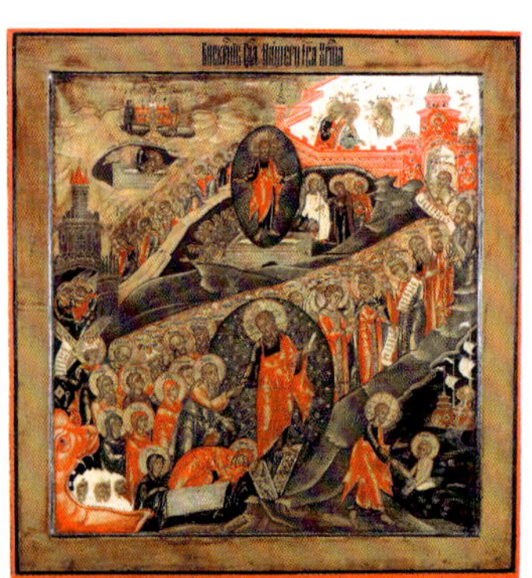

3 *Anastasis,* Russland, 18. Jh.

Ανάσταση, Ρωσία, 18ος αιώνας

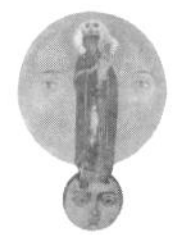

επανάστασης και τους νέους θεσμούς της σοβιετικής δημοκρατίας. Χαρακτηριστικό παράδειγμα αποτελεί το σχέδιο του Ιβάν Κουντριασόφ για ένα θέατρο (Κατ. 110), όπου το κόκκινο τετράγωνο της κορυφής συμβολίζει την ιδανική καινούρια κοινωνία.

Εσωτερικό φως και πολυχρωμία

Στις παλαιορωσικές αγιογραφίες δεν υπάρχει εγκόσμια πηγή φωτός, δεν υπάρχει ατμόσφαιρα και χρωματικές σχέσεις των διαφορετικών εικαστικών αντικειμένων μεταξύ τους, δεν υπάρχει φως και σκιά ούτε χρωματική διαμόρφωση ή ποικιλία χρωματικών τόνων. Φωτεινά χρώματα − κόκκινο, ώχρα, μπλε του κοβαλτίου, πράσινο του σμαραγδιού, μαύρο και λευκό καθώς και κάποιες φορές ροζ ερυθρόδανο − εφαρμόζονται αυτούσια το ένα δίπλα στο άλλο στην επιφάνεια (πολυχρωμία), με αποτέλεσμα να δίνεται η εντύπωση της «αφίσας» (Konrad Onasch). Τα αντικείμενα που απεικονίζονται δεν έχουν φυσικά αλλά συμβολικά χρώματα: Ο κόκκινος χιτώνας του Χριστού στις αναπαραστάσεις της *Ανάστασης* (Κάθοδος του Χριστού στον Άδη μετά την Ανάστασή του) (Βλ. εικ. 3) συμβολίζει τον μαρτυρικό του θάνατο και το αίμα που προσέφερε για τη λύτρωση των ανθρώπων. Το χρυσό βάθος των εικόνων συμβολίζει το θεϊκό φως και, ως εκ τούτου, την υπερκόσμια σφαίρα στην οποία βρίσκονται οι μορφές των Αγίων που παριστάνονται.

Η αντινατουραλιστική χρήση καθαρών φωτεινών χρωμάτων εφαρμόστηκε περισσότερο από τα άλλα εικαστικά μέσα των αγιογραφιών στο lubok. Στο σημείο αυτό προστίθεται η τεχνική άποψη, καθώς τα ασπρόμαυρα σημεία χρωματίζονται με το χέρι, ενώ οι χρωματισμένες επιφάνειες τοποθετούνται χονδροειδώς η μία δίπλα στην άλλη, πράγμα που προσδίδει στις αναπαριστώμενες σκηνές τον χαρακτήρα του μη πραγματικού (Βλ. Κατ 25 − *Μεγάλος Πέτρος και Αικατερίνη*). Εξαιτίας ακριβώς της χρωματικότητάς τους τα lubki χρησιμεύουν για τους καλλιτέχνες της πρωτοπορίας ως πρότυπα. Ο διαχωρισμός του χρώματος από τη λειτουργικότητά του ως μέρος των αντικειμένων στις αγιογραφίες και τα lubki φτάνει στην ακραία του μορφή με τους καλλιτέχνες της πρωτοπορίας οι οποίοι καθιστούν το χρώμα αυτόνομο εικαστικό αντικείμενο − αυτό κάνει για παράδειγμα ο Ιβάν Κλιουν στις επτά *Σουπρεματιστικές μελέτες σχετικά χρώματος και φόρμας* (Συλλογή Κωστάκη, κρατικό Μουσείο

Εόχρουη Τέχνη, Θεσσαλονίκη). Εντυπωσιακή είναι η ιδιαίτερα συχνή εμφάνιση των «κλασικών» χρωμάτων της θρησκευτικής εικόνας − κόκκινο, ώχρα και μαύρο.

Γεωμετρική απόδοση

Η αυστηρότητα της σύνθεσης της θρησκευτικής εικόνας και η συνεχής επανάληψη καθορισμένων μορφών και τύπων είναι αποτέλεσμα κυρίως του γεγονότος ότι βασίζεται σε γεωμετρικά σχήματα. Αυτά αφορούν τόσο τη δομή της κεφαλής και του φωτοστέφανου ιερών μορφών όπως π.χ. της *Θεοτόκου του Βλαντίμιρ* (Κατ. 34) από περισσότερους ομόκεντρους κύκλους, όσο και τη δομή σύνθετων αλληγορικών φιγούρων, όπως π.χ. της *Θεοτόκου της φλεγόμενης βάτου* (Κατ. 50). Και στις δύο περιπτώσεις η σύνθεση πραγματοποιήθηκε με τον διαβήτη και στη συνέχεια εισήχθησαν στην αφηρημένη δομή, που προέκυψε με αυτό τον τρόπο, τα αυτόνομα στοιχεία της εικόνας − Θεομήτωρ, άγγελος, άγιοι. Το σύνολο της εικόνας έχει συνθετότατη αλληγορική σημασία. Η γεωμετρικότητα της αγιογραφίας είναι, ως φαίνεται, στενά συνδεδεμένη με τη συμβολικότητα.

Σε έργα της ρωσικής πρωτοπορίας απαντούμε πολύ συχνά μία παρόμοια αφηρημένη απόδοση. Ως σχετικά παραδείγματα μπορούν να αναφερθούν οι γεωμετρικά σμικρυμένες μορφές, τις οποίες δημιούργησαν οι Αλεξάντρα Έξτερ και Λιουμπόφ Ποπόβα για το ρωσικό μπαλέτο (Βλ. σελ. 82 εικ. 9 κ. 10). Εδώ πρέπει να αναφερθούν και οι ανεικονικές συνθέσεις, όπως για παράδειγμα ο *Σουπρεματιστικός σταυρός* του Ιλία Τσάσνικ ή το *Σχέδιο ενός μνημείου για τη Ρόζα Λούξεμπουργκ* του Ελ Λισίτσκι (Κατ. 51). Αυτές οι αποδόσεις έχουν αδιαμφισβήτητη ομοιότητα με την εικόνα της φλεγόμενης βάτου ή την εικόνα του άγρυπνου ματιού του θεού (Κατ. 50 κ. 52). Βέβαια τα σύγχρονα έργα δε διαθέτουν το παραδοσιακό περιεχόμενο. Όμως, όπως συμβαίνει και με τις αγιογραφίες, η αφηρημένη βασική δομή τους αποσκοπεί στην έκφραση της ιδανικότητας.

Υλικότητα

Στα ιδιαίτερα χαρακτηριστικά της αγιογραφίας ανήκει ο ιδιαίτερος πλούτος των υλικών που χρησιμοποιούνται.. Και η

legten Möglichkeiten herauszuentwickeln. Dies setzt ein besonderes Gespür für die verschiedenen Materialien und große handwerkliche Fähigkeiten voraus. Tatlin, der jahrelang als Ikonenmaler gearbeitet hatte, verfügte über beides.

Während allerdings die Materialität der Ikone ein Element ihres Symbolismus ist, d.h. den Verzicht auf illusionistische Effekte und naturalistische Darstellungsweise mitkonstituiert, haben die Materialien in der Kunst Tatlins und seiner Schüler einen Eigenwert erlangt. Die „Materialkultur" der Ikone lebt in den Konterreliefs nurmehr auf säkularisierte Weise fort. Dieses Beispiel offenbart die Grenzen des Vergleichs zwischen Ikonenmalerei und russischer Avantgardekunst. Die Künstlerinnen und Künstler des frühen 20. Jahrhunderts schätzten wohl die Ikonen und bedienten sich ihrer bildnerischen Mittel, doch nichts stand ihnen ferner, als eine neue Ikonenkunst zu schaffen. Wenn es unter ihnen auch viele Unterschiede, Konkurrenzen und Widersprüche gab – etwa zwischen Kandinskys spirituellem Ansatz, Malewitschs demiurgischem Habitus und Tatlins „Materialästhetik" – so ist ihnen doch eines gemeinsam: Sie alle verstanden sich ohne jede Einschränkung als moderne Künstler.

Dr. Verena Krieger

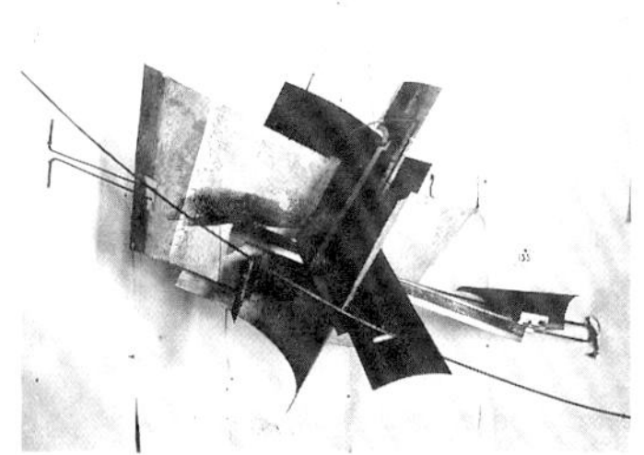

4 W. Tatlin *Eck-Konterrelief*, 1916
   В. Тátлин *Avτι-Aνάγλυφo* , 1916

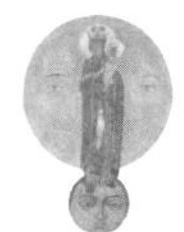

αγιογραφία συντίθεται από πληθώρα διαφορετικών υλικών: αρχικά ο ξύλινος πίνακας ο οποίος κατασκευάζεται με επίπονη διαδικασία, στη συνέχεια τοποθετούνται αρχικά στρώματα και καλύπτονται με επίχρισμα πριν την καθαυτό ζωγραφική που γίνεται με την εφαρμογή της τέμπερας σε πολλά στρώματα. Μπροστά από τη ζωγραφισμένη εικόνα τοποθετείται συχνά ένα περίτεχνα ποικιλμένο έλασμα από χρυσό ή ασήμι (Oklad), το οποίο μπορεί να είναι στολισμένο με πολύτιμες πέτρες. Βαρύτιμο παράδειγμα αυτού αποτελεί η εικόνα της *Παναγίας Οδηγήτριας* που κατασκευάστηκε για τον οίκο Φαμπερζέ με κάλυμμα από πολύτιμους λίθους (Κατ. 75). Οι αγιογραφίες εξακολουθούν να στολίζονται με συνθέσεις λουλουδιών και να τυλίγονται σε ύφασμα. Η δαπάνη χρόνου και ο πλούτος των υλικών είναι ανυπολόγιστος.

Η ποικιλία των υλικών ενθουσιάζει τους καλλιτέχνες της πρωτοπορίας, γιατί και οι ίδιοι ενδιαφέρονταν για την ενσωμάτωση στα έργα τους κατά το δυνατόν περισσότερων υλικών, που μέχρι τότε θεωρούνταν ανάξια λόγου, και επεδίωκαν να επωφεληθούν από την εκφραστικότητά του καθενός. Ο διασημότερος εκπρόσωπος της τέχνης των υλικών ήταν ο Βλαντίμιρ Τάτλιν. Κατασκεύαζε, εμπνευσμένος τόσο από τις θρησκευτικές εικόνες όσο και από τον Πικάσο, ανάγλυφες, και μετά από σύντομο διάστημα, και ολόγλυφες κατασκευές χρησιμοποιώντας σύρμα, πορσελάνη, διάφορα μέταλλα, χρώματα, ξύλα και άλλα υλικά. Αυτά τα *αντι-ανάγλυφα* όπως τα ονόμαζε ο ίδιος (Βλ. εικ. 4) τα θεωρούσε ως συμβολή στην εξ ολοκλήρου νέα «κουλτούρα των υλικών». Σύμφωνα με τον Τάτλιν, η δημιουργική εργασία του καλλιτέχνη έγκειται στην εξέλιξη των δυνατοτήτων που ενυπάρχουν στο υλικό. Κάτι τέτοιο προϋποθέτει αφενός την ιδιαίτερη κατανόηση των διαφορετικών υλικών και αφετέρου μεγάλη χειρονακτική ικανότητα. Ο Τάτλιν, ο οποίος επί σειρά ετών εργαζόταν ως αγιογράφος, διέθετε και τα δύο.

Ενώ, βέβαια, η υλικότητα της αγιογραφίας αποτελεί μέρος του συμβολισμού της, δηλαδή υποκαθιστά τη φανταστική εντύπωση και το νατουραλιστικό τρόπο απεικόνισης, τα υλικά στην τέχνη του Τάτλιν και των μαθητών του απέκτησαν αυτόνομη αξία. Η «κουλτούρα των υλικών» της αγιογραφίας συνεχίζει να ζει στα αντι-ανάγλυφα με εγκόσμιο τρόπο. Το παράδειγμα αυτό φανερώνει τα όρια της σύγκρισης μεταξύ αγιογραφίας και τέχνης της ρωσικής πρωτοπορίας. Οι καλλιτέχνες των αρχών του 20ού αιώνα εκτιμούν τις αγιογραφίες και χρησιμοποιούν τα εικαστικά τους μέσα, αλλά δεν επιδιώκουν με κανέναν τρόπο τη δημιουργία μίας νέας αγιογραφίας. Παρά το γεγονός ότι υπήρχαν μεταξύ τους πολλές διαφορές, αντιπαραθέσεις και αντιφάσεις – όπως μεταξύ της εφαρμογής του πνεύματος του Καντίνσκι, της δημιουργικής διάθεσης του Μαλέβιτς και της «κουλτούρας των υλικών» του Τάτλιν – υπάρχει κάτι κοινό μεταξύ τους: όλοι θεωρούσαν τον εαυτό τους χωρίς κανένα περιορισμό σύγχρονο καλλιτέχνη.

Dr. Verena Krieger

Katalog – Κατάλογος – Catalogue

1
Marc Chagall
Commedia dell'Arte, 1958
Öl auf Leinwand, 255 x 400 cm
Inv. Nr. 02025
Adolf und Luisa Haeuser-Stiftung
für Kunst und Kulturpflege, Frankfurt am Main

Μαρκ Σαγκάλ
Commedia dell' Arte, 1958
Λάδι σε μουσαμά, 255 x 400 εκ.
Ταξ. Αρ. 02025
Adolf und Luisa Haeuser-Stiftung für Kunst und Kulturpflege,
Φρανκφούρτη

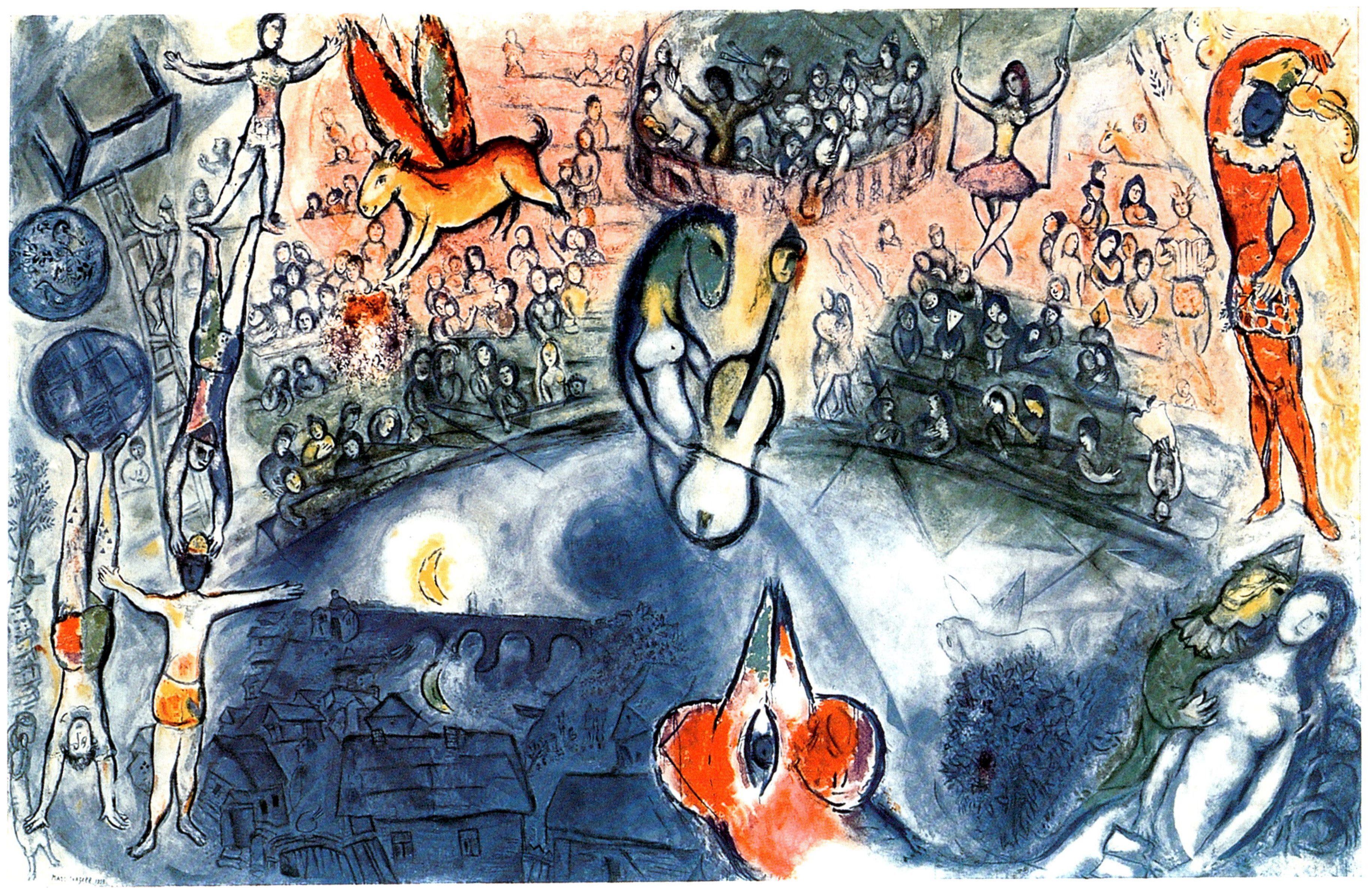

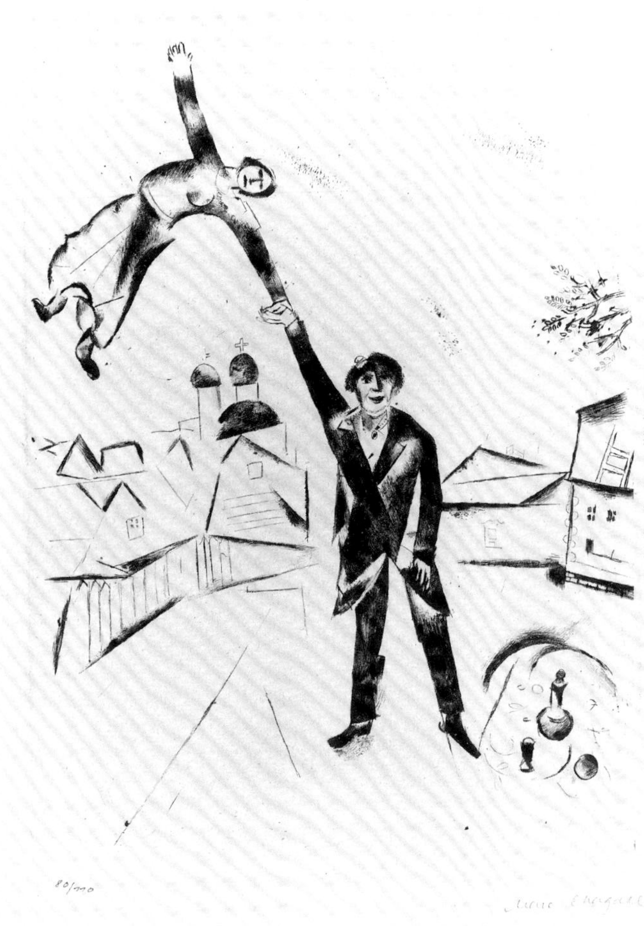

2
Marc Chagall *Selbstbildnis mit Frau (Spaziergang)*, 1922
Radierung und Kaltnadel auf Bütten, 17,3 x 14,5 cm
Inv. Nr. 65/7
Bauhaus-Archiv Berlin

Μαρκ Σαγκάλ *Αυτοπροσωπογραφία με γυναίκα (Περίπατος)*, 1922
Χαρακτικό σε χειροποίητο χαρτί, 17,3 x 14,5 εκ.
Ταξ. Αρ. 65/7
Bauhaus Archives, Βερολίνο

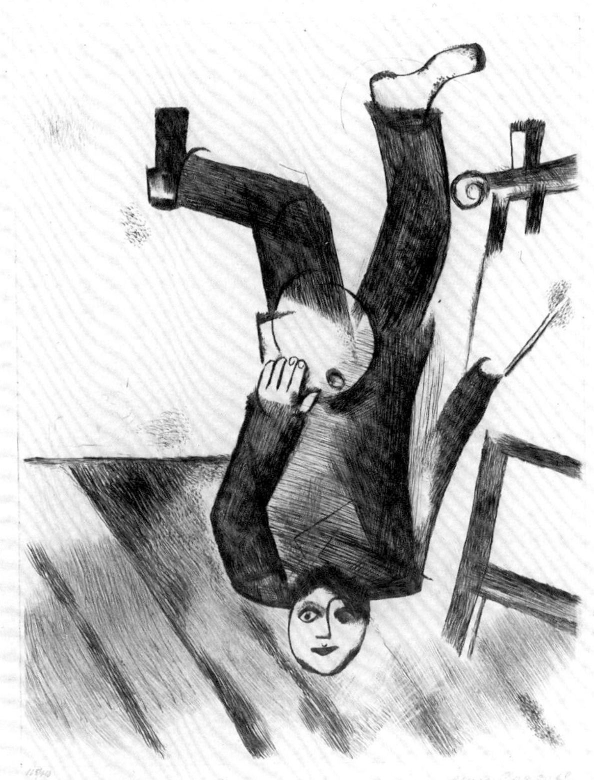

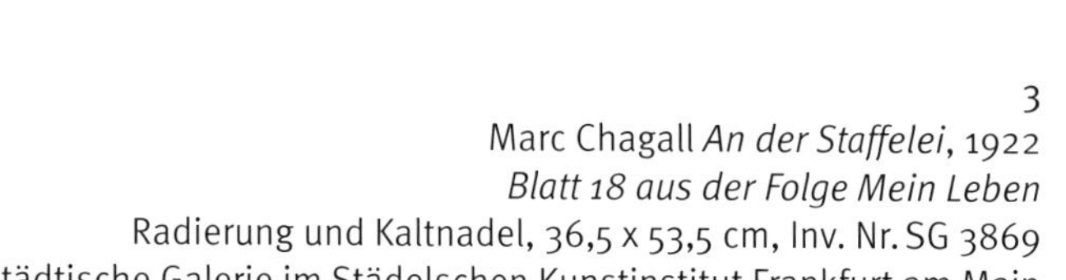

3
Marc Chagall *An der Staffelei*, 1922
Blatt 18 aus der Folge Mein Leben
Radierung und Kaltnadel, 36,5 x 53,5 cm, Inv. Nr. SG 3869
Städtische Galerie im Städelschen Kunstinstitut Frankfurt am Main

Μαρκ Σαγκάλ *Στο καβαλέτο*, 1922
No. 18 από τη σειρά Η Ζωή μου
Χαρακτικό, 36,5 x 53,5 εκ., Ταξ. Αρ. SG 3869
Städtische Galerie im Städelschen Kunstinstitut, Φρανκφούρτη

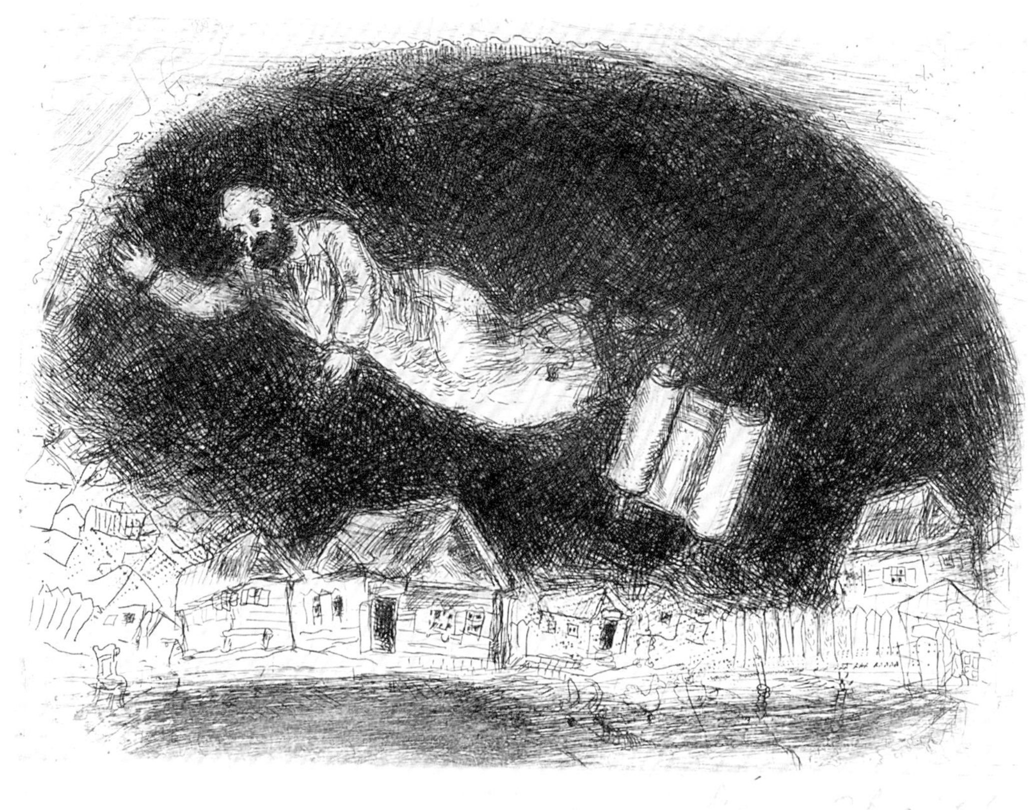

4
Marc Chagall
Mit der Thora über der Stadt, 1924/25
Druck mit der nummerierten Auflage von 1957
Radierung, 36,5 x 53 cm, Inv. Nr. SG 3844
Städtische Galerie im Städelschen Kunstinstitut
Frankfurt am Main

Μαρκ Σαγκάλ
Με τον Εβραϊκό νόμο πάνω από την πόλη, 1924/5
Χαρακτικό Αριθμημένη έκδοση του 1957
36,5 x 53 εκ., Ταξ. Αρ. SG 3844
Städtische Galerie im Städelschen Kunstinstitut
Φρανκφούρτη

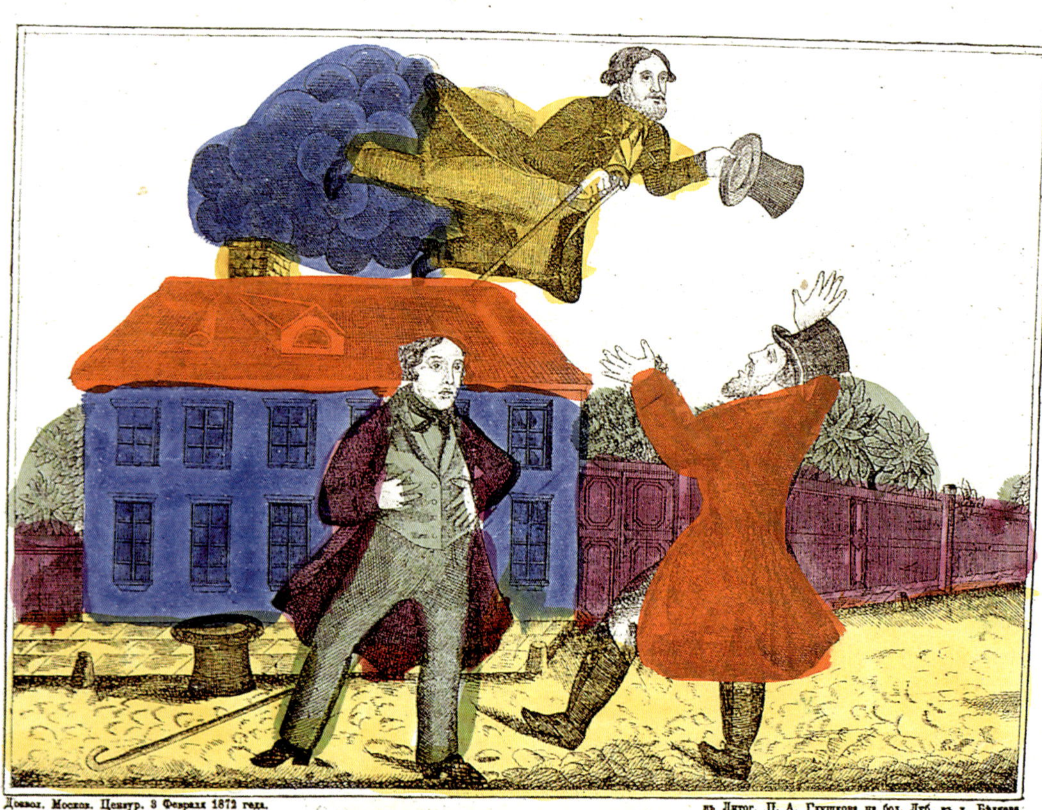

5

Aus dem Schornstein geflogen, 1872
Lithografie, koloriert, 34,8 x 44,1 cm
Inv. Nr. GIM 46860 I Sch hr 6814
Staatliches Historisches Museum
Moskau

Πετώντας από την καμινάδα, 1872
Έγχρωμη λιθογραφία, 34,8 x 44,1 εκ.
Ταξ. Αρ. GIM 46860 I sh hr 6814
Κρατικό Ιστορικό Μουσείο Μόσχας

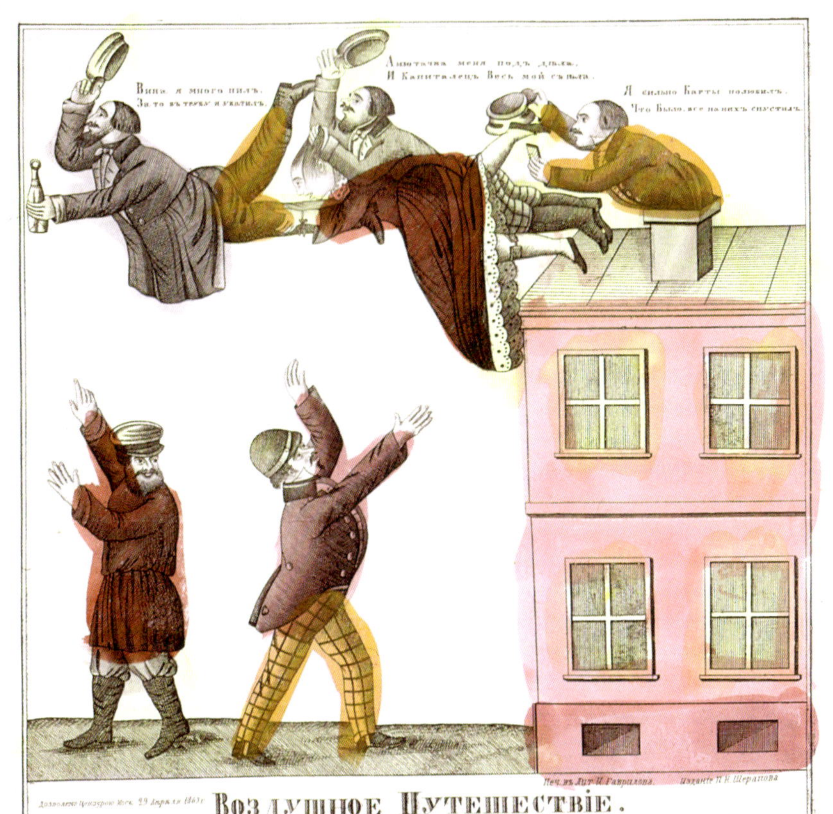

6
Reise durch die Luft, 1863
Lithografie, koloriert, 44 x 35 cm
Inv. Nr. GIM 42949 | Sch hr 6957
Staatliches Historisches Museum Moskau

Εναέριο ταξίδι, 1863
Έγχρωμη λιθογραφία, 44 x 35 εκ.
Ταξ. Αρ. GIM 42949 | Sch hr 6957
Κρατικό Ιστορικό Μουσείο Μόσχας

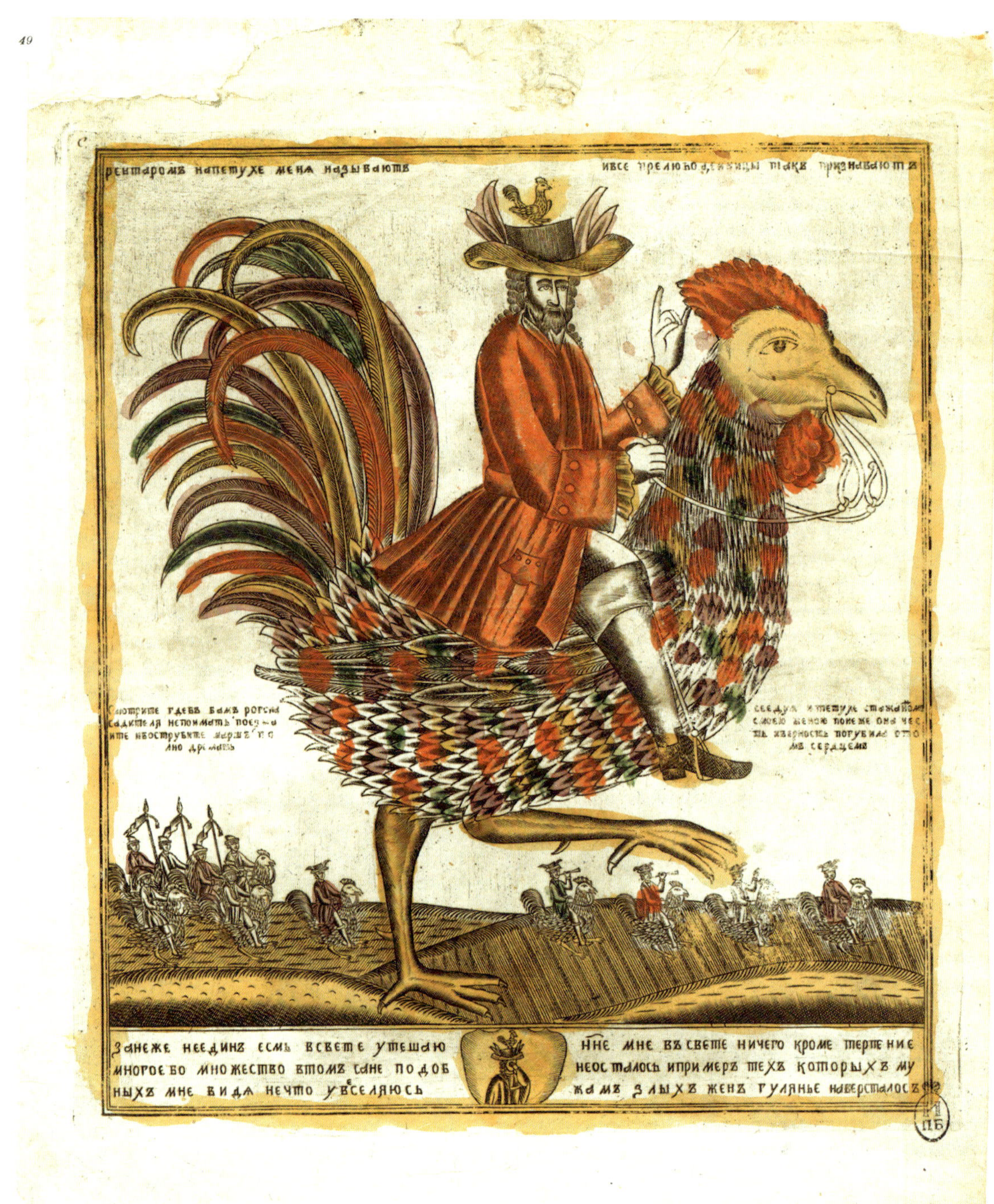

7
Hahnreiter, Ende 18. bis Anfang 19. Jh.
Kupferstich, koloriert, 33,2 x 30,2 cm
Inv. Nr. E Pog L/3-209
Nationale Bibliothek St. Petersburg

Αναβάτης Κόκορα, Τέλη 18ου – αρχές 19ου αιώνα
Έγχρωμη χαλκογραφία, 33,2 x 30,2 εκ.
Ταξ. Αρ. Ε Πογ L/3-209
Εθνική Βιβλιοθήκη της Αγίας Πετρούπολης

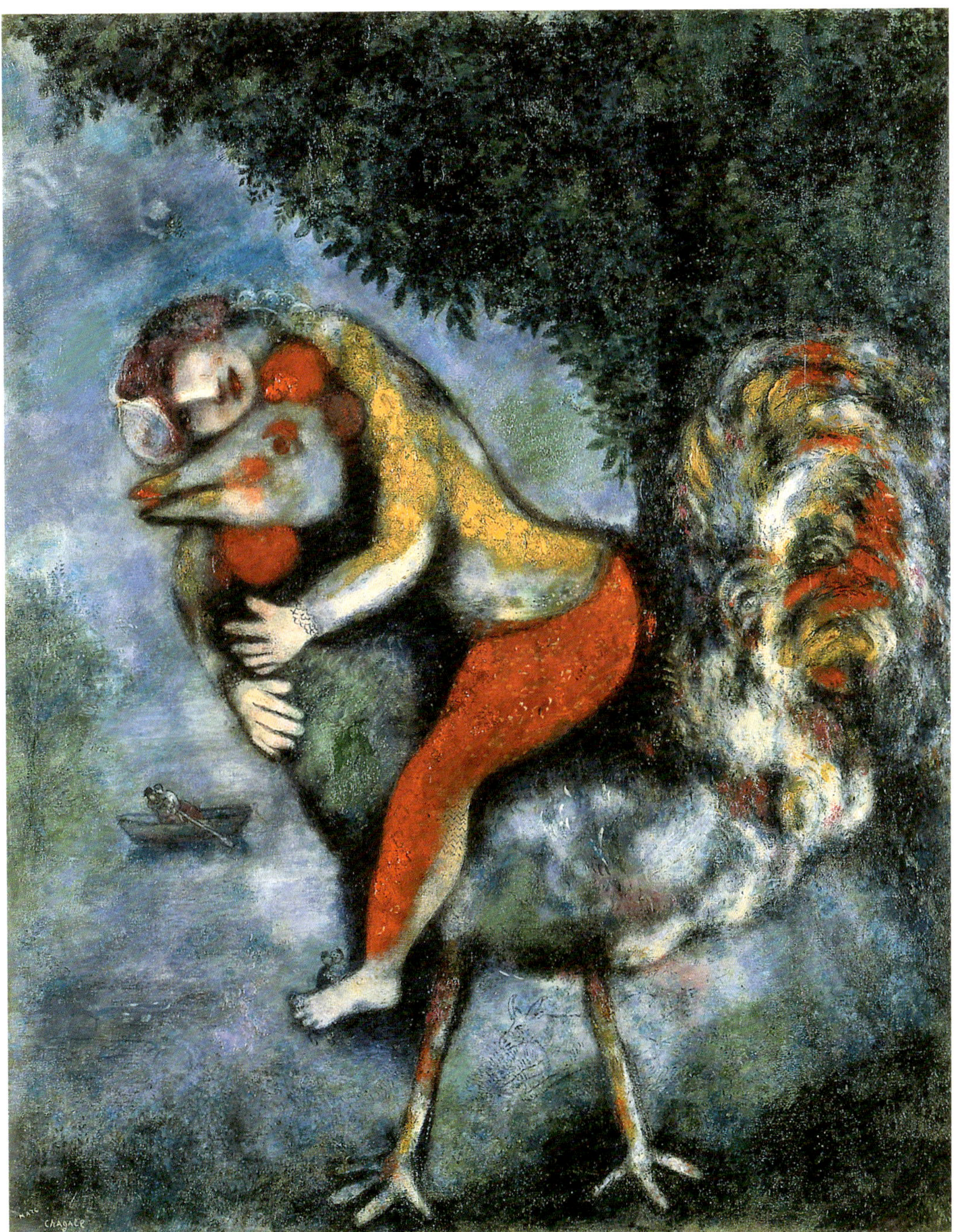

8
Marc Chagall
Der Hahn, 1929
Öl auf Leinwand, 81 x 65 cm
Museo Thyssen-Bornemisza Madrid

Μαρκ Σαγκάλ
Ο Κόκορας, 1929
Λάδι σε μουσαμά, 81 x 65 εκ.
Μουσείο Thyssen-Bornemisza Μαδρίτη

9
Marc Chagall
Der Hahn und die Mondsichel, 1957
Mourlot 193, Charles Lassaigne
Farblithografie
Inv. Nr. C-346.2 (Slg. Bolz)
Kupferstichkabinett, Staatliche Museen zu Berlin
Preußischer Kulturbesitz

Μαρκ Σαγκάλ
Ο κόκορας και το μισοφέγγαρο, 1957
Μουρλό 193, Σάρλ Λασέν
Χρωμολιθογραφία
Ταξ. Αρ. C-346.2 (Συλλογή Μπολτζ)
Kupferstichkabinett, Κρατικά Μουσεία Βερολίνου
Πρωσική Πολιτιστική Κληρονομιά

10
Marc Chagall
Skizze zu *Commedia dell'Arte*, 1958
Inv. Nr. 02033.0013
Pastell und Bleistift auf Papier, 34 x 53,5 cm
Adolf und Luisa Haeuser-Stiftung für Kunst und Kulturpflege
Frankfurt am Main

Μαρκ Σαγκάλ
Σχέδιο για την *Commedia dell' Arte*, 1958
Παστέλ και μολύβι σε χαρτί, 34 x 53,5 εκ.
Ταξ. Αρ. 02033.0013
Adolf und Luisa Haeuser-Stiftung für Kunst und Kulturpflege,
Φρανκφούρτη

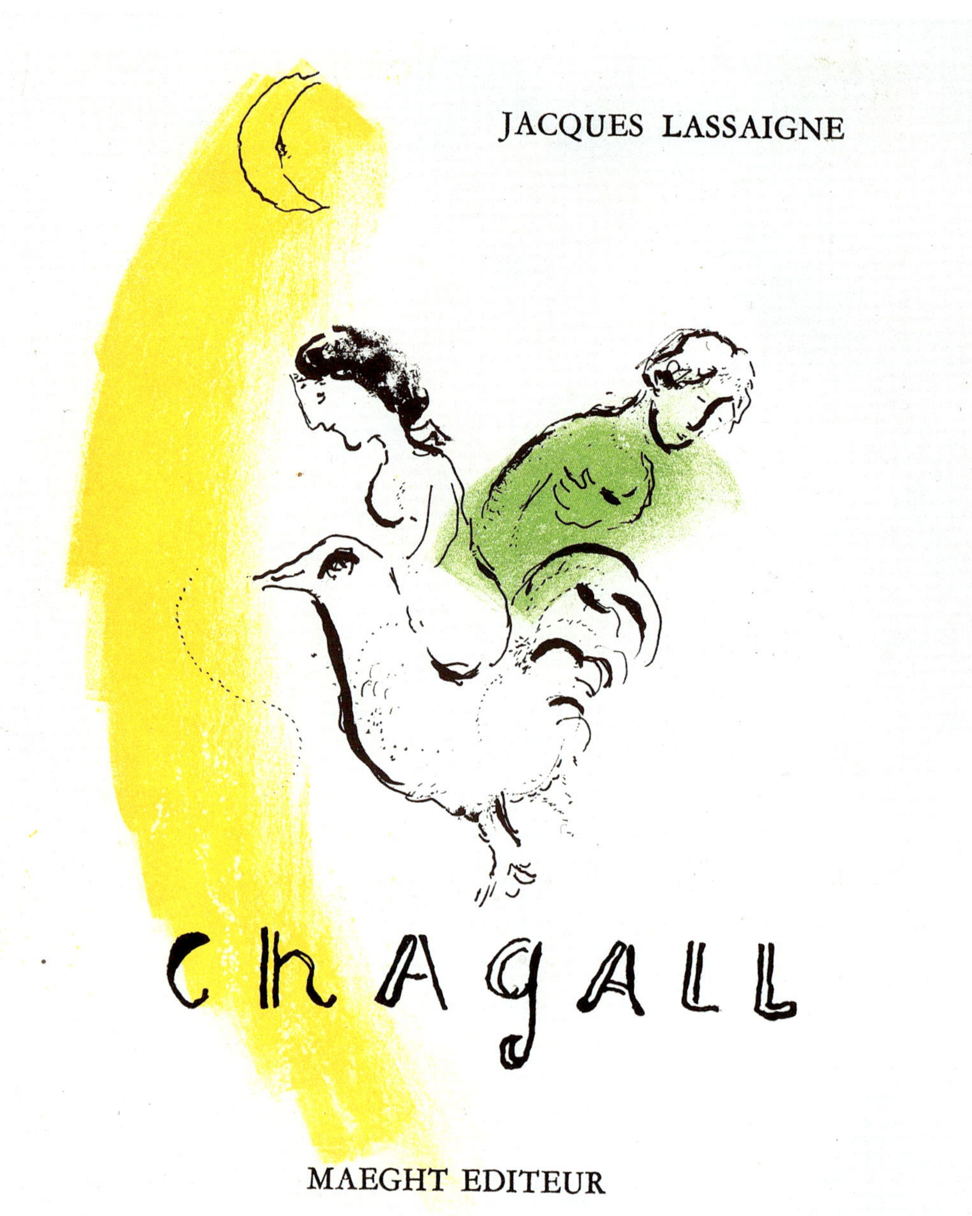

9

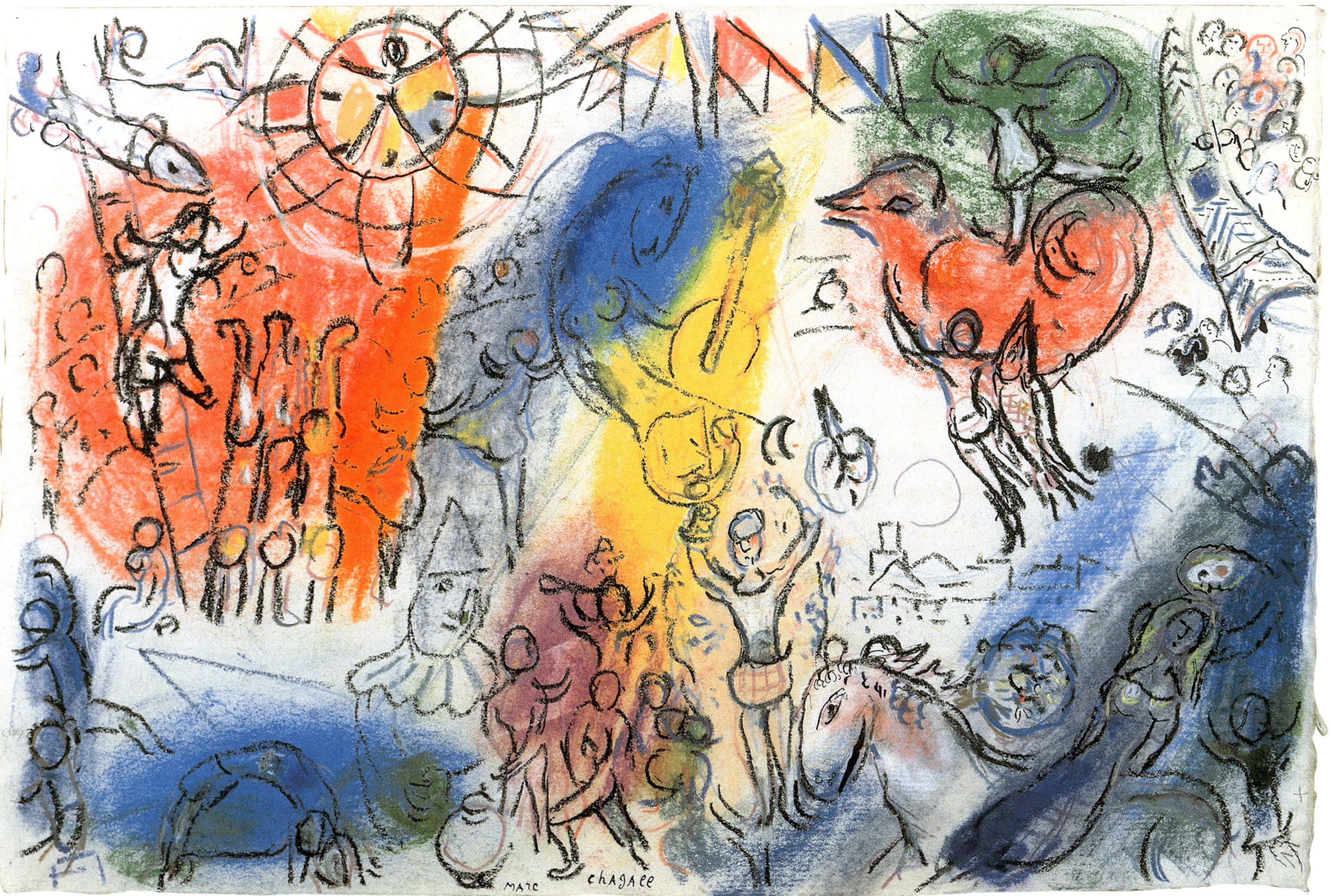

10

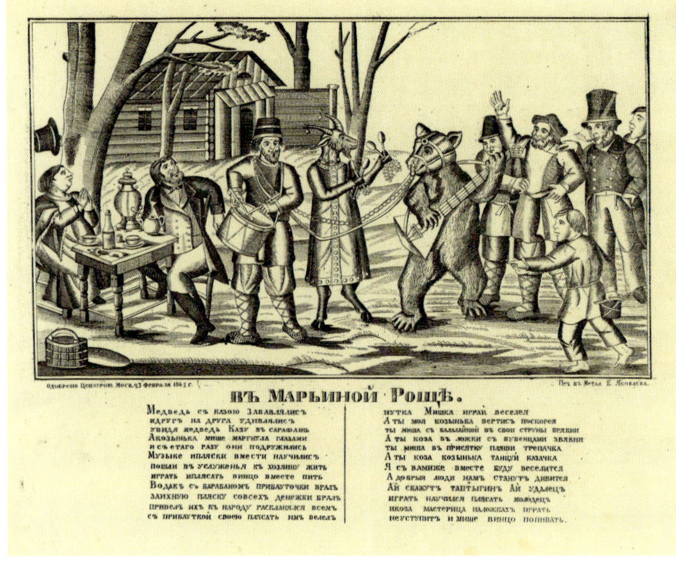

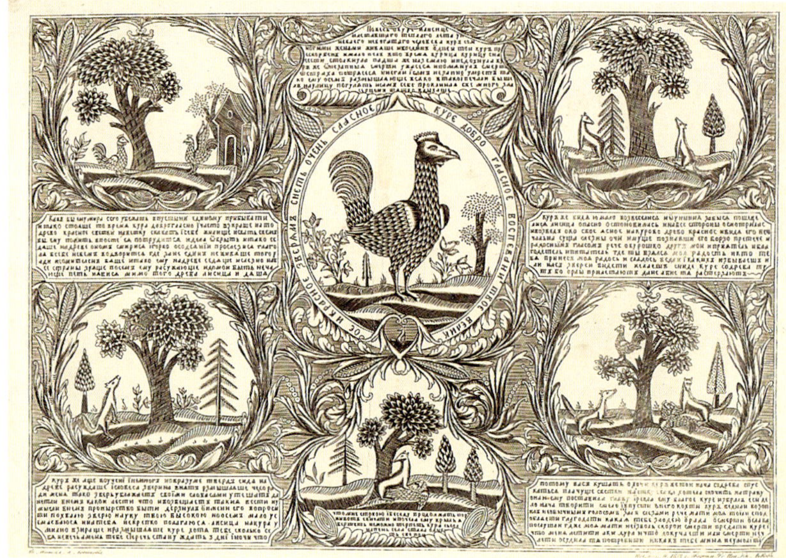

11

Spaziergang im Marienhain, 1865
Lithografische Nachbildung einer Kupferplatte, 20,2 x 35,6 cm
Inv. Nr. 33504, Nationale Bibliothek St. Petersburg

Στο δάσος Μαριίν, 1865
Λιθογραφία, 20,2 x 35,6 εκ., Ταξ. Αρ. 33504
Εθνική Βιβλιοθήκη της Αγίας Πετρούπολης

12

*Die Geschichte vom Hahn und
vom listigen Fuchs*, 1852
Kupferstich, koloriert, 55 x 74 cm
Inv. Nr. GIM 66804 Sch hr 6184
Staatliches Historisches Museum Moskau

*Η ιστορία του κόκορα και
της πονηρής αλεπούς*, 1852
Έγχρωμη χαλκογραφία, 55 x 74 εκ.
Ταξ. Αρ. GIM 66804 Sch hr 6184
Κρατικό Ιστορικό Μουσείο Μόσχας

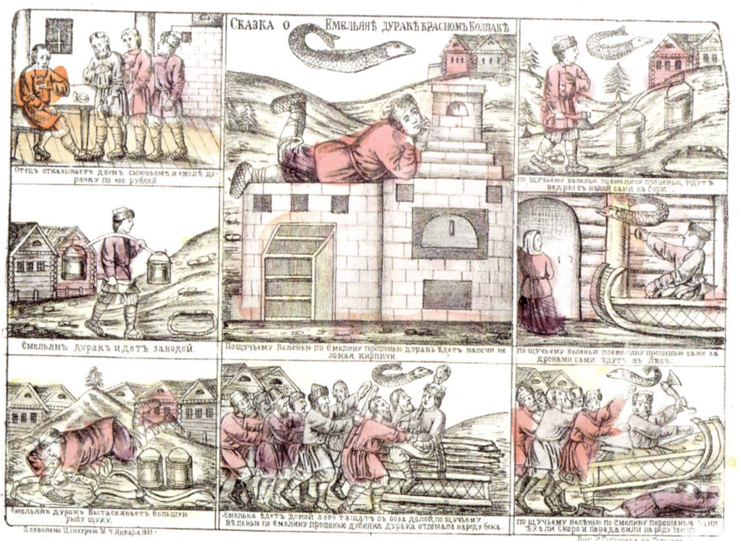

13

*Die Geschichte vom Dummkopf Emelja
mit der roten Kappe*, 1881
Lithografie, koloriert, 36 x 46 cm
Inv. Nr. GIM 47219 I Sch hr 6043
Staatliches Historisches Museum Moskau

*Η ιστορία της ανόητης Αμέλιας
με το κόκκινο σκουφάκι*, 1881
Έγχρωμη λιθογραφία, 36 x 46 εκ.
Ταξ. Αρ. GIM 47219 I Sch hr 6043
Κρατικό Ιστορικό Μουσείο Μόσχας

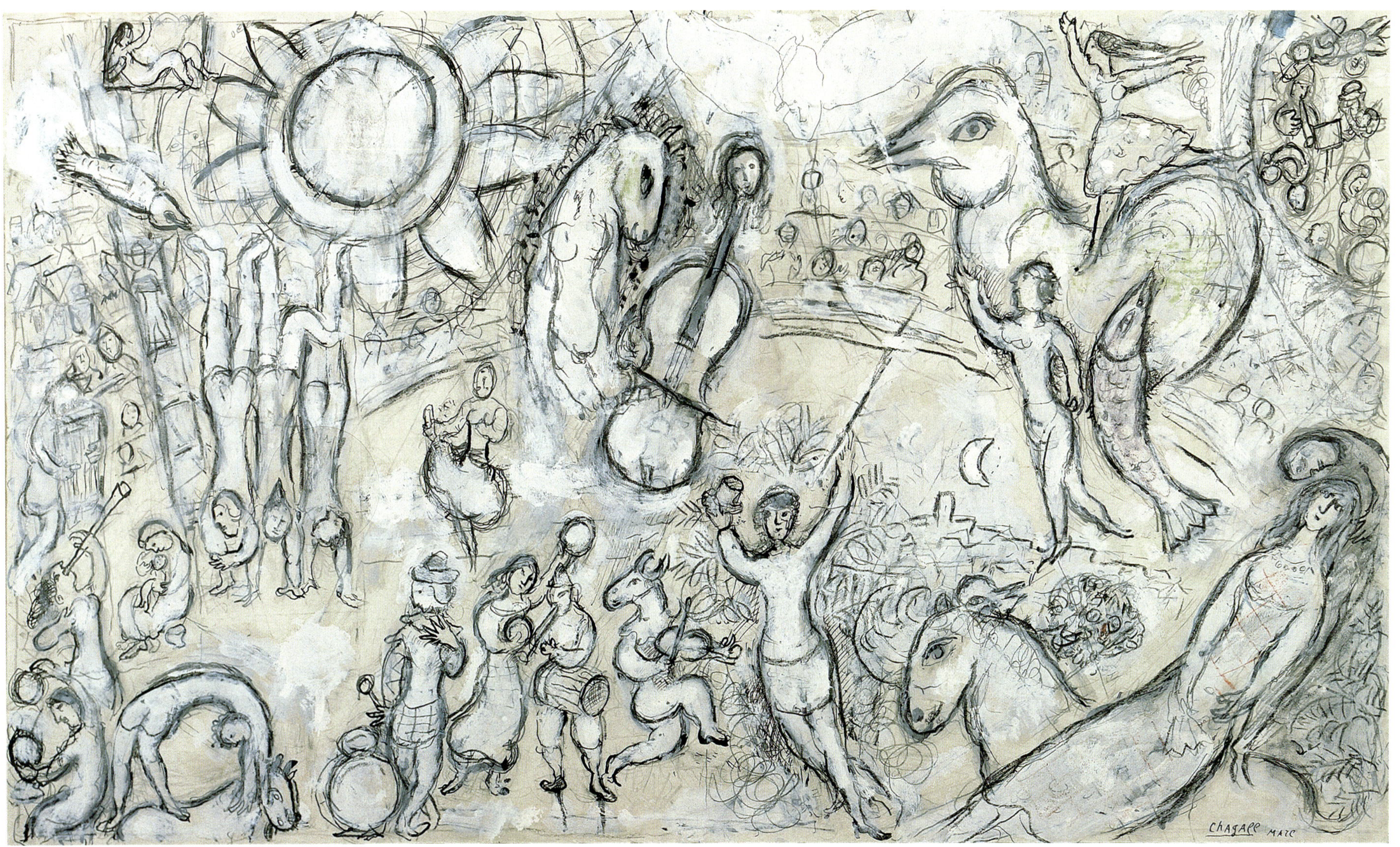

14
Marc Chagall
Skizze zu *Commedia dell'Arte*, 1958
Inv. Nr. 02033.0004
Tusche und Gouache auf Papier, 44,5 x 76,3 cm
Adolf und Luisa Haeuser-Stiftung für Kunst und Kulturpflege
Frankfurt am Main

Μαρκ Σαγκάλ
Σχέδιο για την Commedia dell' Arte, 1958
Σινική μελάνη και γκουάς σε χαρτί, 44,5 x 76,3 εκ.
Ταξ. Αρ. 02033.0004
Adolf und Luisa Haeuser-Stiftung für Kunst und Kulturpflege
Φρανκφούρτη

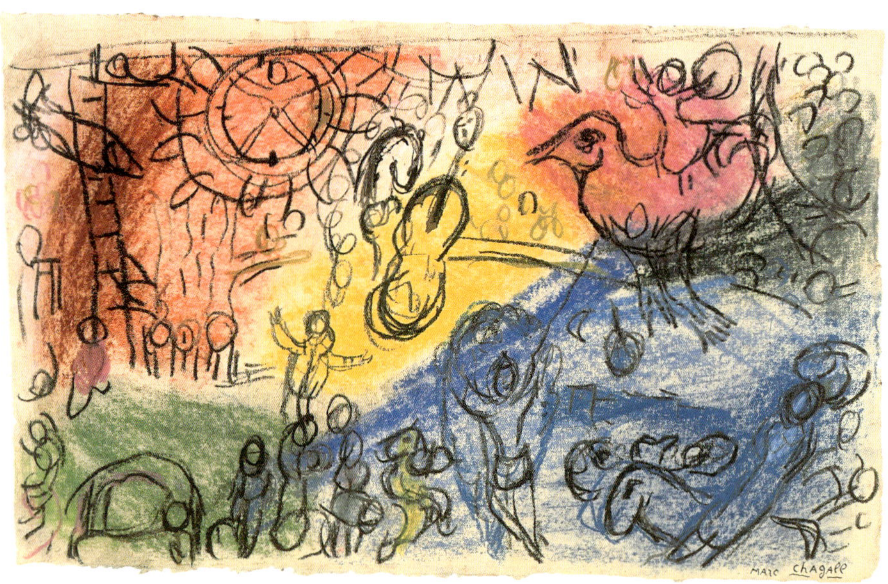

17
Marc Chagall
Skizze zu *Commedia dell'Arte*, 1958
Inv. Nr. 02033.0002
Öl auf Papier, 50,5 x 76 cm
Adolf und Luisa Haeuser-Stiftung
für Kunst und Kulturpflege
Frankfurt am Main

Μαρκ Σαγκάλ
Σχέδιο για την *Commedia dell' Arte*, 1958
Λάδι σε χαρτί, 50,5 x 76 εκ.
Ταξ. Αρ. 02033.0002
Adolf und Luisa Haeuser-Stiftung
für Kunst und Kulturpflege
Φρανκφούρτη

15
Marc Chagall
Skizze zu *Commedia dell'Arte*, 1958
Inv. Nr. 02033.0006
Pastell und Tusche auf Papier, 25,6 x 41,5 cm
Adolf und Luisa Haeuser-Stiftung
für Kunst und Kulturpflege
Frankfurt am Main

Μαρκ Σαγκάλ
Σχέδιο για την *Commedia dell' Arte*, 1958
Παστέλ και σινική μελάνη σε χαρτί, 25,6 x 41,5 εκ.
Ταξ. Αρ. 02033.0006
Adolf und Luisa Haeuser-Stiftung
für Kunst und Kulturpflege
Φρανκφούρτη

16
Marc Chagall
Skizze zu *Commedia dell'Arte*, 1958
Inv. Nr. 02033.0014
Tusche, Kreide und Gouache auf Papier, 25 x 42,2 cm
Adolf und Luisa Haeuser-Stiftung für Kunst und Kulturpflege
Frankfurt am Main

Μαρκ Σαγκάλ
Σχέδιο για την *Commedia dell' Arte*, 1958
Σινική μελάνη, κάρβουνο και γκουάς σε χαρτί, 25 x 42,2 εκ.
Ταξ. Αρ. 02033.0014
Adolf und Luisa Haeuser-Stiftung für Kunst und Kulturpflege,
Φρανκφούρτη

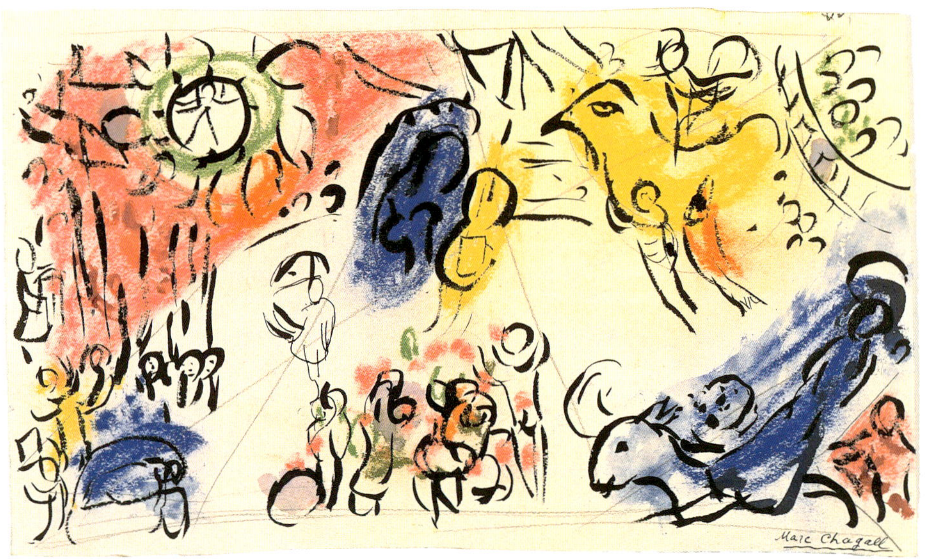

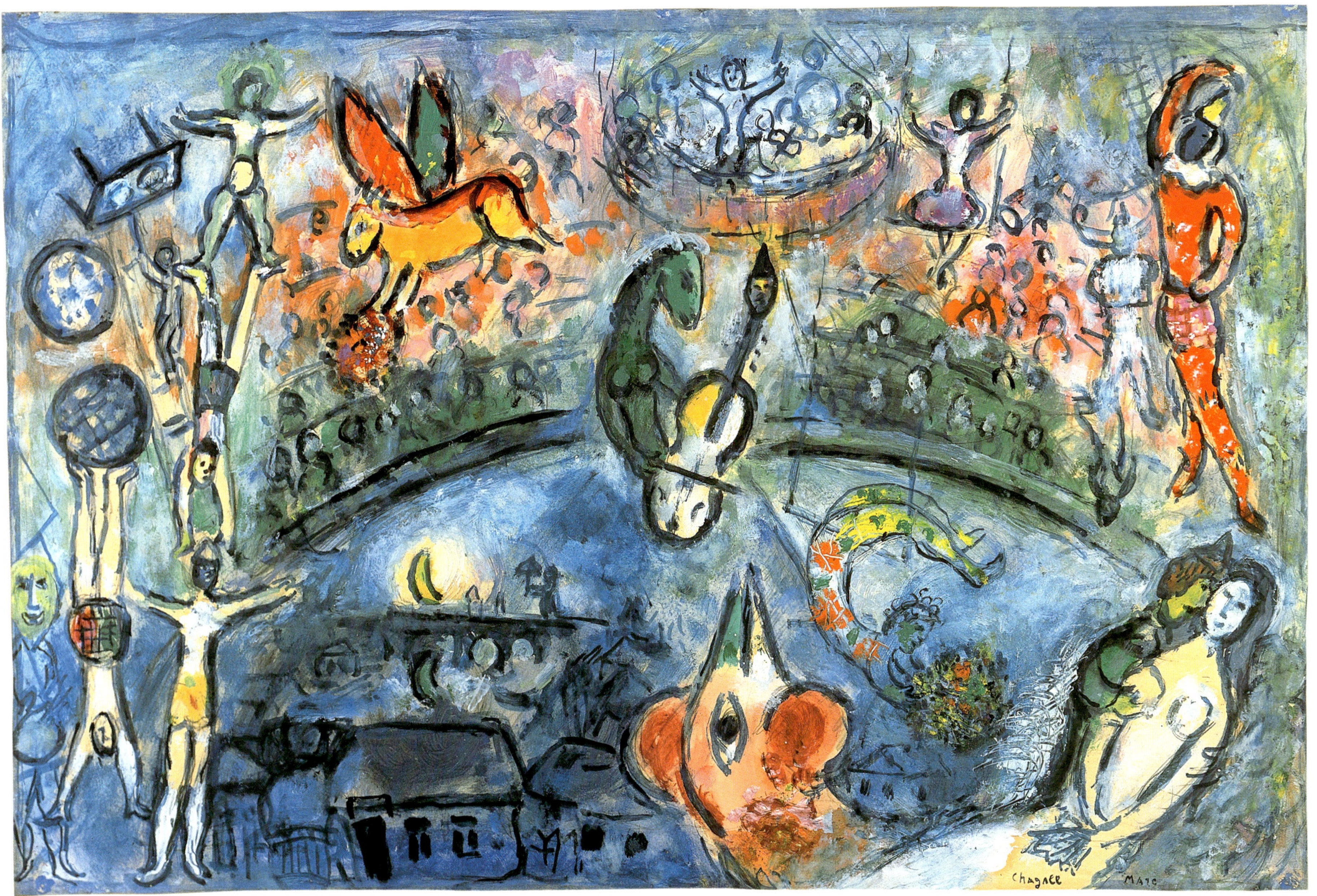

18
Marc Chagall
o. T. (Mein Traum), um 1918
Gouache auf Papier, 44,2 x 32,8 cm
Privatbesitz

Μαρκ Σαγκάλ
Χωρίς τίτλο (Το όνειρό μου), περ. 1916/18
Γκουάς σε χαρτί, 44,2 x 32,8 εκ.
Ιδιωτική Συλλογή

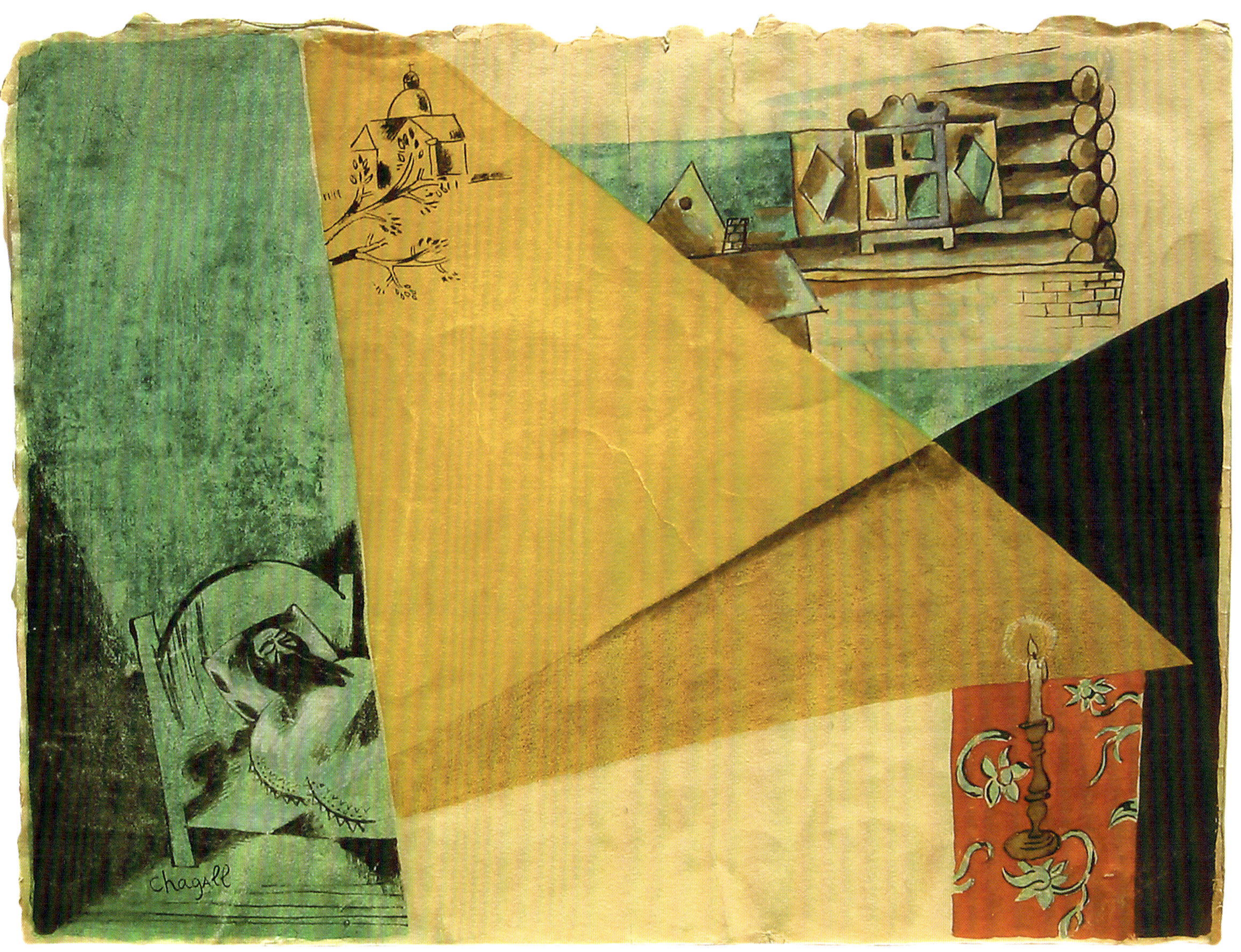

Chagall

19
Moskauer Stadttypen: Sbiten-Verkäufer und Hausierer
(Sbitentschik und Chodebtschik), 1858
Lithografie, 51,5 x 42 cm
Inv. Nr. GIM 16116 I Sch 26469
Staatliches Historisches Museum Moskau

Πωλητής σμπίντεν και πλανόδιος, 1858
Λιθογραφία
51,5 x 42 εκ.
Ταξ. Αρ. GIM 16116 I sh 26469
Κρατικό Ιστορικό Μουσείο Μόσχας

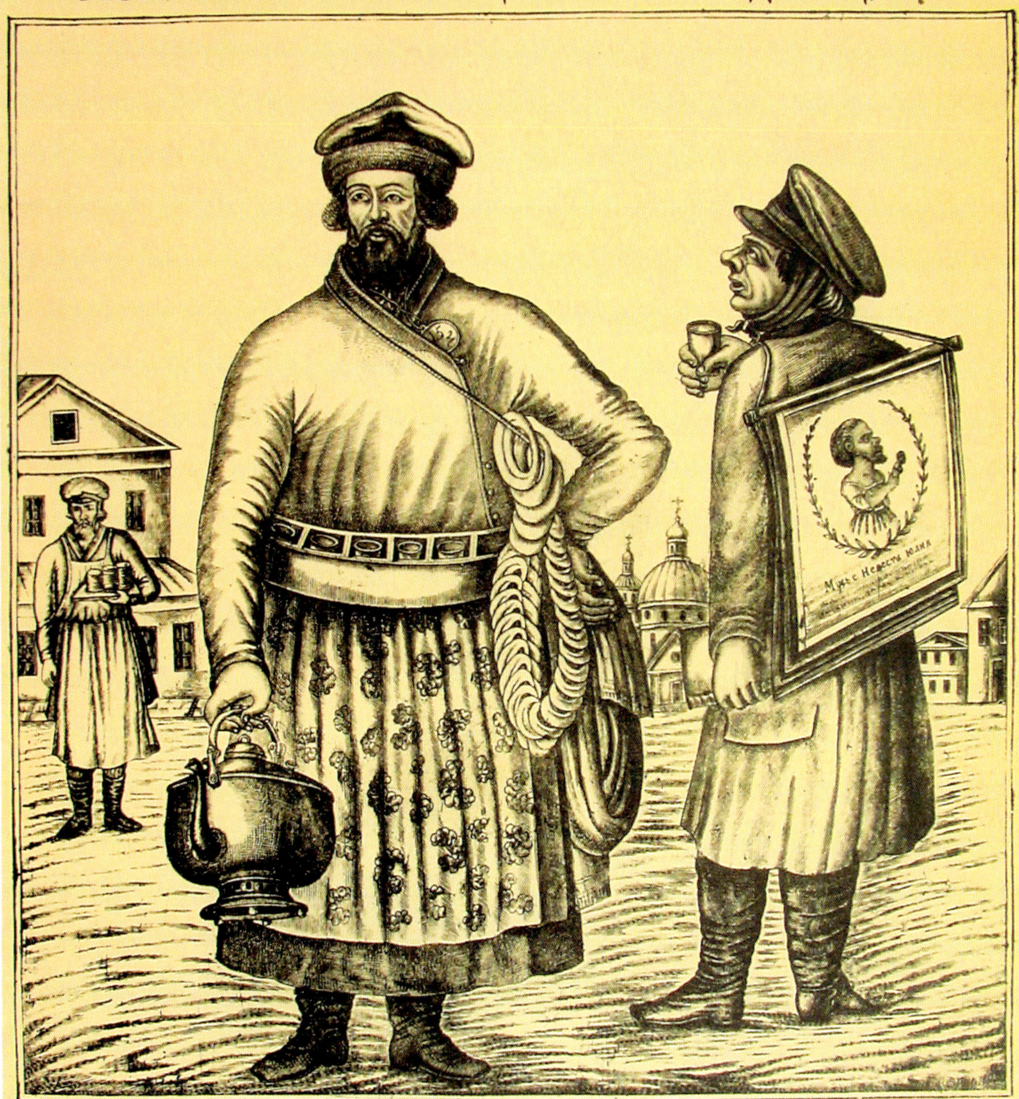
МОСКОВСКІЙ СБИТЕНЩИКЪ И ХОДЕБЩИКЪ.

Вотъ сбитень горячій!
Метъ казанскій,
Сбитенщикъ астраханскій
Самъ, хохлится,
Самъ, шивелится,
Самъ, Потрогиваится,
Неппьй пива крушку
Выпей сбитню наполушку,

Съ нашева Сбитню голова не волитъ
Ума и разума не вредитъ
Тетюшки, Варвары
Широкия карманы,
Марьй Иванонны,
Городцкіе Барыни,
Изволте кушать,
А другіе глядить да слушать,

Пилъ самъ дядя Елизаръ.
Такъ и Проситъ, назаръ.
Несъ Поднесъ,
Подъ, самый носъ.
Какой вкусъ, какой цвѣтъ.
Откушай сосетъ,
Все пьютъ да хвалятъ.
Нашего Брата и Поголовкь Глядятъ

Печат Позво Москва из го декабря го ян Литографія А. Пракофьева.

Цинсор Н. Гиляров-Платоновъ

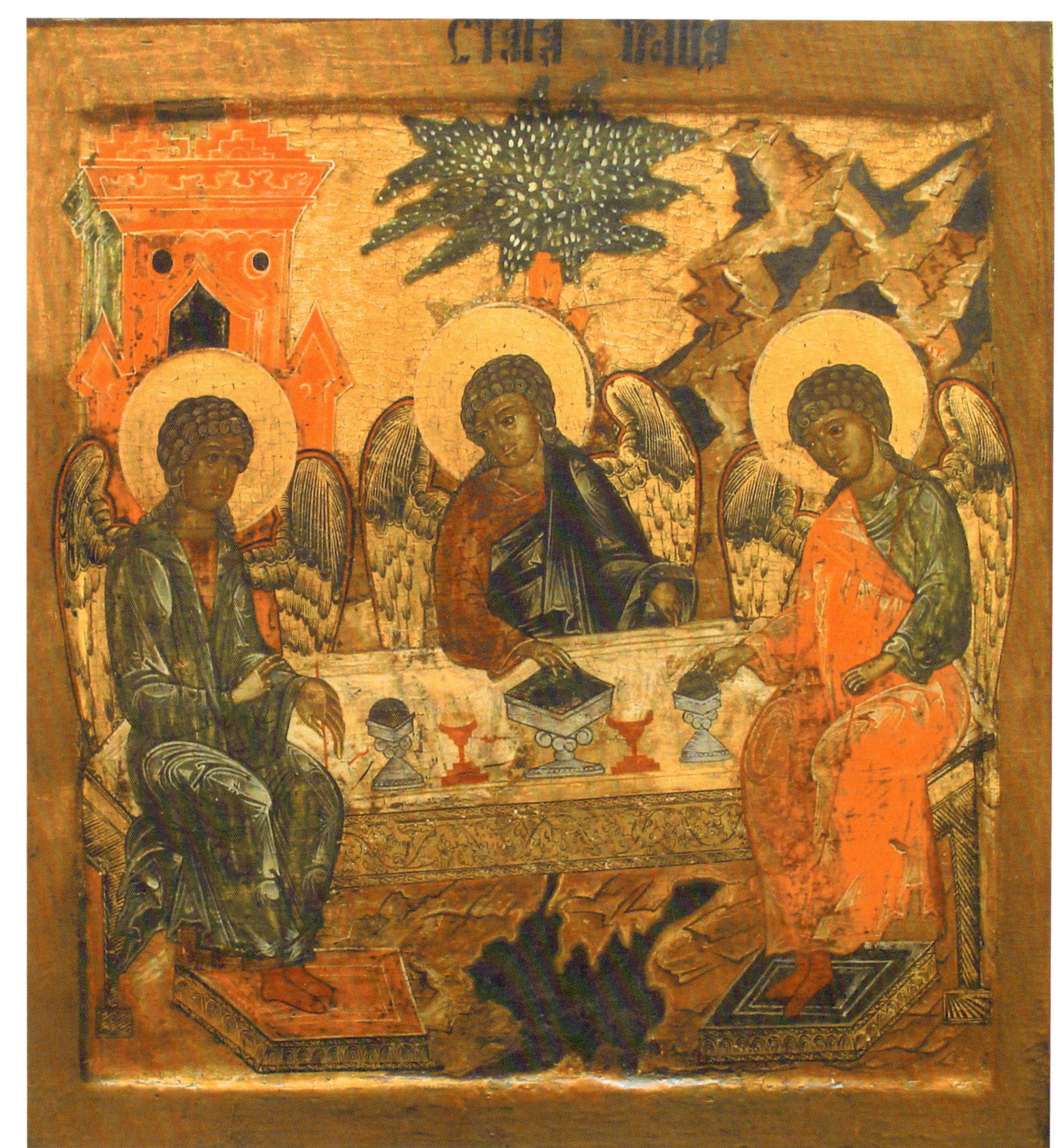

20
Hl. Dreifaltigkeit
Russland, 17. Jh.
Eitempera auf Holz
55,3 x 52,3 cm
Privatbesitz

Αγία Τριάδα
Ρωσία, 17ος αιώνας
Αυγοτέμπερα σε ξύλο
55,3 x 52,3 εκ.
Ιδιωτική Συλλογή

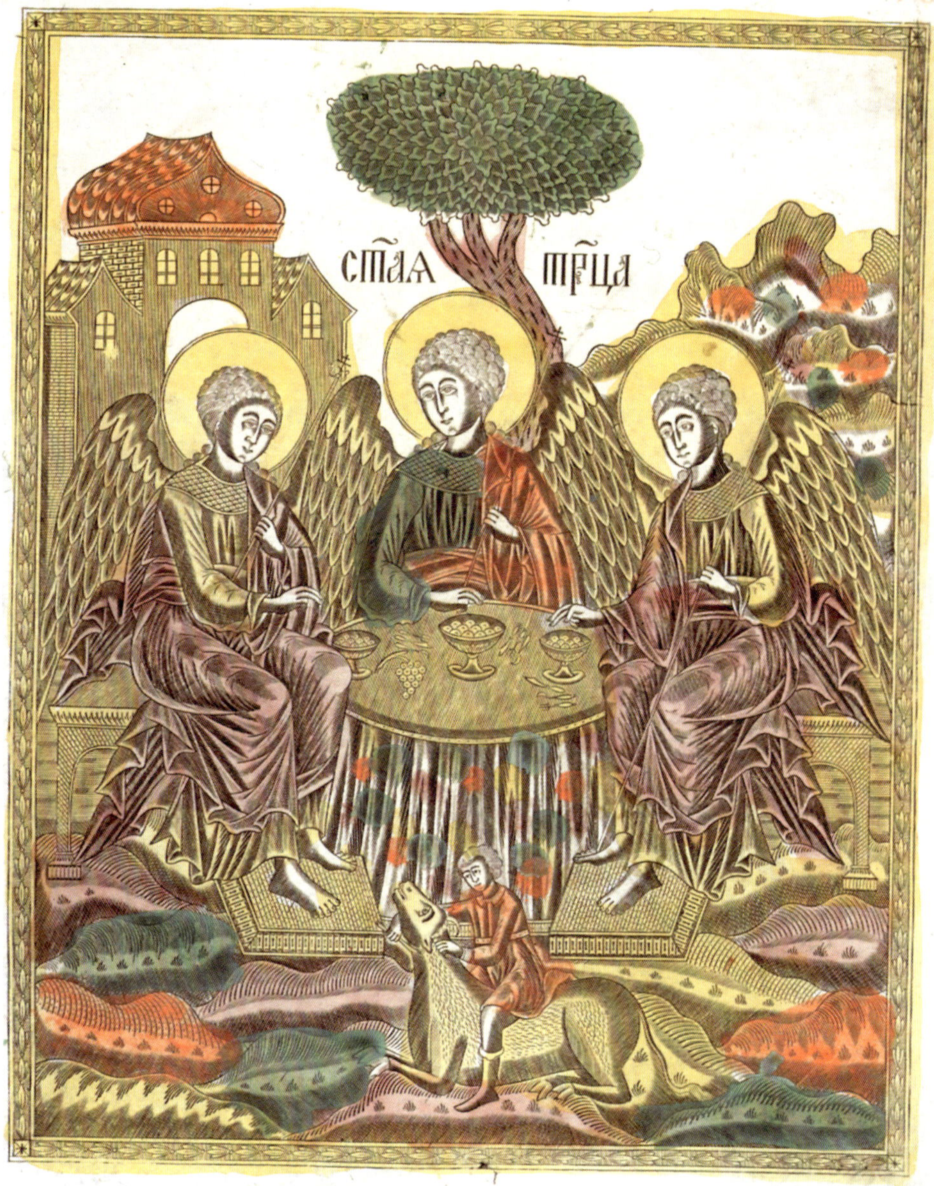

21
Alttestamentliche Dreifaltigkeit
1830er Jahre
Kupferstich, koloriert, 45,2 x 36,5 cm
Inv. Nr. GIM 45857 I Sch hr 12689
Staatliches Historisches Museum Moskau

Αγία Τριάδα
Δεκαετία 1830
Έγχρωμη χαλκογραφία, 45,2 x 36,5 εκ.
Ταξ. Αρ. GIM 45857 I sh hr 12689
Κρατικό Ιστορικό Μουσείο Μόσχας

22
Entschlafen der Gottesmutter – Koimesis
Russland, 18. Jh.
Metall, vergoldet, 43 x 39 cm
Inv. Nr. I 94
Ikonen-Museum der Stadt Frankfurt

Η Κοίμηση της Θεοτόκου
Ρωσία, 18ος αιώνας
Επιχρυσωμένο μέταλλο, 43 x 39 εκ.
Ταξ. Αρ. I 94
Μουσείο Εικόνων Φρανκφούρτη

23
Entschlafen der Gottesmutter, 1873
Lithografie, koloriert, 44,5 x 36,3 cm
Inv. Nr. GIM 46860 I Sch hr 9143
Staatliches Historisches Museum Moskau

Η Κοίμηση της Θεοτόκου, 1873
Έγχρωμη λιθογραφία. 44,5 x 36,3 εκ.
Ταξ. Αρ. GIM 46860 I sh hr 9143
Κρατικό Ιστορικό Μουσείο Μόσχας

24
Entschlafen der Gottesmutter – Koimesis
Russland, 19. Jh.
Bronze, Email, 28,5 x 24 cm
Inv. Nr. I 880
Ikonen-Museum der Stadt Frankfurt

Άγιος Γεώργιος, Φορητή Εικόνα
Ρωσία, 19ος αιώνας
Μπρούτζος, σμάλτο, 6,4 x 5,4 εκ.
Ταξ. Αρ. I 880
Μουσείο Εικόνων Φρανκφούρτη

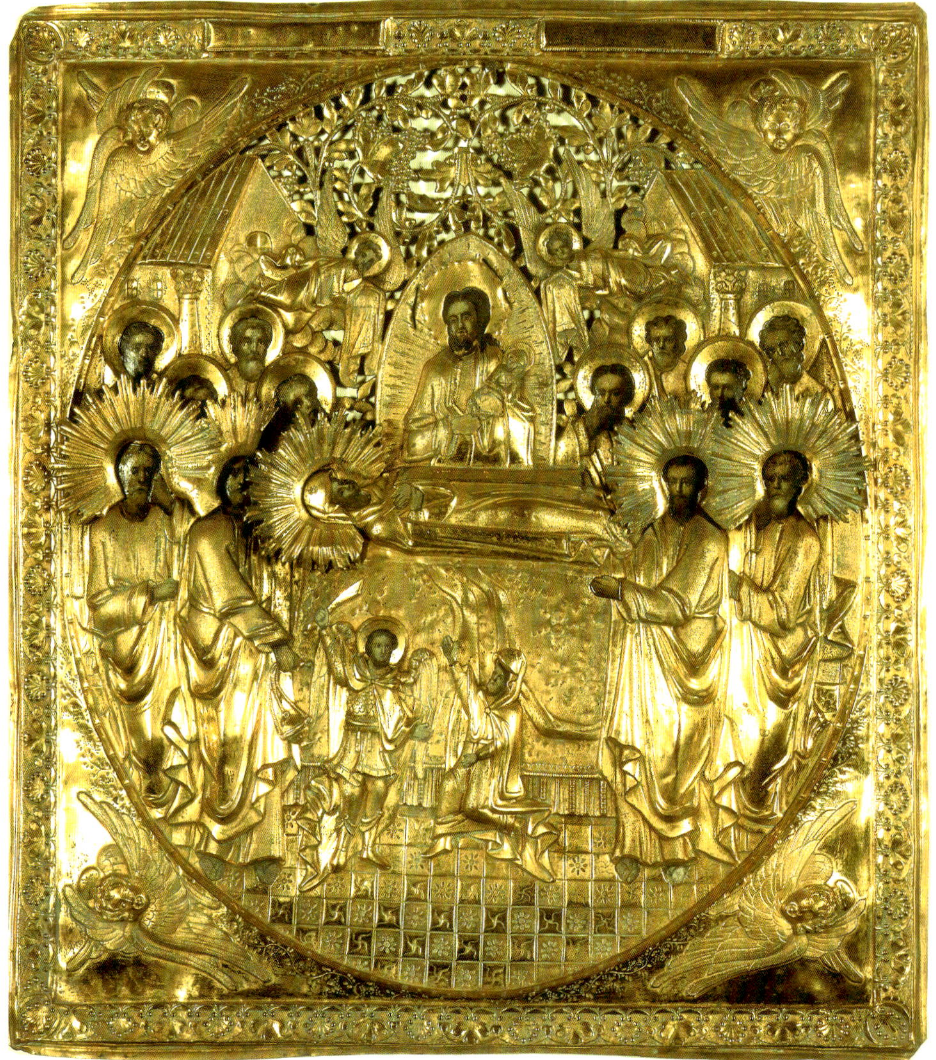

22

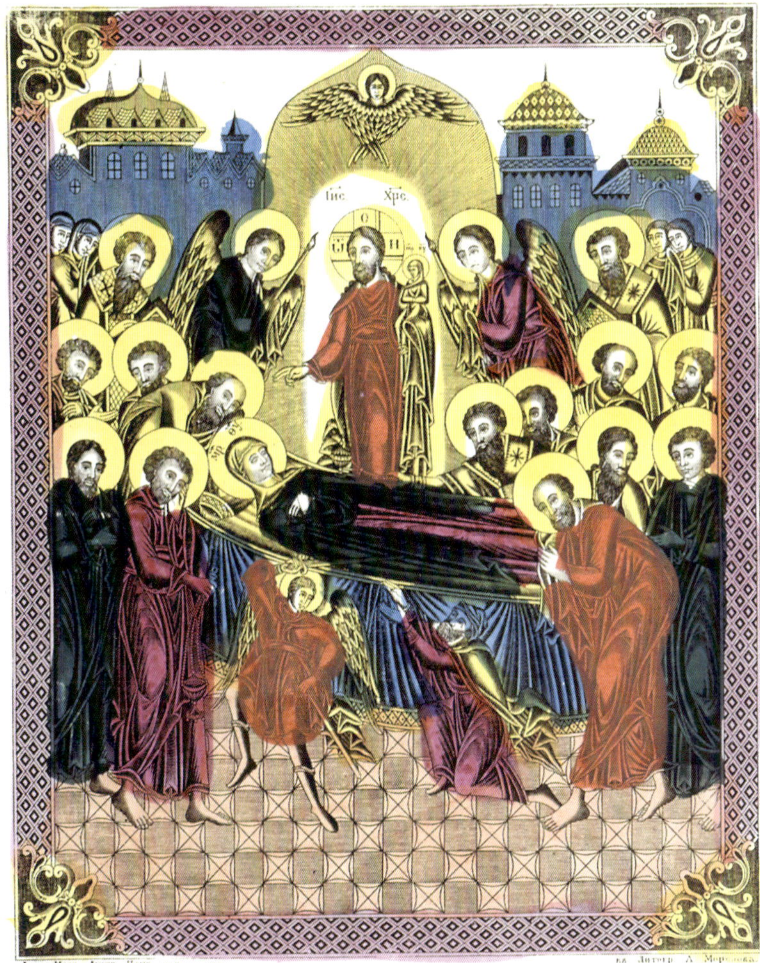

Успеніе Пресвятыя Владычицы Нашея Богородицы.

23

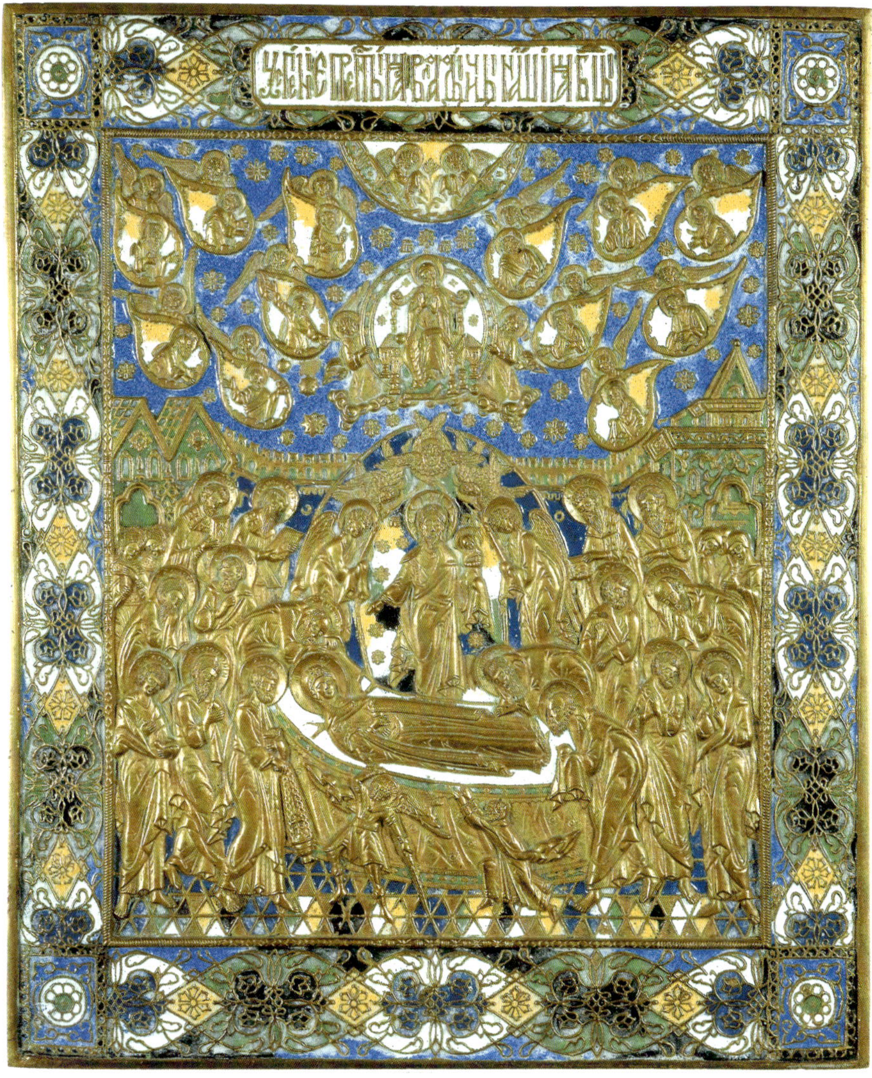

24

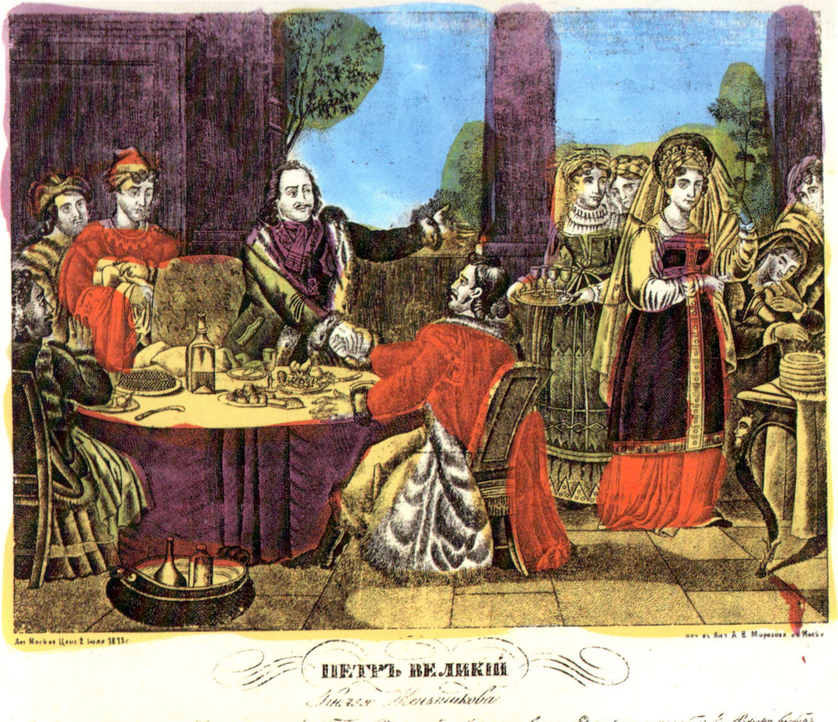

25

Peter der Große wird von Fürst Menschikow Ekaterina vorgestellt
1870er Jahre, Lithografie, koloriert, 37,5 x 33,7 cm
Inv. Nr. GIM 61877 I Sch hr 8309
Staatliches Historisches Museum Moskau

*Η πρώτη συνάντηση του Τσάρου Πέτρου με τη μελλοντική του
σύζυγο Αικατερίνη στο σπίτι του Κόμη Μενσκικόφ*
Δεκαετία του 1870, Έγχρωμη λιθογραφία, 37,5 x 33,7 εκ.
Ταξ. Αρ. GIM 61877 I sh hr 8309
Κρατικό Ιστορικό Μουσείο Μόσχας

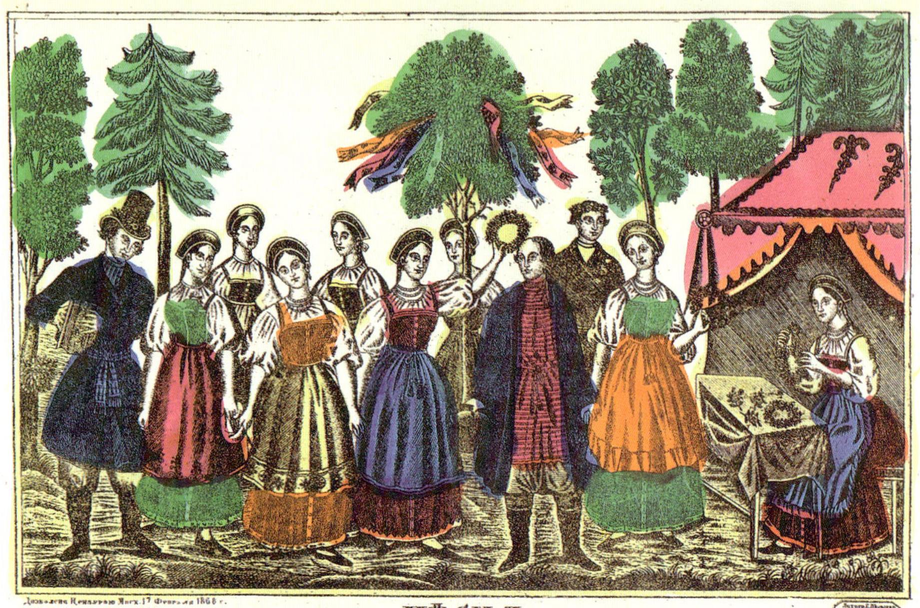

26

Im weiten Feld steht eine Linde
Nach einem Volkslied, 1875
Lithografie, koloriert, 35,2 x 45,3 cm
Inv. Nr. GIM 46860 I Sch hr 5859
Staatliches Historisches Museum Moskau

Μια φλαμουριά μόνη της στο χωράφι
Διασκευή λαϊκού τραγουδιού, 1875
Έγχρωμη λιθογραφία, 35,2 x 45,3 εκ.
Ταξ. Αρ. GIM 46860 I Sch hr 5859
Κρατικό Ιστορικό Μουσείο Μόσχας

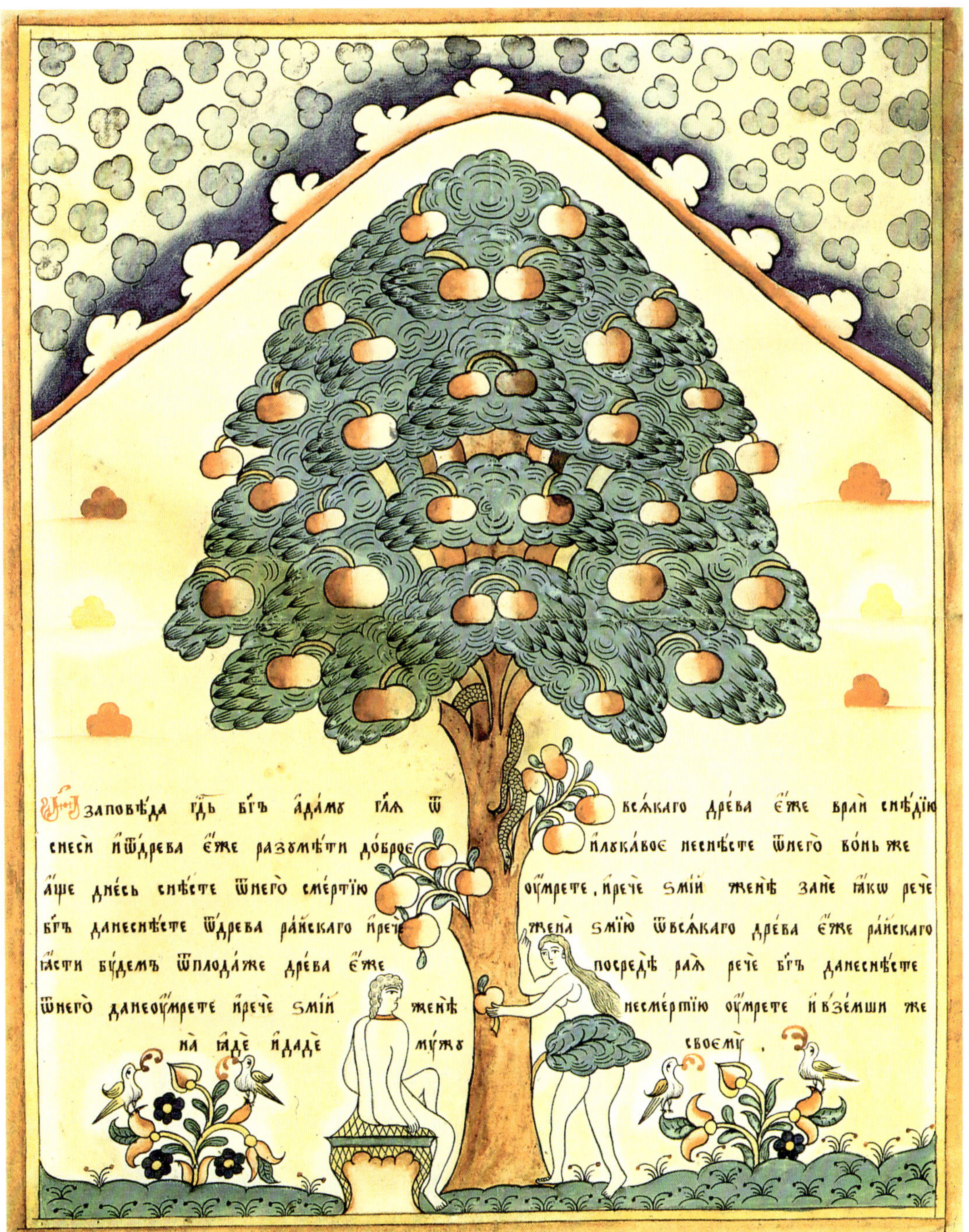

27
Adam und Eva am Baum der Erkenntnis
1. Hälfte 19. Jh.
Tusche, Tempera, 42 x 34,5 cm
Inv. Nr. GIM 28824 I Sch 61080
Staatliches Historisches Museum Moskau

Ο Αδάμ και η Εύα κάτω από το Δένδρο της Γνώσης
Πρώτο μισό 19ου αιώνα
Σινική μελάνη, τέμπερα, 42 x 34,5 εκ.
Ταξ. Αρ. GIM 28824 I sh 61080
Κρατικό Ιστορικό Μουσείο Μόσχας

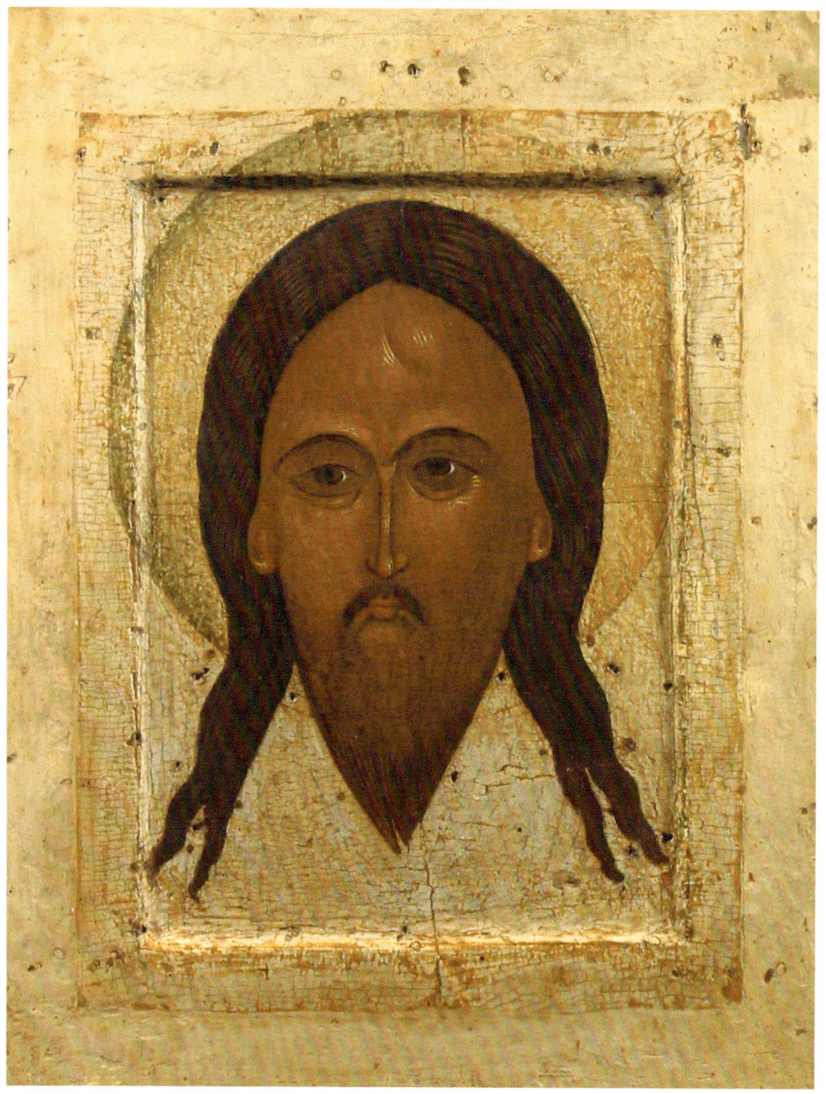

28
Gottesmutter Eleousa (?)
Russland
Eitempera auf Holz, 29,5 x 23 cm
Inv. Nr. IH 71
Ikonen-Museum der Stadt Frankfurt

Eleousa (;)
Ρωσία
Αυγοτέμπερα σε ξύλο, 29,5 x 23 εκ.
Ταξ. Αρ. IH 71
Icon Museum Φρανκφούρτη

29
Mandylion, Moskau, 16. Jh.
Eitempera auf Holz, 31 x 23 cm
Inv. Nr. 9640
Dauerleihgabe der Staatlichen Samm-
lungen Preußischer Kulturbesitz,
Skulpturensammlung und Museum
für Byzantinische Kunst

Μανδύλιο, Μόσχα, 16ος αιώνας
Αυγοτέμπερα σε ξύλο, 31 x 23 εκ.
Ταξ. Αρ. 9640
Δάνειο διαρκείας, Κρατική Συλλογή
Πρωσικής Πολιτιστικής Κληρονομιάς,
Συλλογή Γλυπτών και Μουσείο
Βυζαντινής Τέχνης

30
Kasimir Malewitsch *Schwarzes Rechteck*
Öl auf Leinwand, 17 x 24 cm
Inv. Nr. ATH 8010
Staatliches Museum für Gegenwärtige Kunst Thessaloniki

Καζιμίρ Μαλέβιτς *Μαύρο Ορθογώνιο*
Λάδι σε μουσαμά, 17 x 24 εκ.
Ταξ. Αρ. ATH 8010
Κρατικό Μουσείο Σύγχρονης Τέχνης

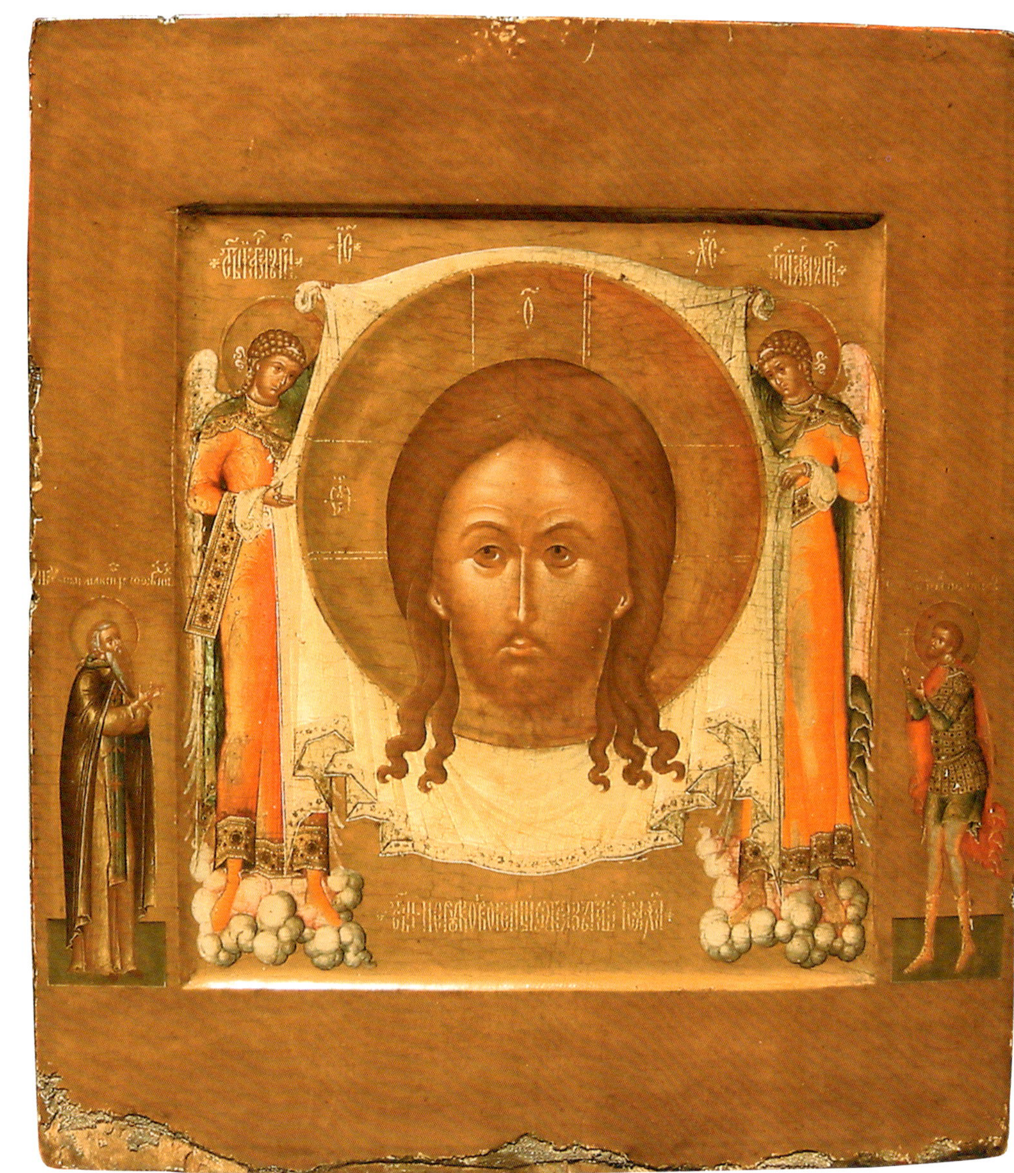

31
Mandylion
Moskau, frühes 17. Jh.
Eitempera auf Holz, 40 x 36 cm
Inv. Nr. 9636
Dauerleihgabe der StaatlichenSammlungen
Preußischer Kulturbesitz, Skulpturensammlung
und Museum für Byzantinische Kunst

Μανδύλιο
Μόσχα, αρχές 17^{ου} αιώνα
Αυγοτέμπερα σε ξύλο, 40 x 36 εκ.
Ταξ. Αρ. 9636
Δάνειο διαρκείας, Κρατική Συλλογή Πρωσικής Πολιτιστικής
Κληρονομιάς, Συλλογή Γλυπτών και Μουσείο Βυζαντινής Τέχνης

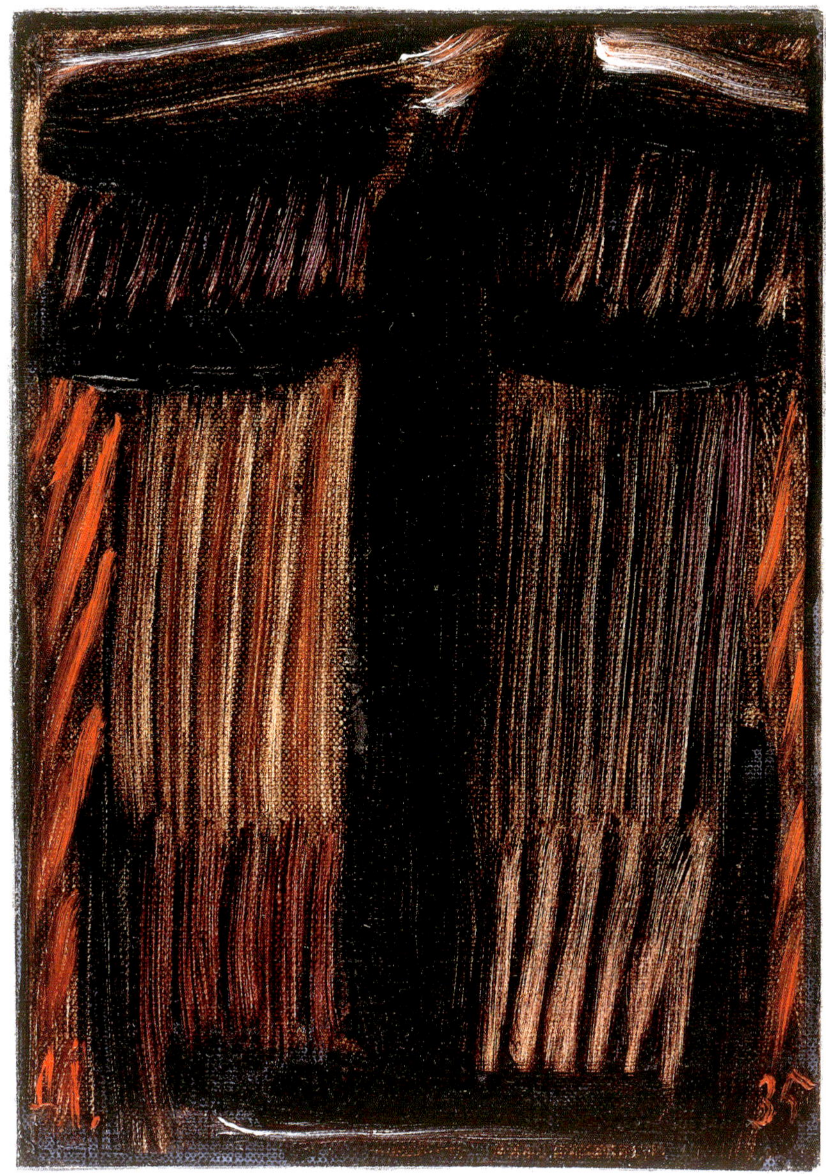

32
Alexej von Jawlensky
Meditation, September 1935 N. 1
Öl auf Karton, 18,5 x 13,4 cm
Werkverzeichnis Nr. 1747
Museum am Ostwall, Dortmund

Αλεξέι φον Γιαβλένσκι
Διαλογισμός, Σεπτέμβριος 1935 No. 1
Λάδι σε χαρτόνι, 18,5 x 13,4 εκ.
WV No. 1747
Μουσείο Ostwall, Ντόρτμουντ

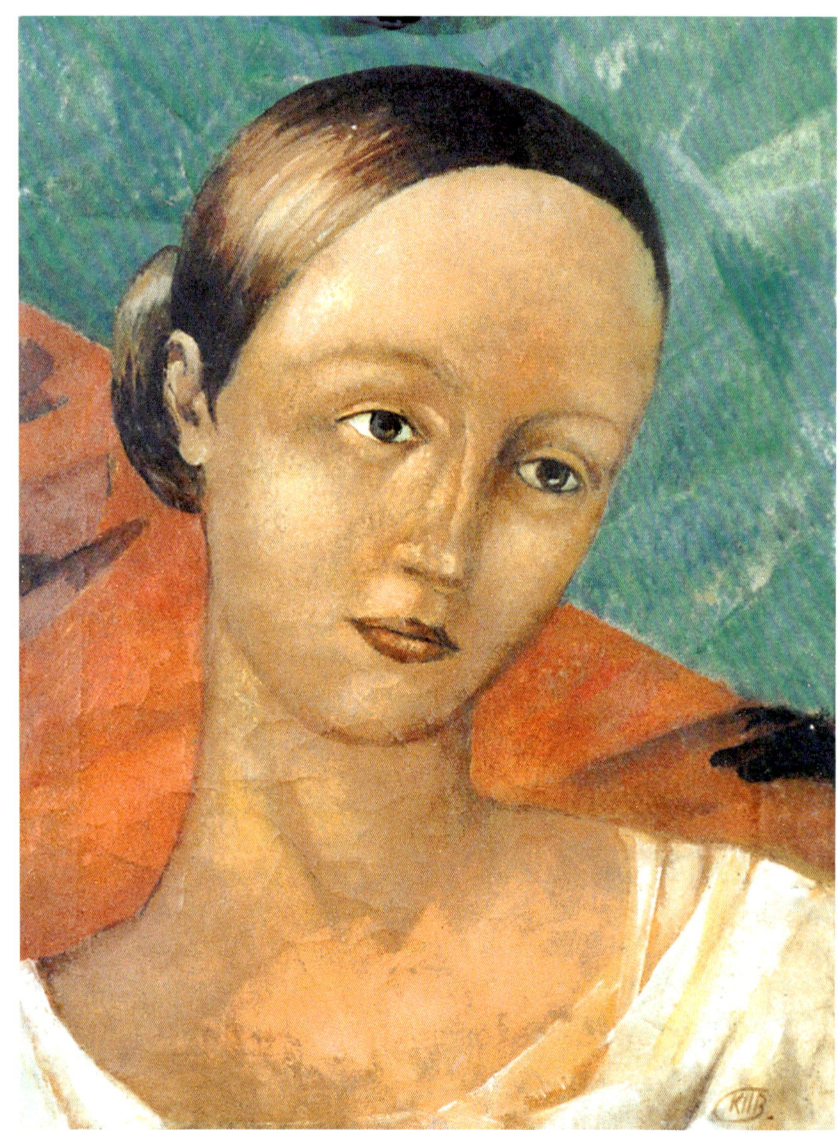

33
Kusma Petrow-Wodkin
Madonna, 1920er Jahre
Öl auf Leinwand, 58 x 44 cm
Privatbesitz

Κούζμα Πετρόφ-Βόντκιν
Παρθένος, Δεκαετία 1920
Λάδι σε μουσαμά, 58 x 44 εκ.
Ιδιωτική Συλλογή

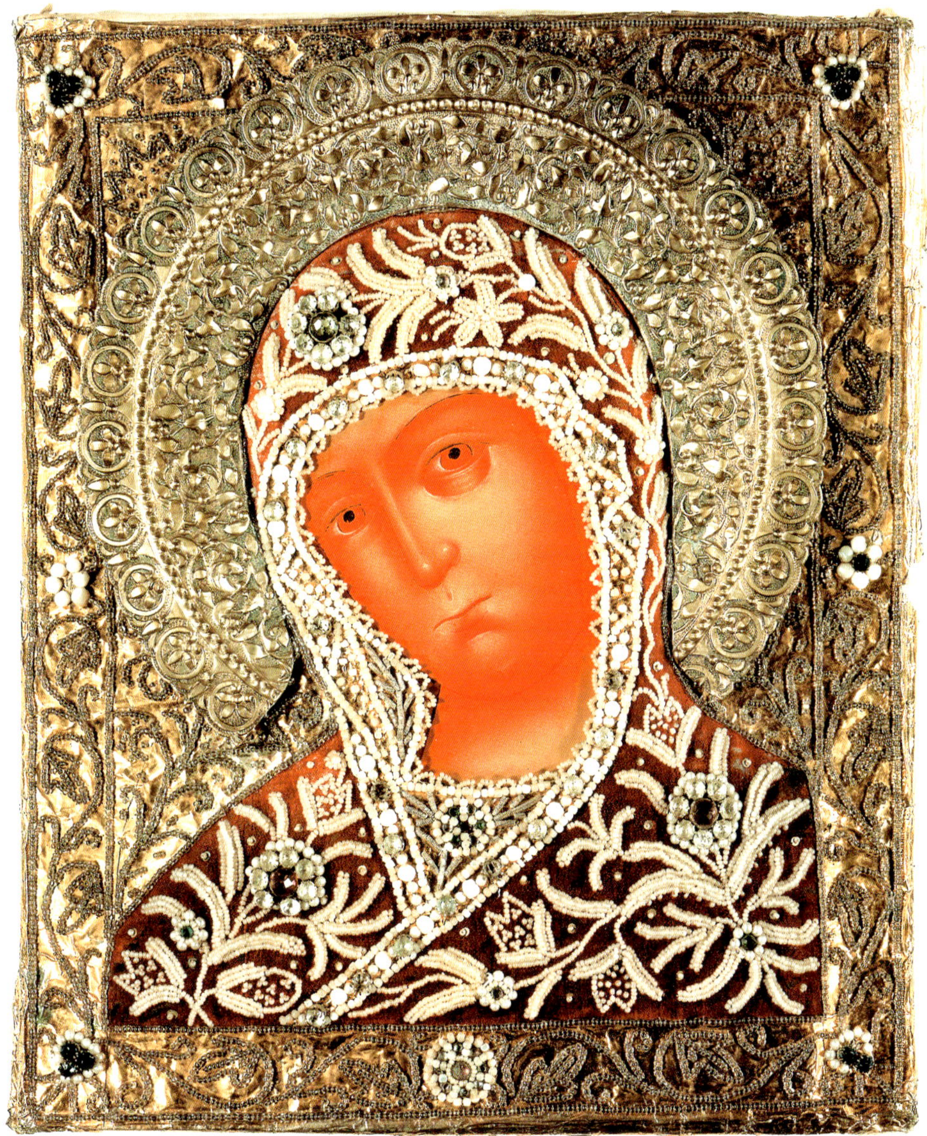

34
Feuerflammende Gottesmutter
Russland, 2. Hälfte 19. Jh.
Eitempera auf Holz, 31 x 36 cm
Inv. Nr. IHM 910
Ikonen-Museum der Stadt Frankfurt

Θεοτόκος φλεγόμενη
Ρωσία, δεύτερο μισό 19ου αιώνα
Αυγοτέμπερα σε ξύλο, 31 x 36 εκ.
Ταξ. Αρ. IHM 910
Μουσείο Εικόνων Φρανκφούρτη

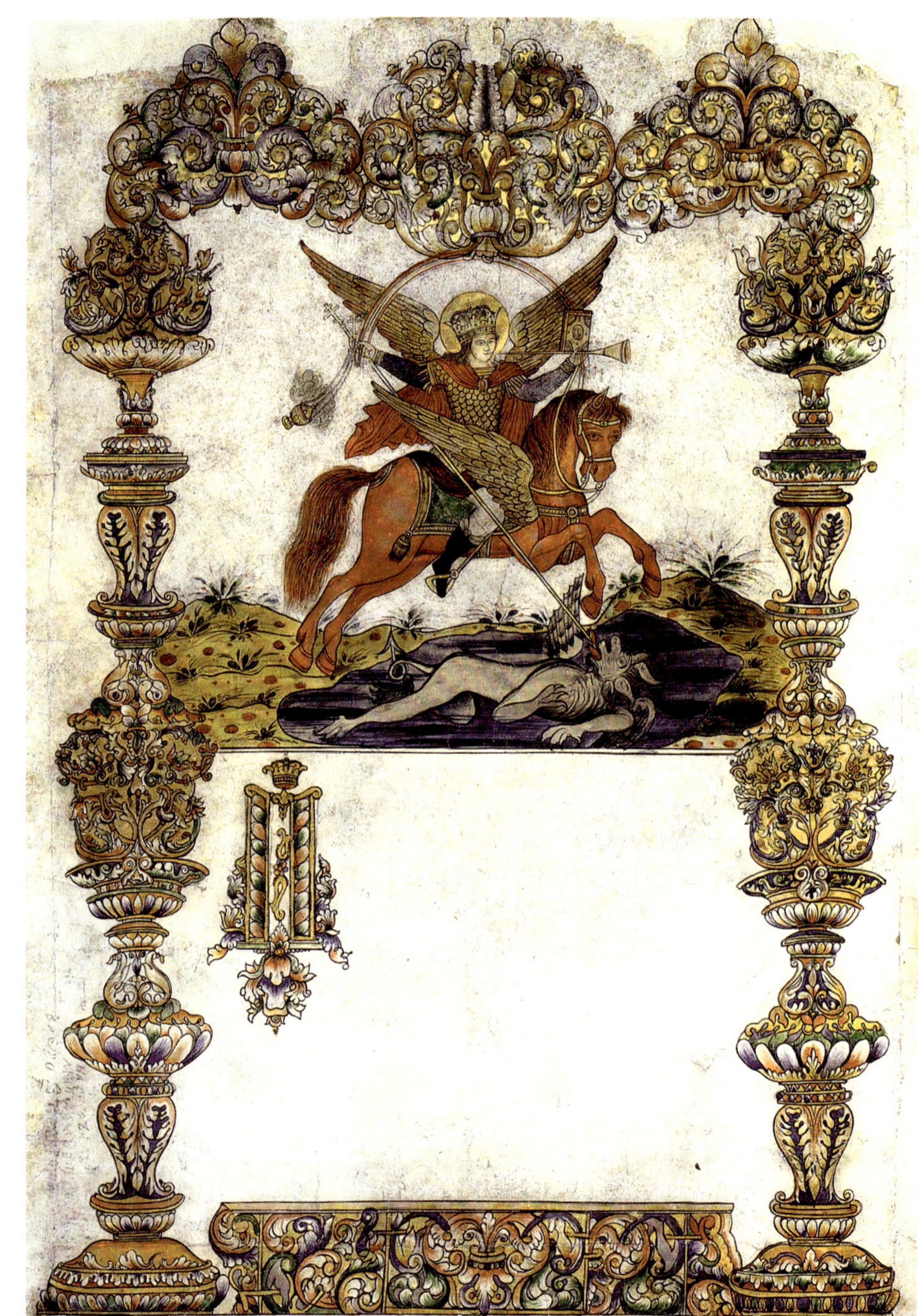

35
Erzengel Michael siegt über den Drachen, 1854
Tusche, Bleistift, Tempera, Gold, 72,3 x 51,5 cm
Inv. Nr. GIM 99497 | Sch hr 10057
Staatliches Historisches Museum Moskau

Ο Αρχάγγελος Μιχαήλ κατατροπώνει τον Δράκοντα, 1854
Σινική μελάνη, τέμπερα, μολύβι, χρυσό, 72,3 x 51,5 εκ.
Ταξ. Αρ. GIM 99497 | sh hr 10057
Κρατικό Ιστορικό Μουσείο Μόσχας

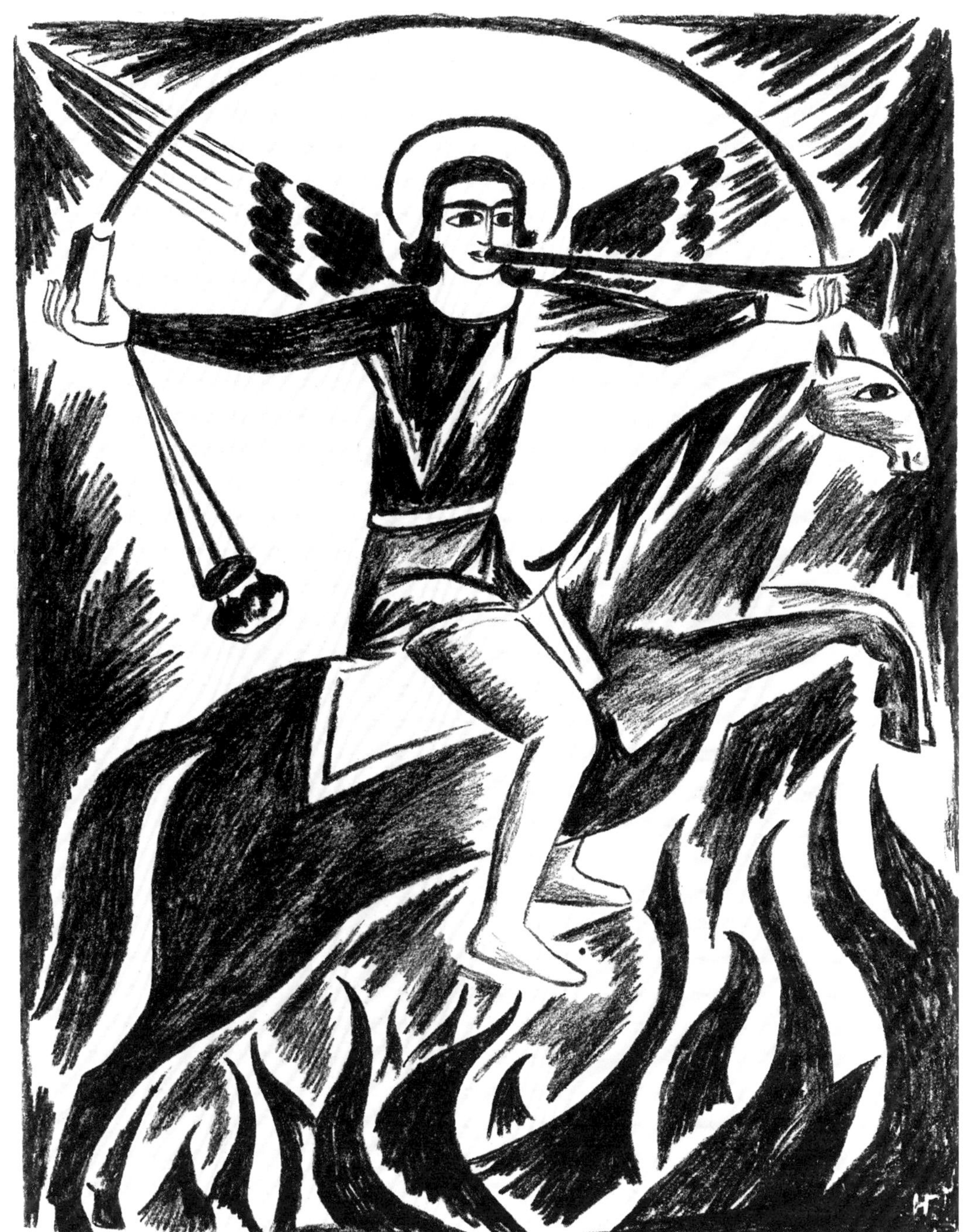

36
Natalija Gontscharowa
Erzengel Michael, aus: Der Krieg. Nr. 7, 1914
Lithografie
Inv. Nr. C-1120 (Slg. Bolz)
Kupferstichkabinett, Staatliche Museen zu Berlin
Preußischer Kulturbesitz

Νατάλια Γκοντσαρόβα
Αρχάγγελος Μιχαήλ, από τη σειρά: Ο Πόλεμος Νο. 7, 1914
Λιθογραφία
Ταξ. Αρ. C-1120 (Συλλογή Μπολτζ)
Kupferstichkabinett, Κρατικά Μουσεία Βερολίνου
Πρωσική Πολιτιστική Κληρονομιά

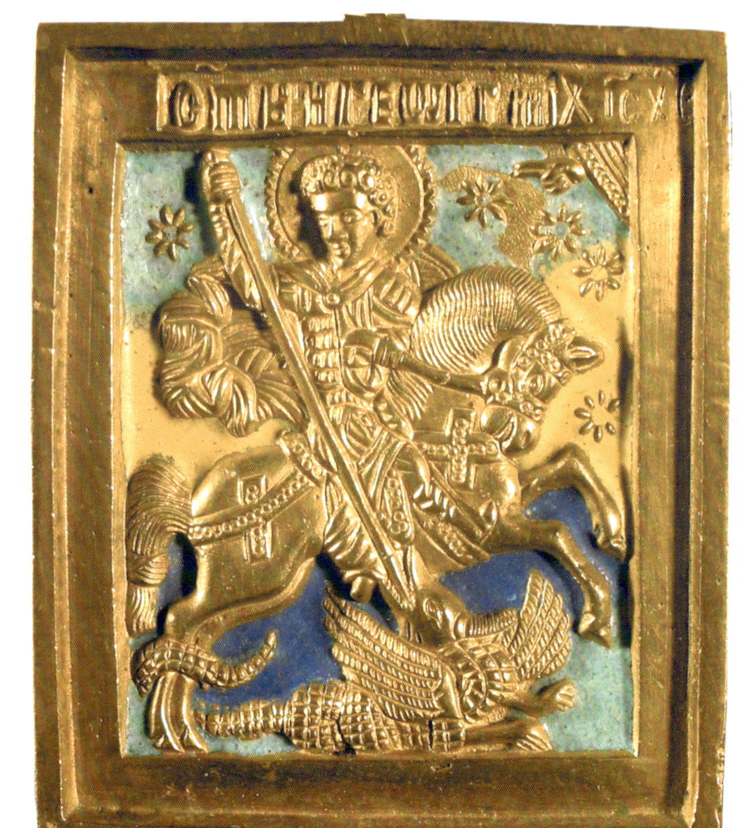

37
Hl. Georg, Reiseikone
Russland, 19. Jh.
Bronze, Email, 6,4 x 5,4 cm
Inv. Nr. I 880
Ikonen-Museum der Stadt Frankfurt

Άγιος Γεώργιος, Φορητή Εικόνα
Ρωσία, 19ος αιώνας
Μπρούτζος, σμάλτο, 6,4 x 5,4 εκ.
Ταξ. Αρ. I 880
Μουσείο Εικόνων Φρανκφούρτη

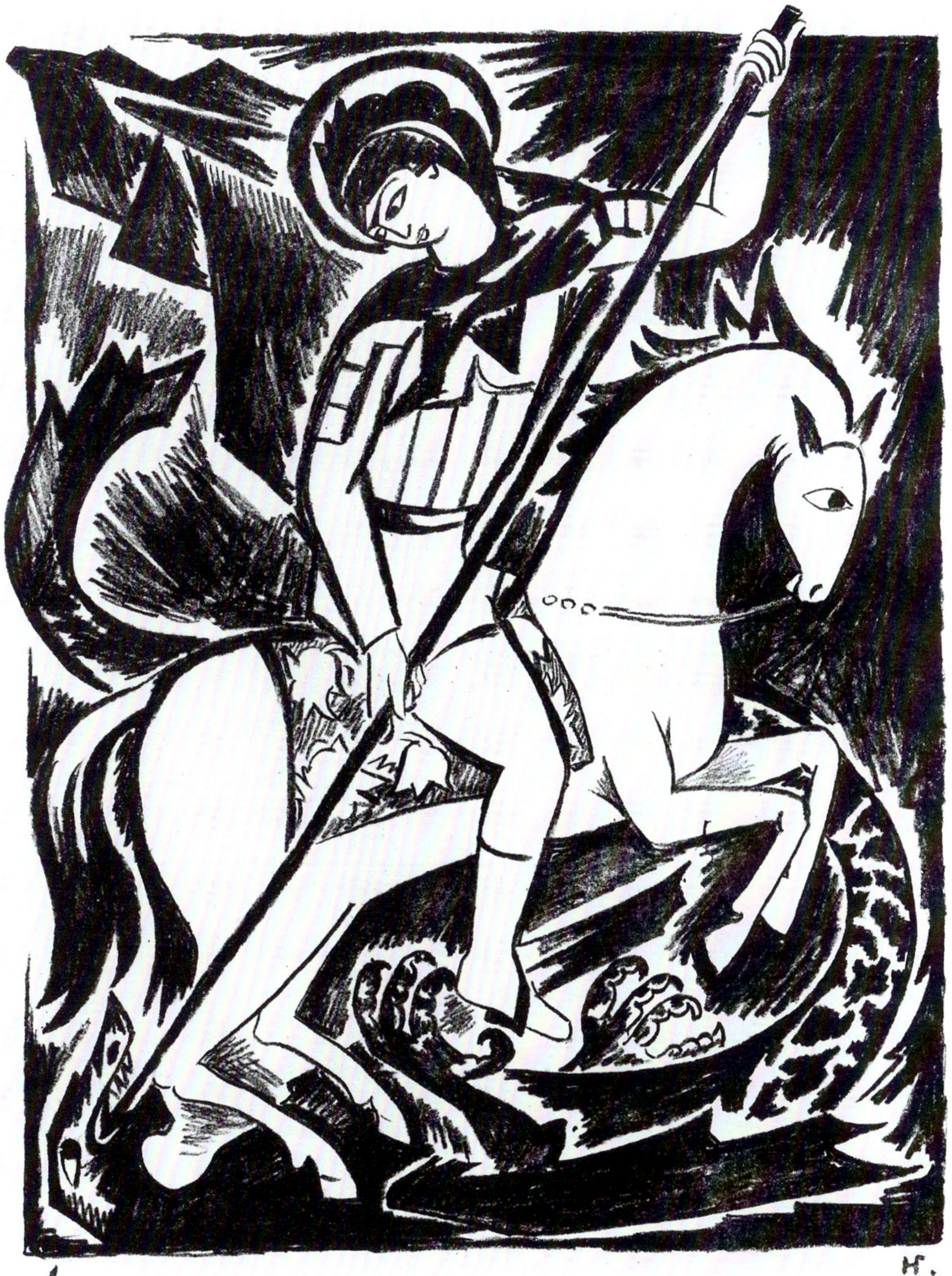

38
Natalija Gontscharowa
Hl. Georg, aus: Der Krieg Nr. 1, 1914
Lithografie
Inv. Nr. C-1114 (Slg. Bolz)
Kupferstichkabinett, Staatliche Museen zu Berlin
Preußischer Kulturbesitz

Νατάλια Γκοντσαρόβα
Άγιος Γεώργιος, από τη σειρά: Ο Πόλεμος Νο. 1, 1914
Λιθογραφία
Ταξ. Αρ. C-1114 (Συλλογή Μπολτζ)
Kupferstichkabinett, Κρατικά Μουσεία Βερολίνου
Πρωσική Πολιτιστική Κληρονομιά

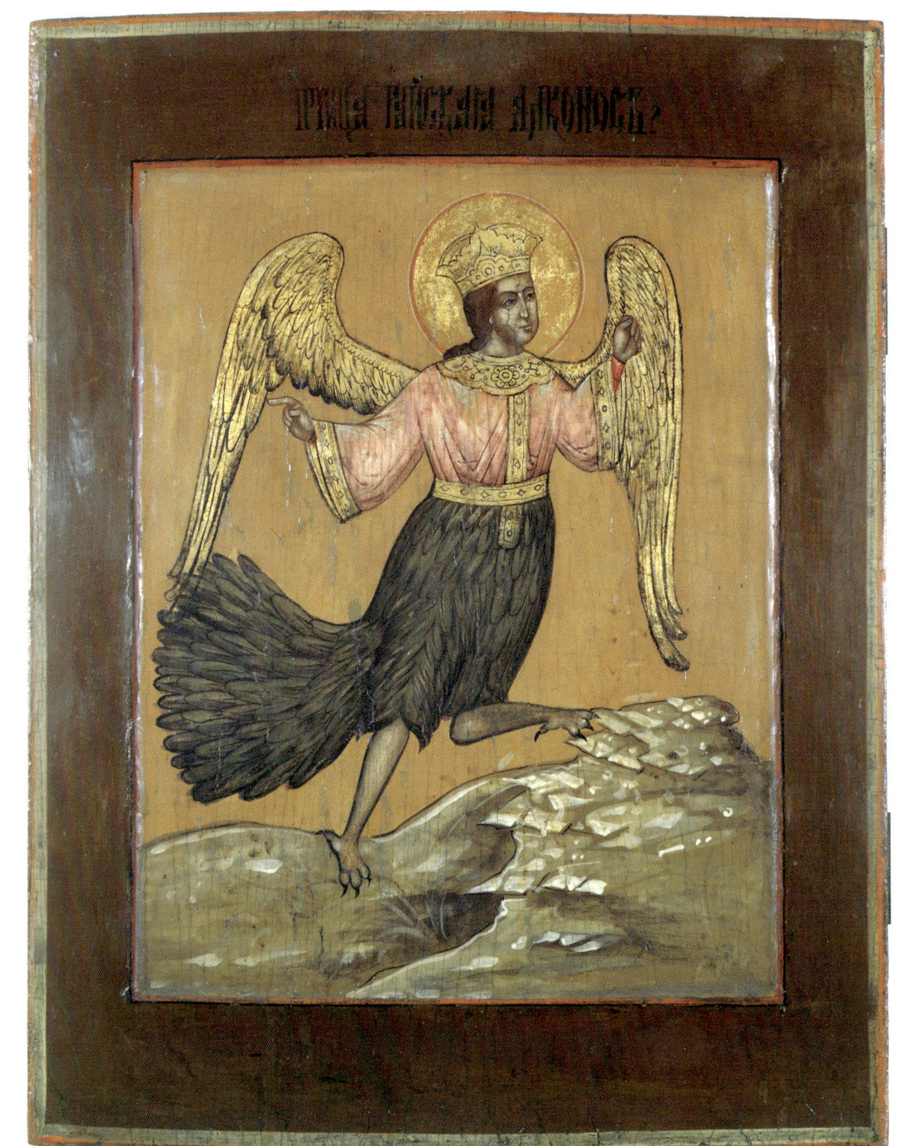

39
Der Paradiesvogel Alkonos
Russland, 19. Jahrhundert
Eitempera auf Holz, 44 x 34,8 cm
Inv. Nr. T 0894
Ikonen-Museum Recklinghausen

Άλκονοστ, το παραδείσιο πουλί
Ρωσία, 19ος αιώνας
Αυγοτέμπερα σε ξύλο, 44 x 34,8 εκ.
Ταξ. Αρ. Τα 0894
Icon Museum Ρεκλινχάουσεν

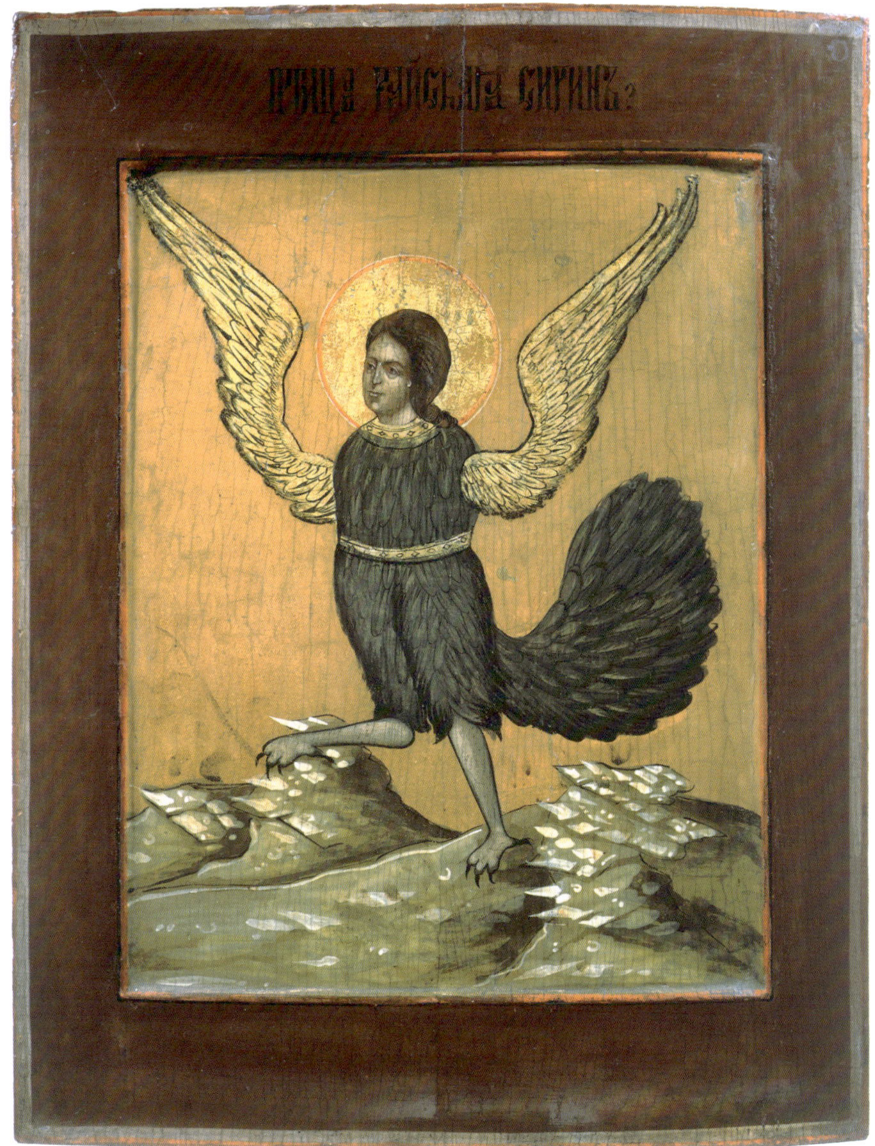

40
Der Paradiesvogel Sirin
Russland, 19. Jahrhundert
Eitempera auf Holz, 44 x 34,8 cm
Inv. Nr. T 0895
Ikonen-Museum Recklinghausen

Σειρήνα, το παραδείσιο πουλί
Ρωσία, 19ος αιώνας
Αυγοτέμπερα σε ξύλο, 44 x 34,8 εκ.
Ταξ. Αρ. Τα 0895
Icon Museum Ρεκλινχάουσεν

41
Der Paradiesvogel Sirin, 1. Hälfte 19. Jh.
Tusche, Tempera, Gold, 64,3 x 47,7 cm
Inv. Nr. GIM 23812 I Sch 61088
Staatliches Historisches Museum Moskau

Σειρήνα, το παραδείσιο πουλί
Πρώτο μισό 19ου αιώνα
Σινική μελάνη, τέμπερα, χρυσό, 64,3 x 47,7 εκ.
Ταξ. Αρ. GIM 23812 I sh 61088
Κρατικό Ιστορικό Μουσείο Μόσχας

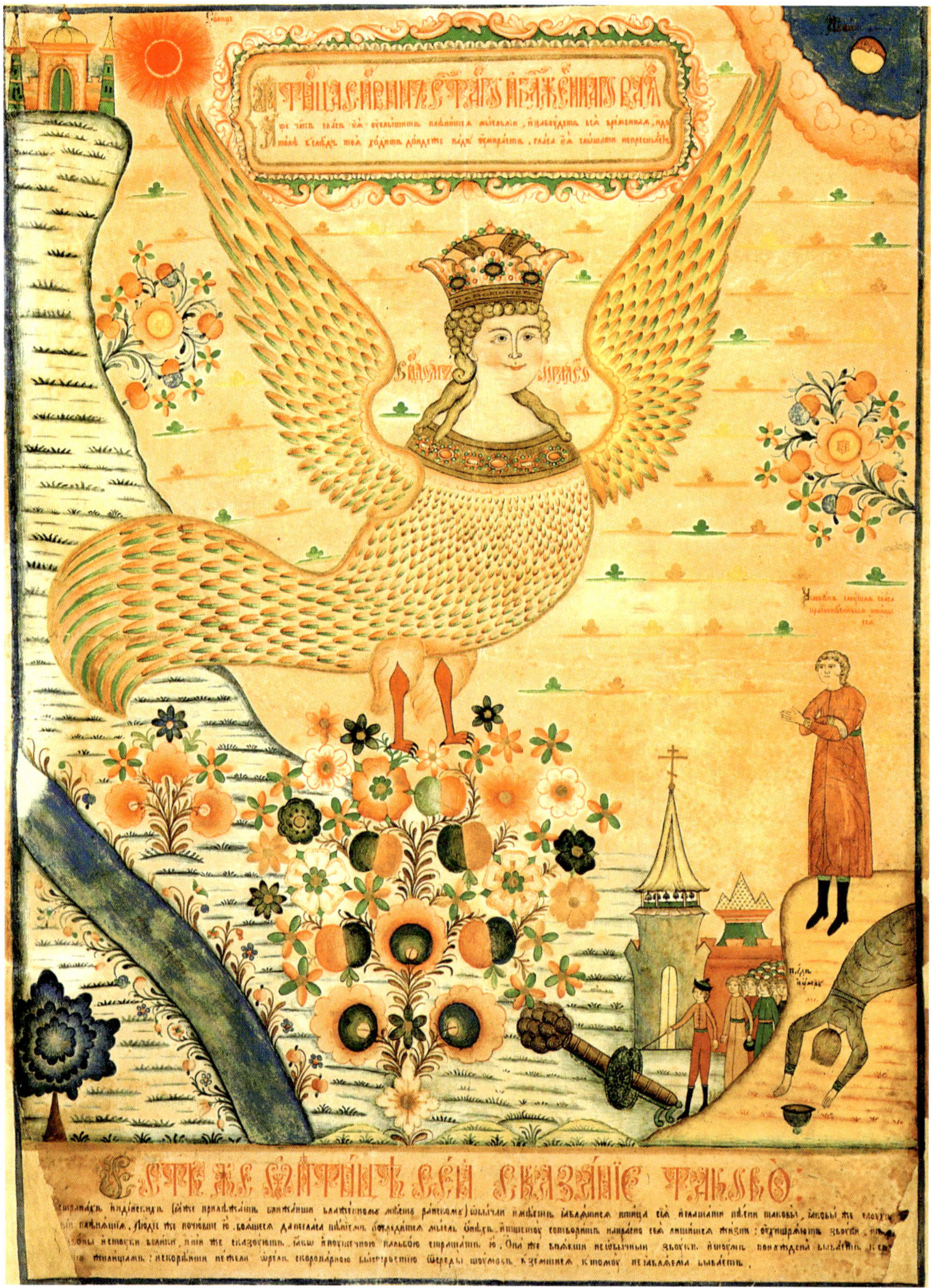

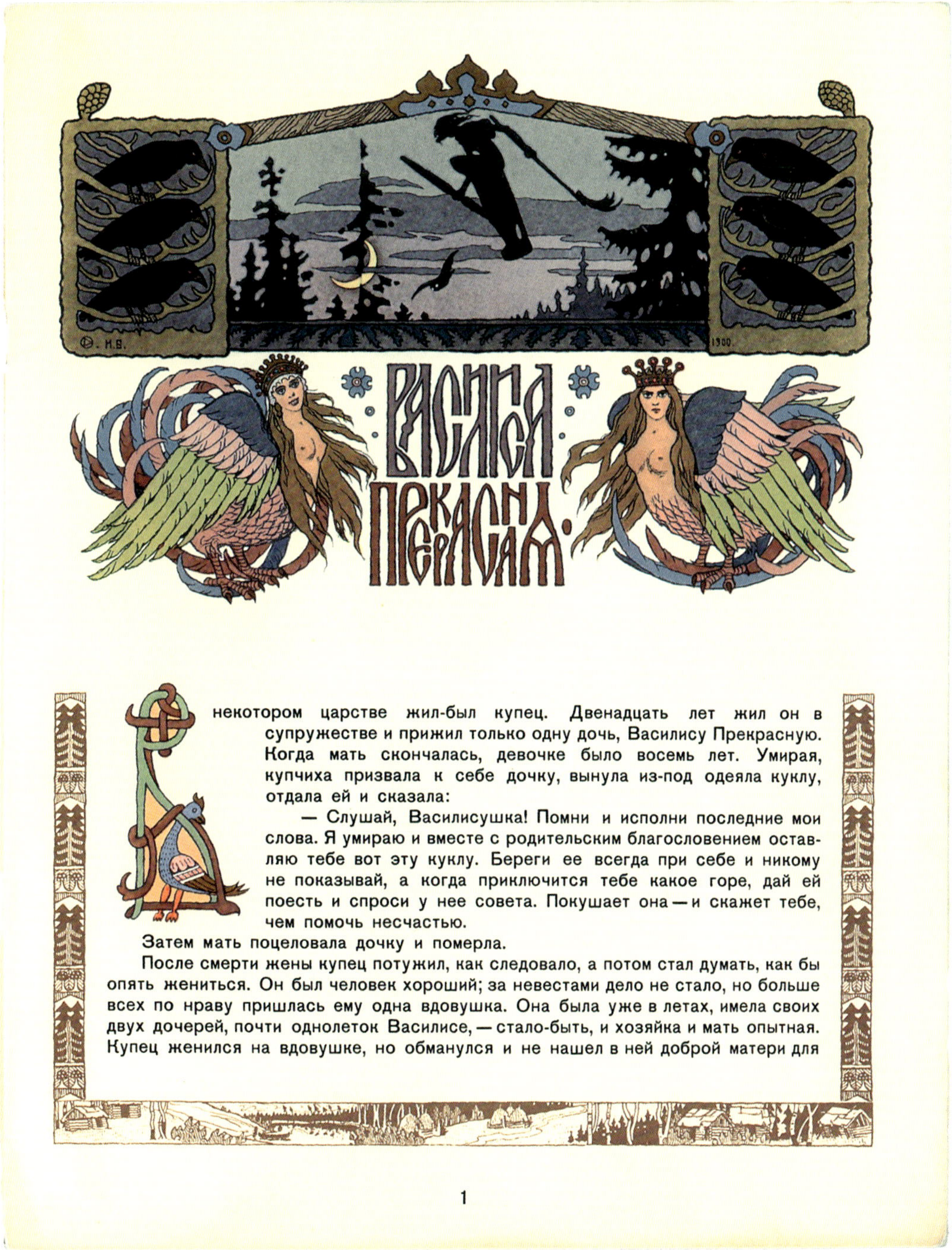

некотором царстве жил-был купец. Двенадцать лет жил он в супружестве и прижил только одну дочь, Василису Прекрасную. Когда мать скончалась, девочке было восемь лет. Умирая, купчиха призвала к себе дочку, вынула из-под одеяла куклу, отдала ей и сказала:

— Слушай, Василисушка! Помни и исполни последние мои слова. Я умираю и вместе с родительским благословением оставляю тебе вот эту куклу. Береги ее всегда при себе и никому не показывай, а когда приключится тебе какое горе, дай ей поесть и спроси у нее совета. Покушает она — и скажет тебе, чем помочь несчастью.

Затем мать поцеловала дочку и померла.

После смерти жены купец потужил, как следовало, а потом стал думать, как бы опять жениться. Он был человек хороший; за невестами дело не стало, но больше всех по нраву пришлась ему одна вдовушка. Она была уже в летах, имела своих двух дочерей, почти однолеток Василисе, — стало-быть, и хозяйка и мать опытная. Купец женился на вдовушке, но обманулся и не нашел в ней доброй матери для

1

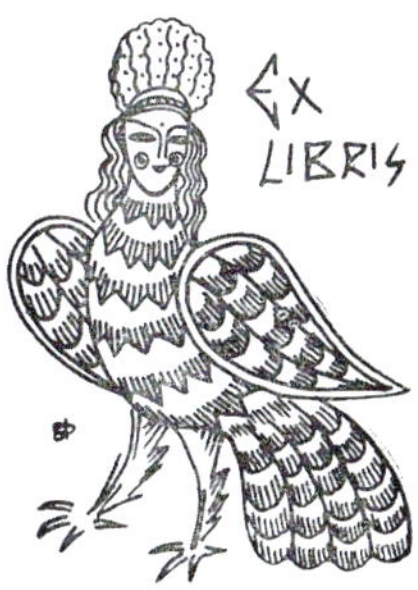

42
Wadim Frolow Ex Libris S. Iwenski (Paradiesvogel)
Holzstich in Rot, Inv. Nr. C-969 (Slg. Bolz)
Kupferstichkabinett, Staatliche Museen zu Berlin
Preußischer Kulturbesitz

Βαντίμ Φρολόφ, Από τα βιβλία του Σ. Ιβένσκι (Παραδείσιο πουλί)
Ξυλογραφία σε κόκκινο
Ταξ. Αρ. C-969 (Συλλογή Μπολτζ)
Kupferstichkabinett, Κρατικά Μουσεία Βερολίνου
Πρωσική Πολιτιστική Κληρονομιά

43
Wassilissa die Wunderschöne
Märchen, illustriert von I. Bilibin
Publikation von 1901, St. Petersburg
Nationale Bibliothek St. Petersburg

Η υπέροχη Βασιλίνα
Παραμύθι εικονογραφημένο από τον I. Μπιλίμπιν
Έκδοση 1901, Αγία Πετρούπολη
Εθνική Βιβλιοθήκη της Αγίας Πετρούπολης

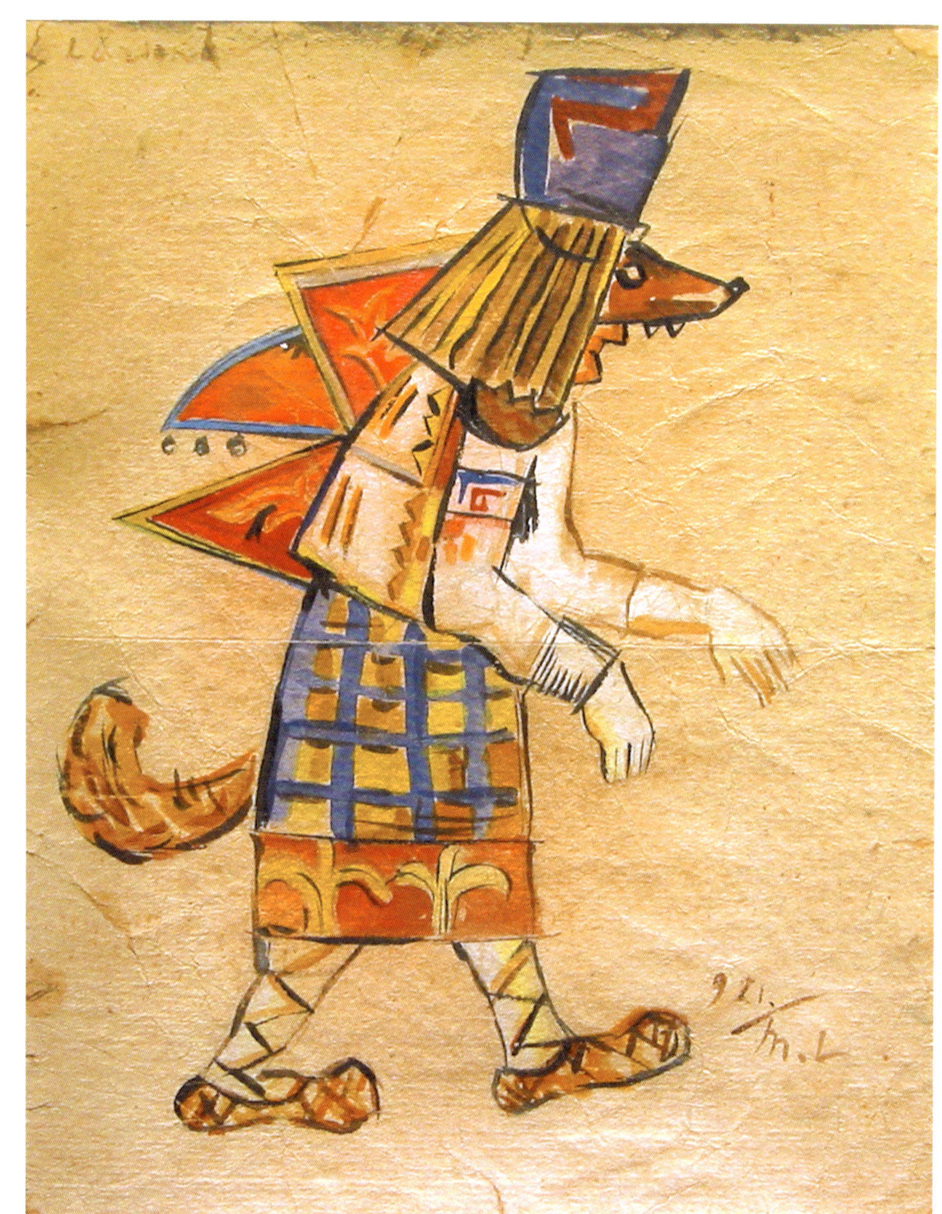

44
Michail Larionow
Kostümentwurf für die gleichnamige Inszenierung
„Der Fuchs", 1915
Gouache auf Papier, 30,7 x 23,7 cm
Privatbesitz

Μιχαήλ Λαριόνοφ
Σχέδιο κοστουμιού για την
«Αλεπού» στην παράσταση «Η αλεπού», 1915
Γκουάς σε χαρτί, 30,7 x 23,7 εκ.
Ιδιωτική Συλλογή

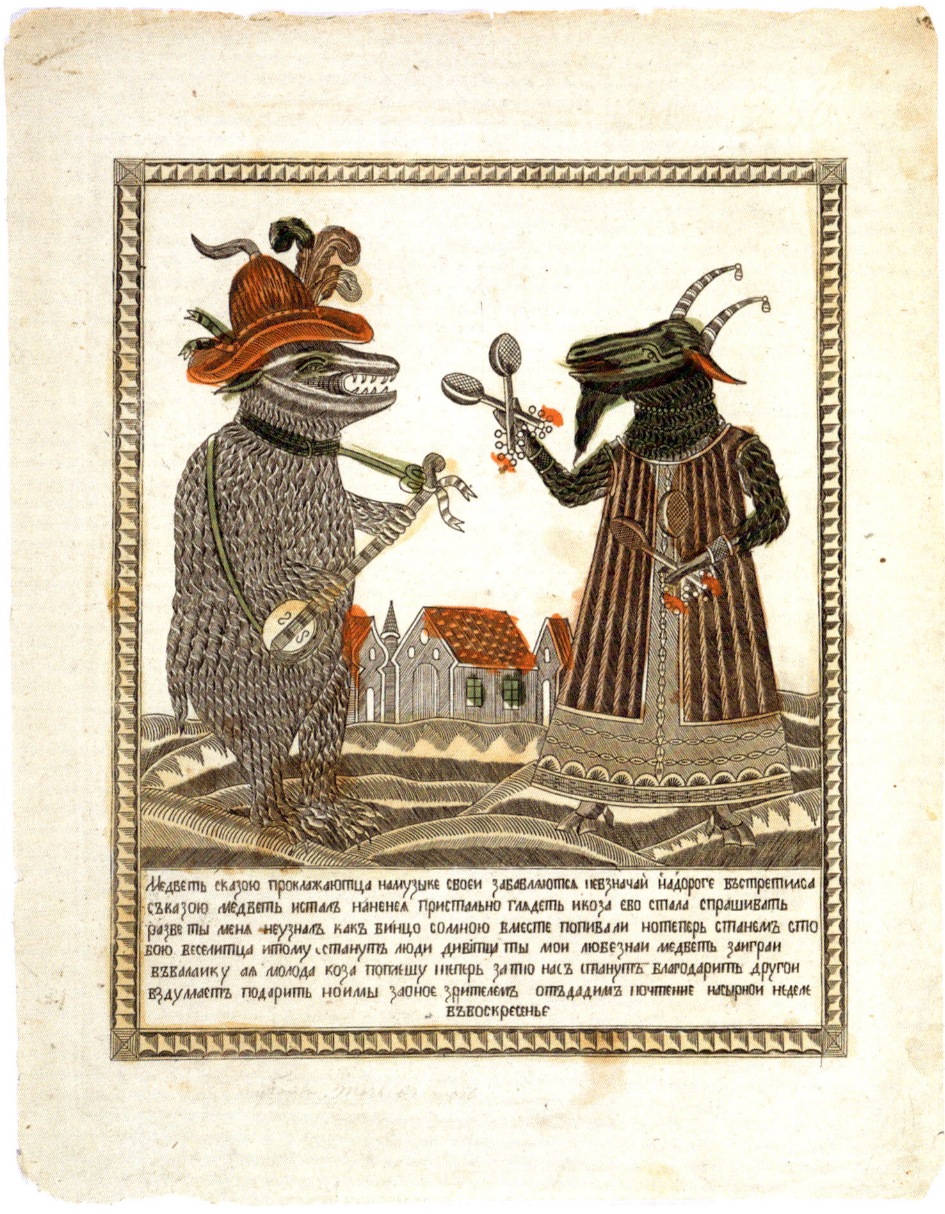

45
Der Bär und die Ziege, 2. Viertel 19. Jh.
Kupferstich, koloriert, 45,6 x 36,5 cm
Inv. Nr. GIM 45857 I Sch Hr 7356
Staatliches Historisches Museum Moskau

Η αρκούδα και η γίδα
Δεύτερο τέταρτο 19ου αιώνα
Έγχρωμη χαλκογραφία, 45,6 x 36,5 εκ.
Ταξ. Αρ. GIM 45857 I sh hr 7356
Κρατικό Ιστορικό Μουσείο Μόσχας

46
Fragen und Antworten: „Über die bösen Weiber"
2. Hälfte 19. Jh.
Tusche, Tempera, 41,5 x 31,5 cm
Inv. Nr. GIM 27929 | Sch hr 12355
Staatliches Historisches Museum Moskau

Ερωτήσεις και Απαντήσεις για τις Διαβολικές Συζύγους
Δεύτερο μισό 19ου αιώνα
Σινική μελάνη, τέμπερα, 41,5 x 31,5 εκ.
Ταξ. Αρ. GIM 27929 | Sch hr 12355
Κρατικό Ιστορικό Μουσείο Μόσχας

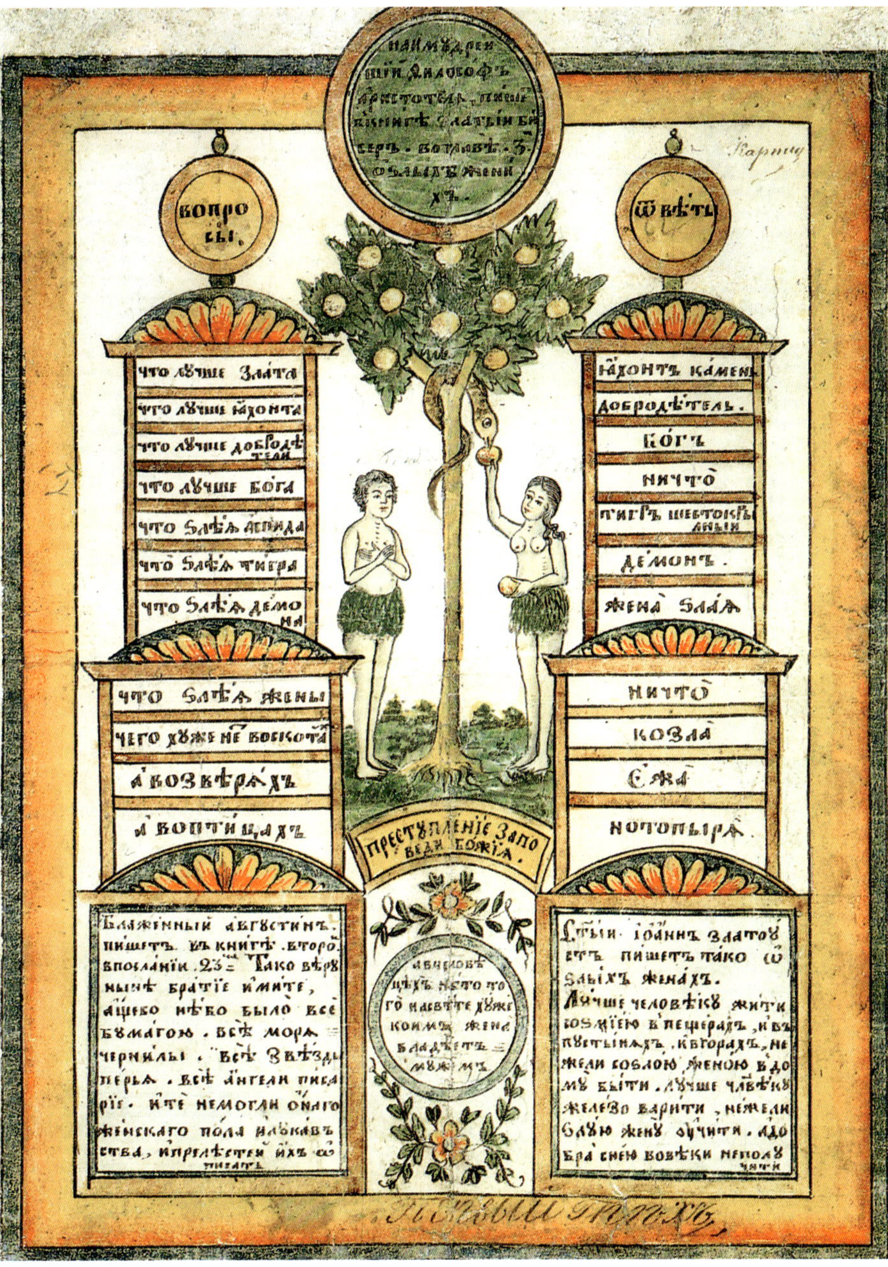

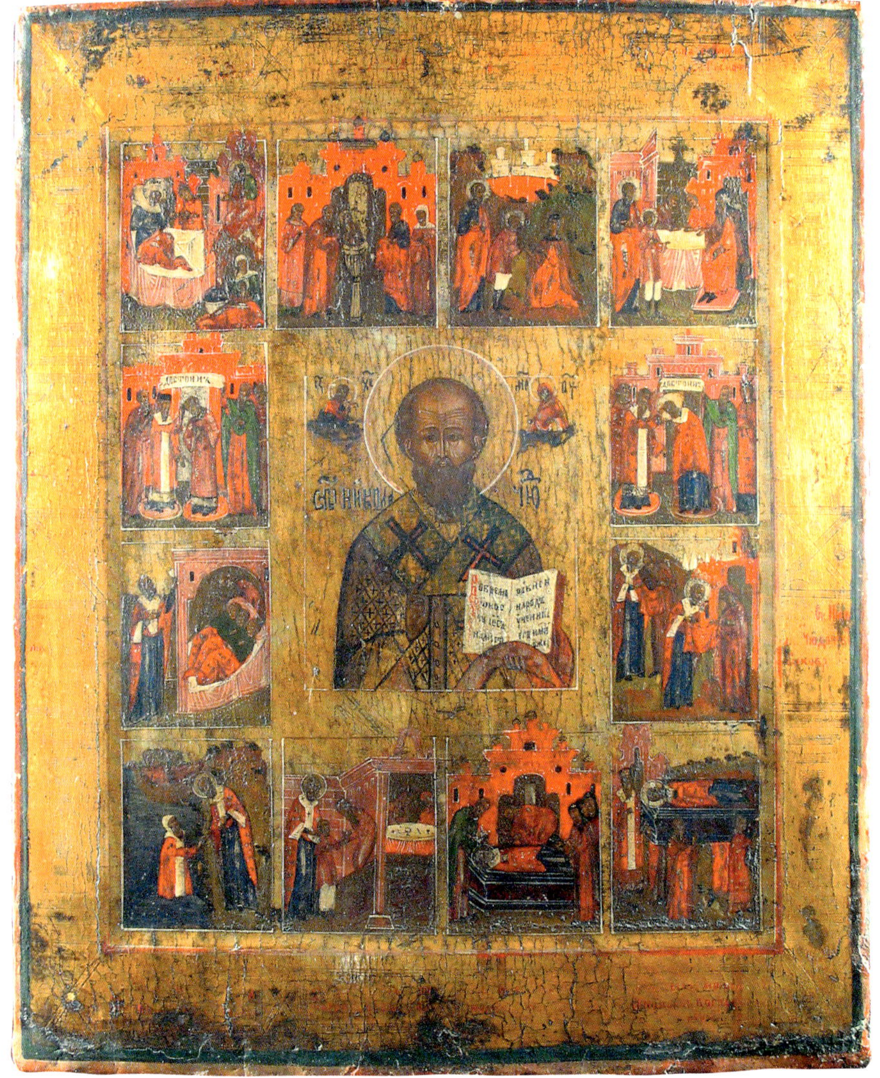

47

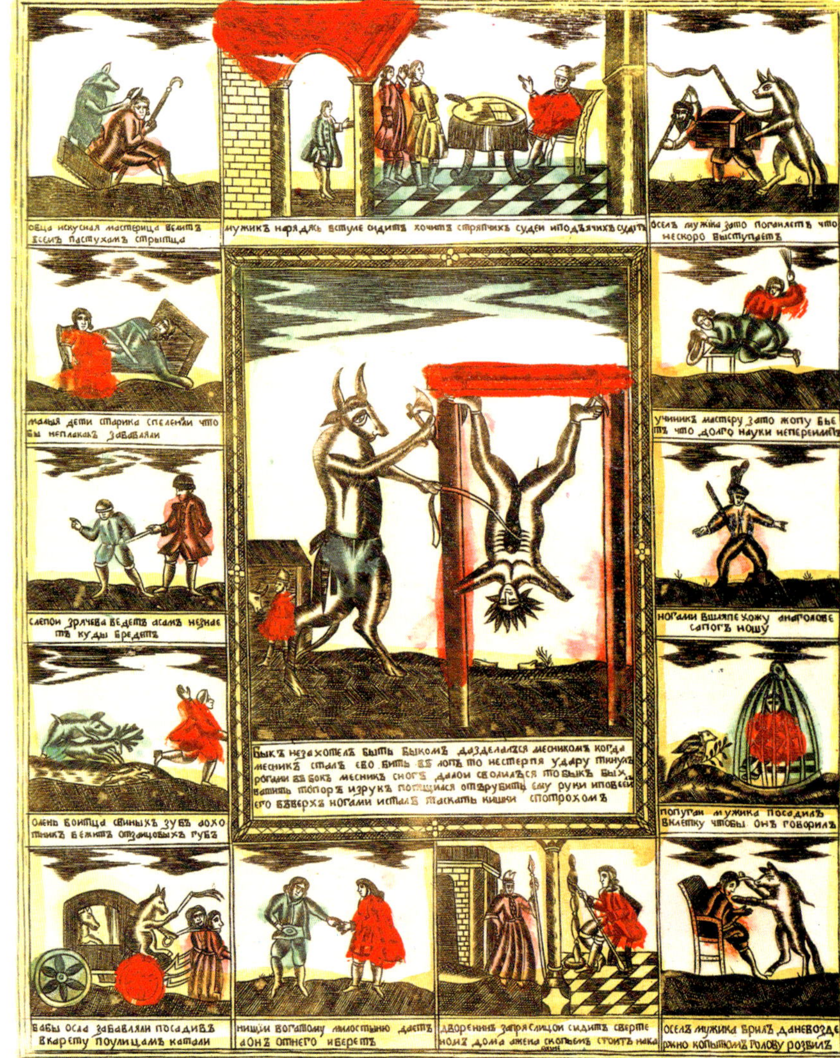

48

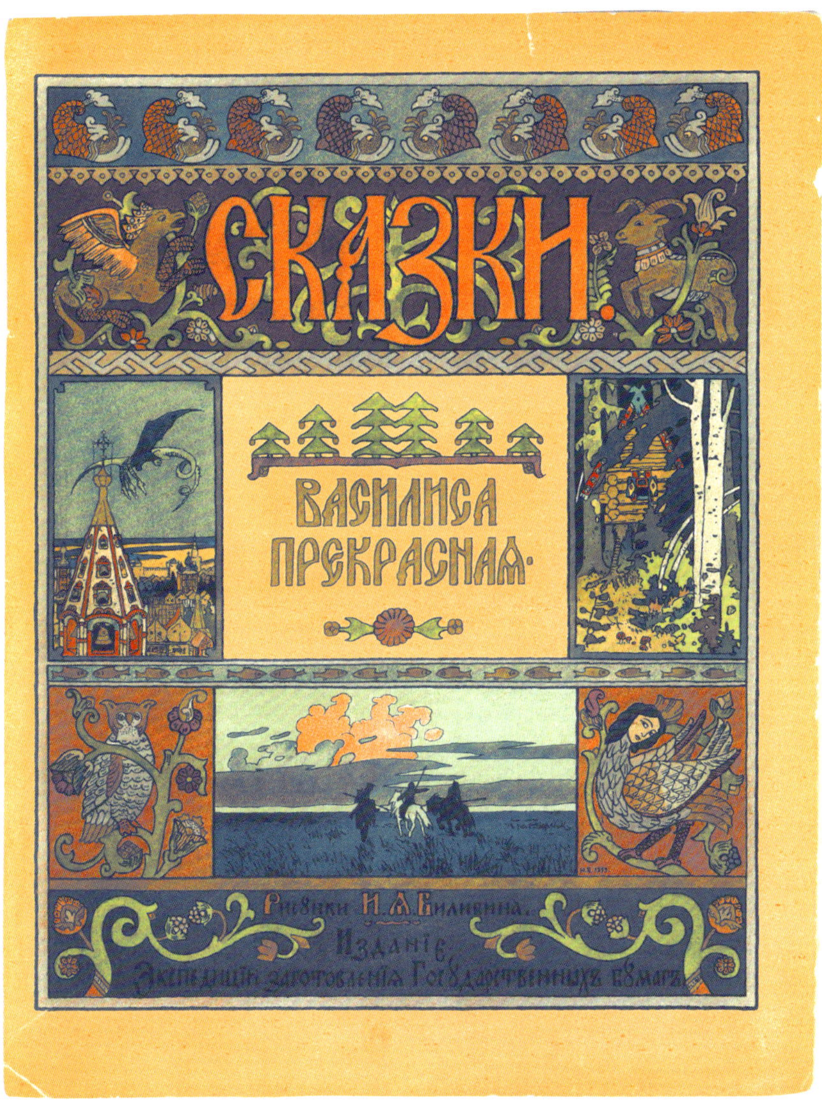

49

47
Hl. Nikolaus – Vitaikone, Russland, 19. Jh.
Eitempera auf Holz, 53,4 x 44,2 cm
Inv. Nr. 01/60
Dauerleihgabe der Staatlichen Sammlungen Preußischer Kulturbesitz
Skulpturensammlung und Museum für Byzantinische Kunst

Άγιος Νικόλαος – Εικόνα του Βίου Του, Ρωσία, 19ος αιώνας
Αυγοτέμπερα σε ξύλο, 53,4 x 44,2 εκ.
Ταξ. Αρ. 01/60
Δάνειο διαρκείας, Κρατική Συλλογή Πρωσικής Πολιτιστικής Κληρονομιάς
Συλλογή Γλυπτών και Μουσείο Βυζαντινής Τέχνης

48
Vom Ochsen, der nicht mehr Ochse sein wollte und ein Fleischer wurde
Anfang 19. Jh., Kupferstich, koloriert, 46 x 37,7 cm
Inv. Nr. GIM 100206 | Sch 61020
Staatliches Historisches Museum Moskau

Ο ταύρος δεν ήθελε να είναι ταύρος και έγινε κρεοπώλης
Αρχές 19ου αιώνα, Έγχρωμη χαλκογραφία, 46 x 37,7 εκ.
Ταξ. Αρ. GIM 100206 | sh 61020
Κρατικό Ιστορικό Μουσείο Μόσχας

49
Märchen vom Schwesterchen Aljonuschka und vom Brüderchen Iwanuschka, 1903
Illustrationen von Iwan Bilibin, 30 x 23,8 cm
Inv. Nr. NB 9580 mtl
Kunstbibliothek, Staatliche Museen zu Berlin, Preußischer Kulturbesitz

Η ιστορία της μικρής αδελφής Αλιονούσκα και του αδελφού της Ιβανούσκα, 1903
Εικονογράφηση από τον Ιβάν Μπιλίμπιν, 30 x 23,8 εκ.
Ταξ. Αρ. NB 9580 mtl
Kunstbibliothek, Κρατικά Μουσεία Βερολίνου, Πρωσική Πολιτιστική Κληρονομιά

50

Gottesmutter nicht verbrennender Dornbusch
Russland, 19. Jh.
Eitempera auf Holz, 44 x 37 cm
Inv. Nr. IH 481
Privatbesitz

Η Θεοτόκος της μη φλεγόμενης βάτου
Ρωσία, 19ος αιώνας
Αυγοτέμπερα σε ξύλο, 44 x 37 εκ.
Ταξ. Αρ. IH 481
Ιδιωτική Συλλογή

51

El Lissitzky
o. T. (Entwurf für ein Rosa Luxemburg Monument), 1919/20
Aquarell auf Papier, 10 x 10 cm, Inv. Nr. 440.8
Staatliches Museum für Gegenwärtige Kunst Thessaloniki

Ελ Λισίτσκι
Χωρίς Τίτλο (Προσχέδιο για μνημείο στη Ρόζα Λούξεμπουργκ), 1919/20
Ακουαρέλα σε χαρτί, 10 x 10 εκ.
Ταξ. Αρ. 440.8
Κρατικό Μουσείο Σύγχρονης Τέχνης

52

Das alles sehende Auge Gottes
Russland, um 1800
Eitempera auf Holz, 31,5 x 26 cm
Inv. Nr. IH 455
Privatbesitz

Ο τα πανθ' ορών οφθαλμός
Ρωσία, περ. 1800
Αυγοτέμπερα σε ξύλο, 31,5 x 26 εκ.
Ταξ. Αρ. IH 455
Ιδιωτική Συλλογή

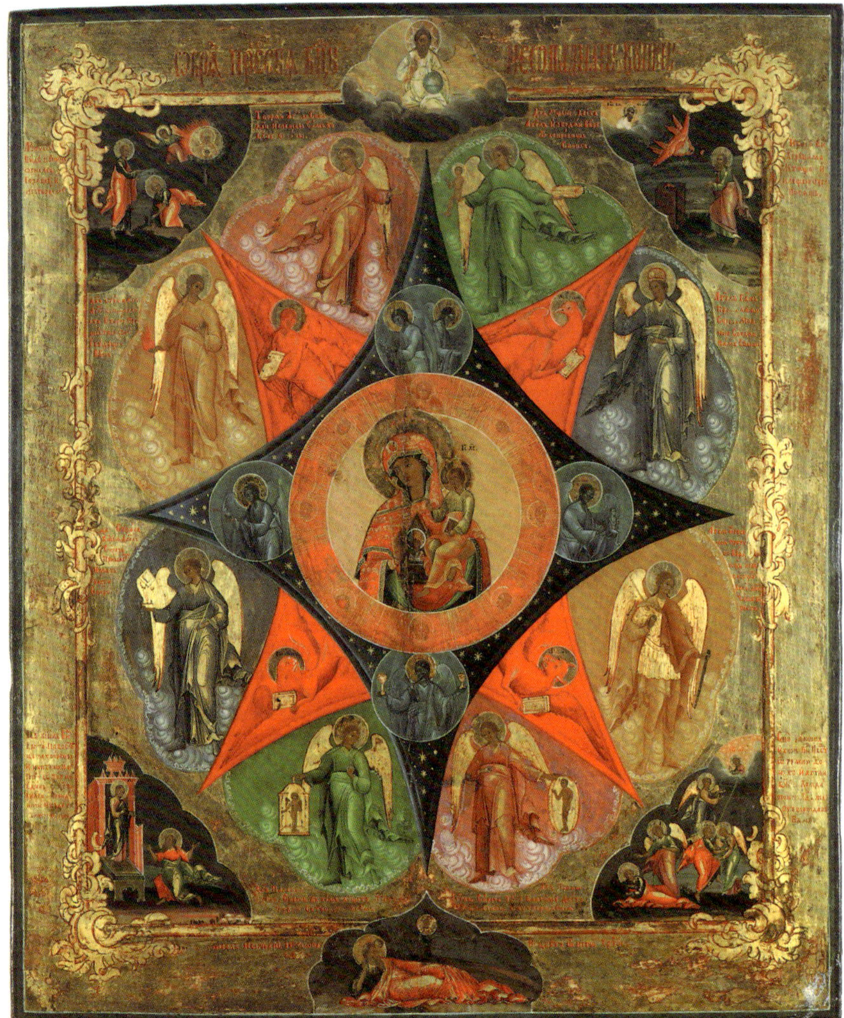

50

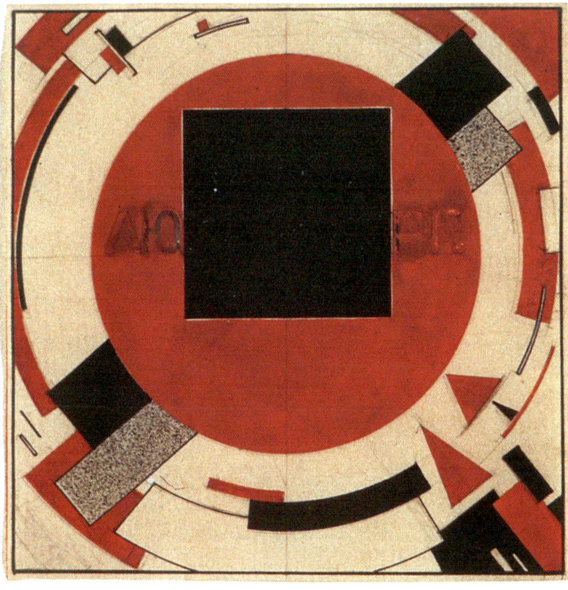

51

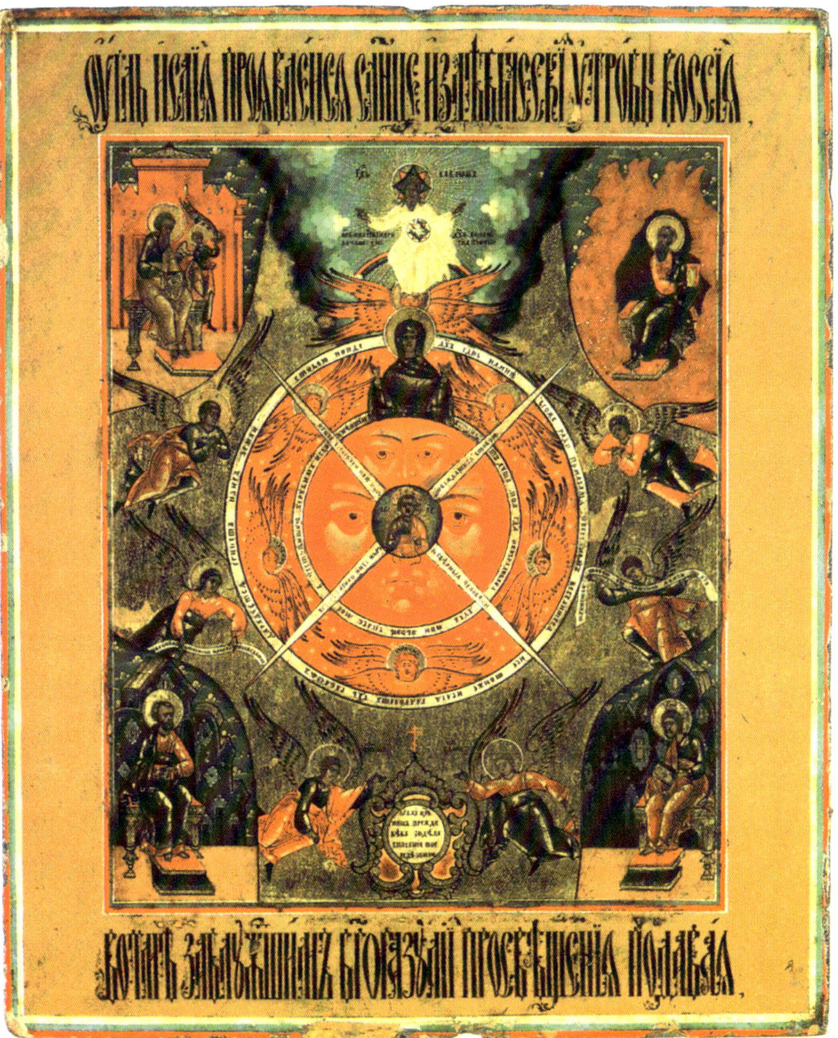

52

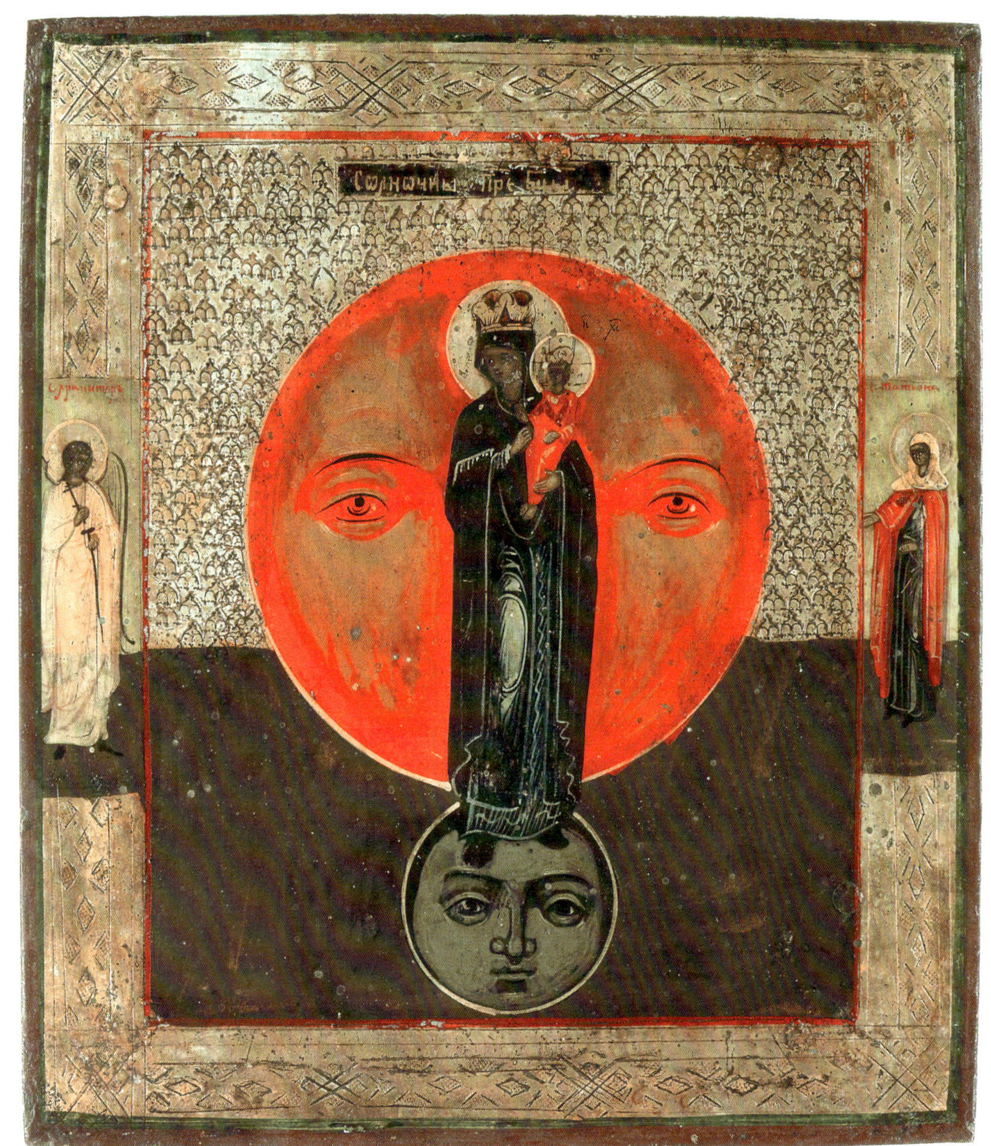

53
Die Gottesmutter mit Erlöser, Sonne und Mond
Russland, Ende 19. Jh.
Eitempera auf Holz, 31 x 27 cm
Ikonen-Museum der Stadt Frankfurt

Θεοτόκος με ήλιο και φεγγάρι
Ρωσία, τέλη 19^{ου} αιώνα
Αυγοτέμπερα σε ξύλο, 31 x 27 εκ.
Μουσείο Εικόνων Φρανκφούρτη

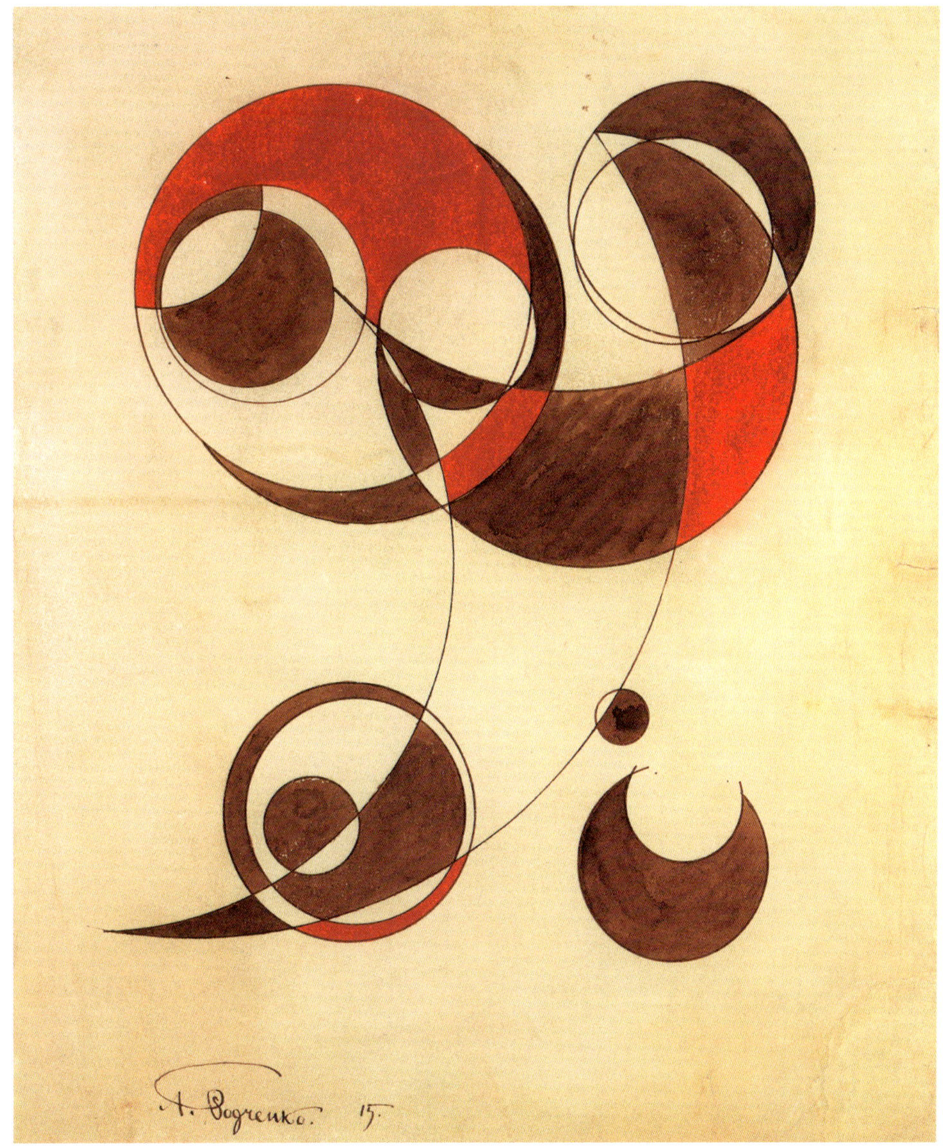

54
Alexander Rodschenko
Komposition mit Reisfäden, 1915
Wasserfarbe, Tinte, Tempera auf Papier, 40,6 x 33,7 cm
Privatbesitz

Αλεξάντρ Ρότσενκο
Σύνθεση, 1915
Τέμπερα, υδατογραφία, μελάνι σε χαρτί, 40,6 x 33,7 εκ.
Ιδιωτική Συλλογή

55
Wassili Kandinsky
Schwarz 1924 aus: *Derrière le Miroir Nr. 101–103, Sept.–Nov. 1957*
(Farblithografie nach dem Aquarell Barnett 672)
Inv. Nr. C–ZM 38–11, o. Nr., Anhang VI/2C
Kupferstichkabinett, Staatliche Museen zu Berlin
Preußischer Kulturbesitz

Βασίλι Καντίνσκι
Μαύρο 1924 (Από: Πίσω από τον Καθρέφτη No. 101-103, Σεπτ.-Νοέμ. 1957
Χρωμολιθογραφία από την ακουαρέλα Μπάρνετ 672)
Ταξ. Αρ. C- ZM 38-11, x. αρ., Παράρτημα VI/2C
Kupferstichkabinett, Κρατικά Μουσεία Βερολίνου
Πρωσική Πολιτιστική Κληρονομιά

56
Das alles sehende Auge Gottes
Russland, 19. Jh.
Eitempera auf Holz, 35,2 x 30 cm
Inv. Nr. IH 147
Ikonen-Museum der Stadt Frankfurt

Ο πανθ' ορών οφθαλμός του Θεού
Ρωσία, 19ος αιώνας
Αυγοτέμπερα σε ξύλο, 35,2 x 30 εκ.
Ταξ. Αρ. IH 147
Icon Museum Φρανκφούρτη

57
Iwan Kudriaschew
Komposition, 1919/20
Öl auf Leinwand, 50 x 49,8 cm
Privatbesitz

Ιβάν Κουντριασόφ
Σύνθεση, 1919/20
Λάδι σε μουσαμά, 50 x 49,8 εκ.
Ιδιωτική Συλλογή

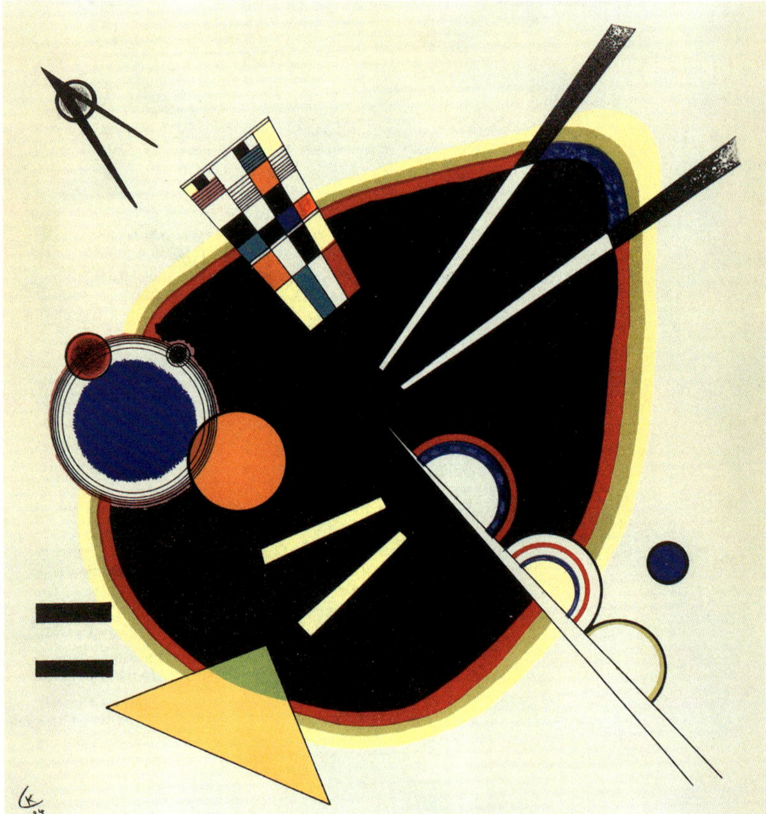

55

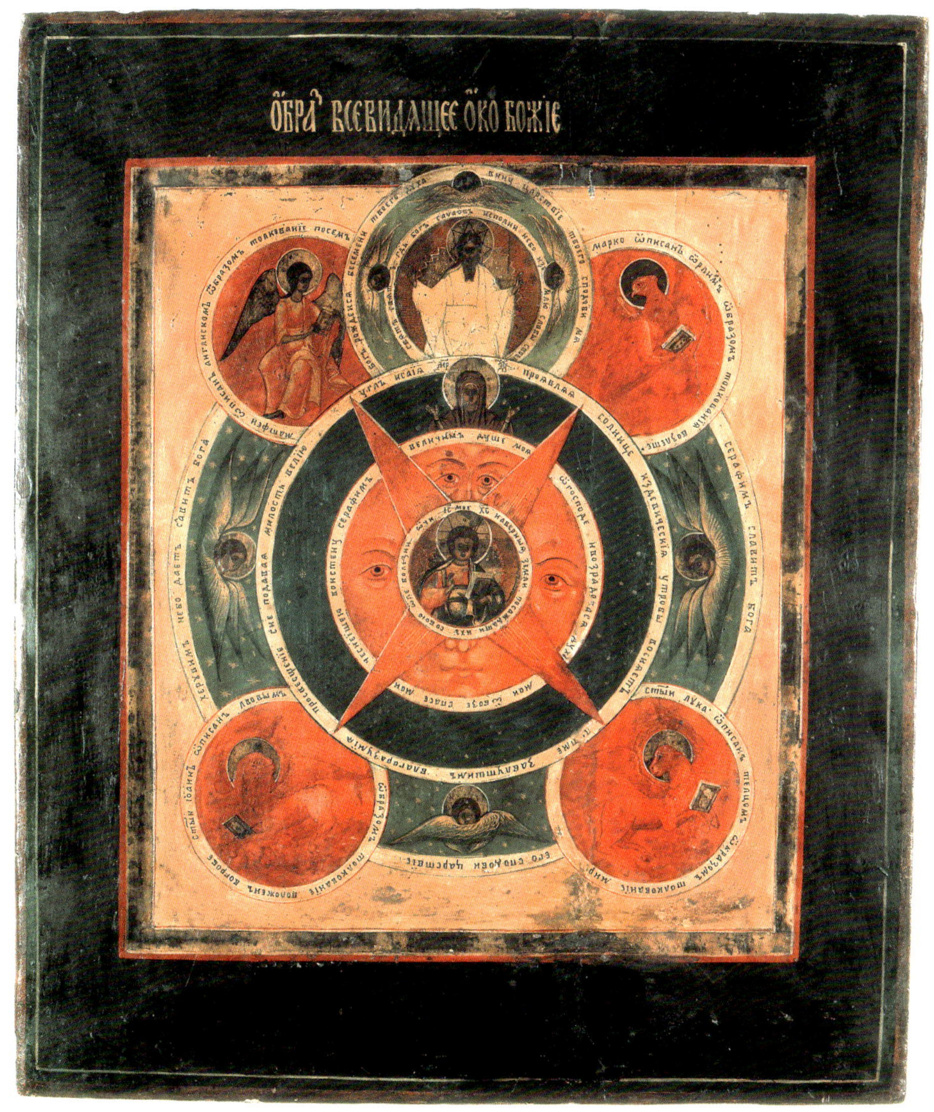

56

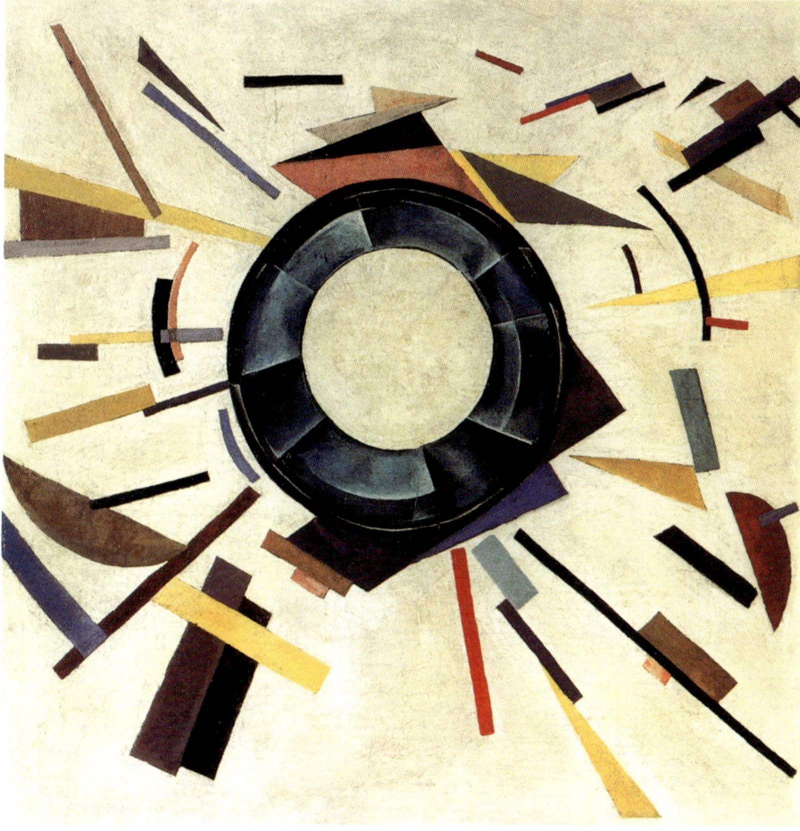

57

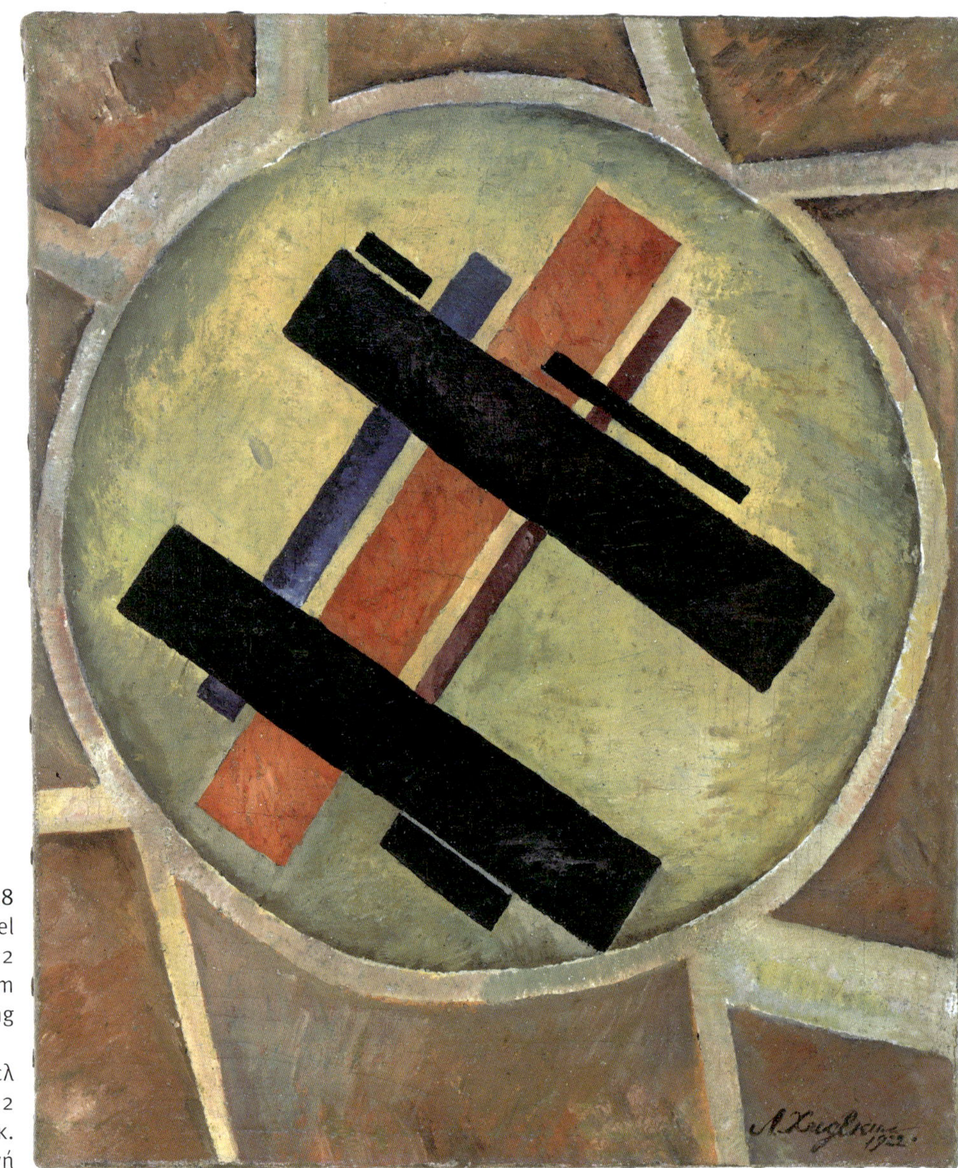

58
Lew Chidekel
Suprematistische Komposition, 1922
Öl auf Leinwand, 47,2 x 39 cm
Privatsammlung

Λεβ Χιντέκελ
Σουπρεματιστική Σύνθεση, 1922
Λάδι σε μουσαμά, 47,2 x 39 εκ.
Ιδιωτική Συλλογή

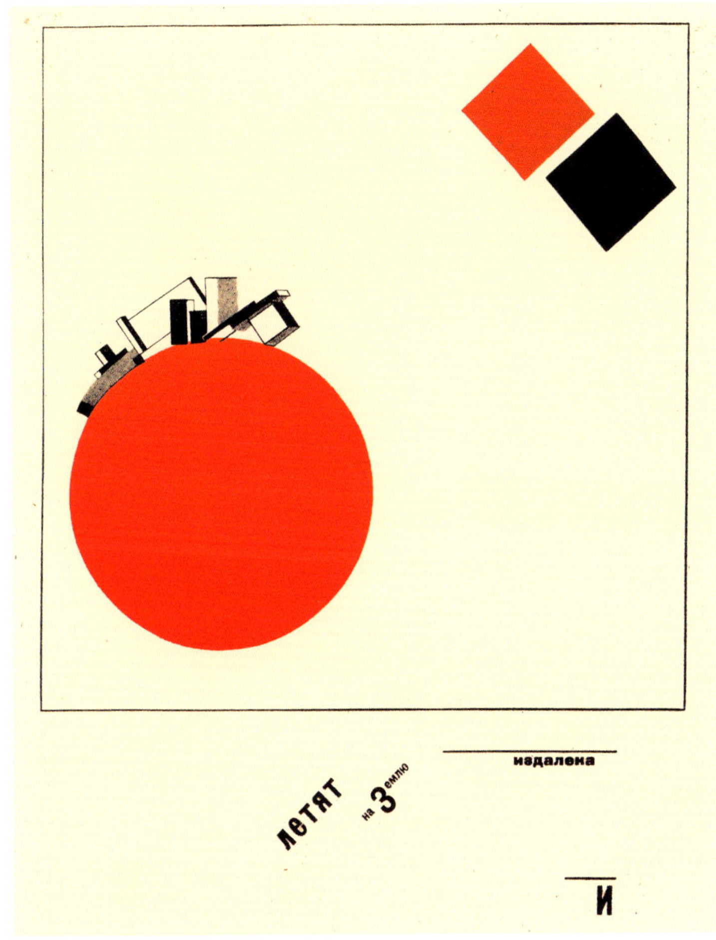

59
El Lissitzky
Suprematistische Erzählung von zwei Quadraten
in 6 Konstruktionen, Berlin 1922
Buchdruck in Rot und Schwarz, 28 x 22,5 cm
20 Seiten und Umschlag
o. Inv. Nr.
Klingspor-Museum der Stadt Offenbach

Ελ Λισίτσκι
Σουπρεματιστική Ιστορία Δύο Τετραγώνων σε 6 Κατασκευές,
Βερολίνο, 1922
Κόκκινα και μαύρα τυπογραφικά στοιχεία, 28 x 22,5 εκ.
20 σελίδες και εξώφυλλο
Χωρίς ταξινόμηση
Klingspor-Museum Όφενμπαχ

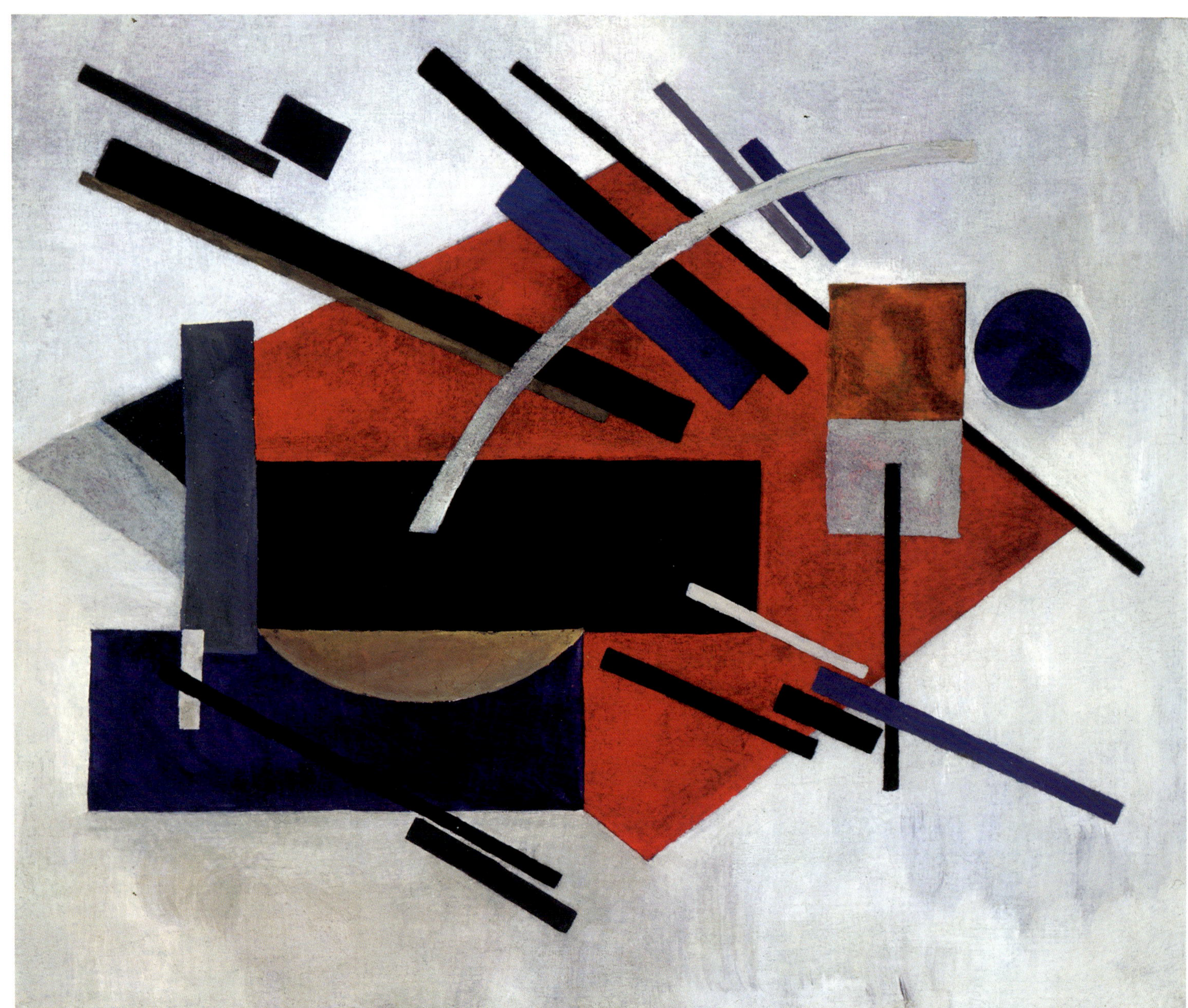

60
Ilia Tschaschnik
Suprematistische Komposition
1921
Öl auf Leinwand, 44 x 53,7 cm
Privatbesitz

Ιλία Τσάσνικ
Σουπρεματιστική Σύνθεση
1921
Λάδι σε μουσαμά, 44 x 53,7 εκ.
Ιδιωτική Συλλογή

62
Konstantin Wjalow
Kostümentwurf zum Stück „Stenka Rasin"
nach W. Kamensky, aufgeführt 1924
Gouache auf Papier, 42,8 x 30,5 cm
Privatbesitz

Κονσταντίν Βιαλόφ
Σχέδιο κοστουμιού για την παράσταση
«Στένκα Ραζίν», διασκευή Β. Καμένσκι, 1924
Γκουάς σε χαρτί, 42,8 x 30,5 εκ.
Ιδιωτική Συλλογή

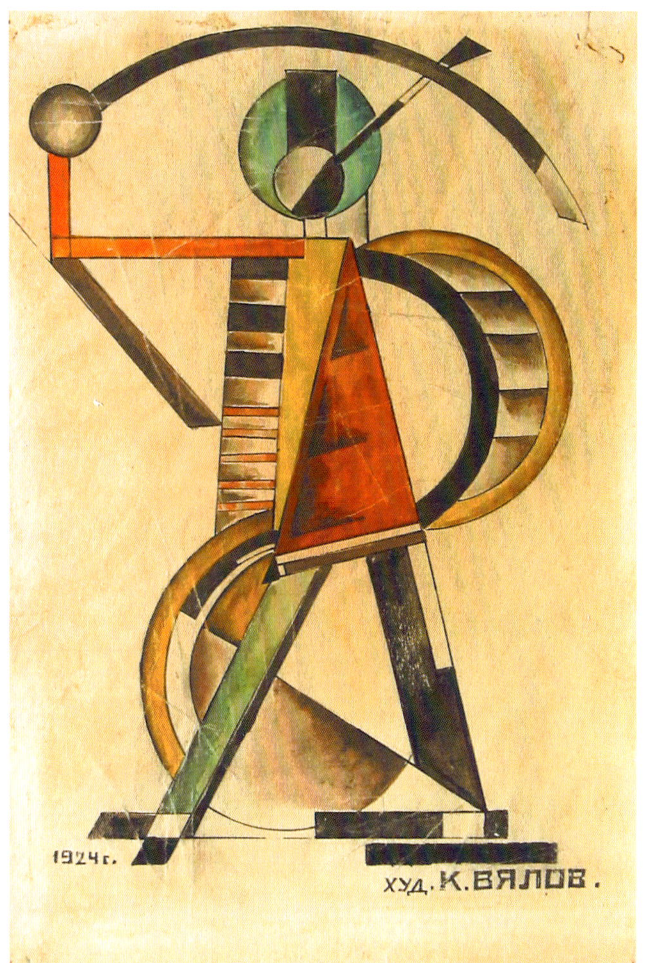

61
El Lissitzky
Komposition aus der Folge Proune, 1921/22
Tempera, Gouache, Bleistift auf Papier
64,7 x 42,2 cm
Privatbesitz

Ελ Λισίτσκι
Σύνθεση από Proun, 1921/22
Τέμπερα, γκουάς, μολύβι σε χαρτί
64,7 x 42,2 εκ.
Ιδιωτική Συλλογή

63
Sergej Tschechonin
Unbekannnter Kostümentwurf, 1926
Guoache auf Papier, 35,5 x 28,1 cm
Privatbesitz

Σεργκέι Τσεσόνιν
Άγνωστο σχέδιο κοστουμιού, 1926
Γκουάς σε χαρτί, 35,5 x 28,1 εκ.
Ιδιωτική Συλλογή

64
Sergej Tschechonin
Suprematistischer Kostümentwurf
für eine unbekannte Aufführung, 1926
Gouache auf Papier, 36 x 23,2 cm
Privatbesitz

Σεργκέι Τσεσόνιν
Σουπρεματιστικό σχέδιο κοστουμιού
για άγνωστη παράσταση, 1926
Γκουάς σε χαρτί, 36 x 23,2 εκ.
Ιδιωτική Συλλογή

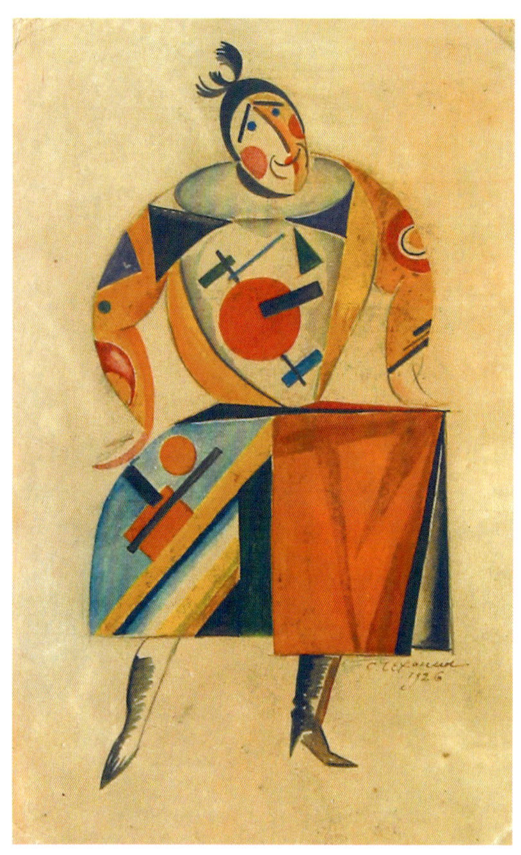

63

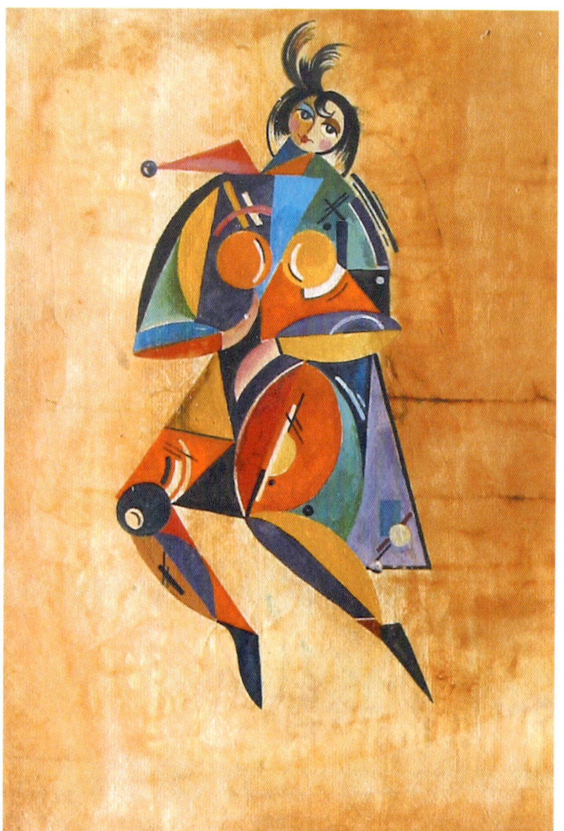

64

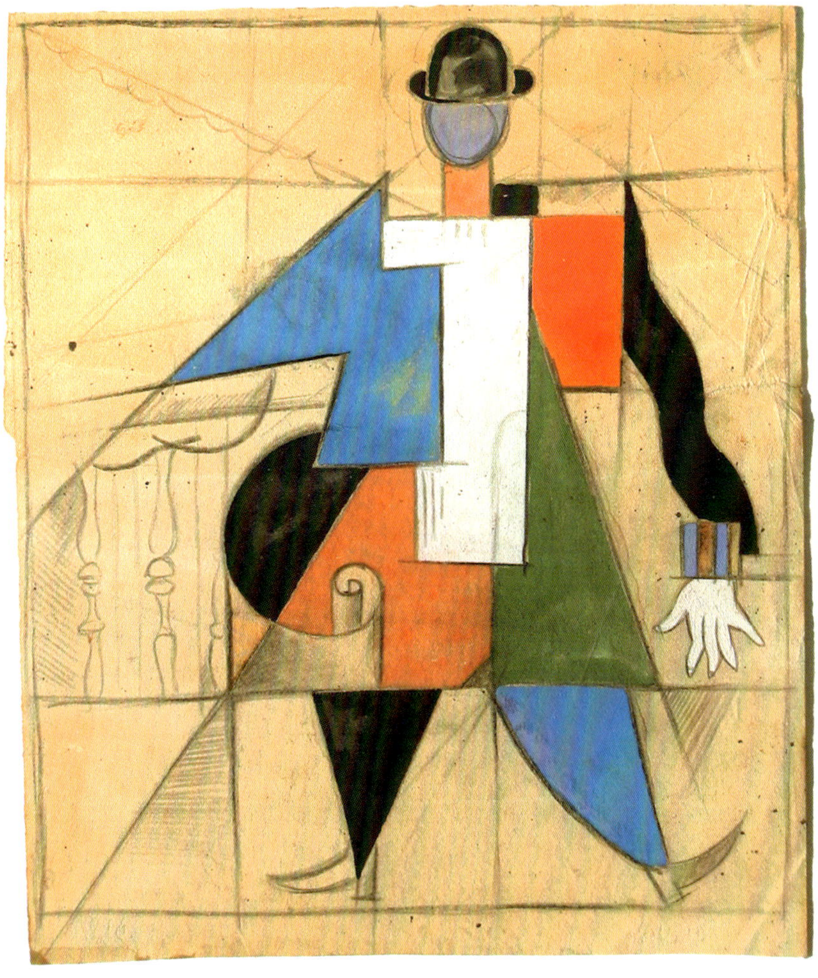

65
Iwan Puni
Kostümentwurf für eine unbekannte Aufführung
undatiert
Gouache auf Papier, 33,4 x 28,4 cm
Privatbesitz

Ιβάν Πούνι
Σχέδιο κοστουμιού για άγνωστη παράσταση
χ. χ.
Γκουάς σε χαρτί, 33,4 x 28,4 εκ.
Ιδιωτική Συλλογή

66
Ljubow Popowa
Kostümentwurf „Kostümarchitektonik Nr. 21"
1921
Wasserfarbe auf Karton, 41,3 x 29,5 cm
Privatbesitz

Λιουμπόφ Ποπόβα
Σχέδιο κοστουμιού για εξώφυλλο περιοδικού
1921
Ακουαρέλα σε χαρτόνι, 41,3 x 29,5 εκ.
Ιδιωτική Συλλογή

67
Ljubow Popowa
Kostümentwurf „Transformkleider des Schauspielers Nr. 14"
1921
Wasserfarbe auf Karton, 41,3 x 29,5 cm
Privatbesitz

Λιουμπόφ Ποπόβα
Σχέδιο κοστουμιού για εξώφυλλο περιοδικού
1921
Ακουαρέλα σε χαρτόνι, 41,3 x 29,5 εκ.
Ιδιωτική Συλλογή

68
Ljubow Popowa
Kostümentwurf „Proskostüm Nr. 9"
1921
Wasserfarbe auf Karton, 41,3 x 29,5 cm
Privatbesitz

Λιουμπόφ Ποπόβα
Σχέδιο κοστουμιού για εξώφυλλο περιοδικού
1921
Ακουαρέλα σε χαρτόνι, 41,3 x 29,5 εκ.
Ιδιωτική Συλλογή

АРХИТЕКТОНИКА
КОСТЮМА
№ 21
Л. Попова 1921.

66

ТРАНСФОРМОДЕЖДА
АКТЕРА
№ 14
Л. Попова 1921.

67

ПРОЗ-
КОСТЮМ
№ 9
Л. Попова 1921.

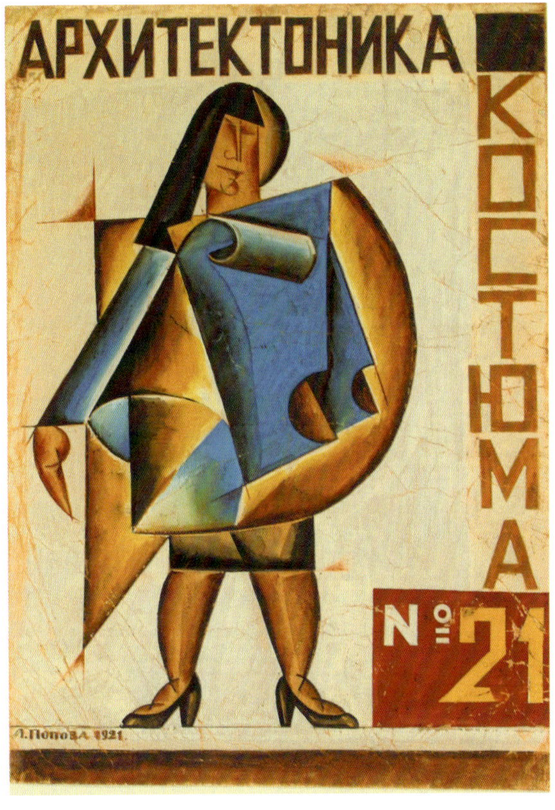

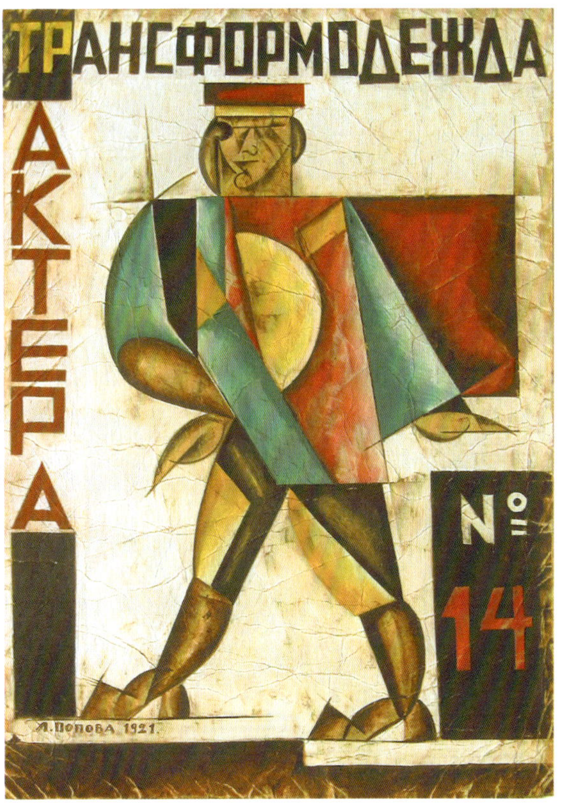

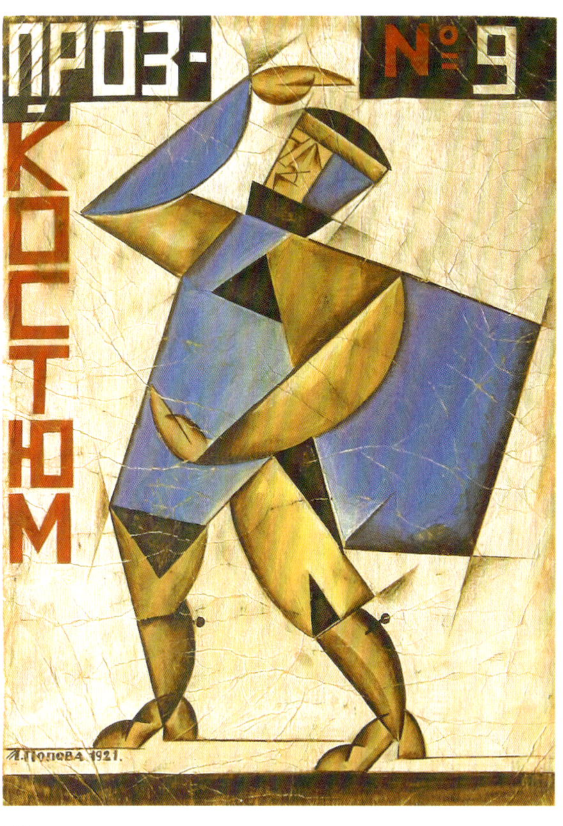

68

69
Eine unglaubliche Geschichte, 1871
Lithografie, koloriert, 35,4 x 44,5 cm
Inv. Nr. GIM 40457 I Sch 7478
Staatliches Historisches Museum Moskau

Μία απίστευτη ιστορία, 1871
Έγχρωμη λιθογραφία, 35,4 x 44,5 εκ.
Ταξ. Αρ. GIM 40457 I sh 7478
Κρατικό Ιστορικό Μουσείο Μόσχας

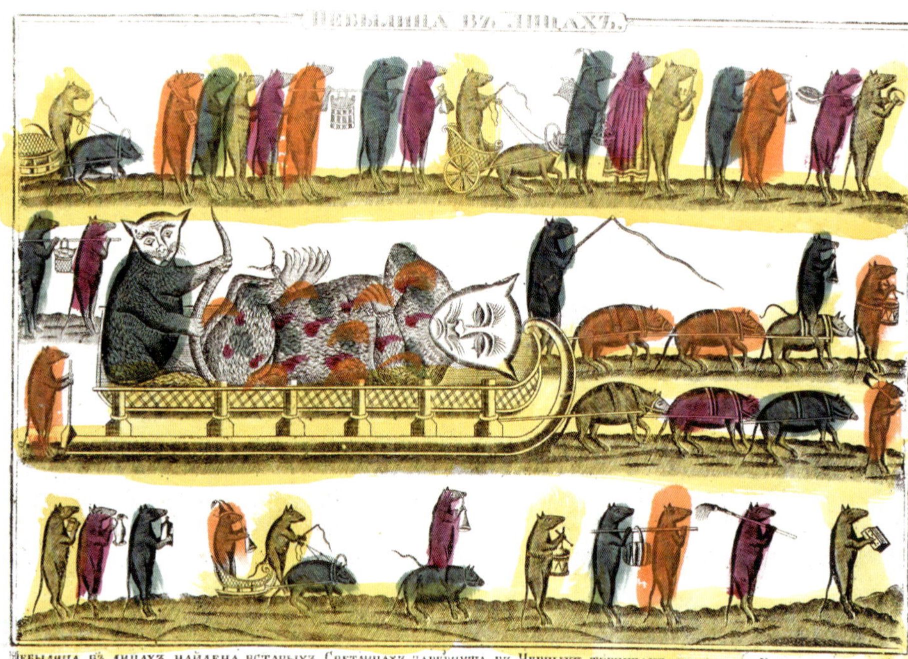

70

Unsinnige Sachen zum Spaß und zum Lachen
Moskau, 1873
Lithografie, koloriert, 35,5 x 43 cm
Inv. Nr. GIM, 40456 | Sch hr 6603
Staatliches Historisches Museum Moskau

Ανόητα πράγματα για γέλια
Μόσχα 1873
Έγχρωμη λιθογραφία, 35,5 x 43 εκ.
Ταξ. Αρ. GIM, 40456 | Sch hr 6603
Κρατικό Ιστορικό Μουσείο Μόσχας

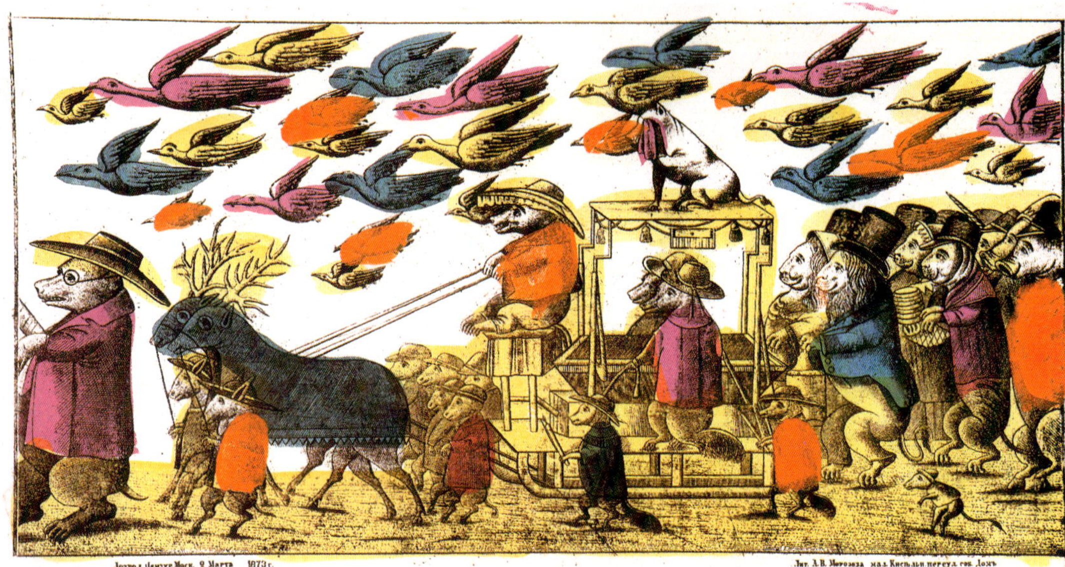

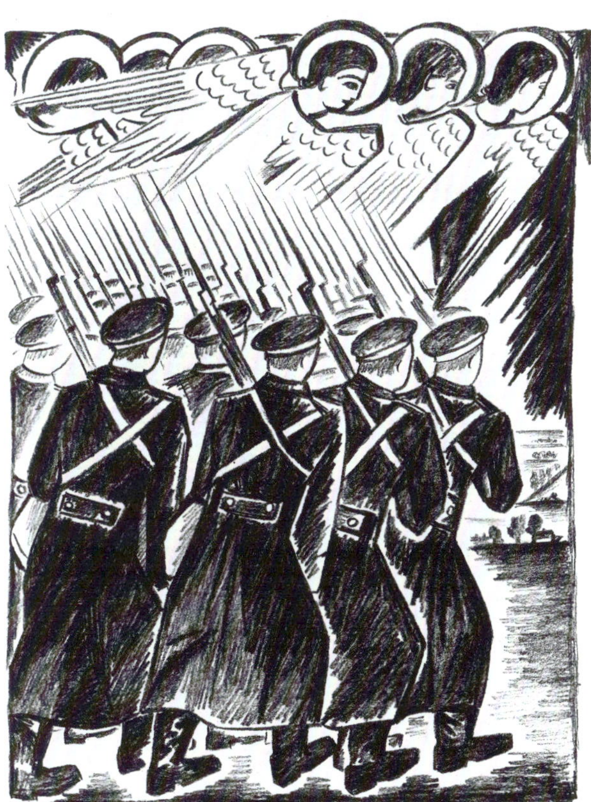

71
Natalja Gontscharova
Soldaten und Engel, aus: Der Krieg Nr. 9, 1914
Lithografie
Inv. Nr. C-1122 (Slg. Bolz)
Kupferstichkabinett, Staatliche Museen zu Berlin
Preußischer Kulturbesitz

Νατάλια Γκοντσαρόβα
Στρατιώτες και Άγγελος, από τη σειρά: Ο Πόλεμος Νο. 9, 1914
Λιθογραφία
Ταξ. Αρ. C-1122 (Συλλογή Μπολτζ)
Kupferstichkabinett, Κρατικά Μουσεία Βερολίνου
Πρωσική Πολιτιστική Κληρονομιά

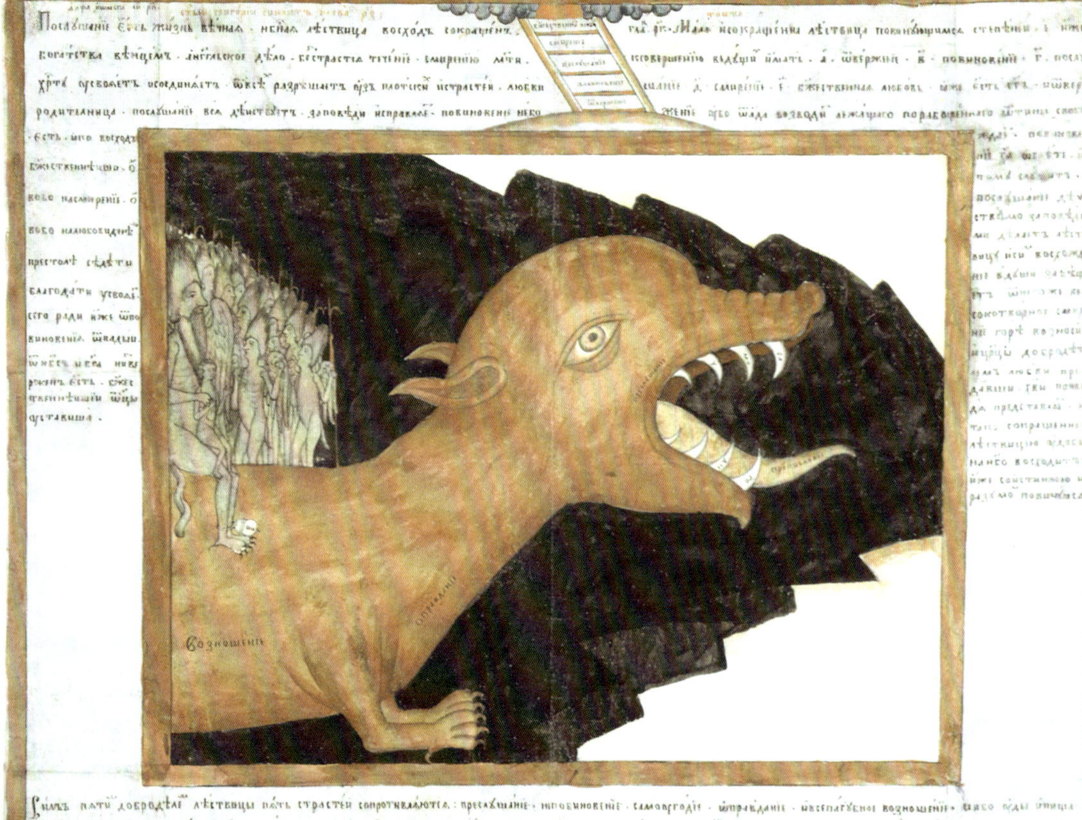

72
Höllisches Ungeheuer, Mitte 19. Jh.
Tusche, Tempera, 51 x 59,8 cm
Inv. Nr. GIM 52789 | Sch hr 9991
Staatliches Historisches Museum Moskau

Τέρας της Κολάσεως, Μέσα 19ου αιώνα
Σινική μελάνη, τέμπερα, 51 x 59,8 εκ.
Ταξ. Αρ. GIM 52789 | sh hr 9991
Κρατικό Ιστορικό Μουσείο Μόσχας

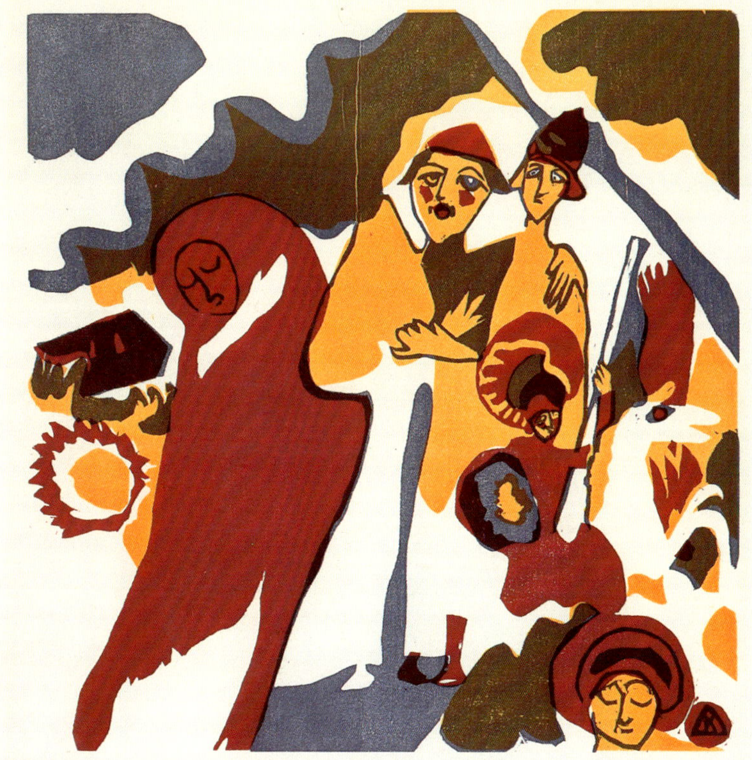

73
Wassili Kandinsky
Allerheiligen, aus: Klänge, 1911
Roethel 131 (Neudruck 16)
Holzschnitt in drei Farben
Inv. Nr. C-1465 (Slg Bolz)
Kupferstichkabinett, Staatliche Museen zu Berlin
Preußischer Kulturbesitz

Βασίλι Καντίνσκι
Οι Άγιοι Πάντες από τους Ήχους, 1911
Τρίχρωμη ξυλογραφία
Ταξ. Αρ. C-1465 (Συλλογή Μπολτζ)
Kupferstichkabinett, Κρατικά Μουσεία Βερολίνου
Πρωσική Πολιτιστική Κληρονομιά

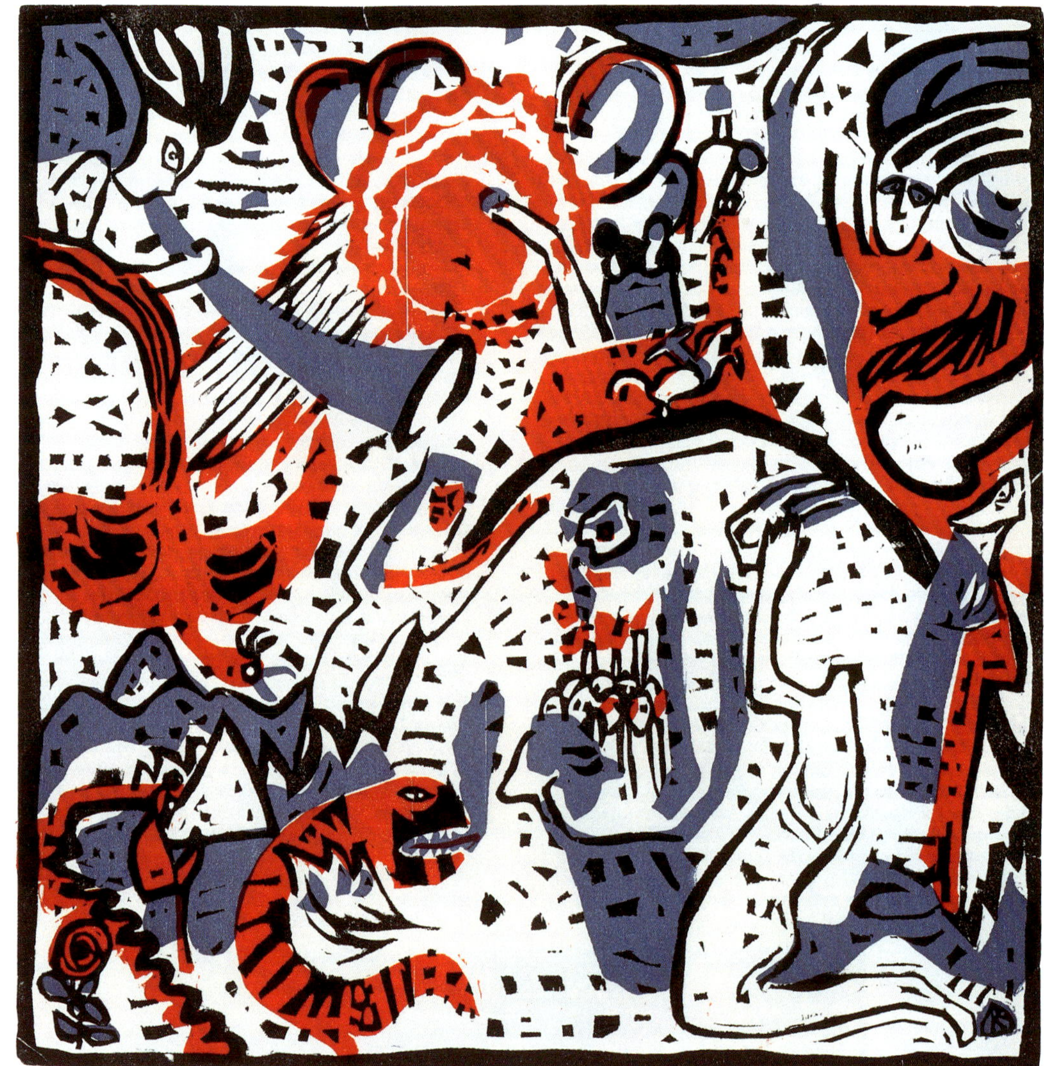

74
Wassili Kandinsky
Große Auferstehung, aus: Klänge, 1911
Roethel 138 (Neudruck 17)
Holzschnitt in drei Farben
Inv. Nr. -1466 (Slg. Bolz)
Kupferstichkabinett, Staatliche Museen zu Berlin
Preußischer Kulturbesitz

Βασίλι Καντίνσκι
Μεγάλη Ανάσταση από τους Ήχους, 1911
Τρίχρωμη ξυλογραφία
Ταξ. Αρ. C-1466 (Συλλογή Μπολτζ)
Kupferstichkabinett, Κρατικά Μουσεία Βερολίνου
Πρωσική Πολιτιστική Κληρονομιά

75
Alexander Puschkin Conte de Tsar Saltan
(Märchen vom Zar Saltan), Paris, La Sirene, 1921
Illustrationen und Buchschmuck von Natalia Gontscharowa
Nr. 586 von 599; Widmungsexemplar der Illustratorin, signiert für Velin de Rives
Inv. Nr. NB 8756 d/mtl
Kunstbibliothek, Staatliche Museen zu Berlin, Preußischer Kulturbesitz

Αλεξάντερ Πούσκιν, Η ιστορία του Τσάρου Σαλτάν, Παρίσι, 1921
Εικονογράφηση και διακόσμηση από τη Νατάλια Γκοντσαρόβα
Νο. 586 ή 599, υπογεγραμμένο από τον καλλιτέχνη και αφιερωμένο στον Βελίν ντε Ριβ
Ταξ. Αρ. NB 8756 d/mtl
Kunstbibliothek, Κρατικά Μουσεία Βερολίνου, Πρωσική Πολιτιστική Κληρονομιά

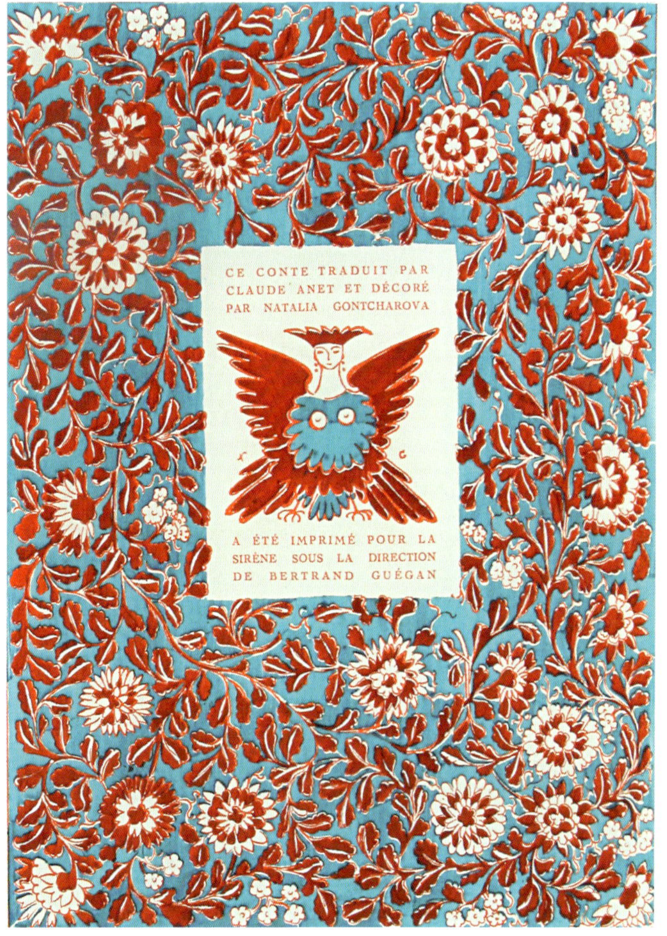

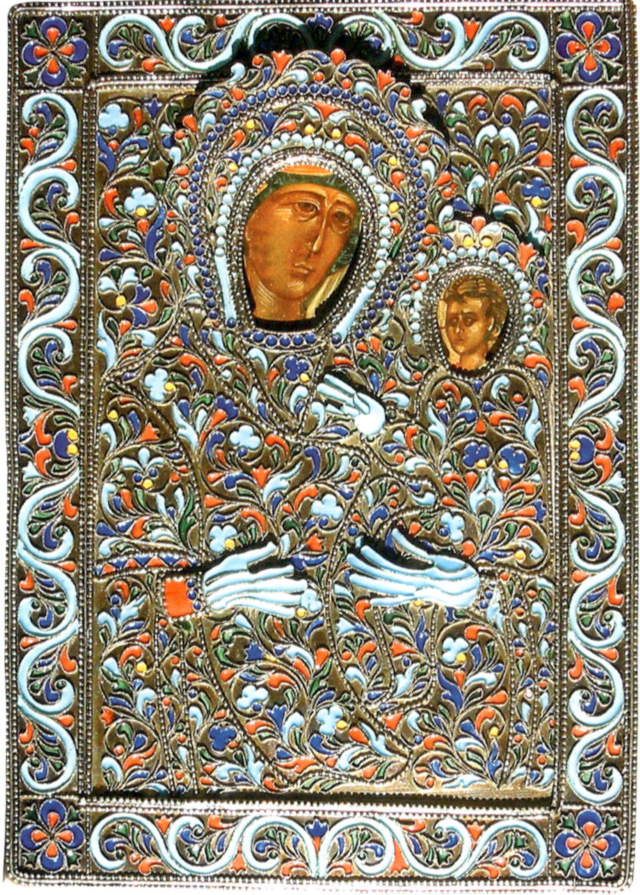

76
Gottesmutter Hodegetria
Oklad gestaltet und angefertigt von Julius Rapport,
bekannter Goldschmied bei Fabergé
Russland, Ende 19. Jh.
Eitempera auf Holz, Silber, Email, 21,4 x 14,5 cm
Privatbesitz

Θεοτόκος Οδηγήτρια
Ρωσία, τέλη 19^{ου} αιώνα
Αυγοτέμπερα σε ξύλο, ασήμι, σμάλτο, 21,4 x 14,5 εκ.
Ιδιωτική Συλλογή

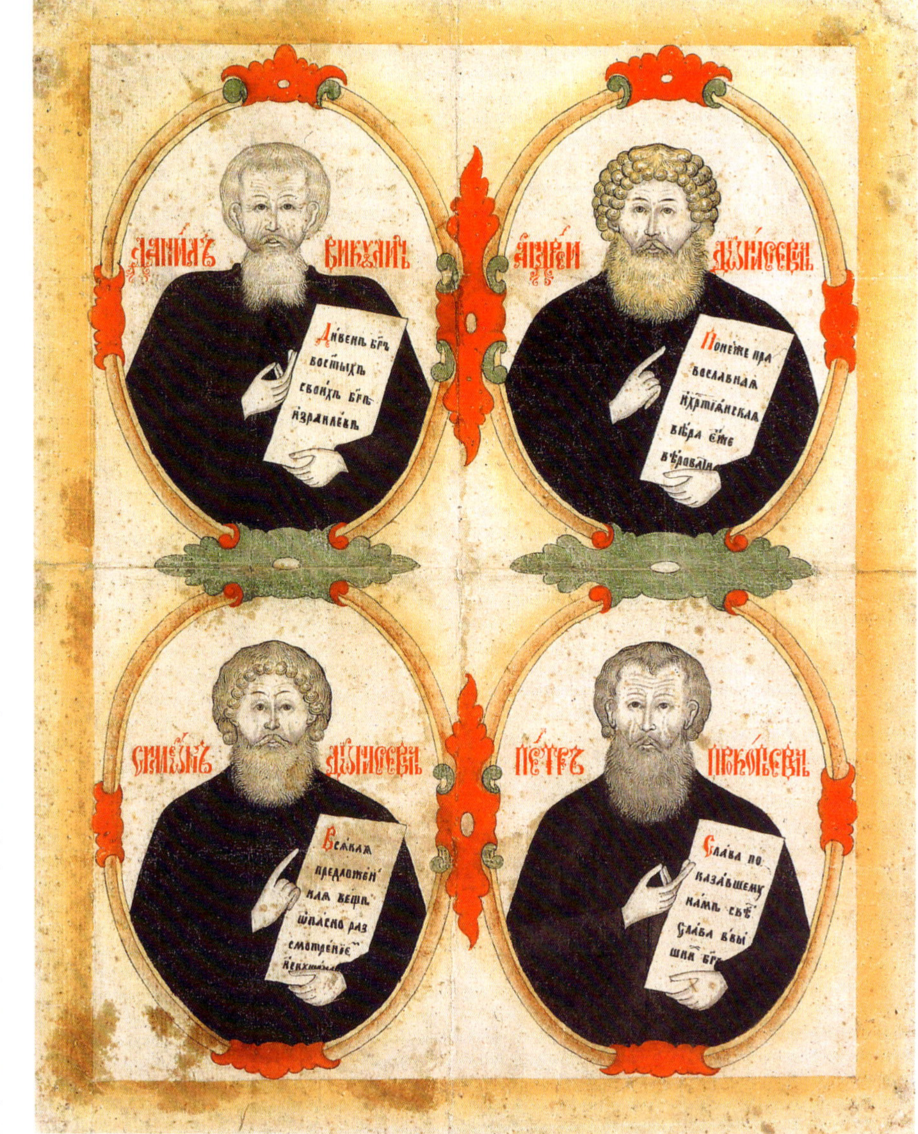

77
Daniil Wikulow, Andrei Denisow,
Semjon Denisow, Pjotr Prokopjew
Anonym, Anfang 19. Jh.
Tinte, Tempera, 43,6 x 34,5 cm
Papier mit „A O"-Wasserzeichen
datiert 1802 der Alexander Olchin Fabrik
Inv. Nr. 52789 I Sch hr 24394
Staatliches Historisches Museum Moskau

Δανιήλ Βικούλοφ, Αντρέι Ντενίσοφ,
Συμεών Ντενίσοφ, Πιοτρ Προκόπιεφ
Αρχές 19ου αιώνα
Μελάνι, τέμπερα, 43,6 x 34,5 εκ.
Χαρτί με Α Ο υδατόσημο χρονολογημένο (1802)
Εργοστάσιο Αλεξάντρ Όλχιν, Ταξ. Αρ. 52789 I sh hr 24394
Κρατικό Ιστορικό Μουσείο Μόσχας

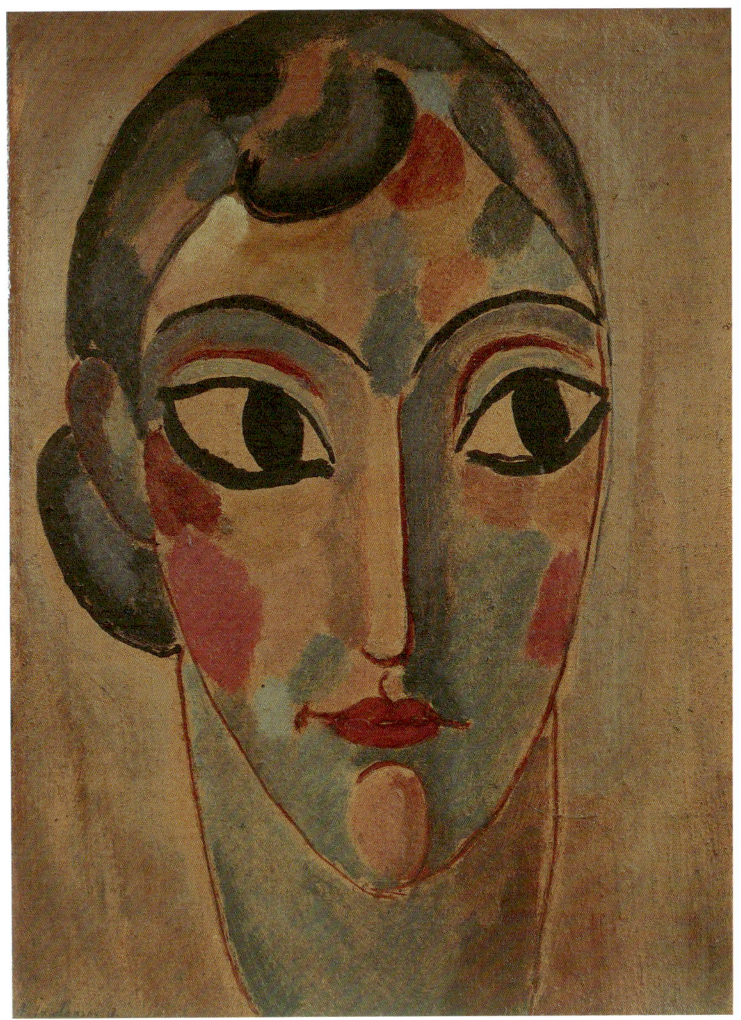

78
Alexej von Jawlensky
Mystischer Kopf: Klassischer Kopf, 1918 N.12, WV Nr. 969
Öl auf Karton, 40 x 29,5 cm
Museum am Ostwall, Dortmund

Αλεξέι φον Γιαβλένσκι
Μυστικό Κεφάλι: Κλασικό Κεφάλι, 1918 No. 12, WV No. 969
Λάδι σε χαρτόνι, 40 x 29,5 εκ.
Μουσείο Ostwall, Ντόρτμουντ

79
Alexej von Jawlensky
Heilandsgesicht: Der Tod II, WV Nr. 1077, 1919
Öl auf Malpapier auf Karton, 32,7 x 25,1 cm
Museum am Ostwall, Dortmund

Αλεξέι φον Γιαβλένσκι
Το Πρόσωπο του Σωτήρα: Ο Θάνατος II, WV No. 1077, 1919
Λάδι σε χαρτί πάνω σε χαρτόνι, 32,7 x 25,1 εκ.
Μουσείο Ostwall, Ντόρτμουντ

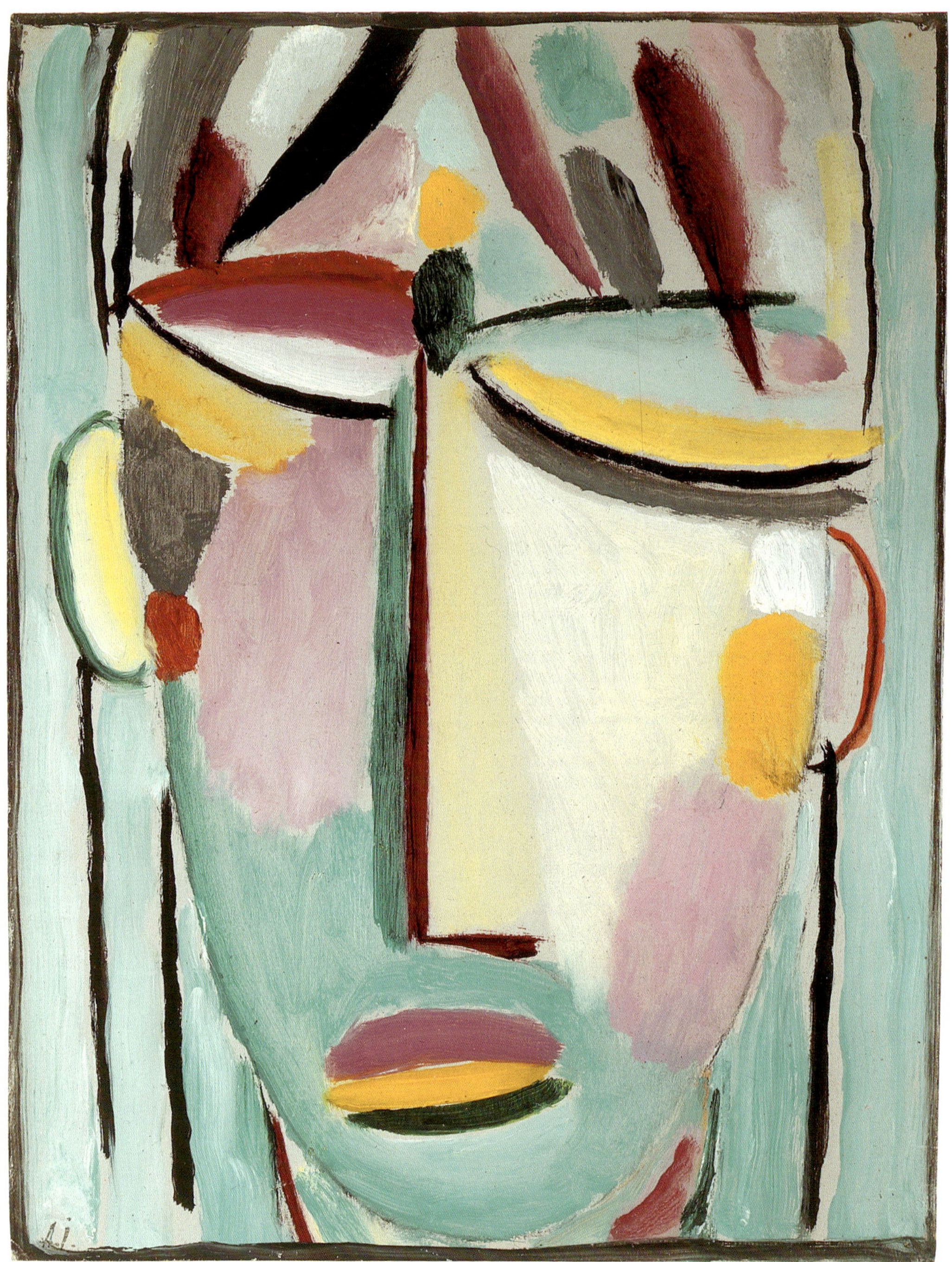

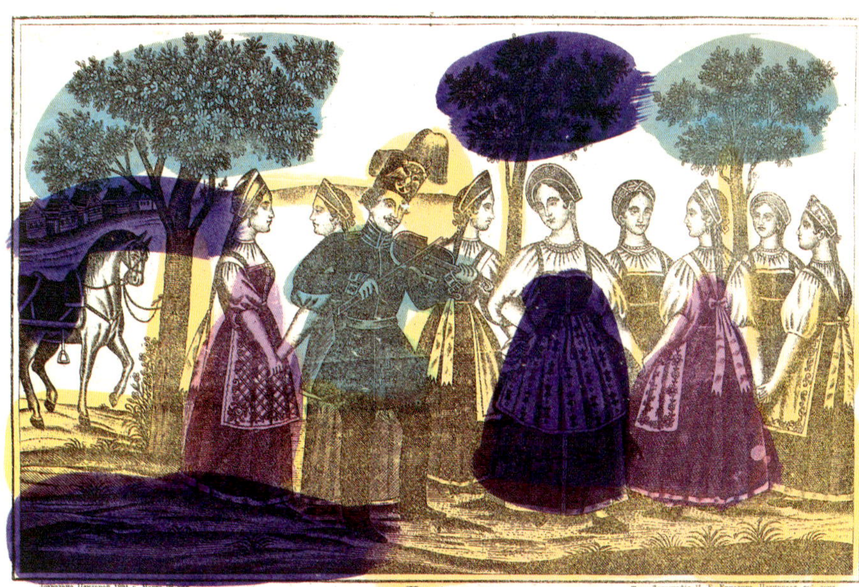

80
Pesnja (Lied)
Russland, 19. Jahrhundert
Lithografie, koloriert
Inv. Nr. ZM 41/3, Kat. 149 (Slg. Bolz)
Kupferstichkabinett, Staatliche Museen zu Berlin
Preußischer Kulturbesitz

Pesnya (Τραγούδι)
Ρωσία, 19ος αιώνας
Έγχρωμη λιθογραφία
Ταξ. Αρ. ZM 41/3, Κατ. 149 (Συλλογή Μπολτζ)
Kupferstichkabinett, Κρατικά Μουσεία Βερολίνου
Πρωσική Πολιτιστική Κληρονομιά

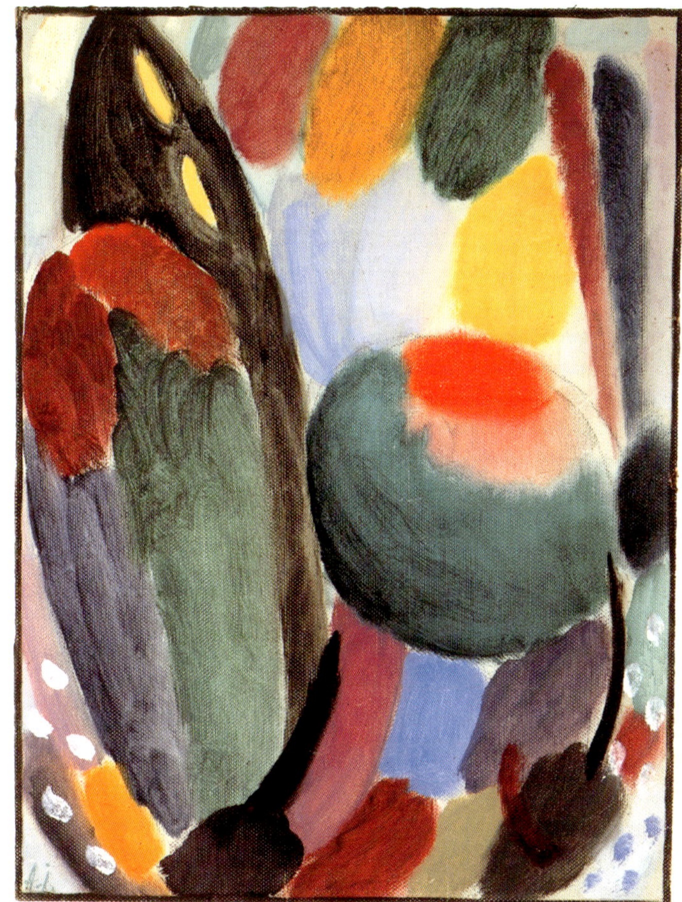

81
Alexej von Jawlensky
Variation: Duft und Frische (Holland), WV Nr. 1040, 1918
Öl auf leinenstrukturiertem Papier auf Karton,
35,7 x 27,4 cm
Museum am Ostwall, Dortmund

Αλεξέι φον Γιαβλένσκι
Παραλλαγή: Άρωμα και Φρεσκάδα (Ολλανδία), WV No. 1040, 1918
Λάδι σε λινό πάνω σε χαρτόνι
35,7 x 27,4 εκ.
Μουσείο Ostwall, Ντόρτμουντ

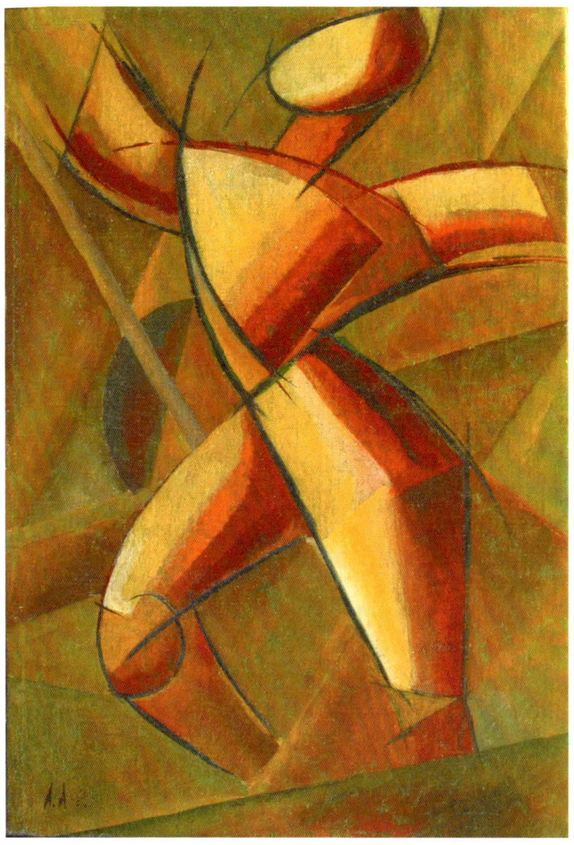

82
Alexander Archipenko
Kubistische Komposition, undat.
Öl auf Leinwand, 50 x 35 cm
Privatbesitz

Αλεξάντερ Αρχιπένκο
Κυβιστική Σύνθεση, χ. χ.
Λάδι σε μουσαμά, 50 x 35 εκ.
Ιδιωτική Συλλογή

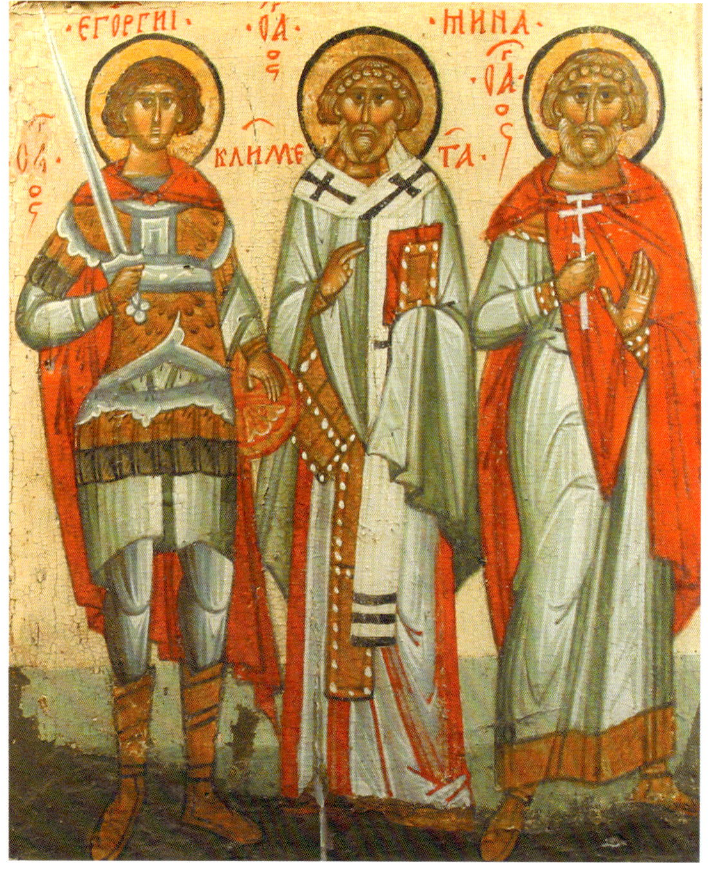

83
Hl. Georg, Clemens und Menas, Nowgorod, 14. Jh.
Eitempera auf Holz, 39,3 x 33 cm
Inv. Nr. 9642
Dauerleihgabe der Staatlichen Sammlungen Preußischer Kulturbesitz
Skulpturensammlung und Museum für Byzantinische Kunst

Οι Άγιοι Γεώργιος, Κλήμης και Μηνάς, Νόβγκοροντ, 14ος αιώνας
Αυγοτέμπερα σε ξύλο, 39,3 x 33 εκ.
Ταξ. Αρ. 9642
Δάνειο διαρκείας, Κρατική Συλλογή Πρωσικής Πολιτιστικής Κληρονομιάς
Συλλογή Γλυπτών και Μουσείο Βυζαντινής Τέχνης

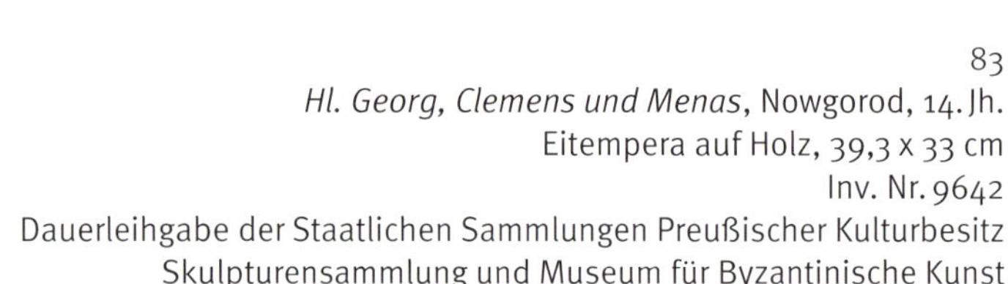

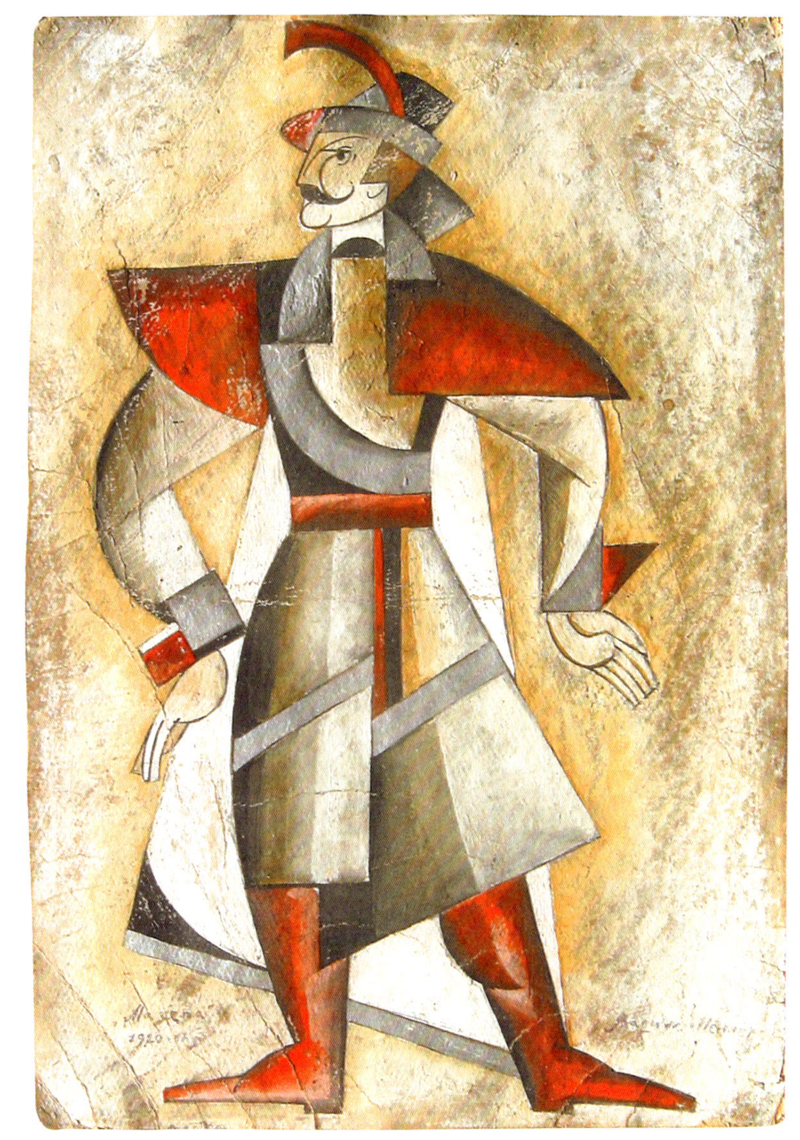

84
Wadim Meller
Kostümentwurf zur Oper „Masepa", 1920
Gouache auf Papier, 48,5 x 34 cm
Privatbesitz

Βαντίμ Μέλερ
*Σχέδιο Κοστουμιού για την
παράσταση μπαλέτου «Μάσεπα»*, 1920
Γκουάς σε χαρτί, 48,5 x 34 εκ.
Ιδιωτική Συλλογή

85
Wadim Meller
Kostümentwurf zum Ballett
„Der falsche Mephisto", 1920
Gouache auf Papier, 44,1 x 34 cm
Privatbesitz

Βαντίμ Μέλερ
Σχέδιο Κοστουμιού για την παράσταση μπαλέτου
«Der falsche Mephisto», 1920
Γκουάς σε χαρτί, 44,1 x 34 εκ.
Ιδιωτική Συλλογή

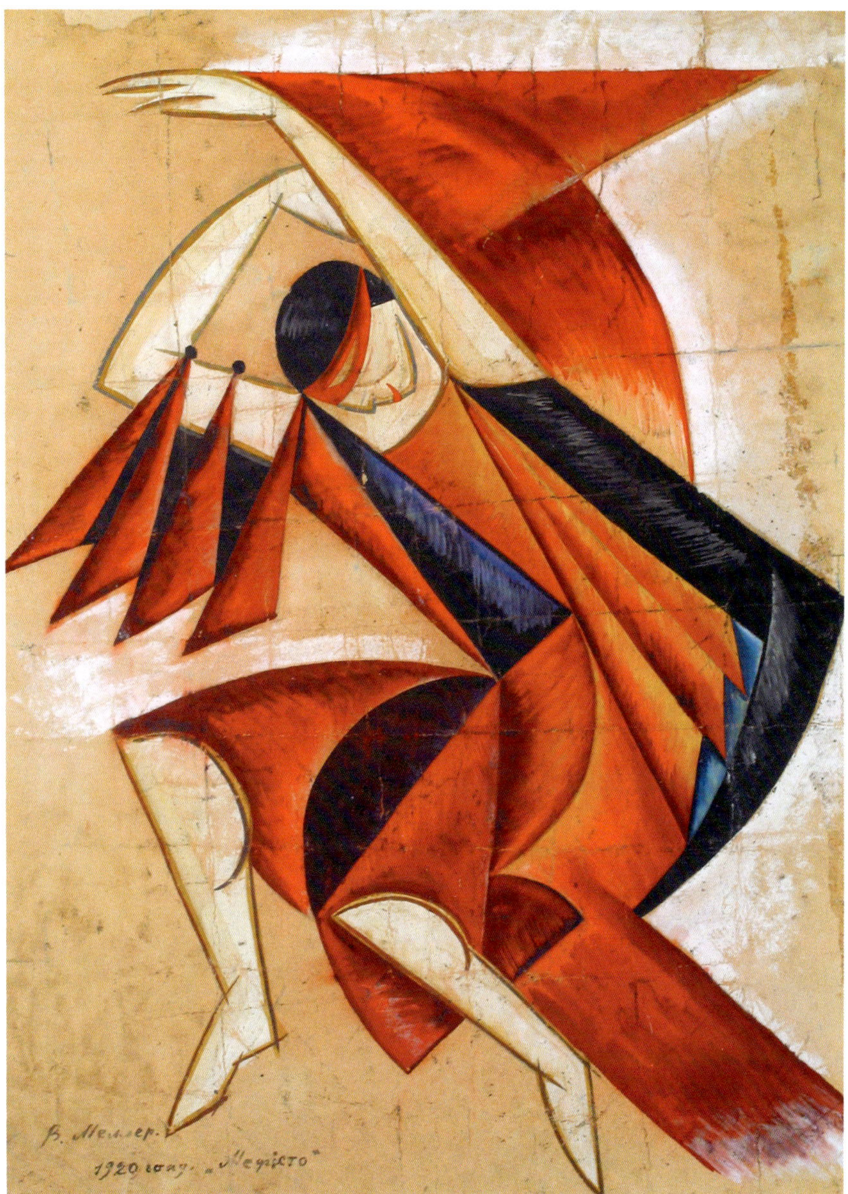

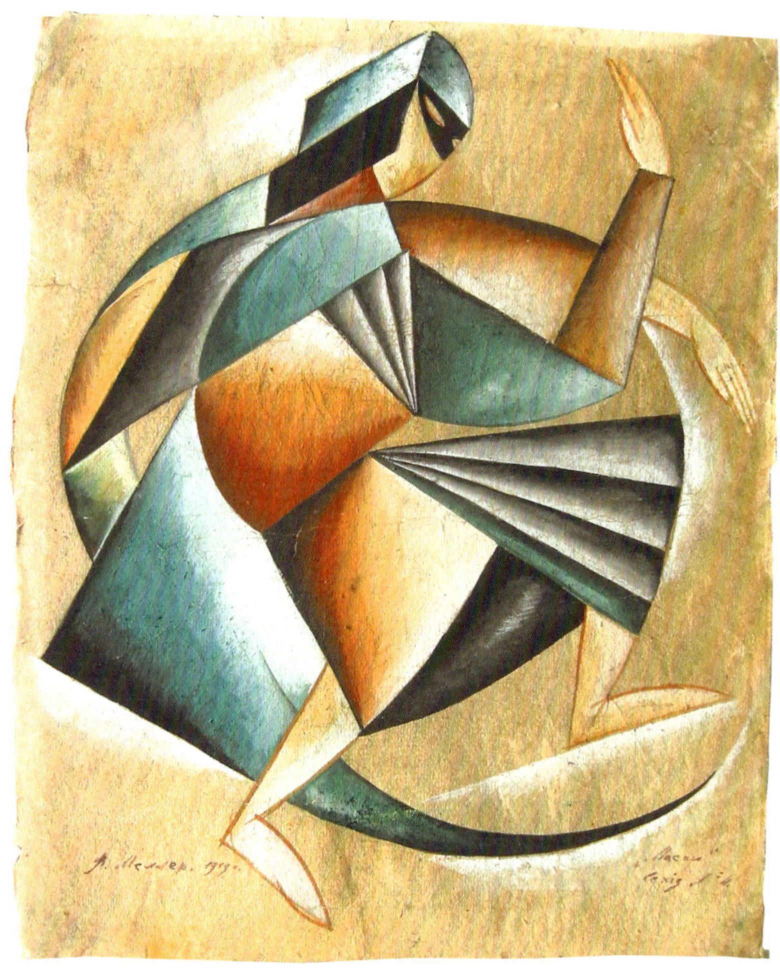

86
Wadim Meller
Kostümentwurf zum Ballett
„Die Masken", 1919
Gouache auf Papier
44,7 x 37 cm
Privatbesitz

Βαντίμ Μέλερ
Σχέδιο Κοστουμιού για την
παράσταση μπαλέτου
«Οι Μάσκες», 1919
Γκουάς σε χαρτί, 44,7 x 37 εκ.
Ιδιωτική Συλλογή

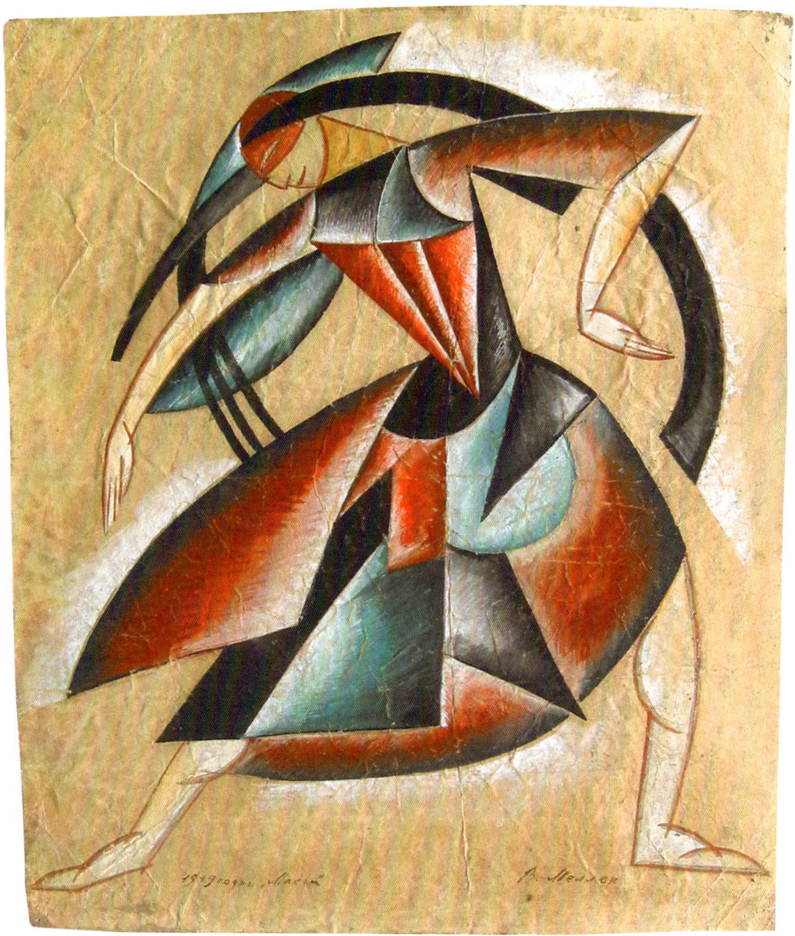

87
Wadim Meller
Kostümentwurf zum Ballett
„Die Masken", 1919
Gouache auf Papier
41,3 x 35,5 cm
Privatbesitz

Βαντίμ Μέλερ
Σχέδιο Κοστουμιού για την
παράσταση μπαλέτου
«Οι Μάσκες», 1919
Γκουάς σε χαρτί, 41,3 x 35,5 εκ.
Ιδιωτική Συλλογή

88
Gottesmutter Kazanskaja
Russland, 18. Jh.
Silberoklad, Flussperlen, Edelsteine, 33 x 27 cm
Inv. Nr. I 224
Ikonen-Museum der Stadt Frankfurt

Θεοτόκος του Καζάν
Ρωσία, 18ος αιώνας
Ασήμι, μαργαριτάρια, πολύτιμοι λίθοι, 33 x 27 εκ.
Ταξ. Αρ. I 224
Μουσείο Εικόνων Φρανκφούρτη

89
David Kakabadse
o. T., 1924
Relief, Holz, Glas, Metal, Eisen
64,7 x 49,5 cm
Privatbesitz

Νταβίντ Κακαμπάντσε
Χωρίς τίτλο, 1924
Ανάγλυφο, ξύλο, γυαλί, σίδερο
64,7 x 49,5 εκ.
Ιδιωτική Συλλογή

90
Gottesmutter von Kykos
Russland, 1. Hälfte 19. Jh.
Eitempera auf Holz; Oklad: Silber, Email
31,2 x 27 cm
Ikonen-Museum der Stadt Frankfurt

Θεοτόκος Κυκκιώτισα
Ρωσία, πρώτο μισό 19ου αιώνα
Αυγοτέμπερα σε ξύλο, ασήμι, σμάλτο
31,2 x 27 εκ.
Μουσείο Εικόνων Φρανκφούρτη

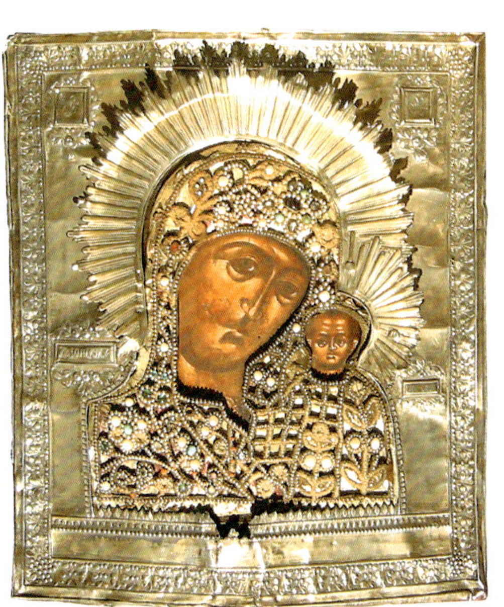

88

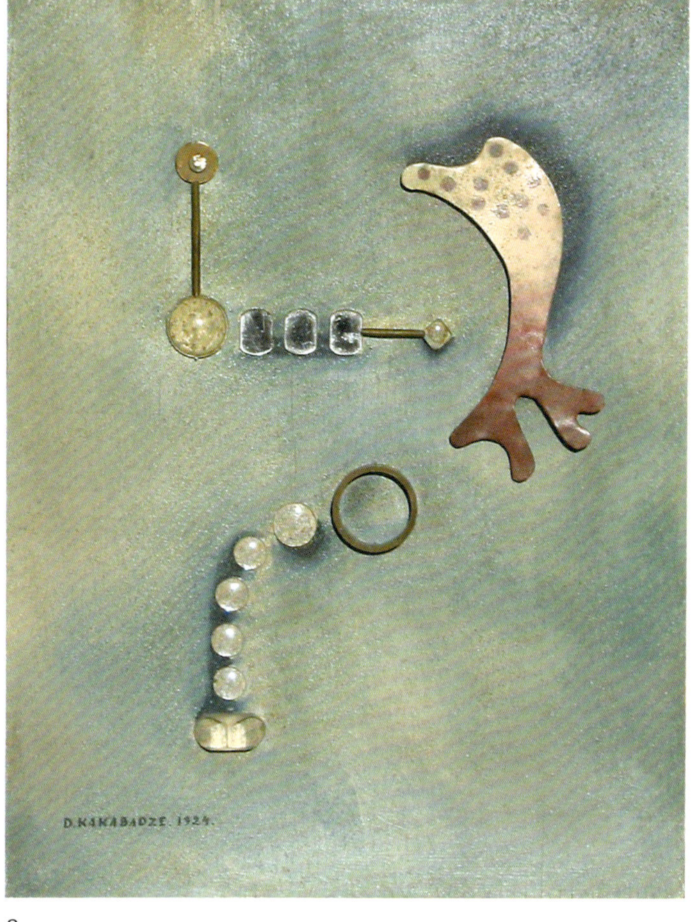

89

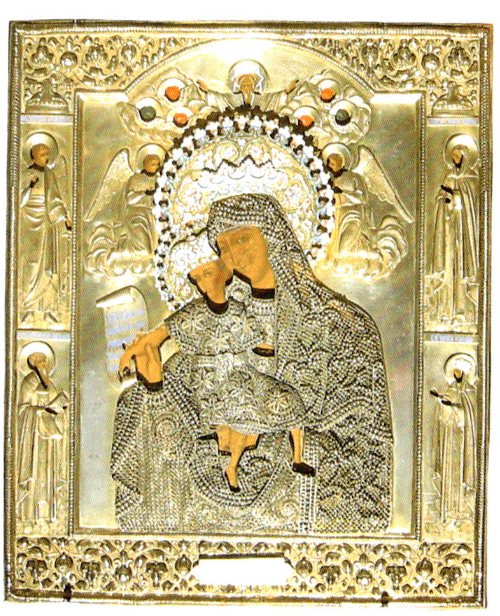

90

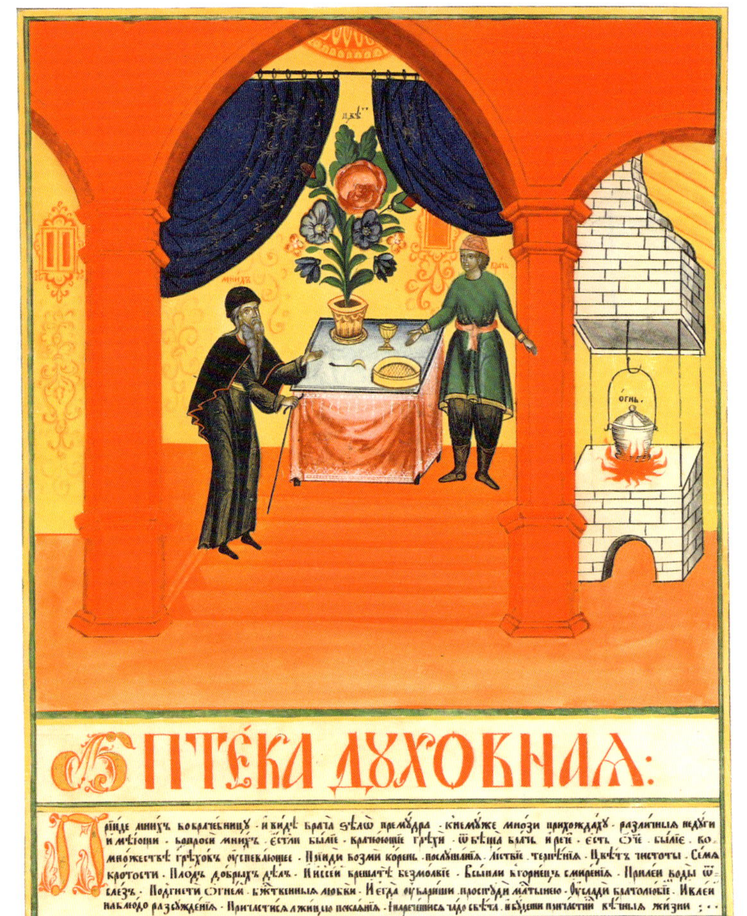

91
Seelische Apotheke, Mitte 19. Jh.
Tusche, Tempera, Bleistift, Gold, 59 x 49,5 cm
Inv. Nr. GIM 52789 | Sch hr 12743
Staatliches Historisches Museum Moskau

Πνευματικό φάρμακο, Μέσα 19[ου] αιώνα
Σινική μελάνη, τέμπερα, μολύβι, χρυσό, 59 x 49,5 εκ.
Ταξ. Αρ. GIM 52789 | Sch hr 12743
Κρατικό Ιστορικό Μουσείο Μόσχας

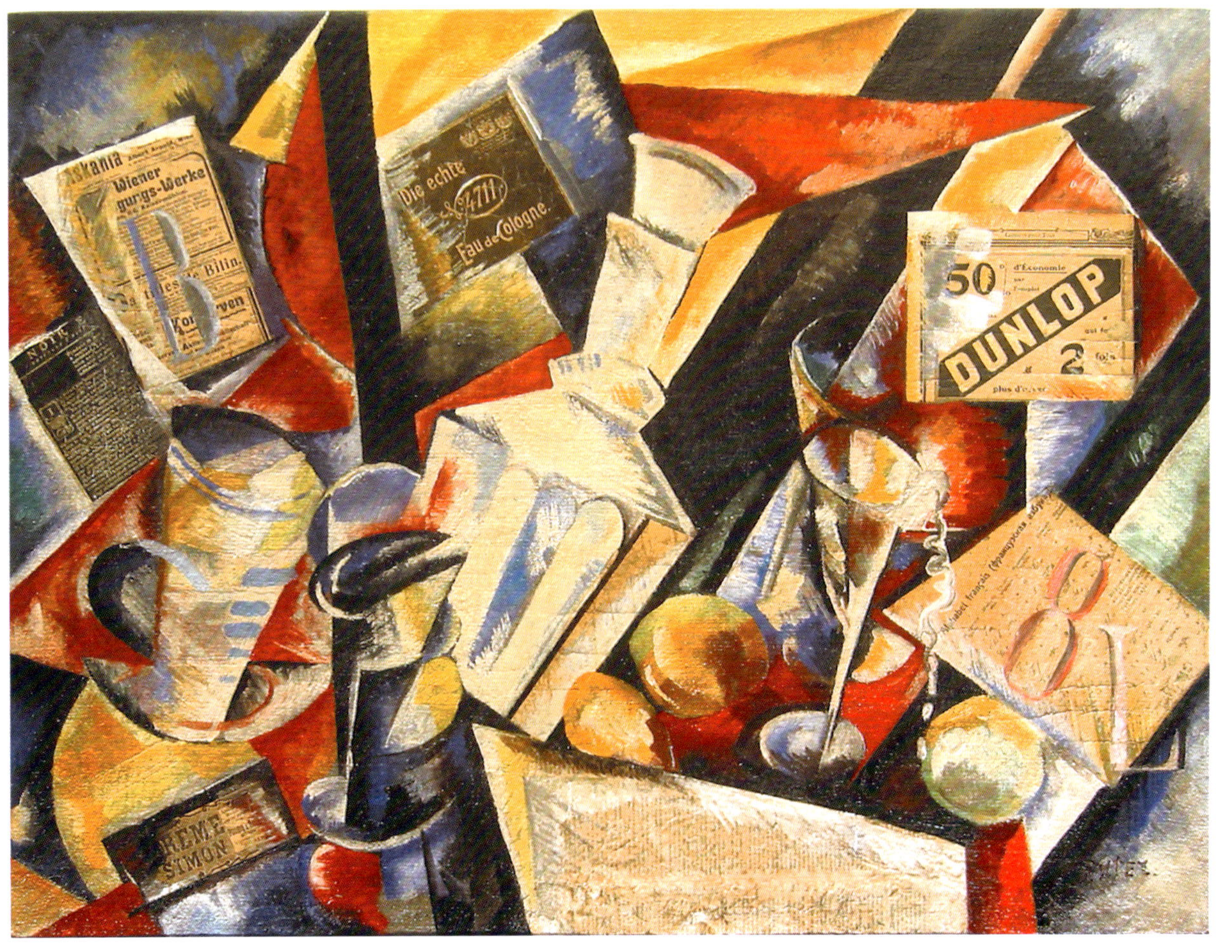

92
Alexandra Exter
o. T., um 1913/16
Collagetechnik auf Öl auf Leinwand
60 x 80 cm
Privatbesitz

Αλεξάντρα Έξτερ
Χωρίς τίτλο, Περ. 1913/16
Κολάζ σε μουσαμά με λάδι
60 x 80 εκ.
Ιδιωτική Συλλογή

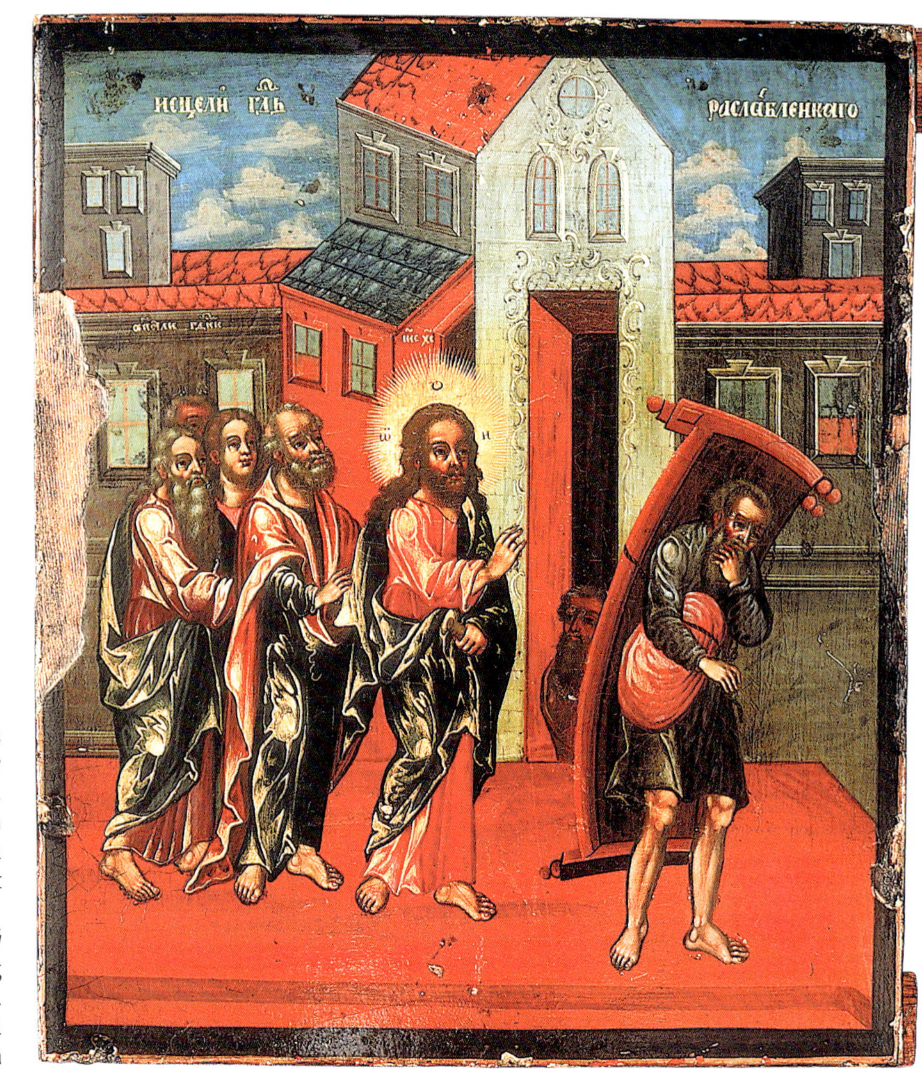

93
Heilung des Lahmen
Russland, 18. Jh.
Eitempera auf Holz, 30 x 26 cm
Inv. Nr. IH 621
Ikonen-Museum der Stadt Frankfurt

Η ίαση του χωλού
Ρωσία, 18ος αιώνας
Αυγοτέμπερα σε ξύλο, 30 x 26 εκ.
Ταξ. Αρ. IH 621
Μουσείο Εικόνων Φρανκφούρτη

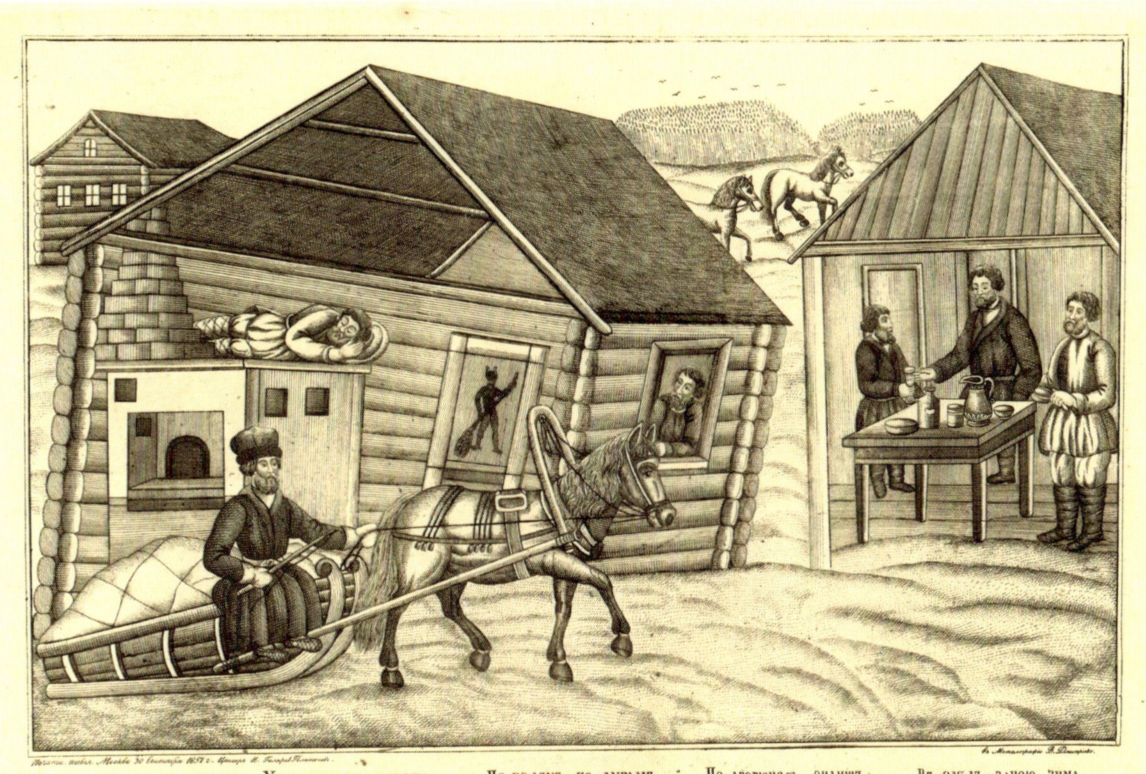

94
Was schläfst du Bäuerlein?, 1857
Kupferstich, 33 x 38,5 cm
Nationale Bibliothek St. Petersburg

Τι κοιμάσαι?, 1857
Χαλκογραφία, 33 x 38,5 εκ.
Εθνική Βιβλιοθήκη της
Αγίας Πετρούπολης

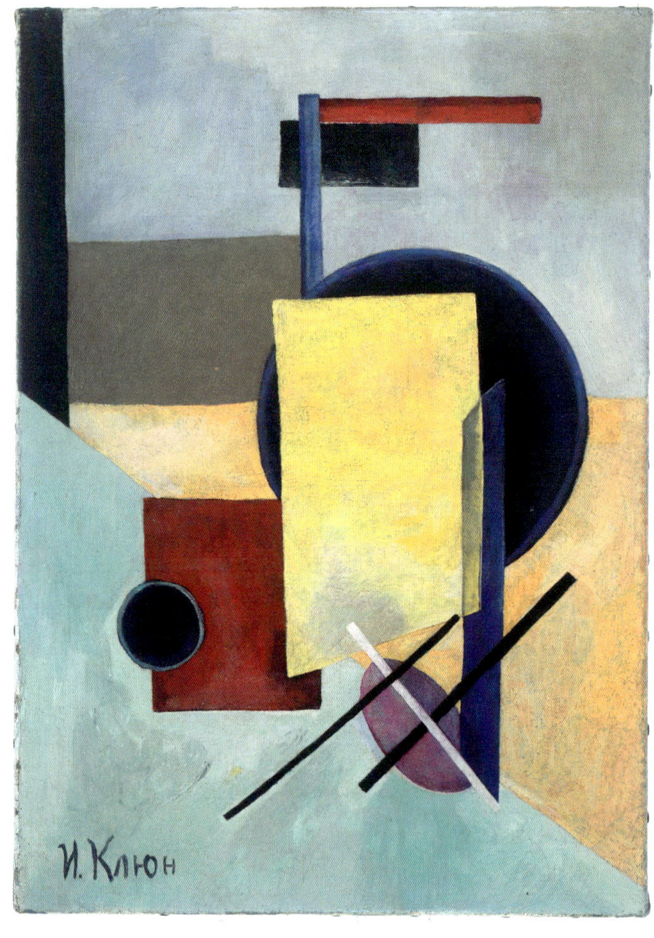

95
Iwan Kliun
Suprematistische Komposition
undatiert
Öl auf Leinwand, 58 x 42,5 cm
Privatbesitz

Ιβάν Κλιουν
Σουπρεματιστική Σύνθεση
χ. χ.
Λάδι σε μουσαμά, 58 x 42,5 εκ.
Ιδιωτική Συλλογή

96
Vier Szenen aus dem Marienleben
Moskau, um 1600
Eitempera auf Holz, 17 x 13 cm
Inv. Nr. 11285
Dauerleihgabe der Staatlichen Sammlungen Preußischer Kulturbesitz
Skulpturensammlung und Museum für Byzantinische Kunst

Τέσσερις Σκηνές από το Βίο της Θεοτόκου
Μόσχα, περ. 1600
Αυγοτέμπερα σε ξύλο, 17 x 13 εκ.
Ταξ. Αρ. 11285
Δάνειο διαρκείας, Κρατική Συλλογή Πρωσικής Πολιτιστικής Κληρονομιάς
Συλλογή Γλυπτών και Μουσείο Βυζαντινής Τέχνης

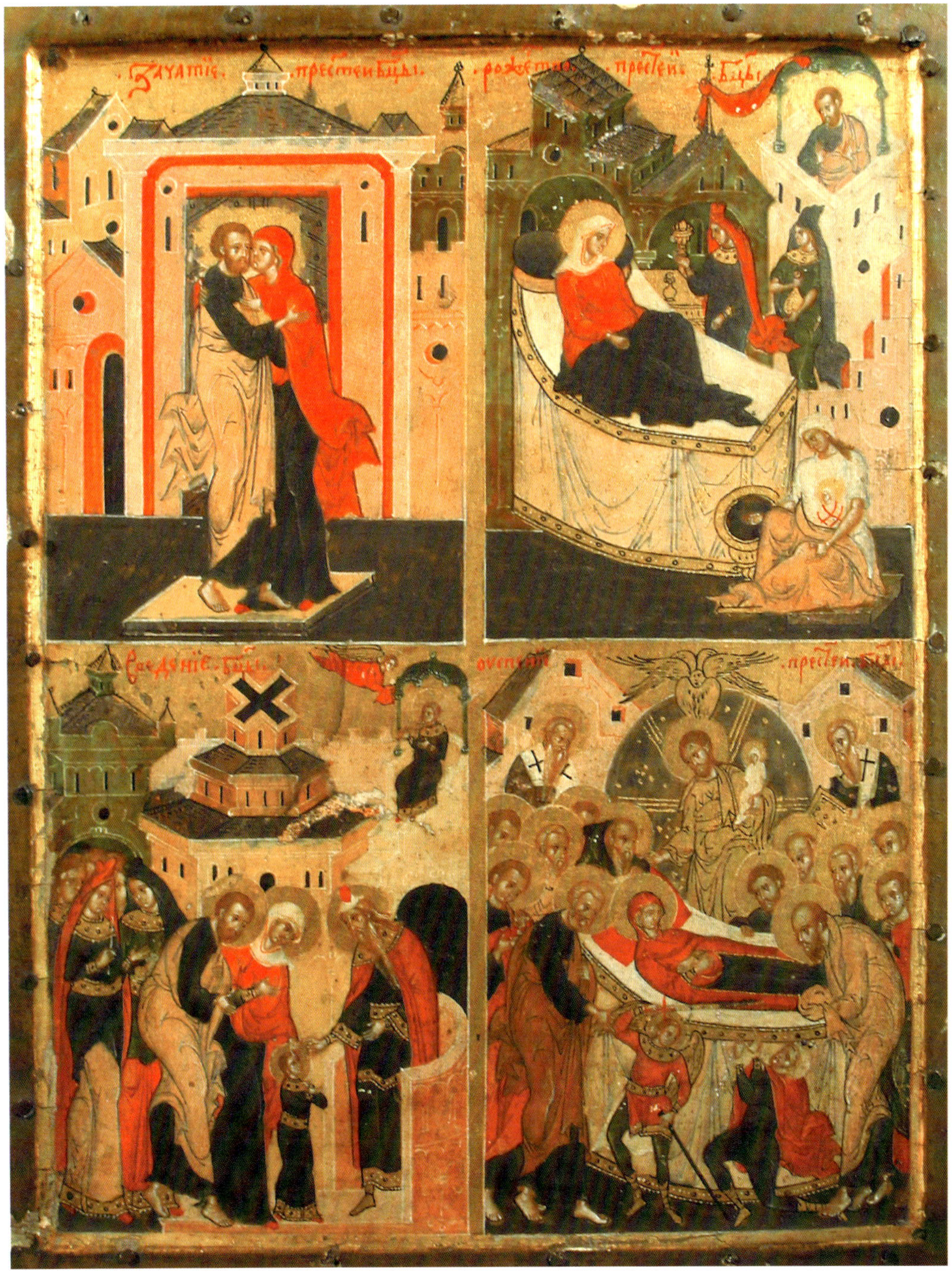

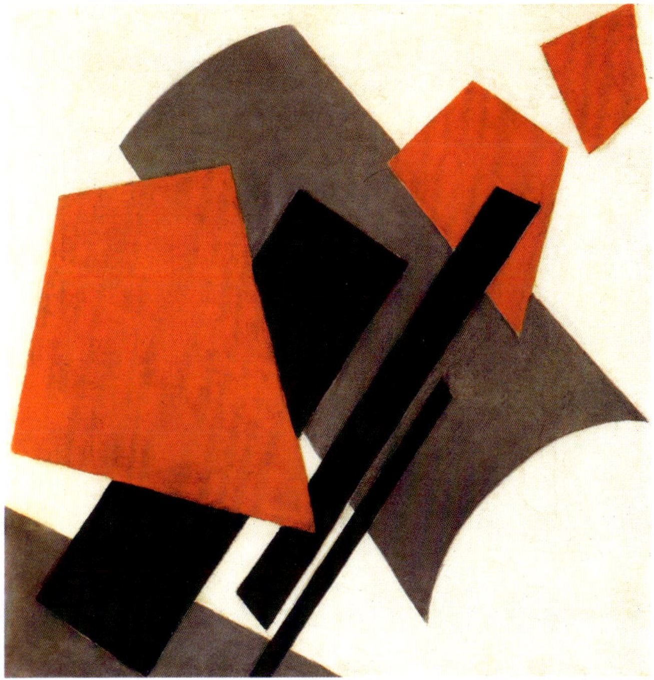

97
Ljubow Popowa
Malerische Architektonik, 1916/17
Öl auf Leinwand, 43,5 x 43,9 cm
Inv. Nr. 178.78
Staatliches Museum für Gegenwärtige Kunst Thessaloniki

Λιουμπόφ Ποπόβα
Ζωγραφικό Αρχιτεκτόνημα, 1916/17
Λάδι σε μουσαμά, 43,5 x 43,9 εκ.
Ταξ. Αρ. 178.78
Κρατικό Μουσείο Σύγχρονης Τέχνης

98
K. Rom
Lenin als Ikone
„Du bist gestorben, aber dein Name wird ewig leben"
20er Jahre 20. Jh.
Papierkollage, Stroh, Holz, 51 x 39,5 cm
Privatbesitz

Κ. Ρομ
Πορτρέτο του Λένιν
«Εσύ πέθανες, αλλά το όνομά σου θα ζει αιώνια»
Δεκαετία 1920
Μικτή τεχνική σε ξύλο, 51 x 39,5 εκ.
Ιδιωτική Συλλογή

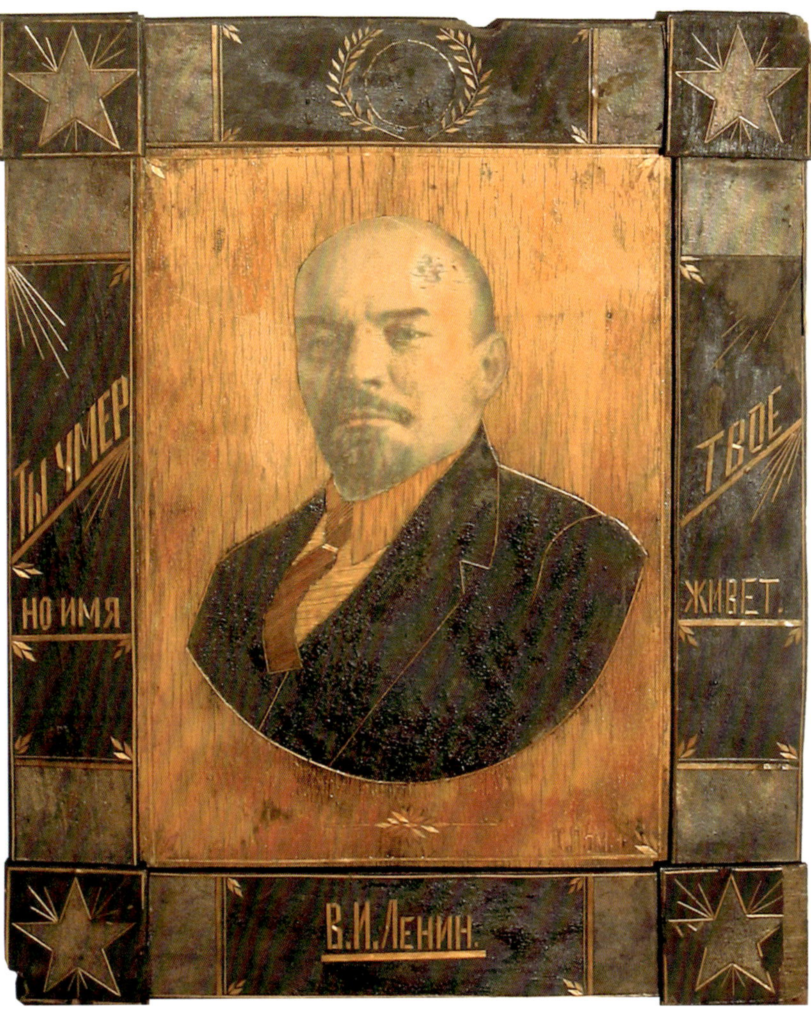
ТЫ УМЕР
НО ИМЯ
ТВОЕ
ЖИВЕТ.
В.И.ЛЕНИН.

99
Waska, die Katze Preußens, der Feind Russlands
Um 1915
Lithografie, koloriert, 32 x 23,6 cm
Inv. Nr. 49252 I Sch hr. 3850
Staatliches Historisches Museum Moskau

Βάσκα, ο γάτος της Πρωσίας, Εχθρός της Ρωσίας
Περ. 1914
Έγχρωμη λιθογραφία, 32 x 23,6 εκ.
Ταξ. Αρ. 49252 I Sch hr. 3850
Κρατικό Ιστορικό Μουσείο Μόσχας

100
Der Kater von Kasan
Ende 19. Jh., Faksimile eines Holzschnittes
aus der 1. Hälfte 18. Jh.
85,8 x 69,8 cm, Inv. Nr. GIM 53408 I H1 10/27
Staatliches Historisches Museum Moskau

Γάτος του Καζάν
πνεύμα του Αστραχάν, σύνεση της Σιβηρίας
Τέλη 19ου αιώνα
Πανομοιότυπο ξυλογραφίας, πρώτο μισό 18ου αιώνα
85,8 x 69,8 εκ., Ταξ. Αρ. GIM 53408 I H1 10/27
Κρατικό Ιστορικό Μουσείο Μόσχας

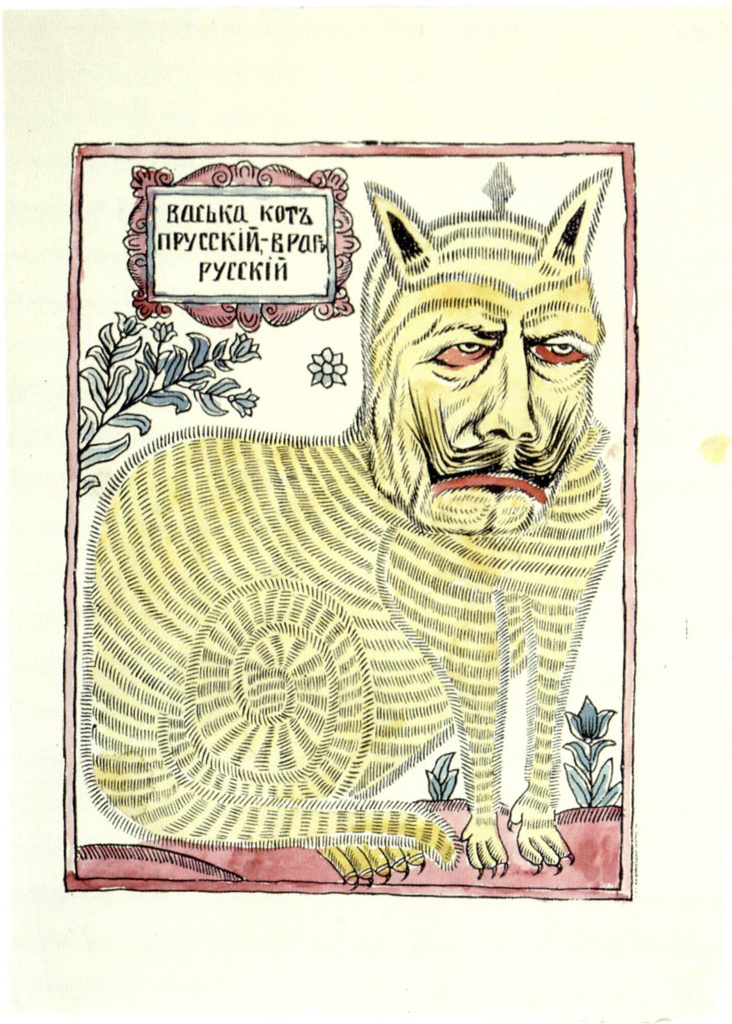

99

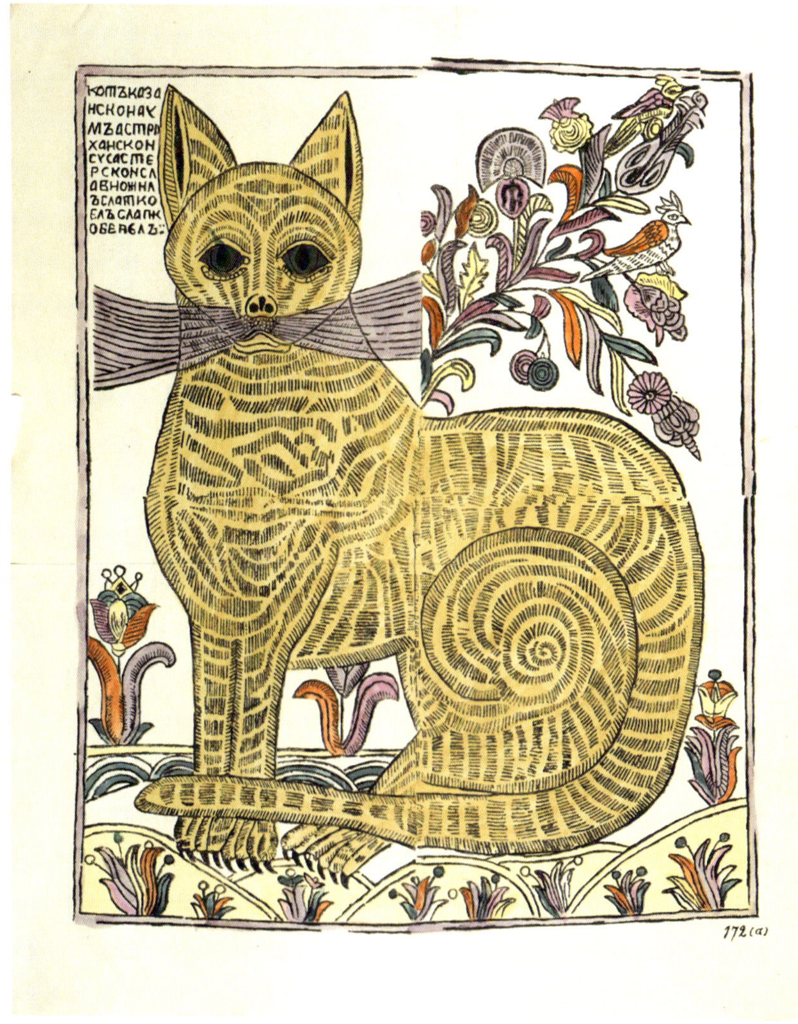

100

101
Kasimir Malewitsch
*Bei Wissla verfluchten die Deutschen ihr Glück, und
dann, bei Gott, liefen sie Amok!*
Text: Wladimir Majakowski, 1914
Papier, Chromolithografie, 56 x 37,9 cm
Inv. Nr. 49193 I Sch hr. 4709
Staatliches Historisches Museum Moskau

Καζιμίρ Μαλέβιτς
*Στη Βίσλα οι Γερμανοί καταριόνταν την τύχη τους,
και μετά – μα το Θεό – τράπηκαν σε φυγή!*
Κείμενο: Βλαντίμιρ Μαγιακόφσκι, 1914
Χαρτί, χρωμολιθογραφία, 56 x 37,9 εκ.
Ταξ. Αρ. 49193 I sh hr. 4709
Κρατικό Ιστορικό Μουσείο Μόσχας

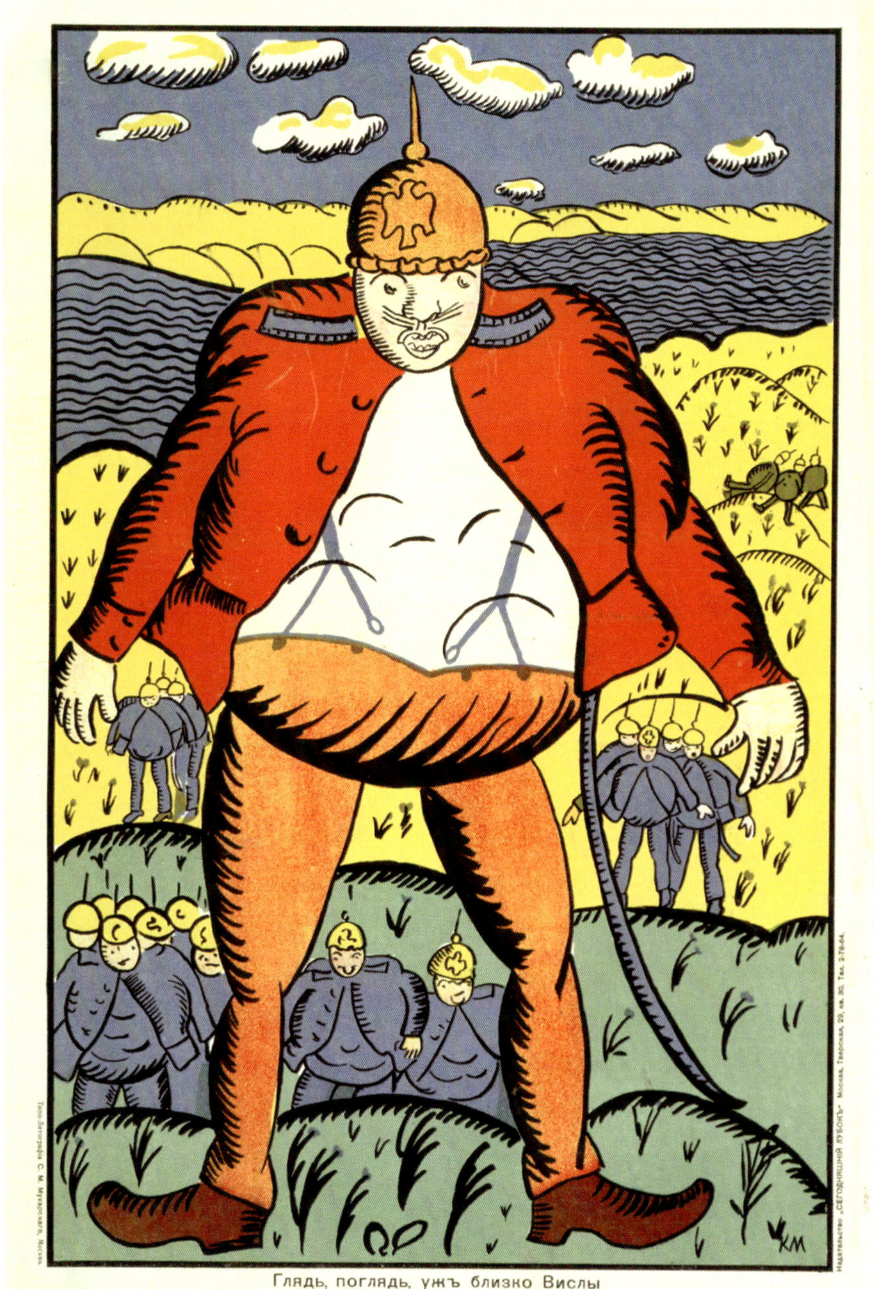

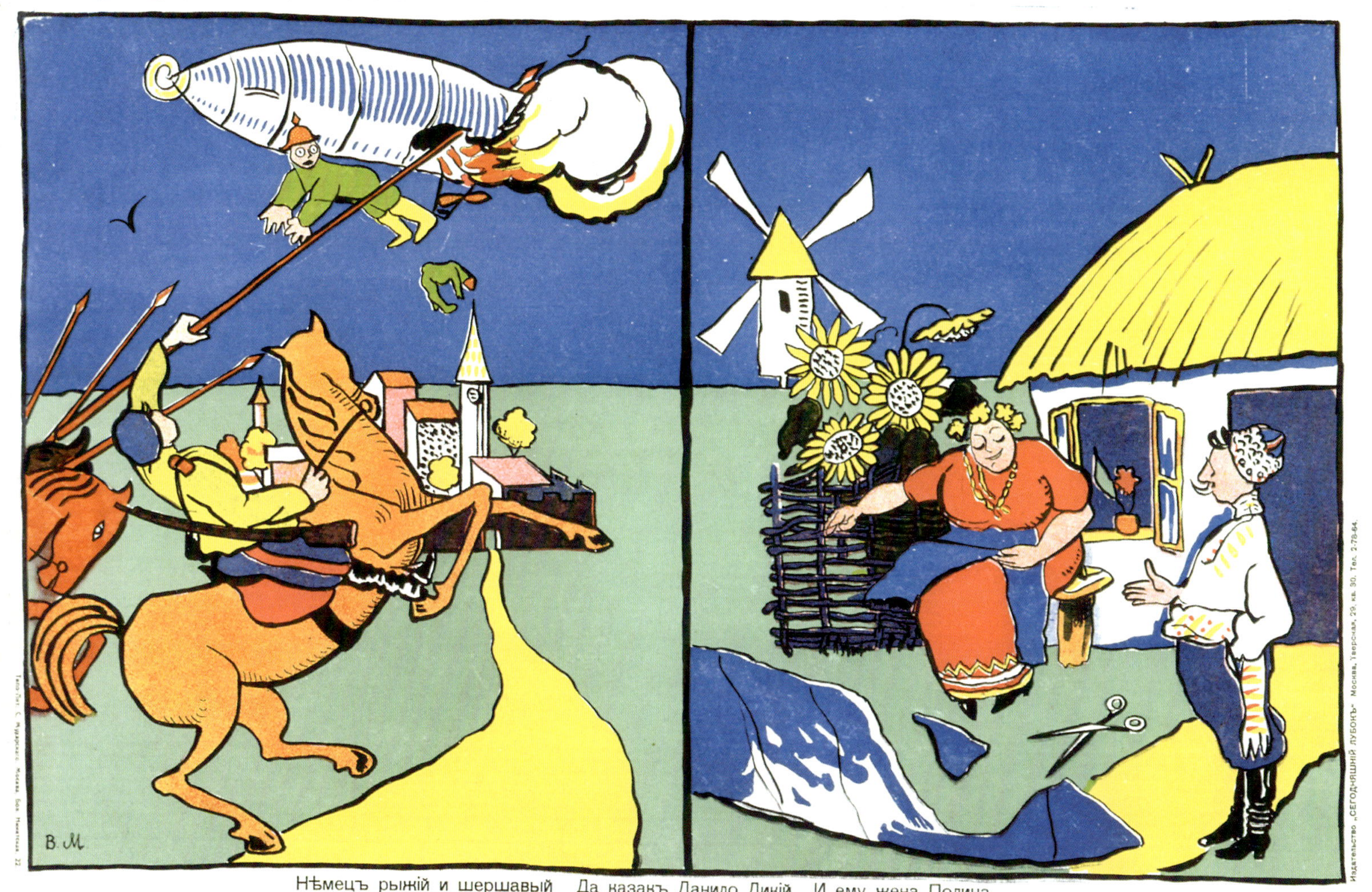

102
Wladimir Majakowski
In seinem fetten, großen Zeppelin…, 1914
Papier, Chromolithografie, 38 x 56 cm
Inv. Nr. 66804 I Sch hr. 560
Staatliches Historisches Museum Moskau

Βλαντίμιρ Μαγιακόφσκι
Στο μεγάλο, χοντρό του Ζέπελιν…, 1914
Χαρτί, χρωμολιθογραφία, 38 x 56 εκ.
Ταξ. Αρ. 66804 I sh hr. 560
Κρατικό Ιστορικό Μουσείο Μόσχας

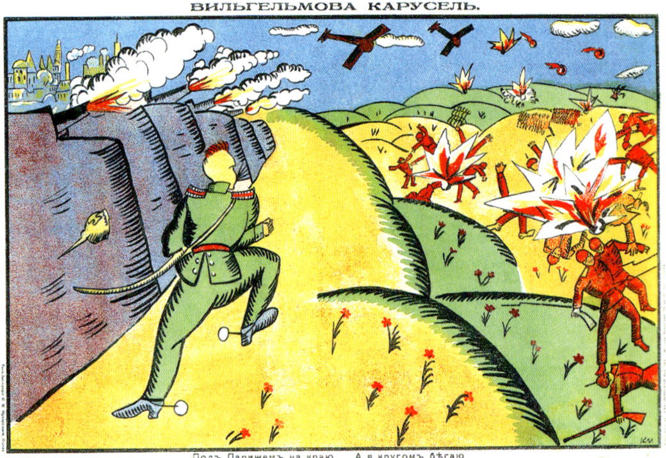

103
Kasimir Malewitsch *Wilhelms Karusell*
Text: Wladimir Majakowski, 1914
Papier, Chromolithografie, 37,8 x 56 cm
Inv. Nr. 49193 I Sch hr. 4576
Staatliches Historisches Museum Moskau

Καζιμίρ Μαλέβιτς
Στου Βίλχελμ Γκογκεντσόλλερν
Κείμενο: Βλαντίμιρ Μαγιακόφσκι, 1914
Χαρτί, χρωμολιθογραφία, 37,8 x 56 εκ.
Ταξ. Αρ. 49193 I sh hr. 4576
Κρατικό Ιστορικό Μουσείο Μόσχας

104
Wladimir Majakowski
Österreicher in den Karpaten, 1914
Papier, Chromolithografie, 37,8 x 55,7 cm
Inv. Nr. 66804 I Sch hr. 561
Staatliches Historisches Museum Moskau

Βλαντίμιρ Μαγιακόφσκι
Οι Αυστριακοί στα Καρπάθια, 1914
Χαρτί, χρωμολιθογραφία, 37,8 x 55,7 εκ.
Ταξ. Αρ. 66804 I sh hr. 561
Κρατικό Ιστορικό Μουσείο Μόσχας

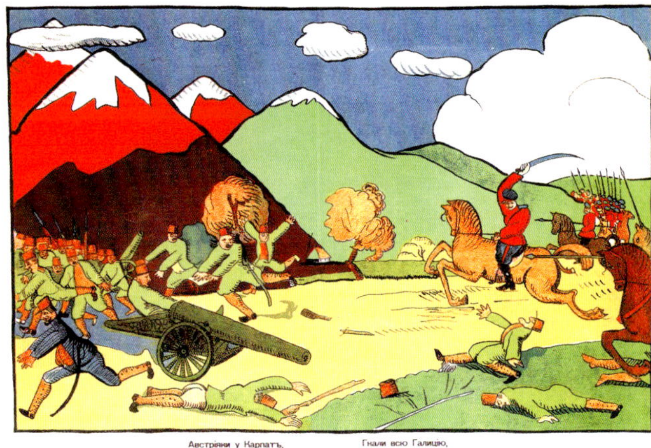

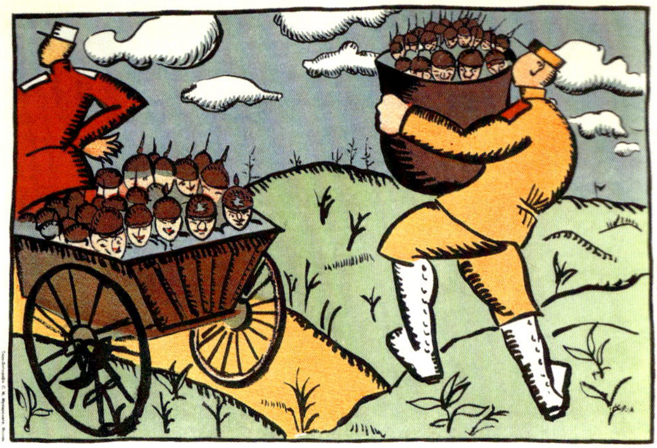

105
Kasimir Malewitsch
Bei unseren Alliierten Franzosen …
Text: Wladimir Majakowski, 1914
Papier, Chromolithografie, 40,2 x 58 cm
Inv. Nr. 66804 I Sch hr. 4434
Staatliches Historisches Museum Moskau

Καζιμίρ Μαλέβιτς
Ανάμεσα στους συμμάχους μας, οι Γάλλοι …
Κείμενο: Βλαντίμιρ Μαγιακόφσκι, 1914
Χαρτί, χρωμολιθογραφία, 40,2 x 58 εκ.
Ταξ. Αρ. 66804 I sh hr. 4434
Κρατικό Ιστορικό Μουσείο Μόσχας

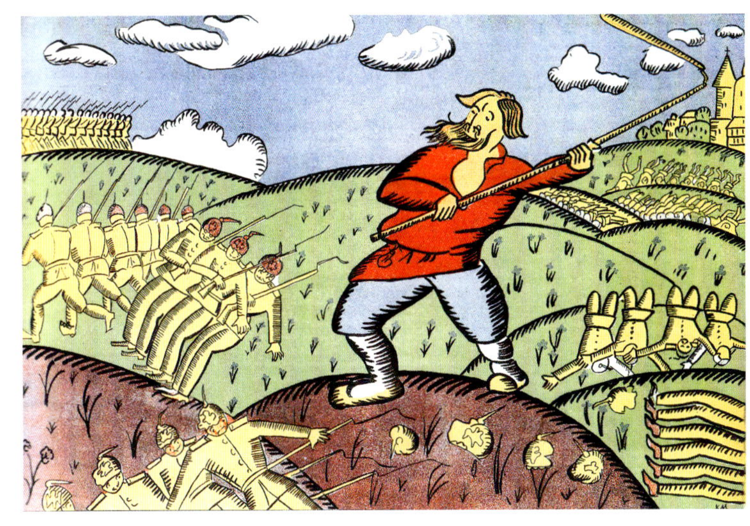

106
Kasimir Malewitsch
Die Deutschen wurden zerschlagen und zerfetzt …
Text: Wladimir Majakowski, 1914
Papier, Chromolithografie, 37,9 x 56 cm
Inv. Nr. 80754/481 I Sch hr. 10793
Staatliches Historisches Museum Moskau

Καζιμίρ Μαλέβιτς
Οι Γερμανοί ηττήθηκαν και γίνανε κομμάτια
Κείμενο: Βλαντίμιρ Μαγιακόφσκι, 1914
Χαρτί, χρωμολιθογραφία, 37,9 x 56 εκ.
Ταξ. Αρ. 80754/481 I sh hr. 10793
Κρατικό Ιστορικό Μουσείο Μόσχας

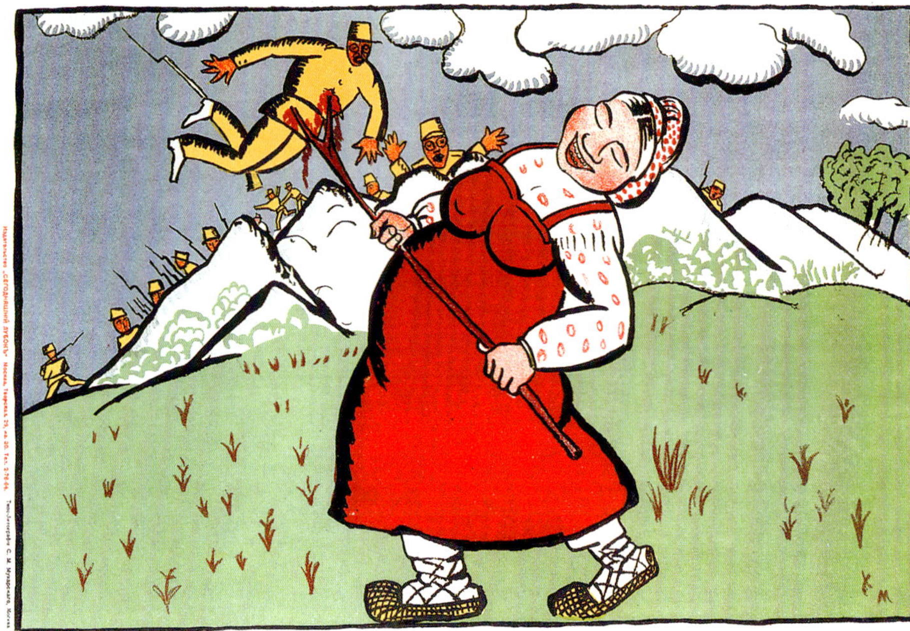

107
Kasimir Malewitsch
Ein Österreicher ging nach Radziwill …
Text: Wladimir Majakowski, 1914
Papier, Chromolithografie, 40,2 x 57,2 cm
Inv. Nr. 66804 I Sch hr. 4428
Staatliches Historisches Museum Moskau

Καζιμίρ Μαλέβιτς
Πήγε ο Αυστριακός στο Ραντζιβίλι …
Κείμενο: Βλαντίμιρ Μαγιακόφσκι, 1914
Χαρτί, χρωμολιθογραφία, 40,2 x 57,2 εκ.
Ταξ. Αρ. 66804 I sh hr. 4428
Κρατικό Ιστορικό Μουσείο Μόσχας

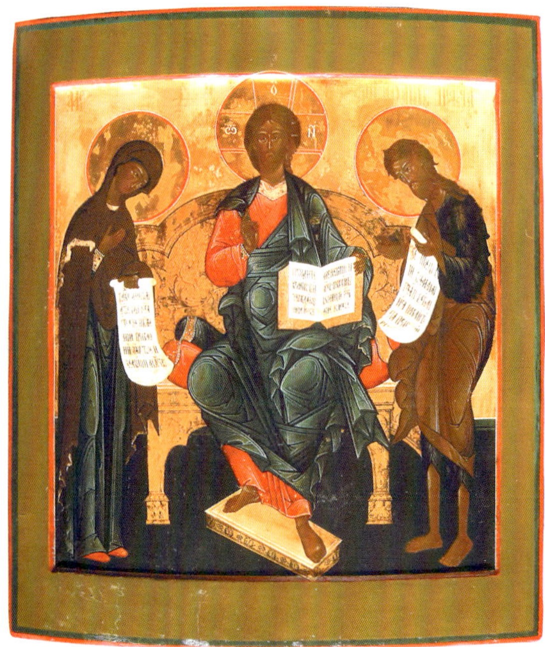

108
Deesis
Russland, 18. Jh.
Eitempera auf Holz, 53 x 46 cm
Ikonen-Museum der Stadt Frankfurt

Δέηση
Ρωσία, 18ος αιώνας
Αυγοτέμπερα σε ξύλο, 53 x 46 εκ.
Μουσείο Εικόνων Φρανκφούρτη

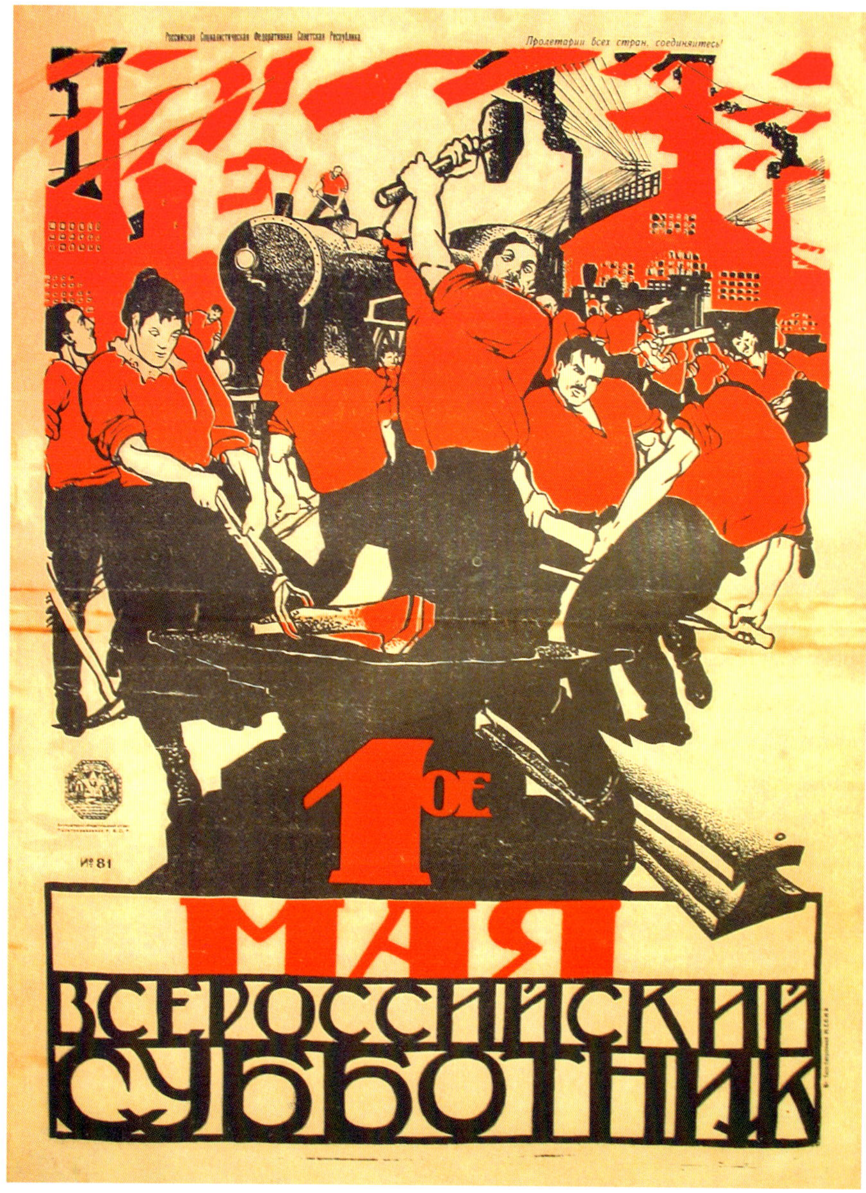

109
Dmitrij Moor *Propagandaplakat 1. Mai*
Anfang 20er Jahre 20. Jh.
78,7 x 54,6 cm
Privatbesitz

Ντμίτρι Μουρ *Προπαγανδιστική αφίσα 1η Μάη*
Αρχές δεκαετίας 1920
78,7 x 54,6 εκ.
Ιδιωτική Συλλογή

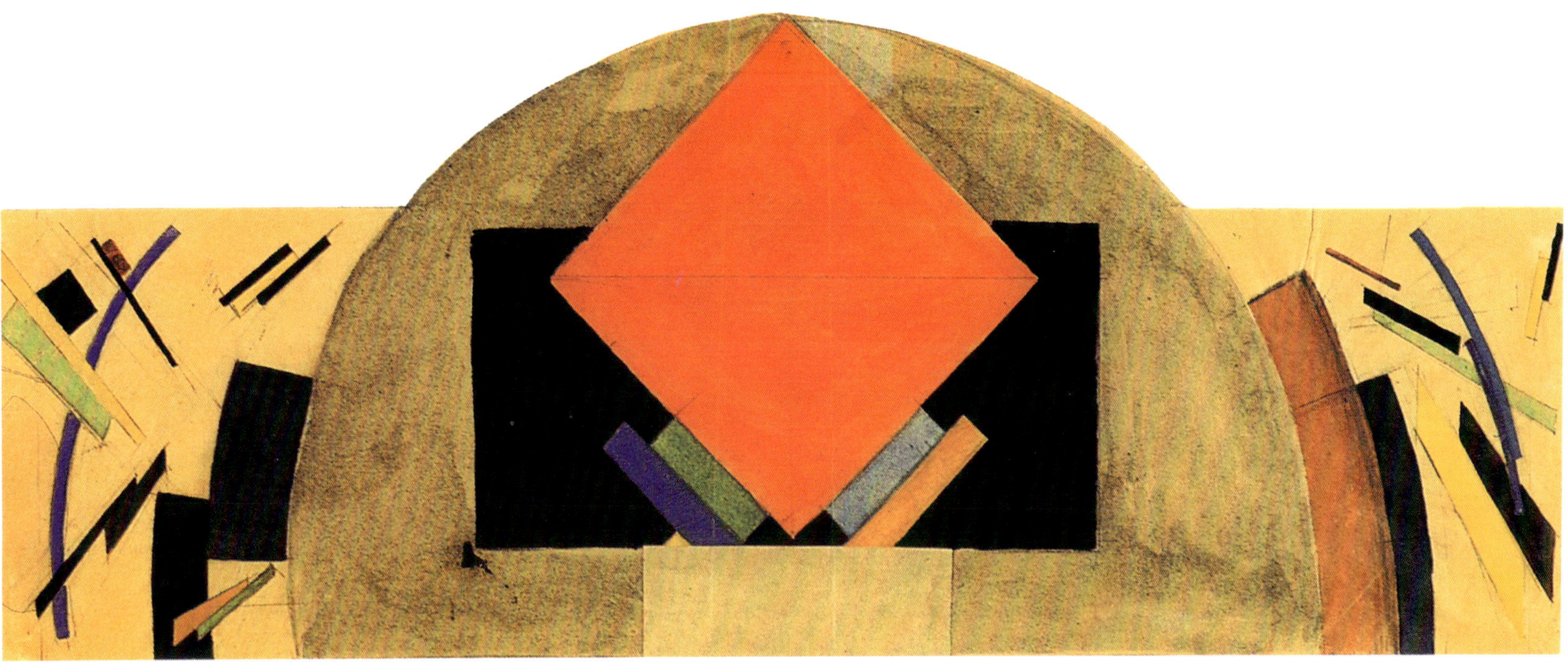

110
Iwan Kudriaschew
Entwurf für das 1. Sowjetische Theater in Orenburg, 1920
Wasserfarbe, Tinte und Bleistift auf Papier auf Karton, 21,2 x 53,4 cm
Inv. Nr. 133.78
Staatliches Museum für Gegenwärtige Kunst Thessaloniki

Ιβάν Κουντριασόφ
Σχέδιο για το πρώτο Σοβιετικό Θέατρο του Ορενμπούργκ, 1920
Ακουαρέλα, μελάνι και μολύβι σε χαρτί κολλημένο σε χαρτόνι, 21,2 x 53,4 εκ.
Ταξ. Αρ. 133.78
Κρατικό Μουσείο Σύγχρονης Τέχνης

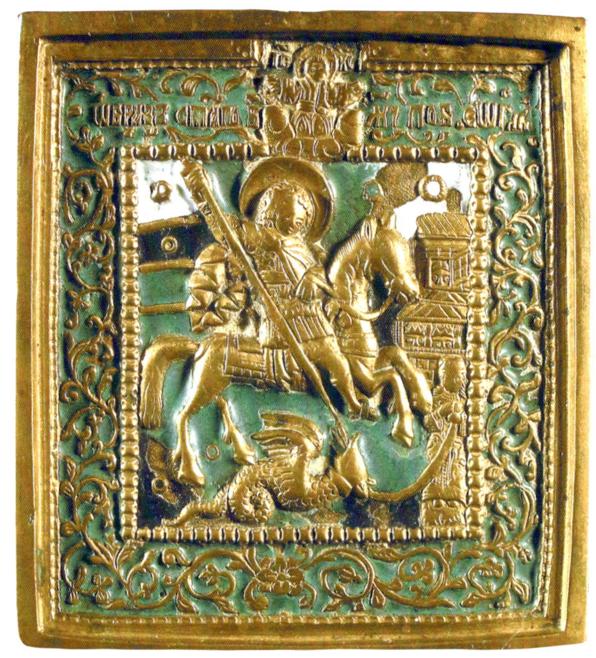

111
Hl. Georg der Drachentöter, Reiseikone
Russland, 19. Jh.
Bronze, Email, 9 x 8,5 cm
Inv. Nr. I 631
Ikonen-Museum der Stadt Frankfurt

Άγιος Γεώργιος Δρακοντοκτόνος, Φορητή Εικόνα
Ρωσία, 19ος αιώνας
Μπρούτζος, σμάλτο, 9 x 8,5 εκ.
Ταξ. Αρ. I 631
Μουσείο Εικόνων Φρανκφούρτη

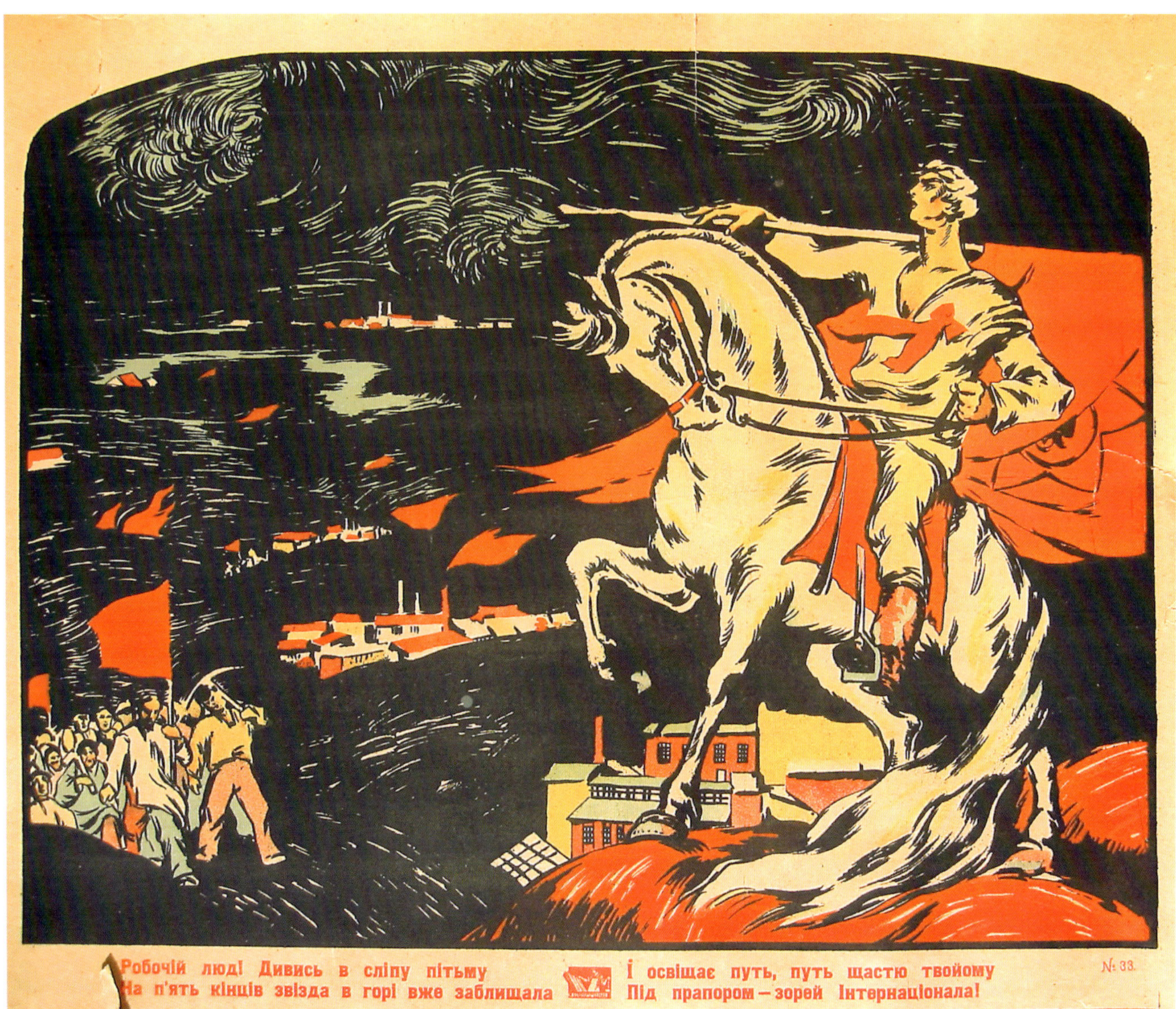

112
Propagandaplakat *Arbeiter, die
Sonne der Internationale wird bald
die Finsternis besiegen, Nr. 33*
Odessa-Bezirk, 1920
61 x 71,8 cm
Privatbesitz

Προπαγανδιστική αφίσα, *Εργάτες,
ο ήλιος της Διεθνούς θα νικήσει σε
λίγο το σκοτάδι, No. 33*
Οδησσός- Μπεζίρκ, 1920
61 x 71,8 εκ.
Ιδιωτική Συλλογή

113
Alexander Lebedew
ROSTA-Fenster
Farblithografie
Inv. Nr. C-1986.8 (Slg. Bolz) (Kat. 9)
Kupferstichkabinett, Staatliche Museen zu Berlin
Preußischer Kulturbesitz

Αλεξάντερ Λεμπέντεφ
Παράθυρο Ρόστα
Χρωμολιθογραφία
Ταξ. Αρ. C-1986.8, Κατ. 9 (Συλλογή Μπολτζ)
Kupferstichkabinett, Κρατικά Μουσεία Βερολίνου,
Πρωσική Πολιτιστική Κληρονομιά

114
Alexander Lebedew
*ROSTA-Fenster. Durch Europa geht
das rote Gespenst des Kommunismus*, 1922
Farblithografie
Inv. Nr. C-1986.23 (Slg. Bolz) (Kat. 24)
Kupferstichkabinett, Staatliche Museen zu Berlin
Preußischer Kulturbesitz

Αλεξάντερ Λεμπέντεφ
*Παράθυρο Ρόστα. Το Κόκκινο Φάσμα του Κομμουνισμού
καταδιώκει την Ευρώπη*, 1922
Χρωμολιθογραφία
Ταξ. Αρ. C-1986.23, Κατ. 24 (Συλλογή Μπολτζ)
Kupferstichkabinett, Κρατικά Μουσεία Βερολίνου
Πρωσική Πολιτιστική Κληρονομιά

115
Alexander Lebedew
*ROSTA-Fenster. Arbeiterkontrolle: Arbeiter, der aus der
Republik die kriminellen Elemente hinausfegt*
Farblithografie
Inv. Nr. C-1986.5 (Slg. Bolz) (Kat. 6)
Kupferstichkabinett, Staatliche Museen zu Berlin
Preußischer Kulturbesitz

Αλεξάντερ Λεμπέντεφ
*Παράθυρο Ρόστα. Εργατικός έλεγχος: Εργάτης που
εξαλείφει τα εγκληματικά στοιχεία από τη Δημοκρατία*
Χρωμολιθογραφία
Ταξ. Αρ. C-1986.5 , Κατ. 6 (Συλλογή Μπολτζ)
Kupferstichkabinett, Κρατικά Μουσεία Βερολίνου
Πρωσική Πολιτιστική Κληρονομιά

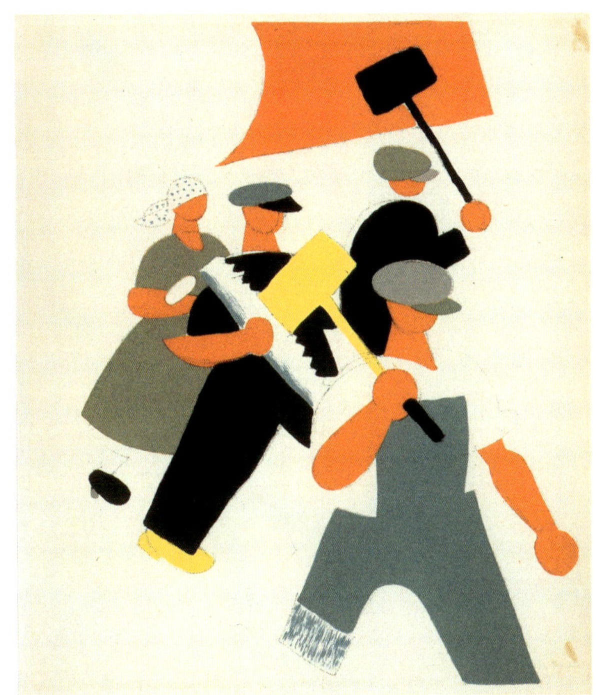

113

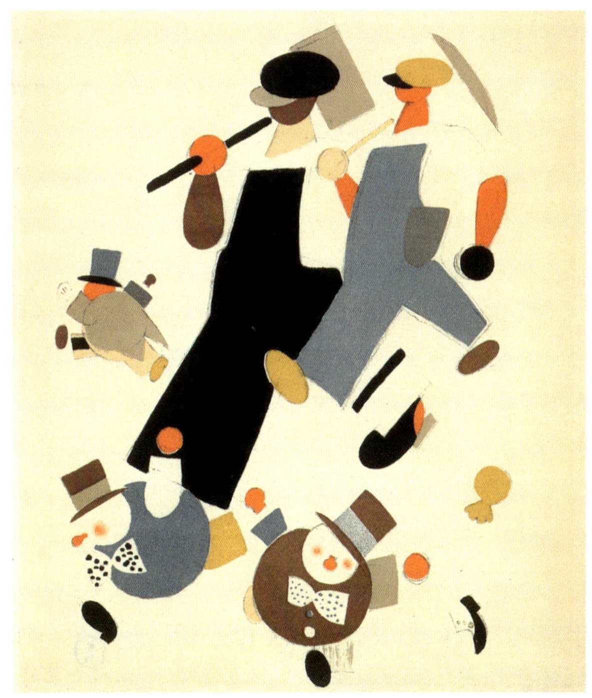

114

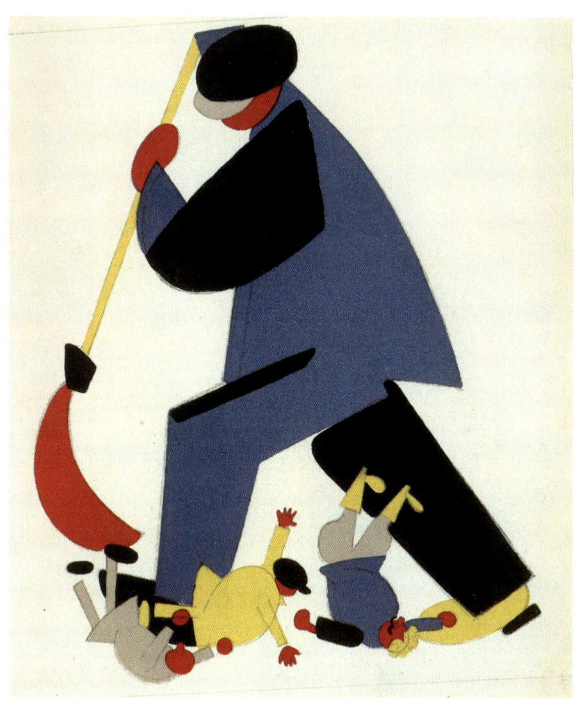

115

116
Gottesmutter Pimenowskaja
Russland, Moskau Umkreis, 2. Hälfte 16. Jh.
Eitempera auf Holz, 39,2 x 31,8 cm
Inv. Nr. 9641
Dauerleihgabe der Staatlichen Sammlungen
Preußischer Kulturbesitz, Skulpturensammlung
und Museum für Byzantinische Kunst

Θεοτόκος Πινενόφσκαγια
Περιοχή της Μόσχας, δεύτερο μισό του 16ου αιώνα
Αυγοτέμπερα σε ξύλο, 39,2 x 31,8 εκ.
Ταξ. Αρ. 9641
Δάνειο διαρκείας, Κρατική Συλλογή Πρωσικής
Πολιτιστικής Κληρονομιάς, Συλλογή Γλυπτών και
Μουσείο Βυζαντινής Τέχνης

117
A. Schewtschenko
Arbeiterin mit Flugblättern
um 1926
Öl auf Leinwand, 49,7 x 35 cm
Privatbesitz

A. Σεφτσένκο
Διανομέας φυλλαδίων
Περ. 1926
Λάδι σε μουσαμά, 49,7 x 35 εκ.
Ιδιωτική Συλλογή

118
Gottesmutter Hodegetria
Russland, 18. Jh.
Eitempera auf Holz, 31,5 x 27 cm
Inv. Nr. 9568
Dauerleihgabe der Staatlichen Sammlungen
Preußischer Kulturbesitz, Skulpturensammlung
und Museum für Byzantinische Kunst

Θεοτόκος Οδηγήτρια
Ρωσία, 18ος αιώνας
Αυγοτέμπερα σε ξύλο, 31,5 x 27 εκ.
Δάνειο διαρκείας, Κρατική Συλλογή Πρωσικής
Πολιτιστικής Κληρονομιάς, Συλλογή Γλυπτών και
Μουσείο Βυζαντινής Τέχνης

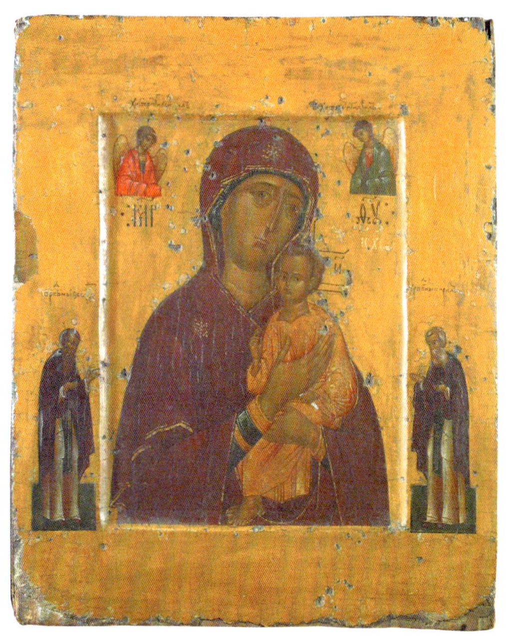

116

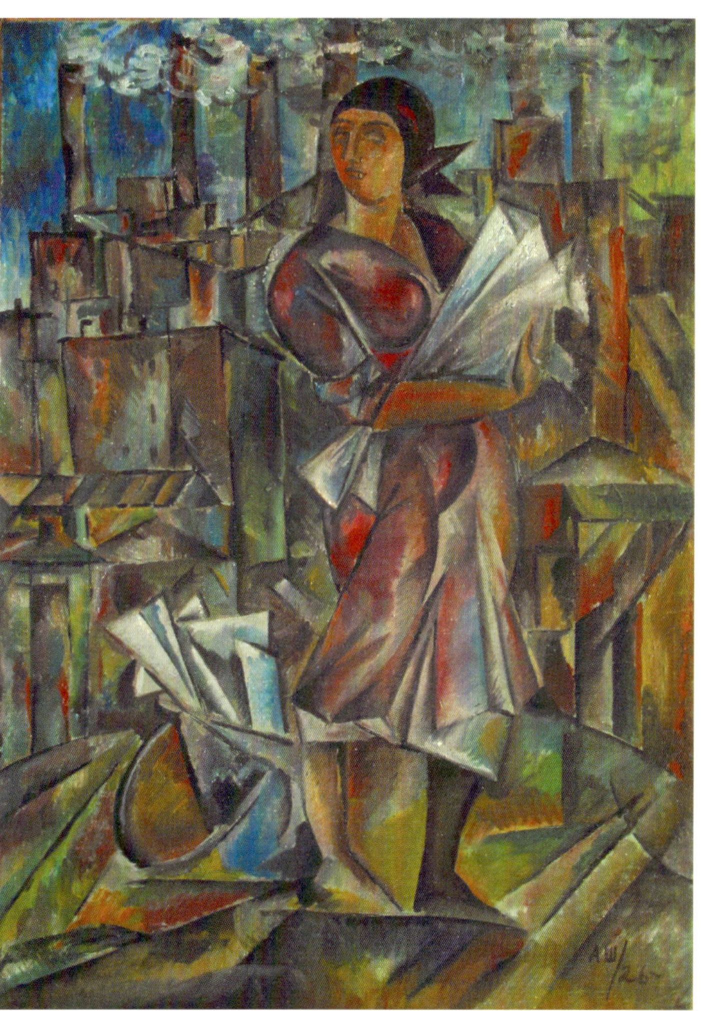

117

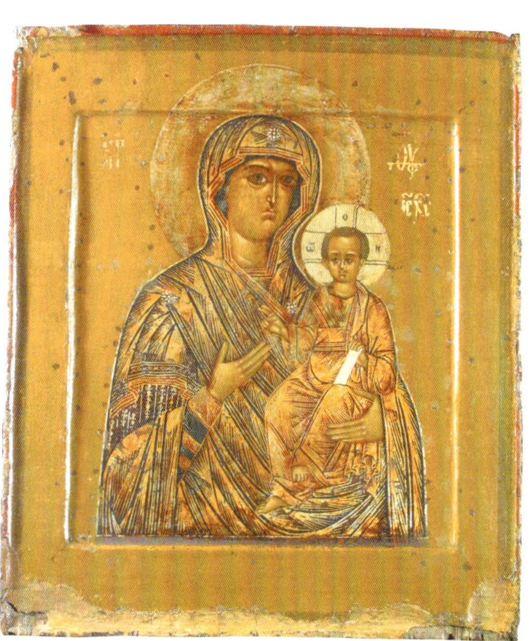

118

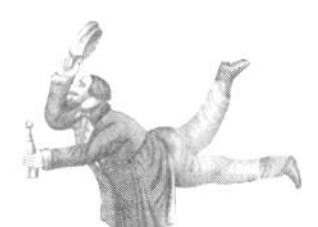

ARTICLES AND CONTRIBUTIONS

Looking Back for a New Vision

The influence of Russian icons and lubki on Russian modernism

A sensational discovery heightened the interest in icons among the Russian population in the mid-19th century. Through a new restorative process it had become possible to remove both darkened varnish and residual layers of paint from the icon and restore its former brilliance of colours (p. 250 fig. 1). In this way the painter N. I. Podklyuchnikov and his assistants succeeded in cleaning, within a few months, one hundred 13th-century icons from the Cathedral of the Dormition of the Virgin in Moscow.[1] In the year 1852 they were presented to the general public: a revelation.

Of course the icon had already been an integral part of the daily life of the Russian population. From their infant years children were raised in the presence of icons. On the occasion of baptisms, feasts of patron saints, weddings, anniversaries, as a blessing and to ward off illnesses, icons were given away as presents.[2] Old icons which had been kept as a family inheritance were used as gifts just as much as newly painted ones which had been commissioned by the donor for the occasion. In order to meet the demand for new icons, numerous icon painters' workshops were established in the well-known painters' communities of Palekh, Choluj and Mstera, in cities, larger villages and in most of the monasteries.[3] As the icon workshops were scattered all over the country, subject to different influences and meeting different requirements within the population, great stylistic and qualitative diversity emerged in icon painting. There were icons which bore the hallmarks of the old tradition, recreating earlier styles and periods in a historicising fashion, while others under the prevailing influence of folk art excelled in a clear linearity and iridescent colouring; icons which followed the taste of the time, being ornamented in a markedly Russian version of Art Nouveau, and icons which paid homage to symbolism and from whose saints with their disproportionely large and melancholy eyes emanated a fin-de-siècle atmosphere. Then there were icons dedicated to a purely academic art – omitting the reverse perspective – and even seeming to be in-

spired by historical paintings from the second half of the 19th century as known from the Munich school. Finally, mention must be made of those icons which are all too often and quite deliberately overlooked simply because they were not painted but rather profanely printed and/or embossed in metal sheets. These cheap tin icons, however, owing to new methods of production, are marked by their striking palette which featured new colour combinations like the one of purple, yellow and rosé.

On account of the religiosity of large sections of the population icons were almost ubiquitous in Russian social life. They were hung not only in churches and private homes, but also in every room of public buildings. Under these circumstances the new potential of restoration, which had endowed the old icons, as if by magic, with a hitherto unsuspected expressivity and beauty, was bound to meet with widespread interest. It did, in fact, spark off the enthusiasm of icon collectors.

The raging passion for icon collection must however be seen in the context of a, predominantly nostalgic, preoccupation of Russian society with the country's own history. Early 20th-century Russia was a country in transition. Industrialisation had prompted an economic upswing, yet had also caused Russian society to be torn apart by deep social faultlines. Peasants had been turned into factory workers whose social situation could only be described as desperate. Social tensions were reinforced by the defeat in the war against Japan in 1905. Protest movements which flared up in the same year were brutally suppressed, all liberal and revolutionary efforts were fought down. Insurgent workers and revolutionaries were detained or banished in 1907. In this situation of great social insecurities an anchor was provided by that spiritual movement which has been described by the art sociologist Arnold Hauser as the "Slavophilic movement". As opposed to western-style rationalism, cosmopolitanism and atheist free-thinking, the movement of the Slavophiles sought to find an

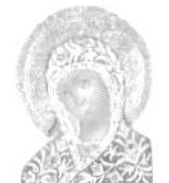

answer to the turmoils of industrialisation in harking back to much-vaunted national traditions.[4]

Against this background the icon in Russia assumed a new prevalence. In the year 1901 a society for the promotion of Russian icon painting was founded under the auspices of Tsar Nicholas II. Icon painters' workshops were established all over the country.[5] Yet it was not only the icon which was being rediscovered. In a similar vein, primitive woodcuts and ornaments on buildings, pictures or embroidery were now documented and classified. Folksongs, legends and tales were being registered in writing and preserved in collections. And even the popular prints or broadsheets, known under the name of lubok, were the focus of renewed interest. The Russia of olden times had been given a new lease of life. Small wonder then that the Russian artists of the early 20th century were intrigued by icon painting and traditional folk art.

Whereas French artists like Gauguin and Manet sought the ultimate truth in the simplicity of primitive art on far-flung South Sea islands, Russian avant-gardists found inspiration in popular art at home. By the time the first great public exhibitions of Russian icons in 1911 and 1913 were opened, they had all been in a position to study in greater detail the stylistic and artistic peculiarities of the recently restored icons.[6] And even after the October revolution and its secularisation of church property, icons could still be studied in the museums. In the year 1918 a *Commission for the Conservation and Exposition of Monuments of Old Art* was founded in Moscow which undertook the preservation and restoration of icons and frescoes by Andrei Rublev, Teofan Grek and Dionissii.[7] In the year 1920 a corpus of 75 restored icons was displayed in a flurry of luminous colours.

Artists like Mikhail Larionov and Natalia Goncharova, Vassily Kandinsky or Vladimir Tatlin discovered the genre of Russian popular art for their own ends. Searching for new ways of expression, the avant-garde artists seemed fascinated above all by the boldness of colours, the reverse perspective, the rhythm and clear delineation of Russian folk art. In them they also found early attempts at emancipating colour from form. Malevich, in turn, even reduced the whole world to a *Black Square*. Was he inspired by the not yet restored so-called "Black icons" which had darkened to the point of being unrecognisable? Through the synthesis of the old and the new, the young avant-garde artists claimed new heights. Ostensibly free from the shackles of gravity, the figures in Chagall's graphic works *With the Torah over the Town* and *Self-Portrait with a Woman (The Promenade)* (1924/25) (cat. 4 and 2), a supplement to *My Life*, are floating through the air. Again and again Chagall painted these unreal fairy-tale figures which were hovering in space. It comes as no surprise that they resemble the ones to be seen in quite a few lubki, such as in *Flown out through the chimney* (1878) and *The Voyage through the Air* from the year 1863 (cat. 5 and 6).

Dr. Snejanka Dobrianowa-Bauer

1   Cf. Lelekova, Olga. *Ikonenrestaurierung und Ikonenforschung in Russland*. In: *Zwischen Himmel und Erde. Moskauer Ikonen und Buchmalerei des 14. bis 16. Jahrhunderts*. Exhibition catalogue, Frankfurt 1997, p. 87.
2   Cf. Eberhart, Kurt. *Russische Ikonen um 1900*. Manuscript in the press at Legat-Verlag, Tübingen.
3   Ibid.
4   Cf. Hauser, Arnold. *Sozialgeschichte der Kunst und Literatur*, Munich 1990, p. 898.
5   Tarassov, Oleg. *The Russian Icon and the Culture of the Modern: The Renaissance of Popular Icon Painting in the Reign of Nicholas II*. In: *Experiment Nr. 7/2001*, p. 73–101.
6   Exhibition of icons 1911 in the Academy of Art on the occasion of the Second Pan-Russian Art Congress; 1913 exhibition of *Old Russian Art*, commemorating the 300th anniversary of the Romanov dynasty.
7   Cf. Lelekova, p. 88.

The Interest of the Avant-Garde in the Pictorial Concept of the Icon[1]

"We are seeking different values, a different inspiration, a different kind of art …"   N. Punin

Nikolai Punin, a young art historian who had just assumed his first post in a museum, wrote his first full-length publication in 1913 which was to appear in the form of a serial article in two instalments in the Symbolist art journal *Apollon*. The first of these texts represents a scathing verdict on the contemporary art scene[2]; the second (*The Ways of Modern Art and Russian Iconography*, see appendix) is an ardent plea in favour of a "renewal of art by conjuring up the memory of long-lost traditions".[3] Punin here maintains that Realism and Symbolism, the predominant styles of his time, were both mechanical and on the verge of decay. The younger generation was seeking "different values, a different inspiration, a different kind of art", and its ideal precursor and role model could be found in the Russian icons of former times.[4] While contemporary art is judged by Punin to be marked by an over-refined subjectivism and formalism, he finds in medieval icon painting a "worldly wisdom and emblematic transformation taken from real life", devoid of "any subjective elements, any simulacra and anything estranged or alienated"[5]. The icon was a "living and primordial organism" and "free of the lifeless individualisation of contemporary artistic production"[6]. Punin concludes: "We believe that the icon in its magnificent, profound and living glory will take contemporary art on a different route as compared to the one pursued by European art in recent decades."[7]

What at first glance might seem a plea for cultural conservatism, at closer inspection turns out to be one of the early manifestos of the Russian avant-garde; in fact its author subsequently became one of the most eminent avant-garde thinkers. In 1915, shortly after his articles had been published, Punin sought the company of the St. Petersburg Futurists and made himself their most passionate advocate.[8] Virtually at the same time he published an in-depth study of the most important Russian icon painter, Andrei Rublyev[9], apparently without being aware of any contradiction. Again a little while later, in the aftermath of the Russian revolution of 1917, he wrote a radical, 'anti-passatistic' pamphlet in the style of Marinetti, hectoring against the 'outdated' art of the past.[10] He propagated the 'new' art of the 'left-wing' Futurists and published a plethora of studies on contemporary art and artists some of which were to go down in art history as ground-breaking works.[11] For a brief period of time the art critic and theorist turned into a politician specialising in cultural affairs, until in the wake of Stalinisation the narrow windows of opportunity which had been opened up for avant-garde art by the revolution were closed again. Punin had no choice but to withdraw to his former work in the museum and to academic teaching.[12]

What exactly was it that prompted an aesthetic revolutionary in the making to turn to old Russian iconography in his search for new directions in contemporary art? Punin was by no means the only one to be fascinated by icons – on the contrary: even before he had established contact with the so-called 'left-wing' or 'young' Russian avant-garde artists of the time, they were already kindred spirits in this particular preference. In 1913, the same year Punin's first articles were published, the Neo-primitivist artist Mikhail Larionov mounted an exhibition of icon underdrawings (podlinniki) and popular broadsheets (lubki) from his private collection.[13] Another of Larionov's exhibitions in 1913 entitled *target* (mishen) combined contemporary art works with icons and traditional woodcuts. David Burlyuk, one of the protagonists of Cubo-Futurism, was another well-known collector of icons and traditional craft. Quite a few of the avant-garde artists – among them Tatlin, Filonov, Chekrygin and Redko – had been trained as icon painters. Others like Alexander Shevchenko, Natalia Goncharova or El Lissitzky were captivated by medieval religious architecture and Russian popular art. In some way or other they all brought their particular knowledge to bear upon their art. Her motive for being particularly interested in old icons was stated by Natalia Goncharova as an aperçu in an exhibition catalogue: "Eastern art does not copy nor does it seek to improve nature. Eastern art re-creates nature."[14]

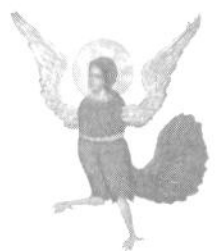

These words capture in nuce the two predominant motives which led the artists of the avant-garde to discover their enthusiasm for old Russian art. First and foremost the artistic and philosophical debates of the time were marked by the need to distance oneself from the west. The tradition of Slavophilia, to which large parts of the Russian intelligentsia in the 19th century were affiliated, singled out typically Russian or eastern traits which were to serve as proof of Russia's autonomy and, beyond that, of its special historic mission.[15] During this period in the history of ideas, comparable to German Romanticism, originated already in the late 18th century a profound interest in the Russian middle ages and in early iconography. Fostered by the commitment of patrons, well-known artists had set out since the 1870s to reconstruct historical church architecture and frescoes as well as to revive traditional Russian crafts.[16] It was not by accident that this enthusiasm for old Russian art was again flourishing on the eve of the First World War. On the occasion of the 300th anniversary of the Romanov dynasty an exhibition of icons from the 14th–17th centuries and other traditional artefacts was presented in the Archeological Institute in Moscow.[17] The frenetic response from the general public, especially vis à vis the icons, had a tinge of nationalistic pathos which could also be observed in quite a few avant-garde artists of the time, namely Burlyuk, Chlebnikov or Goncharova.[18]

Even stronger than the national was the aesthetic motive, which constitutes the second aspect of the modernists' interest in icons. A peculiarity of the Romanov exhibition was the fact that for the first time a substantial number of icons newly restored according to the latest scientific expertise had been put on display, enabling a larger section of the public to see and contemplate old icons in their original form. This was a novelty insofar as the well-worn images had until then only been seen with darkened varnish or, worse, in a damaged version owing to centuries of fervent use in religious services (icons were carried in procession, kissed, fumigated, decorated with garlands of flowers etc.). It must also be taken into account that many icons had been painted over in some parts or fitted with decorative metal onlay (oklad).[19] These alterations were one of the reasons why 19th-century taste, notwithstanding its national romantic leanings, gave scant regard to medieval icons in their aesthetic aspect. Another reason lay in the predominance of a neo-classicist canon. Certain aesthetic features of the old Russian icon such as its refusal of the centralised perspective or the allegedly 'disproportionate' shape of its figures must, from this vantage point, have seemed as a lack of artistic refinement. Where artists of note like Viktor Nesterov or Mikhail Vrubel echoed elements of iconic style in their art or took to painting church murals themselves, they sought to 'correct' the aesthetic 'defects' according to taste and fashion of their time. Art historians in turn paid no regard whatsoever to the aesthetic aspect of icons, classifying icons as second rate to modern art and limiting their research exclusively to matters of iconography.[20]

It was as late as the beginning of the 20th century when the low esteem for the artistic qualities of icons was finally overcome, and the icon was transformed from a cult object into an objet d'art. We owe this transformation to the young artists of the avant-garde originating around 1907/1908, many of whom had begun, as mentioned above, to collect and exhibit icons and popular art and adopt them as an inspiration for their own art. It is true that the older generation of artists from the *World of Art* group (Mir Iskusstvo) founded by Alexander Benois had also collected icons – at the Paris salon d'automne of 1906 Diaghilev had even presented a few old icons side by side with contemporary Russian art – yet the religious images painted by anonymous monks were not considered to be on a par, aesthetically, with the art of later ages.[21] The Neo-primitivists thought otherwise: they recognised precisely in the deviations from the classical canon which are to be found in old icons one of their singular qualities, and a kind of spiritual bond with their own artistic intentions. It was in 1913 therefore that artists and art historians really embarked on a proper analysis of the aesthetic criteria of old Russian icon painting.[22] They soon discovered that any claim of a lack of artistic abilities or knowledge of the techniques of representation was completely unfounded, that rather a whole series of different and original formal principles had been realised with the utmost perfection. One of the examples which have been most frequently observed in icons is the absence of a central perspective, where an edifice, altar or throne can be viewed from three different angles at once and appears to be tapering out towards the background of the painting instead of narrowing as would be the case in a perspectival version (cf. fig. 1). As has been demonstrated with great precision first by the Orthodox priest

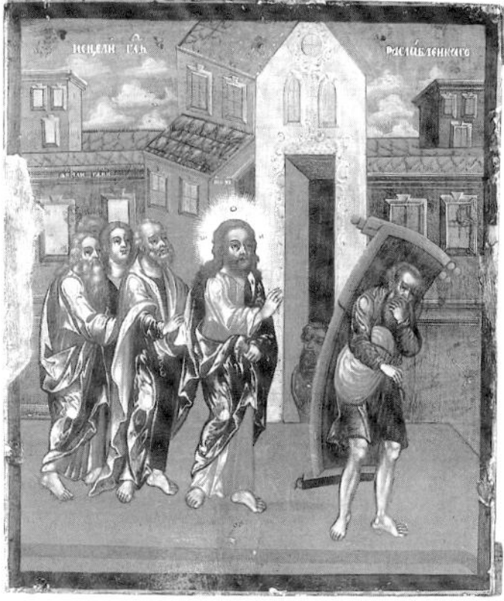

1 *The Healing of the Lame,* Russia, 18th century

and philosopher Pavel Florenski and after him by the artist Lev Shegin, this is a device which had been used deliberately within the confines of a closed yet inherently meaningful system based on mystically religious world views:[23] it is not the viewer who is the central point of reference around which the pictorial space is organised but the imaginary depth of the painting itself which in this way acquires a metaphysical dimension and is removed from the real, representational world instead of referring to it as a simulacrum. The perspective of medieval icons radically negates Euclid's concept of uniform, homogeneous and infinite space as well as its artistic expression in the centralised perspective, which in the 19th century was held to be the undisputed scientific and only factual form of representing space. It is interesting to note that the Euclidean concept of space and the central perspective were both being probed at the beginning of the 20th century by experts from the natural sciences, namely through the theory of relativity as well as by physiological examination of human perception as represented by the work of Hermann von Helmholtz, Ernst Mach and Wilhelm Wundt. For the younger generation of artists the hitherto all-encompassing form of spatial representation turned out to be as obsolete as the underlying positivist world view. Many of them took a keen interest in esoteric teachings and marginal sciences[24] – and sought alternative artistic role models.

In the icon they had found a wellspring of inspiration not only as far as spatial representation was concerned. A fruitful example was the application of colours: particularly in the Novgorod iconic tradition colours from an almost unchanging palette – mainly cinnabar, dark green and ochre – were broadly applied onto adjacent surfaces in their pure and undiluted form. This polychromatic approach produced a striking luminosity and intensity, an impression almost, so it was claimed by Onasch, of "billboard appeal".[25] There was no constraint whatsoever for colours to correspond to the natural colours of objects represented, since in icons a naturalistic rendering of reality was never aspired to. Colours had a purely symbolic function. Another area where icons must have seemed excitingly innovative and up-to-date was their mode of representing time. Whereas in classical teaching the unity of time for all action(s) represented was considered indispensable, the old masters of icon painting could effortlessly depict many different periods of time in a single picture, e.g.

various episodes from the life of a saint or, more spectacularly, two fundamentally opposed versions of time: terrestrial chronological time and celestial eternal time.[26] These remarks may suffice in order to demonstrate that the artists of the Russian avant-garde (and not only them: Henri Matisse, on the occasion of a sojourn in Russia, had made similar observations[27]) had discovered striking similarities of substance between the icon and their own art. Not only did they attribute to icons the highest artistic qualities, they also adopted icons as their model and source of inspiration.

Their imagination was sparked not only by icons, but by old shop signs and Russian hand-crafted objects or, generally speaking, by all kinds of 'primitive' art. In this manner, the primitivism of the Russian avant-garde was situated in an international context of focusing on models which were felt to be unspoilt and 'original' as for example African and Oceanic sculpture which is known to have prompted new trends in modern art.[28] Yet the critical reception of icons by the Russian avant-garde has singular aspects quite apart from the primitivism of the German expressionists or the French cubists: other than their colleagues in the west, Russian avant-garde artists were rarely preoccupied with extra-European works of art which had emerged from distant cultures. Their point of reference lay primarily with what had been produced by their own culture. By no means could this culture be safely relegated to the past; it was still vibrant particularly in small towns and villages, albeit on the way to becoming extinct, as for example in the case of hand-painted shop signs and woodcuts.[29] The young Russian artists had themselves mostly been raised in the specific kind of religiosity and ritual tradition which are both entwined with the worship of icons. By implication, they were all personally more or less closely tied to a culture whose emanations they were now receiving so enthusiastically as 'primitive' works.

Even more important is another aspect concerning the assimilated works rather than the artists' biographies: an icon is more than a 'primitive' work of art. What distinguishes icons from woodcuts and lacquer miniatures, shop signs and wooden toys, is their religious function and – as a result – their pictorial concept, which is fundamentally different from the one that has emerged in western European art since the Renaissance.[30] An icon is not conceived to emulate the real world, it represents or rather embodies a different, a divine

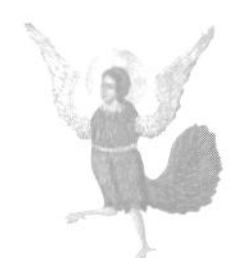

world. An icon is sacred, and it is endowed with divine powers. In Orthodox theology this special characteristic is derived from the doctrine of incarnation as well as from the Trinity of God.[31] Accordingly, the icon embodies the divine on earth, as an analogy to God's incarnation in Christ. Jesus is an image of God the Father, with Father and Son, original and image all being essentially identical. As God has become a presence in Christ, so the icon (re-)presents its original. This "incorporation", in the words of Schmalenbach, i.e. the amalgamation of the painted image with its subject, is the most important reason, aside from and even beyond the specific representational principles of the icon, for the particular interest of avant-garde painters in iconic art.[32]

It was not by accident that the fascination for the old ritual images culminated in the two aforementioned icon exhibitions and the publication of Punin's polemic in the year 1913, which, according to Kovtun, became "the crowning achievement in the history of the Russian avant-garde".[33] At this point the avant-garde artists had already closed ranks, having presented themselves to the general public in a series of exhibitions, and now entered into a heated and polemical dispute with the key figures of the art establishment.[34] More importantly, however, the tendency to deconstruct representation in the arts had reached a critical point in 1913. Mikhail Larionov was exhibiting the first of his Rayonist paintings – pictures which are intended to present not an object but the rays of light emanating from it. A year before already Kazimir Malevich, while working on the décor for the futuristic opera *Victory over the Sun* (cf. fig. 2), had painted a *Black Square* and was now developing his style of Suprematism, which he was to put on display for the first time in 1915. In May 1914, Vladimir Tatlin was showing abstract works in wood, cardboard, metal and other materials for the first time, prototypes of his *Angular Counter-Reliefs* (p. 293 fig. 4). Kandinsky's essay *On the Spiritual in Art* had been known in Russia since 1911. Various manifestos by "young" artists emphasised the necessity to concentrate on the "essence of painting as such".[35] This context helps to elucidate Goncharova's observation that eastern art "re-creates nature". Punin's articles were being published, so it seems, in the midst of a phase of turmoil and change, and in his writing he highlighted precisely those characteristics of medieval icons which are inherently related to non-figura-

tiveness in art. He praised icons above all for their anti-naturalism, their supra-individual objectivity and their symbolic character. Unlike the impressionists who used colour as a means to an end, namely according to its physiological effect on the retina, iconic colours retained their function as natural matter while assuming an added symbolic dimension, Punin claimed. He saw the icon essentially as a "living and authentic organism".[36] In this characterisation Punin mentioned exactly those criteria which, in transcending the particular historical situation of Russia in the year 1913, were of general relevance to the entire Modernist movement. For the refusal of a figurative, i.e. secondary relation to reality and the intrinsic value of an existence as an organism in its own right may be identified as the constitutive features of the modern work of art.[37] At a time when the avant-garde artists were about to embark on their individual paths towards the abstract, Punin recognised this very principle as already anticipated by the pictorial concept of the icon.

This new perspective on iconic art which had been opened up by avant-garde artists and young art historians like Punin is not 'historical' in the sense that it were concerned with a better knowledge of the historical function and the uses of its specific aesthetic features. On the contrary: their approach towards the icon is consistently ahistorical insofar as its structural elements, instead of being applied to the historical context of the icon, were being referred to the artists' own contemporary context of the early 20th century. From this point of view, it was not the icon as a historical given which had captured their attention, but those qualities which struck a spiritual bond between icon and modern work of art in going beyond the historical contingencies of the former and into an aesthetic, quasi 'time-transcending' substratum. By implication, the religious conditions and effects of iconic art could be completely ignored, and icons contemplated as a purely artistic creation.[38] From this inversion of perspective towards the needs of the contemporary inadvertently follows a multiplicity of potential interpretations, varying according to the personal point of view. The specific interest of the beholder foregrounds equally specific aspects of the icon while disregarding others. This has some significance because quite a few artists of the Russian avant-garde not only immersed themselves in iconic art but, in taking it as a reference point, evolved their own – diverging – artistic concepts. Interesting-

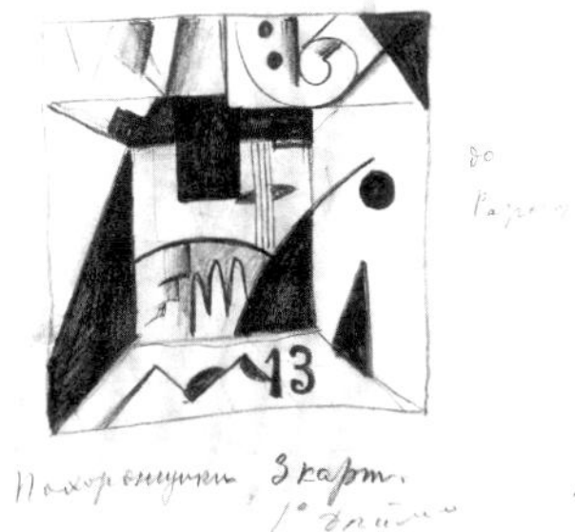

2 K. Malevich, décor for the opera *Victory over the Sun* Act 1, Scene 3. 1913

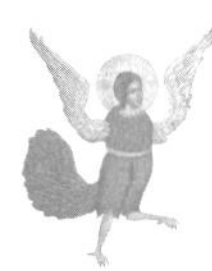

ly, not only concepts by artists such as Kandinsky or Malevich, which were metaphysically based, had been inspired by or derived from the old Russian sacred portraits. It is also in Neo-primitivism, in Constructivism and in Tatlin's "material culture" that the pictorial concept of the icon, in a secular guise, can be rediscovered. Apart from the individual works of art whose detailed analysis would go beyond the scope of this article[39], a long list of contemporary artistic manifestos attest to this fact. A brief tour d'horizon may suffice here to outline the scope and variety of productive reworkings and adaptations of icons by Russian avant-garde artists.

The above-mentioned Neo-primitivists, who had congregated around Larionov and Goncharova, were already fascinated by icons. In 1913 a member of this group, Alexander Grishchenko, pronounced his conviction, which was strikingly similar to Punin's, that the persistent crisis of art as he saw it could only be overcome by inspiration drawn from the old primitive painters and, preferably, from Russian icons.[40] In 1915 he emphasised in a lecture on *How and why we approach the Russian Icon* that the icon commanded such "unusual expressivity" precisely because it did not conform to academic standards.[41] His friend and fellow painter Alexander Shevchenko, in the programmatic pamphlet "Neo-primitivism. Its theory, its potential, its achievements" of 1913, called for a "free and eclectic" adaptation (instead of "mere imitation") of the time-honoured representational principles of the icon in modern art. A "sound structure", a "good style" and a "well-made faktura" were to be aspired to in a work of art.[42] The term "faktura" had gained greater currency in the artists' circles of the Russian avant-garde during those years. The term denotes the sum of all creative possibilities to treat the medium of the painting as well as its surface with diverse materials and pigments; the focus is on the "manufacture" of a work as well as on the intrinsic value of the materials used. Faktura was probably introduced as a programmatic term by the artist, collector and art researcher Voldemar Matvei, who published important theoretical works on the early avant-garde under the nom de plume of Vladimir Markov. In his book *Faktura. Principles of Creativity in the Sculptural Arts* (1914) he consistently takes matter or material as his point of departure. Material was "the mother of all faktura", he claimed; no material was to be despised, the artist's craft had to be won from the material itself.[43]

There is a faint echo already of the "material culture" of Vladimir Tatlin, who later deemed it his task as an artist "to produce new relations between materials in my work."[44]

Remarkably, Markov saw in the old Russian icon a model for good craftsmanship in terms of the faktura. In fact a wide variety of materials were employed in icon painting, which tied in with the scope of crafting techniques to work materials and decorate surfaces. The wooden panel springs to mind, which is manufactured in a complicated process and forms a constitutive part of the icon, as well as the various layers of primer and tempera colours, and eventually the use of metal and precious stones (cf. fig. 3). Tatlin's art, too, is related to icon painting, and this applies not only to his early paintings which obviously originated from his preoccupation with sacred art[45], but to his ensuing material culture in the context of which must be situated the counter-reliefs, the Tower of the third International (Exhibition), and the Letatlin. Nikolai Punin, who in 1913 had clamoured for the icon to become the prime mover in a revival of the arts, in the 1920s became the most important interpretor and advocate of Tatlin in whose art he had found his own expectations fully realised. Tatlin, on his quest for a source of rejuvenation in art, had re-encountered icon painting, Punin wrote in his magisterial study of the artist, because it was precisely in icon painting that the dedication to material and the meticulous application of a variety of techniques had been carefully preserved and handed down over generations. In a process of "subliminally" making this tradition his own, Tatlin had instinctively embarked on a "new way" which the "time-honoured and vigorous culture" had already pursued before him.[46] In Punin's opinion Tatlin's material art appears as the worthy successor to the old Russian icon.

This secular vision of icons as expressed in Punin's line of argument also bore upon part of the discussions among artists who, in the 1920s, had labelled themselves "Constructivists". Like Tatlin, Lyubov Popova, Olga Rosanova and Alexander Rodchenko all appreciated colour as a material value in its own right and considered it the substance of art. The old Russian icons served as a model insofar as they "show us the specific value of colour", as Popova had underlined in a lecture in 1921, and as they had anticipated "distorted representation for formal and pictorial purposes".[47] The analogies between Constructivist notions of art and icon painting, however, go

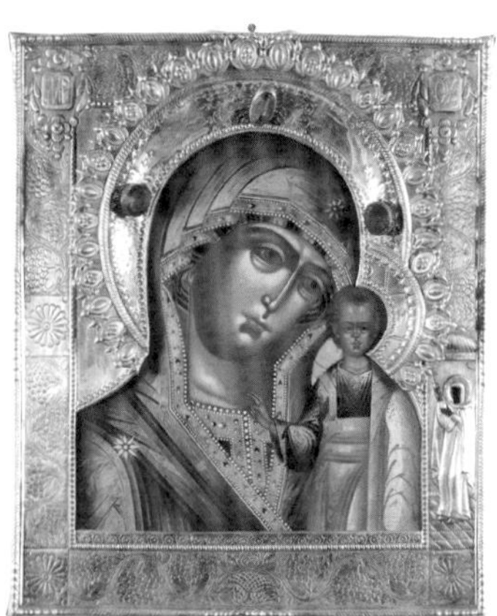

3 *Mother of God of Kazan*, Russia, 18th century

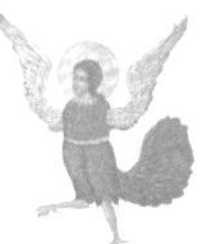

beyond the level of painterly techniques. Popova and her colleagues firmly opposed all references of the artwork to real-life objects, calling the work of art itself an object or *thing* (veshch).[48] Thus they implicitly referred to a characteristic of icons which Punin had described in 1913 as organic wholeness. The overarching intellectual principle by which a spiritually charged image like the icon and the utterly anti-metaphysical art of Constructivism could be joined, was a radical anti-mimetism which was in fact shared by the two otherwise dissimilar pictorial concepts: the Constructivist work is ranked among the existing objects of the real world without being their effigy, just as the icon negates the demand to represent an exterior reality. Both are self-sufficient and non-figurative organisms without any reference to reality – though there is the difference of the icon symbolically referring to a reality beyond this world.

This metaphysical aspect of the icon, its symbolism, also captured the attention of avant-gardists and contemporary art theorists, although they had first been diverted by the discovery of its aesthetic qualities. It was most thoroughly studied by the above-mentioned priest and philosopher Pavel Florenski, who in the years 1921–24 held a professorship at the "Higher State Workshops for Art and Technology" (Vkhutemas), the institution which succeeded the Academy of Art in Moscow. His books and lectures on the concept of time and space in icon painting, written from a strictly Orthodox perspective, highlight above all the theological significance of icons, yet have strongly contributed to elucidating the pictorial concept of icons as opposed to the western panel painting.[49] Florenski defended the "inverted perspective" of iconic art against the central perspective which he described – a few years before Erwin Panofsky's famous lecture on perspective as "symbolic form" – as a "method of symbolic expressivity, one of many potentially symbolic styles."[50] Florenski not only aimed his polemics against the belief that it was only by means of the centralised perspective that reality could be rendered correctly and according to scientific standards onto a two-dimensional plane, he also and conversely claimed that the iconic perspective, and this perspective alone, was the manifestation of a superior, divine and hence objective truth.

Despite his original and often innovative line of theoretical argument Florenski had a conservative taste as far as art was concerned, and his ambitions for contemporary art were more or less restricted to some sort of religious realism.[51] The parallel tendency of important sections of the avant-garde artists towards a metaphysically based abstraction remained incomprehensible to him. And yet the two major exponents of this tendency, Kandinsky and Malevich, owe some essential stimulus to iconic art. Florenski's demand that the picture had to be a "window" to a spiritual world has been fulfilled by Kandinsky more than by any other artist, albeit in a way which diverged from Florenski's Orthodox world view.[52] In his "process towards abstraction" of the years 1908–11 the icon played an important part not only in terms of iconography, but above all on account of its anti-mimetic, transcendental pictorial concept.[53] This is what has been captured in his famous words that through the images of saints on the walls of Russian peasants' cottages he had learned "not to look at a picture from the outside, but rather to move inside the picture, to live in the picture". His "eyes had been opened to the abstract in art."[54] Religious themes (Ascension, All Saints, St. George) as well as techniques borrowed from popular art (an increasingly flat, two-dimensional character of the paintings, the separation of line and colour) which Kandinsky employed in those years both served, in equal measure, as a means of deconstructing the object (cf. cat. 72 a. 73). In the course of this process of abstraction, however, he transcended both means and object: the spiritual content which his abstract compositions are to convey symbolically were God-less and subjectivist if compared with their traditional model. For in Kandinsky's work abstraction was expressly used as a function of spiritual self-expression, whereby he sharply contradicted not only the Russian Constructivists' demand for an intrinsic value of material and faktura, but also differed from important representatives of the Bauhaus. "The origin of the work is of a cosmic character. The author of the work therefore is the spirit. The work exists in an abstract form prior to its figuration which makes it accessible to the human senses."[55] The medium, through which spiritual content is channelled to become material expression, is the sensually gifted individual, the "artist soul". In this seemingly Neoplatonic description of the creative process the central idea is less divine power and more the subjectivity of the artist, which however takes its legitimacy from the privileged reception of a transcendental ideality.[56] Kandinsky's abstract paintings are an iconic

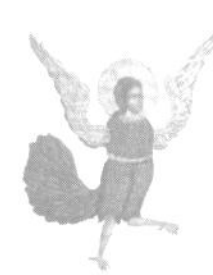

representation of an ideality which only he (and a small number of adepts) can perceive and negotiate. His introspection is comparable to the meditative posture of a medieval monk painter who, in solitude and by fasting and prayer, seeks to grasp the divine truth and record it as faithfully as possible.

Kazimir Malevich approached the "spirit of the primitive" in an entirely different way. Whereas Kandinsky, who was highly educated and came from an upper class bourgeois family, made Russian popular culture an object of his ethnographic studies, Malevich felt a strong emotional bond with folk art. In icons he sensed "something of a kinship, something wonderful. In them the whole Russian people appears to me with all its emotional creativity. … I felt there was a link between rural art and icons: iconic art is the higher cultural form of rural art."[57] In the years 1908–1913, consequently, the peasant motif crystallised into the subject matter which was to remain of essential importance to him until the end of his life. At the same time he developed an individual pictorial language which had very little in common with the Cubo-futurist and Neo-primitivist styles of his contemporaries and by which he continued the heritage of icon painting with a fruitful artistic licence.

Suprematism, which Malevich presented to the public as an éclat in 1915, does not mark a rupture in his positive reference to Russian traditions. It must, on the contrary, be seen as a consequence and radicalisation of precisely the iconic features of his early paintings. Malevich himself writes in his autobiography that through the contemplation of icons he had been given to understand that art was divided into two different parts, one the pristine and painterly aspect, the other the figurative, or "so-called content", of which increasingly only the former, the "art as such", interested him. His encounter with the icon had "convinced" him that paintings should be concerned only with the pure "sensation of art".[58] Unlike any other artist of the Russian avant-garde, Malevich claimed for himself, consistently and programmatically, to be the natural successor of the icon painters. He was the first and only one to not only choose the icon as a model of his art but to describe his own works as icons. At the same time he referred to icon-related rituals when for example he attached his *Black Square*, in an analogy to a tradition cherished in Russian farmhouse parlours, to a corner of the wall just below the ceiling (the *fair corner*)

(fig. 4 and 5), or when he and his students from Vitebsk pasted the basic Suprematist elements of square, cross and circle onto large flags or banners which were then paraded around in demonstrations just as icons were carried in procession.[59] The immediate, even naive relationship with the pictures inherent in these rituals also circumscribes the idea of their singular power which is conferred from the ancient original to its modern copy. Only in this way can it be understood why uncertain authorship vis-à-vis a plethora of red and black squares and circles painted in Malevich's environs did not, strictly speaking, pose a problem and why, consequently, a black square painted by him in the 1920s acquired the same degree of museal "dignity" as its precursor of 1913/15. Icons, too, have been painted without any pretensions to a particular originality, and in an obvious analogy to a prototype, and it is precisely from this fact that their sacredness is derived.

It has been variously pointed out that Malevich drew considerable inspiration from the anti-positivist and science-critical philosopher Pyotr Uspenski, whose works were widely read and discussed in early 20th-century Russia, especially in art circles, as were several other esoteric writers.[60] In analogy to Uspenski Malevich regarded his own Suprematist style of painting as the highest manifestation of a "cosmic awareness" to be aspired to by mankind, a sort of higher level of consciousness which gave access to the fourth dimension and the "essence" of reality. With these ideas Malevich transgressed the boundaries of Christian-Orthodox theology. In a letter dating from 1920 he wrote: "In it, in the square, I see what man once saw in the face of God."[61] Malevich, in his quest for an ultimate reality, even went one step further. He did not content himself with the "revelation" of the "cosmic reality as a non-figurative reality" in his art, but went on to attempt the creation of this new, higher reality himself, through Suprematism.[62] So in 1919 he demanded: "Let us wrench the world from the hands of nature and build a new world which belongs to man."[63] Later he wrote that the non-representational mode enabled the painter to achieve "gigantic creations, similar to the creations of nature such as mountains, valleys etc."[64] The "non-figurative world" was to become a new paradise. By implication, Malevich raised himself to the status of a creator of worlds. At the same time his non-representational Suprematism was transformed from an iconic image of an archetype hailing from a cosmic reality to become itself a cosmic

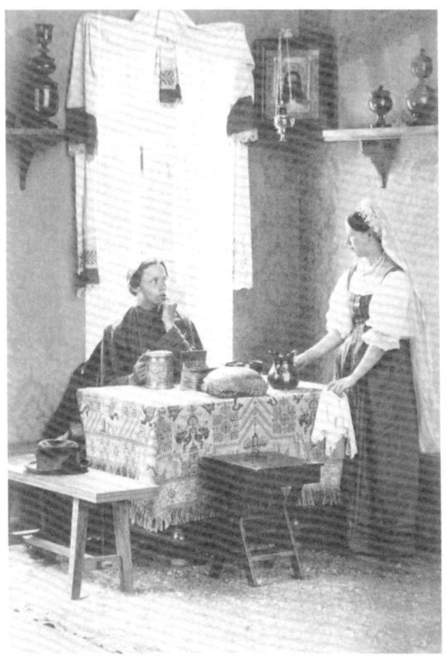

4 „Fair corner" in a Russian farm-house parlour, 1870 – 1880

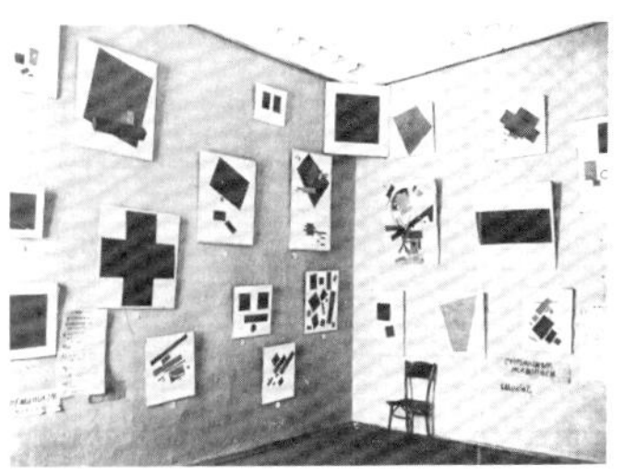

reality. Such hubris must have seemed even less acceptable to the theologist Pavel Florenski than Kandinsky's subjective spiritual contemplation. The two artists took liberties which again distanced their art from the icon which before had been their source of inspiration. Both took the pictorial concept of the icon as a point of reference for their own metaphysically charged artistic positions, only to transcend it by underpinning the latter with world views which became tenable only in modern times.

Like the secular, entirely non-metaphysical concepts of faktura and the artwork as a real-life object, the avant-gardist concepts based on metaphysics do not represent a restorative continuity of an ossified historical model but rather its vital assimilation and transformation. The specific relationship between modern artists and tradition was theoretically reflected and substantiated by Nikolai Punin, the art historian and critic. In 1927, more than ten years after his early essay on the significance of the icon for a revival in art, he published a pamphlet on avant-garde art in Russia which was entitled *Traditions in the new Russian art*. His attempt to associate the idea of tradition with the one of modernism is a rather unusual endeavour for a writer of that time if compared with the predominant self-conception of many Modernists of having severed all ties with the past and standing outside tradition.[65] It was of course understandable, Punin writes, that the art of earlier periods was felt by the younger artists to be no longer adequate in modern times. Yet the art of each new period "did not come out of the blue", it was rather sustained always by the wisdom of former times, and seeking in other, sometimes very distant ages for models of instruction."[66] Likewise, the artists of Russian modernism had used the old Russian icon, the popular lubok as well as shop signs and children's drawings as sources where they had been able to find a "foothold for their own daring innovations."[67] It was essential, he claimed, that tradition was not simply continued through reproduction; mere imitation only led to a "superficial copy of the style of the original" and not to a "veritable tradition".[68] The perspective which the young artists used as a vantage point from which to survey the past had to be marked by the needs and necessities of the time, "as occasioned by the progression of the new art itself."[69] Thus Punin had summed up the relation between avant-garde art and icon. The continuity of tradition in the new art is not a return to the past

but the arrival at a new level of excellence in a dialectically progressive movement. The impulse comes explicitly from the new art, it is effected from the vantage point of modernism and channelled by its needs. Tradition serves as a source, as a seal of legitimacy and confirmation while offering a place in history since the artists can place themselves and their work in the line of tradition. As this process of bringing oneself into line with tradition does not occur from within the tradition but as a deliberate act on the part of individuals from whom the veil of tradition had been lifted, it is an act of productive assimilation and a self-assured attempt at making history. If, notwithstanding all their differences, there is a bond between individual artists such as Popova and Tatlin, Kandinsky and Goncharova, Larionov and Malevich, it is precisely this attitude. Their work, in Punin's words, embodies "the real tradition".

Dr. Verena Krieger

5 Exhibition 0.10 with *Black Square* by K. Malevich in the corner, 1915

1 The argument presented in this article is stated and substantiated at greater length in the author's publication *Von der Ikone zur Utopie. Kunstkonzepte der Russischen Avantgarde*, Cologne-Weimar-Vienna 1998. Ibid. for an extensive bibliography and further reading.

2 Nikolai Punin, *Puti sovremennago iskusstvo (Po povodu 'straniz chudoshestvennoi kritiki' Sergeia Makovskago) (The Ways of Modern Art. A propos Sergei Makovski's 'Art Critical Pages')*, in: Apollon 9/1913, pp. 52–61.

3 Nikolai Punin, *Puti sovremennago iskusstvo i russkaya ikonopis (The Ways of Modern Art and Russian Iconography)*, in: Apollon 10/1913, pp. 44–50; quoted from p. 50.

4 Ibid., p. 50.

5 Ibid., p. 47.

6 Ibid.

7 Ibid., p. 50.

8 This is mentioned in a chapter of his autobiography: *Kvartira No. 5 (Flat No. 5)*, in: *Panorama iskusstv (Rasskasy o chudoshnikach i pisatelach) (A panorama of the arts. Tales of artists and writers)*, 12, Moskow 1989, pp. 162–198. His autobiography *Iskusstvo i revolyutsia (Art and revolution)* has survived only in fragments of the original manuscript.

9 Nikolai Punin, Andrei Rublyev, in: *Apollon* 2/1915, pp. 1–23.

10 Punin's texts dating from this period are best documented in the journal *Iskusstvo kommuny (The art of the commune)* edited by himself and published in the years 1918–19.

11 Particularly in the case of Punin's monograph study on *Tatlin (Protiv kubisma) (Tatlin. Against Cubism)*, Petrograd 1921.

12 In the years 1918–23 Punin acted under the supervision of the People's Commissar for education, Anatoly Lunacharsky, in the ISO division for creative arts and in this capacity focused much of his support on the avant-garde movement. In the Stalin era he was repeatedly arrested. He died in a prisoners' camp in 1953. For Punin's vita cf. V. N. Petrov, *N. N. Punin i ego iskusstvovecheskie raboty (Punin and his work in art history)*, in: *N.N. Punin, russkoe i sovyetskoe iskusstvo (isbrannye trudy o russkom is sovyetskom isobrasitelnom iskusstve) (Russian and Soviet art. Selected works from

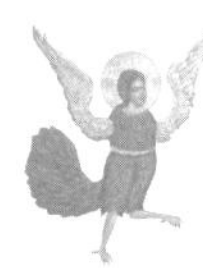

the creative arts in Russia and the Soviet Union), Moscow 1976.

13 Katalog *Vystavka ikonopisnych podlinnikov i lubkov organisovannaya M. F. Lari-onovym (Exhibition of icon underdrawings and popular illustrated pages, organised by M. Larionov)*, Moscow 1913.

14 Natalia Goncharova, *Indusski i persidski lubok (Indian and Persian lubki)*, in: *Exhibition catalogue* (cf. fn. 13), pp. 11–12.

15 An excellent and, even today, still relevant overview of this spiritual movement can be found in Thomas Garrigue Masaryk, *Russische Geistes- und Religionsgeschichte (A spiritual and religious history of Russia)*, 2 vols. (1913), reedited Frankfurt/Main 1992.

16 For Abramzevo, the Mir iskusstvo and the national Romantic movement in Russia see Valentine Marcadé, *Le renouveau de l'art pictural russe: 1863–1914*, Lausanne 1972; Camilla Grey, *Das große Experiment. Die russische Kunst 1863–1922*, Cologne 1974; Grigori Sternin, *Das Kunstleben Rußlands zu Beginn des 20. Jahrhunderts*, Dresden 1978; John E. Bowlt, *The Silver Age. Russian Art of the Early Twentieth Century and the World of Art Group*, Newtonville/Mass. 1980; Marie Schäfer, *Historienmalerei und Nationalbewußtsein in Rußland 1860–1890*, Cologne 1985; Jewgenia Kiritschenko, *Zwischen Byzanz und Moskau. Der Nationalstil in der russischen Kunst*, Munich 1991.

17 Katalog *Vystavka drevnerusskago iskusstvo. Imperatorski Moskovski Archeolog-icheski Institut imeni Imperatora Nikolaya II. (Exhibition of old Russian Art. Imperial Archaeological Institute Tsar Nicholas II. Moscow)*, Moscow 1913.

18 Thus David Burlyuk wrote in 1910 in the *Blauer Reiter*, referring to the *Fauves of Russia*: *Ours is a national art*. Similar views were held by most of the Cubo-futurists such as Goncharova and Larionov, as well as by the poets Velimir Chlebnikov and Benedikt Lifschits. Their attitude did not remain uncontested, however. It was Makovski, the Symbolist poet, art critic and editor of *Apollon* who was not the only one to speak out against any "aesthetic chauvinism": Sergei Makovski, *Stranizy chudoshestven-noj kritiki, kniga vtoroya: sovremennye russkie chudoshniki (Pages of art criticism, volume two: modern Russian artists)*, St. Petersburg 1909, p. 27.

19 See Zuzana Skalova, *Die Semiotik mittelalterlicher russischer Ikonen, ihre Beschädi-gung, Restaurierung, Nachahmung und Fälschung*, in: Eva Hanstein-Bartsch (ed.), *Russische Ikonen. Neue Forschungen*, Recklinghausen 1991, pp. 171–189.

20 This applies to a whole generation of researchers around I. P. Sacharov, F. . Buslayev, N. Ivanchin-Pisarev and D. A. Rovinski. Buslayev for instance characterised the artistic quality of icons as "minor, primitive and retrograde", as quoted in: N. Shchokotov, *Ikonopis kak iskusstvo (Icon painting as an art form)*, Moscow 1914, p. 16.

21 For the different ways in which Mir isskusstwo and the avant-garde related with Russian popular art see Alla Povelikhina/Yevgeny Kovtun, *Russian Painted Shop Signs and Avant-garde Artists*, Leningrad 1991.

22 A clear distinction was sought from the older generation of researchers like Nikolaj Shchokotov, *Ikonopis kak iskusstwo. Po powodu sobranija ikon I. S. Ostrouchowa i S. Rjabuschinskogo (Icon painting as an art form. On the occasion of Ostrouchov's and Ryabushinski's collection of icons)*. Moscow 1914.

23 Pavel Florenski, *Die umgekehrte Perspektive* (1920), in: P. F., *Die umgekehrte Perspektive. Texte zur Kunst* (translated and edited by André Sikojew), Munich 1989, Lev Shegin, *Die Sprache des Bildes. Form und Konvention in der alten Kunst*, Dresden 1982; on a similar basis: Boris Uspenski, *Zur Semiotik der Ikone*, in: Karl Eimermacher (ed.), *Semiotica sovietica 2. Sowjetische Arbeiten der Moskauer und Tartuer Schule zu sekundären modellbildenden Zeichensystemen 1962–1973*, Aachen 1986, pp. 755–825.

24 For the reception of occultist theories by the artists of the Russian avant-garde see among others: Linda Henderson, *The Artist, The Forth Dimension and Non-Euclidean Geometry 1900–1930. A Romance of Many Dimensions*, Yale University 1975; Anthony Parton, *Mikhail Larionov and the Russian Avant-Garde*, London 1993; Katalog *Okkultismus und Avantgarde. Von Munch bis Mondrian 1900–1915*, Frankfurt/Main 1995.

25 Konrad Onasch, *Ikonen*, Berlin 1962, p. 12.

26 Cf. Jana Hlavackova, *Casovost obrazu jako mira jeho kultovnosti (The time concept of a picture as a measure of its cultic function)*, in: *Umeni (Art)*, vol. 29, Prague 1981, pp. 516–525.

27 Cf. Jurii Russakov, *Matisse in Russia in the Autumn of 1911*, in: *The Burlington Magazine* 5/1975, pp. 284–291.

28 William Rubin, *Primitivismus in der Kunst des 20. Jahrhunderts*, Munich 1984; Karla Bilang, *Bild und Gegenbild. Das Ursprüngliche in der Kunst des 20. Jahrhunderts*, Stuttgart/Berlin/Cologne 1990. Rubin, as opposed to Bilang, never mentions the Russian avant-garde, the role of the icon or of Russian popular art for the genesis of abstract modernism.

29 Cf. Alla Povelikhina/Yevgeny Kovtun, *Russian Painted Shop Signs and Avant-garde Artists*, Leningrad 1991.

30 For the occidental imago as an analagon to and counterpoint of the eikon cf. Kurt Bauch, Imago, in: Gottfried Boehm (ed.), *Was ist ein Bild?*, Munich 1994, pp. 275–299.

31 For the theology of the icon cf. Ernst Benz, *Geist und Leben der Ostkirche*, Hamburg 1957; Egon Sendler, *The Icon. Image of the Invisible*, Redondo Beach/California 1988.

32 Werner Schmalenbach, *Grundsätzliches zur primitiven Kunst*, in: *Acta Tropica* vol. 15, No. 4, Basle 1958; and *Die Kunst des Primitivismus als Anregungsquelle für die europäische Kunst bis 1900*, Cologne 1961, by the same author. In his study Schmalenbach concentrates, as before him Carl Einstein in his famous essay on negro sculpture [sic] (Leipzig 1915), on the incorporation of the divine as the most important feature of African art. As opposed to the totemistic cult object, the icon is sustained by a highly differentiated theological justification with a tradition of several centuries.

33 Jevgeni Kovtun, *Der Augenzeuge des Unsichtbaren. Über das Werk von Pawel Filonow*, in: Jürgen Harten/Jewgenia Petrowa (eds.), *Pawel Filonow und seine Schule*, Exhibition catalogue, Cologne 1990, pp. 16–35, p. 16.

34 To a defamatory article written by the art critic Alexander Benois, Olga Rosanova replies in no less polemical terms with her programmatic title *Grundlagen des neuen Schaffens und die Gründe seines Nichtverstehens (The fundamentals of new creation and the reasons for failing to understand them)*, Soyus molodyoshi, 3/1913, pp. 14–22.

35 Mikhail Larionov, *Luchistskaya shivopis (Rayonist Art)*, 1913, as cited by John E. Bowlt (ed.), *Russian Art and the Avant-Garde*, London 1988, p. 91.

36 Nikolai Punin, *Puti sovremennago iskusstvo i russkaya ikonopis* (Fn. 3), p. 47.

37 This has been described in an exemplary manner by Werner Haftmann, *Malerei im 20. Jahrhundert* (2 vols.), Munich 1962, p. 22.

38 This kind of aestheticising and ahistorical perspective is amply demonstrated by the art historian Pavel Muratov, in his book *Drevne-russkaya ikonopis v sobranii I. S. Ostrouchova (Old Russian icon painting in the Ostrouchov Collection)*, Moscow 1914, where he writes: "The vow of the old Russian artist was a vow of asceticism in art (…) He celebrated his creativity in a solitude which was artistically rather than religiously motivated."

39 Selected interpretations of paintings as well as references to pictorial analysis by others can be found in the publication cited in fn. 1 by the author of this article.

40 A. Grishchenko, *O svjasach russkoj shivopisi s visantiei i sapadom XIII–XX s. Mysli shivopisza (On the relations of Russian art to Byzantium and the West from the 13th to 20th centuries. The thoughts of an artist.)*, Moscow 1913, p. 7.

41 A. Grishchenko, *Voprosy shivopisi III: Russkaya ikona kak iskusstvo shivopisi (Questions of Art vol. 3: The Russian icon as a painters' art)*, Moscow 1917, p. 32.

42 A. Shevchenko, *Neoprimitivism. Ego teoriya, ego vosmoshnosti, ego dostisheniya*, Moscow 1913, p. 13 f.

43 Vladimir Markov (Voldemar Matvei), *Faktura. Prinzipy tvorchestva v plasticheskich iskusstvach*, St. Petersburg 1914, p. 2 f.

44 Vladimir Tatlin, *Kunst mündet aus Technik* (1932), as quoted in: Kunstverein München

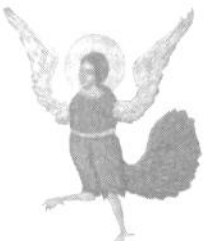

(ed.), *Wladimir Tatlin 1885–1953*, exhibition catalogue, Munich 1970, p. 63.

45 Cf. Larissa A. Shadova (ed.), *Tatlin*, Weingarten 1987, p. 71 f.; Anatoly Strigalyov, *Die Bedeutung der altrussischen und der volkstümlichen Kunst in Tatlins Werk*, in: Jürgen Harten (ed.), *Vladimir Tatlin. Leben, Werk, Wirkung. Ein internationales Symposium*, Cologne 1993, pp. 128–135.

46 Nikolai Punin, *Tatlin (Protiv kubisma)*, Petrograd 1921, p. 12.

47 Lyubov Popova, *Materialien für einen Vortrag über den Stil*, as quoted in: Magdalena Dabrowski (ed.), *Ljubov Popova 1889–1924*, exhibition catalogue, Cologne 1991.

48 The position of "thing-ism" (veshchism) is stated in exemplary fashion by Nikolai Tarabukin, Ot molberta k maschine (From easel to machine), Moscow 1923: "The artist creates reality in the shapes of his art, and realism is understood by him as the creation of something authentic, a thing self-sufficient in form and content which does not reproduce objects of the real world but has been devised by the artist from beginning to end without projecting lines which one would have been able to draw from reality towards it." (As quoted in: Rainer Georg Grübel, *Russischer Konstruktivismus. Künstlerische Konzeptionen, literarische Theorie und kultureller Kontext*, Wiesbaden 1981, p. 43).

49 Among the most important writings by Pavel Florenski on icon painting and the pictorial representation of time and space in recent German-language editions are: *Die umgekehrte Perspektive. Texte zur Kunst* (translated and ed. by André Sikojew), Munich 1989; *Die Ikonostase. Urbild und Grenzerlebnis im revolutionären Rußland*, with an introduction by Ulrich Werner, Stuttgart 1990; *Raum und Zeit* (Werke vol. 5), ed. by Olga Radetzkaja and Ulrich Werner, Berlin 1997.

50 Florenski, *Die umgekehrte Perspektive* (fn. 49), p. 55.

51 Florenski was a member and patron of the artists' association "Makovez", which stood in opposition to the left-leaning avant-garde in the 1920s. Cf. V. P. Lapshin, Is istorii chudoshestvennoy shisni Moskvy 1920-ch godov. "Makovez" (Soyus chudoshnikov i poetov "isskusstvo – shisn") (From the history of artistic life in Moscow in the 1920s. "Makovez". The artists' and poets' association "Art and Life"), in: *Sovyetskoe iskusstvosnanie (Soviet science of art)* 1979, No. 2, Moscow 1980, pp. 355–391; and: Nicoletta Misler, *Il rovesciamento della prospettiva*, in: Pavel Florenski, *La prospettiva rovesciata e altri scritti, a cura di Nicoletta Misler*, Rome 1984, pp. 3–53.

52 Pavel Florenski, *Die Ikonostase* (fn. 49), p. 70.

53 An iconographic analysis of some of the major works of those years can be found in: Noemi Smolil, *Von der Ikone zum gegenstandslosen Bild. Der Maler Vasilij Kandinskij*, PhD thesis, Munich 1992.

54 Wassily Kandinsky, *Die gesammelten Schriften*, ed. by Hans Roethel and Jelena Hahl-Koch, vol. 1, Bern 1980, pp. 158 f. and 152.

55 Kandinsky, *Gesammelte Schriften* (fn. 54), p. 53.

56 For Kandinsky's sources in the history of ideas cf. Sixten Ringbom, *The Sounding Cosmos. A Study in the Spiritualism of Kandinsky and the Genesis of Abstract Painting*, Abo 1970; Armin Zweite, *Kandinsky zwischen Tradition und Innovation*, in: A. Zweite (ed.), *Kandinsky und München. Begegnungen und Wandlungen 1896–1914*, exhibition catalogue, Munich 1982, pp. 134–177; and, referring to specifically eastern lines of tradition: John E. Bowlt/Rose-Carol Washton Long, *The Life of Vasilii Kandinsky in Russian Art. A Study on the Spiritual in Art*, Newtonville/Mass. 1980.

57 *Detstvo i yunost Kasimira Malevicha. Glavy is avtobiografii chudoshnika (Childhood and youth of Kazimir Malevich. Some chapters from the autobiography of the artist)*, in: *K istorii russkogo avangarda. N. Chardshiev, K. Malevich, M. Matyushin (The Russian Avant-Garde. With a Post-script by Roman Jacobson)*, Stockholm 1976, p. 85–127, quoted from pp. 108 and 117.

58 Ibid., p. 122 f.

59 Larissa Shadova, *Kasimir Malewitsch und sein Kreis. Suche und Experiment. Aus der Geschichte der russischen und sowjetischen Kunst zwischen 1910 und 1930*, Dresden 1978, p. 79.

60 W. Sherwin Simmons, *Kasimir Malevich's Black Square and the Genesis of Suprema-tism 1907–1915*, New York/London 1981; cf. also Linda Henderson (fn. 24).

61 As quoted in: Walter Kambartel, *Konstruktivismus in Osteuropa*, in: *Propyläen Kunstgeschichte* vol. 12, p. 213.

62 Kasimir Malewitsch, *Suprematismus – Die gegenstandslose Welt*, ed. by Werner Haftmann, Cologne 1962, p. 172.

63 As quoted in: Camilla Grey, *Das große Experiment. Die russische Kunst 1863–1922*, Cologne 1974, p. 201.

64 As quoted in: Heiner Stachelhaus, *Kasimir Malewitsch. Ein tragischer Konflikt*, Düsseldorf 1989, p. 119.

65 Nikolai Punin, *Noveishie Techeniya v russkom iskusstve, 1. Traditsii noveishego russkogo iskusstvo (New tendencies in Russian art, 1. Traditions in the new Russian art)*, Leningrad 1927.

66 Ibid., p. 5.

67 Ibid., p. 10.

68 Ibid., p. 6.

69 Ibid., p. 10.

Malevich and the "Black Icons"

When travelling through present-day Russia and its environs, the visitor is not unlikely to be faced with a discovery similar to the one made by the young icon restorer Irina Mayorova, who during a visit Peipus lake, Estonia walked into a small church where some unrestored icons caught her eye: "The candles which over the years had been lighted again and again in front of these icons had covered the icons' surfaces in soot," she recalled during a conversation with the author of this article in June 2003. "From the dripping wax and the soot there had resulted a dark layer which must have entered into a chemical reaction with the varnish because when I put my finger on it, it felt soft to the touch. It was thick and tough and prevented the paintings from being seen." The formerly brilliant icons had become almost entirely black.

The historical record of the "black icons", also referred to as "black boards", which were first mentioned in a decree of the Holy Synod of Russia in 1774, has long been established.[1] The cause for the icons to become tarnished lies, paradoxically, in a painting technique which, as the well-known icon restorer Olga Lelekova explains, was originally used to heighten the brilliance of the icons. "Russian icons must be differentiated from those of other Orthodox countries not only in style but also in terms of their painting technique", Lelekova observes. "One of its characteristic features for example is the protective coating with a linseed oil mixture, the so-called olifa, which is applied onto the finished painting. This layer of oil gave luminosity to the colours as well as reliable protection in cold and humid churches. The olifa darkened fairly soon, however, and after 100 to 150 years turned into an opaque, black film which obscured the painting as well as the image itself."[2]

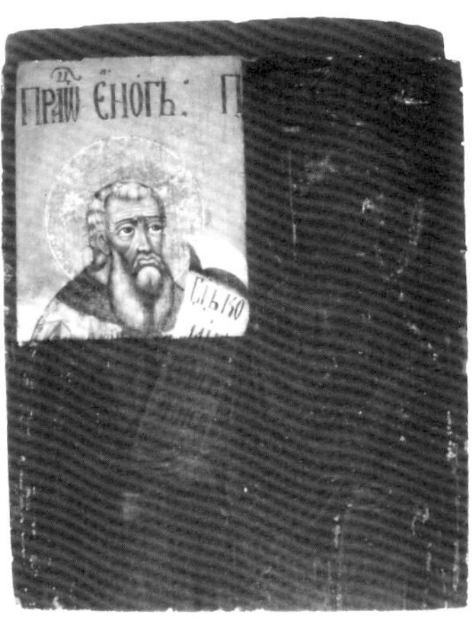

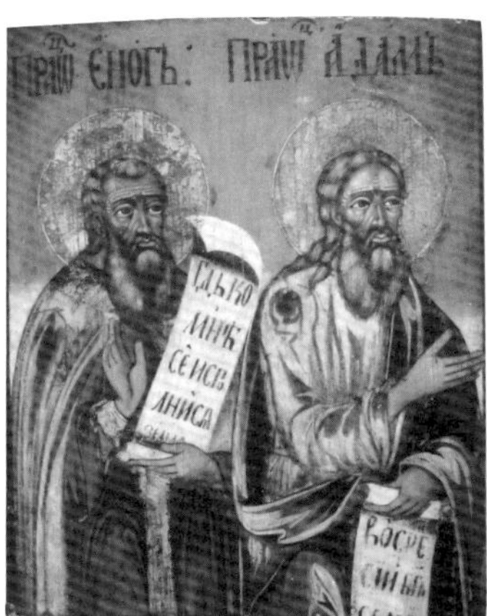

1 *Henoch and Adam,* Russia, late 18th century (before and after the restoration)

Malevich, who was deeply impressed by the icons and who had discovered in them "something of a kinship, something wonderful"[3], must have known about these black icons. It has been debated time and again in scholarly research that his *Black Square* (fig. 2) is related to iconic art. As Verena Krieger has convincingly pointed out, Malevich did not only regard the icon as an aesthetic model but, over and above that, thought of his own paintings as icons.[4] Thus he referred to his *Black Square* as a "naked icon of my time" and as an "icon of Suprematism".[5] Might it be too far-fetched a thought to suppose that Malevich, in painting his *Black Square*, had been inspired by the black icons which even today can be found on the iconostases of remote Russian churches?

2 K. Malevich *Black Square*, 1915

Dr. Snejanka Dobrianowa-Bauer

1 Cf. *Russkaya pozdnaya ikona ot XVII do nacala XX stoletiya. (The late Russian icon 17th to 20th centuries.)* Anthology. Moscow 2001, p. 21–22.
2 Lelekova, Olga. *Ikonenrestaurierung und Ikonenforschung in Russland.* In: *Zwischen Himmel und Erde. Moskauer Ikonen und Buchmalerei des 14. bis 16. Jahrhunderts.* Exhibition catalogue. Frankfurt 1997, p. 87.
3 Cf. *Detstvo i yunost Kazimira Malevicha. Glavy iz avtobiografiy hudoshnika (Childhood and Youth of Kazimir Malevich. Selected Chapters from the Autobiography of the Artist),* in: *K istoriy russkogo avangarda. N. Chardshiev, K. Malevich, M. Matyushin. (The Russian Avant-Garde. With a Post-script by Roman Jacobson),* Stockholm 1976, pp. 85–127. Quoted from p. 108.
4 Cf. the article by Verena Krieger in this volume, "We are seeking different values, a different inspiration, a different kind of art ...". The interest of the avant-garde in the pictorial concept of the icon. Cf. also Krieger, *Von der Ikone zur Utopie.* Cologne 1998, p. 127.
5 As quoted in: Werner Haftmann, Introduction in: Kasimir Malewitsch, *Suprematismus – Die gegenstandslose Welt.* Cologne 1962, p. 19.

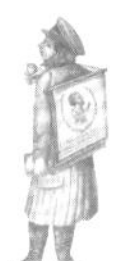

The Lubok in Russia

Broadsheet and lubok are synonyms for certain primitive works of art which were widespread in 18th- and 19th-century Russia both in towns and in the country. These illustrated prints had a high circulation and were meant to be used in the aesthetic education and enlightenment of the people. The prints with a religious motif served as paper icons, whereas those with a worldly content were supposed to instruct, entertain and amuse their readers.

The imagery of the lubok with its preference for certain figures and themes, though strongly bound to tradition, was always open to new forms of expression and topical events. The marked linearity and decorative character, distortion, exaggeration and grotesque as well as the gaudy, vibrant colours are typical of this popular genre. All these lend to the lubok its unique character and attractiveness.

The history of the lubok in Russia spans 200 years. It originated in the second half of the 17th century and lasted until the early 20th century. At first the pictures were produced by means of wooden printing plates. The plates were executed in the high relief technique, where the background was cut away while the raised contours of the picture remained. In the late 17th and early 18th centuries copper engraving was introduced in Russia, and was soon employed in the production of the lubok. Copper engraving permitted a longer use of the printing plate and, by implication, a production with a higher number of copies. Almost until the mid-19th century the lubok was produced in the technique of the copper engraving, before being replaced by lithography. The application of the drawing onto the stone plate and the actual print process were much less of an effort than in the making of woodcuts. In the second half of the 19th century the lubok workshops almost exclusively used lithography. This new stone-printing technique allowed considerably higher numbers of prints per plate: once the copper engraving had been copied onto the stone plate, this process could be repeated several times whenever the plate had worn off. From the late 19th and early 20th century onwards chromolithography was used in the production of the lubki. Printing techniques and artistic qualities varied, yet the pictures were invariably entertaining and interesting.

The lubki were mostly produced in small workshops and factories in Moscow, with the printed sheets being coloured at various places in the suburbs of Moscow. In the 17th century lubki were sold most of the time on the vegetable market on Red Square, until the stalls for books and lubki were moved to the Saviour's Bridge in the centre of Moscow. Since the second half of the 18th and in the course of the 19th century mass-produced pictures had been sent to other towns and cities, to be sold by peddlers and street traders on fairs and markets. One of these lubok sellers can be seen in the picture *Sbitenchik and Chodebchik* (fig. 1). The word "chodebchik" is derived from the Russian "to walk" (chodit), i.e. the trader would walk across the markets, carrying his own wares. To the stick which he is holding up here has been attached a stack of pictures. This enables the passers-by to inspect the lubok sheets on offer. A "sbitenchik" is a vendor of "sbiten", a Russian national beverage made of boiled honey and ginger.

Most of the lubki represent humorous and diverting motifs with popular figures such as the dancing bear and the goat, both playing musical instruments (fig. 2). The classic orchestration of the duo would be for the bear to play the balalaika and the goat to play on wooden spoons. Street entertainment provided by a circus bear and a man in goat costume was indispensable on fun fairs, as a kind of travelling theatre. Among the characteristics of these coloured prints were exciting and playful scenes as well as rhymed dialogue as for example in the motif of the *Blinchitsa* (The Blini Cook). It originated in the second half of the 18th century as a woodcut (p. 287 fig. 4) and was printed until the mid-19th century in countless copies and variations. The scene – a woman at the stove cooking blini pancakes while being accosted by an idle visitor, from which much amorous dallying ensued – was an all-time classic and did not fail to amuse the beholder.

The giant sitting cat is another well-known figure of the Russian lubok (cat. 100). Its title reads *Cat of Kazan, with the wits from Astrakhan and the common sense of Siberia*. Traditionally this cat is consid-

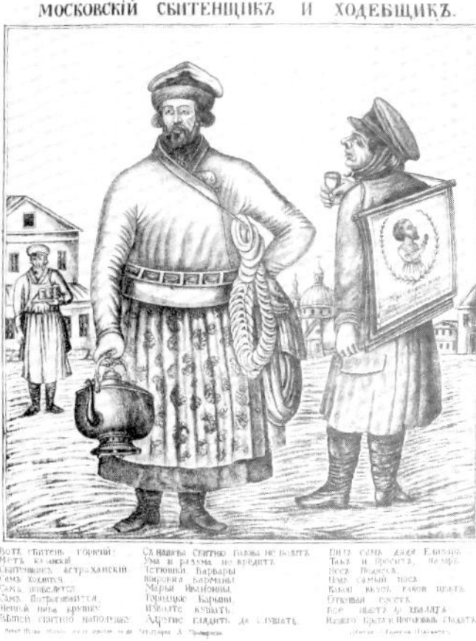

1 *Sbiten Vendor and Peddler (Sbitenchik and Chodebchik)*, 1858

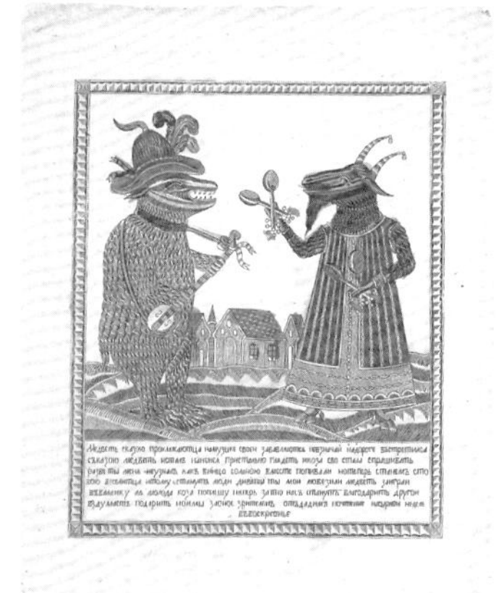

2 *The Bear and the Goat*, 2nd quarter 19th century

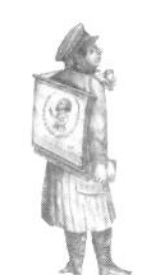

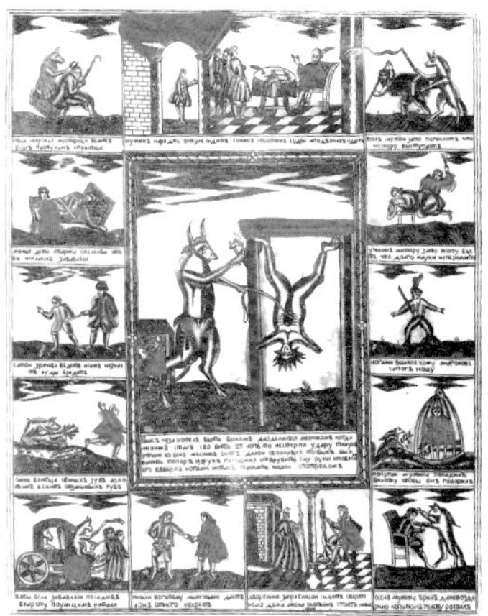

3 *The Ox Who Would be an Ox no More and Chose to be a Butcher*, early 19th century

ered by scholars to be, supposedly, a satire on Peter the Great, since the lubok legend is a parody of the official title of the Russian tsar. In fact this print originated long before the reign of Peter the Great, and moreover has several western forerunners. Italian, Dutch and Spanish popular prints exist with similar images of a sitting cat, whose fur is typically illustrated by a few short parallel strokes of the pen. This motif which has its ancestry in *The History of the Animals* (1551) by Konrad Gesner, figures among the so-called "migrant" themes[1] which travelled from one country to the next. The lubok masters interpreted these themes, varied the details and added different texts to the pictures. Besides, the cat "of Kazan, Astrakhan and Siberia" can justifiably also be identified as Ivan the Terrible because he was the one to conquer those nations to make them part of Russia. Direct analogies in the lubok almost invariably fail.

The "migrant" themes also include the motif of the "topsy-turvy world", where humans and animals exchange roles and the weak triumph over the strong. In this world parody rules. So the print *Silly stuff to have fun and a good laugh* (cat. 70) pokes fun at the motif of a huntsman's burial who is borne to his grave by his victims – rabbits, stags, beavers and birds. This motif was borrowed from the German popular print *Burial of a Hunter*.[2] Another print, *The ox who would be an ox no more and chose to be a butcher* (fig. 3) also builds on the principle of the "topsy-turvy world". This motif is one of the best known and most amusing in Russian lubok art: the main scene, rendered with a high degree of naturalism, is framed by a large number of humorous marginal scenes. Here a peasant is urged forward by a donkey, another peasant is being shorn by his sheep, there the women of the village are pulling around a donkey in a carriage, and a parrot is squeezing a man into a cage so "that he may talk". The function of scenes like these lay in their potential to amuse and instruct, in the absurdity of the situations and in the enjoyment on the part of viewers and readers.

Arguably the most popular variant of the "topsy-turvy world" was the lubok *How the Mice Burried the Cat*. The image originated in the late 17th century and was printed many times until the beginning of the 20th century, when it turned into a matter of research. The renowned art collector and publisher Rovinsky, like some other scholars, came to the conclusion that lubki with this popular motif were a

parody of the burial of Tsar Peter I. Again Peter I. is associated with a cat, primarily, one must suppose, because of the decidedly mixed reactions prompted by Peter's reforms and by himself among the population. M. A. Alekseyeva, however, provided conclusive proof that the picture was created before the reign of Peter I. and had no connection whatsoever to his time.[3] The theme is commensurate with popular satire and the well-known examples of the humorous genre in Russia in the 17th century. Incredible things happen: the mighty animal and arch-enemy is captured, bound and escorted to its grave. The composition varied over time: the number of mice in the funeral cortege grew steadily, and the titles or legends of the lubki changed time and again. The version presented in this exhibition is entitled *An Unbelievable Story* (cat. 69) and represents the parodic elements of the story in extenso, alterations notwithstanding.

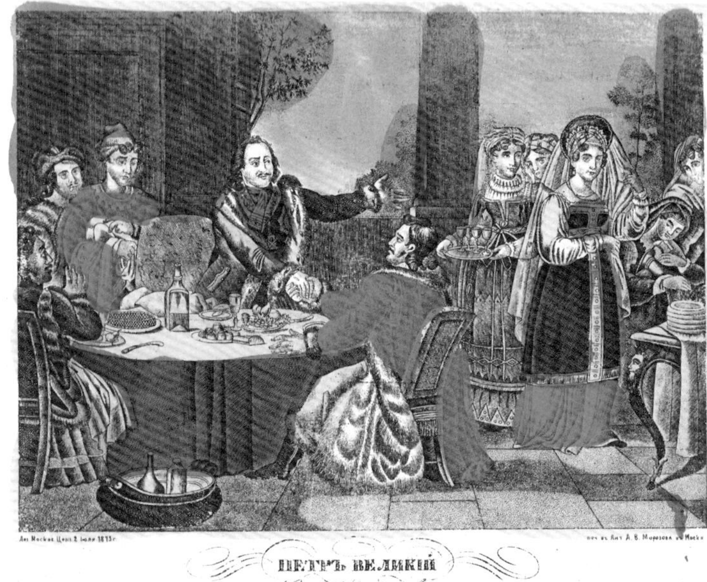

4 *Tsar Peter the Great being introduced to Katharine by Count Menshikov*, 1870s

Motifs from Russian literature and folklore are a strong presence in lubok art. The heros of fairy tales and legends – Ivan the Tsarevi-

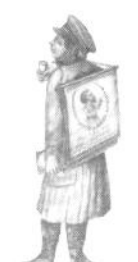

ch, Ilya from Myrom, Bova the king's son – all fight, triumph and excel in heroic exploits. In the pictures priority is given to the narrative element. In the *Tale of Emelya the Fool with the Red Cap* (cat. 13) a number of different scenes show the eponymous hero lying idly on his stove while several objects fulfil his orders and wishes: the buckets have gone to fetch water from the river, an axe is busy chopping wood, and the stove takes Emelya wherever he wants to go. Another lubok, about the rooster and the fox, tells the story of the lover of flatteries, and how he fared: the images in the cartouches illustrate how the fox seduces the gullible rooster who is captivated by the fox's eulogies on his beautiful and harmonious song (cat. 12).

The editors of the lubki also found inspiration in the countless folk songs and romances. Around the mid-19th century interest in folks songs was raised owing to research by scholars who collected and published large volumes of song material. So popular were these melodies that even with a large number of copies the publishers ran quickly out of print. The lubki of this period featured girls dancing the roundelay, a cavalier heading to meet his beloved in a carriage, flute-playing shepherds, girls winding garlands of flowers, amorous couples etc. A case in point is the lubok print *A Lonely Lime Tree Stood in the Open Field* (fig. 5).

Since the mid-19th century the illustrated scenes have come to represent topical events, with the traditional humorous motifs being pushed to the margins. The construction of the first Russian railway line between Moscow and St. Petersburg, or voyages in zeppelins were rendered in the visual language of the lubok. The steam engine of a nostalgic train with soldiers standing on the platforms of the wagons, venturing out on their first journey into unknown terrain, was kept in the style of rustic primitivism. Voyages in balloons inspired the artists to print a whole series of satirical scenes which were based on the idiomatic expression "to fly out through the chimney", the equivalent of "going bust, going bankrupt", with its Russian metaphor being taken literally. On one of the pictures a merchant is flying out of the chimney, quite literally flying away from his creditors (cat. 5). The *Voyage through the Air* (cat. 6) is the title of another print in which a drunkard is shown having gambled away his wasteful wife and all his riches, next to a player of cards who, again, is "flying out of the chimney".

Some lubki depict a selection of historical scenes. These are predominantly those prints which illustrate news from the victorious Russian army. Great popularity was also achieved by portraits of heroic generals and army commanders. Basically these representations conform to the canon in showing the large-sized figure of the commander on horseback against the background of a battle or marching troops. The picture of *The Conqueror of Siberia, Yermak Timofeyevich* is along the same lines. Timofeyevich lived in the late 16th century, at the time of Ivan the Terrible, and was a favourite of the masses. Frequently the lubok painters devoted themselves to scenes from the life of Tsar Peter the Great. One print for instance shows the event on Lake Ladoga in 1724: during a storm Peter had remained firm and without fear. He encouraged his fellow travellers while their boat was in danger of capsizing. The romantic story of the tsar's first encounter with his future wife Catherine in the house of Count Menshikov, one of his closest friends and allies, became another motif in the series of highly popular and frequently illustrated episodes from the life of Peter I (fig. 4).

Religious themes and motifs were firmly integrated into the lubok repertoire. Instead of being devised in the manner of the Russian icon with its majestic and restrained structure, they were painted in conformity with the rustic primitive art and its preference for gay and gaudy colours and ornamentation. As examples may serve the two religious motifs *Dormition of the Virgin* (cat.23) and *Holy Trinity*" (cat. 21) which are both marked by their naive charms and their candour. Iconography and thematic range of the lubki broaden and complement our notion of Russian icon painting.

A group of its own right is formed by the painted lubki which are distinguished from the printed ones mainly by the fact that they were hand-made from start to finish without the use of any copying or reproduction mechanisms: brushes, quills and diluted tempera colours were the instruments from which sprang each time a unique and original work of art. Its imagery, the artistic basis of these hand-painted lubki, is also markedly different from the one of the printed issues: their essential effect lay in their strong colouring and in the beauty of the drawing, so that ornaments, patterns and colours seem to dominate. The painted lubok originated as late as the mid-18th century and was most popular in northern Russia and in the Moscow area. As

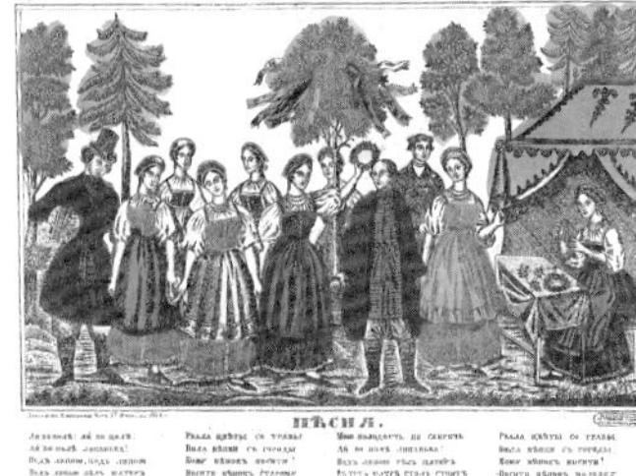

5 *A Lonely Lime Tree Stood in the Open Field*, adapted from a folk song, 1875

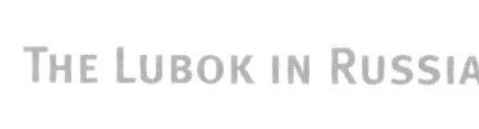
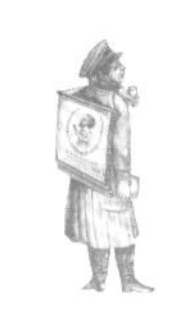

a rule, its manufacturers maintained close links with painters of manuscript illuminations, copyists and icon painters. The rise and development of the painted lubok ties in with the strengthening of the Old Orthodox movement whose ideologues were eager to popularise certain religious issues and present them in pictorial form. So representations occur most frequently which propagate the way of making the sign of the cross with two fingers, the supposedly "right" versions of the cross, the number of the prosphora and other controversial issues in the field of ritual which were debated after the reforms of Patriarch Nikon in the 1660s and led to the schism of the Orthodox church (cf. fig. 6). These representations also include portraits of the teachers and mentors venerated by Old Orthodox believers. In the years after the 1660s, however, the production and distribution of painted lubki went beyond its original Orthodox framework to evolve into a popular genre in its own right.

The thematic range of the painted lubki is marked by a great diversity as well as by its strong tendency for moral instruction and its preference for allegory. The motifs include illustrations of tales and legends from old collections and codices, as in the case of *Spiritual Remedy* (cat. 91) and *Mortal, Take Heed*, of Old and New Testament stories, like *Adam and Eve under the Tree of Knowledge* (cat. 27), as well as religious verse and wall calendars. Some themes of folk art were taken from the apocrypha, such as *Questions and Answers Concerning Evil Women* (cat. 46). A popular motif on painted lubki were the two sirens Sirin (cat. 41) and Alkonost, who with their sweet song sealed the fates of travellers by leading them astray, yet also promised the joys and rewards of paradise. Artists attempted a detailed illustration of the scenes from the Chronograph, as for example where people were hoping to frighten off Sirin with noise and cannon shots.

The painted lubki have a decidedly narrative character which serves to heighten their instructive function. The print *The Seven Deadly Sins* (p. 288 fig. 5) depicts animals and, on the opposite, angels representing the sins and the virtues, respectively. They are accompanied by texts with detailed instructions on good deeds and how to lead a virtuous life. On the print *Infernal Beast* (cat. 72), again, there are contrasting lists of text with descriptions of sins and virtues.

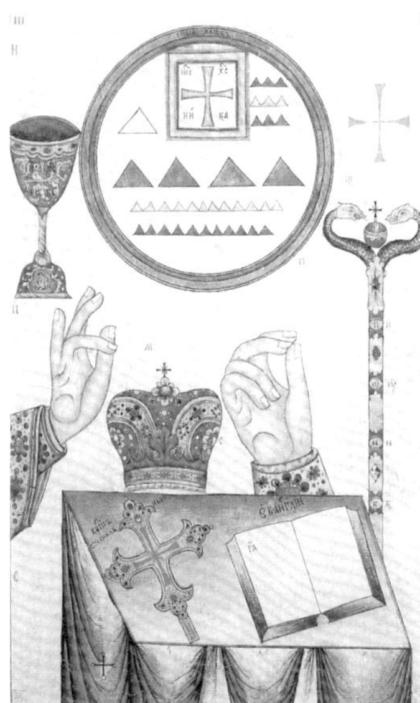

6 *Attributes and Symbols of Old Orthodox Believers*, late 18th/ early 19th century

The world of the lubki is manifold and has its own particular charms. Many artists, even those who seemed far removed from the spheres of folk art, devoted much of their time to the art of the lubok. Agit-prop art, too, repeatedly used the forms of the lubok, above all in the war years and during the revolution. Its attractions lay in the vividness of its representations. A unique specimen of the 20th-century lubok is the anthology published in Petrograd during the First World War. Its topical satire is aimed at the German army, soldiers, generals and Emperor Wilhelm II, and, for its visual language, draws on the traditional forms of the popular lubok. Thus the *Cat of Kazan* becomes *Vaska the Prussian Cat, Enemy of Russia*, the *Blini Cook* is transformed into *Fritz prepares his own lunch after his victory; unprecedented in world history – he is going to eat the poor cat* (p. 287 fig. 3).

Many artists have explored the art of the lubok and presented creative refractions of this artistic phenomenon in their own works. In this way the lubok lives on.

Dr. Elena I. Itkina

1 Alekseyeva, M. A., Gravyura na dereve *Myshi kota na pogost volokut* – Pamyatnik russkogo narodnogo tvortshestva konca XVII – natshala XVIII veka (The Woodcut *How the Mice Buried the Cat* – the monument of Russian folk art, late 17th to early 18th centuries), in: *Russkaya literatura XVIII – natshala XIX veka v obtshestvenno-kulturnom kontekste*, Leningrad 1983, p. 64.
2 Itkina, E. I., *Syuzety "perevyornutogo mira" v nemeckom i russkom lubke (The theme of the "topsy-turvy world" in the Russian and German lubok)*, in: *Zabelinskiye nautshniye chteniya*, 2001, pp. 46–47.
3 Alekseyeva, M. A., op. cit., pp. 45–79.

The "Lubok Today"

In search of the "collective style"

Early in the 20th century Russian art joined the general European avant-garde movement. Although Cubism and Fauvism had been quite influential among Russian avant-garde artists, it was Neo-primitivism which became the predominant artistic current of the time.

An interest in primitive art had already been shown by the group of artists known as "World of Art" (Mir Iskusstvo). Yet they were concerned merely with the external, decorative aspect of the popular prints. It was the avant-garde artists who appreciated and developed in equal measure the creative cosmos of the folk prints, though not going so far as to delve into the history or social function of the lubok. In this respect the following remark by Mikhail Larionov must be considered a typical reaction: "It must be completely irrelevant when folk prints in general and Russian prints in particular where first created. The moment of insight into a work of art, and our awareness of it, should be unrelated to what we call 'time'."[1]

Larionov postulated the eternal validity and, by implication, the unity of artistic principles of both past and present and referred to them as the cutting edge of artistic language. Other, congenial artists of the Russian avant-garde had adopted the names of "Primitives" (Malevich, Klyun), or "Neo-primitivists" (Larionov, Goncharova, Shevchenko).

Vassily Kandinsky was the first avant-garde artist to discover folk art. His soul and his entire work were filled with folk art, and its magnetism remained with him for the rest of his life. His epiphany occurred in 1892, when, as a young graduate from the law faculty of Moscow university, he was sent to the Vologda district to inspect the homes of the local peasantry. Years later he recalled, in his book *Steps* (1918) which was published as a personal memoir, the impressions of his earlier travels in the North of Russia: "I still retain a vivid memory of how, on the threshold of the peasant cottage, an unexpectedly colourful vision unfolded before my eyes. The table, the benches, the great stove in the centre of the room, the cupboards, the shelves – all this was painted from top to bottom with vivid colourful ornamentation. On the walls were lubki: the symbolic representation of a hero, a battle, a song rendered in colour. The 'fair corner' was entirely covered in painted and printed icons, in front of which a little red lamp glowed as if it were a silent, living, mysteriously flickering star, full of pride and mystic wisdom. When I eventually entered the room, I was surrounded by painting and stepped into it."[2]

Vassily Kandinsky acquainted the avant-garde artists with "primitive" folk art. Earlier than the others he began his research into the "primitive" genre; moreover, he drew on hitherto unknown forms of popular culture and broadened the meaning of the term "primitive". In 1912 the almanac *Blauer Reiter* appeared. On its pages pairs of images were presented in a series of oppositions between avant-garde and old "primitive" art: graphic works, painting, sculpture from various cultures and nations.[3] Included in the almanac were seven Russian lubki from Kandinsky's own collection. The greater part of this collection was acquired during his trip to Russia in the year 1910. In a letter from 27 November of the same year he wrote to Gabriele Münter: "Today I've been to the market, at last. I was on my own (Larionov was busy performing in the barracks, and Hartmann was ill). It was freezing... So I couldn't stand it much longer than 2 hours, and only bought 2 icons (one of which is a magnificent triptych), which cost me 4 roubles altogether. Excellent works can be found here. I only briefly glanced at the lubki, among which I could not find anything of particular interest."[4] A photograph taken by Gabriele Münter in his studio in Munich is further proof of Kandinsky's liking for the lubok. In a prominent place on the wall can be seen a few choice lubki with *Alkonost the Bird of Paradise* in their midst.

The lubok was a major influence on Kandinsky's conception of art and his creative methods. Some scholars have identified the lubok as a catalyst for the cosmogonic and apocalyptic paintings of the artist.

Moreover, the "coarsely painted" lubki, in the words of I. M. Snegirev, helped Kandinsky to shed the bland elegance of his early neoromantic works.[5]

Kandinsky's interest in the lubok was shared by the group of artists known as "Jack of Diamonds". P. Mansurov, in his memories of Larionov, quotes the latter as saying: "Most of the time we strolled across the markets, looking for peasants' lubki."[6] Like Kandinsky, Larionov had his own lubok collection.

The *First Lubok Exhibition*, opened in February 1913, awakened the interest of avant-garde artists in the "primitive" mode and provided an opportunity for them to introduce their artistic convictions to a wider audience. The exhibition had been organised by N. D. Vinogradov. In the catalogue, he published an article by M. Larionov, and the exhibition itself included the "new Russian lubki" by N. Goncharova, so that the exhibition as a whole was closely bound up with the artistic endeavours of the avant-garde artists. In his preface to the catalogue, Larionov wrote: "Lubok is manifold. There is the copper engraving and the woodcut lubok, there are hand-painted lubki and those drawn with the aid of a template, lubki painted on trays, tobacco jars, glass, wood, tiles or tin (speaking of tin, these lubki still exist in the form of shop signs, and there is an astonishing variety of them). Other lubki come as printed fabrics, templates, embossed leather, as iconic brass shrines, glass beads, pearls, embroidery, and certainly also as gingerbread and baked dough."[7]

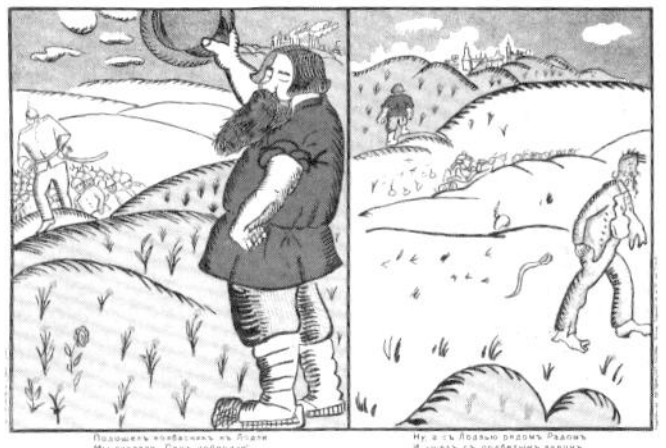

The broad range of works on display in the *First Lubok Exhibition* exerted a particularly strong influence on the avant-garde artists. On show were a collection of Chinese popular prints and broadsheets from Europe and the East by N. D. Vinogradov from Charbin, Rogovin's collection of Old Believers' lubki, as well as the Russian lubki collected by M. Larionov. The unique character of this exhibition and the sustained interest in primitive art inspired Larionov to mount another lubok exhibition of his own. Another catalogue was published to accompany the exhibition. Larionov used the same preface once again.

The second in the series of exhibitions, this time organised by Larionov, gave N. D. Vinogradov the idea of assembling and exhibiting an even broader range of primitive artworks. The new exhibition was to open in September 1914. The outbreak of war ruined all these plans and, at the same time, provided the avant-gardists with a windfall opportunity to realise their own creative ideas. It came in the shape of the association "Lubok Today".

While N. Goncharova and M. Larionov actively employed in their works the pictorial techniques and visual language of the lubki, a group of avant-garde artists, after the outbreak of the First World War, founded a society with the programmatic title "Lubok Today". The war had a decisive impact on the development of mass art. Already in the first year of war a total of approximately 1,000 war propaganda lubki had been issued. When looking at the bulk of lubok production, the 23 series published by the Lubok Today society were only a drop in the ocean, but it is precisely those series which today are firmly established in art history, while all others have fallen into oblivion.

The historical origins and development of the publishers of "Lubok Today" are well-known today, owing to research by N. I. Chardchiev and E. F. Kovtun.[8] Controversy has prevailed so far with regard to questions of authorship.[9] In this article new suggestions will be made on attribution and authorship of certain works, which might reduce the number of anonymous lubki.

The association "Lubok Today" was founded in August 1914 by G. B. Gorodecky. Its membership list included famous Russian avant-garde artists like Kazimir Malevich, Aristarkh Lentulov, Vladimir Maiakovsky, Ilya Mashkov, David Burlyuk or Vassily Chekrygin. They were united by their strong interest in lubki and primitive art as well as by their endeavour to develop these art forms in times of war-related patriotic fervour.

Not much is known about the founder of the association, G. B. Gorodecky. Presumably he belonged to the inner circle of Russian Cubo-futurists, since the pictures of the lubok group were issued by the Moscow printing press of S. Mucharsky, the same printing press where many of the Futurist anthologies had been produced. Also extant is a portrait of G. B. Gorodecky which was drawn by V. Maiakovsky during the times when the publishers still operated.[10]

On 20 November 1914 the exhibition *War and the Press* was opened in Petrograd. Among all the mass print products of the first months of war the issues produced by "Lubok Today" were singled out as the most excellent. Thus G. Magula wrote in an article for the journal *Lukomorye*: "The most amusing is a series from the publishers of "Lubok Today". It is imaginative and devised in a bold design.

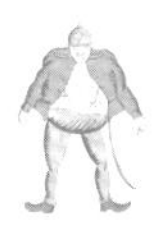

1 K. Malevich *When the Austrians Went to Radzivili …*, 1914

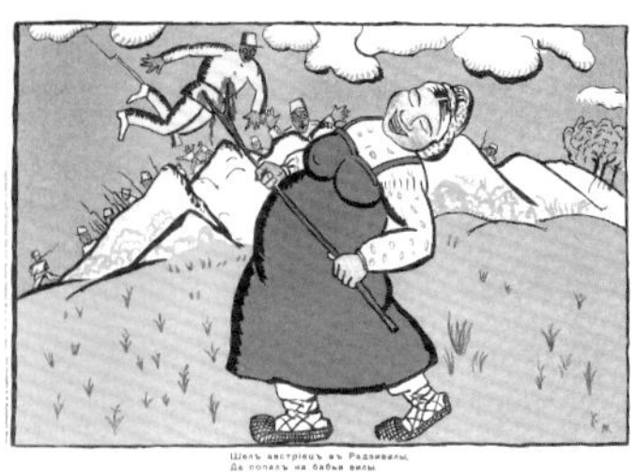

2 K. Malevich *The Butcher before Lodz*, 1914

Its authors are the young Moscow-based Futurists."[11]

For the publishers of "Lubok Today" this exhibition was something of a retrospective, as the association was going to be dissolved in November 1914. The reasons for this were described by V. Maiakovsky in his autobiography *Myself*. Recalling the first days of war, he wrote: "I was excited. At first only by the merely decorative, spectacular side of it. Posters had been commissioned, following the logic of war," – and he added – "the horrors of war have moved very close indeed. War is abominable."[12]

Aristarkh Lentulov referred in his memoirs to Maiakovsky's "one hundred per cent commitment to the production of the lubki."[13] In fact the rhymes supplied by V. Maiakovsky are featured on every single print, with only one exception. In 1955 these texts were included in the *Complete Works* of Maiakovsky, edited by V. A. Katanyan.

The success of "Lubok Today" was mainly due to Maiakovsky's texts. With their rude language and in their form of humorous ditties they were in tune with the old Russian tradition of rhymed texts and were composed entirely in the spirit of the popular broadsheets. The stylistic features of the printed lubki were determined largely by his verse. The artists themselves recognised the special function of verse poems in the lubok. Kazimir Malevich, in December 1914, wrote to M. V. Matyushin: "I drafted the quintessential type of the rustic, ribald lubok, and if the language seems too coarse, she [the publisher N. Butkovskaya] must not worry, because that is exactly how the people want it – lubki have a totally different aesthetics."[14]

Although all members of "Lubok Today" had cultivated their own individual style, they attempted to create a "collective style" which was to be based on the specific pictorial techniques of the popular broadsheets. The supervision in this venture was no doubt assumed by Kazimir Malevich, who gave inspiration and set the standards for visual language, composition and range of colours.

During the First World War Malevich worked furiously. In his letters to Mikhail Matyushin he confessed: "The approaching threat of war has forced me to work a lot", and "Owing to this time of unrest which war has brought us, I am working with great intensity, and am painting pictures right now (though not really pictures, the time for pictures is over) ...".[15]

The lubki by Malevich are marked by their stylistic unity and can be easily attributed to the artist. Moreover, almost all of his prints are signed "K. M." Malevich has a masterful command of the canon of folkloristic figures from the Russian lubok, as well as of his characteristic system of colour and design, the methods of pictorial layout and ornamentation. He took pleasure in placing peasants and their wives in the foreground, who invariably wore red shirts and pinafore dresses, and he never forgot to insert the "posyem", i. e. colourful ornamental flowers and shrubs.

Late in the year 1914 colour reproductions of three lubki were published anonymously in the journal *Lukomorye* No. 30. In a letter to Matyushin the authorship for these lubki was claimed by Malevich.[16] The lubki in question are entitled *When the Austrians went to Radzivili* (fig. 1), *Among our Allies, the French*, and *The Butcher before Lodz* (fig. 2). Despite the signature "K. M." and Malevich's above-mentioned claim some experts attribute two of these prints to V. Maiakovsky. The lubok *Among our Allies, the French* for instance is included by V. Katanyan in his list of works pictorially designed by V. Maiakovsky.[17]

Conversely, works by V. Maiakovsky are frequently attributed to Malevich. This can be explained by the fact that the prints designed by V. Maiakovsky, as opposed to those by Malevich, lack stylistic unity. Their style rather seems to evolve from one print to the other. The lubki by V. Maiakovsky are more amateurish, more naive, sometimes also more schematic than those by his fellow artists, and consequently marked by a greater variance. It came as a blessing for the scholars and experts that three lubki actually bear his signature. Two of the prints were signed "V. M.": *Alas, Poor German* (fig. 3) and *Red-haired rough German*. The first of these two confirms that V. Maiakovsky had not yet mastered the technique of transferring the drawing onto the chromolithography, which accounts for the erratic lines of the drawing and the white background. It is curious to note that, despite its obvious signature, this print has been attributed to Kazimir Malevich by the authors of the catalogue for the exhibition *Berlin-Moscow*.[18]

The second lubok with the signature "V. M.", *Red-haired rough German*, is marked already by a much higher degree of professionalism. As he was wont to do, V. Maiakovsky divided the composition into a series of smaller scenes which follow the narrative sequence of events. Here he was quite adroit in handling the pictorial inventory of

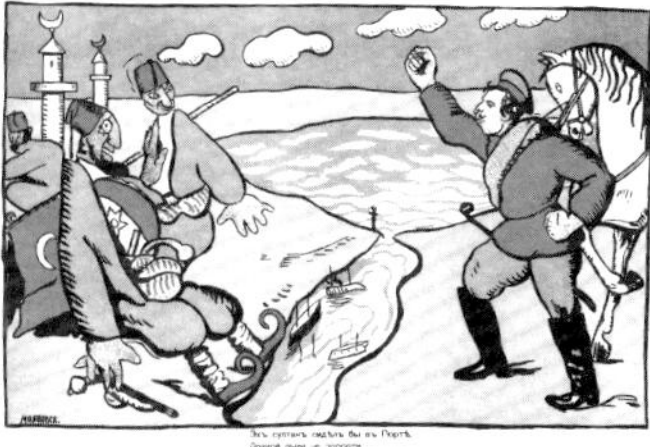

4 V. Maiakovski *Oy Sultan ...*, 1914

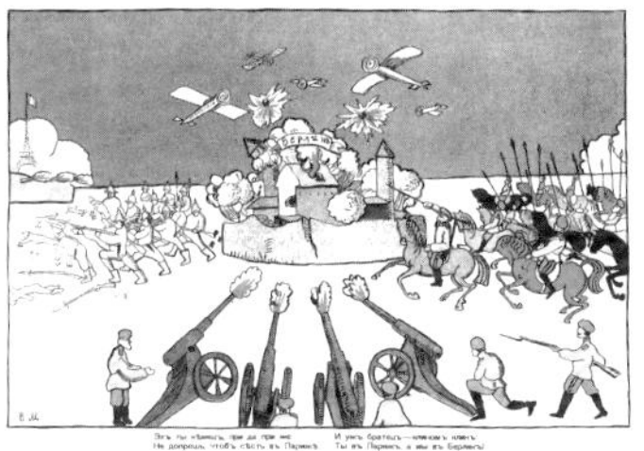

3 V. Maiakovski *Alas Poor German*, 1914

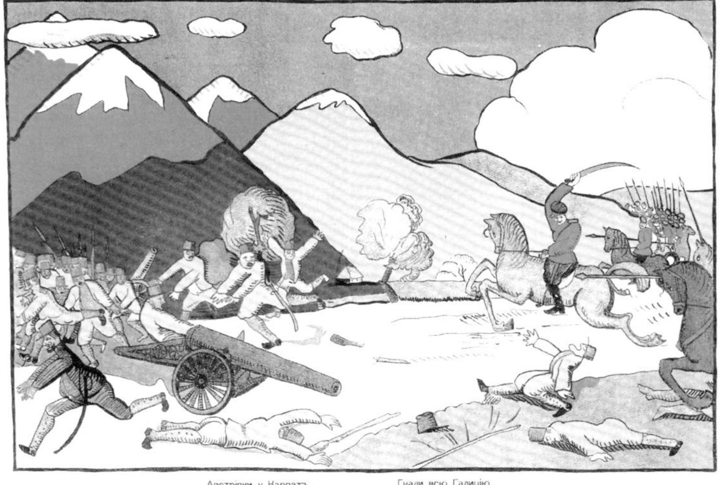

5 V. Maiakovski *Austrians in the Carpathian Mountains*, 1914

the lubki and the technical potential of chromolithography.

The third of the prints, *Oy, Sultan, you'd better sit with your Porta, otherwise you'll get your face smashed up in a scrap* (fig. 4) is signed "Maiakovsk." at the bottom left. This is quite convenient for authorship purposes, because this work at first glance appears to be by the hand of Malevich, with its characteristic large-sized layout, uniform segments of colour and a hatching of contours to produce an "etching" effect. This is the stylistic "pattern" of the leading Russian avant-garde artist. It is no accident that some experts have attributed this print to Malevich, its signature notwithstanding, as for example in the catalogue for the exhibition of Russian avant-garde art in Hamburg in 2001.[19] In fact this lubok by V. Maiakovsky proves his quick artistic development as well as the influence of Malevich on the other members of the "Lubok Today" association.

Maiakovsky's authorship, other than by his signature, can also be verified through the representation of a typical horse, a sort of trademark for the artist. This beautiful lubok horse with its wavy mane appears on all three of the controversial lubok prints, varying only in size so that its largest image is on the most recent print. The latter illustrates the attack of the German-Turkish fleet on Russian sea ports in the night before 16 October 1914.[20]

Another anonymous print, *Austrians in the Carpathian Mountains* (fig. 5), might also be attributed to V. Maiakovsky. At first glance this lubok seems to have been painted by an untrained hand. The artist has used stereotypical lubok imagery when he shows the fleeing Austrian soldiers as puppets, their hands raised in fear. The dashing Cossack on a bay horse seems to have stepped into the picture from an entirely different scene. The manner of showing only part of the horse, or only its muzzle, is typical of all four lubki by Maiakovsky. This enabled him to draw the central figures in larger scale and symbolically represent the presence or movement of an entire squadron.

Equally intractable is the authorship for works by Aristarkh Lentulov, another of the avant-garde artists. The lubki by Maiakovsky and Malevich are a regular presence in both exhibitions and exhibition catalogues, other than the lubki by Lentulov, which remain virtually unknown. As a rule, he failed to sign his works, only one of which, *Masses of Germans*, is marked by the signature "L" on the right. Lentulov's authorship in this case can also be ascertained by the similarity between this lubok and his painting *War 1914*. It follows from this that his lubok is merely reproductive; the particular features of lubok art have been ignored.

He was more successful in the design of another of his prints. G. Myasoyedov, an expert on modern lubki, attributed the most accomplished print from the series *And yet the Austrians surrendered the town of Lemberg to the Russians*[21] to Lentulov. This appears to be correct. The artist at this time had discovered his enthusiasm for the "oblique shapes" of towns and citiscapes, which is very much in evidence on this lubok.

Supplementing this choice of authorship, there is another, hitherto anonymous print which could also be attributed to Lentulov. This would be the lubok *This is horrible, this is too much*. Proof of Lentulov's authorship is twofold. First, there is an unmistakable likeness if compared with the lubok *And yet the Austrians surrendered the town of Lemberg to the Russians* where the white, black, red, golden and grey little horses seem to have galloped from one lubok to the other. Secondly, this lubok, in its layout and in some of its details, resembles the painting *Skirmish between two ships* of the same year.

Also implicated in the publishing work of "Lubok Today" was Ilya Mashkov, another prominent artist of the avant-garde. His works, which also appeared with other publishers, were signed by him with the pen name of "I. Gorskin". Mashkov is the author of the only lubok

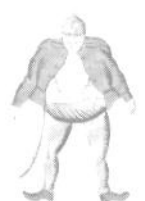

published without rhymes to accompany the drawing, which came out under the title of *Russians taking the town of Luk by storm*. The print was signed with the letters "Gr I" at the bottom right. Judging from its style, it must be rated somewhere midway between the traditional lubok published by the Sutin press, and the "Lubok Today". Another work, *Chez Wilhelm Hohenzollern*, is much more expressive. The satirical figure of the emperor with its overdimensional protruding ears and its dynamic linearity demonstrates this artist's potential in lubok design.

Vassily Chekrygin and David Burlyuk, two other members of "Lubok Today", have left no signed works whatsoever. Their authorship has so far not been ascertained. In his article "News on Maiakovsky as a painter", N. I. Chardchiev mentions two lubki signed by D. Burlyuk, yet fails to provide further reference.[22] Perhaps only the drawings were signed, and the signatures were not transferred onto the lithograph plates.

Two further prints of particular interest have not been attributed to any of the artists. The lubok *In the glorious Augustean woods* is highly unusual. Its style does not conform to what was stipulated by Malevich. The caricatured figures of the running and drowning Germans are so minuscule and shown in such multitudes that they tend to blur one's vision. Yet the forest, whose style takes after André Derain and Maurice Vlaminck, is quite captivating. This print underlines the unknown artist's preference for Fauvism.

Among the best works of the group must be ranked the lubok *Englishmen on Heligoland*. Vassily Katanyan attributes this work to Maiakovsky, yet this is not much more than a guess.

Further research on the issue of authorship should help us to define the individual artist within the confines of the so-called "collective style". This endeavour might also lead us to a better understanding of the aims and motives of Russian avant-garde artists.

Dr. Nadejda Minjajlo

1 *Vystavka ikonopisnych podlinnikov i lubkov*, organizovannaya M. F. Larionovym. Katalog. (*Exhibition of original icons and lubki*, organised by M. F. Larionov. Catalogue) Moscow 1913, pp. 6–7.
2 Kandinsky, V. *Tekst chudochnika. [Stupeni]* (*Text of the Artist. [Steps]*), Moscow 1918, pp. 27–28.
3 The almanac *Blauer Reiter* was published early in 1912 in Munich, edited by V. Kandinsky and F. Marc.
4 As quoted in: Solokov, B. M. Obyedinenye *Siniy Vsadnik* i narodnaya kartinka (The association *Der Blaue Reiter* and the folk print), in: *Mir narodnoy kartinki*, Moscow 1999, p. 352.
5 Ibid., p. 353.
6 As quoted in: Povelichina A.W., Kovtun, E. F. *Russkaya chivopisnaya vyveska i chudchniki avangarda* (Russian shop signs and the artists of the avant-garde), Leningrad 1991, p. 71.
7 *Pervaya vystavka lubkov*. Organizovna N. D. Vinigradovym 12–24 fevralya 1913 goda. Katalog. (*The First Lubok Exhibition*, organised by N. D. Vinogradov, 12–24 February 1913. Catalogue), Moscow 1913, p. 7.
8 Chardchiev, N. I. *Novoye od Maiakovskom – chudochnike* (News on Maiakovsky as a painter), in: *Iskusstvo* 1968, No. 11.; Kovtun E. F. Izdatelstvo "segodnyasny lubok" (The publishing house "Lubok Today"), in: *Stranicy istorii otechestvennogo iskusstva vtoroy poloviny XIX – nachala XX veka*, St. Petersburg 1993.
9 Miasoyvdov, G. *Russkiy lubok konca XIX – nachala XX veka* (The Russian Lubok from the end of the 19th to the beginning of the 20th centuries), in: *Illustraciya*, Moscow 1998; Bolotina, I. S. *Lubki*, in: Ilya Mashkov. *Albom reprodukciy*, Moscow 1977; Minjailo, N. G. *Lubok i russkiy avangard* (Lubok and the Russian Avant-garde), in: *Mit voller Kraft. Russische Avantgarde 1919–1934*, Kassel, Hamburg 2001; Minjailo, N. G. „*Segodnyasniy lubok* ("Lubok Today") in: *Narodnaya kartinka Rossii i Germanii XIX nachala XX veka*, Moscow 2001.
10 Published in: *Maiakovsky – chudochnik* (Maiakovsky the Artist), Moscow 1963, p. 54.
11 G. Magula. *Voyna i narodniye kartiny* (The War and popular prints), in: *Lukomorye* 1914, No. 30, p. 17.
12 Maiakovsky, V. V. *Ya sam* (Myself), in: Maiakovsky V. V., *Gesamtwerke* (Complete Works), vol. 1, Moscow 1955, p. 22.
13 *Lentulov o Maiakovskom* (Lentulov on Maiakovsky), in: *Iskusstvo* 1982, No. 3, p. 45.
14 Malevich, K. S. *Pis'mo M. V. Matyusinu 12 dekabrya 1914 goda* (The letter to M. V. Matyushin of 12 December 1914), in: *Rukopisniy otdel IRLI*, F. 656.
15 As quoted in: Kovtun, E. F. *Pobeda nad Solncem – nachalo suprematizma* (The Victory over the Sun – the origins of Suprematism), in: *Nase naslediye*, 1989, No. 2, p. 135.
16 Malevich, I. S. op. cit., F. 656.
17 Maiakovsky, V. V. *Gesamtwerke* (Complete Works), vol. 1, p. 451.
18 Berlin-Moskva (Berlin-Moscow). Catalogue, Moscow 1996, p. 108.
19 Mit voller Kraft …, p. 36.
20 Kersnovsky, A. A. *Istoriya russkoy armii* (History of the Russian Army), Moscow 1994, vol. 4, p. 125.
21 Myasoyedov G. op. cit., p. 250.
22 N. I. Chardchiyev, op. cit. p. 37.

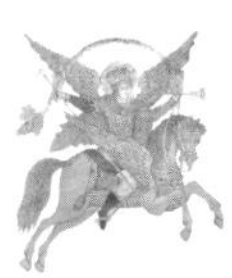

The Graphical Works of Natalia Goncharova and Mikhail Larionov

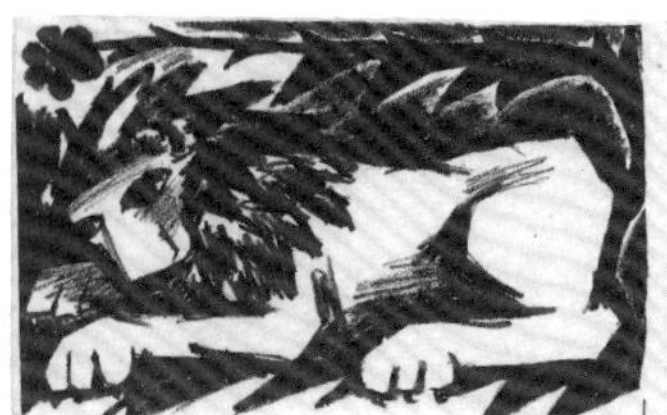

1 N. Goncharova *The Lion*, 1912

2 N. Goncharova *Smoker*, 1912

At the beginning of the 20th century the artists of the Russian avant-garde sought a radical renewal of their artistic means of expression and, in their search, turned to the national sources, to popular art. To see a primitive art unspoilt by civilisation, one simply would have to venture out to one of the small Russian provincial towns where, since time immemorial, the shops had been decorated with colourful hand-painted signs, and where on Sunday markets the rural artisans sold popular illustrated prints and hand-coloured wooden platters, clay and wooden toys, gingerbread men and lace.

Popular culture in Russia had a time-hallowed tradition and had always been of major importance to Russian social life. For centuries it had been based on the religious convictions of the populace. The icon as a ritual and sacred object was an integral part of people's lives in Russia. The avant-garde artists enhanced the aesthetic perception of icons and released them into the context of modern cultural life. They considered the updating of folk art traditions an important alternative to western culture. It was not by accident that Natalia Goncharova wrote in 1913: "I kick the dust off my feet and leave the West behind. I will go to find the source of all art, in the East."[1]

For Natalia Goncharova and Mikhail Larionov, her husband and comrade-in-arms, the last year before the First World War was marked by a number of important events. In February 1913 the *First Exhibition of Popular Prints* was opened, where alongside Chinese, Turkish, Buryatic and Russian broadsheets, Goncharova's "new Russian lubki" were displayed. This confrontation provoked violent reactions.[2] Included in the exhibition catalogue was a polemical essay by Larionov in which he proclaimed that the formal language of art had its own absolute value within the art of the various peoples of the world both past and present. In a second *Exhibition of Icons and Lubki*, organised by M. Larionov in March 1913, further paintings by avant-garde artists were to be seen. Presented in the exhibition were Mikhail Larionov, Natalia Goncharova, Kazimir Malevich and the Georgian primitivist Niko Pirosmani. Also on display were children's drawings, a collection of shop signs from Moscow as well as more than 600 Russian lubki, traditional toys, household goods and crockery.

Larionov's intention in mounting this exhibition was, on the one hand, to demonstrate the existence of primitivism while raising awareness among his contemporaries and, on the other hand, to exhibit works of modern art, particularly his own and Goncharova's, which he regarded as an unmistakable part of Russian popular culture on account of their stylistic resemblance to the lubok images.

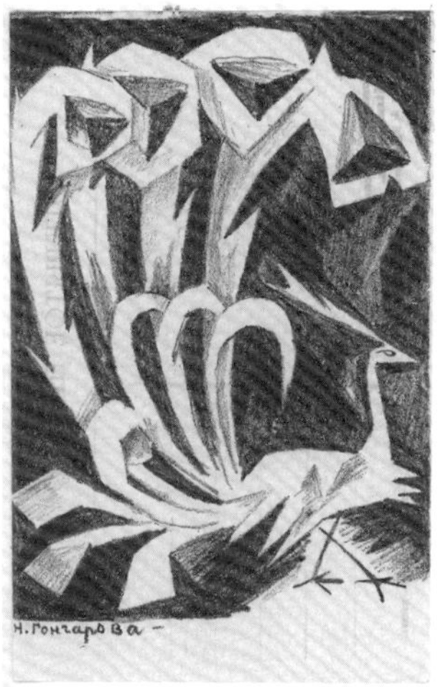

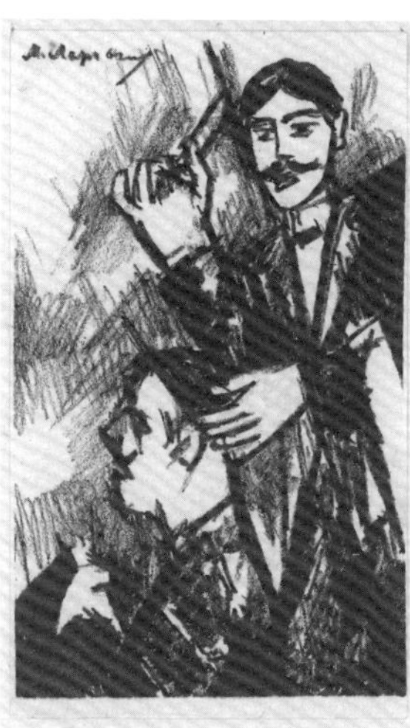

3 N. Goncharova *White Peacock*, 1912

4 M. Larionov *Hairdresser*, 1910

Both Goncharova and Larionov made an outstanding contribution to the development of the Cubo-futurist book, one of the most influential art genres of the Russian avant-garde. In April 1910 the first Cubo-futurist almanac *Sadok sudey* came out, printed on wallpaper – "the petty bourgeois veneer of the home of Mr. and Mrs. Average", as one of the authors, D. Burlyuk, remarked. "The wallpaper wound and squirmed – it was unwilling to be impregnated with the new words, germs and sperms of the new literature."[3]

The postcards published in August 1912 in the press of Aleksei Kruchenykh must be regarded as the "first print action of the Russian

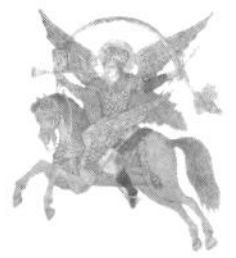

Futurists"[4] The poet Kruchenykh here had also refashioned himself as a painter.[5] The visual language of these satirical postcard drawings (*Modern Marriage*, *At the Racecourse*) seems fairly banal if compared with his groundbreaking poetic language. This marks him out from the level of artistic achievement of the other authors – Shevchenko, Tatlin, and especially Goncharova and Larionov, who designed the largest number of postcards. In these small-sized graphic works they employed the motifs and compositions from their paintings without relinquishing any of their expressive and monumental qualities. Goncharova proceeded in a similar fashion: on the postcards *Man with Baskets of Grapes*, *Woman with Baskets of Grapes*, *The Lion* (fig. 1), and *The Bull*, she used motifs from her polyptychon *Grape Harvest* (1911). The postcard *Haymaking* (1910–11) resembles the painting of the same title, and the postcard *Icebreaker* (1911) is reminiscent of the painting *Winter Landscape (Icebreaker)* (1911). The postcard *Smoker* (fig. 2) reiterates the painting with that title from the year 1912 which was also mentioned as *In the Style of Tray Ornamentation*. The *White Peacock* (fig. 3) is a variant of an identical painting from the cycle *Artistic Potentialities with Regard to the Peacock* (1911). All these postcards conjure up an accurate image of rural Russia and reflect the naive humour of folk art in the eye of the beholder. Their visual language is coarse and highly energetic.

Larionov, too, recycles motifs from some of his earlier works, as for example in the postcards *Hairdresser* (1910, fig. 4) and *Soldier Having a Rest* (1911, fig. 5). On the postcard *The Town* (fig. 6) he already experiments with his new theory of Rayonism.[6] In 1912 he applied this theory to his paintings (*Glass*, *Rayonist Sausage*, *Mackerel*) as well as to the book *Old-Fashioned Love* (1912) by A. Kruchenykh. Goncharova also followed this theory in her six lithographs on poems by T. Tshurilin.

In August 1912 the book *Game in Hell* by A. Kruchenykh and V. Chlebnikov came out, illustrated with 16 lithographs by Goncharova. In this volume, which was the first with a design and layout of her own making, she endeavoured to achieve a completely unified and architecturally seamless "book-organism". The compositions of most lithographs featured the disproportionately elongated figures of witches, devils and spirits. Goncharova had borrowed them from folk art and lubok prints. N. Chardziev spoke of these representations as a "self-parody" by Goncharova aimed at her monumental work *Evan-*

gelists (1911).[7] In between the array of underworld figures she pasted handwritten texts which imitated Old Slavic manuscripts and handwritten prayer books. In this way she combined individual quotations from Old Russian religious book art with the burlesque poem and elements from playing-cards to form an intricate pattern.

In November 1912 the poem *Worldfromend* by V. Chlebnikov and

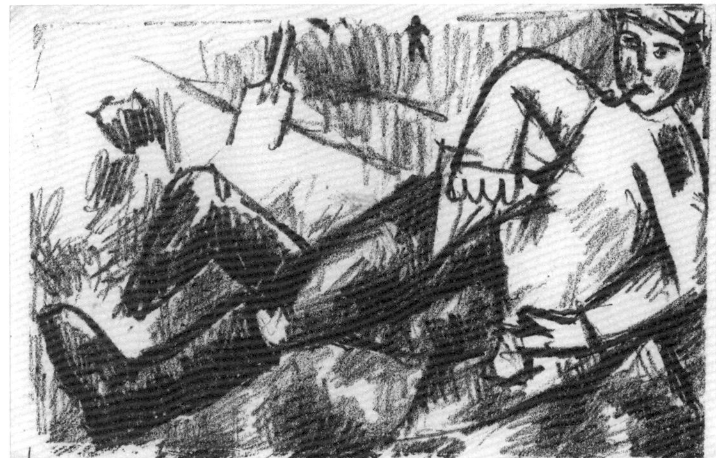

5 M. Larionov *Soldier Having a Rest*, 1911

A. Kruchenykh appeared. In her illustration of the poem, Goncharova – for the first time in the history of Futurism – used the collage technique whilst trying to imitate the naturalness and naivety of a child. In this deliberately "untidy" book the handwritten and lithograph texts alternate with those printed with a rubber stamp. Among the authors of the *Worldfromend* anthology were M. Larionov, V. Tatlin and N. Rogovin. In some of their graphics they used the expressive range of children's drawings.

The most successful year in the creative endeavours of Goncharova and Larionov in the field of book design was 1913, when Larionov's manifesto of *Rayonism* was published. Within the confines of the new style, the two artists cooperated for example in illustrating the book *Le Futur* by K. Bolshakov, but otherwise worked on their individual projects. While Larionov designed two books by A. Kruchenykh (*Pomada* and *Half living*), Goncharova created ten colour lithographs for the volume of poetry *In the Vertograd Vineyards* by S. Bobrov.

Apart from their Rayonist works the two fellow artists also designed primitivist books, and, in so doing, actively drew upon the

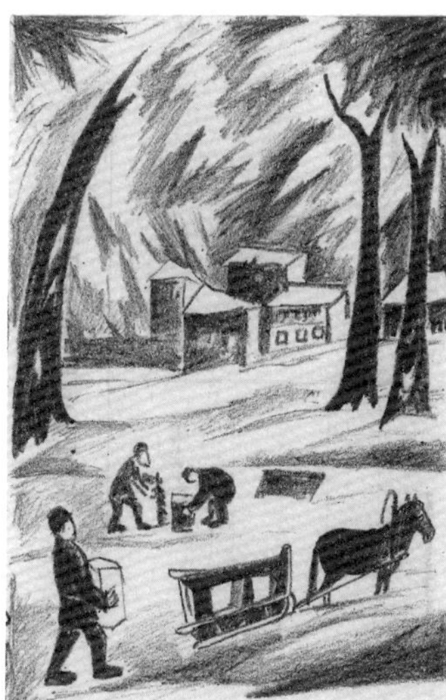

6 M. Larionov *The Town*, 1912

traditions of popular art. This applies to the lithographs of the books published in 1913: *16 Drawings by Natalia Goncharova and Mikhail Larionov*, to the monograph by Eli Eganbüri *Natalia Goncharova and Mikhail Larionov* and the anthology *Donkey's Tail and Bull's Eye*. For the book *Two Poems. Hermit. Man and Woman* by A. Kruchenykh they created 14 *Self-contained Illustrations* without any direct textual reference, yet perpetuating the poetics of Kruchenykh's text and relating to the *Legends of Saints* by dint of their expressive and emotional strengths.

Goncharova's monumental masterpiece, the album *Mystical Images of War* (cf. fig. 7) from the year 1914 reflects the scope of her experience in book lithography as well as the theme of Russia's inner conflict of being torn between East and West. The artist in this work interprets the tragic events of her own time. The large-sized lithographs call to mind monumental frescoes. In using metaphor and the grotesque, Goncharova combined the two different spheres of human and divine history and, in the words of N. Guryanova, profited from folk art where myths, epic and primitive art converged.[8]

Mystical Images of War is said to mark the high point of Goncharova's Russian period. Here the groundbreaking amalgamation of visual language with the traditions of folk art, which has been used to advantage in her work, can be most clearly discerned. This work must undoubtedly be ranked among the most significant achievements of European expressionism at the beginning of the 20th century.

The First World War marked a turning point in the private and artistic lives of Goncharova and Larionov. Yet their works and aesthetic experiments in graphik prints during the early 1910s, in which they assimilated the characteristics of primitivist art, have greatly enriched the art of the Russian avant-garde. Their oeuvre embraces both the experiments of modernism and the achievements of traditional culture.

Dr. Elena Barkhatowa

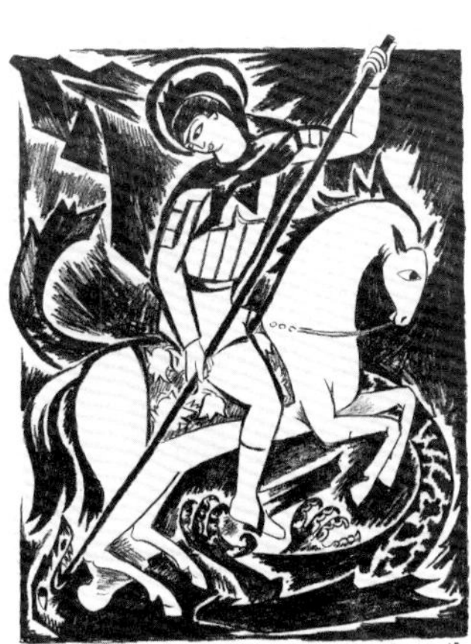

7 N. Goncharova *St. George,* from: *The War No. 1*, 1914

1 Natalia Goncharova. 1900–1913. *Katalog vystavki kartin*, Moscow 1913, p. 1.
2 Ovsyannikova E. B., K rekonstrukcii *Pervoy vystavki lubkov v Moskve*. 1913 (On the reconstruction of the *First Exhibition of Lubki* in Moscow, 1913), in: Mir narodnoy kartinki, vyp. 30 , Moscow 1999, pp. 93–131.
3 Burlyuk, D., *Fragmenty iz vospominaniy futurista (1907–1917)* (*Fragments from the memories of a Futurist, 1907–1917*). *Otdel rukopisey Rossiyskoy nazional'noy biblioteki (Manuscript section of the Russian National Library)*, f. 552, No. 1.
4 Polyakov, V., *Russkaya futuristicheskaya kniga (Russian Futurist Book)*, Moscow 1998, p. 238.
5 A. E. Kruchenykh graduated in 1906 from the art school in Odessa. Since 1905 he had turned his attention to lithographs. (cf. Kovtun E., *Russkaya futuristicheskaya kniga*, Moscow 1989, p. 78). The first edition of the album *The Whole of Cherson in Caricatures, Cartoons and Portraits. Drawings by A. Kruchenykh*, printed in 1910, became very popular. In the book by V. Polyakov (op. cit. p. 237–238), from which the reference to the postcards printed and published by Kruchenykh in 1912 was taken, none of the postcards designed by Kruchenykh himself have been included. Seven of his postcards are in the collection of the Russian National Library in St. Petersburg, with the verso of each postcard bearing a "postcard" stamp. (*At the Racecourse, Going to the Race, Modern Marriage, Her Career, Teacher and Pupil, The Doctor and the Patient, Birth given neither to boy nor girl*). There are, moreover, 22 additional lithographs in postcard format (without stamp) in the Russian National Library.
6 Cf. Polyakov V., op. cit., p. 90.
7 Chardziev, N., *Pamyati Natalii Goncharovoy (1881–1962) i Mikhaila Larionova (1881–1964) (To the Memory of Natalia Goncharova and Mikhail Larionov)*, in: *Iskusstvo Knigi*, vyp 5, Moscow 1968, p. 311.
8 Guryanova, N., *Voyennye graficheskiye cikly N. Goncharovoy i. O. Rozanovoy (Graphic War Cycles by N. Goncharova and O Rozanova)*, In: *Panorama iskusstv*, 12, Moscow 1989, p. 79.

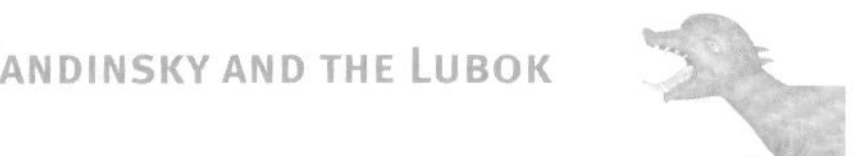

Kandinsky and the Lubok

Among the holdings of the Tretyakov Gallery in Moscow is a St. George by Vassily Kandinsky which was created between 1914 and 1917. The broad, decorative layout of this painting as well as the thematic choice at first glance seem to have been influenced by icon painting. On the other hand Kandinsky here explodes the traditional framework of figurative representation. The composition is not defined by its generic motif but by the diffusion of patches of colour. A billowing wave of different tones and hues washes over us as we stand in front of the picture, which is marked by the contrast of light and dark strands, followed by specks of warm and cold colours which in turn define the forms. The whole picture vibrates. It is the lubok rather than the icon which seems to have been the force behind Kandinsky's work.

That Kandinsky was not only familiar with the lubki but very much appreciated them can be inferred from a letter to one of his friends, the painter Nikolai Kulbin: "It is an old dream of mine," he wrote, "to purchase a print of the Last Judgment, possibly an old primitive one (with the serpent, devils, archpriests etc.) If you happen to come across one of these in the Apraxin court or at the vendors' stalls, please be so kind as to buy it for me and send it over."[1]

It was probably the lubok's vibrant splodges of colour – which had their ancestry in folk art – with their luminosity and expressive character which left the strongest impression on Kandinsky. This is corroborated by his memories of a fact-finding tour into the Northern Russian district of Vologda, a bastion of the Old Believers. On this tour he had seen a peasant's cottage which had deeply impressed him: "here I learnt not to look at a picture from the outside but rather to move inside the picture, to live in the picture. I distinctly remember having paused on the threshold of this unexpected vision. The table, the benches, the giant and heavy stove, the cupboards and chests of drawers – all this was painted from top to bottom with vivid colourful ornamentation. On the walls were lubki with symbolic representations of knights, battle scenes and traditional folk songs rendered in colour. Then there was the corner of the icons, entirely covered in painted and printed pictures in front of which a little red lamp glowed as if it were a living, mysteriously flickering spirit, full of pride and modesty. When I eventually entered the room, I was surrounded by painting and stepped into it. Though unaware of it, I have carried this feeling with me ever since."[2]

In his graphic works *Great Resurrection* and *All Saints* (1911), both from his *Sounds* series (cat. 74 and 73), Kandinsky explores a religious theme. Yet the narrative structure of the pictures is of lesser importance whereas the colourful patches dominate the composition. The individual figures have been suggested by their contours only here and there; mountains, towns, church towers vibrate and become entangled, and the plethora of people in prayer and people on horseback, infernal beasts and birds of paradise form this picture into a symphony of colours and hues. A similar pictorial layout can be seen in the lubki prints "Silly Stuff for Fun and a Good Laugh" (1873), "An Unbelievable Story: How the Mice Buried the Cat" (1858, cat. 69). The colouring applied onto the lubok is often in excess of the figures' contours. Thus a strong individual character is conferred onto colouring. The distribution of spots and patches of colour determines the rhythm of the picture: the first step is made towards a liberation of colour from form. Considering Kandinsky's fascination with the lubok, it can be assumed that, in the disintegration of the pictorial composition into individual patches of colour, he was inspired by the lubki.

Dr. Snejanka Dobrianowa-Bauer

1 Kovtun, E. F., *Briefe W. W. Kandinskys an N. I. Kulbin*, in: *Denkmäler der Kultur. Neuentdeckungen*, Leningrad 1981, p. 407. in: *Lubok Russische Volksbilderbogen 17. bis 19. Jahrhundert*. Leningrad 1984, p. 16.
2 Kandinsky, V. *Tekst chudoshnika (The Text of the Artist)*. Moscow 1918, pp. 27–28. As quoted in: Tarassov, Oleg. *Russische Ikone und Avantgarde: Tradition und Umbrüche. In: Zwischen Himmel und Erde*, ed. Bettina-Martine Wolter, Frankfurt 1997, p. 93.

Iconic and Popular Aspects in the Costume Designs of the Russian Avant-Garde

Any critical examination of the Russian avant-garde must not overlook the close ties between avant-garde artists and the traditional culture of Old Russia. Russian popular art as well as traditional icon painting have exerted a decisive influence on the early avant-garde and inspired numerous artists at the beginning of the 20th century to experiment with colour and form.

The increasing nationalism and the Russification of the whole country under the reign of Tsar Alexander III (1881–1894) were matched by a rising interest in the historic past of the nation. The rediscovery of Old Russia became the source of a new national self-assertion which was complemented by a willingness to cherish the memory of the country's own cultural heritage. Since the reign of Peter the Great western culture had obtained a pervasive influence on Russian art which was now being rejected by the Slavophiles as "corrupt" and degenerate. They called for an end to the imitation of western styles and the adoption of the old Russian style to replace the former as a model.

Imposed "from above" at first, the reorientation towards traditional values soon found support among large sections of the population, and was propagated as if it was a matter of their own concern. In next to no time countless religious and profane buildings were constructed in the ambition to continue the tradition of old Russian architecture. In many cases the result was little more than a cloying and tasteless imitation. The village of "Fyedorovskaya Sloboda" in Tsarskoe Selo for example was built for the express purpose of being entered and inhabited only by people wearing old Russian 16th-century costumes. In Moscow, in the heart of the country, balls in period costumes became the latest fashion, where those attending the ball would perform Russian dances to traditional Russian music while wearing old Russian garb. Hitherto unknown or forgotten works of old Russian literature – legends, fairy tales, ballads – were published in short intervals, as were large numbers of tracts and treatises on old Russian carpentry, traditional ornaments, costumes and other crafts.

An overstated patriotism and a preference for all things "old Russian" had come to dominate life in early 20th-century Russia. The enthusiasm for traditional objects and customs which was sustained and promoted by the tsarist court with what powers they could muster, and which often found expression in kitsch and superficiality, awakened in many intellectuals the longing for a serious scholarly exploration of old Russian culture. Eminent patrons and art lovers (Shchukin, Morozov, Bakhrushin, Tretyakov) founded large private collections which, among other things, were dedicated to national art. In many cities art schools and training centres were established and funded by charitable trusts to ensure the continuity of traditional folk art. Within a few years a large number of exhibitions[1] were organised to cover different areas of Russian culture. The international exhibition in St. Petersburg of 1902 dedicated to traditional Russian costume was met with a particularly strong resonance. Russian as well as European society were captivated by the poetic nature of Russian costume, its beauty and richness of colour.

Art historians and artists rediscovered the art of the lubki and of icon painting. The icon was no longer regarded as merely a ritual object and symbol of traditional Russian religiosity, but as an artwork with its own defining qualities. Viewers enthused over the bold, iridescent colours, over the "freedom in the choice of material" and the "severity in its style"[2], yet commended in equal measure the high level of philosophical learning to be found in old Russian icon painting. Old icons, carefully restored and frequently displayed, were given pride of place in many private collections.

This cultural development was also very much on the minds of the avant-garde artists. Deeply disappointed with the tendencies of the conventional "drawing-room art" and the superficial, semi-official chauvinist "folklore", they set out in their quest for novelty to find the roots of the true old Russian popular culture. Like the Narodniki before them, many artists embarked on field trips to the provinces to

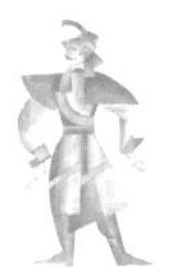

acquaint themselves with authentic folk art. In the extraordinarily vigorous and imaginative forms and colours of traditional art they found a new and strong source of inspiration for their own creative efforts. The avant-gardists were mostly intent on simple forms and the naturalness and originality of traditional art, as becomes apparent from the Neo-primitivist paintings of Natalia Goncharova, Mikhail Larionov and Alexander Shevchenko, to name but a few. Others transformed the cosmic unity of icons by their individual emotions and rendered it in a new visual language, as did Kazimir Malevich, Pavel Filonov or Vladimir Tatlin.

It was not only the arts and crafts of the Russian people which had captured the interest of avant-garde artists but, to a similar extent, popular theatre as an integral part of traditional culture. Drama in the modern sense originated in Russia as late as the 18th century. Until then theatre had only existed in the form of migrating "balagans" – comparable to mobile punch-and-judy shows or puppet theatres – or as "skomorochi", travelling minstrels, dancers, musicians and clowns. Both these original forms of Russian theatre were marked by their critical outlook and their affiliation with carnival. Banned by the Orthodox church and prosecuted by the government because of its critique of both state and clergy, this itinerant popular theatre catered for the interests and concerns of ordinary people.

When at the beginning of the 20th century the pervasive tendencies for reform had reached the theatre, the great directors and metteurs-en-scène of the avant-garde – Vakhtangov, Meyerhold, Oklopkov and Tairov – strove to achieve a synthesis of the different forms and styles of dramatic art. This required a general overhaul of set designs, stage décor and costume designs as well as new forms of staging and production. Instead of the separation of the different theatrical genres of drama, opera, ballet and operetta they proclaimed the amalgamation of the four into a new unity. Plays well-known and familiar to the audience were to be newly staged and designed through the masterly reunion of drama, music, dance and song. By this, it was hoped, the theatre could be stirred from the drowsy and conventional state it was in. The new theatre was to reach broad sections of the population and be not just accessible and comprehensible to the narrow circles of the intelligentsia. Considering the general educational level of the Russian population at the turn of the century, new direc-

tors, actors and new plays were required just as much as a new expressive stage design and new theatre costumes in order to cope with the difficult task of establishing a new dramatic art. Merely decorative sets and costumes were no longer a priority; both were to be marked from now on by a narrative, symbolic and easily recognisable character. This could not be achieved without an in-depth study of the long traditions of popular theatre and folk art. Elements of the "balagan", the theatre of fairs and festivals, and of the travelling "skomorochi" were seized by the theatre reformers in a conscious effort to integrate them into the new dramatic art. The most renowned Russian avant-garde artists (Tatlin, Malevich, Popova, Goncharova and Stepanova, to name but a few) made substantial contributions to the rise and development of this new form of theatre. Their drafts and designs for sets and theatre costumes make up an important chapter in the history of the Russian avant-garde.

Among the most prominent representatives of the Russian avant-garde who initiated a revival of dramatic art by their artistic endeavours was Mikhail Larionov. Deeply impressed by old Russian art, Larionov had refashioned himself as a collector of traditional shop signs and icons. The ornamental character of Russian folk art, the "primitive", rustic style of the lubok as well as its bright, vibrant colours inspired him to paint his own Neo-primitivist works. The costume designs and stage décor created by the artist for Diaghilev's "Ballets Russes" are marked by a palpable influence of Russian popular theatre and seem to turn the theatre stage into a demotic carnival which included rural, even vulgar, but above all vigorous and joyful elements. "His designs … achieved their effect from a tension between narrative or choreographic sequences and unexpected visual change."[3]

Neo-primitivism and the rustic liveliness of Russian traditional costume are manifest in Larionov's costume design "Fox" (fig. 1) from the ballet of the same name. Its vibrant colours are reminiscent of the colourful palette of the lubki. The apparel of the fox – half man, half animal – with the traditional peasant's shoes (lapti), white shirt and the typical hat seems like a replica of traditional rustic garb and prompts familiar associations of the rural life of Russian peasants. In the masterful combination of traditional costume and animal figure Larionov lends new sculptural life to old stereotyped forms. 19th-cen-

tury lubki often feature animal figures which represent certain human character traits. While birds for instance as messengers of paradise are symbols of good nature and happiness, the cat or the fox embody the sly and cunning character of the peasant. Apparently Larionov borrowed his "fox" figure from the Russian lubok. The schematic posture and flat two-dimensional image of the fox in Larionov can be regarded as an allusion to the image of the mice in the lubok *Unbelievable Stories* (1858, cat. 69).

Natalia Goncharova was similarly inspired by the bold colours and flat imagery of the lubok. From 1915 onwards, Goncharova together with Mikhail Larionov worked for Diaghilev's *Ballets Russes*, subsequently also for Boris Romanov's Russian Theatre in Berlin and Mikhail Fokin's ballet company in the United States.

In 1915 the artist devised a series of sumptuous costume drawings which attest to the influence of Russian traditional costume as well as to old Russian fresco painting, especially by Theophanos the Greek. In the costume design *Roman soldier* (fig. 2) we may observe both elements of popular decorative ornaments and parallels to medieval old Russian knights, despite the fact that the design was intended for a warrior of ancient Rome, as indicated by the costume title. In this context it is worth noting the analogies between Goncharova's costume design and the decorative illustrations of Russian fairy tales as they had been created by Russian Symbolists such as Vrubels and Vasnezov.

The statuary figure of the *Roman soldier* is strongly reminiscent, in its deportment, of the sacred figures on old Russian icons. The facial expression of the warrior and the unnatural posture of his body are further signs of this affiliation. Even the colour symbolism, eventually, which has an important function in this costume design, is fur-

ther proof of the artist's exploration of old Russian icon painting: the dominant colour red is a symbol of pulsating life and, simultaneously, of the toll of lives taken by war. Red also is the colour of martyrs, an interpretation which can be found above all in icons from the Novgorod school.

Fairy-tale costumes were designed by Vladimir Tatlin. Although he showed only scant interest in costumes, he apparently did not consider them as part of the historical or folkloristic Russian themes. For a time Tatlin, who was to become the leading Constructivist, came under the spell of Larionov's Neo-primitivist works. The costume design in the illustration (fig. 3) has a clear reference to folk art and primarily to Russian popular theatre from which the character of "Petrushka" (a punch-like figure) was borrowed. For which play this costume has been devised remains unknown – most likely it was made for a burlesque. Its puppet features are a strong reminder of the folkloristic "balagan", where Petrushka picked up both in satire and caricature the sorrows of plain folks as well as their indefatigable zest for living. Tatlin's design for the costume of Petrushka is marked by its closeness to traditional costume: the cap and coarse-cut garments, the belt and the straw shoes, a simple ornamental pattern and its bright and excessively strong colours. Though heavily influenced by Larionov, the design already includes some Constructivist elements which were formative for Tatlin's later work, namely broad surfaces of colour and well-defined contours.

Strong folkloristic associations are also very much in evidence in the costume designs by the Ukrainian Constructivist Anatoli Petritsky. In the 1910s he attended, together with several other artists of the younger generation, the art school in Kiev founded by Alexandra Exter. Under her influence Petritsky designed theatre costumes for plays like

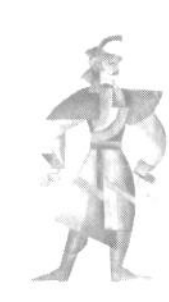

1 M. Larionov *Costume Design "Fox"*, 1915

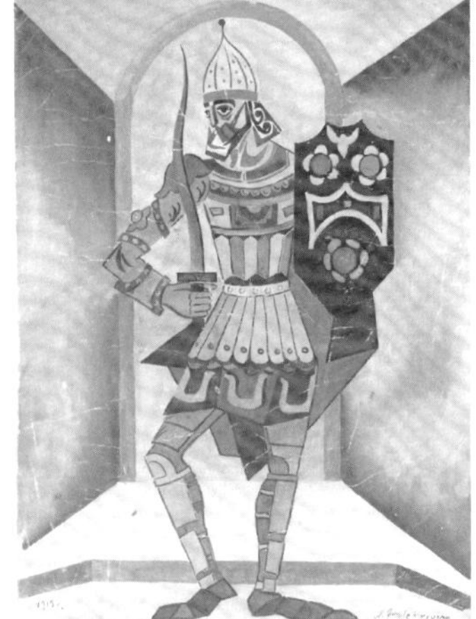

2 N. Goncharova *Costume Design "Roman Soldier"*, 1915

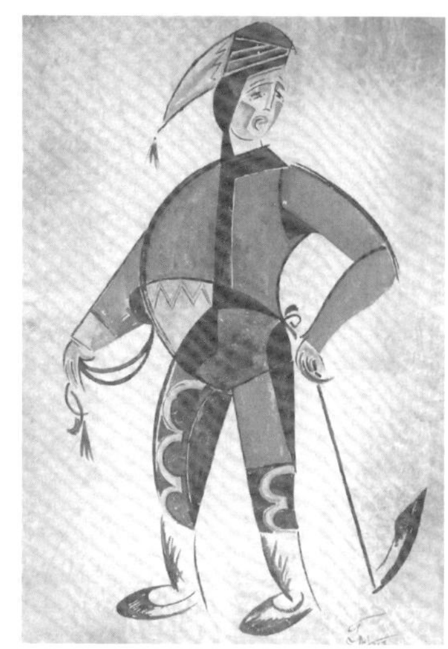

3 V. Tatlin *Unkown Costume Design*, 1913

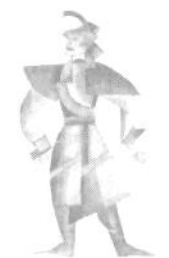

Sorotshinski Fair, *Northern Heroes* and *Nur and Anitra* (fig. 4). Petritsky's designs radiate the vitality of Ukrainian traditional costume. To enhance their decorative effect, they were embellished with the traditional geometrical ornaments of Ukrainian dress. The heros of Gogol's tales were clad by Petritsky in picturesque national dress – including the typical Ukrainian leather boots, white shirt, trousers and fur hat. In their lumbering postures they are epitomies of the typical Ukrainian characteristics: cleverness, merriness and lust for life (fig. 5).

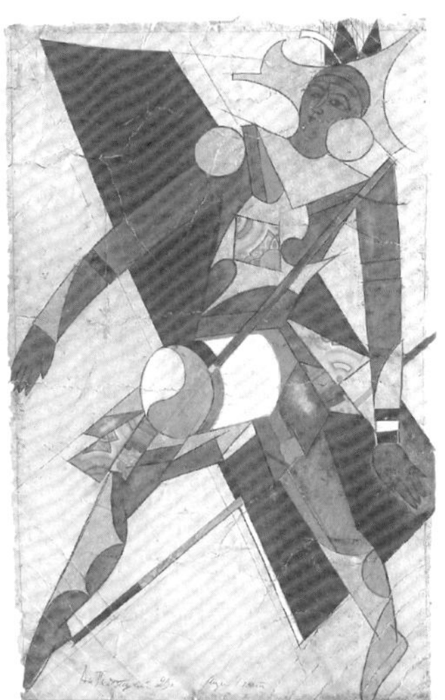

4 A. Petritzky *Costume Design "Musician No. 4"*, 1923

Petritsky depicts his figures not in a vacuum but as set against a background which, in its laconic and sketchy manner, is unambiguously Constructivist. In spite of his Constructivist approach and the absence of any sharpened profile the artist endows his figures with a certain stability. The dissection of the figures into strictly geometrical colourful segments serves to heighten the vivacity of their shapes. Black contours reinforce the marked dynamism of the drawing. Elements of the folkloristic style enrich the Constructivist forms and lend to the costume designs a fascinating expression and an unmistakably national character.

Apart from folk art, avant-garde artists focused on a reappraisal of icon painting. They were stimulated by old Russian icons and frescoes to develop their individual and expressive styles. In so doing, the artists were concerned primarily with the appropriation of individual techniques of representation rather than a straight adaptation of icon painting.[4] They relied on the experience of Russian icon and fresco painters and borrowed their synthetic painting style, which incorporates both silhouette and movement of the figures, the two-dimensional treatment of space, the character of the silhouettes and their combination with the linearity of the contours.

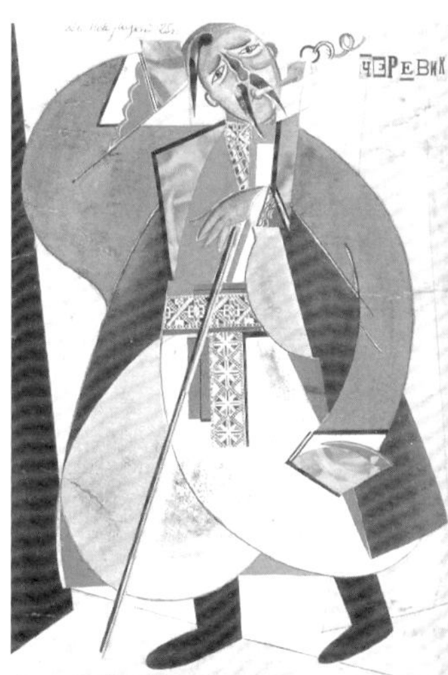

5 A. Petritzky *Costume Design „Cherevik"*, 1925

Lyubov Popova, who devoted almost four years (1920–1924) of her life to working for the theatre, has an important place in the history of modern theatre décor and costume design. She created her first theatrical works for Alexander Tairov's production of *Romeo and Juliet* (1920) at the Chamber Theatre Moscow. Citations of old Russian frescoes are visible in another of her works for the theatre, *Tarquin the High Priest* (1922, fig. 6). The drawing for the costume has turned into a work of art in its own right where the figure is represented in its individual character. The figure seems abstract and symbolic at the same time. There is no doubt that the artist was inspired by the vigorous images in Russian churches and monasteries, such as the portraits of saints by Theophanos the Greek, the weightless figures of Dionissii, the luminous colours of the frescoes in the Ferapontov monastery, and, once again, the icons from the Novgorod school.

In their execution her painted figures resemble those by Theophanos. They have been lightened by the setting of highlights (probela). The luminous streaks and the broad brushstrokes, casually applied onto the canvas, blend into each other while making the forms seem to swell and curve. They are shaped by the modelling of different hues, by the gradation of the main colours towards the lighter end of the scale. This lends particular vivacity and dynamism to the design. It is an effect also harnessed by Popova for her paintings, for example in her abstract series *Architectonics*.

Other than in the costume designs by Larionov and Goncharova, there is no reference to the popular style of the lubok in Popova's work. The artist does not go into detail; she concentrates on entire surfaces and segments which are deconstructed and reassembled in a bold as well as laconic fashion. The result is a remarkably expres-

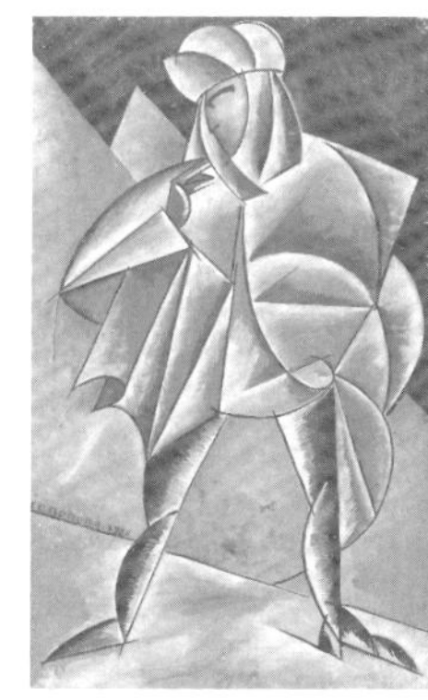

6 L. Popova *Costume Design for „Tarquin, the High Priest"*, 1922

sive composition, where the figure has been inserted into a sketchily rendered imaginary landscape with overtones of Constructivism.

Another costume design by Popova shows similar affinities with the visual language of religious art. It might be classified as a madonna (fig. 7). Composition and pictorial layout as well as the posture of the female figure clearly resemble the traditional representations of the Mother of God characteristic of the various epochs in art history. In her picture Popova seeks a reunion of western and old Russian traditions. As on all Russian icons, the body of the Mother of God is almost entirely veiled in fabric, only the face and the hands remain uncovered. Her garments cover both her body and her soul, whose transparent colour they have assumed. The folds of the garments express the movements of her body as well as the spiritual rhythm of her whole being. Although Popova has produced only a sketchy rendition of the face, it is the focus of the picture. A slight inclination of the head and the evidently mournful expression of her face are typical features of Maryan images in religious painting.

The combination of colours on the magnificent robe (red, blue and green) has a symbolic significance and is, again, a characteristic of icon painting. Blue stands for heaven in its purity and immutable splendour. Blue in this context is a sign that the figure represented in the picture belongs to heaven. Green is the symbol of the cosmos and of hope. Red is the colour of both love and power, in this case the power of the Mother of God as an emblem of the church.

Here, as in the previous costume design, Popova uses sparkling streaks of colour similar to those of Theophanos the Greek, to obtain a dynamic effect. Despite its strong references to religious painting this costume design is a major step in the development of avant-garde art for its masterful combination of Cubism and Constructivism (as can be seen in its segmentation of surfaces, in the structure of the figure etc.).

The skilful execution of set and costume designs for Tairov's Chamber Theatre in Moscow made Alexandra Exter one of the leading set designers in 20th-century Russia. Exter had already excelled in agit art with her talent as a designer. In her designs for the theatre she sought a sculptural, rhythmical unity on the stage. The interaction of décor, costumes and actors was to produce an expressive synthesis of the dramatic action.[5]

The costume designs for the performance of *Romeo and Juliet* (1921) at the Chamber Theatre Moscow are among her most influential theatre works. They reveal a remarkable closeness to her paintings from the same period, above all in the rhythmical tension formed by the diagonal networks of colour segments and rays of light. In her costume design for *Romeo* (fig. 8) for instance she presents the human body as kinetic energy. The figure seems to have been set in motion through the dynamic fold patterns of the garments, as if body and costume had become one, while contours and colours blend into a unified rhythm.

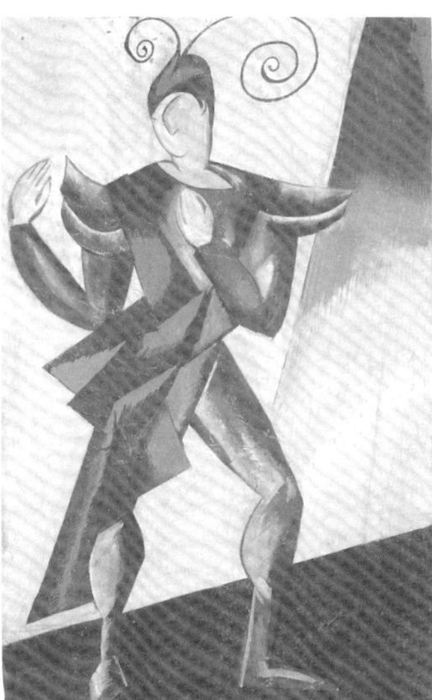

It becomes obvious from this costume design that the artist has employed the methods of icon painting to enhance the expressivity of her work. The emphasis on the figure as a whole vis à vis its outlines as well as on individual segments is a stylistic technique of both old Russian enamel painting and icon painting. Andrei Rublyev and the masters of the Yaroslav school endowed the bolt upright figures of their saintly portraits with dynamic movement through structuring the garments. In Exter's sketches the postures of the figures, their slight inclination of the head and the slight twist in their bodies strongly remind us of the 'primitive' figures of icon painting. Alexandra Exter's art was steeped in the tradition of her homeland. Her spiritual bond with the past found expression in her paintings as well as in her set designs.

At first glance the costume designs by Konstantin Vyalov for *Stenka Rasin* (1924, cat. 62) seem to have no affinity whatsoever with icon painting. If we take a closer look however, we will discover striking parallels. We can surmise that Vyalov, subconsciously or by free association, absorbed aspects into his representation of the popular

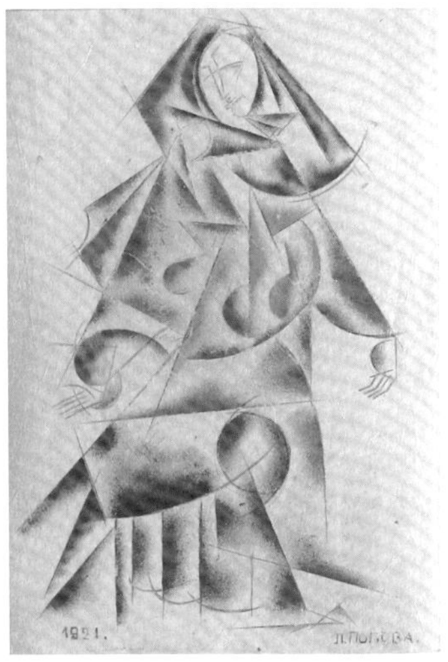

7 L. Popova *Unkown Costume Design*, 1921

8 A. Exter *Costume Design „Romeo"*, 1921

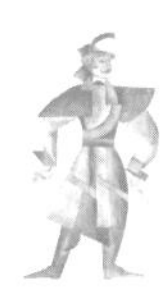

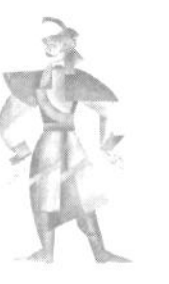

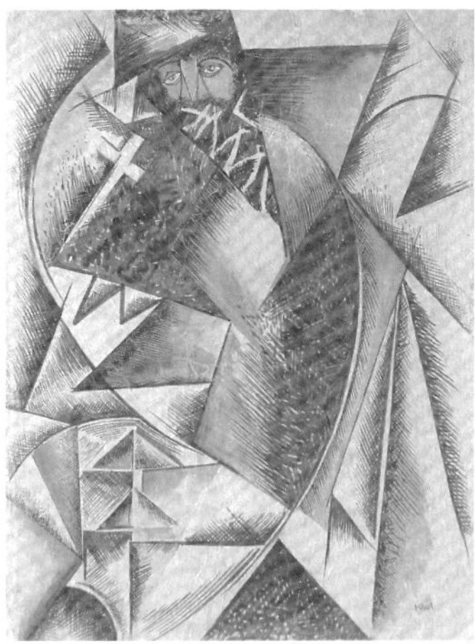

9 Y. Annenkov *Unkown Costume Design*, 1916

hero Stepan Rasin which are attributes of iconic portraits of St. George. St. George, the patron saint of Russia, is portrayed most frequently on horseback, holding the lance in his right. Although the figure in Vyalov's draft appears to be almost mechanical – an effect which is reinforced by Constructivist elements –, the obvious reference to traditional versions of St. George can still be discerned. On Vyalov's sketch Rasin marches and/or rides to the left, holding a sabre in his hand and wearing a red gown. The gown's colour may either allude to the uniform of the Cossacks, to whom Rasin belonged, or indicate the red knight's cloak on representations of St. George. In this context red can be taken as a symbol of war and also as the colour of both martyrdom and freedom. The similarity between Rasin and St. George is yet enhanced if we consider for a moment the black beam which reaches from the elbow to the top left-hand and bottom right-hand corners of the picture – an obvious reminiscence of the lance or standard of St. George. This kind of reinvention of traditional iconic motifs was a hallmark of many Russian and Ukrainian Constructivists.

The affiliation to icon painting is even more obvious in the costumes designed by Yuri Annenkov for an unknown play (fig. 9). The faces of the two persons represented in the picture could have been taken straight out of religious portraits. This impression is sustained above all by the eyebrows, which have been highlighted by thick black lines, and by the deep-set, large almond-shaped eyes which have been drawn with great detail. The mournful and omniscient gaze, which is directed beyond the viewer and into the distance, is akin to the one in icons from the Novgorod school (cf. fig. 10). Likewise, the long drawn-out, triangular and strong-featured face is typical of medieval Russian icons. The Orthodox cross in yellow which catches the eye and symbolically conveys the status of the portrayed

(both figures are likely to represent Orthodox clerics) has also been borrowed, in the oblique way in which it has been planted into the picture, from old icons (cf. St. John Chrysostom, Archangelsk, 16th century). The avant-gardistically refined Cubo-futurist dynamism of the pictures lends to the figures a dramatic profile.

Many of the costume designs, independent of their individual style, are testaments to the affiliation of Russian avant-garde artists with the time-honoured Russian culture. The similarity between the designs on the one hand and the lubki and icons on the other is amazing at times, yet it cannot simply be blamed on mere citation or reference but must be explained by an obsession with one's own tradition. Like the painters of the academy these younger artists had no interest in preserving and copying the old. The creative exploration of the art forms of icon painting and lubok was favourable to the creative development of avant-garde painting. Creativity as well as boundless imagination had their roots in the genuine bond between the avant-gardists, the Russian people and its history.

Svetlana Kapitonova

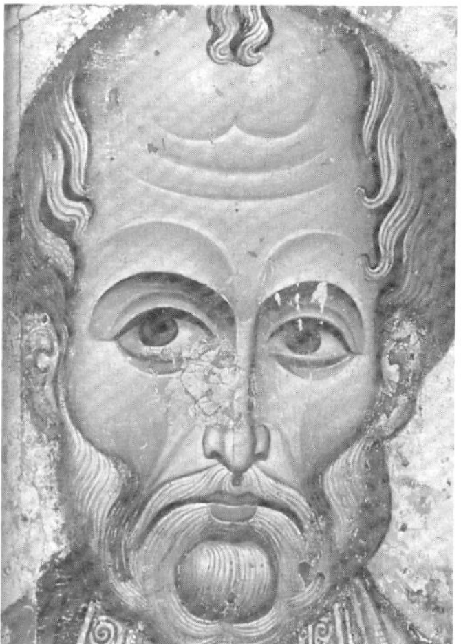

10 *Icon of St. Nicholas*, Novgorod, 12th century

1   E. g. the *International Exhibition of Art Posters* (St. Petersburg, 1900), *First International Exhibition of Historical and Modern Costume* (St. Petersburg, 1902), *All-Russian Exhibition of Cottage Industry Articles* (1902, 1913), *Exhibition of Russian Portraits* (1905), *Old Russian Art* (Moscow, 1913).
2   Tarassov, O., *Russische Ikone und Avantgarde: Tradition und Umbrüche*, in: *Zwischen Himmel und Erde. Moskauer Ikonen und Buchmalerei des 14.–16. Jahrhunderts*, Frankfurt 1997, p. 99.
3   Spielmann, H. (ed.), *Die russische Avantgarde und die Bühne 1890–1930*, Schleswig 1991, p. 17.
4   Cf. Krieger, V. Von der Ikone zur Utopie: Kunstkonzepte der russischen Avantgarde, Cologne 1998, p. 172.
5   Cf. Jablonskaja, M. Russische Künstlerinnen 1900 bis 1935, Bergisch Gladbach, 1990, p. 120.

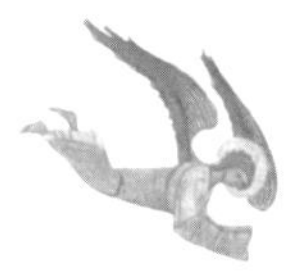

Marc Chagall and the Art of Icon Painting

The role of Marc Chagall and his oeuvre in the development of 20th-century art has been variously interpreted by art critics and commentators. It is beyond dispute that unlike any other he has touched many people's hearts, even enchanted them with his melancholy as much as life-affirming pictures, with his longings and dreams for which he had found such strong visual expression in his lifetime. The extraordinary worldwide popularity his work enjoys to this day is fuelled above all by the resonance of the late oeuvre created by the "painter with angels' wings", an epithet by Walter Erben for Chagall, the artist of eastern Jewish extraction who was born in Vitebsk in Belarus in 1887. His most influential work since the 1950s includes paintings, the stained glass windows of Jerusalem and Zurich and, last but not least, the cycle of etchings, the coloured lithographs and the "Bible" paintings.

The presence of the latter sometimes obscures the focus on the earlier, often more audacious ideas of the painter, among which one particular aspect warrants a closer inspection: already during the period of his studies in St. Petersburg (spring 1908 to autumn 1910) Marc Chagall produced paintings and drawings in which he examined the pictorial inventory of Russian Orthodox art. Subsequently, in Paris (autumn 1910 to autumn 1914) he even created large tableaux which, in terms of their iconography as well as their manner of composition, demanded a prior and more thorough knowledge of Russian icons. Only decades later was this aspect acknowledged by art critics and scholars.[1]

Astonishingly, the first critical articles on the subject were only prompted by Chagall himself, having pointed out in no uncertain terms that early in his artistic career his interest had been captured by icons. On the occasion of an exhibition in the Chicago Art Institute he gave a lecture at the local university from which the following passage was taken: "Russia had two artistic traditions: the popular and the religious. I wanted an art of the soil, not an art solely of the head. I had the good fortune to be born of the people; but popular art, although I always liked it, did not satisfy me. It was too exclusive. It excluded the refinements of civilization. And I have always had decided taste for refined expression, for culture. The refined art of my native country was religious art. I recognized the quality of some great creations of the icon tradition – for example, the work of Rublev. But this was essentially a religious, an orthodox art; and, as such, it remained strange to me. For me, Christ was a great poet whose poetical teaching had been forgotten by the modern world."[2]

If one is inclined to believe his statement, Chagall preferred the tradition of icon painting to the "popular" Russian artistic tradition

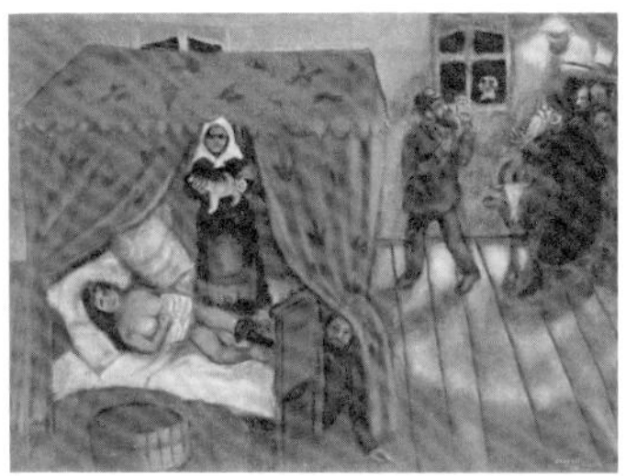

2 M. Chagall *The Birth*, 1910

– by which he must have meant the rustic woodcuts or lubki – on account of the cultivated "refinement" of the former, drawing on Andrei Rublev as a witness. What sort of artistic qualities exactly were on his mind when he was talking about the "refinement" of traditional art in his native Russia? Another of the artist's remarks, published by Edouard Roditi in 1960, is informative in this context: "(...) I have always tried to remain within the general tradition of a kind of folk-art and, at the same time, of all great art that also appeals immediately to the less sophisticated, to the people. That is why, in Russia, I was a great admirer of the traditional art of the ikon-painters [sic.]. There is often something quite magical and unreal about the plastic values and the colours of ikons. They suddenly light up before our eyes, in the darkness of a church, like flashes of lightning."[3]

In fact Chagall's fascination with the "light (...) in the darkness" may have been instrumental in creating the coloured version of *Golgotha* (1912) which was influenced by Robert Delaunay (see below). No less significant, however, is the allusion to the fact that the icon tradition, much appreciated though it was from the artistic point of view, "remained strange" to him in its Orthodoxy. This much can be said in anticipation of the following analysis of a selection of his

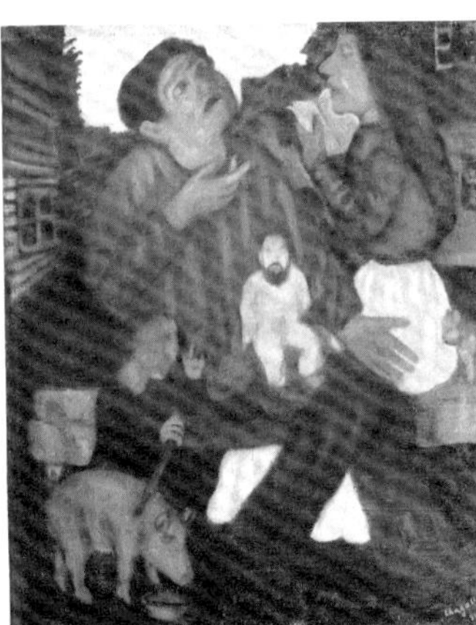

1 M. Chagall *The Holy Family*, 1910

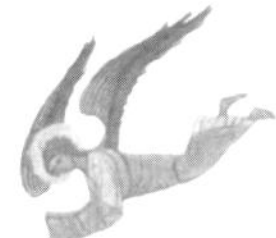

works: here the artist's own judgment will be confirmed. In other words: Chagall benefitted from his preoccupation with icons while seeking his own distinctive style.

Possibly from the first year of his studies, or perhaps from as late as 1909, there is a pen-and-ink drawing on paper of a *Crucifixion* (fig. 8).[4] This drawing is assumed to be the first example of a work by Chagall which echoes an iconic motif. We will take a closer look at the icon later in the context of the *Golgotha* painting. For this drawing as well as for two slightly younger St. Petersburg paintings to be discussed in the following can be claimed what Franz Meyer has called "reference points" to the art of icon painting.[5] In Chagall's work it is those elements in his pictures that function as reference points which capture the particular interest of the viewer precisely because the artist does not "cite" them as part of their familiar contexts. Rather these elements allude to Orthodox models in some sort of alienation effect.

Thus in *The Holy Family* (fig. 1)[6] Christ as infant, sporting a beard, is ensconced on his father's lap who has raised his eyes towards the heavens in rapture. The *Mother of God* in this peculiar painting has listlessly turned her back on them; she is reading a book while a pig and a swineherd are cavorting at the feet of the group. The ostensible metamorphosis of the Pantokrator into something childlike, which the pious eye-raising and demonstrative gesture of the father are obviously not meant to indicate, has overtones of the grotesque. Did Chagall as an art student find the key to unfolding a symbolic artistic language of his own in decomposing Orthodox pictorial patterns? This is certainly the drift of Franz Meyer's argument: "Chagall beabsichtigte keinesfalls Ikone zu schaffen, im Gegenteil: Er wollte die 'vernünftige' Ikonografie der Ikone zerbrechen und eine Logik aus innerer Vernunft – sie hat den Anschein von Unvernunft – an ihre Stelle setzen."[7] ("It was by no means Chagall's intention to create an icon; on the contrary: he wanted to disrupt the 'sensible' iconography of the icon and replace it with a logic of inward sense – which outwardly appears as nonsense.") A year later, in Paris, Chagall – having changed its colours in favour of a "Fauvistic" spectrum – went on to sharpen the iconographic profile of his pictorial invention even further: the bearded infant in this version hops off his father's lap in a grand gesture, dislodging his halo in the process.[8]

One of Chagall's major works from his period of studies in St. Petersburg is the painting entitled *The Birth* (fig. 2).[9] In the centre of the composition can be seen a "picture within the picture" presenting the moment immediately after the birth of a child as if it were a mystery. To Franz Meyer the scene in which a midwife raises the newborn as if in a ritual *elevatio*, pointing to the baby's head with her hand, seemed like "a barbarian idol in a curtained shrine". The canopy arching over the scene reminds him of a "canopy in the Nativity of an icon".[10] The archetypes for the figures created by Chagall as well as for the arrangement of the composition under the canopy must not be sought in the Nativity but instead in the *Dormition of the Virgin* motif (Russian *Uspenie Bogomateri*), which is widespread in the Orthodox world (fig. 3)[11]: in the icon the figure of Christ, upright, in a central position and facing the viewer, rises above the dead body of the Virgin on a bier, receiving the soul of the deceased (Russian "dusen'ka") in his hands. The scene, *Assumptio animae* by its Latin name, is vaulted by the blue arch of the cosmos, while to the right and left of the bier saints and the group of disciples are leaning in to mourn the deceased.

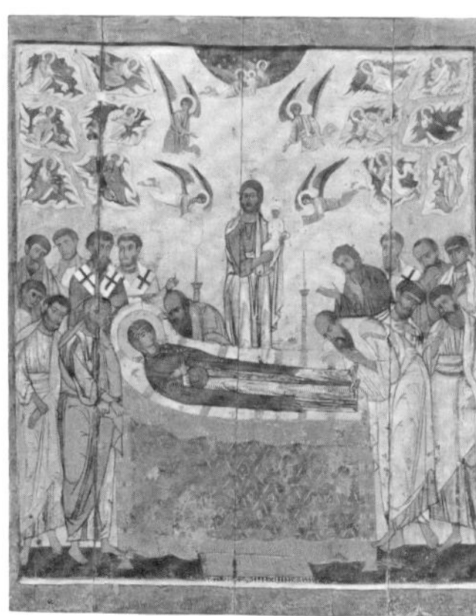

3 F. Grek *Uspenie Bogomateri (Dormition of the Virgin)*, late 14th century

All essential elements of the iconic model can be found in Chagall's painting *The Birth*, though admittedly turned into the "barbarian" (as F. Meyer would have it), or coarsely grotesque, mode: the figure of Christ is here replaced by the midwife who is pressing the "diminutive soul" in the guise of a wriggling newborn baby against her breast; where the body of the Virgin lay in the icon, in Chagall's painting the bare body of the mother, who has just given birth, is writhing in a pool of her own blood. In Chagall's version the erstwhile throng of mourning disciples have receded into the background of the painting: under the triangular beam of light from a dim lamp a group of peasants and their cow are pushing into the birthroom. As a

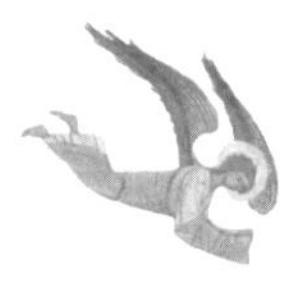

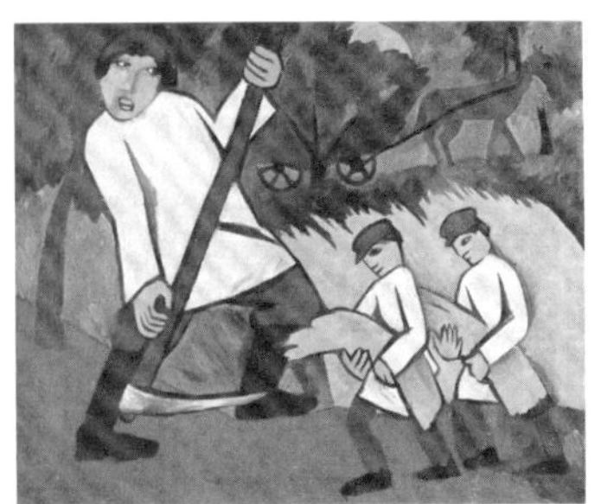

4 N. Goncharova *The Hay Harvest*, 1910

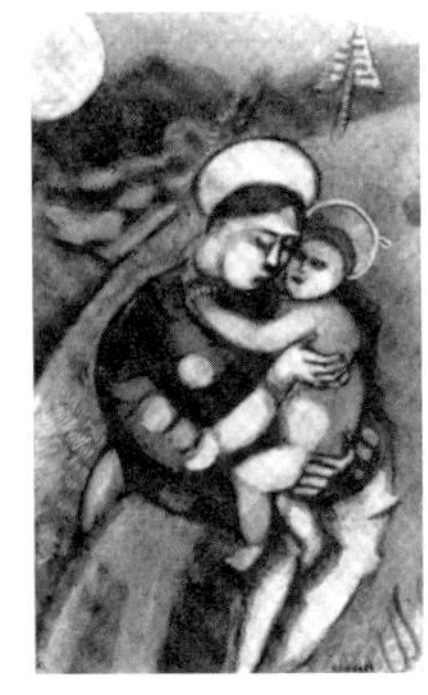

5 M. Chagall *Madonna and Child*, 1910

concession, the leader of the group asks his bystanders to be silent – even in the Chagall there is a mystery which is hidden from the sight of the unworthy.

Commentators and critics have used much of their imagination to elucidate the cowering figure of a man who is peeping out from behind the edge of the bed. Theodor Däubler and Karl With were unanimous in the opinion that in this male figure they had recognised the "cowardly" father of the child who had hidden under the maternal bed and was "now creeping out to play the great hero", as Konrad With put it.[12] Convinced that this had to be a literary motif, Lucien Goldmann saw in the cowering man the figure of "God's messenger" from Jewish mythology, "who observes the Jews in fateful moments of their lives and records their behaviour"[13]. It is quite natural to suspect Chagall's cowering man to be the child's father. Whatever our associations may be in psychological or literary terms, this figure again in fact derives from an art-historical influence: another version of the *Dormition of the Virgin*, which was part of last year's Novgorod exhibition in the Icon Museum of Frankfurt, presumably includes in its composition one of the Fathers of the Church, Andrew of Crete (who died around 720 A. D.), who is said to have been the first to proclaim the sacred event of the dormition, thereby establishing the tradition of the "Uspenie" icon.[14]

What prompted the young 23-year-old art student to turn to that tradition of all the different strands in Russian art which must have been strange to him if set against his parental home and his Jewish schooling? Did he first learn about icons in the museums of St. Petersburg, perhaps in the Russian Museum with its eminent collection of Orthodox art? This is a likely conjecture, and it is confirmed, in retrospect, by Chagall's own memories.[15]

There was another source of inspiration. In the spring of 1907 Chagall had been accepted at the Art School on the Moiki Canal which was sponsored by the "Imperial Society for the Funding of the Arts". The director of the school was Nikolai Roerich (1874–1947), who was also one of Chagall's teachers. Though Roerich had affiliated with the modern style of the "Mir Iskusstvo" (later, together with Sergei P. Diaghilev and Leon Bakst, who was undoubtedly more prominent as a teacher of Chagall's, he emigrated to the west), in his classes on the Moiki canal exercises in Russian Orthodox art must have been among

his favourite topics. It is not exactly flattering when Chagall, in *My Life* reports in mocking tones that Roerich wrote "unreadable poems" and read to his bored students from his own "historical-archaeological books".[16] The subject of these books apparently lay in the art-historical studies which Roerich had carried out in the years 1903 and 1904 in Novgorod, Pskov and Yaroslav, the traditional centres of iconic art. Subsequently, he had been commissioned to restore rural churches in the districts of Kiev and Smolensk. His own paintings, bearing titles such as *The Blue Mural* or *The House of God*, are also marked by a certain number of references to Russian Orthodox art. Yet Roerich was intrigued mostly by the "ornamental order of forms", a principle devised by Mikhail Vrubel (1856–1910) which, as we know today, encouraged not only the pan-Slavism oriented traditionalists of the time but even the representatives of the younger generation of artists, as for example the future *Rayonist* Natalia Goncharova (cf. fig. 4)[17], to paint their own iconic pictures.

One might suppose that Marc Chagall would have closed the Russian Orthodox chapter in his still emerging artistic career by the time he left St. Petersburg for Paris in the autumn of 1910. This is clearly not the case. On the contrary, in the French capital he explored the Russian heritage with a vengeance as an artistic reservoir on which he thrived unlike any other of his Fauvism- and Cubism-infected fellow artists. This is why among his well-known major compositions of the years 1910–14 there are two paintings in which Chagall again experimented with figures and pictorial forms whose origins must be sought in iconic art.

First let us take a closer look at the motif of the Madonna, or Mother-of-God images, of which at least twelve different types are known in the Eastern church.[18] As many as three of them served as models which exerted a direct influence upon Chagall's earlier work. Among these are the so-called Hodegetria[19] and, as will be explained in the following, the *Mother of God Orans* (in prayer). *Madonna and Child* is the title of a gouache on paper from the year 1911, which today is part of a private collection in Bern (fig. 5).[20] An open-minded viewer of the work might ask him- or herself whether this scene, which shows a mother tenderly embracing her child, should be seen as yet another of Chagall's typical pictorial fantasies. The work is suffused with an intimate atmosphere, so very colouristic in its realism as we know

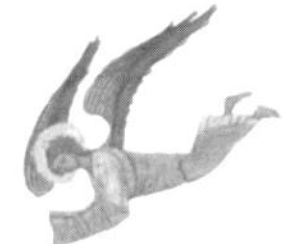

it from Chagall's student days. As part of the idyllic landscape of the background figure an amiably-looking sun, a toy-size fir tree on the horizon and the curve of a hill overarching the intimate scene like a natural canopy – if it were not for the halos attached to the back of the heads of mother and child which are a direct reference to the iconic model, the *Virgin of Tenderness*, or Greek *Eleousa* (fig. 6).[21]

In the years 1912–13 Chagall reverts, in devising the central figures of a drawing and a gouache entitled *Russia* and *Motherhood* respectively[22], to the iconic type of the *Mother of God Orans*, which is also known as the *Great Panhagia* (the All-encompassing) or *Blacherniotissa* since it can be traced back to an image of the Virgin in the Church of the Blachernae in Constantinople. Widespread variations of this type in the Russian Orthodox sphere are known under the name of the *Virgin of the Sign* (Russian *Znamenie*, Greek *Platytera*).[23] The two

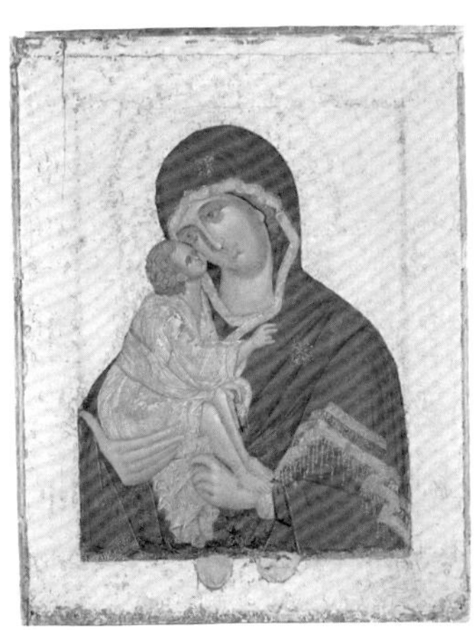

6 F. Grek *Mother of God of the Don (Bogomater Donskaja)*, late 14th century

small-sized works by Chagall may differ in formal and stylistic terms, yet they share the same central motif: against the body of a pregnant woman is set, in a medallion, the image of an upright naked child. According to the title this must be an apparition of the unborn child and thus alludes to the eastern theology of the pre-existence of the logos. Other, predominantly rural, motifs are inventions by Chagall which give expression to the revelation of the mystery of birth in the here and now. The pen-and-ink drawing was apparently used by Chagall as a detailed preliminary sketch for a large-sized painting called *Motherhood (Pregnant Woman)* which is now in the collection of the Stedelijk Museum in Amsterdam (fig. 7).[24]

Lionello Venturi was the first to surmise that this madonna created by Chagall, in the drawing as well as in the painting, was "directly inspired by Russian icons representing the Blacherniotissa."[25] In accordance with the Orthodox perspectival order of rank, the mother figure, which is standing upright facing the viewer, occupies the central vertical axis of the painting. In its monumental character this figure extends the pictorial space, which is heavily structured in terms of form and colour, into the cosmos, so that the head is on a level with the crescent moon. The giant mother's demonstrative gesture seems fraught with meaning as she points with the index finger of her left to the unborn child in her womb.

Another creative idea of the painter comes as an irritating surprise to the viewer: the madonna is portrayed as a two-faced man-woman. There is no clearly discernible and convincing model for this iconographic idiosyncrasy of Chagall's in the history of icon painting. A 16th-century icon from central Russia, showing the Pantokrator in a medallion placed before the abdomen of a winged angel, might be referred to in comparison as we know that this icon, entitled *Vision of St. Peter of Alexandria* was featured in October 1907, i. e. at the beginning of Chagall's period of studies in St. Petersburg, in the art journal *Stariye Gody*.[26] Yet the three heads of the tricephalous large-winged angel figure in the picture refer to the Trinity and could not possibly have been interpreted by Chagall as a prototype for his androgynous two-faced figure. Instead we find in his own work, namely in a painting entitled *Hommage à Appollinaire*[27] that had been created two years before, a hermaphrodite figure which suggests that in the painting *Motherhood* we are faced with a similarly original pictorial invention by the artist. An argument in favour of this assumption is that the motif of the child caught in a force field between mother and father must be seen as the key subject of Chagall's painting *Golgotha*.

In *Golgotha* of 1912 (originally the painting had been entitled *Dedicated to Christ*), which today is among the holdings of the Museum of Modern Art in New York (fig. 9)[28], Chagall's artistic exploration of the tradition of Orthodox art in his native Russia reached a high point which excels, in its artistic quality, all the other works referred to in this article. The impressively structured coloured version of this painting, until then his largest format, makes this work seem to us today as, essentially, one of the most important paintings of Chagall's Paris period from 1914–17. Much of it – the fantastic scenery, the pictorial richness of invention as well as the sheer brilliance of the contrasting colours – will amaze the viewer.

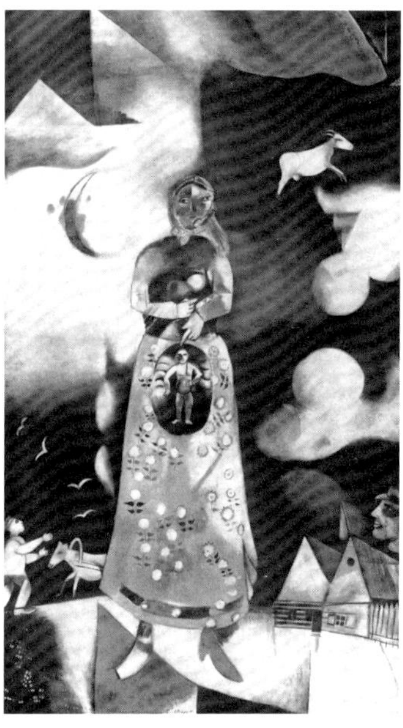

7 M. Chagall *Motherhood (Pregnant Woman)*, 1913

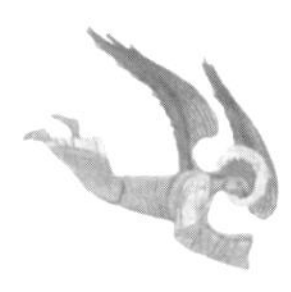

Chagall had already shaped, in a preliminary form, numerous details of the iconography of this painting in the above-mentioned pen-and-ink drawing of 1908 or 1909, entitled *The Crucifixion* (fig. 8).³ Likewise, the compositional layout of the drawing is akin to that of the painting. The occasion which gave rise to this drawing must undoubtedly be sought in Chagall's "paraphrases" of Russian Orthodox imagery. The strictly frontal arrangement of the crucifixion group with the body on the cross, two acclaiming assistant figures, the stigmata on the hands and feet and the dripping blood – even the inscription on the cross, the skull of Adam at the foot of the cross (though merely suggested by a few strokes, in keeping with the rather sketchy character of the drawing as a whole), and the hill contours of *Golgotha* the "place of the skull" are indicative of the fact that the artist knew the inventory of an Orthodox icon of the crucifixion rather well. The specific type of crucifixion icon, however, cannot be discerned, nor is the unassuming realist style of the drawing in any way comparable to the formal elegance of a classic icon of the crucifixion.[29]

Undoubtedly though the motifs of the Chagall crucifixion are reminiscent of the Orthodox pictorial material, its references are defying a verbatim reading. Quite the opposite – Chagall audaciously interferes with the long-established pictorial inventory: he introduces figures alien to tradition such as the ladder-carrying gnome on the right, or the boatsman who is about to land on the shore of a lake, thus ousting the crucifixion group from its dominant central position and breaking the Orthodox rule by interchanging the two figures under the cross. In so doing, he also differentiates the figures considerably as to their relative size. The larger-than-life male figure has a full-grown beard, whereby the artist deviates from the familiar image of St. John the Baptist under the cross. An imaginary landscape with lake and islands in the background serves as an autonomous realm of illusion.

The most conspicuous instance of artistic licence vis à vis the potential iconic archetypes, as they are transferred by Chagall from his own drawing to the layout of his painting, lies in the fact that the body of the crucified has turned into that of a child. Nowhere in the critical literature and commentary on *Golgotha* has this iconographic peculiarity been overlooked. Reference has frequently been made to a statement by Chagall from the year 1949, where he asserted that his intention was to show the "symbolic figure" of Christ

as "an innocent child".[30] It is easily understandable that this astonishing pictorial invention led to a series of speculations which variously identify, psychologically, the "child" with "innocent suffering", or, in archetypal terms, the child as an eidolon, an image of the soul[31] – always bearing in mind that what is being looked at here still is a crucifixion scene. This precisely is where the problem lies. If compared with the earlier drawing, the painter in *Golgotha* erases almost all elements associated by connoisseurs of the Orthodox tradition with a crucifixion scene: stigmata and drops of blood, the skull of Adam at the foot of the cross, the epigraph – all of the-

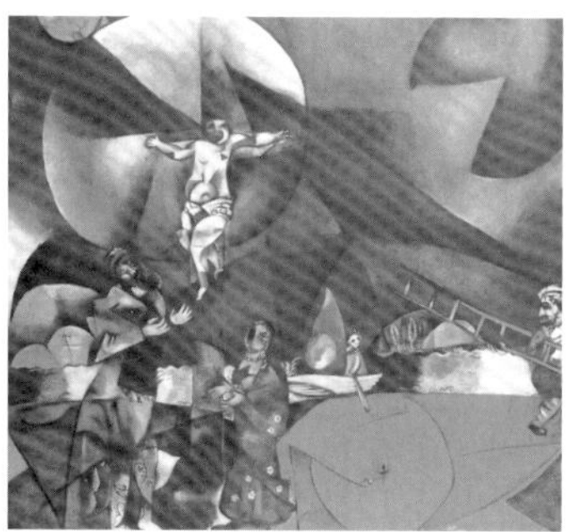

se have been removed from the painted version. Neither do the figures have any halos. Finally the colour composition of the painting strongly interferes with the prototype by deconstructing the cross into blue and green colour fragments as if it were immaterialised. To the untrained eye there is a blue-tinted child looming in the sky

9 M. Chagall *Golgotha*, 1912

which seems to descend from above, arms outstretched. Inserted into the oversized disc of the sun or moon, the child is presented as if levitating rather than hanging. Again the painter's own words, as delivered to us by Franz Meyer, are conducive to our analysis. Marc Chagall, sometime before 1961, said: "Strictly speaking there was no cross, just a blue child in mid-air. I was less interested in the cross".[32]

If the "crucified" is represented by a descending child, can we perhaps find in the comtemplation of the couple under the cross a key to its interpretation? The monk-like male figure is presented to us, in the angular form of its red and blue garment, as if inwardly moved, with a look of rapture and rather grand gestures. Perhaps he is meditating, perhaps an enlightened visionary? Contrastingly, the female figure is clad in a softly undulating dress in a rich green with a pattern of flowers. Her figure is much smaller than the man's. The way she opens her hands and bares her breasts, she seems to be offering herself to the descending boy for breast-feeding.

8 M. Chagall *The Crucifixion*, 1908/09

The figurative and psychological contours of the couple as devised by the painter as well as its physiognomy allow us to infer that Chagall presents the viewer with an image of his own parents. As much as the tall, slender figure of his father, Zahar, who had grown a long beard, differed from that of the much smaller and ample-bodied mother of the artist, Feiga-Ita, as much of a contradictory nature has been ascribed to the characters of the two in Chagall's paintings and drawings as well as in his memoir, *My Life*. The father, son of a synagogue leader, was known by Marc to be a pious, stern and also melancholy man. Chagall's mother is described by him contrastingly as an energetic, bustling and talkative woman, always firmly dedicated to her children and the grocery shop of the family. The comparison with one of the artist's gouaches of the same year illustrates this particular vision of his parents (fig. 10).[33] The image of the disparate couple of the parents who, tellingly, had found each other through the Shadhan, the matchmaker, is transcended by Chagall in *Golgotha* to become a symbol of a contradictory unity which, in the image of the blue child, he seems to be metaphorically referring back to himself.

It has not been mentioned so far that the painting is conceived in strong, iridescent colours – which of course cannot be rendered in the black-and-white illustration – and is made mysteriously translucent by the light of its colours, which in turn makes its figures and landscape seem enchanted. *Golgotha* builds on the contrast of the complementary colours red and green. These, as we know from Henri Matisse, strike the eye "with the effect of a gong." An elaborate vocabulary of geometrical and spheric triangles, circles, segments of circles dissects the painting into a rhythmically moving assembly of transparent fields of colour. Marc Chagall here affiliates with the explorations of colour by his friend and fellow painter Robert Delaunay (1885–1941). The artistic ambition of the latter, whereby pure, autonomous colours combine with the autonomous form so that the rhythmical is wedded to the melodical, has left its mark on the layout of colours in *Golgotha*. The expressionist view, as evidenced by a remark from Jacob Tugendhold on the "fiery-bloody crucifixion"[34], ignores the colouristic conception of the painting. If combined with an iconographic analysis, this conception reaches beyond the artist's formal invention. The complementary unity or "harmony as a reunion of contrasts", as George Seurat once said, is no less apposite for the couple under the cross than for the composition of colours.

Hardly any critical commentary on this painting refrains from quoting Chagall's remark in a conversation with Isaak Kloomok in 1949 that he, Chagall, saw in *Golgotha* his own parents and had used them "as models for the eternal idea of the father and the mother".[35] Though of course not wrong in itself, this phrase remains marginal in any attempt towards a metaphorical interpretation of the mysterious painting. Perhaps the key to a better understanding of the picture must be seen in the idea that he had learned to conceive of himself in this painting in terms of a migrant between East and West, and of his personal and artistic existence in a polar, or, Chassidically speaking, a dialogical situation of the "Me and You", to use Martin Buber's words. Apart from other, not always convincing attempts of establishing his style, and himself as an original artist, in the French capital, the audacity in appropriating the icon tradition of his native Russia – not to mention the traces of his earlier forays into Fauvism or Cubism – led him to venture on a journey which eventually turned out to be irreversible. Chagall thought of his exploration of the Orthodox pictorial material as a rupture when he said, in the same conversation with Kloomok: "When I painted this picture in Paris (i. e. *Golgotha*) I was freeing myself psychologically from the conception of the icon painters and from Russian art generally."[36] It is not that *Golgotha* must necessarily be seen as the artistic culmination of Chagall's encounter with Russian Orthodox art, yet with this painting he made a remarkable contribution to the burgeoning Paris art scene whilst taking a highly individual route as an artist.

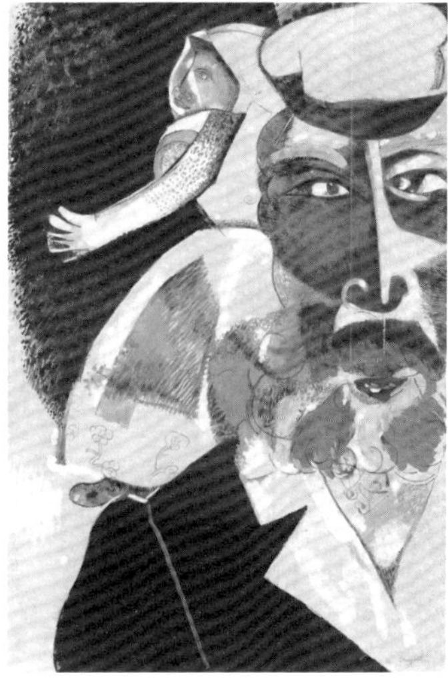

10 M. Chagall *The Parents*, 1912

Dr. Udo Liebelt

1   A first, systematic analysis of the relevant works can be found in the doctoral thesis written by the author of this article: Udo Liebelt, *Marc Chagall und die Kunst der Ikonen. Theologisch-ikonologische Untersuchung des Auftretens russisch-orthodoxer Bildelemente im Frühwerk Marc Chagalls (Marc Chagall and the art of icon painting. Theological-iconological examination of the occurrence of Russian-orthodox pictorial elements in the early work of Marc Chagall)*. Inaugural dissertation, Marburg (undated), 1972.
2   English translation of the lecture held in French as quoted in: R. B. Heywood, *The Works of the Mind*. Chicago and London 1966, p. 22. Cf. Chagall's confession to Jacques Lassaigne: *Mon coeur se calmait avec les icones. (My heart was at ease with the icons.)* In: *Jacques Lassaigne*, Chagall, Paris 1957, pp. 20–22.
3   Edouard Roditi, *Dialogues on Art*. London 1960, p. 24.
4   Marc Chagall, *Crucifixion*, 1908/09, PID/P, lost. Illustration in: Franz Meyer, *Marc*

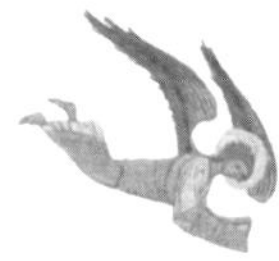

Chagall, Leben und Werk. Cologne, 1961, p. 172.

5   F. Meyer, ibid., p. 91.

6   The Holy Family 1910, O/C 76×63.5 cm. Illustration in: F. Meyer, ibid., p. 75.

7   F. Meyer, ibid., p. 91.

8   Illustration in: F. Meyer, ibid., Picture catalogue No. 130; and: Udo Liebelt, *Marc Chagall und die Kunst der Ikonen. Theologisch-ikonologische Untersuchung des Auftretens russisch-orthodoxer Bildelemente im Frühwerk Marc Chagalls*. Inaugural dissertation, Marburg (undated) 1972, fig. 10.

9   Illustration in: F. Meyer, ibid., p. 89.

10   F. Meyer, ibid., p. 88.

11   Icon by Feofan Grek, late 14th century. Illustration in: Konrad Onasch, *Ikonen*, Gütersloh 1961, plate 14 and p. 349 f.

12   Konrad With, *Marc Chagall*. In: *Die junge Kunst*, No. 35, Leipzig 1923, p. 9; already quoted in: Theodor Däubler, *Marc Chagall*. In: *Jahrbuch der jungen Kunst*, Leipzig 1920, p. 57 f.

13   Lucien Goldmann, *Zu den Bildern Chagalls, Überlegungen eines Soziologen*. In: *Neue Rundschau* 1967, No. 1, p. 66.

14   Cf. Konrad Onasch, *Liturgie und Kunst der Ostkirche in Stichworten, unter Berücksichtigung der Alten Kirche*. Leipzig 1981, pp. 102–104.

15   Cf. Udo Liebelt, *Marc Chagall im Gespräch*, in: *Marc Chagall, Himmel und Erde. Druckgraphik und andere Werke, Verzeichnis der Bestände des Sprengel Museum Hannover*, bearb. und kommentiert von Udo Liebelt. Hannover 1996, p. 276 f.

16   M. Chagall, *Mein Leben*. Stuttgart 1959, p. 86.

17   N. Goncharova, Haymaking 1910, O/C 117.7×98 cm. Illustration in: Camilla Grey, *Die russische Avantgarde der modernen Kunst 1863–1922*, Cologne 1963, plate III. Cf. plate IV, VII and illustrations No. 54, 56 and 66. For Neo-Byzantinism in Russian art before and after the turn of the century see Udo Liebelt, *Marc Chagall und die Kunst der Ikonen*, ibid., pp. 44–50.

18   Cf. K. Onasch, ibid., pp. 141–146.

19   Compare for example Chagall's gouache *Madonna and Child* of 1911 as illustrated in U. Liebelt, *Marc Chagall und die Kunst der Ikonen*, ibid., p. 60 f., and the *Mother of God of Smolensk* from the Vologna school (14th century), illustration in K. Onasch, *Ikonen*, ibid., plate 69.

20   Marc Chagall, *Madonna and Child* 1910 G/cardboard, 24.5×14.7 cm. Illustration in: F. Meyer, ibid., Picture catalogue No. 129; cf. Udo Liebelt, ibid., p. 59.

21   Feofan Grek, *Bogomater Donskaya (Mother of God from the Don)*, late 14th-century icon. Illustration in: K. Onasch, *Ikonen*, ibid., plates 86/87.

22   *Motherhood 1912–13*, PID/P, illustration in: F. Meyer, ibid., p. 208; Russia 1912–13, G/P, 27×18.2 cm, illustration in: F. Meyer, ibid., p. 196.

23   Cf. the Russian icon from Yaroslav, 12th (13th) century, 193×120 cm. In: K. Onasch, Ikonen, ibid., plate 6, p. 345 f.

24   Marc Chagall, *Motherhood (Pregnant Woman)* 1913, O/C 194×115 cm. Illustration in: F. Meyer, ibid., p. 209.

25   L. Venturi, *Marc Chagall, biographisch-kritische Studie*, Genf 1956, p. 38.

26   Illustration in: Udo Liebelt, *Marc Chagall und die Kunst der Ikonen*, ibid., fig. 27 and pp. 78–80.

27   Illustration in: F. Meyer, ibid., p. 155.

28   Marc Chagall, *Golgotha* 1912, O/C 174×191.1 cm. Illustration in: F. Meyer, ibid., p. 175.

29   See for example the *Crucifixion* by Dionisii, late 15th/early 16th century from the Tretyakov Gallery in Moscow. Illustration in: K. Onasch, *Ikonen*, ibid., plate 106.

30   Cf. Isaak Kloomok, *Marc Chagall, His Life and Work*. New York 1951, p. 31.

31   Cf. Herbert Schade, *Die religiöse Welt des Marc Chagall*. In: *Stimmen der Zeit* No. 84/12 (vol. 1964), p. 424 f.

32   F. Meyer, ibid., p. 174.

33   Marc Chagall, *The Parents* 1912, G/P 51×34 cm. Illustration in: F. Meyer, ibid., p. 193.

34   Abraham Efross and Jacob Tugendhold, *Die Kunst Marc Chagalls*. Autorisierte Übersetzung aus dem Russischen von F. Ichak-Rubiner. Potsdam 1921.

35   Cf. I. Kloomok, ibid., p. 31 f.

36   Ibid.

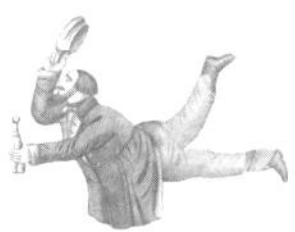

When Chagall Learnt to Fly

An analysis of elements and thematic complexes in Chagall's work

"I felt as if I was rising to heaven through birch trees, snow, billows of smoke, with these fat women, these bearded peasants who were incessantly making the sign of the cross."[1]

M. Chagall

People flying over rooftops; animals and objects hovering side by side and inside each other, piled on top of or buried under one another. Free from their own body weight they are silently floating over roofs, rivers and cities. Again and again Chagall has reiterated these topoi in his oeuvre. His pictorial inventory also includes animals as they appear in fables: the rooster, the goat, the donkey and the fish. Over the many years of his work as a painter, Chagall allowed his own iconographic system to evolve – one that strongly encourages, and builds on, feelings of déjà vu. It is to be found, in quite an exemplary fashion, in his work *Commedia dell'Arte* and in its preliminary sketches. Where does this world of images come from, what are the sources of Chagall's inspirations? (cat. 1)

Commedia dell'Arte, created by Chagall in 1959, was commissioned by Dr. Karl von Rath, head of the city of Frankfurt's culture department, for the foyer of the new theatre building in Frankfurt. The title *Commedia dell'Arte* was chosen by Chagall himself. In conversation with von Rath the artist remarked that the theatre audience were to "discover in the picture an adequate continuation of what they had seen on stage."[2] At first glance the painting, which has been devised as a long format of 2.55 metres in height and 4 metres in width, reveals a panorama-like pictorial layout. As if fixed onto a circular horizon, the benches for the audience encompass an arena which extends – similar to the well-established symbolic vantage point of the army commander in historical painting – into the front plane of the picture.

The organisation of the pictorial space contradicts the clearly defined, closed-off structure of a real circus tent. Though the picture is based on a calculated and well-balanced axial symmetry, space in the sense of academic painting, as a uniform three-dimensional system, has been dissolved. It is composed of a multiplicity of singular points of view, thus showing several different perspectives at once: an artistic concept which resumes the technique used in icon painting.

The world as stage

"All the world's a stage. And all the men and women merely players," as Shakespeare saw it in one of his plays. In Chagall's *Commedia dell'Arte*, too, there is the feeling of looking down upon a stage where everyone and everything has a certain role to play. In the structural centre of the painting, and at the intersection of the diagonals, Chagall has placed a naked, cello-playing female figure with a donkey's head. From down below the gigantic head of a rooster is craned in the direction of the donkey-woman To the right and left acrobats and clowns are milling about while artists swing on an uplifted trapeze. A goat with red-green wings, holding a bouquet of flowers is flying over the heads of the audience. In the arena itself the Vitebsk of Chagall's childhood days is conjured up again; on the left an architectural landscape rises towards the edge of the picture, forming a frame within the frame; on the right Chagall has painted himself as a clown who embraces Vava, or Bella perhaps. Chagall in the limelight. The Pont Neuf of his Paris years separates this scenario from the passive spectators on the grandstand. In the section of the audience on the right, above the arena, Chagall has placed figures with geometrical heads– triangles and diamond shapes. Malevich had painted heads like these. A coincidence, surely? Certainly not.

After Chagall had been appointed commissioner of fine arts for the district of Vitebsk by the Soviet People's Commissar Anatoly Lunacharsky, he founded an art school in Vitebsk. Chagall himself took over the office of director. Malevich was engaged for one of the teaching posts. Soon it emerged that their views on art were incompatible. Malevich was seeking new artistic means of expression corre-

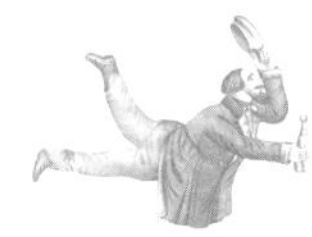

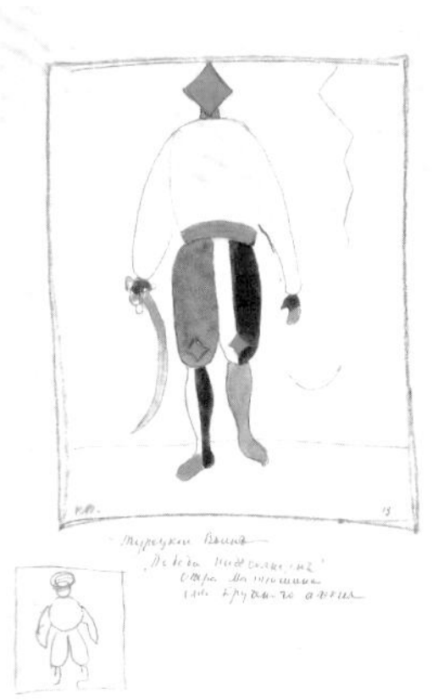

1 K. Malevich *Costume design „Warrior" for the futuristic opera „Victory over the Sun"*, 1913

sponding to the new social system. Truly revolutionary art for him is non-representational. He accuses Chagall of mediocrity, and on several occasions inveighs against him. He takes advantage of one of Chagall's travels abroad to orchestrate a coup against the director and change the Vitebsk institute into a Suprematist academy. Chagall is forced to flee. Malevich takes his place as director.

Now Chagall's geometricalised heads of the audience in the background of the circus are reminiscent of those sketches for costumes and décor developed by Malevich in 1913 for the futuristic opera *Victory over the Sun* in which he had advanced his geometrical vision of the human body (fig. 1). If Chagall cites these figures in his *Commedia dell'Arte*, it can only be meant as a polemic attack against his former rival: Malevich, the onlooker, is allowed to witness with due admiration how Chagall, who has risen to world fame, is basking in the glow of the international art scene.

Dreaming to fly

Although Chagall and Malevich attacked each other at the art school in Vitebsk, they were both sailing – for a time at least – in the wake of the revolutionary movement in the newly founded Soviet Union. The aesthetics of flying, unlike any other metaphor at the time, represented the spirit of a new dawn. Flying symbolised a spiritual renewal and the faith in a world full of justice. Already before the Revolution of October 1917 Chagall had painted aerial men, flying animals and angels, yet afterwards he continued to expatiate upon his theme, notably though without any decline into the sphere of mere technicality. While Malevich proclaimed the "Aero-Suprematism", simplifying aesthetic structures even further and dreaming of new modes of living in space, Chagall seemed to feel at home in his rather hermetically sealed-off world which was founded on elements of Russian fairy tales and above all on Jewish Chassidic mysticism. It is a world where Jewish legends speak of the ascensions of the prophets Enoch, Elijah and Isaiah, where stories are told of Bileam from Mesopotamia who escaped from a besieged town with the help of a flying apparatus, and of Ahikar who had himself built a castle in the sky by pilots flying on eagles' backs. It is a world in which, according to the Chassidic faith, dancing and music are believed to be forms of wor-

ship which help to overcome the separation from God and by which all creatures are tied together, each containing a divine spark of love from the omnipresent God. For Chagall it might still have been a matter of concern that for him as a Jew it was actually forbidden to paint, as stipulated by the second commandment. By letting his figures fly, he was able to circumvent the accusation of idolatry. In Chagall's *Commedia dell'Arte*, too, the joie de vivre and the popular appeal of the Chassidic movement make themselves felt. A popular appeal also in aesthetic terms: for in the representations of his flying figures Chagall has gleaned from what was familiar to everybody in Russia from everyday life, namely the popular Russian broadsheets, the lubki.

There is the lubok motif *Flown out through the Chimney* from the year 1878 for instance, where a man escapes through the chimney of his own house (cat. 5). He is the debtor who must make a silent escape from his creditors, a popular motif on 19th-century lubki. The chimney metaphor is based on an idiomatic expression meaning "to go bust, to go bankrupt". On the lubok print *The Voyage through the Air* (1863) even the reasons for financial ruin are illustrated: here the debtor is presented as a drunkard with a bottle in his hand, next to his wife whose jewellery and lacy underwear must have cost him a fortune, whereas he seems to be a frequenter of wild carousals and card games (cat. 6).

The similarity in composition is particularly noticeable between the lubok *Flown out through the Chimney* and Chagall's graphic works *Self-Portrait with a Woman (The Promenade)* and *With the Torah over the Town* (cat. 2 and 4).[3] In the Chagall as well as in the lubok figures dissociate themselves from their real surroundings and glide off into an imaginary space – an ordering principle to be found also in icons. While harnessing this device, Chagall shifts the foreground, which in academic notions of pictorial space is always in the frontal, lower half of the picture, into the upper half. Conversely, the background has been moved to the fore. Exactly the same pictorial layout can be seen on the lubki with the bankruptcy motif. The aesthetic kinship between the two representations suggests that Chagall was inspired by the lubki to create a new spatial arrangement in his own pictures.

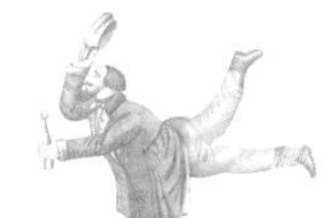

The motif of the rooster
"Love is the colour of my art."[4]																																			Marc Chagall

Even the rooster motif has not been omitted from the *Commedia dell'Arte* painting. Proudly raising its over-dimensional head, facing the viewer, it seems to glide from down below towards the centre of the picture. The rooster – yet another motif that is a recurrent feature of Chagall's work.

The rooster frequently appears in a symbiosis with an amourous couple or a group of mother and child. Occasionally it can be found in a larger group of figures, together with the artist himself or with jugglers, dancers and fishes. Sometimes the rooster takes on the function of a self-sustaining, dominant element in the picture. A large and colourful version was painted by Chagall in his picture *The Rooster Rider* (1929), Thyssen Bornemisza Museum, Madrid (cat. 8). Presented in profile and with a human eye the rooster is mounted, and tenderly embraced, by a boy. The background has been filled in by Chagall with little hovering couples in miniature which heighten the love symbolism. The same motif can be found on an etching from 1950 (fig. 2).

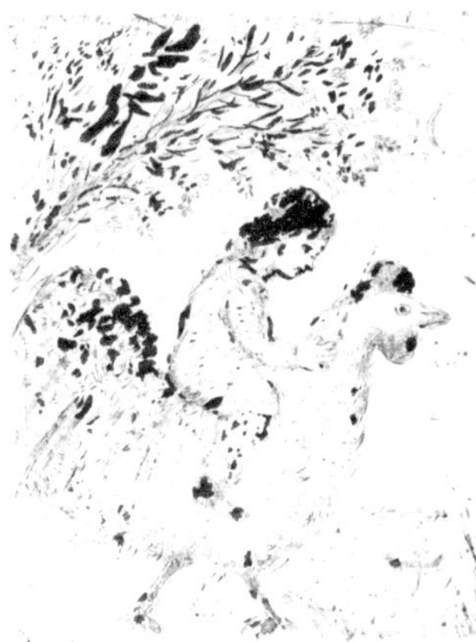

2 M. Chagall *The Rooster Rider*, 1950

The function of the rooster in Chagall's work is a much-debated issue. Sometimes it is an emblem of the Kapparah cock – a widespread custom in eastern Jewish communities which demands that on the eve of Reconciliation day (Yom Kippur) a cock or hen is slaughtered for each member of the family. Then again it is seen as a symbol of strength and erotic appeal.[5] In Russian folklore and popular art the rooster is similarly placed in the context of erotic fantasies. In the lubok print *The Rooster Rider*, late 18th or early 19th century (cat. 7), a cuckolded husband is riding on a rooster in the foreground of the picture while being followed by a whole army of similarly cuckolded riders. Its female counterpoint is the hen rider who, cheated by her unfaithful husband, is sitting astride a hen, being followed this time by a cavalry of female poultry-riders in the background. Printed versions of *The Rooster Rider* were highly popular in Russia.

There may be different sources for the thematic background of Chagall's rooster motif, yet the particular aesthetics of its representation again points to the lubok. The artistic features of both rooster images – Chagall's and that of the Russian lubki – reveal strong parallels: the rooster's head, shown in profile on the lubki and in Chagall's works – as in *Commedia* – has an almond-shaped human eye which suggests a frontal perspective. This addition of two different points of view, one in profile and one en face, and their corresponding perspectives, can be found as a constitutive principle of representation in the lubki as well as in icons. It is an aspect of the reverse perspective.

A similar pictorial concept manifests itself in the lubki prints *The Story of the Rooster and the Cunning Fox* (1852, fig. 3) and *Dear me, a burglar has entered my house* (c. 1830),[6] as well as in Chagall's *Jacob's Fight with the Angel*, *The Rooster and the Crescent Moon* (cat. 9), *Rooster in a Landscape*, *The Accordionist*.[7]

Besides the rooster, the fish must be mentioned as another significant pictorial motif in Chagall's work. "My father's clothes sometimes glistened with the brine of pickled herrings. Then the light cast reflections on them from above or from the sides," Chagall wrote in his autobiography.[8] To the artist the fish seemed precious and meaningful, extraordinary and mystical.[9] It is painted by Chagall independent of its natural element water, as a single figure or as part of a group of figures, for instance in *Commedia dell'Arte, sketch No. 02033.0004*. The fish – a metaphor of childhood? Floating or flying fishes are again to be found in the lubki. Witness the lubok print *Tale of Foma the Fool with the Red Cap* (cat. 13).

Hybrid creatures

The focus of the painting *Commedia dell'Arte* is one of the hybrid creatures characteristic of Chagall, a cello-playing naked woman with a horse's (or donkey's) head. Human figures with animal heads are a recurrent motif of Chagall's work.

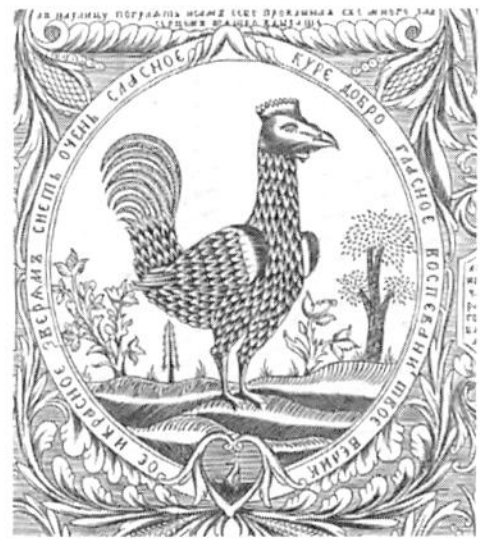

3 *The Story of the Rooster and the Cunning Fox* (detail), 1852

Could it have been the second commandment again which, in-directly, had a constitutive function also for these hybrid creatures? In the 13th century Rabbi Meyer ben Baruch from Rothenburg on the Tauber had forbidden all images of human faces in the synagogue. This is why in some Jewish manuscripts for example the images of Jews were all given birds' heads. In Chagall's pictures there is the occasional bird woman, as in his *Flute player* from the year 1954 – albeit in an inverted form, i. e. with the body of a bird and the head of a woman. Similar representations of bird women can be found in lubki, on painted chests and distaffs as well as on tiles and embroidery. See for example the lubki prints *Sirin the Bird of Paradise* (cat. 41) and *Alkonost*.

Hybrid creatures can also be seen on icons. There is the pictorial representation of St. Christophorus Kynokephalos, whose image is widely known in the east and who also happens to be the protagonist of the western Christophorus legend. This saint has a curiously hybrid figure, with a dog's head in most cases, which is sometimes replaced by the head of a horse or camel. However, there is a greater affiliation of Chagall's hybrid creatures with the lubki representations. Both *The Bear and the Goat* (cat. 45)[10], early 19th century, and *Promenade in the Marienhain* (cat. 11) from the year 1865 are a case in point as they feature bears and goats playing musical instruments.[11] In fact the image of the goat in the lubki closely resembles, in its formal aspect, the phantasmagorical creatures of Chagall. The origins in cultural history of animals with musical instruments lie in the traditional Russian carnival figures of the trained dancing bear and the man dressed up as a goat: in this duo, the bear played the balalaika and the goat on wooden spoons.

The emancipation of colour

Chagall's main interest in structuring his paintings can be traced in exemplary fashion through a comparison of the six works from the

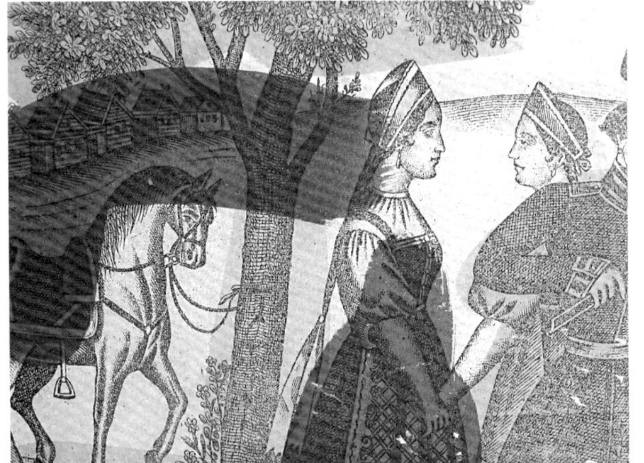

4 *Song* (detail), Russia, 19th century

Frankfurt Opera: the rudimentary narrativity recedes into the background and the details of individual figures gradually disappear from the pictures (cat. 1, 10 and 14–17). Instead, artistic priorities come to the fore.

In the large-sized painting and the sketches Nos. 02033.0002 and 02033.0004 the arrangement of figures and objects exclusively defines the composition: different continuities of time and space, as they can be observed on icons, appear simultaneously in the picture – the closed interior of the circus is opened from below where the moonlight illuminates a Vitebsk architectural landscape from Chagall's early period, while in the sketch No. 02033.0013 the Eiffel tower of his Paris years swings rhythmically.

In the further sketches Nos. 02033.0006 and 02033.0014 there are merely traces of the figures which previously served to define space. Instead the colouring fully emerges. The entire surface of the picture seems to vibrate, dominated by bands of colour and capricious colourful spots. And a closer look at sketch No. 02033.0014 reveals the segmentation of the surface by pencilled lines into geometrical shapes. These rudiments of a geometrical division of the picture permeate Chagall's oeuvre in its entirety. On his gouache (untitled) from his Vitebsk years, which was painted decades before the Commedia sketches[12], the same principle of pictorial layout based on colour can be discerned (cat. 18). The composition is marked by broad stretches of colour, dominated by a brilliant and raw colouring; here, again, colouristic and graphical aspects combine. The individual bands of colour define the composition, while figures and objects retain only their black contours.

The structural, colour-oriented principle has, again, been anticipated by the lubok: its brilliant colouring permits, on a purely artistic level, further comparison with the above-mentioned pictures by Chagall (fig. 4). A detail of the lubok *Pesnya* serves to demonstrate how much the application of colour contributed to its emancipation from form: bright colours applied with a broad and energetic brush overlay the contours, with individual forms being dissolved in the process. As a result, capricious and highly decorative colourful surfaces are created. The brilliance of the lubki palette was intensified by the introduction of aniline colours in Russia in the second half of the 19th century. Crimson became popular as a colour on lubki, and lubok workshops

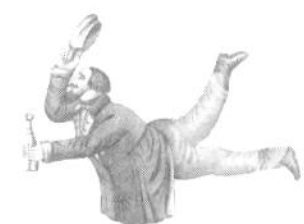

made a conscious effort to use this hue in contrastive combinations with an orange red, raspberry red, rosé and azure to achieve greater intensity in lubok colouring.

That Chagall himself was a colourist rather than a formalist is evidenced by his conversation with Walter Erben, during which he classified his pictures, according to artistic criteria, into "abstract" and "non-abstract" works. "I know only authentic, only good art – and its opposite. Everything else is irrelevant … It is the sculptural values that count, it has taken me forty years to comprehend what that is – when the colours begin to resonate … Yet, matter is the greatest miracle of all …" According to Erben, Chagall then pointed out a tree. "Look, this is what I mean by matter," Chagall continued. "It is blossoming and resonant, it is colour and form and – life! Matter creates life, it radiates life. And then the green – la verdure! This is what one must try to realise in painting. Like matter, colour also has its own life, its secret, its meaning – all this the painter must study, experience, feel …"[13]

The perfume of the homeland

Thematically rooted in Chassidism, Chagall has been inspired aesthetically by Russian folk art as well as by Russian icons. Parallels can thus be observed on both the merely pictorial and on the artistic level: apart from borrowing whole compositions, Chagall has also integrated selected elements from the lubki into his own visual language. The deconstruction of narrative sequence in favour of a conjunction and simultaneity of events in time, which occasions, in turn, the parallel existence of several spatial registers, are characteristic features of Chagall's artistic concept as much as of icons and lubki. The vibrating spots of colour in the lubki provided additional inspiration.

That Chagall's work must be read not only against the background of his Jewish origins but also in the context of Russian culture has already been pointed out by the Jewish art historian Mira Friedmann: "Scholars, whatever their background, see Chagall both as a Jewish and as a French artist. Notwithstanding the strong Slavic emphasis in his works, and the artist's own comments, almost no one has seriously discussed the expression on this Slavic basis in Chagall, nor has it been studied with any thoroughness."[14] And Chagall himself writes, in a similar vein: "That I made cows, maids, roosters and the houses

of the Russian provinces my basic formal inventory can be explained by the fact that they were part of the social milieu into which I was born, and that they have undoubtedly left the most sustained impression in my visual memory. As vivid and varied as a painter's response may be to the atmosphere and influences of his later surroundings, there will always remain a particular essence, a certain aroma of his birthplace in all his works … So I hope to have retained, not only in subject matter, the influences of my childhood."[15]

Dr. Snejanka Dobrianowa-Bauer

1 Marc Chagall, *Mein Leben*, Stuttgart 1959, p …
2 As quoted in: Mitteilung der Stadtverwaltung Frankfurt am Main, No. 48, 1960, p. 516.
3 Chagall's *Self-Portrait with a Woman (The Promenade)*, 1922, included as a supplement in *My Life*, 25.1 x 23.5 cm, Bauhaus Archive Berlin Inventory-No. 65/7; *Chagall With the Torah over the Town*, 1924/25, numbered print from the 1957 edition, Municipal Gallery in the Städelsche Kunstinstitut Frankfurt am Main, Inventory No. SG 3844.
4 Marc Chagall, *The Artist, The Work of the Mind*. The University of Chicago Press, Chicago 1947, p. 79.
5 On the symbolism of the rooster in Chagall cf. Goldmann, Christoph. *Bild-Zeichen bei Marc Chagall*, vol. 1: *Alphabetische Enzyklopädie der Bildzeichen*, Göttingen 1995; Meyer, Franz. *Marc Chagall, Leben und Werk*, 1961, Cologne 1968 (2nd ed.); Forestier, Sylvie. *Marc Chagall: seine Welt, seine Bilder*. Stuttgart/Zurich: Belser, 1988.
6 *The Story of the Rooster and the Cunning Fox* 1852, coloured copper engraving, 55 x 74 cm SHM 66804 I Sch hr 6184; and *Dear me, a burglar has entered my house*, c. 1830, coloured copper engraving, 44.5 x 36 cm, State Historical Museum, Moscow.
7 Lithographs: Jacob's Fight with the Angel, 50 x 70 cm; Rooster in a Landscape (Mourlot 208), in: *Derrière le mirroir*, No. 107–108/1958; The Accordionist (Mourlot 204) in: Jacques Lassaigne. *Chagall*, Paris 1957; *The Rooster and the Crescent Moon*, in: Jacques Lassaigne. *Chagall*, Paris 1957.
8 Cf. Chagall, Marc, *Mein Leben*, Stuttgart 1959, p. 7.
9 Cf. Franz Meyer: *Marc Chagall – Leben und Werk*, Stuttgart 1961, p. 137.
10 *The Bear and the Goat*, first half of the 19th century, coloured copper engraving, 45 x 36 cm, State Historical Museum, Moscow, Inventory No. SHM 45857 I Sch hr 7351.
11 *Promenade in the Marienhain*, 1865, lithograph copy of a copper engraving, 20.2 x 35.5 cm, Inventory No. 33504, Russian National Library, St. Petersburg.
12 Chagall, *Untitled*, c. 1916, gouache on paper, 32.8 x 44.2 cm, private collection.
13 Erben, Walter. *Marc Chagall*. Munich 1957, p. 9.
14 Friedmann, M. *Icon Painting and Russian Popular Art as Sources of Some Works by Chagall: Journal of Jewish Art*, 5/79, pp. 94–107.
15 Erben, Walter. *Marc Chagall*. Munich 1957, p. 126.

I Have No Wings to Fly on. Only in My Art Perhaps.

Examining the late works of Alexei Javlensky

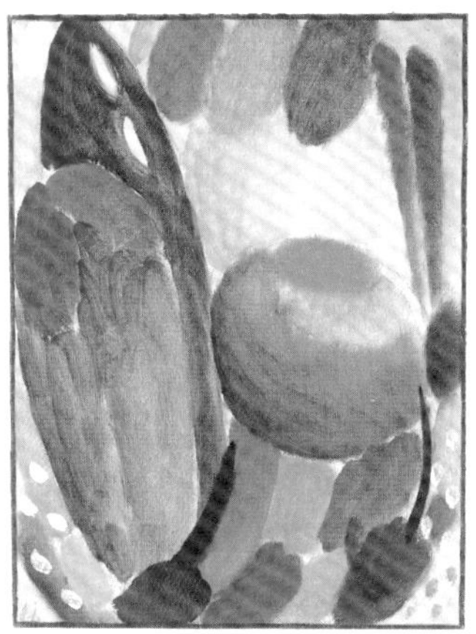

1 A. Javlensky *Variation: Scent and Freshness (Holland) Inv. No. 1040*, 1918

In the Icon Museum of Frankfurt late works by Alexei Javlensky are set against a series of icons. This is a confrontation which will reveal formal as well as spiritual correspondences, unless one wishes to sweepingly reinvent the painter as a creator of modern icons. Like Vassily Kandinsky or Kazimir Malevich and his circle of Russian-based avant-garde artists, Alexei Javlensky had felt the formative influence of icon painting as well as Russian popular art, had been captivated by the simplicity and immediacy of their forms[1] as well as by their uncompromising spiritual content.[2] And to a similar extent Javlensky, who was deeply religious, had been marked by the spiritual world of Orthodoxy which, other than the western world view, is imbued with the holistic principle. What unites icons and the late works by Javlensky is both their symbolic aspect and their referentiality vis à vis an archetype or primordial image.

Yet the works of Alexei Javlensky are testaments of modern art, his late Meditations invite the viewer to participate in an intimate dialogue and are definitely not situated in a liturgical context, whatever its nature may be. Apart from Orthodox thought, moreover, a variety of other influences have been absorbed into Javlensky's work.[3]

Having moved to Munich in 1896, Javlensky was a frequent visitor at the gatherings of *Der Blaue Reiter*. Against the prevalent academic style of the time the avant-garde artists posited the picture as an autonomous creation of colour and surface, i. e. they abandoned the representation of any reality outside the picture as well as the rules of centralised perspective which had been applied since the Renaissance. In the liberation of colour and the simplification of form the artists were trying to reveal, behind the outer shell of the visible world, the essence of things and the principles of nature. This was at a time when ground-breaking scientific discoveries such as Einstein's theory of relativity of 1905 had undermined the belief in the visible world. The aim of art now would be to point out the "spiritual side of nature", according to Franz Marc. Art was to assume an existential role in an ever-changing world. Taking their own call for a far-reaching

revival as a point of departure, artists turned to the middle ages or to the art of the so-called primitive peoples in which they saw an immediate connection to the world. Because the world was conveyed to the individual in fragments only, art for the avant-gardists on the threshold of the 20th century became a vehicle for the projection of a long-lost unity. The almanac *Der Blaue Reiter*, published in 1912, vividly illustrates the efforts of artists in and around the eponymous group, of creating an all-encompassing synthesis of the arts.

At the outbreak of war in 1914 Javlensky had to leave Germany. During his exile in Switzerland, first in St. Prex on Lake Geneva, he painted his *Variations on a Landscape Theme*. Moving on from these Variations, the artist in 1918 found his way back to painting the human head, which became the dominant theme of his later years. From 1917 to 1919 the series of the *Legend of Saints* was created. Subsequently, in 1918, Javlensky painted his first *Abstract Heads* which continued to preoccupy him until 1935.

In 1921 friends – as well as several successful exhibitions – persuaded him to take residence in Wiesbaden, where he lived until his death in 1941. Eight years later, in 1929, the first symptoms of arthritis deformans began to appear, which were to reduce Javlensky's faculties of movement in the years to come. Thematically speaking, Javlensky, as has been mentioned before, had since 1918 focused his interest on the human face. The painting *Primordial Form* of the same year already contains the complete reduction of forms to the basic geometrical shapes. His progressive paralysis forced him, in 1934, to reduce the format of his paintings. By 1938 Javlensky had painted a total of 1,050 *Meditations* on serial media in identical format.

The National Socialists denounced him as one of the "degenerate" artists and forced him into inner emigration – he withdrew into his private life while his works were removed from German collections and museums. This was the second time that he had to submit to the fate of a life in isolation. His illness reinforced the process of an ever-

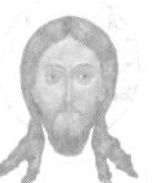

deepening solitude. Under these circumstances the artist immersed himself in a contemplation of the human face, in search of man's nature while also seeking the essence of the picture. The *Meditations* are what he came up with as an answer.

The thematic scope of Javlensky's oeuvre is limited to the landscape, the still life, and the human portrait.[4] From the beginning the artist relinquished all elements of narrative in his paintings and in Russia already his works were notorious for their reduction of detail. On the whole his oeuvre can be read in the light of a process of continuing abstraction.

The year 1914 marked a watershed in the life and work of the artist. Torn away from his familiar surroundings and separated from his well-established social contacts, he found a new challenge in landscape.

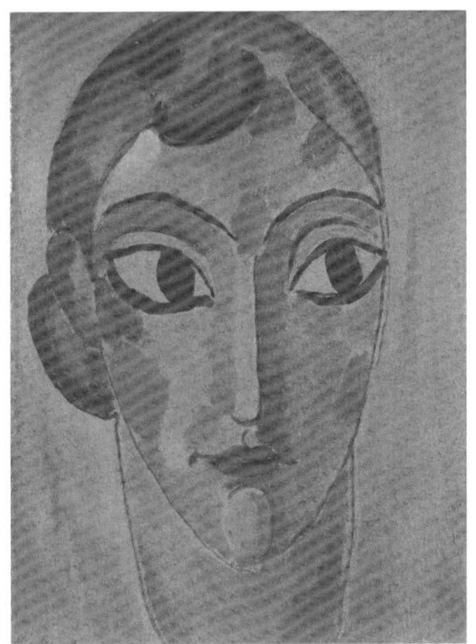

2 A. Javlensky *Mystical Head: Classical Head, 1918 No. 12 Inv. No. 969*

Already before the war – in his portraits of the dancer Alexander Sakharoff, whom he had painted in different costumes – Javlensky had discovered that the human appearance is changeable, and that this outward appearance hides a person's real nature as if behind a mask. In St. Prex he encountered a similar phenomenon in his view from the window of his study, which he registered in a number of pictures. Landscape became like an interlocutor to him, a matrix for the painting in which its changing form and the turbulent emotions of the painter found an echo.

St. Prex also marked the onset of what was from then on to become a hallmark of Javlensky's artistic work: the serial principle.

Variation: Scent and Freshness (fig. 1), which is displayed in the Icon Museum, was created in Ascona in 1918, at a time when Javlensky had long abandoned his window seat in St. Prex. In this work the artist explores, within an unchanging structure, the specific aspects of colour with respect to its spatial, temporal or luminous qualities and independent of natural form. Here the lighter colours on the right create an impression of weightlessness and rising movement, whereas the dark oval shape on the left of the picture conveys heaviness. Dark blotches of colour are scattered all over the composition like punctuation in writing, and serve to anchor the lighter hues. Besides this vertical two-dimensional movement the colours can also be observed to move in space. The blue for instance seems to recede into the depth of the painting while the bold orange red is visually projected to the fore. Moreover, the *Variations* suggest a second level of meaning, where the large oval shape on the left can be read as a phallic form representing the male principle, and the round form on the right as representing the female principle.

This brings us to one of the key words in Javlensky's oeuvre, namely to androgyny. Starting out from the androgynous look of his portraits of the dancer Sakharoff, he developed in his serial paintings androgynous formulae for the human face. Through the synthesis of a certain variety of opposites in his pictures (light and dark, cold and warm colours, or symbols like sun and moon, or the separation of entire segments of the painting into a series of dualities[5]), he eventually arrived at the point where he was approaching again the original meaning of the word, which denotes a longing for an archaic unity: the symbiosis of man (andros) and woman (gynaikon). This idea can be found in many cultures and civilisations, as a theme in Plato for example, or in the Chinese thought of Yin and Yang, but also in the Christian tradition.

The two works *Mystical Head: Classical Head, 1918* (fig. 2) and *Saviour's Face: Death II*, c. 1919 (fig. 3) follow on from the *Variations* in terms of colour and form. Both are characterised by a thin application of colour, creating a translucent varnish effect, and by free-floating colourful spots which have been placed onto the faces spontaneously and without reference to the real world outside the picture.[6] Whereas the *Mystical Head* is still noticeably oriented towards the natural form (note the minutely rendered mouth, the chin or the hairline), the *Saviour's Face* is marked by a considerably more extensive stylisation. The mouth for instance has been composed of merely a few vertical strokes of the brush; a few dark lines to the right and left of the head and on the front can still be interpreted to represent hair, yet these have as-

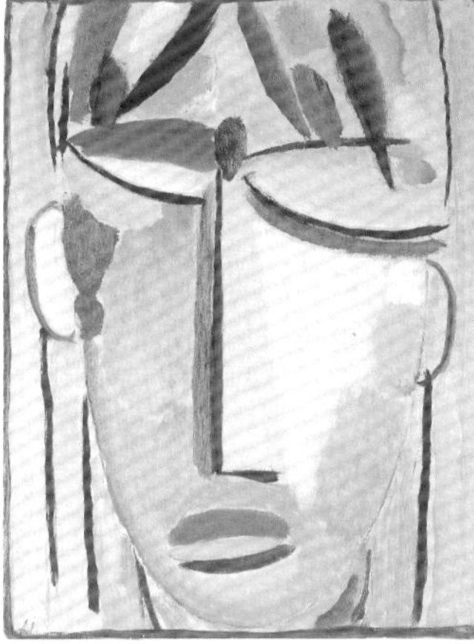

3 A. Javlensky *Saviour's Face: The Death II Inv. No. 1077*, 1919

sumed more of an intrinsic value in and for the composition as a whole. The shape of the nose is characterised already by the linear, L-shaped structure of the later abstract heads. Similarly, the lines of the eyes anticipate forms which evolved much later. The open eyes of the *Mystical Head* have been turned simply into slightly slanted brushstrokes evoking the pattern of closed eyelids. The look of the figures has been transformed into an inward gaze. Whereas Javlensky had often neglected or failed to paint the background of his earlier heads, which had had the effect of placing more emphasis on the head as such, here the figure is

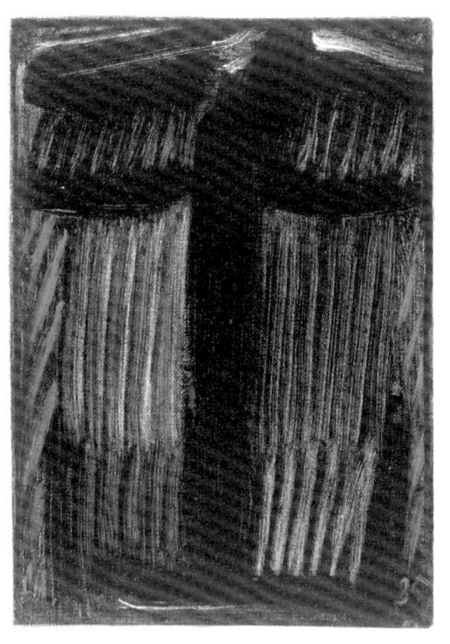

4 A. Javlensky *Meditation, September 1935 No. 1*

ostensibly embedded in colourful surfaces which are balanced off against each other. Which is to say that the artist here and in his following works shifts his priorities further onto the picture as a whole and away from the figure and its surrounding space which are both left to blend into each other.

In contemplating his *Meditation*, 1935 (fig. 4) we have made a leap in time to exclude the series of *Abstract Heads* which is not represented in this exhibition and in which the painter had developed a serial formula for heads with a mask-like character.

The scarcely more than postcard-sized *Meditations* are subject to a stereotyped pictorial pattern: framed in a vertical format, the pictorial space is subdivided vertically and horizontally into four sections of colour which are all marked by a slightly diagonal outline. The *Meditation*, 1935 which is displayed here seems almost monochrome and comprises no more than the colours red, blue and black and their combinations. The separate strokes of the bristle brush are clearly discernible, with the hatchings allowing the lighter ground of the canvas to show through in parts. Here and there, again, Javlensky has removed some of the paint with a dry brush, which served to heighten the effect. The painting seems to glow from deep within.[7] The artist has imposed a grid of dark lines onto the colourful surface, which resembles the mullion and transom of a window, or a Greek cross.

In these paintings Javlensky has found the shortest possible formula for the human face. A pictorial template bordering on complete abstraction which, instead of crossing this border, insists on the human physiognomy as being identifiable.

The word 'physiognomy' is a combination of 'physis' (Greek for nature) and 'gnome' (knowledge, recognition) and refers to the characteristic appearance of a man or woman. The face mediates – metaphorically speaking – between the outer and inner worlds.[8] Thus we attempt to 'read', in the face of the person we have met, their emotional response, for example by looking in their eyes. Correspondingly, the face has the function of a window. If seen against Javlensky's profound religiosity, the idea of man as an image of God assumes a heightened significance. Witness the writings of Nicholas of Kues who in the 15th century, in his *De visione Dei*, described God's countenance as absolute form, as truth and archetype of all faces. And Alexei Javlensky said, in a similar vein: "The face is not just a face, for me it is the entire cosmos."[9]

The face, man's real nature, one might say, is revealed to Javlensky in the interaction of immutable signs – as part of a formal structure – and a wealth of emotional values which in his paintings come to be represented by colour. The painter thus follows a profoundly anthropological image of man as a unity of body and spirit.

This insight perhaps, which has already been mentioned, yields one of the strongest links between icons and Javlensky's works. If icon painters found a formula for the reality of the divine primordial image, then Javlensky in his *Meditations* finds a formula for the reality of man. He combines his approach towards human identity with the striving of the artist towards the creation of the picture and its unity. The continuous merging of the head motif and the background which can be observed in his works, and the bracing of object and pictorial space come to an end in the *Meditations*: the surface of the painting, the motif and its surroundings are one and the same, the unity sought by the painter has been achieved.

The serial principle, by which the invariable matrix of the picture as combined with the multiplicity of colourful (emotional) appearances presents itself as the true image of man, is the adequate opportunity, ultimately, for Javlensky to redeem his holistic world view. Paradoxically, this is also where the greatest dissonance can be perceived in the

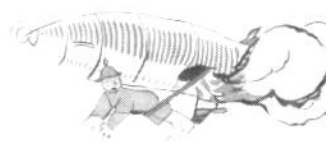

references to the iconography of St. George. The vaulted form which has been chosen for the poster also serves to reinforce the religious reference. Both generic types – the image of the commander and that of St. George, however different they may be – are based on the same pictorial message: the fight against and triumphant victory over the enemy, or, ultimately, over evil and sin. Seen in the light of agitation art and its principles, both pictorial paradigms turn out to be perfect artistic patterns for the fight against the class enemy.

Many agit-prop posters include binary oppositions inherent in the lubok, like the antithesis of good and evil, or foul and fair. The pic-

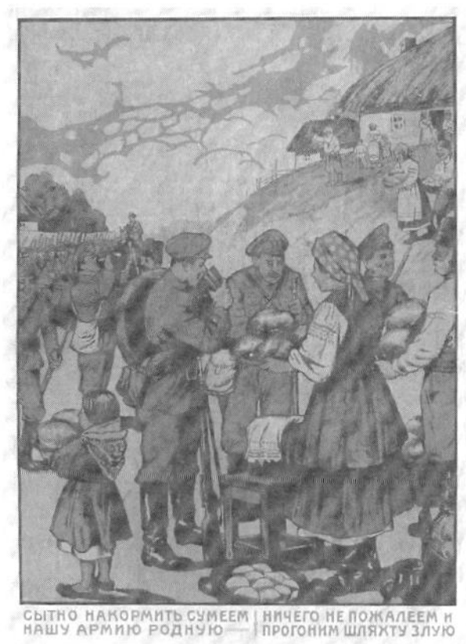

7 *Propaganda poster "If We Provide Enough Food for Our Patriotic Army…"*, 1917

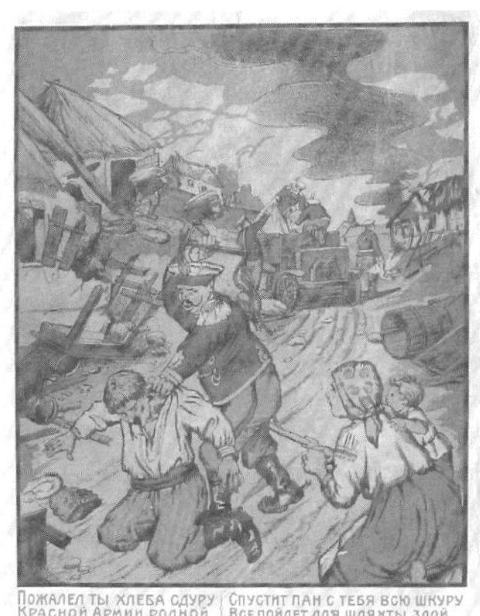

8 *Propaganda poster "But If We Do Not Provide Enough Food for Our Patriotic Army…"*, 1917

torial patterns were thus defined each by a pair of antipodean figures: worker and peasant, Red Army soldier and bourgeois. This dual principle has a structural effect and divides the composition into two different parts, corresponding to its content. This can be seen in the lubok of *The Seven Deadly Sins* (fig. 5) and on the poster *Cossack, whose side are you on?* (fig. 6). From this principle may also evolve two separate posters, complementing each other as a pair and devised as counterparts, like the two posters *If we provide enough food for our patriotic army…* and *But if we do not provide enough food for our patriotic army…* (fig. 7 and 8).

This dual principle may also be extended to include the colouring. Witness the lubok entitled *The Seven Deadly Sins* which is based on the two complementary colours red and green, while among the pos-

ters red-black and red-green seem to be the predominant combinations. These few examples may suffice to point out that, again, there are strong parallels between the political poster and the pictorial concepts of the icon as well as the lubok.

ROSTA windows

Among the posters the ROSTA windows, which emerged in 1919, are in a class of their own. This type of poster had a special function in the agitation against the class enemy. The term ROSTA is an acronym of the Russian state-owned news agency Rossiyskoe telegrafnoe agenstvo, which was founded on 7 September 1918. Apart from the transmission of news and a restructuring of the press, this news agency had also been given the task of advertising the new Soviet power. So leaflets were handed out, agitation trains went up and down the country, campaigns for the Communist government were broadcast via loudspeakers. And, in the empty windows of many shops, wall news sheets in large format were put up – which later developed into the ROSTA windows. The primarily visual, laconic pictorial concept – clear, compact forms reduced to a minimum, bright local colours and concise textual explanations – are indicative of the close affiliation with the pictorial paradigm of the lubok. The concise sign language, often reduced to graphic symbols for the nations at war, allows for comparisons with the lubok: thus in Vladimir Lebedev's ROSTA window *Worker control: worker sweeping the criminal elements out of the republic* (cat. 115) a worker uses a broom to chase the representatives of the high bourgeoisie off the scene, while in *The Red Spectre of Communism is Haunting Europe* of 1922 the marching workers are shooing away the barrel-shaped figures of the class enemy in all sorts of directions, as if they were chicken (cat. 114). The monumental worker figure is faced with the diminutive figures of the enemy; its clarity and compactness of form is contrasted with the minuscule, over-structured shapes; and the upright, purposeful attitude with the stumbling and rollicking tubby manikins. Further parallels to the lubok may be discerned in the saturated palette, the sweeping way of painting colours onto large surfaces, in the diagonally structured composition, and its grotesque figures which seem to float against a neutral background, disassociated from time and space. The dispro-

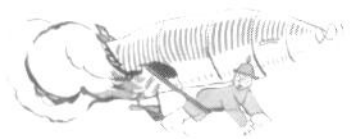

portional relations of size between the central and satellite figures have been borrowed from the pictorial concept of the icon and can also be found in the lubok.

Alexander V. Shevchenko (1883–1948) painted his picture *Woman handing out leaflets* around 1926 (cat. 117). The figure of the woman is firmly anchored to the ground. She is presented in three-quarter profile, turning to the right while her head, again in three-quarter profile, is turned to the left. She is holding leaflets in both hands. Her monumental figure is placed against the half-circle of a hill. The background is marked by an architectural landscape where factory buildings impose a grid of horizontal and vertical lines and the smokestacks on the factory roofs spell out the new rhythm of the socialist working week. The figure of the woman blends into the foreground to form a pyramidal composition which suggests monumental stature. The forms are laid out in the manner of Cubism. The way volume is structured with a spot-like application of colour and a hatching linear movement of the brush refers back to Cezanne.

The woman figure in its compositorial aspect resembles icons of the Virgin where she embraces the infant Christ. Instead of a child, however, the worker is holding the leaflets. The Virgin carries the Saviour, the word of God made flesh – the working woman embraces the leaflets which proclaim Communist salvation. The omophorion of the Virgin has been replaced by a simple headscarf. The representations of the heads both show a clear and compact form.

This picture highlights Shevchenko's theoretical thoughts, published in 1913, on the uses of art, which he saw as a synthesis of the pictorial concepts ranging from Cezanne to Cubism on the one hand, and those of the icon and Russian popular art on the other.[1]

That this synthesis can be stretched even further is illustrated by a small stamp which was issued in the 1920s. Special issues of stamps like these were used to raise funds for costly, large-scale projects – the construction of river dams, public buildings and aircrafts. On one of these stamps Trotsky is depicted in the costume of a peasant, reaching into the pocket of his apron for the seeds he is about to scatter in the field. From the sprouting seeds on the ground emerge small aeroplanes which seem to grow swiftly. In the background the first of them have already taken off to claim the skies. The pictorial layout seems to have been chosen quite deliberately, the composition being

reminiscent of Millet's and Van Gogh's motif of the sowing peasant, yet also paralleling the humourous narrative pictorial language of the lubok (fig. 9).

Dr. Snejanka Dobrianowa-Bauer

1   Cf. Shevchenko, Alexander. *Ego teoriya, ego vosmoshnosti, ego dostisheniya (Neo-primitivism. Its theory, its potential, its achievements)*, Moscow 1913. Quoted in: Krieger, Verena. *Von der Ikone zur Utopie: Kunstkonzepte der russischen Avantgarde.* Cologne/Weimar/Vienna, 1998, pp. 139–141.

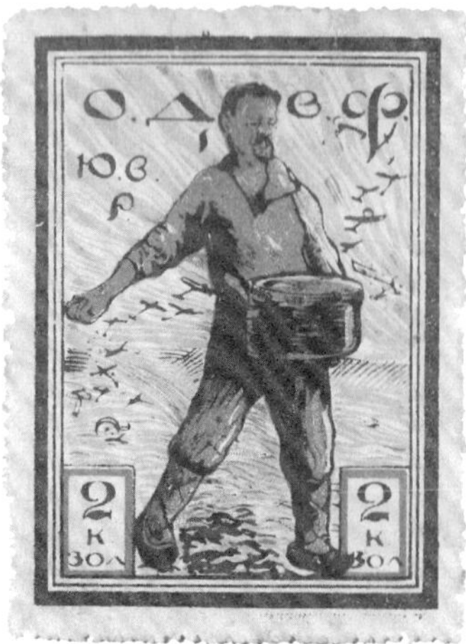

9 Postage stamp special issue *Trotsky Sowing Aeroplanes*, 1920s

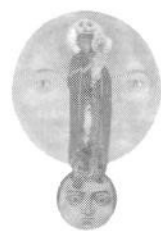

Iconic Means of Representation in Avant-Garde Art – An Overview

The artists of the Russian avant-garde were fascinated by Old Russian icon painting. For them the icon seemed a counterpoint to the naturalism of western 18th and 19th-century art, which they despised, and offered in its supposedly "primitive" style a stimulus for a radically new modern art. Some avant-garde artists, such as Vladimir Tatlin, Pavel Filonov and Vassily Chekrygin, had been trained in traditional icon painting, others like Alexander Shevchenko, Vladimir Markov and Lev Shegin systematically analysed its specific techniques and thus laid the foundation for the art historians' research into icons. Yet their interest was by no means exclusively theoretical: many of the avant-garde artists deliberately continued the tradition of icon painting in their own art – whether by resuming certain pictorial methods of icon painting (similar to Picasso using the visual language of African sculpture) or by hoping to re-awaken the spiritual power of icons in their own works. In this way multifarious forms in the adaptation of iconic pictorial techniques emerged which have one thing in common: they never figure as mere restorations of the Orthodox devotional images; they always are creative reformulations. Not always can the relations between icon and modern artwork be readily inferred at first glance – and this is true above all for western viewers who are less familiar with the special characteristics of iconic art. In order to train the eye to register these affinities, a few examples – preferably works which can be seen in the exhibition – will serve to point out the most important characteristics of icons and their re-working in Russian avant-garde art.

Figuration instead of representation

A principal observation is that an icon is not a picture in the sense in which it has been familiar to us in the west since the Renaissance. The icon does not represent a framed section of the real world, it does not refer to the exterior reality in which we live, nor duplicates this reality. Instead, the icon represents a higher level of reality. Not only does it refer, as an image, to divine reality, it embodies this reality – as Jesus Christ incarnated the divine principle on earth. This is particularly relevant in the case of the mandylion, a type of icon which according to legend was "not painted by human hands", not man-made, but originated from an imprint of Christ's countenance (cat. 29). Since in Orthodox theology the likeness of the original is transferred onto the substance, Christ himself, as if by magic, is present in the mandylion.

This iconic character, which is so fundamentally different from the western pictorial concept, was endlessly fascinating to the avant-garde artists: they wanted their own works, similarly, to be reality itself instead of merely representing the real world. So Malevich's Suprematist paintings, as for example his *lying black rectangle* (cat. 30), cannot be seen merely as a formal experiment; together they constitute the projection of an ideal world superior to the existing world which we inhabit. The oblong shape is reminiscent of the rectangle carved into the wooden panel of the icon. It contains the ideality of the latter in a purified form where all elements of naturalism have been discarded.

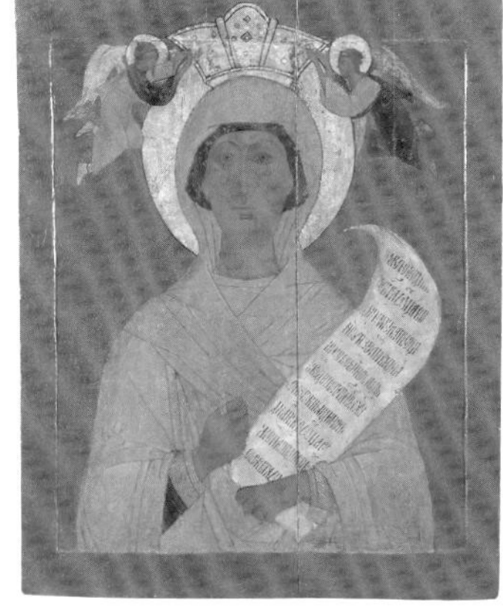

1 *St. Paraskeva*, Novgorod, 16th century

Frontality and two-dimensional layout

The most important means of authenticating the "surreal" character of the icon is its renunciation of the foreshortening effect of centralised perspective and, concomitantly, of the illusion of spatial depth. Medieval icons are marked primarily by a two-dimensional layout. The saints appear in hieratic frontality. Their bodies have no volume. Eyes, nose and mouth are painted onto the facial segment in a stylised way (fig. 1: *St. Paraskeva*, Novgorod, 16th century). It is as late as the 17th century that the first hints of bodily shapes begin to appear in icon painting through western influences, which can be discerned in the icons shown in this exhibition. Javlensky has borrowed the harsh frontality and two-dimensional layout of his countless

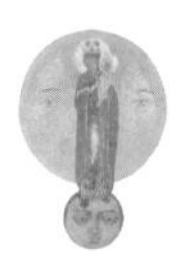

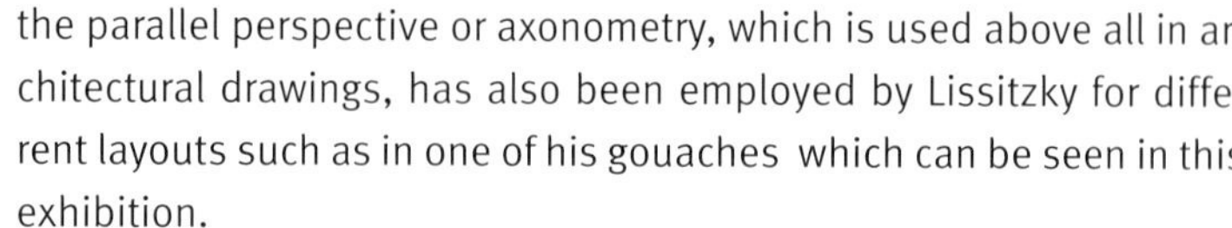

"faces" from icons and coptic portraits of mummies, such as in the work *Meditation* (cat. 32). Eyes and mouth seem sketchy and emblematic, and the face is of a general type rather than individual. Thus it obtains the character of a "meta-individual" truth.

Reversal of perspective

Where icons depict buildings or landscapes in the background, these have been organised spatially according to the principle of reverse perspective: unlike the effect of centralised perspective, objects are not foreshortened towards an imaginary vanishing point on the horizon – quite the opposite: they are foreshortened towards the spectator in front of the painting. Which is to say that medieval icon painters were by no means incapable of rendering spatial depth, as one had surmised until the early 20th century. They simply applied a different technique of representing space. Instead of being structured towards the focus of the viewer, the icon is organised towards an imaginary focus which is placed outside the painting and onto the viewer. In other words: the spatial organisation of the icon ensues from a divine rather than a human perspective. Since the 17th century the iconic perspective has been combined with the centralised perspective imported from the west. This perspectival mixture becomes palpably clear for example in the icon of the *Trinity* (cat. 20) where pedestal and table are tapered towards the front in accordance with reverse perspective, while the diagonal form of the back edges of the table suggests a foreshortening typical of the centralised perspective.

The artists of the Russian avant-garde opposed the centralised perspective as well as any other kind of naturalism, partly replacing it by exclusively two-dimensional motifs, as Lyubov Popova did in her *Painterly Architectonics* (cat. 97), partly through using reverse perspective, like Pavel Filonov in the cityscape of his watercolour *Man and Woman* (fig. 2), and partly through alternative forms of spatial organisation. Particularly innovative in this context is El Lissitzky who, though of Jewish descent, had thoroughly studied Byzantine art, and through the dissection of the spatial concepts of east and west had developed his *Prouns* (cat. 61): spatial objects which are neither foreshortened towards the front nor towards the back and thus seem to be suspended in mid-air. This particular perspectival technique,

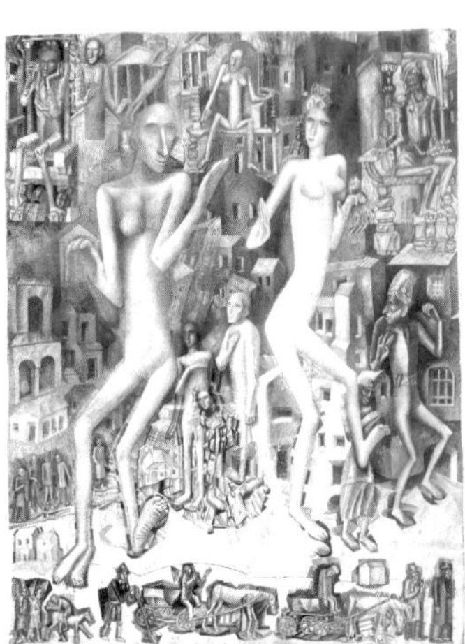

2 P. Filonov *Man and Woman,* 1912

the parallel perspective or axonometry, which is used above all in architectural drawings, has also been employed by Lissitzky for different layouts such as in one of his gouaches which can be seen in this exhibition.

The exclusion of time from the picture

Other than in the western pictorial tradition since the Renaissance, the icon does not tell a story, nor does it represent a specific moment or sequence of moments within an ongoing continuum of time. The icon is oblivious of secular time and instead epitomizes a timeless, eternally valid and divine truth. This is true even where a supposedly historical event has been portrayed, as for example Abraham visited by the three angels at Mamre. This motif, which is among the most important in iconic art, does obviously not have a narrative but rather a purely symbolic character: it reveals to the faithful the mystery of the Trinity. Most of the icons do not even seem to depict a scene; instead they make the sacred immediately accessible to the human eye: thus for example the Mother of God and Saviour with sun and moon as images of salvation in its cosmic dimension (cat. 53).

A meta-historical truth is likewise claimed by the non-representational creations of the Russian avant-gardists. In the first years following the Russian revolution of 1917 they occasionally combined the pictorial language of Suprematism, its geometrical shapes and brilliant colours with the political issues of the revolution and the newly created Soviet institutions. A case in point is Ivan Kudriashevs draft for a theater (cat. 110), in which the red square which is balanced on a tip symbolizes the ideal new society.

Luminosity and billboard effect

In old Russian icons there is no source of light from the ordinary world, no atmosphere and no colour relations among the various objects in the painting, neither as light and shadow nor as a gradation or melange of colours. Bright and shining colours – red, yellow ochre, cobalt blue, emerald green, black and white and, occasionally, pink madder varnish – are applied onto the surface in their pure and undiluted form (in "polychrome"), thereby creating an impression of a

billboard or poster, what by Konrad Onasch has been termed the "billboard effect". Bearing this in mind, it is worth noting that the painted objects have symbolic rather than natural colours: the red garment of Christ in versions of the *Anastasis* (Christ's descent into hell following his resurrection) (fig. 3) symbolizes his death as a martyr and the blood he has spilt for the salvation of mankind. The golden background of the icons represents divine light and thus an other-worldly sphere in which the painted figures of saints abide.

More than any other pictorial technique of the icon the anti-naturalist application of brilliant colours which are not mixed or toned down has been transferred onto the lubok. A technical aspect must be taken into account, for the black-and-white prints are coloured by hand, the coloured spaces being blotched roughly onto the surface side by side, which lends the illustrated scenes an unreal atmosphere (Cf. cat. 25 – Peter the Great and Katharine). It is precisely because of their colourful effect that the lubki served as a model for the avant-garde artists. They went on to radicalise the dissociation of colour from its object reference as prefigured by icon and lubok, and made colour a pictorial object in its own right – like Ivan Klyun in his *Seven Suprematist Studies of Form and Colour*. Conspicuously, the "classic" icon colours – red, yellow ochre and black – occur most frequently.

Geometrical schematism

The compositional rigidity of icons and the perpetual reiteration of prearranged forms and types result above all from the fact that all these are based on geometrical schemes. This applies for example to the structure of head and halo of the saintly figures, as in the case of the *Mother of God* by Vladimir (cat. 34) with its series of circles within circles, but also to the construction of complex allegorical figures like the *Mother of God of the Non-burning Bush* (cat. 50). In both cases the composition was drafted with a pair of compasses, with the individual objective elements – Mother of God, angels, saints – being subsequently inserted into the new abstract meta-structure. The composition in its entirety has a highly complex allegorical meaning. The icon's geometrical schematism is therefore inextricably bound up with its symbolic nature.

In the works of the Russian avant-garde we often find a similar-

ly abstract schematism. So we have little difficulty in recognising the iconic heritage in the posture of the inclined head as much as in the geometricalising reduction of Petrov-Vodkin's *Madonna*. Constructed in a similar, geometricalising fashion were the figures designed by Ivan Puni, Alexandra Exter and other artists for the Russian Ballet (Cf. p. 82 f. fig. 9 and 10). Yet non-representational compositions like Ilya Chashnik's *Suprematist Cross* or El Lissitzky's draft for a monument to Rosa Luxemburg (cat. 51) may also figure in this context. There is an indisputable similarity between these centralising figurations and the icon of the non-burning thornbush or the icon of the all-seeing eye of God (cat. 50 and 52). Naturally these modern works have been emptied of any traditional meaning. But as in icons their abstract fundamental structure serves to express an ideality.

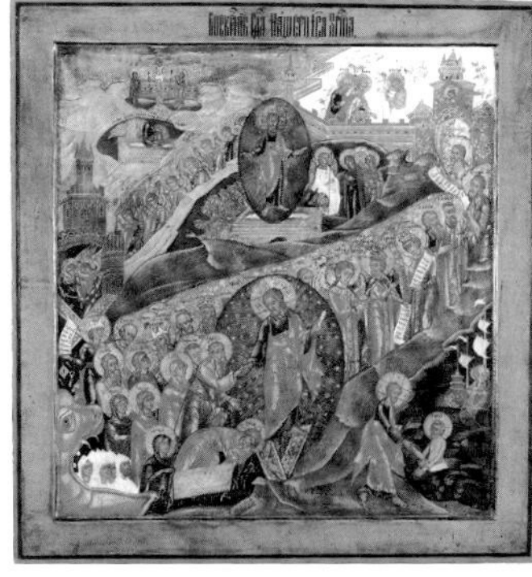

3 *Anastasis* Russia, 18th century

Material

Among the particular characteristics of the icon as opposed to the western panel painting is its striking richness in hand-crafted materials. Even the icon itself is assembled from a wealth of different materials: first the wooden panel which is manufactured in a complicated process, then covered with several layers of ground or primer and coated with a varnish for its corpus until eventually countless layers of tempera colours are applied onto the panel for the painting as such. Onto the finished picture there will often be placed a richly decorated gold or silver sheet (oklad), which may also be studded with precious stones. An exquisite example is the *Mother of God Hodegetria* commissioned by Fabergé, with its enamel oklad (cat. 75). Otherwise, icons are decorated with bouquets of flowers and covered in fabrics. The luxury and richness of material implicated in the decorative process is beyond imagination.

The artists of the avant-garde were much enthused by the wide variety of materials, as they were similarly interested in integrating into their own works of art the greatest possible variety of materials which had previously been frowned upon as being "unworthy", and in harnessing their specific evocations. The most eminent representative of this kind of material art was Vladimir Tatlin. Inspired by icons as much as by Picasso, he created relief-like and soon also sculptural constructions in using wire, porcelain, various metals, colours,

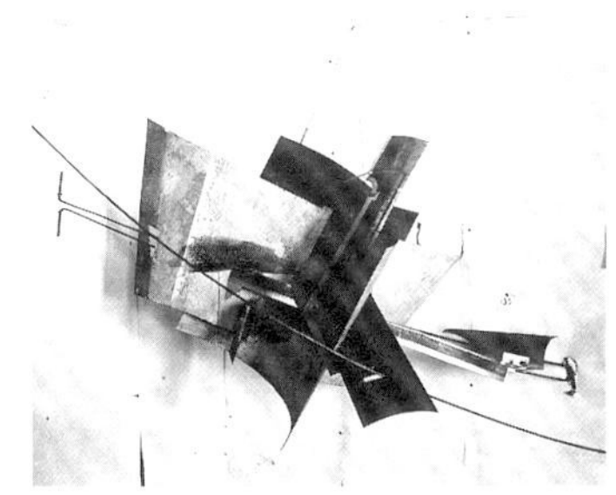

4 V. Tatlin *Counter-Relief* 1916

wood and other materials. These *Counter-Reliefs* (cf. fig. 4), as Tatlin was wont to call them, were seen by him as a contribution to the development of a completely new "material culture". According to Tatlin the creative endeavour of the artist consists in evolving the potential inherent in the material. This requires a particular sensitivity for different kinds of material, as well as great skills as a craftsman. Tatlin, who had been working as an icon painter for years, had both.

While the material in icons, however, is an element of their symbolism, i.e. constituting its renunciation of illusionistic effects and naturalistic representation, materials in Tatlin's art and that of his disciples has taken on a value all of its own. The "material culture" of the icon lives on in the counter-reliefs, albeit in a secularised version. This example reveals the limitations of a comparison between iconic art and the Russian avant-garde. Early 20th-century artists certainly appreciated icons and borrowed their pictorial techniques, yet they were far from re-creating a new form of icon painting. Even if there were many differences, competition and contradictions among them – such as between Kandinsky's spiritual approach, Malevich's posing as a demiurg, and Tatlin's organic material aestheticism – there is still some common ground: they all considered themselves as unreservedly modern artists.

Dr. Verena Krieger

1
Marc Chagall
Commedia dell'Arte, 1958
Oil on canvas, 255 x 400 cm
Inv. No. 02025
Adolf und Luisa Haeuser-Stiftung für
Kunst und Kulturpflege, Frankfurt am
Main

2
Marc Chagall
Self-Portrait with a Woman (Promenade),
1922
Etching and dry-point engraving on
hand-made paper
17.3 x 14.5 cm
Inv. No. 65/7
Bauhaus Archives Berlin

3
Marc Chagall
At the Easel, 1922
No. 18 from the series *My Life*
Etching and dry-point engraving
36.5 x 53.5 cm
Inv. No. SG 3869
Städtische Galerie im Städelschen
Kunstinstitut Frankfurt am Main

4
Marc Chagall
With the Torah over the Town, 1924/25
Etching
Print, edition number of 1957
36.5 x 53 cm
Inv. No. SG 3844
Städtische Galerie im Städelschen
Kunstinstitut Frankfurt am Main

5
Flying out of the Chimney, 1872
Lithograph, coloured
34.8 x 44.1 cm
Inv. No. GIM 46860 I Sh hr 6814
State Historical Museum Moscow

6
Voyage through the Air, 1863
Lithograph, coloured
44 x 35 cm
Inv. No. GIM 42949 I Sh hr 6957
State Historical Museum Moscow

7
Rooster Rider, late 18th/early 19th
century
Copper engraving, coloured
33.2 x 30.2 cm
Inv. No. E Pog L/3-209
National Library St. Petersburg

8
Marc Chagall
The Rooster
1929
Oil on canvas
81 x 65 cm
Museo Thyssen-Bornemysza Madrid

9
Marc Chagall
The Rooster and the Crescent Moon
Mourlot 193, Charles Lassaigne.
Colour lithograph
Inv. No. C-346.2 (Bolz Collection)
Kupferstichkabinett, State Museums
Berlin, Prussian Cultural Heritage

10
Marc Chagall
Sketch for Commedia dell'Arte, 1958
Inv. No. 02033.0013
Pastel and pencil on paper
34 x 53.5 cm
Adolf und Luisa Haeuser-Stiftung für
Kunst und Kulturpflege, Frankfurt am
Main

11
*In the Forest of Mariyna (V Marijna
Rostcha)*, 1865
Lithograph replica of a copper plate
20.2 x 35.6 cm
Inv. No. 33504
National Library St. Petersburg

12
Tale of the Rooster and the Cunning Fox,
1852
Copper engraving, coloured
55 x 74 cm
Inv. No. GIM 66804 Sh hr 6184
State Historical Museum Moscow

13
Tale of Emelya the Fool with the Red Cap,
1881
Lithograph, coloured
36 x 46 cm
Inv. No. GIM 47219 I Sh hr 6043
State Historical Museum Moscow

14
Marc Chagall
Sketch for Commedia dell'Arte, 1958
Inv. No. 02033.0004
Indian ink and gouache on paper
44.5 x 76.3 cm
Adolf und Luisa Haeuser-Stiftung für
Kunst und Kulturpflege, Frankfurt am
Main

15
Marc Chagall
Sketch for Commedia dell'Arte, 1958
Inv. No. 02033.0006
Pastel and Indian ink on paper
25.6 x 41.5 cm
Adolf und Luisa Haeuser-Stiftung für
Kunst und Kulturpflege, Frankfurt am
Main

16
Marc Chagall
Sketch for Commedia dell'Arte, 1958
Inv. No. 02033.0014
Indian ink, crayon and gouache on
paper
25 x 42.2 cm
Adolf und Luisa Haeuser-Stiftung für
Kunst und Kulturpflege, Frankfurt am
Main

17
Marc Chagall
Sketch for Commedia dell'Arte, 1958
Inv. No. 02033.0002
Oil on paper
50.5 x 76 cm
Adolf und Luisa Haeuser-Stiftung für
Kunst und Kulturpflege, Frankfurt am
Main

18
Marc Chagall
Untitled (My Dream), c. 1918
Gouache on paper
44.2 x 32.8 cm
Private collection

19
*Moscow Characters: Sbiten Vendor and
Peddler (Sbitenchik and Chodebchik)*,
1858
Lithograph
51.5 x 42 cm
Inv. No. GIM 16116 I Sh 26469
State Historical Museum Moscow

20
Trinity
Russia, 17th century
Egg tempera on wood
55.3 x 52.3 cm
Private collection

21
Old Testament Trinity, 1830s
Copper engraving, coloured
45.2 x 36.5 cm
Inv. No. GIM 45857 I sh hr 12689
State Historical Museum Moscow

22
*Dormition of the Mother of God –
Koimesis*
Russia, 18th century
Gilt metal
43 x 39 cm
Inv. No. I 94
Icon Museum Frankfurt am Main

23
Dormition of the Mother of God, 1873
Lithograph, coloured
44.5 x 36.3 cm
Inv. No. GIM 46860 I sh hr 9143
State Historical Museum Moscow

24
*Dormition of the Mother of God –
Koimesis*
Russia, 19th century
Bronze, enamel
28.5 x 24 cm
Inv. No. I 880
Icon Museum Frankfurt am Main

25
*Tsar Peter the Great Being Introduced to
Katharine by Count Menshikov*, 1870s
Lithograph, coloured
37.5 x 33.7 cm
Inv. No. GIM 61877 I Sh Hr 8309
State Historical Museum Moscow

26
A Lonely Lime Tree Stood in the Open Field
Adapted from a folk song, 1875
Lithograph, coloured
35.2 x 45.3 cm
Inv. No. GIM 46860 I Sh hr 5859
State Historical Museum Moscow

27
Adam and Eve under the Tree of Knowledge
1st half 19th century
Indian ink, tempera
42 x 34.5 cm
Inv. No. GIM 28824 I sh 61080
State Historical Museum Moscow

28
Mother of God Eleousa
Russia
Egg tempera on wood
29.5 x 23 cm
Inv. No. IH 71
Icon Museum Frankfurt am Main

29
Mandylion
Moscow, 16th century
Egg tempera on wood
31 x 23 cm
Inv. No. 9640
Permanent loan, State Collection
Prussian Cultural Heritage, Sculpture collection and Museum of Byzantine Art

30
Kazimir Malevich
Black Rectangle
Oil on canvas
17 x 24 cm
Inv. No. ATH 8010
State Museum of Contemporary Art Thessaloniki

31
Mandylion
Moscow, early 17th century
Egg tempera on wood
40 x 36 cm
Inv. No. 9636
Permanent loan, State Collection
Prussian Cultural Heritage, Sculpture collection and Museum of Byzantine Art

32
Alexei von Javlensky
Meditation, September 1935 No. 1
Oil on cardboard
18.5 x 13.4 cm
Inv. No. 1747
Museum am Ostwall, Dortmund

33
Kuzma Petrov-Vodkin
Madonna, 1920s
Oil on canvas
58 x 44 cm
Private collection

34
Fire-Flaming Mother of God
Russia, 2nd half 19th century
Egg tempera on wood
31 x 36 cm
Inv. No. IHM 910
Icon Museum Frankfurt am Main

35
Archangel Michael Triumphing over the Dragon, 1854
Indian ink, tempera, pencil, gold
72.3 x 51.5 cm
Inv. No. GIM 99497 I sh hr 10057
State Historical Museum Moscow

36
Natalia Goncharova
Archangel Michael, from: The War. No. 7, 1914
Lithograph
Inv. No. C-1120 (Bolz Collection)
Kupferstichkabinett, State Museums Berlin, Prussian Cultural Heritage

37
St. George, Portable Icon
Russia, 19th century
Bronze, enamel
6.4 x 5.4 cm
Inv. No. I 880
Icon Museum Frankfurt am Main

38
Natalia Goncharova
St. George, from: The War No. 1, 1914
Inv. No. C-1114 (Bolz Collection)
Lithograph
Kupferstichkabinett, State Museums Berlin, Prussian Cultural Heritage

39
Alkonost the Bird of Paradise
Russia, 19th century
Egg tempera on wood
44 x 34,8 cm
Inv. No. T 0894
Icon Museum Recklinghausen

40
Sirin the Bird of Paradise
Russia, 19th century
Egg tempera on wood
44 x 34.8 cm
Inv. No. T 0895
Icon Museum Recklinghausen

41
Sirin the Bird of Paradise
1st half 19th century
Indian ink, tempera, gold
64.3 x 47.7 cm
Inv. No. GIM 23812 I sh 61088
State Historical Museum Moscow

42
Vadim Frolov Ex Libris S. Ivenski (Bird of Paradise)
Wood engraving in red
Inv. No. C-969 (Bolz Collection)
Kupferstichkabinett, State Museums Berlin, Prussian Cultural Heritage

43
Book Wassilisa Prekrasnaya (Wassilisa the Wonderful)
Fairy tale illustrated by I. Bilibin.
Published 1901, St. Petersburg
National Library St. Petersburg

44
Mikhail Larionov
Costume Design "Fox" for the Performance of "The Fox", 1915
Gouache on paper
30.7 x 23.7 cm
Private collection

45
The Bear and the Goat
2nd quarter 19th century
Copper engraving, coloured
45.6 x 36.5 cm
Inv. No. GIM 45857 I Sh Hr 7356
State Historical Museum Moscow

46
Questions and Answers Concerning Evil Women
2nd half 19th century, Indian ink, tempera
41.5 x 31.5 cm
Inv. No. GIM 27929 I Sh hr 12355
State Historical Museum Moscow

47
St. Nicholas – Icon of His Vita
Russia, 19th century
Egg tempera on wood
53.4 x 44.2 cm
Inv. No. 01/60
Permanent loan, State Collection
Prussian Cultural Heritage, Sculpture collection and Museum of Byzantine Art

48
The Ox Who Would be an Ox No More and Chose to be a Butcher
Early 19th century
Copper engraving, coloured
46 x 37.7 cm
Inv. No. GIM 100206 I Sh 61020
State Historical Museum Moscow

49
The Tale of Little Sister Alyonushka and Her Brother Ivanushka, 1903
Illustrations by Ivan Bilibin
30 x 23.8 cm
Inv. No. NB 9580 mtl
Kunstbibliothek, State Museums Berlin, Prussian Cultural Heritage

50
Mother of God of the Non-Burning Bush
Russia, 19th century
Egg tempera on wood
44 x 37 cm
Inv. No. IH 481
Private collection

51
El Lissitzky
Untitled (Proposal for a Monument to Rosa Luxemburg)
Watercolour on paper
10 x 10 cm
Inv. No. 440.8
State Museum of Contemporary Art Thessaloniki

52
The All-Seeing Eye of God
Russia, c. 1800
Egg tempera on wood
31.5 x 26 cm
Inv. No. IH 455
Private collection

53
Mother of God with Sun and Moon
Russia, late 19th century
Egg tempera on wood
31 x 27 cm
Icon Museum Frankfurt am Main

54
Alexander Rodshenko
Composition with Rice Strings, 1915
Watercolour, ink, tempera on paper
40.6 x 33.7 cm
Private collection

55
Vassily Kandinsky
Black 1924
(From: Derrière le Miroir No. 101-103, Sept.-Nov. 1957
Colour lithograph after the watercolour Barnett 672)
Inv. No. C- ZM 38-11, without No., appendix VI/2C
Kupferstichkabinett, State Museums Berlin, Prussian Cultural Heritage

56
The All-Seeing Eye of God
Russia, 19th century
Egg tempera on wood
35.2 x 30 cm
Inv. No. IH 147
Icon Museum Frankfurt am Main

57
Ivan Kudriashev
Composition, 1919/1920
Oil on Canvas
50 x 49.8 cm
Private collection

58
Lev Chidekel
Suprematist Composition, 1922
Oil on Canvas
47.2 x 39 cm
Private collection

59
El Lissitzky
Suprematist Tale of Two Squares in 6 Constructions
Berlin, 1922
Letterpress print in red and black
28 x 22.5 cm
20 pages and cover
Not inventoried
Klingspor-Museum der Stadt Offenbach

60
Ilya Tshashnik
Suprematist Composition, 1921
Oil on Canvas
44 x 53.7 cm
Private collection

61
El Lissitzky
Composition, from: Proun, 1921/22
Tempera, gouache, pencil on paper
64.7 x 42.2 cm
Private collection

62
Konstantin Vyalov
Costume Design for the Performance of "Stenka Rasin" adapted from V. Kamensky, 1924
Gouache on paper
42.8 x 30.5 cm
Private collection

63
Sergei Tshechonin
Unknown Costume Design, 1926
Gouache on paper
35.5 x 28.1 cm
Private collection

64
Sergei Tshechonin
Suprematist Costume Design for an Unknown Performance, 1926
Gouache on paper
36 x 23.2 cm
Private collection

65
Ivan Puni
Costume Design for an Unknown Performance
Undated
Gouache on paper
33.4 x 28.4 cm
Private collection

66
Lyubov Popova
Costume Design for the Cover of a Magazine No. 21, 1921
Watercolour on cardboard
41.3 x 29.5 cm
Private collection

67
Lyubov Popova
Costume Design for the Cover of a Magazine No. 14, 1921
Watercolour on cardboard
41.3 x 29.5 cm
Private collection

68
Lyubov Popova
Costume Design for the Cover of a Magazine No. 9, 1921
Watercolour on cardboard
41.3 x 29.5 cm
Private collection

69
An Unbelievable Story, 1871
Lithograph, coloured
35.4 x 44.5 cm
Inv. No. GIM 40457 I Sh 7478
State Historical Museum Moscow

70
Silly Stuff to Have Fun and a Good Laugh
Moscow, 1873
Lithograph, coloured
35.5 x 43 cm
Inv. No. GIM 40456 I Sh Hr 6603
State Historical Museum Moscow

71
Natalia Goncharova
Soldiers and Angel, from: The War No. 9, 1914
Lithograph
Inv. No. C-1122 (Bolz Collection)
Kupferstichkabinett, State Museums Berlin, Prussian Cultural Heritage

72
Infernal Beast
Mid 19th century
Indian ink, tempera
51 x 59.8 cm
Inv. No. GIM 52789 I sh hr 9991
State Historical Museum Moscow

73
Vassily Kandinsky
All Saints, from: Sounds 1911
Roethel 131 (Reprint 16)
Woodcut, tricoloured
Inv. No. C-1465 (Bolz Collection)
Kupferstichkabinett, State Museums Berlin, Prussian Cultural Heritage

74
Vassily Kandinsky
Great Resurrection, from: Sounds 1911
Roethel 138 (Reprint 17)
Woodcut, tricoloured
Inv. No. C-1466 (Bolz Collection)
Kupferstichkabinett, State Museums Berlin, Prussian Cultural Heritage

75
Alexander Pushkin Conte de Tsar Saltan (The Tale of Tsar Saltan)
Paris, La Sirene 1921
Illustrations and ornaments by Natalia Goncharova
No. 586 of 599; signed by the artist and dedicated to Velin de Rives
Inv.-No. NB 8756 d/mtl
Kunstbibliothek, State Museums Berlin, Prussian Cultural Heritage

76
Mother of God Hodegetria
Oklad designed by Julius Rapport, Fabergé goldsmith
Russia, late 19th century
Egg tempera on wood, silver, enamel
21.4 x 14.5 cm
Private collection

77
Daniil Vikulov, Andrei Denisov, Semyon Denisov, Pyotr Prokopyev
Unknown artist, early 19th century, ink, tempera
43.6 x 34.5 cm
Paper with watermark "A O" dated 1802, produced by Alexander Olchin
Inv. No. 52789 I sh hr 24394
State Historical Museum Moscow

78
Alexei von Javlensky
Mystical Head: Classical Head, 1918 No.12
Inv. No. 969
Oil on cardboard
40 x 29.5 cm
Museum am Ostwall, Dortmund

79
Alexei von Javlensky
Saviour's Face: The Death II
Inv. No. 1077
Oil on paper on cardboard
32.7 x 25.1 cm
Museum am Ostwall, Dortmund

80
Pesnya (Song)
Russia, 19th century
Lithograph, coloured
Inv. No. ZM 41/3, Kat. 149 (Bolz Collection)
Kupferstichkabinett, State Museums Berlin, Prussian Cultural Heritage

81
Alexei von Javlensky
Variation: Scent and Freshness (Holland)
Inv. No. 1040
Oil on structured linen paper on cardboard
35.7 x 27.4 cm
Museum am Ostwall, Dortmund

82
Alexander Archipenko
Cubistic Composition
Undated
Oil on canvas
50 x 35 cm
Private collection

83
Saints George, Clemence and Menas
Novgorod, 14th century
Egg tempera on wood
39.3 x 33 cm
Inv. No. 9642
Permanent loan, State Collection Prussian Cultural Heritage, Sculpture collection and Museum of Byzantine Art

84
Vadim Meller
Costume Design for the Opera "Masepa", 1920
Gouache on paper
48.5 x 34 cm
Private collection

85
Vadim Meller
Costume Design for the Ballet Performance of "The False Mephisto", 1920
Gouache on paper
44.1 x 34 cm
Private collection

86
Vadim Meller
Costume Design for the Ballet Performance of "The Masks", 1919
Gouache on paper
44.7 x 37 cm
Private collection

87
Vadim Meller
Costume Design for the Ballet Performance of "The Masks", 1919
Gouache on paper
41.3 x 35.5 cm
Private collection

88
Mother of God of Kazan
Russia, 18th century
Silver oklad, pearls, precious stones
33 x 27 cm
Inv. No. I 224
Icon Museum Frankfurt am Main

89
David Kakabadse
Untitled, 1924
Relief, wood, glass, metal, iron
64.7 x 49.5 cm
Private collection

90
Mother of God of Kykos
Russia, 1st half 19th century
Egg tempera on wood; oklad: silver, enamel
31.2 x 27 cm
Icon Museum Frankfurt am Main

91
Spiritual Remedy
Mid 19th century
Indian ink, tempera, pencil, gold
59 x 49.5 cm
Inv. No. GIM 52789 I Sh hr 12743
State Historical Museum Moscow

92
Alexandra Exter
Untitled, c. 1913-16
Collage technique on oil on canvas
60 x 80 cm
Private collection

93
The Healing of the Lame
Russia, 18th century
Egg tempera on wood
30 x 26 cm
Inv. No. IH 621
Icon Museum Frankfurt am Main

94
What, Asleep, My Country Lad?, 1857
Copper engraving
33 x 38.5 cm
National Library St. Petersburg

95
Ivan Klyun
Suprematist Composition
Undated
Oil on Canvas
58 x 42.5 cm
Private collection

96
*Four Scenes from the Life of the Mother
of God*
Moscow, c. 1600
Egg tempera on wood
17 x 13 cm
Inv. No. 11285
Permanent loan, State Collection
Prussian Cultural Heritage, Sculpture
collection and Museum of Byzantine Art

97
Lyubov Popova
Painterly Architectonics, 1916-17
43.5 x 43.9 cm
Oil on canvas
Inv. No. 178.78
State Museum of Contemporary
Art Thessaloniki

98
K. Rom
*Icon of Lenin "You have died, but your
name lives on"*
1920s
Paper collage, straw, wood
51 x 39.5 cm
Private collection

99
Vaska the Prussian Cat, Enemy of Russia
c. 1914, lithograph, coloured
32 x 23.6 cm
Inv. No. 49252 I Sh hr. 3850
State Historical Museum Moscow

100
The Cat of Kazan
Late 19th century
Facsimile of a woodcut from 1st half
18th century
85.8 x 69.8 cm
Inv. No. GIM 53408 I H1 10/27
State Historical Museum Moscow

101
Kazimir Malevich
*At Visla the Germans Cursed Their Fate,
and then They Ran Amok*
Text: Vladimir Maiakovsky, 1914
Paper, chromolithograph
56 x 37.9 cm
Inv. No. 49193 I sh hr. 4709
State Historical Museum Moscow

102
Vladimir Maiakovsky
In His Big Fat Zeppelin..., 1914
Paper, chromolithograph
38 x 56 cm
Inv. No. 66804 I III hr. 560
State Historical Museum Moscow

103
Kazimir Malevich
Wilhelm's Roundabout
Text: Vladimir Maiakovsky, 1914
Paper, chromolithograph
37.8 x 56 cm
Inv. No. 49193 I Sh hr. 4576
State Historical Museum Moscow

104
Vladimir Maiakovsky
Austrians in the Carpathian Mountains,
1914
Paper, chromolithograph
37.8 x 55.7 cm
Inv. No. 66804 I III hr. 561
State Historical Museum Moscow

105
Kazimir Malevich
The Allied French...
Text: Vladimir Maiakovsky, 1914
Paper, chromolithograph
40.2 x 58
Inv. No. 66804 I Sh hr. 4434
State Historical Museum Moscow

106
Kazimir Malevich
*The Germans were Crushed and Torn to
Pieces...*
Text: Vladimir Maiakovsky, 1914
Paper, chromolithograph
37.9 x 56 cm
Inv. No. 80754/481 I Sh hr. 10793
State Historical Museum Moscow

107
Kazimir Malevich
When the Austrians Went to Radzivili...
Text: Vladimir Maiakovsky, 1914
Paper, chromolithograph
40.2 x 57.2 cm
Inv. No. 66804 I III hr. 4428
State Historical Museum Moscow

108
Deesis
Russia, 18th century
Egg tempera on wood
53 x 46 cm
Icon Museum Frankfurt am Main

109
Dmitrii Moor
*Propaganda poster 1st May Proletarians
of All Nations Unite*
Early 1920s
78.7 x 54.6 cm
Private collection

110
Ivan Kudriashev
*Design for the First Soviet Theatre in
Orenburg*, 1920
21.2 x 53.4 cm
Watercolour, ink and pencil on paper
mounted on cardboard
Inv. No. 133.78
State Museum of Contemporary Art
Thessaloniki

111
*St. George the Dragon-Slayer,
Portable Icon*
Russia, 19th century
Bronze, enamel
9 x 8.5 cm
Inv. No. I 631
Icon Museum Frankfurt am Main

112
*Propaganda poster Workers, the Sun
of the Internationale will Triumph over
Darkness*
No. 33
District of Odessa, 1920
61 x 71.8 cm
Private collection

113
Alexander Lebedev
ROSTA Window
Colour lithograph
Inv. No. C-1986.8 (Bolz Collection)
(Kat.9)
Kupferstichkabinett, State Museums
Berlin, Prussian Cultural Heritage

114
Alexander Lebedev
*ROSTA Window. The Red Spectre of Com-
munism is Haunting Europe*, 1922
Chromolithograph
Inv. No. C-1986.23 (Bolz Collection)
(Kat.24)
Kupferstichkabinett, State Museums
Berlin, Prussian Cultural Heritage

115
Alexander Lebedev
*ROSTA Window. Worker control: Worker
Sweeping Criminal Elements out of the
Republic*
Chromolithograph
Inv. No. C-1986.5 (Bolz Collection) (Kat.6)
Kupferstichkabinett, State Museums
Berlin, Prussian Cultural Heritage

116
Mother of God Pimenovskaya
Moscow region, 2nd half 16th century
Egg tempera on wood
39.2 x 31.8 cm
Inv. No. 9641
Permanent loan, State Collection
Prussian Cultural Heritage, Sculpture
collection and Museum of Byzantine Art

117
Alexander Shevchenko
Woman Handing out Leaflets, c. 1926
Oil on canvas
49.7 x 35 cm
Private collection

118
Mother of God Hodegetria
Russia, 18th century
Egg tempera on wood
31.5 x 27 cm
Inv. No. 9568
Permanent loan, State Collection
Prussian Cultural Heritage, Sculpture
collection and Museum of Byzantine Art

Dr. Elena Barkhatowa
Leiterin der Abteilung für Druckgrafik in der russischen National-
bibliothek in St. Petersburg. Forschungsschwerpunkte: Russische
Kunst zu Anfang des 20. Jahrhunderts, russische Fotografie und Kon-
struktivismus.

Dr. Snejanka Dobrianowa-Bauer
Kuratorin im Ikonen-Museum Frankfurt. 1995 Promotion an der Hum-
boldt-Universität in Berlin über die bulgarische Kunst von 1878 bis
1944. Zahlreiche Publikationen. Forschungsschwerpunkte: Kunst im
Nationalsozialismus, Münchner Malschule, Ikonenmalerei und zeit-
genössische Kunst. Gastvorlesungen an der Universität Sofia.

Dr. Elena I. Itkina
Leitende wissenschaftliche Mitarbeiterin am Staatlichen Historischen
Museum Moskau. Kunsthistorikerin. Forschungsschwerpunkt: Histori-
scher Lubok. Kuratorin zahlreicher Ausstellungen im Historischen Mu-
seum.

Swetlana Kapitonowa
Studium in St. Petersburg und in Gießen. Im Jahr 2000 „Magister Ar-
tium" in Kunstgeschichte und Geschichte. Zur Zeit promoviert sie in
Gießen über „Das Bauhaus und die russische Avantgarde". Lebt in
Frankfurt. Geboren 1968.

Christian Kaufmann
Studienleiter bei der Evangelischen Stadtakademie Frankfurt. Kunst-
historiker. Umfangreiche kuratorische Tätigkeit: 1996–2002 Museum
für Moderne Kunst in Frankfurt; 1999–2002 Leitung des „auswärts
Kunstraums" in Frankfurt. Geboren 1966.

Dr. Verena Krieger
Wissenschaftliche Mitarbeiterin am Institut für Kunstgeschichte der
Universität Stuttgart. 1996 Promotion über die Bedeutung der Iko-
nenmalerei für die russische Avantgarde. 2002 Habilitationsschrift
„Kunst als Neuschöpfung der Wirklichkeit – ein Paradigma der russi-
schen Moderne". Zahlreiche Publikationen zur russischen Kunst des
20. Jahrhunderts, zu Konzepten des Künstlers und der künstlerischen
Kreativität in Neuzeit und Moderne sowie zu geschlechtergeschichtli-
chen Aspekten.

Dr. Udo Liebelt
Kunsthistoriker und Theologe. Promotion über „Marc Chagall und die
Kunst der Ikonen". Von 1978 bis 1997 Kustos am Sprengel Museum
Hannover. Heute freiberuflich und ehrenamtlich tätig als Museums-
und Ausstellungsberater, lebt in Karlsruhe.

Dr. Nadejda Minjajlo
Wissenschaftliche Mitarbeiterin am Staatlichen Historischen Museum
Moskau. Kunsthistorikerin. Forschungsschwerpunkt: Die Druckgrafik
der russischen Avantgardisten. Kuratorin zahlreicher Ausstellungen
im Historischen Museum.

Η *Δρ. Elena Barkhatova* είναι επικεφαλής του τμήματος Γραφιστικών και χαρακτικών της Ρωσικής Εθνικής Βιβλιοθήκης στην Αγία Πετρούπολη. Έχει εκδώσει μελέτες για την Ρωσική τέχνη των αρχών του 20ού αιώνα, τη Ρωσική φωτογραφία και τον Κονστρουκτιβισμό.

Η *Δρ. Snejanka Dobrianowa-Bauer* είναι επιμελήτρια στο Μουσείο Εικόνων της Φρανκφούρτης. Εκπόνησε τη διδακτορική της διατριβή στο Πανεπιστήμιο Humboldt του Βερολίνου το 1995 με θέμα τη Βουλγαρική Τέχνη μεταξύ 1878 και 1944. Έχει εκδώσει πολλές μελέτες και στα ερευνητικά της ενδιαφέροντα περιλαμβάνεται η τέχνη του Εθνικοσοσιαλισμού, η Σχολή του Μονάχου, η αγιογραφία και η σύγχρονη τέχνη. Έχει πραγματοποιήσει μαθήματα στο Πανεπιστήμιο της Σόφια ως επισκέπτρια καθηγήτρια.

Η *Δρ. Elena I. Itkina* είναι ιστορικός τέχνης και ακαδημαϊκή σύμβουλος στο Κρατικό Ιστορικό Μουσείο της Μόσχας. Τα ερευνητικά της ενδιαφέροντα περιλαμβάνουν το ιστορικό lubok. Έχει επιμεληθεί αρκετές εκθέσεις στο Κρατικό Ιστορικό Μουσείο της Μόσχας.

Η *Svetlana Kapitonova* εκπονεί το διδακτορικό της στο Πανεπιστήμιο του Gießen. Η διατριβή της έχει τίτλο «Το Bauhaus και η Ρωσική Πρωτοπορία». Σπούδασε Ιστορία και Ιστορία της Τέχνης στα Πανεπιστήμια της Αγίας Πετρούπολης και του Gießen και αποφοίτησε το 2000 με μεταπτυχιακό τίτλο. Ζει στην Φρανκφούρτη.

Ο *Christian Kaufmann* είναι ιστορικός τέχνης και επικεφαλής σπουδών στην Evangelische Stadtakademie της Φρανκφούρτης. Έχει εργαστεί στο Μουσείο Μοντέρνας Τέχνης της Φρανκφούρτης από το 1996 ως το 2002 και έχει επιβλέψει εκθέσεις στη γκαλερί "auswärts Kunstraum", στην Φρανκφούρτη. Έχει δουλέψει διεξοδικά ως επιμελητής εκθέσεων.

Η *Δρ. Verena Krieger* είναι ερευνήτρια στο ινστιτούτο ιστορίας της τέχνης στο Πανεπιστήμιο της Στουτγάρδης. Μετά την ολοκλήρωση της διδακτορικής της διατριβής πάνω στη σημασία της αγιογραφίας για τη Ρωσική πρωτοπορία το 1996, συνέχισε με τη μελέτη «Η Τέχνη ως Ανακατασκευή της Πραγματικότητας –Η περίπτωση του Ρωσικού Μοντερνισμού» (2002). Έχει εκδώσει πολλές μελέτες για την Ρωσική τέχνη του 20ού αιώνα, την καλλιτεχνική δημιουργία και τις αντιλήψεις στον πρώιμο μοντερνισμό, το μοντερνισμό και σε ζητήματα κοινωνικού φύλου.

Ο *Δρ. Udo Liebelt* είναι ιστορικός τέχνης και θεολόγος. Έχει εργαστεί ως επιμελητής στο Sprengel Museum του Ανόβερου. Προς το παρόν εργάζεται ως ανεξάρτητος επιμελητής και εθελοντής σε μουσειακές εκθέσεις. Έχει εκδώσει, ανάμεσα σε άλλα και τη διατριβή του με θέμα «Ο Μαρκ Σαγκάλ και η τέχνη των Εικόνων».

Η *Δρ. Nadejda Minjajlo* είναι ιστορικός τέχνης και ακαδημαϊκή σύμβουλος στο Κρατικό Ιστορικό Μουσείο της Μόσχας. Ασχολείται ερευνητικά κυρίως με τα γραφιστικά έργα των καλλιτεχνών της ρωσικής πρωτοπορίας. Έχει επιμεληθεί αρκετές εκθέσεις στο Κρατικό Ιστορικό Μουσείο.

BIOGRAPHIES

Dr. Elena Barkhatova is head of the graphic and prints department at the Russian National Library in St. Petersburg. She has published in the fields of early 20th century Russian art, Russian photography and Constructivism.

Dr. Snejanka Dobrianowa-Bauer is a curator at the Icon Museum of Frankfurt/Main. She received her doctoral degree from the Humboldt University Berlin in 1995 for a thesis on Bulgarian Art 1878 to 1944. She has published widely, and her research interests include art under National Socialism, the Munich School, icon painting and contemporary art. She has lectured as a visiting scholar at the University of Sofia.

Dr. Elena I. Itkina is an art historian and senior academic assistant at the State Historical Museum Moscow. Her research interests include the historical lubok. She has been curator of many exhibitions at the Moscow State Historical Museum.

Svetlana Kapitonova is a Ph.D. student at the University of Gießen. She is currently working on her dissertation entitled "The Bauhaus and the Russian Avant-Garde". She studied history and art history at the Universities of St. Petersburg and Gießen and graduated in 2000 with an M.A. She lives in Frankfurt.

Christian Kaufmann is an art historian and Head of Studies at the Evangelische Stadtakademie Frankfurt. He has worked at the Museum of Modern Art, Frankfurt, from 1996 to 2002 and has supervised exhibitions at the gallery space "auswärts Kunstraum", also in Frankfurt. He has worked extensively as a curator of exhibitions and art projects.

Dr. Verena Krieger is a research assistant at the institute of art history at Stuttgart University. After finishing her doctoral dissertation on the significance of icon painting for the Russian avant-garde in 1996, she went on to write her Habilitation thesis on "Art as Recreation of Reality – A Paradigm of Russian Modernism" (2002). She has published widely on 20th century Russian art, concepts of the artist and artistic creativity in the early modern and modern periods, and aspects of gender history.

Dr. Udo Liebelt is an art historian and theologian. He has worked as a curator at the Sprengel Museum Hannover. He is currently working as a freelance art consultant and volunteer in the field of museum and exhibition projects. Publications include his doctoral thesis on "Marc Chagall and the Art of Icon Painting".

Dr. Nadejda Minjajlo is an art historian and academic assistant at the State Historical Museum Moscow. Her main field of research lies in the graphic work of the Russian avant-gardists. She has curated numerous exhibitions at the State Historical Museum.

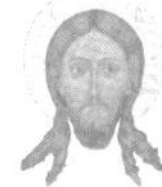

icon-Javlensky parallel. While artistic variations in icons of the same motif are irrelevant to the paintings' message (every mandylion icon must show Christ), the varied and manifold outward appearance is essential to the *Meditations*. Every picture is different from all others.

The wholeness which is sought by Javlensky in the more than one thousand paintings of the series eventually turns out to be beyond his reach.

Christian Kaufmann

1   Thus for example Vassily Kandinsky remembers: "I will never forget the big wooden houses decorated with carvings. (…) They taught me to move inside the picture, to live in the picture. (…) The table, the benches and any other object were painted with bright, generous ornaments (…) when I entered the room, eventually, I felt surrounded on all sides by the painting into which I had stepped." (V. Kandinsky, *Rückblicke* (1913), new edition 1977, p. 18.)

2   Kazimir Malevich not only referred to his Black Square as a "naked icon of our time" but, in the Exhibition 0.10 of 1915, he placed this work in a corner of the gallery room where the icon would have been in an Orthodox home.

3   He sought out Rudolf Steiner for instance, who between 1907 and 1911 had given regular lectures in the Theosophical Society in Munich. In Ascona, likewise, he made contact with a variety of revivalist movements since the Monte Verità above the city was home to a colony of artists which had been founded in 1900 as a vegetarian community and had subsequently been joined by other "vitalist" reformers such as Karl Wilhelm Diefenbach and Fidus who were both adherents to a pseudo-religious cult of nakedness and light. The Monte Verità, not the least of its roles, also functioned as a centre of free dance where the great and the good of that particular genre flocked together. Alexander Sakharoff, among others, took residence there for a while in 1920. If not by earlier visitors, then it must have been by him that Javlensky was introduced to the occultist ideas of the colony.

4   Of the approximately 2,000 extant works by Javlensky, 1,500 show the human head.

5   Snejanka Bauer points out in her text in this catalogue that the lubki are marked by similar dualities.

6   These independent spots or streaks of colour clearly manifest a detachment of the picture from the representation of an extra-pictorial reality and can naturally not only be found in Javlensky's work, but also with many of his contemporaries. Interestingly, this form of colour application also appears in the lubki, as has been pointed out by S. Bauer.

7   The luminosity of the pictorial ground, which Javlensky had already probed in his Variations, here has become a constitutive feature of the painting's effect. This is also how the Meditations on gold ground must be understood, of which only very few specimen are extant, and which are formally reminiscent primarily of the mandylion icons.

8   This 'hidden' aspect, which is expressed in the Abstract Heads through cosmic symbols, has also been retained in the Meditations in the shape of a 'third eye'.

9   In: Rosel Golleck, *Der Blaue Reiter im Lenbachhaus München*, Katalog der Sammlung, 1974, p. 46.

"Whose side are you on?"

Art as a Vehicle of Political Propaganda

Acting in defence of both their homeland and the revolution, the Russian avant-garde artists appropriated the pictorial concepts of icon and lubok: Christ is turned into Lenin, the Virgin Mary ends up as a working woman, and a parody of Peter the Great is transformed into a caricature of Wilhelm II.

Lenin as an icon

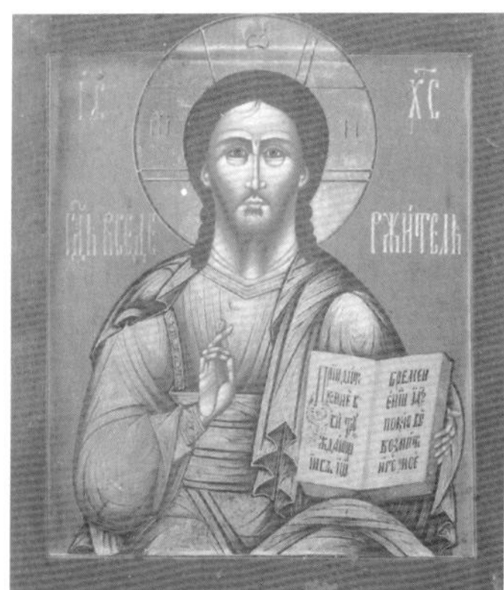

1 *Christ Pantokrator*, Russia, 19th century

The portrait of Lenin (fig. 2) is striking. It seems strange and yet strangely familiar. The work, bearing the signature of "K. Rom", may have been designed around 1924. The inscription in the margin, "You have died, but your name lives on", suggests that the picture must have been created shortly after Lenin's death – in the year 1924. Self-assured and with an unflinching eye, in a bust portrait in three-quarter profile, Lenin looks down upon the viewer. The partial figure is presented in a compact, well-balanced form against a neutral background without any references to location or time. An inscription beneath the portrayed figure serves to point out who is represented in the picture. It was inserted into the margins where icons would show patron saints or guardian angels. Near the top edge of the painting the full glory of hammer and sickle in a wreath of laurels is displayed. This is the place which in icons is often reserved for God the Father who looks down upon the scene from the heavenly sphere.

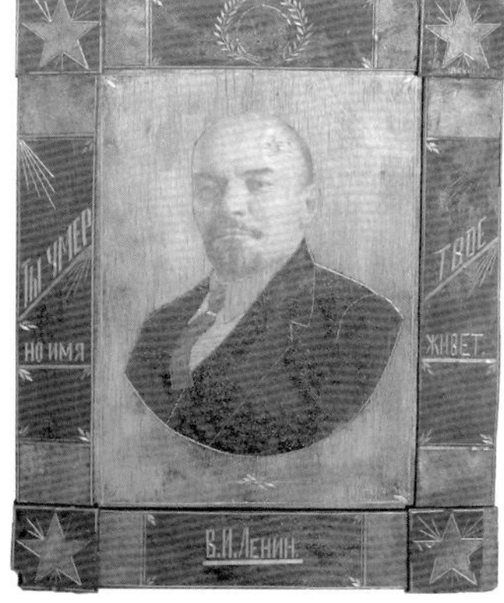

2 K. Rom *Icon of Lenin*, 1920s

One might be tempted to say that this is an apotheosis of Lenin, similar to the one of Jesus Christ in the role of Pantokrator or all-governing lord of the world (cf. fig. 1). The laurel wreath underscores the parallel, and the circle is reminiscent of the heavenly sphere. A frame has been decoratively placed to encompass the middle section of the painting, as it would have been in most icons. The four corners, where symbols of the evangelists often appear on icons, are emblazoned each with the five-pointed star of communism.

This Lenin portrait combines, in a mixed-media technique, elements from the pictorial concept of icons and the aesthetics of Constructivism. The way Constructivist cinema posters integrated photomontage cutouts into the painted composition is matched by the Lenin portrait presenting itself as a symbiosis of a Pantokrator icon with Constructivist references and the rustic sensual aesthetics of wood. The collage effect is brought about by using a series of different materials and techniques: Lenin's head, for instance, which is a colour print of a photograph, has been fixed onto the wooden panel; jacket, shirt and tie have been worked into the wood as an inlay of lined-up straws as have the borderlines of the margin and the inscription; the stars and the fields in the margin are made of red paper pasted onto the surface. Stylised ears of corn grow in each of the four corners to indicate the diagonal lines. The stars are resplendent in their glory, sending out sparks. The rigidity of the strictly centered composition is offset by these dainty and naive little elements.

In this painting, similar in its function to the sacred portraits of saints, Lenin is exalted to be included in the ranks of the immortal. The agitative character intrinsic to the picture allows this work to be classified as agit-prop art. Precursors of agit-prop, which emerged from 1918 onwards, could be found in the Russian art scene years before already:

The political Lubok around 1914

After the outbreak of the First World War poster art was explicitly used for agitation purposes: artists like Kazimir Malevich, Vladimir Maiakovsky and Vladimir Lentulov borrowed from the pictorial concept of the lubok to fire their polemics against the enemy.

Other than in his *Black Square* (p. 250 fig. 2), Malevich has found in his lubok print of 1914, *At Visla the Germans cursed their fate, and then, by God, they ran amok!* (cat. 101), ways of employing a strong narrativity. Patriotic sentiments erupt through the typical means of the genre. With unrestrained relish the artist proceeds to lambast the war-time enemy: the German soldiers. Their potato bellies are wobbling precariously, their braces have trouble holding things up, and their necks have disappeared completely. The rest of the "potato-beetles" in the background are depicted in a similar fashion. The composition closely resembles the pictorial concepts of the icon and the lubok: the main figure advances into the foreground while the minor figures, scattered over the various planes of the background, lend more hierarchical emphasis to the central figure. The background itself, as seen from a bird's-eye view, is formed by a series of overlapping vertical planes, whereas the main figure is conceived from a low viewpoint: hence even in this supposedly simple composition Malevich presents a sum of different visual aspects, by using the reverse perspective. Likewise, the narrativity inherent in the lubki has been consciously appropriated by Malevich. The colouring is marked by a further parallel to the lubok: bright local colours are predominant while there is no trace of any modelling or sculptural qualities.

The anonymous lubok of *Vaska the Prussian Cat, Enemy of Russia* (cat. 99), borrows from an old lubok composition, *The Cat of Kazan* (cat. 100). While the historical lubok is a satire aimed at Peter the Great with his "cat's whiskers", the lubok produced in 1914 shows a caricature of the German emperor Wilhelm II. The reforms of Peter the Great had prompted a spate of harsh criticism from his opponents, a fact that has been documented in a series of satirical lubki. In these popular prints Peter the Great is represented as a cat. The legend accompanying the Cat of Kazan reads: "Cat of Kazan, with the spirit of Astrakhan and the common sense of Siberia, lived comfortably, ate well and farted gently." Emperor Wilhelm II, in turn, is sketched as a

cat figure wearing a spiked helmet, with his characteristic moustache and blood-shot eyes. His look is fierce, if slightly dim-witted and disoriented.

In the undated lubok entitled *Fritz prepares his own a lunch after his "victory"; unprecedented in world history – he will eat the poor cat* (fig. 3), which was presumably printed in 1915, the text probably allu-

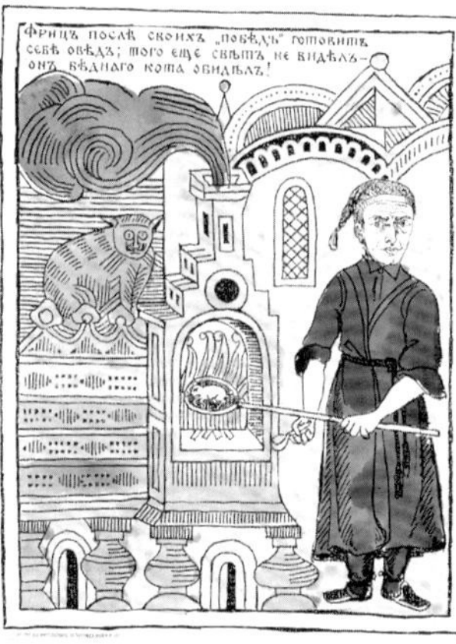

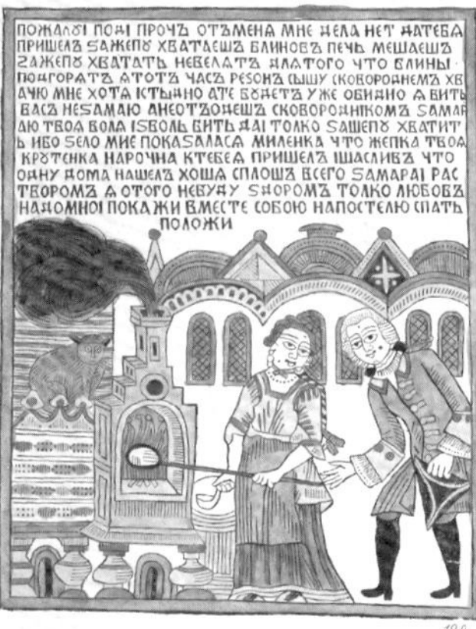

3 *Fritz Prepares His Own Lunch after His Victory*, c. 1914

4 *Blinchitsa (The Blini Cook)*, late 19th century

des to the German victory at Tannenberg in 1915. The artist seems to imitate the popular lubok motif *The Blini Cook* (fig. 4) which originated in the course of the 18th century: the rich and gallant gentleman is flirting with the young woman at the stove, his hand reaching for the curves of the female posterior, while the legend further elucidates the workings of male desire: "… prove your love for me and let me sleep with you in your bed …". A cat is sitting on the edge of the tiled stove as a witness to the amorous scene. In *Fritz…* the roles have been reversed: the young woman has escaped, the gallant knight has taken her place at the stove and, wearing a pinafore, must cook his own lunch while the cat on the stove looks rather anxious as it is about to be thrown into the pan. It is interesting to note that, similar to *Vaska the Prussian Cat*, the cat's whiskers are pointing upwards. Again, a parody of Wilhelm II?

Some of these contemporary lubki are even marked by their reference to the classic compositional patterns of icon painting, like Maiakovsky's lubok, *In his big fat zeppelin a hairy German was fear-*

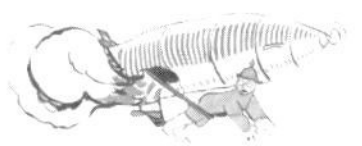

lessly floating over Warsa... (cat. 102), for example. Maiakovsky here borrows from the popular iconic representation of St. George, albeit with slight modifications: astride his horse, the Russian soldier, just like St. George, takes up his sword to strike the beast in the shape of a zeppelin. Where, in the iconography of St. George, the dragon would be writhing under the horse's hooves, Maiakovsky has painted the main road. The rider leans far back in his saddle so that his twisted body, together with his spear, indicates the diagonal. This type of contortion, which had already been used as a formal device in Baroque paintings, suggests dynamism, movement and an implicit strength.

The agit-prop poster after 1917

In the agit-prop art of the early years of the Russian revolution between 1917 and 1925 the revolutionary ideas were propagated by artistic means.

Art forms for mass agitation included the political poster, the planning and décor of official functions and festivals, reunions and demonstrations, the design of china with an agitative pattern, and the drafting of monuments which were then realised as part of Lenin's "monumental propaganda" plan. After 1925 these forms were gradually being replaced by architectural projects, painting and cinematography.

The political poster as a means of agitation had a special part to play in the civil war years between 1918 and 1922. During those years the agit-prop poster was the medium most readily understood – especially among the uneducated sections of the population which were almost always illiterate. The agit-prop poster followed in the footsteps of the lubok. The best-known posters were designed by Dmitrii Moor, *Have you come forward as a volunteer?* (1920), by Deni, *On the Mountain of Counterrevolution* (1920), and by Alexander Rodchenko, Varvara Stepanova and Maiakovsky. The texts were frequently written by ROSTA artists such as Vladimir Maiakovsky and Vladimir Lebedev.

The agit-prop poster *1st May* (cat. 109) designed by Dmitrii Moor is of particular interest here because its composition follows that of an icon of the deesis. In the deesis Christ, in the centre, is represen-

ted as the Pantokrator, flanked always by the Virgin on his right and St. John the Baptist on his left. In this pose he governs and passes judgment over the world. The Virgin and St. John the Baptist implore him to be lenient and let mercy prevail in his judgment (cf. cat. 108). Moor's poster is an apotheosis of the working class and of work as such. The centrally positioned worker is forging the future of the newly founded Soviet state. In analogy to the Deisis composition, he is assisted on either side by a woman and a man, respectively. The colour red, which has been purposefully chosen, is heightened with black from below. Subtle traces of diagonal lines run

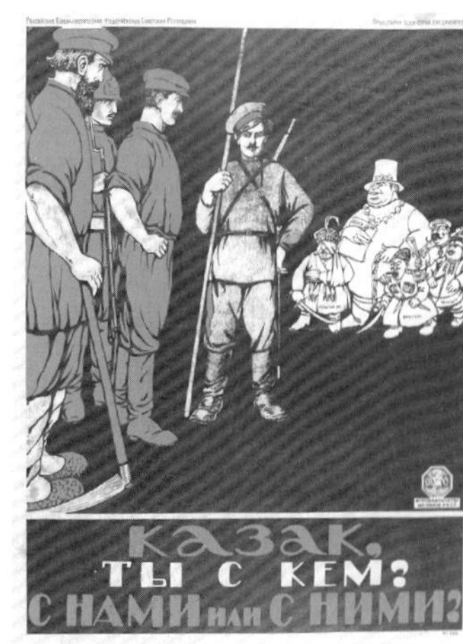

6 Propaganda poster *Cossack, whose side are you on?*, early 1920s

from the lower section of the picture across the woman on the left and the man on the right to intersect in the anvil. Despite the heavy structuring of the composition into foreground, middle and background its layout seems very clear and condensed on account of its limited palette and balanced arrangement of colours. The text forms a pedestal on which the picture rests. The three figures in the foreground – the worker, hammer in hand and assisted by the two minor figures, male and female worker – are marked by a number of parallels to icons of the Deisis on the formal, iconographical as well as on the thematic level.

Whereas the composition of the Dmitrii Moor poster 1st May scrupulously follows the Deisis iconography, the poster *Workers, the Sun of the Internationale will triumph over Darkness* (cat. 112) stems from an amalgamation of two completely different pictorial types. On the one hand the composition imitates the representation of battles in historical paintings where the glorious commander of armies is immortalised in an imposing posture, resting his foot on a hill which affords a strategic view of the plains. On the other, the figure of the Red Army soldier in the extreme foreground, astride his horse, has direct

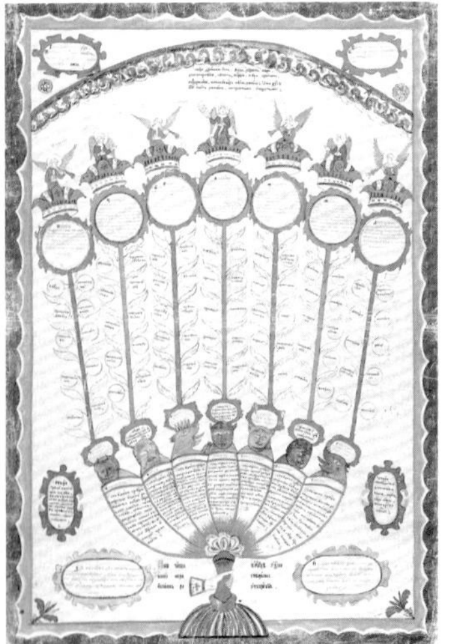

5 *The Seven Deadly Sins*, mid 19th century